Perspektiven kritischer Sozialer Arbeit
Band 29

Herausgegeben von
R. Anhorn, Darmstadt, Deutschland
J. Stehr, Darmstadt, Deutschland

In der Reihe erscheinen Beiträge, deren Anliegen es ist, eine Perspektive kritischer Sozialer Arbeit zu entwickeln bzw. einzunehmen. „Kritische Soziale Arbeit" ist als ein Projekt zu verstehen, in dem es darum geht, den Gegenstand und die Aufgaben Sozialer Arbeit eigenständig zu benennen und Soziale Arbeit in den gesellschaftspolitischen Kontext von sozialer Ungleichheit und sozialer Ausschließung zu stellen. In der theoretischen Ausrichtung wie auch im praktischen Handeln steht eine kritische Soziale Arbeit vor der Aufgabe, sich selbst in diesem Kontext zu begreifen und die eigenen Macht-, Herrschafts- und Ausschließungsanteile zu reflektieren. Die Beiträge in dieser Reihe orientieren sich an der Analyse und Kritik ordnungstheoretischer Entwürfe und ordnungspolitischer Problemlösungen - mit der Zielsetzung, unterdrückende, ausschließende und verdinglichende Diskurse und Praktiken gegen eine reflexive Soziale Arbeit auszutauschen, die sich der Widersprüche ihrer Praxis bewusst ist, diese benennt und nach Wegen sucht, innerhalb dieser Widersprüche das eigene Handeln auf die Ermöglichung der autonomen Lebenspraxis der Subjekte zu orientieren.

Herausgegeben von
Roland Anhorn
Ev. Hochschule Darmstadt
Darmstadt, Deutschland

Johannes Stehr
Ev. Hochschule Darmstadt
Darmstadt, Deutschland

Weitere Bände in dieser Reihe http://www.springer.com/series/12405

Roland Anhorn · Elke Schimpf
Johannes Stehr · Kerstin Rathgeb
Susanne Spindler · Rolf Keim
(Hrsg.)

Politik der Verhältnisse – Politik des Verhaltens

Widersprüche der Gestaltung Sozialer Arbeit

Dokumentation Bundeskongress Soziale Arbeit in Darmstadt 2015

Herausgeber
Roland Anhorn
Darmstadt, Deutschland

Elke Schimpf
Darmstadt, Deutschland

Johannes Stehr
Darmstadt, Deutschland

Kerstin Rathgeb
Darmstadt, Deutschland

Susanne Spindler
Düsseldorf, Deutschland

Rolf Keim
Darmstadt, Deutschland

Perspektiven kritischer Sozialer Arbeit
ISBN 978-3-658-17953-3   ISBN 978-3-658-17954-0   (eBook)
DOI 10.1007/978-3-658-17954-0

Die Deutsche Nationalbibliothek verzeichnet diese Publikation in der Deutschen Nationalbibliografie; detaillierte bibliografische Daten sind im Internet über http://dnb.d-nb.de abrufbar.

Springer VS
© Springer Fachmedien Wiesbaden GmbH 2018
Das Werk einschließlich aller seiner Teile ist urheberrechtlich geschützt. Jede Verwertung, die nicht ausdrücklich vom Urheberrechtsgesetz zugelassen ist, bedarf der vorherigen Zustimmung des Verlags. Das gilt insbesondere für Vervielfältigungen, Bearbeitungen, Übersetzungen, Mikroverfilmungen und die Einspeicherung und Verarbeitung in elektronischen Systemen.
Die Wiedergabe von Gebrauchsnamen, Handelsnamen, Warenbezeichnungen usw. in diesem Werk berechtigt auch ohne besondere Kennzeichnung nicht zu der Annahme, dass solche Namen im Sinne der Warenzeichen- und Markenschutz-Gesetzgebung als frei zu betrachten wären und daher von jedermann benutzt werden dürften.
Der Verlag, die Autoren und die Herausgeber gehen davon aus, dass die Angaben und Informationen in diesem Werk zum Zeitpunkt der Veröffentlichung vollständig und korrekt sind. Weder der Verlag noch die Autoren oder die Herausgeber übernehmen, ausdrücklich oder implizit, Gewähr für den Inhalt des Werkes, etwaige Fehler oder Äußerungen. Der Verlag bleibt im Hinblick auf geografische Zuordnungen und Gebietsbezeichnungen in veröffentlichten Karten und Institutionsadressen neutral.

Gedruckt auf säurefreiem und chlorfrei gebleichtem Papier

Springer VS ist Teil von Springer Nature
Die eingetragene Gesellschaft ist Springer Fachmedien Wiesbaden GmbH
Die Anschrift der Gesellschaft ist: Abraham-Lincoln-Str. 46, 65189 Wiesbaden, Germany

Inhalt

Vorwort IX

Politik der Verhältnisse – Politik des Verhaltens: Widersprüche der
Gestaltung Sozialer Arbeit. Einleitende Anmerkungen zum Thema
des Bundeskongresses Soziale Arbeit 2015 1
Roland Anhorn, Elke Schimpf und Johannes Stehr

**Teil 1 Politik der Verhältnisse – Politik des Verhaltens:
Konfliktorientierte Soziale Arbeit im Kontext von Aktivierung
und sozialer Ausschließung**

Doch die Verhältnisse, sie sind nicht so. Zwischenbetrachtungen
im Prozess der Aktivierung 21
Stephan Lessenich

Soziale Ausschließung als Voraussetzung und Folge Sozialer Arbeit 35
Helga Cremer-Schäfer

Das Soziale von den Lebenswelten her denken. Zur Produktivität der
Konfliktorientierung für die Soziale Arbeit 51
Maria Bitzan

„Vorwärts – und nicht vergessen: die Politische Produktivität!"
Erinnerung an Abgebrochenes und Unabgegoltenes in der Sozialen Arbeit .. 71
Timm Kunstreich

Geschlechterverhältnisse zwischen Liebe, Fürsorge, Gewalt und
Geschlechtergerechtigkeit als Aufgabe Sozialer Arbeit 89
Margrit Brückner

Teil 2   Konfliktperspektiven in Fall-, Feld- und Sozialraumorientierung

Einleitung 109
Elke Schimpf und Johannes Stehr

Die Perspektive der „Grenzbearbeitung" im Kontext des Nachdenkens
über Verhältnisse und Verhalten 113
Susanne Maurer

Arbeit am Gemeinwesen und menschliche Subjektivität 127
Michael May

Mediation im Gemeinwesen. Konfliktregulierung im öffentlichen Raum ... 145
Franziska Becker

Politiken des Verhaltens im öffentlichen Raum. Ein internationaler
Vergleich urbaner Konflikte 159
Anselm Böhmer

Kampagnen gestalten öffentlichen Raum!
Sozialräumliche Anmerkungen zu Positionen Sozialer Arbeit 177
Christian Reutlinger

Teil 3   Partizipation, Inklusion und Diversität im Neoliberalismus

Einleitung 189
Susanne Spindler

Soziale Arbeit als (Inklusions-)Container. Die (Un)Ordnung von
Heterogenität und subjektnormierenden Praxen im Kontext Flucht
und Soziale Arbeit 193
Safiye Yıldız

Flüchtlinge, Staatsgrenzen und Soziale Arbeit 213
Albert Scherr

Der andere Ausschluss – zur Dialektik von Inklusion. Ungeordnete
Bemerkungen 231
Michael Winkler

Teil 4 Praktiken der Normierung, Normalisierung, Disziplinierung und Ausschließung

Einleitung 251
Helga Cremer-Schäfer und Rolf Keim

Arbeit an Ausschließung. Die Praktiken des Alltags und die Passung
Sozialer Arbeit – Ein Werkstattgespräch 257
Ellen Bareis, Christian Kolbe und Helga Cremer-Schäfer

Lauter „aktive Alte" – wer interessiert sich für den „Rest"? 277
Kirsten Aner

„Aktives Altern" im Quartier im hohen Alter. Eine Fallstudie zu den
Möglichkeiten, Grenzen und Formen gesellschaftlicher Teilhabe
im hohen Alter 291
Dörte Naumann

Teil 5 Macht- und Wissensverhältnisse in Ausbildung und (Lohn-)Arbeit

Einleitung 311
Kerstin Rathgeb

Macht und Psyche in entgrenzten Arbeitsverhältnissen. Reflexionen
zur Sozialen Arbeit im Kontext von Neoliberalismus und Psychopolitik 315
Alexandra Rau

Von Arbeitskonflikten zum psychologischen Problem? Wie Konzepte von
Stress und Burnout das Verhältnis zu Arbeit transformieren (können) 333
Regina Brunnett

„Was ging, was geht, was ist möglich?" Praktische und konzeptionelle
Herausforderungen im Kontext Sozialer (Lohn-)Arbeit 345
Ulrike Eichinger

Wandel der Sozialen Arbeit: von der Pathologisierung zur
Responsibilisierung 355
Tilman Lutz

Autor_innen 369

Vorwort

Der vorliegende Band ist das Ergebnis einer Auswahl von Vorträgen, die im Rahmen des 9. Bundeskongresses Soziale Arbeit 2015 in Darmstadt gehalten wurden. Der Kongress, an dem ca. 800 Personen teilgenommen haben, wurde von den Herausgeber_innen organisiert und in Kooperation mit den beiden Hochschulen in Darmstadt – der Evangelischen Hochschule Darmstadt und der Hochschule Darmstadt – vom 30.9. bis 2.10. 2015 durchgeführt. Insgesamt fanden 120 Fachveranstaltungen statt: fünf Fachvorträge im Plenum, acht Foren mit jeweils zwei bzw. drei Impulsvorträgen, 66 Workshops und 44 offene Veranstaltungen.

Zum Gelingen des 9. Bundeskongresses Soziale Arbeit haben eine Vielzahl von Personen wie auch Verbände, Arbeitsgemeinschaften, Gewerkschaften, Stiftungen und Institutionen beigetragen.

Unser Dank gilt insbesondere den Kooperationspartner_innen *Prof. Dr. Helga Cremer-Schäfer* und *Prof. Dr. Andreas Walther* von der Goethe-Universität Frankfurt/Fachbereich Erziehungswissenschaften und *Prof. Dr. Susanne Maurer* von der Philipps-Universität Marburg/Institut für Erziehungswissenschaft, die uns fachlich und organisatorisch aktiv beim Bundeskongress unterstützt haben, wie auch den Mitgliedern des *BUKO-Bundesinitiativkreises* und den an der Organisation beteiligten Studierenden der Evangelischen Hochschule und der Hochschule Darmstadt.

Für die finanzielle Unterstützung möchten wir uns bedanken bei:
- Evangelische Hochschule Darmstadt (EHD)
- Evangelische Hochschulgesellschaft Darmstadt e. V.
- Forschungszentrum der Evangelischen Hochschule Darmstadt
- Fachbreich Gesellschaftswissenschaften und Soziale Arbeit der Hochschule Darmstadt (h_da)
- Hans Böckler Stiftung

- Hessisches Ministerium für Soziales und Integration
- Studentischer Filmkreis der TU Darmstadt
- Vereinte Dienstleistungsgewerkschaft ver.di
- Wissenschaftsstadt Darmstadt

Für die hervorragende Unterstützung bei der Öffentlichkeitsarbeit – insbesondere für das Layout und den Druck des Kongressprogramms – bedanken wir uns beim Verlag Barbara Budrich.

Ein herzliches Dankeschön geht auch an die 800 Teilnehmer_innen des 9. Bundeskongresses, an die Referent_innen und an alle Mitstreiter_innen und Mitdiskutant_innen.

Bedanken möchten wir uns insbesondere auch bei den Autor_innen für ihre Bereitschaft, ihre Beiträge für eine Publikation zur Verfügung zu stellen.

Abschließend möchten wir an dieser Stelle auf den zweiten Band der Dokumentation des Bundeskongresses Soziale Arbeit 2015 hinweisen. Unter dem Titel „Konflikt als Verhältnis - Konflikt als Verhalten – Konflikt als Widerstand. Widersprüche der Gestaltung Sozialer Arbeit zwischen Alltag und Institution" wird in einem weiteren, von Johannes Stehr, Roland Anhorn und Kerstin Rathgeb herausgegebenen Band eine breite Auswahl an Beiträgen präsentiert, die in den ‚kleineren' Veranstaltungsformaten der ‚Workshops' und ‚Offenen Veranstaltungen' auf dem Bundeskongress vorgestellt und diskutiert wurden. Der zweite Band der Dokumentation wird ebenfalls in der Reihe „Perspektiven kritischer Sozialer Arbeit" im Springer VS-Verlag erscheinen.

Die Herausgeber_innen

Politik der Verhältnisse – Politik des Verhaltens: Widersprüche der Gestaltung Sozialer Arbeit
Einleitende Anmerkungen zum Thema des Bundeskongresses Soziale Arbeit 2015

Roland Anhorn, Elke Schimpf und Johannes Stehr

Im Zeichen der neoliberalen Restrukturierung gesellschaftlicher Konfliktverhältnisse hat sich in der Sozialpolitik und der Sozialen Arbeit ein tiefgreifender und folgenreicher Wandel in den handlungsleitenden Orientierungen vollzogen: Eine *Politik der Verhältnisse*, die primär gesellschaftsstrukturelle Bedingungen von sozialer Ungleichheit und Ausschließung (*Arbeitslosigkeit, Wohnungslosigkeit, Armut* etc.) problematisiert, wird in fortschreitendem Maße von einer *Politik des Verhaltens* verdrängt. Letztere richtet den Fokus in erster Linie auf die ‚Diagnose' und ‚Behandlung' von individuellen Verhaltensdispositionen, Persönlichkeitsmerkmalen, Wertorientierungen, subjektiven Einstellungen und Fähigkeiten (der *Arbeitslosen*, der *Wohnungslosen*, der *Armen* etc.). Möglichkeiten der ökonomischen, politischen, kulturellen und sozialen Teilhabe werden mit dieser Neuausrichtung von Sozialpolitik und Sozialer Arbeit zunehmend erschwert bzw. gänzlich versperrt. Aus einer strukturbezogenen Politik, die Macht- und Herrschaftsverhältnisse in Bezug z. B. auf Klassen- und Geschlechterkonflikte thematisiert, wird so eine dezidiert auf individuelles und kollektives Verhalten bezogene Politik der Lebensführung, die Fragen des Lebensstils, der Moral, der Normkonformität und damit personalisierende Konzepte der Verhaltenssteuerung, der Verhaltenskontrolle und ‚Selbstsorge' in den Vordergrund rückt. Die aktuell zu beobachtende Fokussierung auf eine Politik des Verhaltens hat im Kontext des neo-liberal instruierten Umbaus der Gesellschaft fraglos eine ‚neue' Qualität erreicht. Mit wechselnden Akzentuierungen lässt sie sich jedoch bereits durch die gesamte Geschichte der Sozialen Arbeit verfolgen.

Seit Beginn ihrer Institutionalisierung und Professionalisierung im späten 19. Jahrhundert durchziehen die Geschichte der Sozialen Arbeit zwei markante Entwicklungslinien, die sich – idealtypisch – als je spezifische theoretische und praktische Ausprägungen einer *Politik des Verhaltens* bzw. einer *Politik der Verhältnisse* deuten und rekonstruieren lassen. In der wechselvollen Chronik ihres widersprüchlichen und spannungsgeladenen Verhältnisses lassen sich dabei innerhalb der Sozialen

Arbeit sehr unterschiedliche Phasen und Konstellationen erkennen, die je nach historisch-gesellschaftlichen Bedingungen abwechselnd von gegenseitigem Desinteresse und harschen Distanzierungen, vorsichtigen Annäherungen, gelegentlichen Überschneidungen und Verschränkungen bis hin zu ‚versöhnlichen', Verhalten und Verhältnisse ‚ganzheitlich' integrierenden Theorie- und Handlungsangeboten reich(t)en. Wie auch immer sich historisch die Beziehungen zwischen den Polen einer Verhalten bzw. Verhältnisse unterschiedlich akzentuierenden Sozialen Arbeit im Einzelnen darstellen mögen: Die beachtliche Tradition einer Sozialen Arbeit, die – eingebettet in die politische Artikulations- und Durchsetzungsmacht diverser sozialer Bewegungen (Arbeiter-, Frauen-, Jugend-, Friedensbewegungen etc.) – im Sinne einer Politik der Verhältnisse zu wirken versuchte, ist über alle Phasen ihrer Geschichte hinweg ebenso ein Randphänomen geblieben wie die beharrliche – und vom hegemonialen Teil der Sozialen Arbeit verbal durchaus geteilte – Kritik an der begrenzten Reichweite verhaltensbezogener, individuums- und familienzentrierter (Handlungs- und Theorie-)Perspektiven, die in politischer und fachlicher Hinsicht weitgehend folgenlos geblieben ist (oder bei Gelegenheit verhaltenspolitisch umgedeutet wurde). Das gesellschaftspolitische Anliegen einer Sozialen Arbeit, die auf die Etablierung und Entwicklung einer sozialen Infrastruktur zielt, die gegenüber individualisierenden, einzelfallbezogenen und bedürftigkeitsprüfenden (und damit notwendig moralisierenden) Zugangsvoraussetzungen die kollektiv-universelle Nutzung der Ressourcen eines ‚sozialen Eigentums' anstrebt, ist bisher jedenfalls immer wieder an deutlich markierte ideologische und strukturelle Grenzen gestoßen. Bestenfalls in den wenigen Episoden gesellschaftlicher Umbrüche, die z. B. mit der frühen Settlement-Bewegung Ende des 19. Jahrhunderts oder dem ‚kritischen Aufbruch' in den 1960er Jahren im Zuge der Studenten-, Frauen-, Kinderladen- und Jugendzentrumsbewegung, der Heimkampagne und diverser GWA-Projekte zu vorübergehenden ‚Störungen' eingespielter Praxisroutinen und Theorieperspektiven führten, entfalteten sich nachhaltigere Wirkungen einer Theorie, Praxis und Forschung Sozialer Arbeit, die über einzelfallorientierte Hilfen hinaus auf die Notwendigkeit verhältnisbezogener ‚struktureller Lösungen' insistierten.

Aufgrund einer dominanten Tradition individualisierender ‚Problemwahrnehmung und -bearbeitung' ist die Soziale Arbeit seit jeher und gegenwärtig in besonderer Weise für eine *Politik des Verhaltens* ‚anfällig' geblieben. Verhaltensbezogene, am Einzelfall bzw. der Familie orientierte (Erklärungs- und Handlungs-)Modelle erweisen sich nach wie vor – und mittlerweile wieder mehr denn je – als vorherrschendes, wenngleich nie unstrittiges Paradigma in der Sozialen Arbeit. Mittels ‚differenzialdiagnostischer' Prüfung der individuellen Bedürftigkeit und einer selektiven, primär moralisch legitimierten Ressourcenzuweisung bzw. -vorenthaltung (‚verdient'/‚unverdient'; ‚produktiv'/‚unproduktiv'; ‚kompetent'/‚inkompetent') werden gesellschaftlich bedingte Konfliktverhältnisse in personalisierte und fachlich portionierte (in zeitgemäßen Varianten auch in sozialräumlich ‚geortete') *Fallgeschichten* transformiert, die sich im Sinne der (Wieder-)Herstellung einer ‚bedrohten' sozialen Ordnung methodisch-professionell bearbeiten und in ihrem Störpotenzial ‚auflösen' lassen. Aus gesellschaftlichen Konfliktkonstellationen um den herrschaftlich organisierten Zugang zu Ressourcen werden so individuelle ‚Verhaltensprobleme' und soziale ‚Problemgruppen', die zum bevorzugten Gegenstand staatlicher (und zunehmend privatwirtschaftlich organisierter) Integrationspolitik werden, ehe sie im Falle des (wiederholten) Scheiterns als persistentes Ordnungsproblem mit erweiterten Maßnahmen der Repression und Ausschließung adressiert werden. Die in diesem Zusammenhang regelmäßig unterstellten und als ursächlich für die ‚(Ordnungs-)Probleme' ausgewiesenen ‚Verhaltens- und Kompetenzdefizite' sollen dabei in einem Mix aus Fördern und Fordern, Zwang und Selbstbestimmung, Hilfe und Kontrolle (durch Empowerment, Resilienzförderung, soziale Kompetenztrainings, Präventionsprogramme, Kontraktmanagement, Hilfeplanung, „konsensuell" erarbeitete Strafkataloge für Regelverstöße, etc.) unter professioneller Anleitung bearbeitet werden.

Programmatisch kommt der im Zeichen einer neo-liberalen (Re-)Formierung der Gesellschaft vollzogene Politikwechsel in unterschiedlicher und teilweise recht widersprüchlicher Weise zum Ausdruck. Um nur einige von vielen möglichen Beispielen zu nennen, denen für die Soziale Arbeit eine besondere Bedeutung zukommt:

Bildung: Im Rahmen einer von den Imperativen der Eigenverantwortung und Selbstregulierung angetriebenen Politik des Verhaltens kommt dem Bildungsdiskurs, nicht zuletzt dank seiner jüngsten Ausprägung, dem in der öffentlichen Diskussion mittlerweile fest etablierten Kompositum *Bildungs-Armut*, ein besonderer Stellenwert zu. Indem im Diskurs zur Bildungsarmut mit ‚Bildung' und ‚Armut' zwei Sachverhalte in einer zudem aufschlussreichen Reihenfolge verkoppelt und in einen latent ursächlichen Zusammenhang gebracht werden – vorweg steht (‚mangelnde' oder ‚falsche') Bildung und daraus resultiert am Ende Armut –, verändern sich die Bezugspunkte und Bewertungskriterien gleichermaßen in der Bildungs- wie der Armutsdiskussion auf eine bedeutsame Weise. Während sich ein eng gefasstes Bildungs- und Erziehungsverständnis mühelos mit Vorstellungen einer *individuellen* Formierung geistiger, emotionaler und sozialer Fähigkeiten, einer methodischen Entfaltung und umfassenden Entwicklung der Persönlichkeit (jüngst auch wieder verstärkt des ‚Charakters') verbinden lässt, werden mit einem ‚freistehenden' Begriff der Armut nach wie vor – wenn auch in schwindendem Maße – vorrangig *strukturelle*, auf Verhältnisse bezogene Momente benachteiligender Lebenslagen, sozialer Ungleichheiten, materieller Ressourcenmängel und institutioneller und symbolischer Diskriminierungen assoziiert. Mit der diskursiven Verschränkung von ‚Bildung' und ‚Armut' zur ‚Bildungsarmut' werden nicht nur die letzten Spuren einer strukturellen Assoziation des Armutsbegriffs getilgt. Im Sinne der Programmatik einer Politik des Verhaltens lässt sich darüber hinaus ‚Bildung' als ein positives ‚Vermögen', als ein frei verfügbares ‚ideelles' Angebot konstruieren, das als situationsspezifisch flexible Verhaltensdisposition, als lebenslange Lernbereitschaft, als gezielte Anhäufung von verwertbarem Wissen, als Erwerb von Life Skills und Bewältigungskompetenzen *personenbezogen* vermittelt und von *Individuen* angeeignet werden kann (und um den Preis ihres ‚Lebenserfolgs' und ihrer Selbsterhaltung von diesen auch angeeignet werden muss). ‚Bildung, Bildung, Bildung' ist vor diesem Hintergrund zum gesellschaftlichen Mantra einer verhaltenspolitischen ‚Lösung' der Armuts- und sonstigen ‚sozialen Probleme' geworden: Die strukturell bedingte Ungleichheit der materiellen und psychosozialen Voraussetzungen von Bildung und die (politisch durchaus gewollte) Selektivität im Zugang zu Bildung wird als (individuelle) ‚Bildungsarmut' und (familiales) ‚Erziehungsdefizit' diagnostiziert und in der Folge in einen besonderen kognitiven und sozio-emotionalen ‚Förderbedarf' umdefiniert. Die diskreditierende Adressierung der Betroffenen als ‚Bildungsverlierer_innen' und ‚bildungsferne Familien' macht so den Bildungs- und Erziehungsort ‚Familie' zum Gegenstand einer nachhaltig erweiterten und intensivierten gesellschaftlichen Kontrolle und Überwachung. Unter dem unverfänglichen Motto: „Aufwachsen in öffentlicher Verantwortung" wird die „Ordnung der Familie" mit spezifischen Förderprogrammen, individuellen Kompetenztrainings, Testverfahren und pädagogischen Interventionsformen bereits in der frühen Kindheit für normalisierende und disziplinierende Eingriffe zur Disposition gestellt. Über selektiv verhaltensregulierende staatliche Eingriffe sollen so die regelmäßig in Wissenschaft und (sozial-)pädagogischer Praxis konstatierten und beklagten bildungs- und erziehungsbedingten ‚Leistungslücken' durch veränderte Verhaltensbereitschaften auf Seiten der ‚benachteiligten' Kinder und Jugendlichen bzw. Schüler_innen und deren Eltern geschlossen werden.

‚Inklusive Kinder- und Jugendhilfe': Die ‚Arbeitsentwürfe' des Bundesfamilienministeriums (BMFSFJ) vom August 2016 zu einer „kostenneutralen Reform des SGB VIII", die als „inklusive Lösung" und „neues Gesetz zur Stärkung aller Kinder und Jugendlichen" benannt wird, weisen auf einen geplanten neoliberalen Paradigmenwechsel in der Kinder- und Jugendhilfe hin. Unter dem Motto der „Stärkung der Entwicklungs- und Teilhabechancen" von Kindern und Jugendlichen sollen zentrale Leistungsfelder der Kinder- und Jugendhilfe wie z.B. die Erzieherischen Hilfen mit den Eingliederungshilfen für „junge Menschen mit Behinderungen" zusammengeführt werden. Damit soll ein „einheitlicher Leistungstatbestand" erzielt

werden, um künftig nicht mehr zwischen einem „erzieherischen" und einem „behindertenbedingten" Bedarf unterscheiden zu müssen. Die Begriffe Erziehung und Hilfe werden durch „Leistungen zur Entwicklung und Teilhabe" ersetzt, womit die Leistungsberechtigung von Kindern und Jugendlichen, v. a. aber ihre ‚individuelle Eigenverantwortlichkeit' ins Zentrum gerückt werden. Ein zentraler Anspruch der Reform ist die Stärkung der Rechte von Kindern und Jugendlichen, die als „Stärkung ihrer Subjektstellung" deklariert wird. Herausgestellt wird, dass nur „starke Kinder und Jugendliche mit starken Rechten" auch „wirkungsvoll Verantwortung von Staat und Gesellschaft für ihr Wohlergehen und ihren Schutz einfordern" können. Kinder und Jugendlichen sollen künftig ihre Rechte selbst ‚aktiv' einfordern bzw. einklagen. Eltern und Erwachsene scheinen dabei keine Rolle (mehr) zu spielen. Mit der Aufforderung zur Selbstverantwortlichkeit bereits im Kindes- und Jugendalter werden gesellschaftliche Macht- und Herrschaftsverhältnisse v. a. im Generationenkontext ausgeblendet, aber auch die Angewiesenheit von Kindern und Jugendlichen auf Unterstützung, Er- und Beziehung und die Anerkennung ihrer Eltern, anderer Erwachsener und Bezugsgruppen bei gesellschaftlichen Entwicklungsaufgaben, der Bewältigung von Konflikten und der Entfaltung eigensinniger Lebensperspektiven. Verdeckt werden ebenso gesellschaftliche Konfliktverhältnisse, soziale Ungleichheit und Ausschlussprozesse, aber auch die ‚Leistungen' der Eltern und anderer Bezugspersonen im Erziehungs- und Sozialisationsprozess. Somit geht es nicht mehr darum, den ‚erzieherischen Bedarf' und die dafür erforderlichen Ressourcen kommunikativ zu ermitteln, sondern nur noch darum ‚*festzustellen*', was Kinder und Jugendliche ‚brauchen' – wie und ob sie ihren Bedarf auch artikulieren können, ist dabei nicht mehr von Interesse. Mit diesem Perspektivwechsel wird eine Politik des Verhaltens etabliert, mit der bereits im (frühen) Kindes- und Jugendalter geprüft werden kann, welche Kinder bzw. Jugendlichen überhaupt leistungsberechtigt sind und ob sie ihre Leistungsansprüche auch entsprechend artikulieren können. Während in den Hilfen zur Erziehung gerade kommunikative Aushandlungsprozesse zur Ermittlung des ‚Hilfebedarfs' – in Form von Hilfeplangesprächen – mit Kindern, Jugendlichen, Eltern bzw. Bezugspersonen zentral sind und als fachlich bedeutsame Perspektive gelten, sollen künftig die „Leistungen zur Entwicklung und Teilhabe" über eine Teilhabeberechtigung auf der Grundlage der ICF[1] mit standardisierten Diagnose- und Klassifikationsinstrumenten ermittelt

---

1 Die Internationale Klassifikation der Funktionsfähigkeit, Behinderung und Gesundheit (ICF) ist ein medizinisches Klassifikationssystem, das den Anspruch hat, Krankheitsfolgen zu klassifizieren, wobei nicht die Person, sondern Situationen klassifiziert und Umweltfaktoren einbezogen werden, was zwar als Fortschritt gegenüber einer klassischen medizinischen Perspektive auf Behinderung als ‚biophysische Pathologie' bewertet werden kann, dennoch begrenzt bleibt auf eine ‚gesundheitliche Problemorientierung'.

werden. Darüber werden jedoch die Steuerungs- und Definitionsmacht wie auch der Ermessensspielraum der Institutionen und Verwaltungen gestärkt und ‚medizinische Diagnoseinstrumente', die bislang v. a. bei der Ermittlung des individuellen Bedarfs junger Menschen mit „(drohender) Behinderung" Anwendung fanden, sollen nun auch in der Kinder- und Jugendhilfe eingeführt bzw. einfach übernommen werden. Zudem geht es auch um eine verstärkte Nutzung standardisierter Arbeitshilfen, die darauf verweist, dass Verstehens- und Aushandlungsprozesse als professionelle Handlungskonzepte und fachlicher Standard der Kinder- und Jugendhilfe abgeschafft und durch sozialtechnologische Instrumente ersetzt werden sollen, wodurch sowohl die Autonomie der Eltern, als auch der Kinder und Jugendlichen gerade auch als Rechtsubjekte eingeschränkt wird. Die unterschiedlichen professionellen Konzepte, Entwicklungen, Verständnisse und Vorstellungen der ‚erzieherischen Hilfen' und der ‚Eingliederungshilfen' werden gegeneinander ausgespielt und fachlich entwertet, was auch darin zum Ausdruck kommt, dass von Seiten des BMFSFJ kein öffentlicher fachpolitischer Diskussionsprozess, an dem sowohl die Vertreter_innen der Behindertenverbände als auch der erzieherischen Hilfen beteiligt sind, für erforderlich gehalten wurde. Die öffentliche Kritik vieler Fachverbände und Professionsvertreter_innen gerade der Sozialen Arbeit hat dazu geführt, dass „die große inklusive Lösung" zunächst zurückgenommen wurde. Welche Positionen aufgegriffen und für die künftigen Entscheidungsprozesse relevant werden und ob ‚sozialpädagogische Handlungskonzepte' und -verfahren wie z. B. Hilfeplangespräche weiterhin als fachlich bedeutsam bewertet werden – auch von der Sozialen Arbeit bzw. Sozialpädagogik selbst – bleibt abzuwarten.

Gesundheit/Krankheit: Vor dem Hintergrund spezifischer (nicht zuletzt ökonomischer) Interessen von Politik, Versicherungsindustrie, sozialen Dienstleistungsanbietern und Professionen des Gesundheitssektors haben unter dem Stichwort der Gesundheitsförderung verhaltenspolitische Zielsetzungen eine Dynamik der Veränderung entfaltet, die tief in das Bewusstsein und die Alltagsgestaltung breiter Bevölkerungskreise hineinreicht. Dass der Perspektivenwechsel von einer Politik der Verhältnisse zu einer Politik des Verhaltens gerade im Themenfeld ‚Gesundheit/Krankheit' besonders virulent geworden ist, dürfte nicht zuletzt der vordergründigen Selbstevidenz eines (Verhaltens-)Imperativs geschuldet sein, wonach eine gesundheitsbewusste bzw. -förderliche (oder eine zumindest krankheitsvermeidende) Lebensführung in einem unmittelbaren Zusammenhang mit einem – so das zentrale Versprechen neo-liberaler Programmatik – *individuellen* Zugewinn an Autonomie und (Wahl-)Freiheit, verbesserter Lebensqualität und gesteigertem subjektivem Wohlbefinden stehe. Unter Ausblendung maßgeblicher struktureller Bedingungen und von Ungleichheitsverhältnissen werden damit Fragen der Gesundheit und Krankheit in primär ‚persönliche Angelegenheiten' der mentalen Disposition („Gesundheit fängt im Kopf an"), der individuellen Lebensführung („risikoaversiver Lebensstil"), der selbsterzeugten (und bei Bedarf professionell unterstützten) Motivation und des ‚positiven Willens zur Gesundheit' transformiert. Im Rahmen dieses politisch-ökonomisch-ideologischen Kontextes sind im Gesundheitswesen die unterschiedlichsten Programme der Gesundheitsförderung mittlerweile Legion, die das aktive ‚Management' der Gesundheitsrisiken – vom Stress am Arbeitsplatz über die gesunde Ernährung bis hin zum hinreichend umfänglichen Bewegungsverhalten – nahezu ausschließlich in die individuelle Verantwortung der ‚Bürger_innen' legen, mithin Krankheit tendenziell als Ergebnis einer ‚anstößigen' oder ‚unvernünftigen', jedenfalls gesundheitsschädlichen Lebensführung verstanden wissen wollen. Exemplarisch für einen verhaltenspolitischen Perspektivenwechsel im Bereich ‚Gesundheit/Krankheit' steht aktuell das Phänomen des sog. Self-Tracking (Selbstvermessung), das mittels neuester technikgestützter Verfahren des Mikro-Managements auf die indirekte Steuerung von individuellen Entscheidungsprozessen, Verhaltensbereitschaften und Handlungsvollzügen zielt. Unter Einsatz der avanciertesten Neuerungen einer digitalen Technologie (Smartphones, Wearables wie Fitnessarmbänder, Pulssensoren, Aktivitäts- und Schlaftracker, etc.) etabliert sich zusehends eine Kultur der individualisierten Optimierung von Gesundheit bzw. Vorbeugung von Krankheit, die auf einer umfassenden (Selbst-) Kontrolle und Überwachung von Körperfunktionen (Blutdruck, Puls), Verhaltensweisen (Schlaf, Bewegung, Ernährung) und emotionalen Zuständen (Depression, Dysphorie) basiert und neben der Aussicht auf Boni der Krankenversicherung mit einem umfassenden individuellen Befreiungsversprechen – einem Mehr an Selbstbestimmung, an erweiterten Handlungsoptionen, an Flexibilität, Lebenszeit und Produktivität – lockt.

Behinderung': Letzteres trifft in besonderem Maße auf eine sozialtechnische Innovation zu, die als Persönliches Budget im Bereich der ‚Behindertenhilfe' ihre gesetzliche Verankerung und praktische Umsetzung gefunden hat. Des Öfteren als Ausweis eines nachhaltigen sozialen Fortschritts präsentiert, mit dem nicht zuletzt der in der ‚Behindertenbewegung' artikulierten Forderung nach einer bedarfs- und bedürfnisorientierten Individualisierung, Entbürokratisierung und Flexibilisierung der Hilfe und Unterstützung und damit den erweiterten Selbstbestimmungsmöglichkeiten der Nutzer_innen Rechnung getragen würde, wird mit dem Persönlichen Budget – in die ‚progressiv' anmutende Sprache der Partizipation, des Rechtsanspruchs und des Autonomiezugewinns gekleidet – im Kern jedoch ‚nur' die vertraute marktwirtschaftliche Logik neo-liberaler Provenienz vollzogen. Der/die ‚Behinderte' wird damit zum Kunden-Souverän eines – mehr imaginierten denn realen – Marktes an sozialen Dienstleistungen befördert, der aus der Vielfalt der Angebote eine Kosten und Nutzen rational kalkulierende, die Wettbewerbsbedingungen zum eigenen Vorteil ausschöpfende und auf die jeweiligen individuellen Bedürfnisse zugeschnittene Auswahl an Hilfen trifft. Abgesehen davon, dass mit dem Allokations-Modus des Persönlichen Budgets eine neue Ausschließungskategorie der „Nicht-Budget-Fähigen" geschaffen wird, abgesehen auch davon, dass die marktwirtschaftliche Ideologie des Persönlichen Budgets die restriktiven (und nach wie vor ausgesprochen bürokratisch organisierten und von Machtasymmetrien durchzogenen) Bedingungen der Hilfe verschleiert, verschiebt sich damit der sozial- und gesellschaftspolitische Fokus von einer kollektiv hergestellten und solidarisch verantworteten sozialen Infrastruktur, die Marktprozesse und -dynamiken zu neutralisieren bzw. zu ersetzen versucht, weiter in Richtung einer individuumszentrierten Politik des Verhaltens, die ‚sozialen Fortschritt' nur mehr an der Teilhabe an (Dienstleistungs-)Märkten und der Erweiterung darauf bezogener (Wahl- und Entscheidungs-)Freiheiten bemisst und dabei in letzter Konsequenz die negativen Folgen ‚falscher' Präferenzen und ‚irriger' Handlungskalküle als ‚persönliches Pech' in der ‚schuldhaften" Eigenverantwortung der Betroffenen belässt.

Soziale Sicherung: In keinem gesellschaftlichen Teilbereich, der sich mit der Programmatik einer Politik des Verhaltens konfrontiert sah, kam die Neuordnung der institutionellen und ideologischen Grundlagen im öffentlichen Diskurs so konflikthaft und so kompromisslos zum Ausdruck wie im Bereich der Sozialpolitik und der sozialen Sicherung, und hier wiederum in besonderem Maße in der sog. Hartz-IV-Reform. Die Grundlagen der sozialen Sicherheit stell(t)en – häufig neben und im Verbund mit dem Thema der inneren Sicherheit – das bevorzugte politische Terrain dar, in dem der Kampf um einen *neuen Gesellschaftsvertrag* ausgefochten wird, mit dem die Beziehungen von Markt, Staat und Bürger_innen nach dem neo-liberalen Muster individueller Eigenverantwortung, privat organisierter Vorsorge und kontinuierlicher präventiver Selbstoptimierung neu austariert werden. Bis in die 1970er Jahre hinein wurde die Entwicklung des Sozialstaats vor dem Hintergrund einer doppelten gesellschaftlichen Erfahrung – der ökonomischen und politischen Verheerungen, die Weltwirtschaftskrise und Nationalsozialismus hinterließen, einerseits und der allgegenwärtigen Systemkonkurrenz von kapitalistischer Markt- und staatssozialistischer Planwirtschaft während des Kalten Krieges andererseits – von einer historisch einzigartigen Interessenkonstellation getragen und vorangetrieben. Im relativen Konsens der maßgeblichen gesellschaftlichen Akteure (der Unternehmerschaft auf Kapitalseite, der staatlichen Instanzen und der organisierten Arbeitnehmer_inneninteressen) und unter Wahrung der zentralen Funktionsprinzipien, Strukturen und Ungleichheitsverhältnisse einer kapitalistisch verfassten Wirtschafts- und Sozialordnung bildete sich ein sozialstaatliches Arrangement heraus, das der Idee (nicht der sehr viel widersprüchlicheren Wirklichkeit) nach, auf den Prinzipien einer (begrenzt) *redistributiven* und *kompensatorischen* sozialen Sicherung basierte, die im Falle des Versagens marktvermittelter individueller Reproduktion und damit korrespondierenden marktbedingten Mängellagen annährend *lebensstandardsichernde* sozialstaatliche Transferleistungen vorsah. Mit der Aufkündigung des sozialstaatlichen Kompromisses infolge der ökonomischen Krisen in den 1970er Jahren einsetzend, und im Folgenden mit dem Ende der Systemkonkurrenz des Ost-West-Konflikts 1989 weiter vorangetrieben, vollzog sich im Zeitraum der 1990er bis Mitte der 2000er Jahre ein – ausnahmsweise einmal zurecht – paradigmatisch zu nennender Wandel der gesellschafts- und sozialpolitischen Orientierungen. Im Bereich der sozialen Sicherung wurden mit dieser Entwicklung die Bedingungen für eine neue neo-liberal instrumentierte Programmatik und Praxis geschaffen, die sich nunmehr als *kompetitive* (und nicht mehr kompensatorische), als *investive* (und nicht mehr redistributive), als (ressourcen-) *mobilisierende* (und nicht mehr ‚passivierend' versorgende) Sozialpolitik verstanden wissen wollte. Auf der Basis eines Systems sozialer Sicherung, das in letzter Instanz nurmehr ein bewusst als *Fürsorge*leistung konzipiertes *existenzsicherndes* Minimum (Alg II) gewährleistet, wird eine verhaltenspolitische Zielsetzung verfolgt, die darauf gerichtet ist, auf der Ebene der einzelnen Leistungsempfänger ‚aktivierend' Ressourcen und Potenziale zu mobilisieren, die – als individueller Effekt – die persönlichen (Markt-)Chancen und – als gesamtgesellschaftlicher Effekt – die nationalstaatliche Wettbewerbsfähigkeit in den globalen Konkurrenzverhältnissen verbessern sollen. Die systematische Inpflichtnahme des Einzelnen, dem Lebensführungsgebot verantwortungsbewusster ‚Selbstsorge' nachzukommen und sich ‚privat' seiner individuell zu bewerkstelligenden sozialen Sicherheit anzunehmen, und zwar sowohl aus purem Eigen- wie wohlverstandenem Gemeinwohlinteresse, ist damit Teil eines umfassenderen (sozial-)politischen Regimes der (Verhaltens-) Aktivierung geworden, das in erster Linie auf die Erzeugung und Mobilisierung von Ressourcen *in* den Individuen (zur Verbesserung und Steigerung der Wettbewerbs-, d. h. der Arbeits-, der Bildungs-, der Integrations-, der Wohn*fähigkeit*) ausgerichtet ist und nachrangig *für* die Individuen (im Sinne der Schaffung von Arbeitsplätzen, Wohnraum, sozial-kultureller Infrastruktur, lebensstandardsichernden Lohnersatzleistungen, familienunterstützenden reproduktiven Leistungen). Unter dem Leitmotiv von ‚Fördern und Fordern' wird Erwerbslosigkeit nicht mehr so sehr als eine strukturelle Frage des Arbeitsmarktes, seines systembedingten Versagens und einer daraus ableitbaren kollektiv-staatlichen Verpflichtung der aktiven und direkten Kompensation betrachtet. Vielmehr wird Erwerbslosigkeit vermehrt in einen verhaltensbezogenen Mangel, in ein mental-motivationales Versagen des

Arbeitslosen umgedeutet, das dem/der einzelnen Arbeitslosen die (mittlerweile selbstverständlich anmutende) Verpflichtung auferlegt, die diagnostizierten individuellen Defizite im Rahmen entsprechender professionell begleiteter Schulungs- und Kompetenztrainingsprogramme (nicht zuletzt in Trägerschaft der Sozialen Arbeit) eigenverantwortlich zu kompensieren.

Im Zuge dieser Entwicklung zeichnen sich somit die Konturen einer neuen sozialstaatlichen Konfiguration ab, die sich im Sinne einer Politik des Verhaltens folgendermaßen zusammenfassen lässt: Das überlieferte System kollektiver *materieller* Sicherung wird im Zuge seiner neo-liberal inspirierten Reformen schrittweise in eine das ‚Überleben' sichernde und in seinen Zugängen zusehends voraussetzungsvoller, kontrollierender und sanktionierender ausgestattete, letztinstanzliche Gewährleistungsagentur transformiert, die mit verschärften Bedürftigkeitsprüfungen und dezidierten Verhaltens- und Reziprozitätserwartungen (‚Pflichten gegen Rechte') einhergeht. Unter dem Stichwort der Aktivierung wird über einer zunehmend rudimentären Form der ‚Grundsicherung' hinweg ein fortschreitend bedeutsamer und engmaschiger werdendes zweites, *entmaterialisiertes* (aber deswegen nicht weniger kostenintensives) und individuell gestricktes soziales Sicherheitsnetz gespannt, das sich über die (sozial-)pädagogische und quasi-therapeutische Vermittlung von sozialen, kognitiven und emotionalen Kompetenzen (Selbstkontrolle und -disziplin, Kontakt- und Kommunikationsfähigkeit, Selbstreflexion, Selbstbehauptung, etc.) herstellt und damit die Kompensation der systemimmanenten Risiken des (Arbeits-, Wohnungs-, Bildungs-)Marktes an die ‚eigenen Kräfte' und das ‚individuelle Vermögen" der Betroffenen delegiert. Menschen geraten in Schwierigkeiten in der Alltagsbewältigung nicht so sehr aufgrund der destruktiven Strukturen und Dynamiken konkurrenz- und wettbewerbsbestimmter Märkte und defizitärer Systeme kollektiver sozialer Sicherung; Menschen scheitern vielmehr in erster Linie aufgrund der Lücken, die sie im Aufbau ihres individuellen, kompetenzbasierten Sicherheitsnetzes durch mangelhafte (Bildungs- oder Alters-)Vorsorge, unzureichend entwickelte mentale Stärken (Selbstdisziplin, Selbstwirksamkeitserwartungen, Optimismus, Vereinbarkeit von Beruf und Familie) und/oder ungenutzte soziale Ressourcen (Familie, Nachbarschaft, Bekannten- und Freundeskreis) zu schließen versäumt haben (und für deren Konsequenzen sie deshalb ‚gerechterweise' nun auch einzustehen haben).

Die bisherigen Ausführungen legen möglichweise ein Missverständnis nahe, dem wir in einer abschließenden Bemerkung ‚vorbeugend' beggnen möchten. Die im BUKO- und Buch-Titel avisierte Kontrastierung einer Politik des Verhaltens mit einer Politik der Verhältnisse darf nicht im Sinne einer dichotomisierenden, sich wechselseitig ausschließenden Gegenüberstellung verstanden werden. Mit Blick auf die jeweiligen Programmatiken und Praktiken stellt sich deren Beziehung vielmehr als sehr viel vermittelter, jedenfalls häufig weniger eindeutig und absolut dar. Die Agenda der neo-liberalen (Fundamental-)Kritik eines sozialstaatlich-keynesianisch eingehegten Kapitalismus zielt(e) in ihrer Orientierung an individueller Aktivierung, Responsibilisierung und Kontraktualisierung des Verhältnisses von Bürger_in und Staat unverkennbar auf eine umfassende Veränderung der *institutionellen Struktur* sozialstaatlicher Leistungen – man denke hier z. b. nur an die der Anfang der 2000er Jahre von der „Kommission für moderne Dienstleistungen" auf den Weg gebrachten sog. Hartz-Gesetze. Mit der Etablierung eines veränderten Systems marktwirtschaftlich-wettbewerbsorientierter „Anreiz"-Strukturen soll(t)en veränderte Verhaltensdispositionen, Motivlagen und Mentalitäten formiert und verstärkt werden, die allesamt darauf ausgerichtet sind, im Sinne der Zielsetzungen einer Politik des Verhaltens nachhaltige verhaltenssteuernde Wirkungen zu entfalten. Und umgekehrt ist es durchaus nicht ungewöhnlich, dass mit einer Politik der Verhältnisse, die in erster Linie auf den Ausbau einer sozialen Infrastruktur und den Abbau struktureller Sperren im Zugang zu ökonomischen, politischen und kulturellen Ressourcen gerichtet ist, nach dem Muster der klassischen Soziale-Probleme-Perspektive explizite, wenn auch i. d. R. nachgeordnete Erwartungen sekundärer ordnungspolitischer Effekte einhergehen. (Infra-)Strukturelle Verbesserungen – so eine gängige mit dem Soziale-Probleme-Diskurs verbundene und Politik und Öffentlichkeit häufig angetragene Legitimation ‚sozialer Programme' – bedingen gleichzeitig Verhaltens- und Einstellungsmodifikationen, die wiederum weniger Kriminalität und Gewalt, weniger Drogenkonsum, weniger Ausländerfeindlichkeit, weniger (politische) Apathie etc. nach sich ziehen und damit die Voraussetzungen für ein zivileres, ‚geordnetes' und ‚friedvolleres' Zusammenleben gewährleisten.

Eine sich (herrschafts-)kritisch verstehende Perspektive muss deshalb u. E. nicht nur über eine individuumszentrierte und personalisierende Politik des Verhaltens hinausgehen, die die Subjekte – dem Diktum einer modernisierten neo-liberalen Macht- und Herrschaftstechnologie folgend – zu ‚autonomen', selbstregulierten und selbstverantwortlichen Akteuren ihrer (Selbst-)Unterwerfung und (Selbst-)Anpassung zu formen versucht. Vielmehr muss es im Weiteren notwendig auch darum gehen, im Interesse einer emanzipatorisch verstandenen Politik der Verhältnisse über die (implizit) ordnungspolitischen Anliegen eines – nicht zuletzt in der Sozialen Arbeit – gängigen (Soziale-Probleme-)Diskurses hinaus zu gelangen, der sich mit der (Wieder-)Herstellung ‚guter' bzw. ‚besserer' Herrschaftsverhältnisse begnügt. Im Sinne einer befreiungspolitischen Perspektive gilt es darüber hinaus, die „den Menschen gegenüber zur Undurchsichtigkeit verselbständigten Verhältnisse" transparent und verfügbar zu machen, die „Last", das „Übergewicht" und die „Schwerkraft der gesellschaftlichen Verhältnisse" in ihren individuellen und kollektiven Beschränkungen und Versagungen zu überwinden. Für die Soziale Arbeit bedeutet das, in theoretischer wie forschungs- und handlungspraktischer Hinsicht nicht nur an Verhältnissen, sondern an *verhaltensbefreienden Verhältnissen* zu arbeiten und (infra-)strukturelle Bedingungen zu schaffen, die mit dazu beitragen „Gesellschaft als kollektiven Zwangsmechanismus", als „universale[n] Block" von Vergesellschaftungsverhältnissen, denen keine Facette des Verhaltens (mehr) entgeht, aufzuheben.[2]

Vor diesem Hintergrund war es der Anspruch des 9. Bundeskongresses Soziale Arbeit in Darmstadt, aus unterschiedlichen Perspektiven zu analysieren, wie sich dieser Politikwechsel *in* der Sozialen Arbeit und *durch* die Soziale Arbeit auswirkt, wie sich insbesondere die widersprüchlichen Konstellationen einer Politik des Verhaltens und/oder einer Politik der Verhältnisse in Theorie und Forschung ausdrücken, wie sie über die Gestaltung der Praxis jeweils bearbeitet werden und unter welchen Bedingungen einer Politik des Verhaltens widerstanden werden kann.

Die Publikation gliedert sich in zwei Teilbereiche. Im ersten Teil ‚Politik der Verhältnisse – Politik des Verhaltens: Konfliktorientierte Soziale Arbeit im Kontext von Aktivierung und sozialer Ausschließung' werden zunächst grundsätzliche gesellschaftskritische Analysen, Positionen und Perspektiven dargestellt wie auch daraus resultierende Überlegungen und Erfordernisse für eine kritische Soziale Arbeit.

Im einleitenden Beitrag bilanziert *Stephan Lessenich* den sozial- und gesellschaftspolitischen Paradigmenwechsel, mit dem seit den 1990er Jahren unter dem Leitmotiv der Aktivierung ein gesellschaftlicher Struktur- und Mentalitätswandel instrumentiert und durchgespielt wird. Im Mittelpunkt der verhaltenspolitischen Neuorientierung der (Sozial-)Politik steht dabei eine tiefgreifende Reorganisation des Verhältnisses von (Sozial-)Staat, Markt und (Nicht-)Staatsbürger_innen. *Stephan Lessenich* stellt dabei zwei grundlegende ideologische und institutionelle Revisionen bzw. Verschiebungen heraus. Zum einen: Aus der bis in die 1970er Jahre handlungsleitenden Kritik der destruktiven Kräfte eines sich weitgehend autonom regulierenden Marktgeschehens, und der daraus abgeleiteten Forderung, zentrale gesellschaftliche Lebensbereiche mittels sozialstaatlicher Intervention der Funktionslogik warenförmiger Tauschbeziehungen zu entziehen oder vorzuenthalten, kurzum zu *ent*-marktlichen, wird mit dem Siegeszug des Aktivierungsparadigmas nunmehr die glaubensstarke Affirmation einer forcierten und immer weiter ausgreifenden *Ver*-Marktlichung des ‚Sozialen'. Die (selbst-)aktivierend

---

2 Vgl. Theodor W. Adorno (1965): Gesellschaft. In: Ders., Soziologische Schriften I, Frankfurt/M., 1979, S. 9-19; Zitate: S. 9, 12, 17, 19.

bewerkstelligte Teilhabe an (Arbeits-, Wohnungs-, Konsum-)Märkten wird dabei, so *Stephan Lessenich*, zum entscheidenden Kriterium der gesellschaftlichen Integration (oder Ausschließung), sozialstaatliche Unterstützung mithin zur individuellen Befähigungshilfe (Empowerment) für eine kompetente Selbstbehauptung auf wettbewerbsbestimmten Märkten. Zum anderen verweist Lessenich auf den gemeinhin leicht unterschlagenen Sachverhalt, dass mit der (sozial-)politischen Programmatik des Neo-Liberalismus nicht nur keine pauschale Verabschiedung ‚des Sozialen' einhergeht. Vielmehr hantiert der hegemonial gewordene Aktivierungsdiskurs mit einer ganz „spezifisch neoliberale[n] Form der Sozialität" und „Idee des Sozialen", die dessen bemerkenswerte Durchsetzungsfähigkeit und Attraktivität (nicht zuletzt in der Sozialen Arbeit) erst erklären kann. Denn die im öffentlichen und sozialwissenschaftlichen Diskurs in den Vordergrund gestellte (und durch den Topos der Ökonomisierung immer wieder bestätigte) ‚ökonomische' Rationalität ist in der neo-liberalen Aktivierungsprogrammatik eine spezifische Verbindung mit Vorstellungen des ‚Sozialen' eingegangen, die Eigenverantwortung mit Sozialverantwortung, Selbstsorge mit Gemeinwohlsorge, Rechte mit Pflichten, individuellen Nutzen mit sozialem Nutzen – zumindest rhetorisch – verkettet. Mit dieser spezifischen Verschränkung des ‚Ökonomischen' mit dem ‚Sozialen' ist der neo-liberale Denk- und Handlungsstil nicht nur für ‚linke' Politikentwürfe (Clintons ‚New Democrats', Blairs ‚New Labour', Schröders ‚Neue Mitte'), sondern auch für die Soziale Arbeit in ihrer bisweilen arglos anmutenden Verklärung „des Sozialen" anschlussfähig geworden.

Helga Cremer-Schäfer diskutiert die Widersprüche einer Politik der Verhältnisse und einer Politik des Verhaltens, in denen Soziale Arbeit grundsätzlich zu verorten ist, im Rahmen eines kritischen Begriffs von sozialer Ausschließung. Mit ihrer Ausgangsthese löst sie sich von herkömmlichen und verkürzten Sichtweisen, die soziale Ausschließung ausschließlich als Voraussetzung und Anknüpfungspunkt von Sozialer Arbeit verstehen. Im Hinblick auf die Bearbeitung (markt-)gesellschaftlicher Widersprüche ist der analytische Blick ihr zufolge auch darauf zu richten, ob und inwiefern Prozesse sozialer Ausschließung auch als Folge von Sozialer Arbeit entstehen (können). Ihre Argumentation nimmt das Verhältnis von Integration und Ausschließung im Kontext von „Markvergesellschaftung und bürokratisch organisierten Vermittlungsinstitutionen" zum Ausgangspunkt. Hier rekonstruiert sie die zentralen gesellschaftlichen Konflikte und Auseinandersetzungen, die auf der einen Seite zur Institutionalisierung verschiedener, gradueller Formen sozialer Ausschließung geführt haben, die „durch Formalisierung, Recht, bürokratische Verfahren und Wissensproduktion sowie Kategorisierungen und Klassifikationssysteme als ‚legitime soziale Ausschließung' begründet" wurden und werden.

Staatliches Strafen und die „Institution Verbrechen & Strafe" werden von *Helga Cremer-Schäfer* als paradigmatisches Beispiel einer Institution beschrieben, die nicht nur selektiv ausschließt, sondern zugleich die prinzipielle Legitimität von Ausschließung aufrechterhält. Auf der anderen Seite benennt sie unterschiedliche soziale Emanzipations- und Gegenbewegungen, denen es trotz grundsätzlicher Fortexistenz des bürgerlichen Ausschließungsapparates (durch den Markt, das patriarchale Herrschaftsverhältnis, durch Bestimmung von Kategorien, die als nicht vertragsfähig definiert und in Anstalten eingeschlossen werden [„Wahnsinnige", „Kriminelle", „Minderwertige", „innere Feinde" u. a. m.], durch nationalstaatliche und koloniale Grenzziehung und Ausschließung der „unzivilisierten Welt") in verschiedenen Bereichen doch gelungen ist, Ausschließung zu begrenzen, zu kompensieren und damit in der konkreten Anwendung sozial „hinauszuschieben". Soziale Arbeit wird von *Helga Cremer-Schäfer* im Kontext dieser gesellschaftlichen Konflikte verortet, als einerseits verstrickt in die Ausschließungsprozesse, anderseits als Teil der Emanzipationsbewegungen, denen es um die Abmilderung und Kompensation von – mitunter auch um Alternativen und Gegenmodelle zur – Ausschließung ging. Diese Widersprüchlichkeit fasst sie als „dialektische Institutionen", die je nach gesellschaftlichen Bedingungen und Kräfteverhältnissen eher herrschaftsoptimierende oder auf Befreiung und Emanzipation ausgerichtete Ausprägungen annehmen können. Als „dialektische Institution" produziert Soziale Arbeit *Helga Cremer-Schäfer* zufolge darüber ihre eigenen „sekundären Widersprüche", dass sie zwar auf die Gewinnung von mehr Partizipation und Reduzierung von Ausschließungsprozessen ausgerichtet ist, dies aber im Selbstverständnis einer „Problemlösungsinstanz", die gesellschaftliche Konflikte in „Probleme" umdefiniert und darüber Wissensbereiche konstituiert und Kategorisierungen produziert, die den kontrollierenden und disziplinierenden Zugriff auf die Person ermöglichen, einen Zugriff, der selbst wieder eigene sekundäre Grenzen produziert, an denen Kontrolle und Disziplinierung umschlägt in Prozesse sozialer Ausschließung. Soziale Arbeit als „Problemlösungsinstanz" kann folglich unter gesellschaftlichen Bedingungen, in denen (wie zu Zeiten des Fordismus) Interesse an „Grenzerweiterung und Einbeziehung" besteht, Ausschließungspraktiken kritisieren und zurückdrängen, sie kann aber auch dann, wenn Teilhabe exklusiver bestimmt wird und Grenzziehungen den Charakter „selektiver Schließungen" annehmen (wie es gegenwärtig im Neoliberalismus geschieht), durch die Hervorhebung des Kontroll- und Disziplinierungswissens Prozesse sozialer Ausschließung verstärken und dieser Verstärkung zusätzliche Legitimation verschaffen.

Maria Bitzan veranschaulicht in ihrem Beitrag die Produktivität einer Konfliktorientierung für die Soziale Arbeit. Gesellschaftliche Widersprüchlichkeiten werden als

Konfliktthemen und Konfliktstrukturen begriffen, die aus Macht- und Herrschaftsverhältnissen resultieren, aber auch als historische veränderbare Konstellationen. Die Perspektive wird auf die gesellschaftliche Seite von Konflikten gerichtet, die als soziale Konflikte immer auf gegensätzliche Interessen, unerfüllte Versprechen, Ansprüche und Zumutungen verweisen. Dabei sind die erfahrungsbezogenen Ausgangspunkte von sozialen Konflikten immer auch kollektivierbar und in ihnen verdeutlicht sich die Struktur des Sozialen. (Soziale) Konflikte gelten insofern als konstitutiver Bestandteil von Gesellschaft und damit auch von gesellschaftstheoretischen Konzepten, mit welchen analysiert werden kann wie Gesellschaft ihre Ordnung herstellt und verteidigt, aber auch wie gesellschaftliche Veränderungen ermöglicht werden können. Konfliktorientierung wird in diesem Sinn von *Maria Bitzan* als eine produktive und konstruktive Haltung für die Soziale Arbeit begriffen, jedoch nur, wenn es ihr gelingt, Widersprüche aufzudecken, Konfliktstrukturen zu erkennen und diese in professionelle und öffentliche Verhandlungsarenen einzubringen. *Maria Bitzan* weist darauf hin, dass Konflikte in der Sozialen Arbeit häufig nur als ein „individuelles Problem" erscheinen und im institutionellen Alltag v. a. nur als „Bewältigung von Konflikten" zum Ausdruck kommen, weshalb die Soziale Arbeit v. a. mit Folgekonflikten herausgefordert ist. „Das Soziale manifestiert sich in den Lebenswelten der Menschen als Verhalten in Konflikten bzw. Konfliktstrukturen – als je spezifische Bewältigung", die immer auch Kompromisse beinhalten, die auf ein „Mehr von Ansprüchen", die nicht gelebt werden können, verweisen. Am Beispiel der Geschlechterpolitik verdeutlicht *Maria Bitzan*, dass Emanzipation z. B. auf ein ‚individuelles Entwicklungsprojekt' reduziert wird. Mit dem Konstrukt des „sozialpolitischen Verdeckungszusammenhangs", das in der feministischen Theoriebildung und Forschung entwickelt wurde, können die Zusammenhänge hierarchischer Ordnungsstrukturen im Geschlechterverhältnis in den Bereichen der *sozialpolitischen Normalitätsproduktion, der gesellschaftlichen Symbolproduktion* und der *biographischen Konstruktion* analysiert werden. Auch für die Analyse sozialpädagogischer Handlungspraktiken kann dieses Konstrukt genutzt werden. Dabei ist die Soziale Arbeit immer wieder herausgefordert ihre Adressierungspraxen zu reflektieren und von einer grundsätzlich konflikthaften Struktur bei der (Fall)Bearbeitung auszugehen, was bedeutet, Interessensunterschiede in *Verhandlungsarenen* einzubringen und Adressat_innenpositionen darüber (wieder) artikulierbar und auch sichtbar zu machen. Konfliktorientierung wird von *Maria Bitzan* als eine „politische Haltung" und als eine „fachliche Positionierung" verstanden, gegen Reduzierung, Personalisierung und Standardisierung, mit welcher verdeckte Konflikte sichtbar gemacht, in Verhandlungsarenen eingebracht und damit auch öffentlich verhandelbar werden können, als Praktiken einer Gestaltung von Verhältnissen.

Der Zusammenhang von Verhältnissen und Verhalten wird von *Timm Kunstreich* zusammen mit der Perspektive einer „solidarischen Professionalität" in den Blick genommen. Angeknüpft wird dabei an die Tradition einer „politischen Produktivität" in der Soziale Arbeit, die bislang viel zu wenig Beachtung findet. Bezugnehmend auf Oskar Negt, weist *Timm Kunstreich* darauf hin, dass Integration und Ausschließung v. a. auf institutionelle und herrschaftliche Funktionen der Sozialer Arbeit verweisen, während „politische Produktivität" eine Stärkung praktischer Teilhabemacht – individueller und kollektiver Teilhabemacht – beinhaltet, welche die „Handlungs- und Erfahrungsdomänen der Betroffenen nachhaltig erweitern" können und insofern dann auch eine „Bedeutung im solidarischen Beziehungsgeflecht von Sozialitäten erhalten". Dabei werden drei Ebenen einer „politischen Produktivität" analytisch unterschieden: 1. Die konflikthafte Realisierung von Teilhabemacht unterschiedlicher Akteure im institutionellen Raum, 2. themenoder fachspezifische Konflikte als (fach) öffentliche Positionierungen der Sozialen Arbeit, 3. öffentliche Auseinandersetzungen um soziale Platzierungen und „sozial gerechte Positionierungen", die auch von sozialen Bewegungen aufgegriffen werden. Rückblickend auf historisch „unabgegoltene und abgebrochene Projekte" einer „politischen Produktivität" in der Sozialen Arbeit, die jedoch realisiert wurden wie z. B. „Hull House", „Kinderheim Baumgarten", „Waisenhaus Dom Sierot" oder „Pädagogik der Unterdrückten", stellt *Timm Kunstreich* heraus, welche Bedeutung Settlements, Genossenschaften, Gleichberechtigung unterschiedlicher Deutungsmuster, gemeinsame Aufgabenbewältigung, Formen der Solidarisierung und Selbstregulierung, sinnstiftende Aktivitäten wie auch Grenzüberschreitungen für eine „kooperative und solidarische Praxis" haben und wie diese im Kontext Sozialer Arbeit (weiter)entwickelt werden können.

Margrit Brückner benennt „Liebe, Fürsorge und Gewalt als Spannungsfelder und zentrale Dimensionen derzeitiger Geschlechterverhältnisse", welche auf Widersprüchlichkeiten hierarchisierter Geschlechterordnungen und hegemonialer Geschlechterbilder verweisen wie auch professionelle Deutungs- und Handlungsformen der Sozialen Arbeit prägen. Bezugnehmend auf die Entwicklungsgeschichte der Sozialen Arbeit werden die sozialen Praxen der Pionierinnen Sozialer Arbeit, ihre empirischen und theoretischen Ansätze einer „Fürsorgeforschung" und ihre gesellschaftskritischen Überlegungen im Kontext der Ersten Frauenbewegung beschrieben. Diese haben im Zuge der Institutionalisierung und Verwissenschaftlichung der Sozialen Arbeit für ihre praxisbezogenen und wissenschaftlichen Leistungen kaum noch Anerkennung erhalten und sind eher in Vergessenheit geraten. Der Anspruch der Pionierinnen, ethisch fundierte praxisbezogene Gerechtigkeitsvorstellungen mit gesellschaftswissenschaftlichen Sozialanalysen zu verknüpfen und sich sozialpolitisch dafür einzusetzen, wird angesichts der „Ökonomisierung vieler Bereiche Sozialer Arbeit" als aktuell höchst bedeutsam bewertet. *Margrit Brückner* stellt heraus, dass Gender sowohl auf der Struktur- als auch auf der Subjektebene nach wie vor eine zentrale Kategorie für die Soziale Arbeit zur Analyse gesellschaftlicher Prozesse und individueller Handlungs- und Deutungsmuster darstellt, jedoch der „individuellen als auch kollektiven Reflexion eigener intersektioneller Machteinbettungen" bedarf, um wenig präsente Erfahrungen und Lebensweisen disziplinär und professionell nicht auszuschließen. Bezugnehmend auf die Zweite Frauenbewegung zeigt sie, dass sich feministische Projekte v. a. als politisch verstehend und in Distanz zur institutionellen Sozialen Arbeit entwickelt haben, die Prozesse der Institutionalisierung der Projekte jedoch zu einer Professionalisierung der Frauenbewegung führten und damit auch eine Annäherung in Richtung Sozialer Arbeit erfolgte. Trotz der Einflussnahme der Frauen- und Geschlechterforschung wurden Fragen der Geschlechter(un)gerechtigkeiten in der Sozialen Arbeit bis heute nicht systematisch aufgenommen. Bereiche, die für die Soziale Arbeit bedeutsam geworden sind, wie Gewalt gegen Frauen, feministische Mädchenarbeit oder auch geschlechterreflektierende Mädchen- und Jugendarbeit sind in kritischer Auseinandersetzung mit den neoliberalen Verständnissen von Individualität und Selbstbestimmung und damit verknüpfter Selbstverantwortung zu analysieren. Denn „Selbstbestimmung ist heute zunehmend weniger an kollektive Ideen und Ideale gebunden, sondern kann fast alles meinen" und die Frage, ob dieser Verlust als Mangel oder „neue Befreiung" zu deuten ist, wird als ein notwendiger Diskurs mit hoher Praxisrelevanz für die Soziale Arbeit bewertet. *Margrit Brückner* plädiert dafür, gerade in den professionalisierten Bereichen der Sozialen Arbeit, wie z.B. Häusliche Gewalt, wieder „mehr in die Gesellschaft hinein zu arbeiten", z. B. durch gemeinwesenorientierte Projekte, und Geschlecht als eine politische Kategorie zu behandeln, die hinterfragt werden muss. Gefordert werden ‚geschlechtergerechte Denkansätze' und Strategien zur Bearbeitung der „globalen Care-Krise" wie auch ein „neuer Welfare-Mix" auf transnationaler Ebene, der sowohl die Rechte von Sorgebedürftigen als auch der Sorgenden berücksichtigt, bei der gerade die Soziale Arbeit eine zentrale Rolle einnehmen könnte.

Die Beiträge im zweiten Teil des Bandes (Teil 2 bis 5) sind nach vier thematischen Schwerpunkten geordnet, die jeweils gesondert eingeführt werden: Konfliktperspektiven in Fall-, Feld- und Sozialraumorientierung; Partizipation, Inklusion und Diversität im Neoliberalismus; Praktiken der Normierung, Normalisierung, Disziplinierung und Ausschließung; Macht- und Wissensverhältnisse in Ausbildung und (Lohn-)Arbeit.

Teil 1
Politik der Verhältnisse – Politik des Verhaltens: Konfliktorientierte Soziale Arbeit im Kontext von Aktivierung und sozialer Ausschließung

Doch die Verhältnisse, sie sind nicht so
Zwischenbetrachtungen im Prozess der Aktivierung

Stephan Lessenich

Es mag als eine *déformation professionnelle* der Soziologie gelten, regelmäßig gesellschaftliche Umbrüche entdecken zu müssen, zu deren Deutungsexpertin sie sich dann selbst wiederum berufen fühlen kann. Insofern ist für Soziolog/innen grundsätzlich weise Zurückhaltung und für alle, nicht dem Fach verschriebenen, anderen jedenfalls durchaus kritische Distanz angebracht gegenüber allfälligen Diagnosen irreversibler sozialer Strukturverschiebungen, abgebrochener gesellschaftlicher Entwicklungspfade oder nunmehr angebrochener Post-was-auch-immer-Zeiten. *The end of the world as we know it*[1] findet nicht jedes Quartal, alle Jahre wieder oder auch nur alle paar Jahrzehnte statt. Wirklich radikaler sozialer Wandel und wahrlich paradigmatische Politikwechsel machen sich vielmehr in der Gesellschaftsgeschichte äußerst rar – der Mensch ist, auch als *animal sociale*, ein Gewohnheitstier.

Und dennoch ist unübersehbar, dass der europäische Sozialstaat seit nunmehr zwei Jahrzehnten dabei ist, sein Gesicht zu verändern. Die Hintergründe und Rahmenbedingungen, Triebkräfte und Einflussfaktoren dieses Wandels sind gewiss vielfältig – von der ökonomischen Globalisierung bis zur Individualisierung der Lebensstile wäre diesbezüglich ein ganzer Kranz an einschlägigen Aspekten und Dimensionen zu nennen. Doch ist für die interessierte – und nicht nur soziologische – Beobachterin schlechterdings nicht zu übersehen, dass es, eingewoben in ein überaus komplexes Verursachungsgeflecht, nicht zuletzt ein genuin *politischer* Einsatz gewesen ist, der die gesellschaftliche Realität neuer sozialstaatlicher Strukturen hervorgebracht hat. Ein politischer Einsatz, der sich – bis heute – der offiziellen Programmformel der „Aktivierung" bedient.

---

1 So der Titel eines bekannten Stücks der US-amerikanischen Rockband *R.E.M.* (1987).

Der explizite Verweis auf eine ganz neue Welt der Wohlfahrt, die politisch herbeizuführen sei, stammt historisch von dem demokratischen US-Präsidenten Bill Clinton, der 1993 in seiner „State of the Union address" vor beiden Kammern des Kongresses seine feste Absicht „to end welfare as we know it" kundtat. Das Sitzungsprotokoll[2] registrierte an dieser Stelle übrigens lauten Beifall der Mitglieder nicht nur beider Häuser, sondern auch beider Kongressparteien, der wiederum nicht geringer war, als Clinton in pathetischem Ton ausrief: „We have to end welfare as a way of life and make it a path to independence and dignity." In den Vereinigten Staaten gehörte damals bereits seit mindestens zwei Jahrzehnten die konservative Kritik am sozialen Fürsorgewesen und, mit dem klar „rassisch" strukturierten Verweis auf die Sozialfigur der *welfare queen*, die Skandalisierung einer durch wohlfahrtsstaatliche Interventionen und Institutionen überhaupt erst ermöglichten und strukturell verfestigten „Kultur der Armut" zum guten (schlechten) Ton der sozialpolitischen Auseinandersetzung. Anfang der 1990er Jahre machte sich Clinton, zunächst in seinem Präsidentschaftswahlkampf und dann während seiner ersten Amtszeit, diese Position im Kern zu eigen, nicht ohne sie mit dem Verweis auf das autonome Individuum und die Würde der Person, die mit einer grundlegenden *welfare reform* politisch wiederherzustellen seien, zu veredeln. Nicht zufällig hörte das entsprechende, im Jahr 1996 verabschiedete Bundesgesetz dann auch auf den klangvollen Namen „Personal Responsibility and Work Opportunity Reconciliation Act" (PRWORA): Unter einer Politik des sozialen Ausgleichs wurde nunmehr verstanden, über das Angebot von Arbeitsgelegenheiten und deren Wahrnehmung durch erwerbsfähige Erwerbslose deren persönliche Verantwortlichkeit für die eigene Wohlfahrt zu fördern – und sie durch die individualbiographische Begrenzung der möglichen Bezugszeiten öffentlicher Hilfen auf in keinem Fall mehr als fünf Jahre faktisch auch einzufordern. „Fördern und fordern": Mit Clinton und PRWORA begann jene Politik der „Aktivierung", für die im deutschen Kontext die Personen Gerhard Schröder bzw. dessen *alter ego* Peter Hartz sowie das Kürzel ALG II stehen.

„Aktivierung" zielt der regulativen Idee nach darauf, aus mehr oder weniger marktfernen Sozialstaatsbürger/innen durch sozialpolitische Intervention aktive Marktakteure werden zu lassen. Den funktionalen Kern der Aktivierungsprogrammatik, und zugleich die operative Schnittstelle für die erstaunlich breite politische Koalitionsbildung zugunsten entsprechender sozialpolitischer Interventionen – nicht nur in den Vereinigten Staaten, sondern ebenso auch hierzulande –, bildet dabei ein verändertes Zusammenspiel von öffentlicher und individueller Verantwortung für das Soziale. Die Verantwortung der „öffentlichen Hand" bezieht sich

---

2 Der Wortlaut der gesamten Rede findet sich unter: http://www.presidency.ucsb.edu/sou.php.

im aktivierenden Sozialstaat auf die Herstellung einerseits von funktionierenden Arbeitsmärkten und beschäftigungsfähigen Arbeitskräften; andererseits und komplementär dazu aber auch auf die Konstitution von Wohlfahrtsmärkten, auf denen kompetente (als erwerbstätig gedachte) Marktsubjekte je individuell ihre wohlfahrtspolitischen Entscheidungen treffen können – im Sinne von Investitionen in die eigene Alterssicherung, Krankenversorgung, Pflegevorsorge, Kinderbetreuung oder Bildungskarriere (oder, so die materiellen Ressourcen es erlauben, in all diese Sozialgüter zugleich).

Dieser funktionale Kern einer „modernisierten" Rolle des Staates als Befähiger seiner Bürger/innen zu marktadäquatem Verhalten ist mit einer legitimatorischen Hülle umgeben, die zum einen den Markt zum idealen Mechanismus erklärt, über den gesellschaftliche Bedarfe erkannt und gedeckt werden können. In der Idee des Aktivierungsstaats spiegelt sich der Erfolg jenes selbstzweifelnden öffentlichen Selbstverständnisses, dass die Privatwirtschaft eigentlich alles besser könne als die Staatsadministration (einschließlich, wenn man zu allem Überfluss auch noch einen badisch schwäbelnden Finanzminister hat, Hochdeutsch) – eine Einsicht, die durch permanente Diskursberieselung und unter freundlicher Unterstützung von Seiten nicht nur der akademischen Wirtschaftswissenschaft tief in den gesellschaftlichen Wissenshaushalt eingesickert ist. Der zweite zentrale Legitimationsbaustein der Aktivierungspolitik ist die mittlerweile ebenso allgemein akzeptierte Ansicht, dass die Einbindung der Individuen in gesellschaftliche Zusammenhänge am besten über deren Beteiligung am Marktgeschehen gewährleistet werde bzw. genau besehen eigentlich nur über ihre (hier schlägt das Soziologenherz höher) „Inklusion" in Arbeits- und Konsummärkte zu bewerkstelligen sei (wobei die Möglichkeit zum Konsum selbstverständlich von der Möglichkeit zur Erzielung eines Arbeitseinkommens abhängig ist). Für die große Koalition der Aktivierer gibt es kein richtiges Leben abseits des Marktes – und jenseits der Arbeit.

In engem funktionalen wie legitimatorischen Zusammenhang mit ihrem konstitutiven Marktbezug steht somit die fundamentale Orientierung von Aktivierungspolitiken auf das System gesellschaftlicher Arbeit, genauer auf Erwerbsarbeit als gesellschaftlich „normale" und politisch normalisierte Form individueller Existenzsicherung und sozialer Integration. Es sind die Sozialstaatsbürger/innen als faktische oder potenzielle Arbeitsmarktakteure, auf die das Aktivierungsregime direkt oder indirekt zielt. Nie waren die europäischen Sozialstaaten erwerbsarbeitszentrierter als in den Zeiten und im Zeichen der Aktivierung, wohl nie war die moderne Gesellschaft stärker Lohnarbeitsgesellschaft als heute. Das durch Soziolog/innen (aber seien wir ehrlich: nur durch die grün-alternativ angehauchten) noch in den 1980er Jahren ausgerufene „Ende der Arbeitsgesellschaft" klingt heute wie ein utopischer Bericht aus einer fernen Zukunft oder gar aus einer anderen Galaxie, und absurder noch als die damalige Analyse, dass Arbeit ihren Nimbus als soziale (und damit soziologische) Schlüsselkategorie verloren habe,[3] erscheint uns heute die damals in nicht ganz kleinen Kreisen herrschende positive Bewertung einer Lockerung des gesellschaftlichen Arbeitszwangs und von politischen Schutzmaßnahmen gegen die Kommodifizierung der Arbeit.

Wie auch immer: In diesem doppelten Trend zur Entgrenzung von Märkten einerseits, der Aufwertung von Arbeit andererseits liegt zugleich die soziologische Pointe der aktivierenden Wende sozialpolitischer Intervention: Es ist die der Aktivierungsprogrammatik inhärente Tendenz zur *Subjektivierung*, die für eine Soziologie der Sozialpolitik von besonderem analytischen Interesse ist. Aktivierende Sozialpolitik überantwortet die Aufgabe der Konstitution und Reproduktion des Sozialen, die in den demokratisch-kapitalistischen Gesellschaften – in historisch wie national wechselnden Mischungsverhältnissen – in öffentliche Verantwortung gelegt worden war, nunmehr den Subjekten, also jedem bzw. jeder einzelnen (früheren) Sozialstaatsbürger/in selbst.

Im aktivierenden Sozialstaat wird jede und jeder Einzelne nicht nur für die Suche nach und für die Realisierung von Lebenschancen auf Arbeits- und Wohlfahrtsmärkten verantwortlich gemacht. Jeder und jede Einzelne wird zudem auch, über eben diese Marktaktivitäten vermittelt, für die Gewährleistung des gesellschaftlichen Wohlergehens, für die Sicherstellung des Gemeinwohls zuständig erklärt. Die selbstverantwortliche Jobsuche, die proaktive Weiterbildung, die selbststeuernde Gesundheitsprophylaxe, die eigentätige Altersvorsorge, die private Organisation informeller Pflegearrangements – auf einen Nenner gebracht: die selbstverständliche Sorge um die eigene Wohlfahrt ist der aktivierungspolitischen Logik zugleich von (volks)wirtschaftlichem Wert und (gesamt)gesellschaftlichem Nutzen.

Die Subjektivierung des Sozialen im Zeichen der Aktivierung kommt insofern einer politischen *Sozialisierung* der Subjekte gleich, oder genauer ihrer sozialpolitischen Resozialisierung: An die Stelle des vermeintlich „passiven" Leistungsbezugs im „versorgenden" Sozialstaat – so die herrschende retrospektive Analyse eines sozialpolitischen Systems, in dem angeblich bedingungslose Leistungsansprüche und hemmungsloser Leistungsbezug an der politisch-sozialen Tagesordnung waren – soll nun die aktive Leistungserbringung eigen- und sozialverantwortlicher Aktivsubjekte treten. Institutionelle Angebote und institutionalisierte Erwartungen entsprechender Aktivitäten liegen hier nah beieinander, die diskursive Anrufung der Subjekte als eigenverantwortliche Marktakteure geht nahtlos in deren direktive Verpflichtung zur marktvermittelten Sozialverantwortung über.

---

3 Vgl. stellvertretend hierfür Offe 1984.

Die hier skizzenhaft beschriebene Transformation des Sozialstaats in aktivierender Absicht habe ich in einem vor nunmehr sieben Jahren erschienenen Buch plakativ als einen Akt – bzw. als ein Arrangement vieler verschiedener, komplementärer und kumulativer, Akte – der „Neuerfindung des Sozialen" bezeichnet (vgl. Lessenich 2008). Die Einladung zur Eröffnung eines Bundeskongresses Soziale Arbeit zum Leitthema „Politik der Verhältnisse – Politik des Verhaltens" bietet mir die willkommene Gelegenheit, nach einer Zeit der recht regen sozialwissenschaftlichen Rezeption meiner Analyse sowohl auf einige Missverständnisse hinzuweisen wie auch offenkundige Lücken derselben zu benennen – analytische Leerstellen, die angesichts der fortwährenden sozialpolitischen Relevanz der Aktivierungsprogrammatik dringend zu schließen wären. Denn nach wie vor konzentriert sich Sozialpolitik weniger auf die Veränderung problematischer Verhältnisse – seien es nun die verfestigte Langzeitarbeitslosigkeit oder die Bildungsbenachteiligung sozioökonomisch schwacher Haushalte, der sogenannte „Pflegenotstand" oder die strukturellen Dimensionen der „Flüchtlingskrise" – als vielmehr auf die Regulierung von als problematisch identifizierten Verhaltensweisen: von Langzeitarbeitslosen und Bildungsarmen, Pflegenden und Gepflegten, Armuts- und „Wirtschaftsflüchtlingen", Schleppern und Schleusern. *Das Verhalten, es ist nicht so* wie die herrschende Sozialpolitik es will: entweder die Leute sind nicht aktiv genug – oder aber sie sind zu aktiv bzw. auf die falsche Weise.

Doch zurück zur Diagnose von der „Neuerfindung des Sozialen" und zu der angekündigten Rezeptionsrezeption. Vier Punkte scheinen mir in dieser Hinsicht besonderer Erwähnung wert.

Der *erste* betrifft den Titel des Buches und dessen Deutung. Die analytisch gemeinte Rede von der „Neuerfindung des Sozialen" hat sich als offen für Fehldeutungen erwiesen. Die eher unverfängliche und rasch abzuhandelnde Variante ist die, dass man in dem Buch ein eigenes Plädoyer für eine Neuerfindung des Sozialen vermuten und wenn nicht die Entwicklung einer Blaupause, so doch wenigstens von Konturen eines alternativen Modus der (womöglich gar nach-kapitalistischen) Vergesellschaftung erwarten könnte. Eine solche Erwartung wurde mehr oder weniger souverän unterlaufen – und meines Erachtens zu recht. Ich bin heute mehr denn je der Meinung, dass die soziale Welt nicht auf einen solchen wissenschaftlichen Gesellschaftsentwurf wartet und seiner auch nicht bedarf, weil sie schon längst dabei ist, sich zu verändern und an vielen Orten die unterschiedlichsten sozialen Gegenentwürfe zu leben, ohne dass es die akademische Sozialtheorie und die diensthabenden Großintellektuellen unbedingt merken oder dies jedenfalls systematisch reflektieren würden. „Wir wissen selber was zu tun ist, unser Kopf ist groß genug":[4] Eine kritische Analyse herrschender gesellschaftlicher Verhältnisse und der Mechanismen ihrer sozialen Reproduktion ist die Sache der Soziologie; die besserwissende Anleitung sozialer Akteure zum normativ höherwertigen Gegenhandeln dagegen – die Praxis einer die vermeintlich passiven Herrschaftsunterworfenen aufrütteln und anstacheln müssenden, gleichsam *aktivierenden* Sozialwissenschaft – ist es meines Erachtens nicht.

Deutlich problematischer und für den Autor ungleich unangenehmer, weil der Absicht des Buches konträr widersprechend, ist ein ganz anderes Missverständnis:[5] dass nämlich die Diagnose einer „Neuerfindung des Sozialen" apologetische Züge trage oder aber zumindest unabsichtlich dem neoliberalen Diskurs in die Hände spiele. Wie könne man, so lautet die entsprechende Kritik, dem Neoliberalismus eine soziale Dimension zuschreiben, wo dieser doch schon von seiner Intention her und zumal in seinen historisch erwiesenen Effekten durch und durch anti-sozial sei? Ja – wie kann man nur?

Für die Antwort entscheidend scheint mir hier das jeweilige Verständnis des Begriffs „sozial" zu sein – dies übrigens eine Streitfrage von grundsätzlicher, die Konzeption des Gegenstands soziologischer Analyse und damit das Selbstverständnis der Disziplin (die bekanntermaßen und vertrackterweise Teil ihres eigenen Gegenstands ist) berührender Bedeutung. Wer den Begriff normativ deutet, auf das „Soziale" nichts kommen lässt und unter ihm stets nur Gutes versteht – sagen wir der Provokation halber: so wie etwa die Soziale Arbeit –, wird sich mit der Vorstellung, dass es auch eine spezifisch neoliberale Form der Sozialität gibt, sowie mit der Analyse, dass der Neoliberalismus gleichsam mit der Idee des Sozialen *spielt* –, nicht anfreunden können: Aus einer solchen Perspektive betreibt eine Soziologie, die von der neoliberalen „Resozialisierung" der Subjekte spricht, damit selbst das Geschäft des Neoliberalismus, weil sie dem bösen („neoliberalen") Geist die gute („soziale") Tat zuschreibt.

Nun – das genaue Gegenteil war und ist mein wissenschaftliches Anliegen. Der „Neuerfindung des Sozialen" bzw. der wissenschaftlichen Rede von ihr liegt die Überzeugung zugrunde, dass herkömmliche Formen einer Analyse und Kritik des Neoliberalismus – als eine intellektuelle Programmatik und politische Praxis der „Ökonomisierung" und darüber vermittelt Zerstörung des Sozialen (der, wie etwa Robert Castel (2005) es formuliert, wissenschaftlich und politisch mit einer „Stärkung des Sozialen" begegnet werden müsse) – [dass derartige Analysen also] gewissermaßen *halbiert* sind und als solche nicht den Kern des Phänomens (und der

---

4   Dies eine bekannte Liedzeile aus „Die letzte Schlacht gewinnen wir" von *Ton Steine Scherben* (1972).
5   Vgl. in diesem Sinne zum Beispiel Dux 2012.

Voraussetzungen seiner möglichen Überwindung) treffen. Denn die *andere* Seite der neoliberalen Ökonomisierung des Sozialen bildet die spiegelbildliche, von mir als „neosozial" bezeichnete, Tendenz zu einer *Sozialisierung des Ökonomischen.* Der herrschende Neoliberalismus erschöpft sich nicht in einer Unterwerfung des Sozialen unter das Diktat des Marktes, des Wettbewerbs, der Investition und der Rendite. Sicher: All dies ist unbestreitbar Teil der politischen Programmatik und der gesellschaftlichen Realität. Doch der vermeintliche „Neoliberalismus" operiert gleichzeitig mit der – Achtung, Verstoß gegen die soziologische Deutungskonvention! – sozialen Einbettung dieses ökonomisierenden Drucks in Vorstellungen von über ein ökonomisiertes Verhalten der Subjekte herzustellender Gemeinschaftlichkeit, Kollektivität und Sozialität.

In der Figur des zugleich eigen- *und* sozialverantwortlichen Subjekts, oder genauer: des sozialverantwortlichen *weil* eigenverantwortlichen Aktivbürgers, konvergieren beide Bewegungen. Wer in Selbstverantwortung einen Job sucht, wird nicht nur – schon Bill Clinton wusste es und ließ es die US-amerikanische Öffentlichkeit wissen – seiner Bestimmung als autonomes Selbst gerecht und lebt damit nicht nur im Einklang mit den herrschenden sozialen Normen, sondern trägt auch seiner Verantwortung für die leistende (bzw. eine im alternativen, Nichtselbstverantwortungs-Fall leisten müssende) Allgemeinheit Rechnung; wer sich proaktiv weiterbildet, sich um die beständige Erneuerung seiner Beschäftigungsfähigkeit und die investive Optimierung ihres Humankapitals bemüht, maximiert auf diese Weise nicht nur die eigenen zukünftigen Erwerbschancen, sondern minimiert zugleich auch das gesellschaftliche Risiko, das Reservoir an nicht „nachgefragten" und daher auch administrativ „unvermittelbaren" und sozialstaatlich irgendwie zu „versorgenden" Niedrig- oder Unterqualifizierten weiter aufzufüllen; wer selbststeuernd gesundheitliche Vorsorge betreibt, verwendet sich damit nicht nur für ein längeres, von körperlichen Beschwerden und medizinischen Versorgungsbedarfen freies Leben und kommt womöglich in den Genuss eines günstigeren Versicherungstarifs, sondern schont eben auch (was der günstigere Tarif ja honoriert) die Kassen der Gesetzlichen Krankenversicherung und beugt damit gleichermaßen Beschwerden einer sich von unvorsichtigen und daher asozialen Subjekten überfordert sehenden Versichertengemeinschaft vor; wer private Altersvorsorge betreibt, erweist sich nicht nur als kluger, weil der absehbaren Absenkung des Rentenversicherungsniveaus und der drohenden Altersarmut vorbauender Mann (oder vielleicht sogar Frau), sondern schützt die anderen Beitragszahler/innen des öffentlichen Sicherungssystems auch davor, über ihre Beiträge für die ansonsten fällige Inanspruchnahme von Grundsicherungsleistungen aufkommen zu müssen; die private Organisation informeller Pflegearrangements – etwa über die Beteiligung von Haushalten an globalen Ketten migrantischer Sorgedienstleistungen – stellt nicht nur die Betreuung Älterer in der gewohnten und liebgewonnenen häuslichen Umgebung sicher, sondern entlastet auch das öffentliche Pflegesystem und erspart der Allgemeinheit bzw. den das Sozialsystem finanzierenden „jüngeren Generationen" wenigstens einen Bruchteil der Kosten der sogenannten „Pflegelast" in einer (immer wieder gern gehört und, selbst in sozialwissenschaftlichen Texten, gelesen) „überalterten" Gesellschaft; und so weiter und so fort.

Mit diesen absichtlich spitzfingrig beschriebenen Beispielen ist auch schon der *zweite* hier zu thematisierende Punkt angesprochen: Man mag die vom Neoliberalismus in Anspruch genommene Sozialität der Aktivgesellschaft bzw. die von ihm angerufene Soziabilität der Aktivsubjekte ohne Weiteres als ideologisch bezeichnen – und liegt damit jedenfalls insofern richtig, als die Sozialität der Aktivgesellschaft und die Soziabilität des Aktivbürgers zentrale Ideen im neoliberalen Motivhaushalt darstellen. Und dennoch wäre es falsch (und auf eine Weise auch gefährlich), die legitimatorische Bedeutung dieser „ideologischen" Intervention für die praktische Herrschaft des Neoliberalismus zu verkennen. Kurz gesagt: Ohne Sozialagenda kein Neoliberalismus, jedenfalls kein gesellschaftlich akzeptierter. Die neoliberale Marktapologie und marktradikale Eigenverantwortungsrhetorik *alleine* verfangen gesellschaftlich nicht. Sie brechen sich nicht nur an den materiellen Bedingungen individueller Reproduktion, die nun einmal faktisch in vielen Fällen gerade nicht marktförmig und selbstständig sicherzustellen ist. Sie kollidieren auch – einstweilen jedenfalls immer noch – mit den Wertideen der Leute, mit der moralischen Ökonomie der Sozialstaatsgesellschaft.

Wer immer nur zu hören bekommt, er oder sie solle vom Sozialstaat nichts mehr oder jedenfalls nicht mehr allzu viel erwarten und sich tunlichst bzw. gefälligst um sich selbst kümmern, wird davon – bis auf den einen oder anderen überzeugten Anarcholibertären – nicht nur nicht begeistert sein, sondern im Zweifel auch politisch gegen eine solch offene und offensichtliche A-Sozialität der öffentlichen Institutionen aufbegehren. Die tatsächliche gesellschaftliche Akzeptanz des Neoliberalismus beruht nicht darauf, dass er die atomisierte Ellbogenexistenz propagiert und im Zweifel über Leichen zu gehen verspricht. Der real existierende Neoliberalismus lebt – unter anderem – davon, dass er sich als eine neue, der neuen Zeit des globalen und flexiblen Kapitalismus angeblich allein angepasste Form der *Gesellschaftlichkeit* und des *sozial angemessenen* Verhaltens zu erkennen gibt bzw. sich den Menschen als eine ebensolche verständlich zu machen versucht: Sie sollen ihre Selbstökonomisierung und die ökonomische Selbstrationalisierung ihrer Lebensführung immer auch als einen Sozialdienst verstehen, als einen Beitrag im Dienste der Allgemeinheit und zum Wohle aller. Erst das Neo*soziale* am Neoliberalismus, so die in diesem Sinne zentrale These, macht diesen gesellschaftlich funktionsfähig – also zu mehr als nur einer politischen Programmatik oder einem bloß ideologischen Narrativ, sondern zu einer im doppelten Sinne *sozialen Praxis*: einer an der Herstellung des Sozialen orientierten sozialen Handlungsorientierung des Einzelnen.

Was, so werden an dieser Stelle hartnäckige Kritiker/innen fragen, unterscheidet diese Form des ökonomischen Liberalismus dann von der klassischen Vorstellung Adam Smiths, wonach das millionenfache eigeninteressierte Handeln der Marktindividuen, sich selbst überlassen, gewissermaßen quasi-automatisch, ja wie durch Geisterhand, schon zu einem wohlfahrtsökonomisch rationalen und sozial erstrebenswerten Gesamtergebnis führen werde? Der Unterschied liegt – grob gesagt – darin, dass es unter spätmodern-neoliberalen Bedingungen mit der schönen liberalen Vorstellung vom Quasi-Automatismus und der „spontanen Ordnung" nicht mehr getan ist, sondern die „unsichtbare Hand" sich materialisieren und zur sichtbaren Hand mutieren muss – und dies vor allem auch tut. Ganz offensichtlich muss der berühmte Smith'sche Bäcker heute diskursiv daran erinnert und politisch dazu angehalten werden, mit seiner Brötchenproduktion nicht nur für sich selbst und zum eigenen Nutzen zu handeln, sondern – „Du bist Deutschland" – auch etwas für seine Mitbürger, die Gemeinschaft, den Wirtschaftsstandort oder eine beliebige andere gesellschaftliche Kollektivitätskonstruktion zu tun. Das mag damit zusammenhängen, dass dieser Zusammenhang weder der minijobbeschäftigten, aufbackofenbetätigenden Frischbackfranchisenehmerangestellten noch ihren gestressten und gehetzten, die geschmacksneutrale Industrieware auf dem Weg zum hochproduktiven Exportwirtschaftsarbeitsplatz verzehrenden Kund/innen unbedingt naheliegend und eingängig ist, sondern ihnen – vorsichtig ausgedrückt – ideologisch und institutionell vermittelt werden muss. Die Verhältnisse, sie sind halt nicht so, wie sich neoklassische Modellökonom/innen dies denken – und die neoliberale Realpolitik, gar nicht so dumm wie es oft heißt, weiß das durchaus.

Hier schließen unmittelbar zwei weitere Aspekte an, die mir zum Verständnis der neoliberalen Regierung des Sozialen bzw. des sozialen Erfolgs einer neoliberalen Politik des Verhaltens bedeutsam erscheinen. Es sollte – *dritter* Punkt – nicht das Missverständnis entstehen, dass mit der These von einer „Neuerfindung des Sozialen" einer einseitig idealistischen Deutung der gegenwärtigen Transformation des europäischen Sozialmodells das Wort geredet würde. Die Herrschaft des Neoliberalismus ist nicht bloß eine Frage des Diskurses, oder anders: von seiner Qualität als hegemonialer Diskurs zu sprechen bedeutet keineswegs, seiner Herrschaft die Materialität abzusprechen. Dass sich eine neoliberale und neosoziale Sozialpolitik hat durchsetzen können, hat benennbare gesellschaftshistorische, sozialstrukturelle und politökonomische Gründe, und die Leute spüren die Auswirkungen dieser neoliberal-neosozialen Politik – wissenschaftliche wie nicht-wissenschaftliche Sozialarbeiter/innen wissen wovon die Rede ist – durchaus ganz material, an Körper und Seele.

Zwei Seiten der „materialen Basis" sozialpolitischer Transformation seien hier erwähnt. Zum einen ist dies die historische Dimension: Die Bedeutung des Endes von Staatssozialismus und Systemwettbewerb für den Übergang zum aktivierenden Sozialstaat lässt sich kaum hinreichend betonen. Der auf den Zweiten Weltkrieg folgende Kalte Krieg zwischen Kapitalismus und Kommunismus wurde maßgeblich auf dem Feld der Sozialpolitik ausgetragen – der Ausbau des Sozialstaats in Westeuropa und die Dynamik des westlichen Kapitalismus als *welfare capitalism* lassen sich ohne die Systemkonkurrenz des „autoritären Wohlfahrtsstaats" sowjetischer Prägung ebenso wenig verstehen wie die „neoliberale Revolution" ohne die historische Gelegenheitsstruktur einer kollabierenden sozialistischen Wohlfahrtswelt. Dass das „Ende der Geschichte" in den wohlfahrtskapitalistischen Siegergesellschaften den Beginn einer historischen Verschiebung von öffentlicher zu individueller Sozialverantwortung markierte, ist mithin weder Paradoxie noch Zufall. Nach 1989 wurden die gesellschaftspolitischen Karten ganz neu gemischt – und die Spieler am Tisch änderten zum Teil grundlegend ihre Strategie. (Die europäische Sozialdemokratie kann ein Lied davon singen – ein Lied, das im Übrigen nicht *Die Internationale* ist.)

Zum anderen müssen in diesem Zusammenhang selbstverständlich die strukturellen Machtverschiebungen zwischen Arbeit und Kapital benannt werden, die durch den Fall der Berliner Mauer zwar beschleunigt und vertieft wurden, deren Wurzeln aber deutlich weiter reichen und sich mindestens bis in die Mitte der 1970er Jahre zurückverfolgen lassen. Die zu dieser Zeit einsetzenden Störungen des industriekapitalistischen, „fordistischen" Akkumulationsmodells und die seither immer wieder neu konstatierte und verhandelte „Krise" des in seinen Umverteilungsaktivitäten strukturell wachstumsabhängigen Sozialstaats waren treibende Kräfte der allgemeinen sozialpolitischen Umorientierung.[6] „Aktivierung" lässt sich in diesem Lichte auch als politischer Versuch verstehen, einen neuen ökonomischen Wachstumszyklus zu initiieren – ein neues Wachstumsmodell zu etablieren, das nicht mehr auf der sozialdemokratischen Vorstellungswelt von kollektiven Arbeitnehmerrechten, Sozialkonsum und „politics against markets"[7] beruht, sondern eben auf dem neoliberal-neosozialen Normativ von Marktbefreiung, individueller Eigenverantwortung und persönlicher Sozialverpflichtung.

Wenn man diese Verschiebung auch durchaus als einen Sieg der Kapitalseite im demokratisch-kapitalistischen Klassenkonflikt deuten kann und muss, so war dieser Triumph doch keineswegs total.[8] Und eben diese Diagnose gilt auch für den Siegeszug des Aktivierungsparadigmas und die Durchsetzung der Aktivgesellschaft

---

6 Vgl. hierzu bis heute erhellend Jessop 1986.
7 Dies die Wendung bei Esping-Andersen 1985.
8 Dies aber suggeriert z. B. Streeck 2013.

– ein *vierter* Punkt, der zum Abschluss dieses Vortrags erwähnt sein soll. Denn wie bei der gesamten im Anschluss an Foucaults Gouvernementalitätstheorie argumentierenden Literatur mag auch die Lektüre der „Neuerfindung des Sozialen" den Eindruck erwecken, als würde die Aktivierungspolitik ein immer dichteres Netz von machtvollen Diskursen und unterwerfenden Institutionen um die auf diese Weise sich konstituierende Gesellschaft und ihre Subjekte spannen[9] – ein Netz, das die darin verstrickten und verfangenen Subjekte letztlich, als totaler und totalitärer Macht/Wissens-Komplex, jeder Form des Eigen-Sinns beraube und jede Gelegenheit zur eigensinnigen Lebensführung nehme.

Wohlgemerkt: Dem ist durchaus so – und aber auch wieder nicht. Ja, es gibt sie, die machtvollen Diskurse und unterwerfenden Institutionen der Aktivierung. Aber es gibt eben auch deren immanenten Widersprüche und regulativen Lücken, es gibt Kontingenzen und Gegenbewegungen, es gibt die Kluft zwischen öffentlichen Diskursen und politischen Institutionen auf der einen, subjektiven Selbstbeschreibungen und sozialer Praxis auf der anderen Seite. Die Aktivierungsprogrammatik wird – wie jede andere politische Programmatik auch – nicht ohne weiteres und ohne aktives Zutun ihrer Adressat/innen zu gesellschaftlicher Realität, und dieses aktive Zutun ist keineswegs grundsätzlich und immer schon von vornherein gesichert. Jede soziologische Analyse, die Anderes behauptet oder auch nur suggeriert, leistet der sozialen Herrschaft dieser Programmatik Vorschub – und wird sich dafür nicht nur vor sich selbst, sondern auch vor der gesellschaftlichen Gemeinschaft der Beherrschten rechtfertigen müssen.

All dies lässt sich gegenwärtig wie in einem Brennglas am Beispiel der sogenannten „Flüchtlingsproblematik" beobachten. Vor dem Hintergrund jahrzehntelanger öffentlicher Selbstverleugnung als Nicht-Einwanderungsland und struktureller wie akuter politischer Mitverantwortung für die gesellschaftlichen Verhältnisse, die Menschen derzeit massenhaft zur Flucht aus ihren bisherigen Lebensverhältnissen zwingen, sieht sich Deutschland gegenwärtig der „Herausforderung" einer Zuwanderung in jahrzehntelang ungekanntem (für andere, weniger privilegierte Weltregionen allerdings alles andere als außergewöhnlichem) Ausmaß gegenüber. Sie alle wissen das mindestens so gut wie ich, was soll ich Ihnen also erzählen. Vielleicht kurz noch dies:

Jüngst ist unser aller geschätzter Bundespräsident Joachim Gauck bei der Eröffnung der Interkulturellen Woche der Kirchen in Mainz vorstellig geworden. Seine eher notdürftig als – entsprechend dem offiziellen Anliegen der Veranstaltung – einwanderungsfreundlich getarnte Rede war durchsetzt mit Versatzstücken jener neoliberal-neosozialen Gesellschaftspolitik, die ich hier auf den Punkt zu bringen

---

9 Vgl. in dieser Richtung z. B. Bröckling 2007.

versucht habe.[10] „Unser Herz", sprach der Bundespräsident beim öffentlichkeitswirksamen Auftaktsfestakt, „ist weit. Doch", so der oberste Repräsentant der Republik, „unsere Möglichkeiten sind endlich." Gemeint sind damit die ökonomischen, aber eben auch die moralökonomischen Möglichkeiten unserer Gesellschaft, Menschen aufzunehmen, die – Zitat – „zu Hunderttausenden zu uns kommen aus einem fernen Land mit einer fremden Kultur, ihre ganze Habe in einer Plastiktüte". Die meisten Flüchtlinge brächten zwar, so Gauck weiter, „Elan und Ehrgeiz" mit – das aktivierungspolitisch angemessene Profil also, das sie allerdings im Zweifel gleichwohl nicht davor schützt, von der aktivgesellschaftlichen Selektionsmaschinerie aussortiert und abgewiesen zu werden. Davon abgesehen aber begehren Gauck zufolge eben auch solche Menschen Einlass, die unter Freiheit – bekanntlich des Bundespräsidenten konkurrenzlos höchstgeschätzte Wertidee – „nur Schrankenlosigkeit verstehen [und] in den Traditionen ihrer Herkunftsregionen verharren". Schrankenlosigkeit und Traditionsverhaftung, Regellosigkeit gepaart mit falscher Regelorientierung: Das ist ganz offenkundig der *worst case* an Menschenmaterial und Verhaltensdisposition für eine Regierung des Sozialen, die den Regeln des Marktes wie dem Regulativ der Sozialverantwortung zur Geltung verhelfen soll.

Man kann sich über derartige Positionen aufregen und die daraus resultierenden Politiken infrage stellen, ja sich ihnen sogar entgegenstellen, und das ist auch gut so. Man muss aber zugleich, jedenfalls soziologisch beobachtet, noch auf etwas anderes verweisen, nämlich auf das, was in der wissenschaftlichen Literatur (und in der politischen Debatte) die „Autonomie der Migration" genannt wird.[11] Flüchtlinge, Wandernde, Zuwandernde sind keine bloßen Objekte von Grenzregimen und dem jeweils neuesten deutschen „Asylkompromiss". Sie sind – in, wie für uns alle, eingeschränktem Maße – Herren und Herrinnen ihres Lebens und ihrer Lebensgeschichte, sie sind Autor/innen ihrer Biographie, sie sind auf ihre Weise – eine Weise, die nicht selten nicht nur den „Autoritäten", sondern auch uns aufgeklärten Gutmenschen nicht passt – aktiv; sie machen, im Rahmen ihrer Möglichkeiten, „was sie wollen". Die Konfrontation Deutschlands und „der Deutschen" mit einem kleinen Zipfel des Elends der Welt in Gestalt der gegenwärtigen Fluchtmigration kann insofern vielleicht wirklich als „Chance" gelten. Und zwar eben nicht im herrschenden Sinne der angesichts einer angeblich „überalternden" Gesellschaft produktivitätsnotwendigen und profitabilitätsgebotenen Zuwanderung kluger Köpfe und helfender Hände. Sondern im Sinne der Störung unseres auf Kosten Dritter erworbenen und gesicherten „sozialen Friedens", im Sinne der Infragestellung der Normalität und Legitimität unserer Lebensweisen, im Sinne

---

10 Der Redetext findet sich unter *http://www.bundespraesident.de*.
11 Vgl. dazu z. B. Karakayali/Tsianos 2005.

der ganz alltäglichen und womöglich auch ganz grundsätzlichen Durchkreuzung unserer individuellen und kollektiven Pläne. Judith Butler (1990) würde vielleicht sagen: im Sinne von *order trouble*.

Das vor fast genau 25 Jahren geäußerte Kanzlerwort, wonach es in Zukunft „niemandem schlechter, aber vielen besser" gehen werde,[12] ist zu Recht rasch in Verruf geraten. In der politisch und migratorisch aktivierten Gesellschaft wird es vielen irgendwie anders gehen – *wie* anders, ist eine Frage politischen Handelns und sozialer Praxis. „Doch leider hat man bisher nie vernommen/Dass einer auch sein Recht bekam – ach wo!/Wer hätte nicht gern einmal Recht bekommen/Doch die Verhältnisse, sie sind nicht so." Nun ja, Bert Brecht[13] in Ehren: Die Verhältnisse, sie ändern sich, ob wir wollen oder nicht.

Literatur

Bröckling, Ulrich (2007): *Das unternehmerische Selbst. Soziologie einer Subjektivierungsform.* Frankfurt/M.: Suhrkamp.
Butler, Judith (1990): *Gender Trouble. Feminism and the Subversion of Identity.* New York: Routledge.
Castel, Robert (2005): *Die Stärkung des Sozialen. Leben im neuen Wohlfahrtsstaat.* Hamburg: Hamburger Edition.
Dux, Günter (2012): Was soziale Gerechtigkeit meint. Ein Nachwort. In: Bohmann, Gerda/Niedenzu, Heinz-Jürgen (Hrsg.): *Markt – Inklusion – Gerechtigkeit. Zum Problem der sozialen Gerechtigkeit in der Marktgesellschaft*, S. 211-221. Wiesbaden: Springer VS.
Esping-Andersen, Gøsta (1985): *Politics Against Markets. The Social Democratic Road to Power.* Princeton: Princeton University Press.
Jessop, Bob (1986): Der Wohlfahrtsstaat im Übergang vom Fordismus zum Postfordismus. In: *Prokla* 65, S. 4-33.
Karakayali Serhat/Tsianos, Vassilis (2005): Mapping the order of New Migration. Undokumentierte Arbeit und die Autonomie der Migration. In: *Peripherie* 97/98, S. 35-64.
Lessenich, Stephan (2008): *Die Neuerfindung des Sozialen. Der Sozialstaat im flexiblen Kapitalismus.* Bielefeld: transcript (3. Aufl. 2013).
Offe, Claus (1984): Arbeit als soziologische Schlüsselkategorie? In: Ders.: „*Arbeitsgesellschaft": Strukturprobleme und Zukunftsperspektiven*, S. 13-43. Frankfurt/New York: Campus.
Streeck, Wolfgang (2013): *Gekaufte Zeit. Die vertagte Krise des demokratischen Kapitalismus.* Berlin: Suhrkamp.

---

12 Der Text der berühmten Fernsehansprache Bundeskanzler Kohls vom 1. Juli 1990 findet sich unter *http://www.kas.de*.
13 Das Zitat entstammt bekanntermaßen der *Dreigroschenoper* (1928).

Soziale Ausschließung als Voraussetzung und Folge Sozialer Arbeit

Helga Cremer-Schäfer

Wir haben einige Gründe, nicht nur über soziale Ausschließung als Anlass für Soziale Arbeit nachzudenken. Die Art und Weise wie Soziale Arbeit soziale Ausschließung auf der organisatorischen, der interpersonalen und der Ebene von Wissensproduktionen und Kategorisierungen bearbeitet, produziert „sekundäre Widersprüche" – wie jeder „institutionalisierte Konflikt", so der seit langem verfügbare Begriff von Timm Kunstreich (1975). Die Ungleichheit und Widersprüchlichkeit der Stillstellung von Konflikten fällt dem Vergessen anheim. Anders als während der fordistischen Phase der Gesellschaftsentwicklung können sekundäre Widersprüche Sozialer Arbeit als wohlfahrtsstaatliche Institution weder praktisch noch im Nachdenken vernachlässigt werden. Das liegt auch an den in der neoliberalen Phase des Kapitalismus um sich greifenden „Politiken der selektiven Schließung", in deren Kontext Soziale Arbeit erbracht wird.

Zuerst werde ich diskutieren, in welches Verhältnis Integration und Ausschließung im Kontext von Markt-Vergesellschaftung und bürokratieförmig organisierten Vermittlungsinstitutionen gesetzt werden, dann sekundäre Widersprüche von Sozialer Arbeit als dialektische Institution thematisieren, schließlich die (professionelle) Selbstdefinition als Problemlösungsinstanz aufgreifen und versuchen, die Kontinuität der Produktion sozial diskreditierender, für legitimierte Ausschließung geeigneter Kategorisierungen im Wissen über soziale Probleme und soziale Kontrolle zu erklären.

Zur Politik der Verhältnisse namens „selektive Schließung"

Die intensivierte Moral-Panik um die „Flüchtlingskrise" seit Beginn des Jahres 2015 hat nachdrücklich gezeigt, welche Bedeutung das Kategorisiert- und Klassifiziert-Werden für Daseinsberechtigung oder legitimierte Ausschließung einer

Person hat. Im deutschen Sommer 2015 wurde es (zunächst) Menschen in selektiver Weise gestattet, nationale Grenzen von Wirtschaftsräumen zu überschreiten. Das Selektionskriterium für Daseinsberechtigung lautete „wahrscheinliche Zugehörigkeit zu der sozialen Kategorie (syrische) Flüchtlinge". Wer jahrelang durch Armut oder Krieg zermürbt wurde, gilt dagegen als unberechtigter „Wirtschaftsflüchtling". Auch diejenigen, die aus „sicheren Staaten" immigriert waren, müssen dieser Logik zufolge umso schneller abgeschoben werden, je mehr „wirkliche Flüchtlinge" aus nachkolonialistischen Kriegsgebieten „wir" aufzunehmen „uns in der Pflicht" sehen.

Die aktuell verfolgte Politik der selektiven Schließung nach außen unterscheidet sich in einem interessanten Punkt von der „das Boot ist voll" Ideologie der 1990er Jahre. Das fremdenfeindliche bis rassistische Vokabular des propagandistischen Populismus gleicht sich. Der für die Vergesellschaftungsform „Wir gegen Sie" vorausgesetzte politische Fanatismus soll in der herrschenden Politikform des „strukturellen Populismus" jedoch unter Kontrolle gehalten werden. Das Interesse an der Kooptation von Arbeitskräften (und an der Beibehaltung von Arbeitsmarkt-Konkurrenz) wird von „der Wirtschaft" keineswegs verborgen.[1] Die über verschiedene Ebenen und staatliche Grenzziehungsinstitutionen verteilte Politik der selektiven Schließung unterstützt unternehmerische Strategien am Arbeitsmarkt und verbindet sie mit eigenen Interessen an „symbolic politics". Die Politik-Darstellung zielt auf die Darstellung von „warmherziger Pflichterfüllung" und „sozialer Verantwortung" einer „Wirtschaftsnation".[2] Auf die Darstellung einer „offenen Gesellschaft"[3] und Darstellungen staatlicher „Integrationsbereitschaft" folgten schnell striktere Grenzziehungen.[4] Fließbandmäßige Ablieferungen von „Asyl-Paketen 1,2,3" tilgen den letzten Rest an Gebrauchswert des Asylrechts für Migration. Diese gleichzeitig

---

1   Die Selbstdarstellung der Initiative „wir zusammen" gibt sich überaus offen, was Zweck und neoliberale Strategie betreffen. Schon der Schreibweise auf den Werbungsseiten ist der ideologische Charakter zu entnehmen: Es ist die Wirtschaft, die das Wir enthält, und zum Zusammen aufruft. Durch einfachen Wechsel zwischen Fettdruck und Normaldruck wird die Differenz von Marktintegration (als selektive Schließung) und Solidarisierung zum Verblassen, jedoch nicht ganz zum Verschwinden gebracht: Wirtschaftzusammen (vgl. https://www.wir-zusammen.de/home).

2   Genau lautet ein Werbespruch: „Unternehmen und Mitarbeiter übernehmen soziale Verantwortung für eine ganzheitliche Integration" (https://www.wir-zusammen.de/home). Die Bilder zeigen durchgehend ein patriarchales Verhältnis von verantwortlichen Alten und dem Nachwuchs, dem sie zum Nutzen des übergeordneten Großen und Ganzen Chancen eröffnen wollen.

3   Durch den Merkel zugeschriebenen Satz: „Wir nehmen alle syrischen Flüchtlinge auf" und den Satz „Wir schaffen das".

4   Der Spruch des Bundespräsidenten Gauck in seiner Rede zum 3.Oktober, dem Tag der Deutschen Einheit: „Unser Herz ist weit, aber unsere Möglichkeiten sind endlich"

"offene" und die Differenz von „wir" gegen „sie" scharf ziehende „Politik selektiver Schließung" möchte ich in Analogie zum „kalten Rassismus" der Fortschrittlichen (Jacques Rancière 2011 [1996]) die Politik der „kalten Rechtschaffenheit" nennen. Diese Politik ist nicht auf Migrationspolitik begrenzt.[5]

Als „Zwischenergebnis" von Emanzipationsbewegungen sind wir bis heute mit Formen einer durch Institutionalisierung disziplinierten, kalten und bürokratisch als „rational" legitimierten sozialen Ausschließung konfrontiert. Die Institution Verbrechen & Strafe ist ein Beispiel für institutionalisierte, bürokratisierte soziale Ausschließung, die Institution Schwäche & Fürsorge ein Beispiel für die Grenzen und Widersprüche von inkludierenden, soziale Ausschließung hinausschiebenen Institutionen. Als Folge wohlfahrtsstaatlicher „Problemlösungen" wurden, wie Georg Simmel (1992 [1908]) es weitsichtig auf den Begriff gebracht hat, weitere Orte des „Draußen im Drinnen" institutionalisiert. Integration und Ausschließung bilden einen Gegensatz und sie verweisen beide auf Mechanismen und Logiken ihres Gegensatzes. Auch Soziale Arbeit blieb, wie die moderne Armenhilfe, eine Integrations-Instanz und sie impliziert Etiketten, Prozesse und Orte ihres Gegenparts der sozialen Ausschließung.

Institutionalisierte soziale Ausschließung als konstitutives Merkmal von Markt-Vergesellschaftung

Zu den Grundformen von Ausschluss, der sich unter der Bedingung von Markt-Vergesellschaftung nach innen richtet, gehören Prozesse der Verarmung, produziert durch den Markt. Die patriarchale Organisation des Haushalts macht Frauen exklusiv zuständig für unbezahlte Hausarbeit und legitimiert(e) damit Formen der relativen Ausschließung aus nicht-privaten Bereichen. Das Patriarchat als Herrschaftsverhältnis sieht für die (noch) nicht-entwickelten/ (noch) nicht disziplinierten und daher (noch) nicht vertragsfähigen Kinder, für die weibliche und männliche Jugend soziale „Moratorien" vor, die sich mit Verweigerungen von Teilnahmerechten, Unterwerfungs- und Disziplinarzwang verbinden. Andere als nicht oder nicht mehr vertragsfähig bestimmte Personen und soziale Kategorien (wie der „Verbrecher", die „Wahnsinnige", die „Minderwertigen", alle „Gemeingefährlichen", „Sozialschädlinge" und sonstige „inneren Feinde") werden durch eigene Institutionen

---

stellte den Plausibilitäts-Rahmen dieser „kalten" Form der sozialen Ausschließung zur Verfügung.

5 Vgl. aktuell dazu Bareis/Wagner (2016) sowie weitere Analysen der Migrationspolitik in Heft 141 der Zeitschrift Widersprüche „Flucht – Provokation und Widerstand".

und Wissenssysteme mehr oder weniger total ausgeschlossen, räumlich und/oder zeitlich separiert und sozial degradiert. Zu dieser inneren Ausschließung kommen hinzu Nationalstaat und der Kolonialismus – die Ausschließung des größeren Teils der Länder und Leute aus der „zivilisierten Welt".

Die genannten (graduellen) Ausschlussformen wurden institutionalisiert, d. h. durch Formalisierung, Recht, bürokratische Verfahren und Wissensproduktion sowie Kategorisierungen und Klassifikationssysteme als „legitime soziale Ausschließung" begründet. Ein Blick in die Geschichte Sozialer Arbeit zeigt ihre Herkunft und Verstrickung in Patriarchat, Verwaltung der Vertragsunfähigen, Anstaltsstaat und Versuche, einige Formen der Ausschließung hinauszuschieben. Fürsorgewesen und Sozialpädagogik haben sich nicht nur als Kompensation der Ausschließung durch Markt, Privateigentum, Familie und Sozialversicherung konstituiert, sondern auch als Kompensation und Alternative zu staatlicher Bestrafung.

Exkurs: Die Institution Verbrechen & Strafe

Die Legitimation für Bestrafung beruht (in Rechtsstaaten) auf der Behauptung, eine über den unmittelbar (Konflikt-)Beteiligten stehende Norm sei gebrochen worden und auf der Theorie, der Normbruch sei Resultat mangelnder Moral einer Personen. Auf „schuldige Personen" dürfen herrschaftlich befugte Instanzen mit Zufügung von Schmerz und Übeln reagieren, schuldigen Personen darf Mitgliedschaft aberkannt, sie dürfen verdinglicht, sozial degradiert und faktisch „nach draußen gestellt" werden. Schließlich werden, variierend mit Gesellschaftsstruktur und Politikform, Mittel der Zufügung von Leid und Übeln, werden Techniken und Apparate für Verdinglichung und Ausschließung zur Verfügung gestellt. Verbrechen & Strafe bedeutet für die unmittelbar Betroffenen Ausschließung in verschiedenen Graden: Totalausschließung durch Todesstrafe, durch Vertreibung und Exilierung. Freiheitsstrafen und totale Institutionen bedeuten nichts anderes als „innere Exilierung". Körperstrafen sind durch Verletzung und Schädigung der Person temporäre bis lebenslange soziale Ausschließung. Die Folgen von Bestrafung werden immer noch als „sozialer Tod" erfahren: verlorene Ehre, Stigma, Verarmung, psychische Verkrüppelung. Selbst die mildeste Form, die Geldstrafe, entzieht Mittel der sozialen Teilnahme. Staatliche Strafe ist soziale Ausschließung, auch wenn sie nicht mit der wirkungsvollsten staatlichen Ausschließung durch die Mittel des industrialisierten Krieges, durch Säuberungen, Vernichtungsfeldzüge und Vernichtungslager gleichgesetzt werden kann.

Um Kategorisierungen und Wissen(schaften) gleichbedeutend mit den materiellen Techniken und steingewordenen Irrtümern von sozialen Institutionen zu behandeln, haben Heinz Steinert und ich Institutionen einen „Doppelnamen" gegeben.[6] Verbrechen & Strafe steht für eine Institution sozialer Ausschließung, Schwäche & Fürsorge für institutionalisierte Fürsorge und Sozialpädagogik. Die Doppelnamen setzen sich zusammen aus den Kategorisierungen bzw. Etiketten, die Institutionen verwalten und die sie Personen zuschreiben, und aus dem Interventionstypus (der Herrschaftstechnik), den sie aufgrund der Etikettierung „legitim" praktizieren und repräsentieren.

Soziale Institutionen enthalten Botschaften, wie über die Institution hinaus gesellschaftlich mit Konflikten, störenden Ereignissen und Beschädigungen von Leben umgegangen werden darf. Die Botschaft von Verbrechen & Strafe lautet: mit den Mitteln der Beschädigung bis Zerstörung von individuellem und gesellschaftlichem Leben. Punitivität, die Verallgemeinerung der Logik der staatlichen (und privaten) Strafe, äußert sich darin, dass es möglich und erlaubt ist, Personen und Gruppen nach „Wertigkeiten" und Kriterien grundlegender „Gesellschaftsfähigkeit" in hierarchisierende Klassifikationen ein- und auszusortieren. Nicht-normgerecht klassifizierten Personen Ressourcen zu verweigern, die unverzichtbar sind, um sich innerhalb einer herrschenden Arbeits- und Lebensweise zu reproduzieren, überträgt diesen Mechanismus in Institutionen der Devianz – wie der Institution Schwäche & Fürsorge. „Soziale Schwäche" als Eigenschaft der Person überträgt die Benutzung von „zu großen", Individualität verweigernden Kategorien und verdinglichenden Etiketten, die geeignet sind, Personen zu diskreditieren, sie zum Objekt zu machen, bis dahin, Zugehörigkeit gänzlich in Frage zu stellen.

Zu den Lehren aus dem 20. Jahrhundert gehört, dass unter der Bedingung von Markt-Vergesellschaftung und dem zugeordneten politischen Liberalismus politische und ökonomische Krisen nicht einmal durch große soziale Bewegungen eindimensional in Richtung Befreiung, Emanzipierung und Solidarität für alle aufgelöst wurden. In der Abfolge des 20. Jahrhunderts finden wir über Nationalismus und Rassismus hinaus zwar das Extrem von Barbarei, die eliminatorische Ausschließung durch Nazismus und Faschismus. Eine Radikalisierung in Richtung Befreiung, Emanzipierung und Solidarität ohne neue Formen sozialer Ausschließung gehört nicht zu unseren Erfahrungen. Retrospektiv beobachtet lässt sich als Normalfall und „Ergebnis" von Emanzipierungs- und Befreiungsbewegungen eine zu der jeweiligen Produktionsweise passende Kombination der Erweiterungen von

---

6 Vgl. ausführlich Cremer-Schäfer/Steinert 2014.

Teilnahmerechten (zentral das Allgemeine Wahlrecht und der Wohlfahrtsstaat) und institutionalisierter, bürokratisch organisierter sozialer Ausschließung feststellen.[7] Soziale Arbeit eint als politischen Akteur der Topos „soziale Ausgrenzung vermeiden", als Profession die Identitätspolitik und normative Selbstverpflichtung einer „Menschenrechtsprofession" oder, etwas weniger normativ aufgeladen, die Selbstbestimmung, Soziale Arbeit bestünde in der „Lösung sozialer Probleme"; sie sollen nicht kumulieren und erfordern sozialpolitische Ressourcen, soziale Dienstleistungen, Investitionen in die Arbeitskraft. Durch die auf einen neofordistischen Wohlfahrtsstaat zielende (Selbst-)Definition Sozialer Arbeit als Problemlösungsinstanz wird behindert, den Komplex der wohlfahrtsstaatlichen Institutionen als Regulierung von Widersprüchen zu begreifen, d. h. als ein erkämpfter Interessenkompromiss und eine Rationalisierung von Herrschaft. Dagegen kann helfen, so mein Vorschlag, die Institution Schwäche & Fürsorge als wohlfahrtsstaatliche Institution zu analysieren, konstituiert für den Zweck, soziale Ausschließungen von durch Markt, Privateigentum, Sozialversicherung und Familie sozial schwach gemachten Personen zu kompensieren und hinauszuschieben. Vor dem Hintergrund einiger alt-neuen Ausschlusserfahrungen werden Überlegungen notwendig, ob und wie die wohlfahrtsstaatliche Institution Schwäche & Fürsorge doch wieder soziale Ausschließung jener ermöglicht, die als Person die Eigenschaft „soziale Schwäche" entwickeln, die als „unerziehbar" gelten, die „pädagogisch nicht erreichbar" scheinen, die „sich nicht helfen lassen wollen" und sich so am Ende „selbst ausschließen".

Dialektische Institutionen und sekundäre Widersprüche

Der Widerspruch zwischen gesellschaftlichen Erfahrungen der Leute und der Ideologie der Gleichheit war ein bedeutender Antrieb für soziale Bewegungen, die Form der Vergesellschaftung zu verändern. Zu den Mitteln, mehr Gleichheit und weniger Ausschließung durchzusetzen, gehör(t)en (Rechts-)Gleichheit und allgemein eine Politik der Verhältnisse, die versuchte, einige, für kapitalistische Marktvergesellschaftung konstitutive, Ausschlussformen hinauszuschieben. Als Ergebnis finden wir einen Komplex von „dialektischen Institutionen".

---

7 Radikal anti-autoritäre Vergesellschaftung ist historisch allenfalls transitorisch aufgetreten. Das spricht nicht notwendig gegen sie: Vielleicht ist es nicht möglich, „Freiheit" auf Dauer zu stellen. Das würde allerdings radikales Denken erfordern, das Befreiung immer wieder durchzusetzen versucht – als eine produktive Auflösung gesellschaftlicher Widersprüche und „dialektischer Institutionen".

Heinz Steinert (2010) zeigte die Dynamik am Beispiel von Recht. Institutionalisierte und formalisierte, besonders an die Rechtsform gebundene Herrschaft ermöglicht Kontrolle der Herrschaftsausübung durch „interne" Gegen-Fraktionen (und Gegenexpertinnen) sowie die Bildung von Gegen-Wissen.[8] Dialektische Institutionen rationalisieren Herrschaftstechniken und sie verbessern die Möglichkeiten sozialer Kämpfe um einen durchgesetzten „impliziten Gesellschaftsvertrag". Die jeweilige „interne" Gegeninstitution und das durch sie verfügbare Gegenwissen können, unter bestimmten gesellschaftlichen Kräfteverhältnissen, wie eine Ressource in Gebrauch genommen werden, um Widersprüche konflikthaft und durch Solidarisierung auszutragen. Sogar im Strafrecht bleibt eine Möglichkeit erhalten, Herrschaftsausübung zu kontrollieren. Recht, insbesondere das Strafrecht, ist gleichzeitig das Beispiel dafür, dass wir den Optimismus, dass Dialektik sich produktiv auflösen lässt, nicht übertreiben können. Recht verträgt sich prächtig mit dem autoritären Staat. Und das modernisierte, erzieherische, heute das abschreckende Strafrecht wurde zu der zentralen Institution legitimierter sozialer Ausschließung.

Dialektische Institutionen, die, wie der Wohlfahrtsstaatkomplex, auf Krisen von kapitalistischen Produktionsweisen durch eine Erweiterung von Teilnahmemöglichkeiten antworten, werden nicht eindimensional als sozialer Fortschritt und als Realisierung der bürgerlichen Ideen analysiert, sondern als Teil der politischen Ökonomie und mit widersprüchlichen Zwischenergebnissen sozialer Kämpfe gegen konstitutive Ausschließung durch waren- und bürokratieförmige Vergesellschaftung.

Soziale Arbeit als „Problemlösungsinstanz" und ihre sekundären Widersprüche

Der Begriff soziale Ausschließung ist im Diskurs der Sozialen Arbeit wie in den Sozialwissenschaften nicht sehr verbreitet.[9] Mit dem politischen Topos „soziale Ausgrenzung vermeiden" ist die Vorstellung verbunden, es gelte im Rahmen von Sozialstaatlichkeit „kumulierende soziale Probleme" zu lösen. Zu den Nachteilen jener Strategien, die auf einen neofordistischen Wohlfahrtsstaat zielen, gehört die „Externalisierung" von Vorgängen und Begriff sozialer Ausschließung im gesellschaftlichen Nachdenken über Soziale Arbeit. Kommen wohlfahrtsstaatliche Institutionen ohne oder zumindest mit weniger sozialer Ausschließung aus? Ein erster

---

8   Vgl. zu einer besonders produktiven Phase kritischer Disziplinen Cremer-Schäfer/Resch 2012.
9   Vgl. zu Begriffen und Theorien in den Sozialwissenschaften ausführlich Cremer-Schäfer 2014.

Schritt solche Fragen (nicht nur für Soziale Arbeit) zu klären, besteht im Erinnern daran, dass Formen des „Draußen im Drinnen" weder von sozialen Bewegungen noch im Zuge der Modernisierungen von Ordnungs-Instanzen abgeschafft wurden.

Kontinuitäten sozialer Ausschließung

Arbeiter- wie Frauenbewegung haben den bürgerlichen Ausschließungsapparat nicht abgeschafft. Separation in geschlossen Anstalten mit der je zugehörigen Repression, den Bestrafungstechniken, institutioneller Diskriminierung und Deklassierung wurden „eingebettet" in einbeziehende, gleichwohl herrschaftsförmige Vergesellschaftung. Damit wurde versucht und auch erreicht, soziale Ausschließung hinauszuschieben. Das Beispiel der Institution Verbrechen & Strafe zeigt, worin der Profit wohlfahrtsstaatlicher „Einbettungen" für Ausschließungsinstitutionen bis heute besteht: Erst in der Allianz mit erziehenden und disziplinierenden Institutionen und dem zugehörigen Wissen konnten bürgerliche Ausschlussapparate, im Grunde der gesamte „Anstaltsstaat", sich modernisieren und als ideologisch verträglich darstellen. Im Fall der Institutionen Verbrechen & Strafe und der Institution Schwäche & Fürsorge geschah dies erst in der zweiten Hälfte des 20. Jahrhunderts nach der Nutzung und Einbeziehung der „normalen" Ausschließungsetiketten („Verbrecher", „Gemeinschaftsfremde", „Asoziale") und der totalen Institutionen in die nationalsozialistische Vernichtungspolitik. Restaurierte Entgrenzungen von Bestrafung und Anstaltserziehung wurden zurückgenommen, die Darstellung von Strafen und Helfen als ein notwendiges und wirksames Mittel zu legitimen Zwecken ausgebaut. Strafe legitimierte sich als Erziehung, als ein letztes Mittel der „Resozialisierung" und weiterhin als notwendige „ultima ratio" der Herstellung von Ordnung durch Drohung mit (abschreckender) Übelzufügung und sozialer Ausschließung.

Soziale Arbeit und Kontrolle von sozialer Ausschließung

Zur Institution Schwäche & Fürsorge gehört(e) eine optimistische Form der Sozial-Technokratie. Diese beruht auf dem Wissen über den Verbrecher und seine erfolgreiche Reformierung, Wissen über die Verwahrlosten bzw. die jugendlichen Delinquenten und die mögliche Reform der Fürsorge-Erziehung, Wissen über den straffälligen Menschen und die Möglichkeiten seiner Resozialisierung, Wissen über und Etiketten für das wilde Kind und seine Zivilisierung durch Erziehung, über das schwierige Kind und, zur Not, seine Heilung durch Zwang, über die Auffälligen und Verhaltensgestörten und ihre Behandlung – um nur einige historische Beispiele zu nennen, für die gänzliche soziale Ausschließung auch verhindert wurde. Wieder als eine gesellschaftlich verursachte „soziale Schwäche" der Person bestimmt, konnten die bis in die 1960er Jahre selbstverständlich genutzten Etiketten der Asozialität („Verbrecher", „verwahrlost", „minderbemittelt") unter den Sammelkategorien „soziales Problem" und „Benachteiligte, die Probleme haben und Probleme machen" ein Stück entmoralisiert werden. Als Ergebnis der Umdefinition von sozialer Ausschließung in soziale Probleme einer Ungleichheits-Ordnung wurden Stigmata zu einer Art Recht auf wohlfahrtsstaatlich vermittelte Ressourcen, so Joseph R. Gusfield (1989, S. 431) in seiner Antwort auf die Frage, welche „troubled persons" Professionen und Institutionen sich öffentlich zu bearbeitende Probleme in welcher Form angeeignet haben. Vorstellungen von „Stigma als Recht" liegen der Kategorisierung „hilfebedürftig" zugrunde. Gleichwohl kann dies die Dialektik der Institution Schwäche & Fürsorge nicht produktiv auflösen.

Wird ein Konflikt zum „Problem" umdefiniert, ergibt sich daraus keine Verhandlung zwischen Konflikt-Parteien mit vorläufigen Ergebnissen, sondern die Arbeit an einem doppelten Gegenstand: der „Verbesserung" von Personen und der „Verbesserung" von Verhältnissen. Eine radikale Alternative lässt sich wahrscheinlich nicht organisieren. Der Weg zu radikalem Denken führt über die Reflexion der „sekundären Widersprüche" von sozialen Reformen und Wissensformen.

Vom Ausschluss-Wissen zum Wissen über Disziplinierung zum Wissen über soziale Probleme & soziale Kontrolle und zurück zur Produktion von Ausschluss-Etiketten

Die der Politik selektiver Schließung und wohlfahrtsstaatlich vermittelter Integration zugehörigen Wissensbereiche lassen sich in drei Bereiche unterteilen: Wissen über Ausschließung, Wissen über Disziplinierung und Wissen über soziale Probleme & soziale Kontrolle.[10]

Ausschließen ist ein Vorgang der Abgrenzung von Zugehörigen und Berechtigten gegenüber jenen, die als „anders" oder „fremd" oder als „Außenseiter" bestimmt werden. Jedes sozial hergestellte „Anders-Sein" enthält eine (abgestufte) Verweigerung von Anerkennung als zugehörig und gleichberechtigter Mensch. Erst damit ergibt sich die Möglichkeit der instrumentellen Behandlung von Menschen als Objekt. Vor allem Zuschreibungen der Merkmale „fremd", „gefährlich", „abweichend" oder

---

10 Als wissenschaftliche Denktradition ist die zu einer Theorie von Verdinglichung entwickelte „Etikettierungsperspektive" erkennbar (Steinert 1985). Zur Umdefinition von Widersprüchen und sozialen Konflikten in „soziale-Probleme" und einer Phänomenologie von Wissensformen vgl. Steinert 1981, 2006, Cremer-Schäfer/Steinert 2000, 2014 sowie Cremer-Schäfer 2014.

„anormal" erweitern diese Möglichkeiten. Ausschließen kann man am leichtesten, wenn gesellschaftliche Phänomene (insbesondere die menschliche Verschiedenheit) auf der Wissensebene der Verstehbarkeit entzogen werden. Der (intellektuellen) Verstehbarkeit kann man gesellschaftliche Phänomene entziehen, wenn über die Menschen, die Handlungen und Situationen, um die es geht, möglichst wenig gewusst wird. Man denkt dann über sie nach und behandelt sie nur als ein Element (im doppelten Sinn) von zu großen, die Person auf ein Merkmal reduzierende Kategorien: „Kriminelle" „Sozialschädlinge", „Nicht-Deutsche", „Fremde", „Ausländer", „Feinde", „Terroristen", „sozial Schwache", „Delinquente", „Unerziehbare", „Undisziplinierte", „Asoziale", „Sozialbetrüger", „Unzivilisierte", „Wirtschaftsflüchtlinge", „Delinquente" mit „schädlichen Neigungen", „Gewalttäter", „Sexualverbrecher", „Verwahrloste", „Bestien", „Monster" – dies dürfte als Erinnerung an verfügbare Ausschließungsetiketten genügen. Der Begriff der (älteren) Kritischen Theorie für diese Individualität verweigernde Denkweise lautet „Ticket-Denken". Der Begriff der reflexiven Sozialwissenschaften „Zuschreibung von Etiketten".

Im Gegensatz zu Ausschließung braucht Disziplinierung den detaillierten Zugriff auf die Person und damit ein differenziertes Wissen über Personen und die Steuerbarkeit ihres Verhaltens – Wissen über Verhaltenskontrolle. „Individualität" wird mit dieser Herrschaftstechnik und Politik des Verhaltens nicht verweigert, sondern instrumentell in der Person hergestellt; Foucault nannte diese Form „Disziplinarindividuum". Erst in der Form des Disziplinarindividuums, das erfolgreich Disziplinar-Institutionen durchlaufen und sich auf dem Markt bewährt hat, kann abgestufte Anerkennung einigermaßen erwartet werden. Abgestufte Anerkennung bedeutet nichts anderes als graduelle Ausschließung.

Übergänge von Institutionen der Disziplinierung zu solchen der Ausschließung werden sozialstaatlich vermittelt:[11] Begriffe (und Vorgänge) der Resozialisierung, der Requalifikation und der Rehabilitation verweisen darauf, dass für die Ausschließung durch Markt und Disziplinarinstitutionen eine eigene Ebene von re-inkludierender Ordnungs- und Sozialpolitik institutionalisiert wurde – ein Infrastrukturbereich, für den weitgehend Soziale Arbeit zuständig ist. Bei misslingender Disziplinierung kann das als „unsozialisierbar", „unerziehbar", „unbeschulbar", „unbildbar", „unbrauchbar" oder als „nicht gemeinschaftsfähig" kategorisierte Disziplinarindividuum aus einer Disziplinareinrichtung und -Maßnahme ausgeschlossen werden. Bei misslingender Reintegration wird die Negativ-Seite von Sozialpolitik mit Übergängen zur Kriminalpolitik zuständig. Mit Selektion und Einweisung in ein „Draußen im Drinnen" wird vorgeführt, wohin es führt, wenn man keine sorgende

---

11 Ausführlicher zu Ebenen und Hierarchien von Sozialpolitik vgl. Cremer-Schäfer/Steinert 2014, S. 59ff.

Familie hat, sich wiederholt nicht disziplinieren ließ, sich als nicht bildbar und arbeitswillig erwiesen hat: ins Asyl, in freiheitsentziehende Maßnahmen, in ein anderes Anstaltsprogramm, ein dem endgültigen Draußen vorgelagertes, „letztes" Programm punitiver Kontrollen oder ins Gefängnis.

Zur Beurteilung von Abweichungen steht inzwischen ein ganzes Tableau von „Abstraktionen zu einem bestimmten Zweck" (Steinert 1985) zur Verfügung. Etiketten, die von Institution der Disziplinierung und Qualifizierung verwaltet werden (Sozialpolitik, Bildungswesen, Schul- und Qualifikationswesen, Krankenwesen), solche, die durch Institutionen der Kontrolle von Devianz zur Verfügung gehalten werden (Therapie, Soziale Arbeit – früher Fürsorgewesen und Sozialpädagogik) sowie die Etiketten von Institutionen legitimierter sozialer Ausschließung (staatliches Strafwesen, Institutionen der Verwahrung [in geschlossenen Anstalten]), Apartheit und Rassismus. Die Abwertungsordnung der (Verweigerung von) Anerkennung und Legitimierung gradueller Ausschließung reicht von Defizitkategorien (unterentwickeltes Humankapital, Bildungsdefizit, Wissens- und Qualifikationsdefizite, Krankheit), über Kategorien der Devianz (Psychische Krankheit, Hilfebedürftigkeit, Auffälligkeit, soziale Problemgruppen, Soziale Schwäche, Verwahrlosung) zu Kategorien der Asozialität (Unwürdigkeit, Unwertigkeit, Wahnsinn, Degeneration, Unbildbarkeit, Nichterziehbare, Unverbesserliche, Verbrechen, Sozialschädlichkeit, Gefährlichkeit, Verbrecher, Bestie).[12] Die Berechtigungen vervielfältigen sich, dass Personen in ein gesellschaftliches „Draußen im Drinnen" gestellt werden können. Abgestufte Anerkennung ist graduelle Ausschließung.

Im Unterschied zum Wissen über Disziplinierung präsentiert Wissen über soziale Probleme & soziale Kontrolle zugleich ein Wissen über die Struktur und Organisation von Gesellschaft sowie darauf zielende Reformen und Modernisierungen von Apparaten und Organisationen. Als sozialpathologische Umdefinition von Konflikten verortet diese Wissensform auch bei der Gesellschaft ein „soziales Problem", jedoch ausdrücklich nicht als Folge von Markt-Vergesellschaftung. Gesellschaft leidet nach der sozialpathologischen Diagnose an dem Problem der „Desorganisation" bzw. der „Anomie". Übersetzen muss man „Anomie" mit Normlosigkeit und „Desorganisation" mit Kontrollverlust der Ordnungsinstitutionen (und -Apparate) über die Subjekte. Unter der Bedingung von Herrschaftslosigkeit leiden diese an Kontrollmängeln und werden daher zu Normabweichlern. Im sozialpathologischen Soziale-Probleme-Denken werden Verantwortung und Schuld (zunächst) nicht der Person angelastet. Auf der organisatorischen und der

---

12 Zusätzlich werden immer noch Etiketten zur Verfügung gehalten, die Dehumanisierung legitimieren; allgemein zu Institutionen und Kategorien der Delegitimierung vgl. Cremer-Schäfer 2016.

Alltagsebene hat dieser Perspektivenwechsel individuelle Katastrophen der sozialen Ausschließung hinausgeschoben und abgemildert. Gegen die Wissensform spricht, dass es als Ordnungs-Wissen am Ende doch wieder Ausschluss-Kategorien bestimmt: die Kategorie jener Leute, denen auch durch eine verbesserte Disziplinierung, Sozialhilfe und sanfte, informelle soziale Kontrolle nicht zu helfen ist. Werden Disziplin oder Normkonformität, Vernünftigkeit oder Nützlichkeit, Passung als Bedingungen für gesellschaftliche Teilnahme akzeptiert, erzeugen solche Anforderungen bei misslingender sozialer Kontrolle (d. h. dem Misslingen von Re-Integration, Re-Sozialisierung oder Re-Habilitation) Kategorisierungen, die Ausschließung besonders nachdrücklich legitimieren. Weil die Person sich zu verändern hat, die Veränderung aber wiederholt verweigert, tendieren diese Etiketten dazu, nicht nur die Disziplinierbarkeit, sondern grundsätzlich die „Gesellschaftsfähigkeit" von Individuen in Frage zu stellen. Für die so Kategorisierten wird der Übergang zu sozialen Orten (und Anstalten) für legitimiert gehalten, die der Logik von Punitivität und strikterer Ausschließung folgen.

Um Normkonformität oder Diszipliniertheit von Mitgliedern herzustellen, bezog sich das neuere Wissen über soziale Probleme & soziale Kontrolle der 1960er und 1970er (zunächst) weniger auf Autorität und Ordnung. Gleichheit und Freiheit gaben Orientierung. Mit welcher (im doppelten Sinn) besseren bis (vielleicht) solidarischen Ordnung, welchen besseren und nicht derart verdinglichenden Techniken und in welchen verbesserten und nicht derart kalt disziplinierenden Einrichtungen kann das wilde Kind, der widerspenstige Jugendliche, der unzivilisierte Arbeiter, das liederliche Weibsbild, der benachteiligte Bürger zum „Menschen" sozialisiert und geformt werden? Mit welchen verbesserten Einrichtungen und Maßnahmen kann überhaupt jedem dazu verholfen werden, eine „gemeinschaftsfähige Persönlichkeit" zu entwickeln?

Als ein zu produzierendes Merkmal der Person und Normalitäts-Kriterium impliziert auch das im KJHG festgeschriebene „Recht auf Förderung (der) Entwicklung und auf Erziehung zu einer eigenverantwortlichen und gemeinschaftsfähigen Persönlichkeit" (§ 1,1) ein Ausschlusskriterium: das Etikett eines bei aller Anstrengung von sozialen Institutionen „nicht-gemeinschaftsfähig zu machenden Subjekts". Wer sich nicht helfen lassen will, wer sich für die Institution Schwäche & Fürsorge als unerziehbar und unkontrollierbar erweist, wer mehrfach versagt und eine Gefahr oder ein Risiko für andere und das Große und Ganze darstellt, der muss, instrumentell aus Sicherheitsgründen oder wegen einer „Lebensführungsschuld" oder – so das aktuelle Etikett – wegen „Selbstausschließung" aus-differenziert werden.

Das Vokabular von Versagen, Unfähigkeit und mangelnder „sozialer Kompetenz" beinhaltet Theorien, dass Verweigerung und Unwilligkeit der Person als „ultima ratio" durch eine Eskalation von Punitivität in erzieherischer und helfender Reaktion aufgelöst werden könnte und dürfte. Als Rationalisierung werden Etiketten wie „Gefährlichkeit" und solche aktiviert, die der „Lebensführungsschuld" (verwaltet von den Verwahrlosungswissenschaften und der „alten" Kriminologie) bzw. den „schädlichen Neigungen" des JGG verwandt sind. Erleichtert wird dies vom Soziale-Probleme-Wissen, das von „sozialer Schwäche" als Eigenschaft der Person ausgeht. Gegen die Wiederkehr des Vokabulars und Etiketts „Lebensführungsschuld" bzw. das Sammeletikett „Gefährlichkeit" hat das Soziale-Probleme-Wissen daher ebenso wenig eine theoretische Sperre wie gegen Punitivität.

(Keine) Gesellschaftliche Bedingungen für das Denken in Kategorien „soziale Probleme & soziale Kontrolle"

Der Import des neueren sozialwissenschaftlichen Soziale-Probleme-Wissens ab den 1960er Jahren ermöglichte in Verbindung mit Interaktionismus und Etikettierungstheorien vielfältige Kritik der beschriebenen institutionalisierten sozialen Ausschließung – politisch und wissenschaftlich. Von diesen sozialwissenschaftlichen Theorien passte zu der sich reformierenden und rationalisierenden Sozialen Arbeit das sozialwissenschaftliche Soziale-Probleme-Wissen am besten. Hintergrund dafür war die mit Soziale-Probleme-Wissen verbundene Bereitschaft ein angewandtes, wohlfahrtsstaatsnahes, sozialwissenschaftliches Kontrollwissen zu entwickeln. Eine reformorientierte Sozial-Technokratie, die der anstaltsförmigen Fürsorge bzw. konkurrierenden Institutionen (wie der staatlichen Bestrafung) sowohl mangelnde Effektivität wie Missachtung von gesellschaftlich möglicher Freiheit und Gleichheit nachweisen konnte. Schließlich stand es an, die verfügbare Kritik von „alten" Ausschlusswissenschaften, eingeschlossen die Verwahrlosungswissenschaften und die Kriminologie, durch „moderne" Theorien zu aktualisieren. Das Soziale-Probleme-Wissen konnte gut von Interaktionismus und Etikettierungstheorien abgekoppelt werden.

Gleichwohl: Das Wissen über soziale Kontrolle und die zugehörigen Kontroll-Wissenschaften, zu denen vor allem die Soziale-Probleme-Soziologie, die Sozialpädagogik und die (reformierte) Kriminologie gehören, sind interessant widersprüchlich.[13] Sie produzieren falsches Bewusstsein, indem sie Vorgänge der sozialen Ausschließung und Konflikte darum als solche entnennen und sie in bewältigbare sozialtechnokratische „Probleme" umdefinieren. Sie präsentieren zugleich technisches Wissen, das soziale Ausschließung real verhindern möchte und das bis zu einem gewissen

---

13 Ausführlicher zu den „toten Winkeln" von (kritischer) Sozialwissenschaft, vgl. Cremer-Schäfer/Steinert 2000, Cremer-Schäfer 2014.

Grad auch tut! Soziale Probleme & soziale Kontrolle waren Begrifflichkeiten, die die Botschaft enthielten, eine kluge und geschickte Behandlung könne verhindern, dass sich soziale Schwäche, Randgruppen-Positionen, Devianz, Delinquenz, Gewalt, Wahn, Sucht „verfestigen". Und bis zu einem gewissen Grad trifft das praktisch auch zu. Die Funktion der Sozialwissenschaften im Fordismus wurde treffend als „Marktforschung für den Wohlfahrtsstaat" (Gouldner 1970, S. 439) interpretiert.

Problemlösungs- und Kontroll-Wissenschaften können Ausschlusswissen in Phasen der Gesellschaftsentwicklung, in denen Interesse an Grenzerweiterung und Einbeziehung besteht, Konkurrenz machen und Ausschließungspraktiken instrumentell kritisieren. Das neuere Soziale-Probleme-Wissen konnte sich in sozialen Situationen durchsetzen, in denen Interesse an erweiterter Einbeziehung und ein Interesse an realen und ideologischen Investitionen in die Arbeitskraft bestand. Sehr grob gesagt waren das die Zeiten von Arbeitskräftemangel und Protestbewegungen (einschließlich kritischer Disziplinen) in der Hoch-Zeit des Fordismus. Sind diese Umstände nicht gegeben und wird Teilnahme „exklusiver" bestimmt, tritt der strukturimmanente Bezug von ordnungsbezogenem Kontrollwissen und personenbezogenem Disziplinierungswissen und sozialer Ausschließung in den Vordergrund.

Neben den Klassikern „Kriminalität und Gewalt" und „Risikogruppen" (statt „Problemgruppen") kursieren derzeit Ausschlusetiketten wie „Mehrfachauffällige", „gefährliche, junge Intensivtäter", „Mehrfach- und Intensivtäter" (als Akronym: „MIT"), „besonders auffällige Straftäter unter 21" (Akronym: „BASU"). In völliger Selbstverständlichkeit werden solche Etiketten als Legitimation von Repression genutzt, weil eine „offensichtliche Wirkungslosigkeit bisheriger Straf- und Resozialisierungsmaßnahmen" vorliegt. Der Widerspruch von Disziplinierung und Ausschließung kehrt auf der Ebene von widersprüchlicher Problemlösung durch soziale Kontrolle wieder. Es gilt die kalte Drohung „three strikes and you are out!". Wissen über soziale Probleme & soziale Kontrolle braucht mehr Legitimation. Diese wird geboten durch Theorien und Etiketten der „Selbstausschließung".[14]

Allgemein gesprochen wird Ausschließung dann besonders leicht, wenn man sie durch entsprechende Wissensproduktion bzw. Reifikation sozialer Relationen wie „Selbstausschließung" aussehen lassen kann. Ob die „Selbstausschließung" an „Gefährlichkeit", an „Lebensführungsschuld" oder daran liegt, dass „sie" sich nicht helfen lassen wollen, sich (zur Not zwangsweise) integrieren zu lassen – das bleibt sich gleich. Misslingt selektive Schließung mit dem Namen „Integration", gibt es

---

14 In Cremer-Schäfer (2014) habe ich mich ausführlich mit diesem Etikett in Diskursen über die „Überflüssigen" und „Ausgeschlossenen" sowie die neuen „gefährlichen Klassen" beschäftigt, die ihre „Wut" in Nachbarschaften oder Banlieus auslassen.

zum Ausschließen durch Einschließen oder Ausweisen keine Alternative, TINA, there is no alternative – das Prinzip des Thatcherism hat sich als Begründung von Ausschließung und einer „punitiven Wende" nicht nur in der Institution Schwäche & Fürsorge verbreitet.

Strukturell und praktisch mag derzeit kaum eine Chance gegeben sein, die Dialektik inkludierender Institutionen bzw. die Widersprüchlichkeit des Soziale-Probleme-Denkens reflexiv aufzulösen. Die verfügbare Kritik von Wissen über Ausschließung, Disziplinierung und Kontrolle macht uns aber ganz und gar nicht hilflos. Um mit einem von Heinz Steinert 1984 formulierten Aphorismus (vorläufig) zu enden: Wir müssen nur „genau hinsehen, geduldig nachdenken und uns nicht dumm machen lassen".

Literatur

Bareis, Ellen/Wagner, Thomas (2016): Flucht als soziale Praxis – Situationen der Flucht und Soziale Arbeit. In: *Widersprüche*, Heft 141, 36. Jg., S. 29-46.
Cremer-Schäfer, Helga (2014): Kulturindustrie und Ausschlusswissen(schaften). In: Martin, Susanne/Resch, Christine (Hrsg.): *Kulturindustrie und Sozialwissenschaften*, S. 158-186. Münster: Westfälisches Dampfboot.
Cremer-Schäfer, Helga (2016): „Böse" ist nicht nur ein Wort. In: *psychosozial*, Heft II, 39. Jg., „Masken des Bösen", hrsg. von Rolf Haubl und Ferdinand Sutterlüthy, S. 71-80.
Cremer-Schäfer, Helga/Steinert, Heinz (2000): Soziale Ausschließung und Ausschließungs-Theorien: Schwierige Verhältnisse. In: Peters, Helge (Hrsg.): *Soziale Kontrolle. Zum Problem der Normkonformität in der Gesellschaft*, S. 43-64. Opladen: Leske + Budrich.
Cremer-Schäfer, Helga/Steinert, Heinz (2014): *Straflust und Repression. Zur Kritik der populistischen Kriminologie*. 2. überarb. Aufl. der Ausgabe von 1998, Münster: Westfälisches Dampfboot.
Cremer-Schäfer, Helga/Resch, Christine (2012): „Reflexive Kritik". Zur Aktualität einer (fast) vergessenen Denkweise. In: Anhorn, Roland/Bettinger, Frank/Horlacher, Cornelis/Rathgeb, Kerstin (Hrsg.): *Kritik der Sozialen Arbeit – kritische Soziale Arbeit*, S. 81-105. Wiesbaden: Springer VS.
Gouldner, Alvin W. (1970): *The Coming Crisis of Western Sociology*. New York: Basic Books; deutsch (1974): Die westliche Soziologie in der Krise, Bd. 2 Reinbek bei Hamburg: Rowohlt.
Gusfield, Joseph R. (1989): Constructing the ownership of social problems: Fun and profit in the welfare state. In: *Social Problems* 36 (5), S. 431- 441.
Kunstreich, Timm (1975): *Der institutionalisierte Konflikt*. Offenbach: Verlag 2000.
Rancière, Jacques (2011 [1996]): Der kalte Rassismus. In: *Chronik der Konsensgesellschaft*, S. 33-37. Wien: Passagen Verlag.
Simmel, Georg (1992 [1908]): *Soziologie. Untersuchungen über die Formen der Vergesellschaftung*. Frankfurt/M.: Suhrkamp.

Steinert, Heinz (1981): Widersprüche, Kapitalstrategien und Widerstand oder: Warum ich den Begriff „Soziale Probleme" nicht mehr hören kann. Versuch eines theoretischen Rahmens für die Analyse der politischen Ökonomie sozialer Bewegungen und „sozialer Probleme". In: *Kriminalsoziologische Bibliografie* 8, H. 32/33, S. 56-88.

Steinert, Heinz (1985): Zur Aktualität der Etikettierungstheorie. In: *Kriminologisches Journal* 17. Jg., S. 29-43.

Steinert, Heinz (2006): Über den Import, das Eigenleben und mögliche Zukünfte von Begriffen: Etikettierung, Devianz, Soziale Probleme usw. In: *Soziale Probleme,* 17. Jg., Heft 1, S. 34-41.

Steinert, Heinz (2010): Gegen-Institutionen und Gegen-Wissen im Strafrecht: Am Beispiel des Instituts für Rechts- und Kriminalsoziologie. In: *Juridikum 1 „Recht & Gesellschaft",* S. 37-45.

Das Soziale von den Lebenswelten her denken
Zur Produktivität der Konfliktorientierung für die Soziale Arbeit

Maria Bitzan

Konflikte sind quer durch alle Arbeitsfelder und Tätigkeitsbereiche grundlegende Bezugspunkte in der Sozialen Arbeit. Mit der Perspektive auf Konflikte können etwa Auseinandersetzungen zwischen Adressat_innen in den Blick kommen, zwischen Adressat_innen und Professionellen, zwischen Vorgesetzten und Untergebenen, in Organisationen oder auch Ambivalenzen in der eigenen Person. In der Regel sind sie negativ besetzt und von Bestrebungen begleitet, sie möglichst aufzulösen bzw. am besten gleich zu vermeiden. Aber in einer Gesellschaft mit strukturellen sozialen Ungleichheiten, mit unterschiedlichen Zugängen zu Definitions- und Durchsetzungsmöglichkeiten von Rechten und Teilhabe ist Harmonie nur um den Preis von Unterordnung und Stillstand zu haben.

Die Lebenswelten der Menschen und die institutionellen Kontexte Sozialer Arbeit enthalten immer *strukturelle Widersprüche,* welche Quelle von verschiedenartigsten Konfliktkonstellationen sind: – direkte manifeste Konflikte etwa zwischen Subjekten, oft mit vordergründigen Anlässen, denen der Hintergrund der Widersprüchlichkeit nicht anzusehen ist, oder etwa zwischen institutionellen Ansinnen und subjektiven Deutungen – und solche, die auf der Erscheinungsebene oftmals nicht so einfach als *Konflikt* erkennbar sind, sondern als geronnene Widersprüchlichkeit so in die Normalität eingegangen sind, dass sie als – oft ambivalente – Anforderungen Unbehagen erzeugen, ohne dass die Quellen dafür deutlich wären.

Ziel dieses Beitrages ist zu veranschaulichen, welche Produktivität darin liegt, sich der Konflikthaftigkeit des Feldes bewusst zu sein, erkennbar zu machen, was gesellschaftlich verdeckt wird (nicht zuletzt durch die aktuellen sozialpolitischen Interpretationsfolien sozialer Wirklichkeit), und wie sich dies in der Sozialen Arbeit spiegelt und durch sie verarbeitet wird. Damit sollen Orientierungen stark gemacht werden *gegen* vorschnelle, attraktive Glättungen in professionellen Problemdeutungs- und Bearbeitungsprozessen.

Um diese Produktivität plausibel zu machen, werden in diesem Beitrag fünf Schritte gegangen: 1. geht es um eine kurze Hinführung zur Konfliktperspektive, 2. werden soziale Konflikte in einer bestimmten Lesart interpretiert, 3. wird ein Verständnis vom Sozialen als Lebenspraxis in Konflikten gezeigt, um im 4. Schritt die Gedanken auf Soziale Arbeit zu beziehen und 5. zu zeigen, wie unter der Perspektive der ‚Adressatenorientierung'[1] die Konfliktorientierung Anregungen für eine kritische Praxis der Sozialen Arbeit geben kann.

1 Konfliktperspektive

Bei der Rede von Konflikten ist zunächst anzumerken, dass es sich bei ‚Konflikt' um einen schillernden und widersprüchlich verwendeten Begriff in den Sozialwissenschaften handelt (Herrmann 2006, S. 17). Ein Konflikt entsteht ganz allgemein gesprochen zwischen zwei oder mehreren Konfliktparteien mit mindestens einer Konfliktursache und einem Konfliktverhalten. Im alltagsweltlichen Konfliktverständnis werden oft (nur) personale Konfliktparteien und deren Konfliktverhalten betrachtet. Die Konfliktursache gerät meist aus dem Blick oder wird als singuläre Erscheinung aufgefasst.

Konflikte lassen sich aus (mindestens) zwei Blickwinkeln betrachten:

- Oft wird ‚Konflikt' *eng gefasst* wie z. B. bei Glasl (1992), der einen (sozialen) Konflikt als Interaktion definiert, bei der mindestens ein Aktor Unvereinbarkeiten mit dem anderen Aktor in der Art erlebt, dass im Realisieren eine Beeinträchtigung erfolge (ebd., S. 14). In der Sozialen Arbeit gibt es für Umgangsweisen mit Konflikten in dieser Engfassung mittlerweile einige Ausarbeitungen, die von der Mediation bis hin zu umfassenden Konzepten der ‚Konfliktarbeit' systematisiert vorliegen (z. B. Herrmann 2006, 2013).
- Hier soll die Perspektive auf die gesellschaftliche Seite von Konflikten gerichtet werden und damit ein *weit gefasster* Konfliktbegriff verfolgt werden, der von manchen auch als latenter Konflikt bezeichnet wird. Auch die im ersten Verständnis gemeinten direkten interaktiven Konflikte verweisen immer auf gegensätzliche Interessen, auf unerfüllte Versprechungen, Ansprüche oder ungewollte Zumutungen, welche meistens nicht *direkt* zur Sprache kommen. Bei dieser Betrachtungsweise gehen wir davon aus, gesellschaftliche Widersprüchlichkeiten

---

[1] Wird der Begriff ‚Adressat' oder ‚Adressatenorientierung' kategorial benutzt, steht er in dieser Form. Ansonsten spreche ich von Adressat_innen.

nicht nur zu konstatieren, sondern sie als Konfliktthema zu denken. Sie werden interpretiert als historische und damit veränderbare Konstellationen, die aus den je gegebenen Macht- und Herrschaftsverhältnissen resultieren und den Blick auf das Wirken unterschiedlicher gesellschaftlicher Kräfte frei machen (Bitzan/ Klöck 1993). Damit werden konflikthafte Strukturen und somit tiefergehende Konfliktursachen in die Analyse von Konflikten mit hineingenommen.

Im Weiteren interessieren uns hier *soziale Konflikte*. Das sind solche, deren erfahrungsbezogene Ausgangspunkte (das Unbehagen, die Verletzung…) *kollektivierbar* sind. Sie offenbaren etwas über die Struktur des Sozialen: Mit der Durchsetzung bestimmter geltender gesellschaftlicher Ordnungen (und damit verbundener Normen des richtigen Handelns) werden andere mögliche Praxen delegitimiert.[2] ,Konflikt' ist insofern *konstitutiver Bestandteil von Gesellschaft* und somit auch Bestandteil von gesellschaftstheoretischen Konzepten, die über die positivistische Affirmation des Gegebenen hinausgehen – besonders von kritischen Konzepten.[3] Die Produktivität einer hierauf bezogenen Konfliktorientierung liegt zum einen in ihrer *Erkenntnisfunktion*: Konflikte machen bewusst, *wie* Gesellschaft ihre Ordnung herstellt und verteidigt; und zum andern in ihrer *Antriebsfunktion* für gesellschaftliche Veränderung: indem sie aktiv bearbeitet werden, ist Veränderung möglich.

Konfliktorientierung ist in diesem Sinn als produktive und konstruktive Haltung für die Soziale Arbeit zu begreifen, wenn es ihr gelingt, Konflikte bewusst zu machen. Und zwar insbesondere:

- als Einspruch gegen allzu glatte Klarheiten, welche Probleme die Soziale Arbeit zu bearbeiten habe bzw. welche Lösungen sie als passend anzubieten habe und damit gegen machtvolle Tendenzen, die von den Institutionen und der institutionalisierten Sozialpolitik her definieren, was die zentralen Fragen des Sozialen zu sein haben und welche Lebensweisen akzeptabel sind, und
- als Aufdecken von Widersprüchen, als Erkennen von Konfliktstrukturen und dem Bemühen, diese in die professionellen und öffentlichen Verhandlungsarenen einzubringen.

---

2 Z.B. wurden unter der Ordnung der heteronormativen Paarbeziehungen lange Zeit homosexuelle Lebensweisen kriminalisiert.
3 Vgl. beispielsweise Habermas, Luhmann, Bourdieu, Marx und auch Honneth und Fraser.

2 Sozialer Konflikt

Für die Klärung sozialer Konflikte orientiere ich mich hier dem Grunde nach an dem Modell von Axel Honneth (1992) zur Erklärung gesellschaftlicher Entwicklungsprozesse, weil dieses überzeugend verschiedene, unterschiedlich ineinander verwobene *Kräfteverhältnisse* zum Ausgangspunkt nimmt – und damit einfachen Herrschaftsmodellen ebenso eine Absage erteilt wie harmonisierenden Gesellschaftsvorstellungen. Dieses Modell fokussiert gesellschaftliche Bewegung und sieht diese als Triebkräfte in einer Arena von Konflikten. „Soziale Konflikte entstehen [vielmehr] dort, wo Menschen glauben, in Ansprüchen benachteiligt oder beschnitten zu werden, die sie im Lichte von allgemein akzeptierten Prinzipien für gerechtfertigt halten. Auf der Grundlage ihrer eigenen normativen Prinzipien kann so in der Gesellschaft eine soziale Dynamik entfacht werden, die auf die Verwirklichung eines in ihr selbst angelegten Potenzials auf moralischen Fortschritt drängt. In Anlehnung an Hegel können wir hier von ‚Kämpfen um Anerkennung' sprechen" (Honneth 2011, S. 37), ein Ringen um eine Neubewertung, Neuinterpretation oder Neuformulierung der in den jeweiligen Sphären geltenden *Normen* der Anerkennung. Er unterscheidet bekanntermaßen drei Sphären der Anerkennung bzw. ihrer Verweigerung: die der Liebe (Missachtungsform: körperliche Gewaltanwendung), des Rechts (Missachtungsform: Entrechtung) und der Wertschätzung durch Leistung, auch Arbeit (Missachtungsform: Entwürdigung).[4] In ihnen erlebte Verletzungen – als reale Vorenthaltung von Teilhabe – lösen negative Gefühle aus wie Scham, Unwohlsein, Kränkung, also Unbehagen, das auf das *Nicht-Eingelöste* gesellschaftlicher Versprechungen und subjektiver Bedürftigkeit verweist.

Sind diese Gefühle mit der Erfahrung von Kollektivität verbunden, beinhalten sie die Chance der kognitiven Erkenntnis *sozialen Unrechts* und *können* somit politischen Widerstand entfachen – wenn die politisch-kulturelle Umwelt des betroffenen Subjekts dies begünstigt. Hier kann Soziale Arbeit durchaus eine Rolle spielen.[5]

---

4 Die erste Sphäre stufte Honneth als ‚privat' und damit nicht politisierbar ein – was unter feministischen Perspektiven nicht zu halten ist, denn erstens sind die Formen der Liebe auch nur im Rahmen gesellschaftlicher Modelle lebbar (z. B. Dominanz heterosexueller Orientierungen in Form der Kleinfamilie) und zweitens ist das Thema der Gewalt in Beziehungen nur verstehbar, wenn die geschlechtliche Ordnung als gesellschaftliche erkannt wird.

5 Sie kann aktiv werden zu ermöglichen, dass Erfahrungen zur Sprache gebracht werden, kann Unrecht als solches benennen, sprechbar machen und sie kann Kollektivitätserfahrung befördern, indem sie wie beispielsweise in der Gemeinwesenarbeit Themen fokussiert, die von mehreren Bewohner_innen geteilt werden.

Soziale Konflikte verweisen also ganz allgemein auf Widersprüche, die in der modernen Gesellschaft aus der Diskrepanz zwischen Versprechungen und Vorenthaltungen – versagter Anerkennung – entstehen und die normalerweise in Form von Zumutungen als *individuelles Problem* erscheinen und oft – meistens individualisiert – in *Konflikten um deren Bewältigung* in der Sozialen Arbeit auftauchen – im Konkreten der Lebenswelt. Das heißt, häufig sind nicht die Konfliktursachen und -konstellationen das Thema der Sozialen Arbeit, sondern die Folgekonflikte. Diese Begrenzungen des Gegenstandes ihrer Arbeit gilt es zu überwinden.

3 Das Soziale = Diskurse in Verhältnissen (Verdeckungszusammenhang)

Ausgehend von einem dialektischen Verständnis, wie es Hans Thiersch zum Ausgangspunkt der Lebensweltorientierung genommen hat, lässt sich der prinzipielle Doppelcharakter der Konkretheit der Lebenswelt als Dialektik von verfügbaren und gelingenderen Verhältnissen und Bewältigungsstrategien charakterisieren. Ein solches Verständnis „betont in dieser Ambivalenz den Zusammenhang von Gegebenem und Gelingenderem, der notwendig, aber schwierig und widersprüchlich ist" (Grunwald/Thiersch 2014, S. 12).

Soziale Alltagspraxis kann als (bewusstes oder unbewusstes) Umgehen mit widersprüchlichen Anforderungen interpretiert werden. Das Charakteristische des Alltags ist ja die Umsetzung des Widersprüchlichen in Lebbarkeit, was in den Erfahrungen der Subjekte konkret wird. Ein Beispiel: Die Anforderung, sich ‚frei', d. h. mobil verfügbar, dem Arbeitsmarkt zur Verfügung zu stellen und gleichzeitig aus eigenen Kräften die sozialen Bedürftigkeiten (in Familie und auch im Gemeinwesen) zu befriedigen, wird von den Subjekten ganz unterschiedlich gelöst: Pendelbeziehungen, Teilzeitjobs oder Jobverweigerung in fernen Orten, Verschweigen von sexuellen Bedürfnissen usw. Für die Bewältigung der widersprechenden Anforderungen und Bedürfnisse stehen – neben psychischen und sozialen Ressourcen – grundsätzlich die sozialstaatlichen Rahmungen zur Verfügung, die regulieren, wie und mit welchen Mitteln Menschen(gruppen) leben sollen, wenn sie akzeptiert (bzw. wie Honneth sagt: anerkannt) werden wollen. Neben den in den Rahmungen enthaltenen Möglichkeiten zeigt sich in ihnen auch die begrenzende Seite, der Preis der Anerkennung – nur spezifische Lösungen sind erlaubt. Nancy Fraser (1994) verweist darauf, dass diese sozialen Übereinkünfte/Regelungen je historische Ergebnisse gesellschaftlicher *Kämpfe um die Interpretation von Bedürfnissen* sind. Diese Kämpfe (Anerkennungskämpfe!) sind auf einer hintergründigen

Ebene Auseinandersetzungen darum, *welche Ansprüche überhaupt als gesellschaftlich verhandelbar anerkannt werden* und auf der vordergründigen Ebene Konflikte darum, *wie diese Bedürfnisse befriedigt* werden sollen. Mit dem historischen Stand ihrer Befriedigung entwickeln sich Ansprüche jedoch fortwährend weiter – in den Ausdrucksformen, die auf dem jeweiligen gesellschaftlichen Entwicklungsstand als passend, angemessen oder dominant vorherrschen.[6] Soziale Konflikte sind also Störungen des Gegebenen und gleichzeitig der Motor der Entwicklung von mehr (gesellschaftlichem Spielraum für) Anerkennung. Soziale Konflikte dynamisieren ‚das Soziale' und geben Zeugnis davon, dass es nicht einfach gegeben ist, sondern immer als verallgemeinertes Ergebnis von Diskursen begriffen werden muss.

Das Soziale manifestiert sich also in den Lebenswelten der Menschen als Verhalten in Konflikten bzw. Konfliktstrukturen – als je spezifische Bewältigung. Damit beinhaltet es immer Kompromisse, die immer auch verweisen auf ein *Mehr* von Ansprüchen, die nicht gelebt werden können, – auch auf die (noch) nicht verhandelbaren Bedürfnisse. Und es lohnt sich, dieser „Spur des Unbehagens" (Maurer 2016, S. 25) zu folgen und Anstrengungen zu unternehmen, diese aufzudecken.[7]

Solche verdeckten, auf der Erscheinungsebene vereinfachten, teilweise personalisierten und thematisch umgeformten Konflikte um Anerkennung zeigen sich in verschiedenen Dimensionen, so beispielsweise in den Themen von Armut, Migration (jetzt aktuell aufgebrochen in dem Umgang mit den Geflüchteten, wo die Widersprüchlichkeiten ganz offen erkennbar sind), im Umgang mit Familien usf.

Ich möchte sie exemplarisch knapp am Beispiel von Geschlechterpolitik verdeutlichen, die als einer von mehreren Strängen die soziale Ordnung wesentlich mitbestimmt (selbstredend im Wissen um kontextuelle Ausdifferenzierungen und intersektionale Interdependenzen, die ich hier nicht weiter inhaltlich ausführen werde).

---

6   Derzeit werden sie immer mehr auf ökonomische Verwertung eingespurt – aber es gibt auch zunehmend Kritik daran, die neue Ansprüche an Nachhaltigkeit/Postwachstum (wieder) sprechbar machen.

7   „Die Spur des Unbehagens": Das Nicht-Stimmige, die wahrgenommenen und erfahrenen Widersprüchlichkeiten ins Zentrum der Betrachtung stellen, sie ernst nehmen und sich ihnen auch nicht entziehen – so sagt es Maurer in ihrem Vortrag. Mit der Parole „Das Private ist politisch" der feministischen Frauenbewegung war nicht nur die spektakuläre Aktion (die wichtig ist) gemeint, sondern das Erkennen der Reduzierungen auf Grund vorgegebener Ordnungen. Denn im privaten Alltag zeigt sich die Bewältigung der Reduzierungen und Einspurungen.

Beispiel Geschlechterpolitik

In der aktuellen neoliberalen Sozial- und Wirtschaftspolitik scheint es, als seien wesentliche Forderungen der Frauenbewegungen erfüllt und somit der gesellschaftliche Hauptkonflikt im Geschlechterverhältnis im Wesentlichen überstanden: weibliche Lebensentwürfe sind ausgeweitet, eigenständige Erwerbsarbeit ist selbstverständlich geworden, Frauen sind präsent in Politik und Kultur... So ist zunächst ein deutlicher Anerkennungsgewinn für Frauen zu verzeichnen: sie (wir!) sind angekommen in der Erwerbsarbeit, Kulturarbeit usw.

Genau besehen zeigt sich jedoch schnell die begrenzte Reichweite der Konflikt‚lösung' und damit die Einpassung in die gegebene Ordnung – Fraser (2012) spricht hier von gefährlichen Liebschaften der Frauenpolitik mit dem neoliberalen Kapitalismus. So sind trotz aller Emanzipation hierarchische Ordnungen innerhalb und außerhalb der Arbeitswelt, Gewaltverhältnisse und in Teilen die Missachtung von Care-Arbeit geblieben. Emanzipation ist reduziert auf ein individuelles Entwicklungsprojekt – jede soll nach ihrer Façon ihr Leben optimieren. Wenn sie es nicht befriedigend schafft, dann macht *sie* was falsch (da kann dann die Soziale Arbeit helfen...) – so die öffentlich stark gemachte Interpretation. Der zugrundeliegende Konflikt ist entöffentlicht.

In dieser Geschlechterpolitik wird der Genderbegriff individualisiert und nicht mehr als Chiffre für eine bestimmte gesellschaftliche *Ordnung* erkannt, die über die Kategorie Geschlecht Über- und Unterordnungen, Relevanzsetzungen und Realitätsverzerrungen organisiert.[8]

Diesen Zusammenhang bezeichnete die Tübinger Forschungsgruppe des Forschungsinstituts TIFS (Bitzan et. al. 1998) in ihren forschungsmethodologischen Grundlagen-Überlegungen als sozialpolitischen *Verdeckungszusammenhang*, mit dem hierarchische Ordnungsstrukturen in mindestens drei Bereichen wirken (und konkrete Folgen für das materielle Leben mit sich bringen):

- in der sozialpolitischen Normalitätsproduktion (diese wertet z. B. alle jenseits der Erwerbsarbeit erbrachten, gesellschaftlich unverzichtbaren sozialen Leistungen – care genannt – als *Arbeit* systematisch ab, indem sie als selbstverständlich/ natürlich gelten und teilweise unsichtbar gemacht werden...),
- in der gesellschaftlichen Symbolproduktion (sie erzeugt Bilder der Wahlfreiheit für Frauen, der starken Frau...) und
- in den biografischen Konstruktionen (verbunden mit Entnennung von Erfahrungen, Auskühlung von Bedürftigkeiten und Ansprüchen, Selbstsuggestionen

---

8 Gundula Ludwig (2013, S. 475) bezeichnet dies als Verengung des Politischen.

à la „eigentlich ist es doch ganz gut so", Individualisierung von Gelingen und Scheitern...).

Die einzelnen Verdeckungen wirken als *Zusammenhang*, d. h. ineinander verwobene und sich gegenseitig bekräftigende Muster (Bitzan et.al. 1998, S. 43f.). Das Bild des sozialpolitischen Verdeckungszusammenhangs wurde in der feministischen Theoriebildung geprägt, um das mehrschichtige Wirken eines hierarchischen Geschlechterverhältnisses in der modernen Gesellschaft zu durchdringen. Es korrespondiert mit Gedanken der kritischen Theorie, die mithilfe dialektischen Denkens die Unterscheidung zwischen Wesen und Erscheinungsform der Dinge und Prozesse der Gesellschaft aufklären will. Es lässt sich ebenso mit diskurstheoretischen Überlegungen verknüpfen, die die Dominanz durchsetzungsstarker *Diskurse* als zentrales strukturbildendes Prinzip der Gesellschaft setzen (mehr oder weniger auf Foucault bezogen). Als Matrix der Wahrnehmungen erzeugen sie symbolische Ordnungen und regulieren Praxis (was kann, was darf gesagt werden – wie soll gelebt werden?). Ohne diese beiden Verknüpfungen hier vertiefen zu können, wird damit noch einmal die Dialektik von Erkenntnisprozessen angerissen.

4 Die Rolle der Sozialen Arbeit

Das Konstrukt des sozialpolitischen Verdeckungszusammenhangs kann nun auch für die Analyse sozialpädagogischer Handlungspraxis nutzbar gemacht werden. Die Geschichte zeigt, dass Soziale Arbeit schon immer Transmissionsriemen gesellschaftlicher Diskurse war, sie sollte diese übersetzen und mit ihrer Praxis verifizieren (neben Polizei, Justiz und anderen gesellschaftlich mächtigen „Apparaten"). Sie war und ist eine gesellschaftliche Lösung dafür, den Umgang mit Ungleichheit von einer politischen zu einer pädagogischen, sozialarbeiterischen Frage zu machen. So entstanden/entstehen spezifische *Konstruktionen* von Adressat_innen, die sich niederschlagen in den Institutionen, der Infrastruktur, auch in den Gesetzen. Diese beeinflussen wiederum die *Kategorien*, mit denen Träger und Sozialarbeiter_innen Phänomene wahrnehmen und auch wieder (re)produzieren.

Kleines Beispiel: Vereinbarkeit von Erwerbsarbeit und Leben mit Kindern – das Thema wird trotz aller Modernisierung immer noch als *Frauenthema* gehandelt (als Herausforderung an Frauen). In der Sozialen Arbeit kommt es vor als Frage des Bildungsbedarfs (wie viele VHS-Kurse gibt es zu diesem sog. Frauenproblem?) oder gerade bei ärmeren Frauen als Frage der Erziehungsfähigkeit – und damit als Frage nach individueller Kompetenz, nicht als Resultat gesellschaftlicher Konfliktregelung. Ein weitergehender Horizont möglicher Wünsche der Betroffenen bezüglich eines erfüllten intergenerationalen Lebens darf nicht aufscheinen – der Konflikt ist eingehegt, auf eine private Organisationsfrage reduziert und seiner gesellschaftlichen Dimension beraubt.

Die aktuellen Entwicklungen der *Individualisierung* der Lebenswege, der wachsenden Isolation der Individuen in Bezug auf Lebensentscheidungen, verbunden mit der Zuständigkeit für das eigene Glück als Verpflichtung (z. B.: die Vereinbarkeit von Kindererziehung und Existenzsicherung als Alleinerziehende zu bewerkstelligen, obwohl in der Politik gerade etwa die Unterhaltsverpflichtungen der getrennten Partner gekürzt wurden – oder: dem Nachkommen neuer Gesundheitspflichten in Form von Sporttreiben oder Vorsorgeuntersuchungen wahrnehmen, obwohl die Anforderungen der Erwerbsarbeit nicht geringer werden und die Flexibilitätserwartung steigt…) – diese Entwicklungen bewirken eine *Entöffentlichung von Konflikten*: Der Kampf um Anerkennung, meint Honneth, scheint sich eher in das Innere der Subjekte verlagert zu haben, sei es in Form von gestiegenen Versagensängsten, sei es in Form von kalter, ohnmächtiger Wut (Honneth 2011, S. 10).[9] Hier ist dann Soziale Arbeit gefragt – die Sphäre der Politik bleibt außen vor.

Honneth resümiert denn auch: die Individualisierung verstellt den Blick nicht nur auf kollektive Betroffenheiten, sondern auch auf verallgemeinerte Werte. „Das Streben nach Selbstachtung durch die Gesellschaft kann sich an kein legitimierendes Prinzip (mehr) anlehnen, wird also eigentümlich ortlos" (ebd., S.44). Dies gilt auch für die Institutionslogiken in der Sozialen Arbeit. Ludwig konstatiert die ökonomische Effizienz als einzigen geltenden Maßstab: „Das, was demokratisch

---

9   Exkurs: „Um den neuen Zustand der Anerkennungsordnung zu beschreiben, wäre von einem Prozess der wachsenden Exklusion aus den Anerkennungssystemen bei einem gleichzeitigen Bedeutungsverlust ihrer tragenden Prinzipien zu sprechen: Im Kapitalismus der Gegenwart scheint ein wachsender Teil der Bevölkerung von jeder Möglichkeit abgeschnitten, überhaupt nur Zugang zu den achtungssichernden Sphären der Erwerbswirtschaft und des Rechtssystems zu gewinnen, während der andere, sich darin befindende Teil aus den hier gewährten Entlohnungen in immer geringerem Maße soziale Anerkennung zu schöpfen vermag, weil sich die zugrunde liegenden Prinzipien verunklart oder verdunkelt haben. Dieses grobe Bild wird vervollständigt durch das Schwinden der Möglichkeit eines Anerkennungstransfers zwischen Familie und Wirtschaftssphäre: Anerkennungsverluste im Leistungswettbewerb können immer weniger durch ein Surplus an Wertschätzung innerhalb der Familien ausgeglichen werden" (Honneth 2011). Dass Honneth hier von einer männlichen Perspektive ausgeht, die ‚die Familie', die ja in Wirklichkeit aus konkreten Subjekten von Frau und Kindern (im klassischen Muster) besteht, welche selbst wiederum (nicht gestillte) Anerkennungsbedürfnisse haben, scheint mir ein notwendiger kritischer Einwand zu seiner Analyse, der aber den Aspekt der Unterminierung gesellschaftlicher Anerkennungssphären nicht grundsätzlich aushebelt.

verhandelt werden soll, muss sich am ökonomischen Tribunal messen" (Ludwig 2013, S. 476)[10] – als scheinbar einzig legitimierter Bezugspunkt. Und auch in der sozialarbeits*politischen* Debatte sind ebenfalls Tendenzen identifizierbar, Orte der Ansprüche (z. B. das Gesetz) zu unterlaufen: etwa in den aktuellen Debatten um Änderungen des KJHG im Zuge der Leitformel der Sozialraumorientierung, bei der sogar die Infragestellung der individuellen Hilfen als Rechtsanspruch verhandelbar schien.[11]

Individualisierung schützt also gerade nicht vor Untergrabung subjektiver Rechte[12] – das hat die Soziale Arbeit zu beschäftigen!

5 ‚Adressatenorientierung' als Chance für konfliktorientierte Praxis

Die bis hierher vorgetragene Analyse hat Konsequenzen für die Praxis der Sozialen Arbeit. Denn nicht nur die Rechtspraxis oder die übergeordneten Organisationsformen bearbeiten in spezifischer Weise gesellschaftliche Herausforderungen (Makroebene), sondern die Konflikte werden ebenso im Konkreten in spezifischen Arbeitsmechanismen der Sozialen Arbeit bearbeitet – also auch auf der Handlungsebene (Mikroebene). Feinanalysen (als Analysen der Mikrophysik der Macht) können *Aufschluss* darüber geben.[13] Ertragreich und notwendig sind ebenfalls Analysen von Konzeptionen und Programmen, von Organisationsdynamiken und Selbstverständnissen, also Analysen der (geronnenen) Konfliktbearbeitung auf der Mesoebene.[14] Daraus lassen sich *Hinweise* destillieren, wie eine konfliktorientierte Praxis andere Erfahrungen entgegensetzen kann und den überspannenden Konflikt um Teilhaberechte (also die legitimierenden Prinzipien) wieder neu verhandelbar

---

10 Die alles überbordende Orientierung am Markt als Leitprinzip zeigt sich auch in dem Diktum der ‚marktkonformen Demokratie' von Angela Merkel, welches wiederum von Ingo Schulze gekontert wird mit der rhetorischen Frage: Und geht es nicht statt um marktkonforme Demokratie um demokratiekonforme Märkte? (Schulze 2012)
11 Diese ‚Neuerung' konnte bisher noch verhindert werden.
12 Gerade auch durch die Übergabe der sozialen Verantwortung an die Subjekte (Lessenich in diesem Band).
13 Über die Produktivität von Konfliktanalysen als spezifischer Zugang für Studierende des Faches, ihre Praxiserfahrungen zu reflektieren vgl. Schimpf 2015.
14 Beispielhaft führt dies Fabian Kessl (2006) mit seiner Analyse von Positionspapieren der Jugendämter etc. durch, an denen er das Eindringen der Ansprüche aus dem neuen Muster des aktivierenden Sozialstaats nachzuweisen versucht.

machen kann. Eine daran orientierte Analyse und Praxis ist unbequem, gibt nicht Anerkennung im neoliberalen Deutungsmuster, gilt als unmodern, kompliziert, dauert lange...

Die Produktivität solcher Konfliktorientierung möchte ich entlang einer reflektierten ‚Adressat_innenorientierung' der Sozialen Arbeit[15] in drei praxisbezogenen Schritten beleuchten: Konfliktorientierung als

1. *Einspruch*, also: Innehalten, Infragestellen – Verlassen der Gewissheiten → *Adressierungspraxen reflektieren*
2. *Zugang zu erweiterten Erkenntnissen*, Blick unter die Oberfläche → das *Soziale von der Lebenspraxis (dem Erleben) her denken*
3. *Anforderung, Aushandlungsmöglichkeiten zu verbreitern* → *die Adressatenposition artikulieren und stärken.*

1. Adressierungspraxen reflektieren – oder: gegen Adressierung als Konfliktreduktion

Der adressatentheoretische Ansatz geht davon aus – so Müller– dass „sozialpädagogische Zugänge zum ‚Adressaten' [...] ihn immer schon zum Zweck einer bestimmten Art der Bearbeitung konstruieren" (Müller 2008, S. 392). Es ließe sich könnte auch sagen: im sozialpädagogischen Zugang liegt per se eine konflikthafte Struktur. So ist es aufschlussreich, konkret in den Interaktionen von Professionellen und Adressat_innen (Handlungsebene) zu untersuchen, wie Adressierungsprozesse das hervorbringen, was in der Praxis der Sozialen Arbeit als vorausgesetzt genommen wird: Spezifische Vorstellungen, wie Adressat_innen der Sozialen Arbeit „sind", was sie „können" oder „nicht können".[16]

An einem kleinen unspektakulären Beispiel kann die Analyseperspektive verdeutlicht werden (aus Untersuchungen zur Schulsozialarbeit an einer berufsbildenden Schule, Bauer/Bolay 2013).

Kevin kommt ins Berufsvorbereitungsjahr und führt eine Art Aufnahmegespräch mit der Schulsozialarbeiterin, „*und zwar aus dem Grund (.) weil (.) öh ich n bisschen mehr von dir wissen will ...*". Die potentielle Offenheit dieser

---

15 Eine Einführung in Analyse und Handlungsorientierung als Adressatenorientierung in der Sozialen Arbeit bietet das Lehrbuch Bitzan/Bolay 2016.
16 Beispielhaft für die Jugendhilfe: Ader/Schrapper 2004; Grasshoff 2015; Messmer/Hitzler 2007; bezüglich Familien: Bauer/Wiezorek 2009; Richter 2010; Buschhorn 2015; bzgl. Jobcenter: Karl 2015 etc.

Einleitung wird im weiteren Gesprächsverlauf zunehmend eingegrenzt und schließlich wird Kevin ausschließlich als Schüler adressiert, dessen Besuch der Berufsschule als erklärungsbedürftig deklariert wird. Für den Schüler wird ein deutlicher Rechtfertigungsdruck erzeugt. *I: Gut. Und warum bist du dann auf deiner Schule schon in der achten Klasse raus? Fiel dir da das Lernen schwer oder (.)?"* Damit ist implizit festgelegt, dass der aktuelle Schulbesuch etwas mit dem Fehlverhalten des Schülers zu tun hat und dass es ja nun logischerweise darum gehe müsse, einen schulischen Erfolg hinzubekommen.

In diesem – extrem verkürzten Fallbeispiel – ist zu erkennen, wie aus einer allgemeinen Ansprache innerhalb kurzer Gesprächssequenzen die Fokussierung und Formierung auf Schule und Schüler-Sein geschieht und implizit eine Defizitbeschreibung als gemeinsamer Ausgangspunkt durchgesetzt wird.

Auch in anderen Untersuchungen sind solche defizitbezogenen Konstituierungsprozesse zu beobachten. „Dabei treten weitere Seins-Möglichkeiten der Anderen oft in den Hintergrund" (Thieme 2013, S. 200) und der eigene Standort, von wo aus kategorisiert wird – z. B. als Professionelle in einem bestimmten Arbeitsfeld mit einem bestimmten Arbeitsauftrag – wird nicht mitreflektiert.

In dieser – in jedem Fall machtungleichen! – Quasi-Aushandlung des je konkreten Adressat_innenstatus wird die prinzipiell konflikthafte Grundstruktur dieses Prozesses nicht kommuniziert, ja sie entzieht sich häufig der Bewusstheit der Akteur_innen auf beiden Seiten. Bei den Adressat_innen schlägt sie sich eher nieder in unreflektierten emotionalen Situationskomponenten wie etwa: Unwohlsein, Schweigen, nonverbaler Widerstand u. ähnl., bei den Professionellen eher in Ungenauigkeiten, paternalistischen Pseudofreundlichkeiten oder Vernunftappellen usf. Hitzler/Messmers Schlussfolgerung aus solchen Untersuchungen ist ernüchternd: „… dass die Soziale Arbeit nur solche Wirklichkeiten generiert, die mit ihren Mitteln und Fertigkeiten auch bearbeitet werden können" (Hitzler/Messmer 2015, S. 190).

Spiegelverkehrt zeigen sich solche Reduktions- und Umformungsprozesse sozialer Lebenswirklichkeiten etwa bei Beendigungen von Hilfen für Jugendliche, wenn ihre neue Lebenssituation zu wenig in den Definitionsprozess einbezogen wird (zur Untersuchung von Prozessen des careleaving vgl. Strahl et al 2012). Auch in den Analysen, was manche Mädchen veranstalten müssen, bis überhaupt gesehen wird, dass sie einen Bedarf an Hilfe haben, sind einseitige und funktionale, konfliktverdeckende Adressierungsprozesse (bzw. auch als Verweigerung von Adressierung) darzustellen (siehe etwa die Untersuchung von Langsdorff 2014).

Das Gemeinsame solcher Adressierungsprozesse liegt in dem spezifischen reduktionistischen Umgang mit der Lebenswelt und der subjektiven Bedeutungskontexte und darin der subtilen Verweigerung von Eigendeutungen der Adressat_innen.

Allerdings darf die Konfliktlinie hier nicht falsch verstanden werden. Es geht nicht darum, die Stimme der Adressat_innen als vermeintlich authentisch Eigenes ins Spiel zu bringen und das Fachwissen abzuwerten, sondern es geht überhaupt um *das Ins-Spiel-Bringen*.

Der von Eberhard Bolay und mir (Bitzan/Bolay 2013) favorisierte *relationale Adressatenbegriff* beinhaltet demzufolge mehrere Ebenen der Konfliktorientierung:

a. Die Adressierungen der Professionellen produzieren in den Interaktionen und qua Institutionen (also überpersonell) häufig *einseitige* Interpretationen konflikthafter Kontexte.
b. Das Bewältigungsverhalten der Adressat_innen konstituiert sich immer schon in der ‚gegebenen' Ordnung als mehr oder weniger ‚angepasste' Verhaltensweisen und Selbstdeutungen (= Konfliktbewältigung).[17]

Aber: auch die Soziale Arbeit ist eine Arena der Kämpfe um Anerkennung, sie ist kein monolithischer Zurichtungsapparat! Immer wieder gab und gibt es erfolgreiche Ansätze, Praxis gegen die dominanten Normen solcher Konstruktionsmuster zu gestalten.

Damit komme ich zum zweiten Punkt: wie kann die hier geforderte Konfliktorientierung im Wissen um die Relationalität in der Praxis gestärkt werden?

2. *Das Soziale von der Lebenspraxis (dem Erleben) her denken* – oder: gegen Adressierung als Fremddefinition

Im professionellen Selbstverständnis wird immer wieder betont, dass Beteiligung der Adressat_innen an den Problemdefinitionen wichtig sei. Dennoch sind diese immer wieder mit schnellen Kategorisierungen konfrontiert, die ihnen keinen Raum lassen (und den Professionellen selbst ebenfalls keinen Raum lassen), ihre Selbstdarstellung zu entwickeln und sich in gemeinsame Interpretationsprozesse zu begeben. Widersprüchliche, nicht konsistente, zögernde und unentschlossen wirkende Äußerungs- und Verhaltensweisen der Adressat_innen sind demgegenüber als *Fenster* zu unbewussten, unsagbaren Konflikten zu werten. Diese gilt es, als wertvolle Erkenntnisquelle genauer zu betrachten – anstatt den Adressat_innen Unwillen oder Sprunghaftigkeit vorzuwerfen.

---

17 Mit der Frage nach der Subjektivität beschäftigen sich die aktuell intensiv geführten Diskussionen zum Thema agency – die kann ich hier nicht ausführen.

Exemplarisch an zwei Zugängen soll angedeutet werden, wie diese Fenster geöffnet werden können:

Statt Diagnosen und Standardisierung → Fallverstehen

Das Wissen um lebensweltliche Bewältigung zum Teil verdeckter Konflikte fordert ein verständigungsorientiertes Fallverstehen, nötigt zu reflektierten *Balancen* zwischen den Interpretationsleistungen der Professionellen und den Situationsdeutungen von Adressat_innen (Treptow 2006, S. 170f.). Es geht nicht darum, eine Seite zu verabsolutieren, sondern im Bewusstsein der grundsätzlich konflikthaften Struktur der Fallbearbeitung Vereinseitigungen zu entschlüsseln. Müller gibt einer kasuistischen Herangehensweise genau diese Bedeutung: „Kasuistik hat sich in ihrer Fähigkeit zur Dekonstruktion und nicht in der noch so angemessenen Konstruktion von Adressatenbildern zu bewähren" (Müller 2008, S. 403). In einem *dekonstruierenden Fallverständnis* wird der gesellschaftliche Druck – bei Kevin aus dem obigen Beispiel das Einfädeln in den Ausbildungsmarkt – als Konfliktkomponente verstanden, kommuniziert und versucht abzumildern. Es kann auch bedeuten, sich biografischer Zusammenhänge zu vergewissern, Kevin auch als *Jugendlichen* wahrzunehmen, nicht nur die Schülerrolle in den Mittelpunkt zu stellen.

Der Konflikt zwischen der Anforderung aus der sozialarbeiterischen Vernünftigkeit und biografischer Bewältigungsanforderungen muss zum Thema werden dürfen – es geht um ein *gemeinsames* Herausfinden der Hindernisse oder Begrenzungen.

Das geht eher in Praxis-Modellen, die sich orientieren an offenen Zugangsmöglichkeiten, an Kontexten, in denen Kontaktaufnahmen ohne Stigmatisierungen möglich sind und gemeinsame Interaktionen jenseits eines individualisierten Problembezugs gestaltbar sind (wie etwa lebensweltbezogene Schulsozialarbeit, manche Kinder- und Familienzentren, Konstellationen der Gemeinwesenarbeit).

Statt funktionaler Sozialraumorientierung → Bedeutung der Verortung

Kritisch motivierte fachliche *Orientierung an Sozialräumen* grenzt sich ab von administrativ formal gedachter Sozialraumorientierung.[18] Sie nimmt ihren Ausgangspunkt an den „konkreten, aber heterogenen und dynamischen Orten" (Kessl/Reutlinger 2013, S. 129), womit Prozesse der *Verortung* in den Vordergrund rücken – Prozesse, in denen die je spezifischen Nutzungsgehalte von Orten und ihre (ungeschriebenen)

---

18 Die Diskussionen um Sozialraumorientierung sind vielfältig und konfliktreich. Ich spreche nur einen Aspekt an und beziehe mich auf Kessl/Reutlinger 2013, die von einer *reflexiven räumlichen Haltung* in ihrem Ansatz der Sozialraum*arbeit* sprechen.

Regeln als zentrale Bezugsgrößen für das Erleben der Adressat_innen in den Blick rücken – als Begrenzungen, Behinderungen, Ermöglichungen – als ‚Gesetzmäßigkeiten des Ortes', aus denen heraus Positionen gestärkt oder geschwächt werden. Dazu ein Beispiel:[19]

> In einem sozial durchmischten Stadtteil mit einem Kern von Einfachstwohnblöcken plant die Kommune umfangreiche Sanierungsmaßnahmen. Den Mitarbeiter_innen des Stadtteilzentrums fällt auf, dass die bei ihnen verkehrenden Personengruppen kaum Informationen darüber haben – obwohl sie am meisten davon betroffen sind. Statt nun ‚mehr desselben' zu machen, nämlich die städtische Informationsarbeit zu verstärken, analysieren die Sozialarbeiterinnen die üblichen Informationswege und -praktiken ihrer Adressat_innen und stellen fest, dass diese nicht so sehr nur innerhalb des Stadtteils und gar nicht über bekannte Öffentlichkeitsmedien erfolgen (wie etwa Aushänge, Informationen im Amtsblatt etc.), sondern über das Beziehungsnetz gehen, das über die ganze Stadt verteilt ist: z. B. der türkische Laden in der Stadtmitte, religiöse Treffpunkte, wie die Moschee etc. Auf diesen Wegen laden nun die Professionellen zu kleineren Aktionen ein, in denen sich die Bewohner_innen mit ihrem Wohn-Stadtteil auseinandersetzen können. Als einige Zeit später der Stadtplaner dazu geladen wird, werden mit ihm heftige Diskussionen geführt, denn es gibt sehr unterschiedliche Wünsche (z. B. mehr Parkplätze oder mehr Grünflächen) (Blank-Gleich/ Hennig 2014).

Hier wurden also die ‚Gesetzmäßigkeiten' des Ortes erkundet und dabei territoriale Grenzen überschritten und die Handlungsfähigkeit der Adressat_innen erweitert. Dabei wurde nicht versucht, stellvertretend die Interessensunterschiede zu glätten, sondern diese überhaupt *in die Verhandlungsarena* zu bringen.

3. Die ‚Adressaten'position artikulieren und stärken – oder: gegen Adressierung als Bevormundung

Den Aspekt der Stärkung der ‚Adressaten'position (wie er in beiden vorherigen Punkten schon anklang) möchte ich abschließend kurz akzentuieren: Konflikto-

---

19 Aus einem Projekt, das von zwei Teilnehmerinnen der hochschulzertifizierten Weiterbildung 'Fokus Gemeinwesen' vom Kreisjugendring Esslingen und der Hochschule Esslingen – Maria Bitzan – von 2012-2014 durchgeführt wurde.

rientierung ist sich der Macht-Asymmetrie zwischen Professionellen und Adressat_innen bewusst und zielt auf ihre Verringerung.

Anzustreben sind

- formalisierte Widerspruchsrechte (Ombudsstellen, Einbezug von Selbstorganisationen aller Art u. ähnl.) und
- weniger formalisierte Prozesse, Beteiligung umzusetzen.

Partizipation dient der (Wieder)Herstellung von Öffentlichkeit. Anspracheformen dafür bauen nicht auf pauschal subsumierende Kategorien (der Benachteiligung) auf (*die* Bildungsbenachteiligten, *die* Migrant_innen, *die* Frauen), sondern thematisieren die verbindenden *Erfahrungen* und kontextualisieren damit Betroffenheit (also hier: die von Sanierung Betroffenen). Ebenso ist hier kein statisches Verständnis von ‚oben' und ‚unten' angebracht, sondern ein Ausloten von Beweglichkeiten auf allen Ebenen (der Stadtplaner war interessiert, hatte aber keine Erfahrungen in Bezug auf Zugänge…).

Eine solche reflexive konfliktorientierte Haltung braucht längerfristig Rückhalt von Trägern und in der Infrastrukturgestaltung der Sozialen Arbeit vor Ort – offene Konzepte, flexible Handlungsweisen und entlastete Reflexionsräume. Damit wird angezeigt, dass ‚adressatenorientierte' Konfliktorientierung nicht nur auf der Mikroebene der direkten Interaktionen erforderlich ist, sondern ebenso auf die Struktur und Gestaltung der organisationalen Zusammenhänge der Sozialen Arbeit verweist (ausführlich in Bitzan/Bolay 2016).

6 Resümee

Konfliktorientierung ist eine politische Haltung, die als eigenständige Erklärung der Wirklichkeit gegen Reduzierungen, Personalisierungen und Standardisierungen darauf gerichtet ist, auch gegen die in der Sozialen Arbeit liegende Anlage eine Praxis zu befördern, die als Gestaltung von Verhältnissen verdeckte Konflikte sichtbar macht, in Verhandlungsarenen einbringt und so Position bezieht in gesellschaftlichen Anerkennungskonflikten.

Literatur

Ader, Sabine/Schrapper, Christian (2004): Wie aus schwierigen Kindern schwierige Fälle werden. In: Schrapper, Christian (Hrsg.): *Sozialpädagogische Forschungspraxis. Positionen, Projekte, Perspektiven*, S. 51-62. Weinheim/München: Juventa.

Bauer, Petra/Bolay, Eberhard (2013): Zur institutionellen Konstituierung von Schülerinnen und Schülern als Adressaten der Schulsozialarbeit. In: Spies, Anke (Hrsg.): *Schulsozialarbeit in der Bildungslandschaft. Möglichkeiten und Grenzen des Reformpotenzials*, S. 47-69. Wiesbaden: Springer VS.

Bauer, Petra/Wiezorek (2009): Familienbilder professioneller SozialpädagogInnen. In: Thiessen, Barbara/Villa, Paula (Hrsg.): *Mütter – Väter: Diskurse, Medien, Praxen*, S. 173-193. Münster: Westfälisches Dampfboot.

Bitzan, Maria/Bolay, Eberhard (2013): Konturen eines kritischen Adressatenbegriffs. In: Graßhoff, Gunther (Hrsg.): *Adressaten, Nutzer, Agency – Akteursbezogene Forschungsperspektiven in der Sozialen Arbeit*, S. 35-52. Wiesbaden: Springer VS.

Bitzan, Maria/Bolay, Eberhard (2016): *Soziale Arbeit – Adressatinnen und Adressaten. Theoretische Klärungen und Handlungsorientierung*. Leverkusen: Barbara Budrich.

Bitzan, Maria/Klöck, Tilo (1993): *„Wer streitet denn mit Aschenputtel?" Konfliktorientierung und Geschlechterdifferenz*. Reihe Gemeinwesenarbeit. München: AG-SPAK.

Bitzan, Maria/Funk, Heide/Stauber, Barbara (1998): *Den Wechsel im Blick: methodologische Ansichten feministischer Sozialforschung*, hrsg. TIFS Tübinger Institut für frauenpolitische Sozialforschung e. V., Pfaffenweiler: Centaurus.

Blank-Gleich, Birgit/Hennig, Anja (2014): *„Der Bagger kommt nach X". Informieren – Beteiligen – Sanieren*. Unveröffentlichte Projektarbeit der Weiterbildung *Fokus Gemeinwesen*. Hochschule Esslingen.

Buschhorn, Claudia (2015): Familie, Elternschaft und Frühe Hilfen. In: *Soziale Passagen. Journal für Empirie und Theorie der Sozialen Arbeit* 7 (2), S. 219-233.

Fraser, Nancy (1994): Der Kampf um die Bedürfnisse: Entwurf für eine sozialistisch-feministische kritische Theorie der politischen Kultur im Spätkapitalismus. In: Dies., *Widerspenstige Praktiken: Macht, Diskurs, Geschlecht. Gender Studies*, S. 249-290. Frankfurt/M.: Suhrkamp.

Fraser, Nancy (2012): Feminismus ohne Strategie. In: *Luxemburg Gesellschaftsanalyse und linke Praxis* 4 (4), S. 64-67.

Glasl, Friedrich (1992): *Konfliktmanagement. Ein Handbuch zur Diagnose und Behandlung von Konflikten für Organisationen und ihre Berater*. Bern: Haupt.

Graßhoff, Gunther (2015): *Adressatinnen und Adressaten der Sozialen Arbeit. Eine Einführung*. Wiesbaden: Springer VS.

Grunwald, Klaus/Thiersch, Hans (2014): „Lebensweltorientierung": Soziale Arbeit. *Enzyklopädie Erziehungswissenschaft online*. doi:10.3262/EEO14140320.

Herrmann, Franz (2006): *Konfliktarbeit. Theorie und Methodik Sozialer Arbeit in Konflikten*. Wiesbaden: VS.

Herrmann, Franz (2013): *Konfliktkompetenz in der Sozialen Arbeit. Neun Bausteine für die Praxis*. München/Basel: Reinhardt.

Hitzler, Sarah/Messmer, Heinz (2015): Formen der Berücksichtigung. Interaktive Praxen der Ein- und Ausschließung im Hilfeplangespräch. In: Kommission Sozialpädagogik

(Hrsg.): *Praktiken der Ein- und Ausschließung in der Sozialen Arbeit*, S. 173-192. Weinheim/Basel: Beltz Juventa.
Honneth, Axel (1992): *Kampf um Anerkennung*. Frankfurt/M.: Suhrkamp.
Honneth, Axel (2011): Verwilderungen. Kampf um Anerkennung im frühen 21. Jahrhundert. In: *Aus Politik und Zeitgeschichte* 61 (1-2), S. 37-45.
Ludwig, Gundula (2013): Feministische Überlegungen zur Postdemokratie und der Entpolitisierung des Sozialen. In: *Politische Vierteljahresschrift* 54 (3), S. 461-484.
Karl, Ute (2015): Praktiken der Ein- und Ausschließung im Jobcenter/U25. Zur Rekonstruktion von Rationalitäten als Beitrag zur kritischen Institutionenforschung. In: Kommission Sozialpädagogik (Hrsg.): *Praktiken der Ein- und Ausschließung in der Sozialen Arbeit*, S. 157-172. Weinheim/Basel: Beltz Juventa.
Kessl, Fabian (2006): Aktivierungspädagogik statt wohlfahrtsstaatlicher Dienstleistung? Das aktivierungspolitische Re-Arrangement der bundesdeutschen Kinder- und Jugendhilfe. In: *Zeitschrift für Sozialreform* (ZSR) 52, H. 2, S. 217-232.
Kessl, Fabian/Reutlinger, Christian (2013): Sozialraumarbeit. In: Stövesand, Sabine/Stoik, Christopher/Troxler, Ueli (Hrsg.): *Handbuch Gemeinwesenarbeit. Traditionen und Positionen, Konzepte und Methoden. Deutschland – Schweiz – Österreich*, S. 128-140. Opladen: Barbara Budrich.
Langsdorff, Nicole von (2014): Mädchen auf ihrem Weg in die Jugendhilfe – Überwindung von Zugangsbarrieren. In: *Forum Erziehungshilfe*, 20. Jg., (5), S. 272-277.
Maurer, Susanne (2016): Möglichkeiten einer kritischen Theorie und Praxis Sozialer Arbeit – ein Vortrag von Susanne Maurer, protokolliert von Caroline Bohn, Maya Schmitt (mit der Referentin abgestimmt). In: *Kritische Soziale Arbeit im globalen Kontext. Dokumentation einer Fachtagung an der OTH Regensburg*, hrsg. Fakultät Angewandte Sozial- und Gesundheitswissenschaften und Forum Sozialwissenschaften, S. 18-26. Zusammenstellung: AK KRISA, Regensburg, März 2016, https://www.oth-regensburg.de/fileadmin/media/fakultaeten/s/forschung/Tagungsdoku-KRISA-final.pdf.
Messmer, Heinz (2005): Sozialer Konflikt. In: Groenemeyer, Axel (Hrsg.): *Einführung in die Soziologie: Grundprobleme und theoretische Werkzeuge soziologischer Analysen*. Wiesbaden: VS.
Messmer Heinz/Hitzler, Sarah (2007): Die soziale Produktion des Klienten – Hilfeplangespräche in der Kinder- und Jugendhilfe. In: Ludwig-Mayerhofer, Wolfgang/Behrend, Olaf/Sondermann, Ariadne (Hrsg.): *Fallverstehen und Deutungsmacht: Akteure der Sozialverwaltung und ihre Klienten*, S. 41-74. Opladen: Barbara Budrich.
Müller, Burkhard (2008): Was ist der Fall? Kasuistik und „Konstruktion des Adressaten". Reinhard Hörster zum 60. Geburtstag. In: *Zeitschrift für Sozialpädagogik* 6 (4), S. 391-406.
Richter, Martina (2010): Zur Adressierung von Eltern in Ganztägigen Bildungssettings. In: Kessl, Fabian/Plößer, Melanie (Hrsg.): *Differenzierung, Normalisierung, Andersheit. Soziale Arbeit als Arbeit mit den Anderen*, S. 25-33. Wiesbaden: VS.
Schimpf, Elke (2015): Von der Fall- zur Konfliktanalyse – zur Relevanz der Rekonstruktion von Konfliktsituationen im Studium der Sozialen Arbeit. In: Sabine Stövesand/Dieter Röh (Hrsg.): *Konflikte – theoretische und praktischen Herausforderungen für die Soziale Arbeit*, S. 200-212. Opladen/Berlin/Toronto: Barbara Budrich.
Schulze, Ingo (2012): *Unsere schönen neuen Kleider. Gegen die marktkonforme Demokratie – für demokratiekonforme Märkte*, Rede 26. Februar 2012 im Dresdner Schauspielhaus: http://www.ingoschulze.com/rede_dresden.html.

Strahl, Benjamin/Mangold, Katharina/Ehlke, Carolin (2012): Careleavers – aus stationären Hilfen zur Erziehung in die Selbstständigkeit. In: *Sozial Extra* 36 (7), S. 44-48.

Thieme, Nina (2013): „Wir beschäftigen uns eigentlich nur mit nicht-idealen Adressaten..." Eine sozialwissenschaftlich-hermeneutische Perspektive auf Konstruktionen von Kindern als Adressat/-innen der Kinder- und Jugendhilfe. In: *Diskurs Kindheits- und Jugendforschung* (Schwerpunktheft Sozialpädagogische Kindheit) 8 (2), S. 191-204.

Treptow, Rainer (2006): Betroffene verstehen. Fallbeschreibungen zwischen Selbst- und Fremddeutung. In: Bitzan, Maria/Bolay, Eberhard/Thiersch, Hans (Hrsg.): *Die Stimme der Adressaten. Empirische Forschung über Erfahrungen von Mädchen und Jungen mit der Jugendhilfe*, S. 175-183. München/Weinheim: Beltz Juventa.

„Vorwärts – und nicht vergessen: die Politische Produktivität!"[1]
Erinnerung an Abgebrochenes und Unabgegoltenes in der Sozialen Arbeit[2]

Timm Kunstreich

Es ist momentan noch offen, ob sich die Soziale Arbeit wieder verstärkt „in die Richtung einer Überwachungs- und Sicherungskultur zur Kontrolle, Ausgrenzung und Verfolgung problembeladener, armer und benachteiligter Randschichten der Bevölkerung und ihrer Kinder" entwickelt, oder „in die Richtung der Förderung ganzheitlicher, vielseitiger und pro-aktiver demokratischer Hilfesysteme, die mit Blick auf das Kindeswohl, das Eltern- und Familienwohl und das Gemeinwohl eine solidarische Kultur des Aufwachsen ermöglichen" (Wolff 2012, S. 26).

Die materialistische Lehre von der Veränderung der Umstände und der Erziehung vergisst, dass Umstände von den Menschen verändert und der Erzieher selbst erzogen werden muss. Sie muss daher die Gesellschaft in zwei Teile – von denen der eine über ihr erhaben ist – sondieren. Das Zusammenfallen des Änderns der Umstände und der menschlichen Tätigkeit oder Selbstveränderung kann nur als revolutionäre Praxis gefasst und rationell verstanden werden. (Marx 1978 [1845], Thesen über Feuerbach, These 3, S. 5f.)

Die von Reinhart Wolff auf den Punkt gebrachte Zuspitzung der Entwicklungstendenzen in der Sozialen Arbeit und die berühmte Formulierung von Karl Marx über den Zusammenhang von Verhältnissen und Verhalten soll zusammen mit der Perspektive einer solidarischen Professionalität – so soll die Andeutung in der Überschrift verstanden werden – das Vorhaben markieren, die zu wenig beachtete Tradition einer politischen Produktivität in der Sozialen Arbeit in Erinnerung zu rufen, die auf gleichberechtigter, kooperativer Praxis aufbaut.

---

1 Erinnerung an das Brecht/Eisler Solidaritätslied mit dem Refrain: Vorwärts und nicht vergessen, worin unsere Stärke besteht! Beim Hungern und beim Essen, vorwärts nie vergessen: die Solidarität!
2 Dieser Beitrag erschien auch in: neue praxis, Heft 1/2016, S. 20-32.

Versteht man Praxis nicht als isoliertes Handeln von Individuen, dann ist Praxis „das persönliche, individuelle Verhalten der Individuen, ihr Verhalten als Individuen zueinander, das die bestehenden Verhältnisse schuf und täglich neu schafft" (Marx/Engels 1978 [1846], S. 423). Mit diesem Praxisbegriff, der zugleich kritisch gegenüber strukturellen und institutionellen Panzerungen ist, kann Gesellschaft aus der Perspektive der Handelnden verstanden und analysiert werden. Aus dieser Akteursperspektive stellt sich Gesellschaft als eine fast unendliche Anzahl von Gruppierungen mit ihren Kämpfen, Rivalitäten, Verstrickungen und Zuneigungen dar. Jeder soziale Raum entwickelt aus dieser Perspektive ein eigenes Beziehungsgeflecht, insbesondere dann, wenn er institutionalisiert ist. Eines dieser Beziehungsgeflechte sind die unterschiedlichen Verstrickungen in und um die Soziale Arbeit. Angesicht der vielfältigen sozialen Felder der Produktion und Reproduktion lässt sich behaupten, dass die Gesamtheit aller Interventionen der Sozialen Arbeit faktisch eine relativ geringe Rolle für die Reproduktion der Gesamtgesellschaft spielt, auch wenn in ihr inzwischen mehr Menschen als in der Autoindustrie beschäftigt sind. Historisch gesehen hat sich jedoch die Bedeutung der Sozialen Arbeit zweifelsohne erhöht. Egal aus welchem Anlass die millionenfachen Interventionen und Angebote erfolgen, sie haben Konsequenzen für die jeweiligen AdressatInnen, die davon betroffen sind, sei es, dass sie in ihrer Macht, das Alltagsleben zu bewältigen, gestärkt werden, sei es, dass sie ihre Ohnmacht bestätigt bekommen, genau dieses nicht zu können. Sie werden in ihrer gesellschaftlichen Positionierung also entweder gestärkt oder integriert oder ausgeschlossen. Das entscheidet sich jeweils in der konkreten Praxis.

Aus diesem Zusammenhang resultiert folgende zentrale These:

▶ Eine Stärkung praktischer Teilhabemacht in der Sozialen Arbeit ist ein Akt politischer Produktivität; Integration und Ausschließung verweisen auf die institutionelle und damit zugleich herrschaftliche Funktion von Sozialer Arbeit. Oder wie Oskar Negt formuliert: „Sozialarbeit muss an Ort und Stelle die objektiven Handlungs- und Erfahrungschancen der Betroffenen vergrößern, will sie den Kreislauf der Verelendung durchbrechen" (Negt 1978, S. 66).

Entgegen den Tendenzen neoliberal verfasster, moderner Sozialarbeit, die *individuelle Nachfragemacht* einzelner Akteure (tatsächlich oder angeblich) zu stärken (z. B. in der „Elternnachfrage" bei der Hilfe zur Erziehung oder bei dem Kita-Gutschein), wird eine Stärkung *individueller und kollektiver Teilhabemacht* die Handlungs- und Erfahrungsdomänen der Betroffenen nachhaltig erweitern. Eine derartige Stärkung passiert überall dort, wo professionelle Interventionen von den NutzerInnen als gelingend erlebt werden, nämlich dann, wenn sie eine wichtige Bedeutung im solidarischen Beziehungsgeflecht von Sozialitäten erhalten (Kunstreich 2014a, S. 25; vgl. auch Langhanky 2001).

Teilhabemacht wird immer dann gestärkt, wenn z. B. ein Kind sich in einem Setting allseitig aufgehoben fühlt, wenn eine jugendliche Clique in ihrem Drang nach Selbstmächtigkeit unterstützt wird, wenn DrogengebraucherInnen praktische Lebenshilfe zuteil wird, die sie ohne die Eintrittskarte der Entzugswilligkeit in Anspruch nehmen können.

Diese Ebene ist zugleich die *erste* und fundamentale einer politischen Produktivität Sozialer Arbeit, denn, wie die angedeuteten Beispiele deutlich machen, ist ihre Realisierung selten konfliktfrei. Die Konflikte werden dann allerdings nicht den NutzerInnen/AdressatenInnen als Defizite angelastet, sondern die Konfliktlinie läuft z. B. zwischen professionellen Akteuren und institutionellen Managern oder Trägern und Finanziers, d. h. sie verläuft im institutionellen und das bedeutet auch: im zumindest fachöffentlichen sozialen Raum.

Auf dieser Basis können sich themenspezifische bzw. fachpolitische Konflikte ergeben. Diese sind die *zweite* Ebene politischer Produktivität. Zu nennen wären hier u. a. der Kampf gegen die (Wieder-)Einführung der geschlossenen Unterbringung, der Streit um die Herabsetzung der Strafmündigkeit, der Konflikt um akzeptierende Drogenarbeit, die Auseinandersetzung um die Arbeit mit sogenannten rechten Jugendlichen oder ganz aktuell: der Versuch des Arbeitskreis Kritische Soziale Arbeit (AKS) Hamburg, eine fachpolitische Diskussion um den Stufen- bzw. Phasenvollzug vor allem in der Heimerziehung zu provozieren. Viele Arenen dieser zweiten Ebene politischer Produktivität verbleiben im regionalen bzw. fachlichen Rahmen.

Nur wenige erreichen die Aufmerksamkeitsstufe einer breiteren Öffentlichkeit – das ist die *dritte* Ebene politischer Produktivität. Ein erfolgreiches Beispiel dafür sind die Runden Tische zu Zwang und Gewalt in Heimen in West- wie in Ostdeutschland. Diese Ebene von sich aus zu erreichen, ist der Sozialen Arbeit auf Grund ihrer strukturkonservativen Einbettung in die hegemoniale Ordnung als Platzierungsagentur in der Auseinandersetzung um sozial gerechte Positionen nur selten möglich (vgl. Widersprüche Redaktion 1984; 1997; 2005). Mit Sozialer Arbeit verbindbare Themen gewinnen aber immer dann an Bedeutung und Artikulationskraft, wenn sie – wie historische Beispiele zeigen – von sozialen Bewegungen aufgegriffen und von diesen zu ihrer Sache gemacht werden: Das Beispiel der Arbeiterbewegung macht das im Kampf um die Rechte der Jugendlichen und Armen genauso deutlich wie es die Frauenbewegungen der verschiedenen Zeiten in Bezug auf die Rechte und Platzierungen von Frauen machten und machen – nicht zu vergessen die verschiedenen Ausprägungen der historischen und aktuellen Jugendbewegungen.

Wo derartige soziale Bewegungen fehlen oder schwach sind, kann auch der Bezug auf verletzte oder nicht eingehaltene Rechtspositionen eine wichtige Rolle spielen. So versucht die eben erwähnte Kampagne des AKS Hamburg „Dressur zur Mündigkeit", den Skandal der ständigen Verletzung von Kinderrechten in der Heimerziehung so aufzubereiten, dass er dem UN-Ausschuss für Kinderrechte vorgelegt werden kann, von dem alle fünf Jahre ein Bericht über den Stand der Durchsetzung von Kinderrechten in jedem Mitgliedsland verfasst wird.[3]

Ob sich alle drei Ebenen mit Utopien verbinden, in denen Gesellschaft zu einer Assoziation von Sozialitäten wird, „worin die freie Entwicklung eines jeden die Bedingung der freien Entwicklung aller ist" (Marx/Engels 1978 [1848], S. 482) hängt nicht zuletzt auch von den eigenen Motiven der Professionellen der Sozialen Arbeit als sozialer Gruppe zu umfassender gesellschaftlicher Demokratisierung ab. Diese Motive können wir nicht bei unseren AdressatInnen ausleihen, sondern diese müssen wir selbst entwickeln.

In einem sehr verkürzten historischen Rückblick will ich deshalb versuchen, einige abgebrochene oder unabgegoltene Projekte politische Produktivität in Erinnerung zu rufen, gewaltsam abgebrochene wie das Waisenhaus von Janusc Korczak, das die Deutschen in Treblinka vernichteten, aber auch wie das Kinderheim Baumgarten, dem engstirnige Bürokraten ein Ende setzten. Unabgegolten sind alle folgenden sieben Beispiele, denn die mit ihnen verbundenen Möglichkeitsräume sind noch längst nicht ausgeschöpft – hier bleibt uns noch viel zu tun. Hier können wir Komponenten einer solidarischen Sozialen Arbeit gewinnen, die uns in den sicher sich verschärfenden sozialen Auseinandersetzungen der Zukunft hilfreich sein können.

Das wichtigste Auswahlkriterium für die sieben Beispiele war, dass alle historisch realisiert wurden, wenn auch in sehr unterschiedlicher Dauer oder Intensität. Der Einwand, dass derartige Formen politischer Produktivität nicht möglich seien, gilt also nicht.

1 Die sozialen Codes „für" und „mit"

Da politische Produktivität und herrschaftliche Funktionalität in der Regel eng miteinander verwoben sind, greife ich für diesen historischen Rückblick auf zwei eindeutige soziale Codes zurück. Mit diesen kann es gelingen, beides zumindest analytisch zu trennen, denn in der Praxis sind beide untrennbar miteinander verstrickt. Die eingangs bereits mit Reinhart Wolff gekennzeichnete Richtung in „eine Überwachungs-und

---

[3] Genaueres dazu in den Widersprüche-Heften 133 und 134, 2014; 135, 2015.

Sicherungskultur zur Kontrolle, Ausgrenzung und Verfolgung problembeladener, armer und benachteiligter Randschichten der Bevölkerung und ihrer Kinder" lässt sich mit dem sozialen Code „*für*" zuspitzen. Diesen habe ich in einem anderen Zusammenhang (Kunstreich 2014a, S. 60) als Strategien der Regulation interpretiert, die als Rationalisierung (Verwandlung völlig verschiedener sozialer Ereignisse in individuelle Defizite), Professionalisierung (Vermittlung dieser Transformation in den Institutionen) und Kolonialisierung (Ausdifferenzierung „sozialer Zensuren" der Stigmatisierung und Ausschließung) Elemente der Sozialdisziplinierung sind, die dazu beitragen, Hegemonie zu sichern. Diese regulativen Strategien und die damit verbundene Kritik an den herrschaftlichen Verhältnissen werde ich im Folgenden also nicht weiter thematisieren, ich setze sie voraus. Vielmehr möchte ich uns Mut machen, die andere von Reinhard Wolf genannte Richtung zu unterstützen.[4]

„Die Richtung der Förderung ganzheitlicher, vielseitiger und pro-aktiver demokratischer Hilfesysteme, die mit Blick auf das Kindeswohl, das Eltern- und Familienwohl und das Gemeinwohl eine solidarische Kultur des Aufwachsens ermöglichen" hingegen lässt sich mit dem sozialen Code „*mit*" kennzeichnen (vgl. Kunstreich 2014a, S. 89ff.). Diese realisiert sich in kooperativen Strategien der Aktivierung (für eigene existenziell wichtige Themen), der Solidarisierung (durch Transformieren solcher Themen in ein „gemeinsames Drittes") und Selbstregulierung (das Erlangen von Selbstmächtigkeit oder sogar Gegenmacht), die zugleich eine antihegemoniale Stoßrichtung haben.

Dass „für" und „mit" in der Praxis untrennbar ineinander verhakt sind, sei noch einmal ausdrücklich betont, wobei in einer solidarischen Praxis das „mit" die Richtung angibt; oder wie es Hans Falck ausdrückt:

> Das grundlegende Verhältnis zwischen beiden (Sozialarbeiter und Klient – TK) beruht auf Gegenseitigkeit. Gegenseitigkeit heißt, dass das, was *für* den Klienten getan wird, soweit wie möglich *mit* ihm getan wird. (Falck 1997, S. 40)

Im Folgenden will ich diese Leitorientierung exemplarisch an sieben Personen (bzw. deren Positionen) verdeutlichen, die jeweils eine besondere Komponente zu dem komplexen Bild einer solidarischen Professionalität in der Sozialen Arbeit beigetragen haben. Das Besondere an diesen Beispielen ist, dass sie alle kreativ theoretische und praktische soziale Innovationen miteinander verbinden. Alle bieten Anregungen und Ideen, diese Komponenten in unserer eigenen Arbeit zu stärken.

---

4   Ich versuche damit einer Anregung Antonio Gramscis zu folgen: „Man muss nüchterne und geduldige Leute schaffen, die nicht verzweifeln angesichts der schlimmsten Schrecken und sich nicht an jeder Dummheit begeistern. Pessimismus des Verstandes, Optimismus des Willens" (Gefängnishefte, H. 1, Paragraf 63, Bd. 1, S. 136).

Jane Addams und Hull House: Das Settlement als Modell politischer Produktivität in der Sozialen Arbeit

Es ist weitgehend unstrittig, dass Jane Addams eine wichtige, wenn nicht die wichtigste Gründerin moderner Sozialarbeit ist (vgl. Müller 1988; Trattner 1994). Geradezu modellhaft hat sie die kooperativen Strategien realisiert, in denen sich politische Produktivität in der Sozialen Arbeit realisiert (vgl. Kunstreich 2014a, S. 76ff.).

Aktivierung ist eine Konsequenz der Erfahrung: „So geht das nicht weiter; das muss sich ändern". Sie wird ausgelöst durch ein Ereignis, das ein existenziell wichtiges Thema berührt. Diese Erfahrung trifft sowohl auf Jane Addams und ihre Freundinnen selbst zu, die in einem patriarchalen, frauenfeindlichen Herrschaftsmilieu einen Ansatzpunkt suchten, alle Bereiche der Gesellschaft zu demokratisieren, als auch auf die Bewohner der Stadtteile, die das Hull House besuchten, weil sie dort den Raum (im doppelten Sinne) fanden, den sie brauchten, um ihre existenziell wichtigen Themen zu bearbeiten: gewerkschaftlicher Widerstand gegen die Kapitalisten, aber auch Entlastung im Alltag durch Kinder-und Jugendgruppen oder kulturelle Aktivitäten.

Alle diese Themen konnten nur bearbeitet werden, indem sie zu einem „gemeinsamen Dritten" (Brecht) wurden, zu einer *Solidarisierung* also sowohl zwischen den verschiedenen Besuchergruppen als auch zwischen den Besuchergruppen und den „Residents", den Frauen, die Konzeption und Alltag des Hull House realisierten.

Selbstregulierung und Selbstmächtigkeit in der Form von informellen Gruppierungen und Zusammenkünften entwickelten sich schnell zur Selbstorganisation vor allem im gewerkschaftlichen Bereich, aber auch zu Ansätzen zu Gegenmacht, wenn Demonstrationen geplant und vorbereitet wurden.

Dass mit dieser Praxis auch weiter reichende demokratietheoretische Vorstellungen verbunden waren, machen nicht nur die vielen Veröffentlichungen von Jane Addams und ihren Freundinnen aus dem Hull House deutlich, sondern auch John Dewey, wenn er Bildung und Lernen in eine demokratische und selbstbestimmte Lebensweise einbettet. Dewey war übrigens ein gern gesehener Gast bei den abendlichen Dinners im Hull House, die in der Regel mit intensiven politischen und wissenschaftlichen Diskussionen verbunden waren (vgl. Müller 1988, S. 81ff.).

Zu Beginn des 20. Jahrhunderts erfuhr diese politische Produktivität zwei Erweiterungen und Präzisierungen: Paul Natorp führte den Genossenschaftsgedanken in die Soziale Arbeit ein, Martin Buber kritisierte mit seinem „zwischenmenschlichen Ich" die bürgerliche Ideologie des monadenhaften Individualismus.

Paul Natorp: Genossenschaften

Die drei Komponenten der politischen Produktivität: Aktivierung, Solidarisierung und Selbstregulierung lassen sich unschwer in dem umfassenden Konzept von Sozialpädagogik wieder finden, das Paul Natorp um die Wende zum 20. Jahrhundert entwickelte. Sein Ausgangspunkt waren die bildenden, erziehenden und gestaltenden gesellschaftlichen Bedingungen und Prozesse selbst, in denen die Menschen leben. Diese Sozialpädagogik als eine Pädagogik des Sozialen „hat, als Theorie, die sozialen Bedingungen der Bildung und die Bildungsbedingungen des sozialen Lebens, und zwar unter der berechtigten Voraussetzung, dass die Gesellschaftsform veränderlich, dass sie der Entwicklung unterworfen sei, zu erforschen; als Praxis (hat sie – TK), Mittel und Wege zu finden, um jene wie diese Bedingungen gemäß der Idee, welche das Ziel gedachter Entwicklung bezeichnet, herbeizuführen und zu gestalten" (in: Jegelka 1992, S. 37).

Was das praktisch bedeutet, hat Natorp am Beispiel eines von den Eltern selbst geführten Kindergartens deutlich gemacht:

> [...] dass unter dem Einfluss erhöhter Arbeitsgemeinschaft Familienverbände sich bilden, zu deren vornehmsten Aufgaben die gemeinschaftliche Sorge und die Erziehung der Kinder gehört. So wäre eine Garantie geboten [...], dass die vor allen um der Erziehung willen zu verlangende größere Freiheit vom Arbeitszwang (durch gesetzliche Beschränkung der Arbeitszeit bei gleichzeitiger Sicherung des angemessenen Arbeitseinkommens[5]) auch wirklich der Erziehung zugute kommt; was weder bei der starr individualistisch gedachten Familie noch vollends bei gänzlicher Abwälzung der Erziehungspflicht auf andere der Fall wäre. (Natorp 1899/1974, S. 197f.)

Was Natorp am Beispiel des Kindergartens als „Arbeitsgemeinschaft" beschreibt, konkretisiert er in späteren Schriften als Genossenschaft und diese als „Aufbau der Menschengemeinschaft in Wirtschaft, Staat und Erziehung (ebd., S. 145), als „Aufbau auf dem Grund freier Selbstregulierung, also von unten nach oben" (ebd., S. 146), ein System, das er beschreibt „als Genossenschaft von Genossenschaften und so fort, bis zum umfassenden Ganzen, dem Sozialstaat" (ebd., S. 149).

Auf diesen Aspekt der Komponente Selbstregulierung bin ich deshalb etwas ausführlicher eingegangen, weil ich die Idee der Genossenschaft in der Sozialen Arbeit in meinem abschließenden Beispiel noch einmal aufgreifen werde – als einer demokratischen Organisationsform, die erstaunlicherweise in der Sozialen Arbeit bislang keine Rolle spielt – bis auf eine große Ausnahme: die Kitas in Reggio Emilia sind im kommunalen Rahmen als Kooperativen organisiert, in denen Erzieherinnen und Eltern gleichberechtigt kooperieren. Ansätze dazu gab es auch

---

5 Heute würde man sagen: Arbeitszeitverkürzung mit Lohnausgleich.

in der Frauenbewegung (Frauenhäuser) und vor allem in der Jugendbewegung der siebziger Jahre: in den selbst verwalteten Jugendzentren.

Mit der Option der Genossenschaften hat Paul Natorp die Forderung nach materieller Gleichheit und politischer Gleichberechtigung in die sozialpädagogische Diskussion eingeführt, sein Kollege und Freund Martin Buber erweiterte diese Dimension in die andere Richtung um die Kritik des bürgerlichen Individualismus, dessen Gestalt als Monade perfekt zu seiner Warenförmigkeit passt.

Martin Buber: Das Soziale als Zwischenmenschliches

Mit der Vorstellung eines „zwischenmenschlichen" Ichs leistet Buber eine radikale Kritik des bürgerlichen Individualismus. Die Grundworte Ich-Du und Ich-Es können sich nur in einem sozialen Kontext realisieren, in dem es die erfahrbare Möglichkeit gibt, dass das Soziale zum Zwischenmenschlichen übergehen kann: „Ich meine jedoch mit der Sphäre des Zwischenmenschlichen lediglich aktuale Ereignisse zwischen Menschen, seien es voll gegenseitige, seien es solche, die unmittelbar zu gegenseitigen zu steigern oder zu ergänzen geeignet sind (wie die zwischen Professionellen und Adressaten – TK); denn die Partizipation beider Partner ist prinzipiell unerlässlich. Die Sphäre des Zwischenmenschlichen ist die des Einander-Gegenüber; ihre Entfaltung nennen wir das Dialogische [...] nur in diesem ihrem leibhaften Zwischenspiel, diesem ihrem Zwischen" realisiert sich das Zwischenmenschliche (Buber 2006, S. 275f.).

Liest man die Erläuterungen zum Grundwort Ich-Es, wird deutlich, dass es dieses (und nicht das Grundwort Ich-Du!) ist, das im professionellen Alltag der Sozialen Arbeit dominiert: „[...] Das Grundwort Ich-Es erfährt und gebraucht die Welt der Gegenstände und Objekte. Es ist die Welt der Dinge, also auch des Nützlichen und Notwendigen (a. a. O., S. 14). [...] (Das Grundwort Ich-Es; TK) hat nur Vergangenheit, keine Gegenwart" (a. a. O., S. 16).

Das Grundwort Ich-Du hingegen ist Präsenz, Unmittelbarkeit und Beziehung. „Beziehung ist Gegenseitigkeit (a. a. O., S. 12). [...] Alles wirkliche Leben ist Begegnung (a. a. O., S. 15). Alles Mittel ist Hindernis. Nur wo alles Mittel zerfallen ist, geschieht die Begegnung" (a. a. O., S. 15f.).

Aus diesen Andeutungen wird deutlich, dass eine derartige „Begegnung" in der Sozialen Arbeit eher die Ausnahme oder sogar nur Zufall ist. Das Ich-Es Grundwort hingegen ist den Mitteln und Ressourcen der Sozialen Arbeit entsprechend das Übliche und Typische.

Momente des Ich-Du Grundwortes können jedoch in „prospektiven Dialogen" (Kunstreich 2014b, S. 268) auftauchen, die die drei Ebenen der politischen Produktivität in der Sozialen Arbeit kennzeichnen:

Es kommt auf nichts anderes an, dass jedem von zwei Menschen der andere als dieser bestimmte andere widerfährt. Jeder von beiden den anderen ebenso gewahr wird und eben daher sich zu ihm verhält [...], wobei er den anderen nicht als sein Objekt betrachtet und behandelt, sondern als seinen Partner in einem Lebensvorgang, sei es auch nur in einem Boxkampf. Dies ist das Entscheidende: das Nicht- Objekt- sein. (Buber 2006, S. 274)

Siegfried Bernfeld: gleichwertige, aber unterschiedliche Deutungsmuster[6]

Vorweg: Es ist natürlich, daß in einem Punkt die neue Erziehung mit der alten identisch ist, beide erreichen zuletzt eine Beeinflussung, ja eine Veränderung des Kindes und müssen dies auch wollen. Die Antinomie zwischen dem berechtigten Willen des Kindes und dem berechtigten Willen des Lehrers löst keine Pädagogik auf, vielmehr besteht sie in dieser Antinomie. (Bernfeld 1921, S. 124, zit. n. Hörster/ Müller 1992, S. 149)

Mit diesem Dilemma ist nicht einfach umzugehen; es ist aber auch nicht zu negieren. Schlägt sich die Pädagogik auf die Seite des Kindes, hebt sie sich selbst auf, denn dann ist sie etwas Anderes, aber nicht mehr Pädagogik. Schlägt sie sich auf die Seite des Lehrers, wird sie bzw. bleibt sie Schwarze Pädagogik. Ein Kompromiss, der gefunden werden muss (sonst werden alle Beteiligten handlungsunfähig), liegt nicht in der Mitte, sondern in einem Dritten: in der Anerkennung der Gleichberechtigung der Deutungsmuster auch in konfliktreichen und umkämpften Situationen. Reinhard Hörster hat die Praxis eines derartigen Kompromisses am „Problem des Anfangs in der sozialen Erziehung" in einmaliger Weise deutlich gemacht (Hörster 1995): Auf der Basis des Berichtes von Siegfried Bernfeld über das Kinderheim Baumgarten in Wien schildert er die ersten Tage dieses Experiments. Anstatt sich mit Autorität und gegebenenfalls auch mit Gewalt durchzusetzen, lassen die Erzieherinnen und Erzieher die Jugendlichen und Kinder toben, auch wenn dabei vieles zu Bruch geht und ein ohrenbetäubender Lärm entsteht. Sie weigern sich, die „Ordnung" zu repräsentieren bzw. diese durchzusetzen. Nach einigen Tagen entwickeln Kinder und Erzieher gemeinsam Regeln des Zusammenlebens. So entstehen Glaubwürdigkeit und Wahrhaftigkeit in einem praktischen Diskurs, in dem sich auch die Deutungsmuster verändern und zumindest in den strittigen Bereichen annähern. Auf diese Weise entsteht so etwas wie „Wahrheit" als die wechselseitige Anerkennung der jeweiligen Deutungsmuster als gleichwertig und gleichberechtigt. Kameradschaftliche Bindungen und die Akzeptanz der

---

6   Vergleiche hierzu auch das fiktive Fachgespräch zwischen Siegfried Bernfeld und Alice Salomon in Kunstreich 2014a, S. 129ff.

auf diese Weise als legitim anerkannten Heimordnung sind weitere daraus folgende Konsequenzen.

Auf analytischer Ebene verschränkt Bernfeld verschiedene Theoriesprachen miteinander – hier die der Psychoanalyse und der Soziologie; diese sind – so Helmut Dahmer – „mit der Grammatik der unterdrückten Wünsche ebenso vertraut wie mit dem Spiel gesellschaftlicher Entwicklungstendenzen; sie werden der auf die Klärung von Interaktionsproblemen (und deren Korrelat eine subjektfreie Systemtheorie) zusammengeschrumpften Soziologie die beiden Dimensionen bewusstloser Praxis in Erinnerung rufen, von denen sie absieht: die Lebensgeschichte der Individuen und die Klassengeschichte" (1989, S. 29). Diese Verschränkung enthält viele Anregungen für die Analyse, aber auch für die Gestaltung politischer Produktivität in der Sozialen Arbeit.

Janusc Korczak: gemeinsame Aufgabenbewältigung

Bernfelds Baumgarten-Projekt dauerte nur sechs Monate, so dass sich erste Ansätze einer neuen Pädagogik realisieren ließen. Es gehört deshalb in besonderer Weise zu dem Abgebrochenen und Unabgegoltenen in unserer Profession. Dass die Antinomie zwischen dem berechtigten Willen des Kindes und dem berechtigten Willen des Erziehers nicht abgeschafft, aber im dialektischen Sinne aufgehoben werden kann, macht Janusc Korczak in seinem 30 Jahre dauernden Projekt in den beiden Waisenhäusern in Warschau deutlich: Die Antinomie bleibt bestehen, wird aber in ihren zerstörerischen Wirkungen durch *gemeinsame Aufgabenbewältigung* aller an einer Situation Beteiligten aufgehoben in dem Sinne, dass die alte Konfrontation nicht mehr besteht – dadurch wird das Verhältnis insgesamt auf eine neue Stufe gehoben.

Begriff und Konzept der *gemeinsamen Aufgabenbewältigung* habe ich von Eberhard Mannschatz (2010) übernommen, der mit diesem Stichwort eine zentrale Orientierung in der Theorie und Praxis der Pädagogik Makarenkos kennzeichnet, den übrigens Janusc Korczak sehr schätzte.

Korczaks Waisenhaus stellt die fast idealtypische Realisierung politischer Produktivität dar, besonders auch deshalb, weil es in einer Institution realisiert wird, in der kooperative Strategien dominieren. Die Komponenten des sozialen Codes „mit" geben in allen wichtigen Aspekten des Alltags den Ton an; die Komponenten des sozialen Codes „für" sind eher in den belastenden und diskriminierenden Kontextbedingungen eines jüdischen Waisenhauses zu suchen. Grundlegend und die Sozialitäten sowohl der Kinder als auch der Erwachsenen gestaltend sind die aufeinander bezogenen Elemente der *Selbstregulierung*. Diese ermöglichen z. B. in Form des Kindergerichtes Selbstmächtigkeit – nicht aus den Zwängen der Konkurrenz, sondern aus den Möglichkeiten der Kooperation und des Wettbewerbs (im Spiel, der „Arbeit" der Kinder, und im Alltag der Selbstversorgung).

Das Kinderparlament, das tatsächlich über das geringe Budget entscheidet, ist ein weiteres Element und zugleich materieller Kern des „gemeinsamen Dritten", der *Solidarisierung*. Diese manifestiert sich im Alltag in vielfältigen Formen wechselseitiger Unterstützung – z. B. an dem Jungen, der den „Neuen" in die Regularien des Waisenhauses einführt. Nur so ist es überhaupt denkbar und möglich, dass wenige Erwachsene und bis zu 200 Kinder auf engem Raum und unter schwierigen materiellen Bedingungen zusammenleben. Das gelingt nur, wenn jedes Mitglied seine Einmaligkeit zuverlässig durch die Sozialität bestätigt bekommt, dass also „niemand zu kurz kommt".

Beides – Selbstregulierung und Solidarisierung – basiert auf tagtäglichen *Aktivierungen*, auf täglich zu treffenden Entscheidungen der Kinder und der Erwachsenen, immer neue Wege der existentiellen Sicherung, des lebendigen Lernens, des Streitens und Versöhnens zu finden. Weniger die äußeren Zwänge verlangen nach Veränderung der Situationen, sondern die Aneignungs-, „Forschungs-" und Experimentieraktionen jeweils einzigartiger Kinder (vgl. Langhanky 1993; Kunstreich 2014a, S. 170ff.).

Diesem Bild der Selbstorganisation widerspricht auf den ersten Blick die Tatsache, dass das Waisenhaus im Wesentlichen von Korczak als kreativem Professionellen abhängt. Bei genauerem Hinsehen jedoch lässt sich Korczaks professionelle Haltung als eine gelungene Realisierung der mit Bernfeld skizzierten Position erkennen, die aus der Tatsache der (Wissens- und Kompetenz-)Unterschiede *keine* soziale Höherrangigkeit der Deutungsmuster ableitet, sondern im Gegenteil, diese Differenz verhilft zu einer Praxis, in der die Kinder und Jugendlichen als Gleiche an allen Angelegenheiten der Selbstorganisation teilhaben. Diese Tatsache erinnert an Addams Hull House, das als sozialer Ort für politische Produktivität und für kulturelle Verständigungen bisher isolierten Sozialitäten neue Möglichkeiten eröffnete, an den Auseinandersetzungen um gesellschaftliche Veränderungen teilzunehmen.

Als Zwischenfazit lässt sich festhalten: „Teilhabe ermöglichen" als praktische Solidarität und als Praxis der Akteure, sich in Sozialitäten ihrer Einmaligkeit zu versichern, lässt sich als gemeinsames Handlungsmuster der Projekte Sozialer Arbeit identifizieren, die auf den kooperativen Strategien politischer Produktivität basieren. Dieses Handlungsmuster habe ich an anderer Stelle als Arbeitsprinzip Partizipation ausbuchstabiert (vgl. Kunstreich 2014b, S. 266-327). Hans Falck interpretiert Teilhabe als zentrales Moment von Membership, der Mitgliedschaft in unterschiedlichen Sozialitäten (1997; vgl. Hußmann/Kunstreich 2015).

Paulo Freire: Grenzüberschreitungen

Paulo Freire schließt hier mit seiner in den 60er und 70er Jahren des letzten Jahrhunderts entwickelten „Pädagogik der Unterdrückten" in gewisser Weise an. Auch er betont die Besonderheit der Begegnung und darin wiederum das aktive Moment im Hier und Jetzt: „Ein wirkliches Wort sagen heißt daher, die Welt verändern" (Freire 1973, S. 71). Dabei unterstreicht er mehrfach, dass das „Wort" die praktische Einheit von Aktion und Reflexion meint. Entsprechend gründet sich die von ihm entwickelte problemformulierende Bildung auf Kreativität „und stimuliert echte Reflexion und Aktion auf die Wirklichkeit, [...] Die problemformulierende Bildung bestätigt den Menschen als Wesen im Prozess des Werdens – als unvollendetes, unfertiges Wesen in und mit einer gleicherweise unfertigen Wirklichkeit. [...] In dieser Unfertigkeit und in diesem Gewahrsein liegen die eigentlichen Wurzeln der Erziehung als ausschließlich menschliche Ausdrucksform." (Freire 1973, S. 68)

Freire unterstreicht diesen Aspekt besonders, wenn er darauf insistiert, dass es „die Wirklichkeit (ist), die [...] mit anderen Menschen zusammen verwandelt werden muss, (die) Gegenstand des Handeln (wird), nicht aber der Mensch selbst" (1973, S. 77). In der von ihm immer wieder betonten Einheit von Aktion und Reflexion als die Praxis des Dialoges spielt das „Wir", das dadurch konstituiert wird, eine größere Rolle, als es bei Buber sichtbar wird. Dadurch wird der Dialog zu einem politischen, denn jede Handlung spielt in einem thematischen Kontext – und reproduziert diesen zugleich, verändert, erweitert oder verkürzt ihn; Freire nennt ihn das „thematische Universum" (1973, S. 79). Es ist keine Situation außerhalb eines derartigen Universums denkbar. Freire weist plausibel nach, dass sich alle denkbaren Themen unserer Epoche auf zwei Grundthemen beziehen lassen, das eine ist „Herrschaft", das andere „Befreiung" (1973, S. 85).

Praktisch kann das so aussehen: Will eine Professionelle in einer Situation die Fähigkeiten und Kompetenzen einer Adressatin zusammen mit ihr erschließen, muss sie mit ihr gemeinsam die Begrenztheiten dieser Situation überschreiten, in erster Linie die institutionellen Grenzen. Auch hier finden wir also „gemeinsame Aufgabenbewältigung", dieses Mal als das gemeinsame Bewältigen von Grenzen. Erforderlich sind also Grenzakte (Freire 1973, S. 85). Nur dann werden bis dahin unerprobte Möglichkeiten für beide – die Professionelle und die Adressatin – erkennbar und erfahrbar. Denn:

> In Grenzsituationen ist die Existenz von Menschen mitgesetzt, denen diese Situation direkt oder indirekt dient, und von solchen, deren Existenzrecht durch sie bestritten wird und die man an die Leine gelegt hat. Begreifen letztere eines Tages die Situation als Grenze zwischen Sein und Menschlicher-Sein und nicht mehr als Grenze zwischen Sein und Nichts, dann beginnen sie ihre zunehmend kritischen Aktionen darauf

abzustellen, die unerprobte Möglichkeit, die mit diesem Begreifen verbunden ist, in die Tat umzusetzen. (ebd.)

Das Überschreiten der Gegebenheiten ist ein wichtiges Element auf allen drei Ebenen der politischen Produktivität; es ist auch ein wichtiger Aspekt in dem Konzept der Lebensweltorientierung von Hans Thiersch.

Hans Thiersch: Gelingenderes Leben

Kein Ansatz ist in der Sozialen Arbeit in den letzten 25 Jahren so häufig und so breit rezipiert worden wie der der Lebensweltorientierung. Kein Ansatz ist allerdings auch so missverstanden oder sogar missbraucht worden wie dieser.

> Lebensweltorientierung als Arrangement in Verhältnissen, wie sie alle bestimmen, Lebensweltorientierung statt der Frage nach Widersprüchen und Schmerzen, nach sozialen und politischen Konflikten, nach Randständigkeit, Ausgrenzung, Isolation? Gegen solche verkürzenden Mißinterpretationen gilt es, das Konzept lebensweltorientierter Jugendhilfe (bzw. Sozialer Arbeit insgesamt – TK) schwierig, kantig, sperrig zu halten. (Thiersch 1992, S. 24)

Wie diese kritische Tradition gegen die „Pseudokonkretheit des Alltags" (Kosik 1971 in Thiersch 1992, S. 27) zu verteidigen ist, macht Thiersch an den fünf Struktur- bzw. Handlungsmaximen deutlich, wie er sie zusammen mit anderen im 8. Jugendbericht entwickelt hat und wie sie umfassend rezipiert wurden.

Dieser Orientierung kann ich allerdings nur zum Teil folgen, da zwei dieser Handlungsmaximen meines Erachtens nach dem sozialen Code „für" zuzuordnen sind, nämlich *Prävention* und *Integration*. Der Versuch von Hans Thiersch, die *Prävention* von ihrer technologisch-normativen Fundierung zu befreien, überzeugt nicht. Auch wenn z. B. ambulante Maßnahmen in den Hilfen zur Erziehung ausgebaut und die „gravierenderen, stationären abgebaut werden" (Thiersch 1992, S. 31), dominiert das rationalisierende Kalkül des „für". Auch gut gemeinte *Integration* bleibt Anpassung des Einzelnen an vorgegebene institutionelle und normative Vorgaben und herrschaftliche Regularien. Letztlich weiß der Professionelle, wo der „gute" Platz für die Klientin ist.

Die anderen drei Handlungsmaximen hingegen lassen sich als Aktualisierung der drei Grundkomponenten politischer Produktivität bzw. des sozialen Codes „mit" und damit als Perspektive auf ein gelingenderes Leben verstehen: *Alltagsorientierung* als Möglichkeitsraum von *Aktivierung*; *Partizipation* als Praxis von *Solidarisierung*; *Dezentralisierung* bzw. *Regionalisierung* als neues Konzept der *Selbstregulierung*.

Um tatsächlich in der unüberschaubaren Vielfalt möglicher Situationen einen Artikulationsspielraum zu eröffnen, wenn ein Kind, ein Jugendlicher oder ein

Erwachsener sagt „So geht das nicht weiter; das mache ich nicht mehr mit", dann muss die soziale Einrichtung, die auf eine derartige *Aktivierung* antworten will, unproblematisch erreichbar, flexibel und offen sein, also das Gegenteil von hochschwelligen, spezialisierten Institutionen. Und es müssen Ressourcen zur Verfügung stehen, die unmittelbar in solchen Situationen nützlich sind, d. h. eine Bedeutung im Alltag und in der Lebenswelt der Nutzerin bzw. des Nutzers erlangen können.

Partizipation als Praxis von *Solidarisierung* meint nicht das naive Überspringen von sozialen und herrschaftlichen Differenzen, Zwängen oder Konflikten, sondern die tatsächliche Beteiligung an sinnstiftenden und alltagspraktischen Aktivitäten und Projekten.

> Die Sicherung der Antrags-, Einspruchs- und Verweigerungsrechte ist ebenso notwendig wie die Sicherung von Mitbestimmungsmöglichkeiten in Bezug auf Planung, Gestaltung und Durchführung von Angeboten. Partizipation geht über in Kooperation, mit den Jugendlichen, den Familien und den Betroffenen. (Thiersch 1992, S. 33f.)

> „*Regionalisierung* meint vor allem aber die Verlagerung von Zuständigkeiten an die Basis und damit die Notwendigkeit von Planung und Kooperation im Kontext der jeweiligen lokalen regionalen Gegebenheiten, besonders im Kontext der Initiativ- und Selbsthilfeszene." (Thiersch 1992, S. 31; Hervorhebung TK)

Wenn *Dezentralisierung* auch eine dezentrale Vergabe der für die jeweilige Region notwendigen Mittel meint, dann können aus Ansätzen informeller Selbregulation neue Formen von Selbstorganisation geschaffen werden, in denen *Alltagsorientierung* tatsächlich heißt, über die vorhandenen Ressourcen verantwortlich mit zu verfügen, und in denen *Partizipation* durch materielle Besitzrechte der Nutzerinnen und Nutzer gesichert wird.

Wie das aussehen könnte, soll in einem abschließenden „Tagtraum" vorgestellt werden. Auch wenn ich es nicht in jedem Detail ausführen kann,[7] sind in dieser „konkreten Utopie" die Präzisierungen und Vertiefungen der drei Grundkomponenten politischer Produktivität enthalten:

Dass *Aktivieren* nur im Dialogischen sinnvoll und möglich ist, dafür steht Martin Buber; Paulo Freire präzisiert das als gemeinsame Grenzüberschreitungen bzw. Grenzakte.

Voraussetzung für *Solidarisieren* sind gleichwertige Deutungsmuster, wie Siegfried Bernfeld das in Theorie und Praxis deutlich gemacht hat. Die wichtigste

---

7 Eine umfassende Darstellung habe ich unter der Überschrift versucht: „Ihr wollt unser Bestes? Ihr kriegt es nicht" (Kunstreich 2014c).

Konsequenz der Solidarität ist gemeinsame Aufgabenbewältigung, wie sie Janusc Korczak und die Kinder des Waisenhauses vorgelebt haben.

Selbstregulierung in kooperativen Praxen, die ein gelingenderes Leben zumindest als Vorschein ermöglichen, wie das Hans Thiersch immer wieder unterstreicht, ist zugleich Voraussetzung, dass die kooperativen Handlungsstrategien endlich auf die Füße gestellt werden: in Genossenschaften, wie das Paul Natorp schon vor 100 Jahren vorgeschlagen hat.

Gemeinsame Grenzakte und gemeinsame Aufgabenbewältigung brauchen eine materielle Basis in Form von ökonomisch und rechtlich gesicherten Zugängen. Besonders geeignet dafür ist der Besitz von Genossenschaftsanteilen, da diese individuelle und kollektive Teilhabemacht in demokratischer Weise miteinander verbindet (vgl. Kunstreich 2015).

Exemplarisch wird das in dem abschließenden Beispiel angedeutet:

2 Sozialgenossenschaften als alltagsweltliche, partizipative Selbstorganisation[8]

Die Tendenz, die in dem sozialen Code „mit" angelegt ist und die deshalb weiter gedacht werden kann und soll, ist die Aufhebung der disziplinierenden Institutionen in kooperierende Assoziationen in Form von Sozialgenossenschaften und lokalen Ressourcenfonds, die die Mitglieder selbst produktiv realisieren – sowohl die NutzerInnen als auch die Professionellen. Beide erleben in diesem Transformationsprozess eine Politik des Sozialen „positives Membership" (Falck 1997, S. 32ff.).

Ein Jugend Ressourcen Fond (JuReF) als Sozialgenossenschaft

Überträgt man die Grundprinzipien von Sozialgenossenschaften auf die Situation von älteren Kindern und von Jugendlichen, so könnte man sich vorstellen, dass jedem Kind und Jugendlichen ab einem bestimmten Alter (z. B. 7-18 Jahre) ein Recht auf einen Genossenschaftsanteil zusteht, der Stadtteil- und/oder Projekt-bezogen gültig ist. Sie könnten also die ihnen nach der UN-Kinderrechtskonvention zustehenden Bürgerrechte als eigenständige Subjekte ohne Treuhandschaft praktizieren.

Die Grundidee am Beispiel Hamburgs ist einfach: Die Bürgerschaft beschließt, einen Jugend Ressourcen Fonds (JuReF) zu gründen, der in Form von sieben So-

---

8 Vgl. Widersprüche 137 mit dem Heftthema „Commons", in dem ich weitere Beispiele aufführe: Kindertagesbetreuung, Hilfen zur Erziehung, Behindertenhilfe, Arbeitslosigkeit – Kunstreich 2015.

zialgenossenschaften realisiert wird (eine in jedem der sieben Bezirke – anderswo wären das die Kommunen). In jeder Genossenschaft werden alle Personal- und Sachmittel (einschließlich der Gebäude) zusammengefasst, die in dem jeweiligen Bezirk/der Kommune für die offene Kinder- und Jugendarbeit und Familienbildung in freier und kommunaler Trägerschaft zur Verfügung stehen. Dieser finanzielle Grundstock wird durch die Anzahl der im Bezirk berechtigten Kinder und Jugendlichen geteilt: Jeder Teilbetrag wird zu einem Genossenschaftsanteil, über den jede und jeder Jugendliche für den Zeitraum ihrer und seiner Stimmberechtigung verfügen kann. Entsprechend der jeweiligen Genossenschaftsanteile in einem Bezirk fließen die gesetzlich festgelegten jährlichen Mittel in diese Sozialgenossenschaften. Auf dieser Basis wäre es zum Beispiel möglich, teure und z. T. nicht sehr frequentierte Häuser der Jugend („Behördendenkmäler") zu verkaufen und das Geld z. B. in Personalstellen, in kleinere gemietete Einheiten oder neue Projekte zu investieren. Die Ziele, die damit erreicht werden können, liegen zum einen darin, dass die gesetzliche Verpflichtung zu Offener Kinder- und Jugendarbeit nicht länger als „freiwillige Aufgabe" abgetan oder Offene Arbeit nicht einfach von der Schule für ihre unausgegorene Ganztagsaufblähung geschluckt werden kann, sondern rechtlich und materiell abgesichert wird. Zum anderen können damit die in den Einrichtungen arbeitenden Professionellen ihre Arbeit nach den Interessen und Bedürfnissen der Kinder und Jugendlichen weiter entwickeln, ohne Arbeitsplatzverluste befürchten zu müssen. Außerdem ist es auf dieser Basis möglich, die Versäulung auch der offenen Kinder- und Jugendarbeit aufzubrechen. Auch ein Wechsel von Fachkräften zwischen Clubarbeit, Straßensozialarbeit, Elternschule und Abenteuerspielplatz wäre ohne weiteres denkbar.

Über die in den Genossenschaftssatzungen vorgesehenen Organe würden Kinder und Jugendliche in Form kollektiver Teilhabemacht Einfluss auf die für sie gedachten Angebote nehmen und darauf achten, dass z. B. die unterschiedlichen Interessen von Mädchen und Jungen und anderen queeren Kulturen realisiert werden. Fachkräfte könnten entweder selbst Mitglied in diesen Genossenschaften sein oder eine eigene professionelle Sozialgenossenschaft gründen, um mit den jugendlichen Quartiers- oder Projektgenossenschaften entsprechende Verträge abzuschließen. Eine derartige Vision würde zunächst nicht mehr Geld kosten, sondern Geldströme anders verteilen. Allerdings wären derartige Genossenschaften mächtiger als isolierte einzelne Jugendliche oder jugendliche Cliquen. Diese politische Produktivität transformiert *individuelle Berechtigung bzw. Nachfragemacht in kollektive Teilhabemacht*. Aus Klienten oder Kunden werden Besitzer materieller Ressourcen und eigenständiger Rechte.

Literatur

Bernfeld, Siegfried (2012 ([1921]): Kinderheim Baumgarten – Bericht über einen ernsthaften Versuch mit neuer Erziehung. In: *Werke, Band 4*, S. 9-154. Gießen: Psychosozial Verlag.
Buber, Martin (2006 [1986]): *Das dialogische Prinzip*, 10. Aufl., Gütersloh: Gütersloher Verlagshaus.
Dahmer, Helmut (1989): *Psychoanalyse ohne Grenzen*. Freiburg: Kore.
Falck, Hans (1997): *Membership. Eine Theorie der Sozialen Arbeit*. Stuttgart: Lucius & Lucius.
Freire, Paolo (1973): *Pädagogik der Unterdrückten*. Hamburg: Reinbek.
Hörster, Reinhard (1995): Das Problem des Anfangs in der Sozialerziehung. In: *neue praxis*, 5. Jg., H. 1, S. 2-12.
Hörster, Reinhard/Müller, Burkhard (1992): *Jugend, Erziehung und Psychoanalyse*. Neuwied/Berlin: Luchterhand.
Hußmann, Marcus/Kunstreich, Timm (2015): *Membership und soziale Gerechtigkeit. Der Hans-Falck-Reader*. Weinheim/Basel: Beltz Juventa.
Jegelka, Norbert (1992): *Paul Natorp. Philosophie, Pädagogik, Politik*. Würzburg: Königshausen und Neumann.
Kosik, Karel (1971): *Die Dialektik des Konkreten: Eine Studie zur Problematik des Menschen und der Welt*. Frankfurt/M.: Suhrkamp.
Kunstreich, Timm (2014a): *Grundkurs Soziale Arbeit. Sieben Blicke auf Geschichte und Gegenwart Soziale Arbeit, Bd. 1: Blicke auf die Jahre 1850,1890,1925 und 1935*: unter https://www.timm-kunstreich.de.
Kunstreich, Timm (2014b): *Grundkurs Soziale Arbeit. Sieben Blicke auf Geschichte und Gegenwart Sozialer Arbeit, Bd. 2: Blicke auf die Jahre 1955,1970 und 1995 sowie ein Rückblick auf die Soziale Arbeit in der DDR von Eberhard Mannschatz*: unter https://www.timm-kunstreich.de.
Kunstreich, Timm (2014c): „Ihr wollt unser Bestes? Ihr kriegt es nicht". In: *Widersprüche*, Heft 129, S. 93-114.
Kunstreich, Timm (2015): „Meine Stimme gebe ich nicht ab – ich brauche sie noch!" Commons als lokal- und sozialpolitisches Projekt. In: *Widersprüche*, Heft 137, S. 77-95
Langhanky, Michael (1993): *Die Pädagogik des Janusz Korczak*. Neuwied/Kriftel/Berlin: Luchterhand.
Langhanky, Michael (2001): Ist Hilfe solidarisch? In: *neue praxis*, 1, S. 77-82.
Mannschatz, Eberhard (2010): *Was zum Teufel ist eigentlich Erziehung?* Berlin: Nora.
Marx, Karl (1978 [1845]): Thesen über Feuerbach. In: *Marx Engels Werke* (MEW) 3, S. 5-7. Berlin: Dietz.
Marx, Karl/Engels, Friedrich (1978 [1846]): Die deutsche Ideologie. In: *Marx Engels Werke* (MEW) 3, S. 9-530. Berlin: Dietz.
Marx, Karl/Engels, Friedrich (1978 [1848]): Manifest der kommunistischen Partei. In: *Marx Engels Werke* (MEW) 4, S. 459-493. Berlin: Dietz.
Müller, C. Wolfgang (1988): *Wie Helfen zum Beruf wurde*. Weinheim: Beltz.
Natorp, Paul (1974 [1899]): *Sozialpädagogik*. 7. Aufl. Paderborn: Schöningh.
Negt, Oskar (1978): Notizen zum Verhältnis von Produktion und Reproduktion. Am Beispiel des politischen Selbstverständnisses von Sozialarbeitern. In: Gaertner, Adrian/Sachße, Christoph (Hrsg.): *Politische Produktivität der Sozialarbeit*, S. 59-71. Frankfurt/M.: Campus.

Thiersch, Hans (1992): *Lebensweltorientierte Soziale Arbeit*. Weinheim/München: Juventa.
Trattner, Walter I. (1994): *From Poor Law to Welfare State. A History of Social Welfare in America*. 5. Aufl. New York: The Free Press.
Wolff, Reinhard (2012): Info NZFH (Nationales Zentrum Frühe Hilfen), rev. 11.1.2012, S. 11-26.
Widersprüche-Redaktion (1984): „Verteidigen, kritisieren, überwinden zugleich!" Alternative Sozialpolitik – Gegen Resignation und „Wende". Ein Strategiepapier. In: *Widersprüche*, H. 11, S. 120-136.
Widersprüche Redaktion (1997): Zum Stand der Diskussion um eine Politik des Sozialen. In: *Widersprüche*, H. 66, S. 199-219.
Widersprüche (2005): Heftthema: *Politik des Sozialen – Alternativen zur Sozialpolitik. Umrisse einer Sozialen Infrastruktur*, H. 97.

Geschlechterverhältnisse zwischen Liebe, Fürsorge, Gewalt und Geschlechtergerechtigkeit als Aufgabe Sozialer Arbeit

Margrit Brückner

Liebe, Fürsorge und Gewalt stellen zentrale Dimensionen des derzeitigen Geschlechterverhältnisses dar und verweisen auf die Brüche und Widersprüchlichkeiten hierarchisierter Geschlechterordnungen. Trotz aller Vervielfältigungen und Verflüssigungen von Gender sind kulturell verfestigte, hegemoniale Geschlechterbilder und geschlechtlich konnotierte Verhaltensweisen weiterhin Teil unserer individuellen und kollektiven Lebensentwürfe wie beruflichen Orientierungen. Seit ihrer Entwicklung als Profession ist Soziale Arbeit durchdrungen von emotional aufgeladenen Genderfragen und Soziale Arbeit prägt bis heute – ob sie will oder nicht – die Geschlechterverhältnisse mit: ignorierend, verfestigend oder erweiternd, wobei sich das nicht immer säuberlich trennen lässt.[1] Diese Verwobenheit Sozialer Arbeit mit Geschlechterthemen betrifft auch das Spannungsfeld von Liebe, Fürsorge und Gewalt im Sinne professioneller Deutungsmuster, Handlungsformen und Selbstkonzepte. Eine gemeinsame Arbeit an Geschlechtergerechtigkeit kann über gegenseitige Anerkennung zur Verhinderung einseitiger, zumeist geschlechtsspezifisch unterlegter, Auflösungen des Spannungsfeldes von Liebe, Fürsorge und Gewalt beitragen, indem Strukturen geschaffen werden, die es erschweren, dass Fürsorge in Herrschaft und Liebe in Gewalt umschlägt.

---

1   Auf die besondere Entwicklung der Geschlechterverhältnisse und fürsorgerischer Berufe in der DDR und der Folgezeit kann in diesem Aufsatz leider nicht eingegangen werden, das wäre ein eigenes Thema, einschließlich der Bedingungen und Folgen der politischen Wende. Vgl. hierzu Bernd Seidenstücker (2015), der allerdings das Geschlechterthema nur insofern berührt, als die Bedeutung der hohen Erwerbsquote von Frauen angesprochen wird.

1 Zur Bedeutung der Geschlechterverhältnisse in der Entwicklungsgeschichte Sozialer Arbeit

Die Entwicklungsgeschichte Sozialer Arbeit ist stark von dem gemäßigten Flügel der Ersten Frauenbewegung und ihrem Kampf für mehr Geschlechtergerechtigkeit im Kontext sozialer Angleichung geprägt (vgl. Maurer 2001). So wurden die ersten Ausbildungsstätten für Fürsorgerinnen – die alte Bezeichnung für Sozialarbeiterinnen – Anfang des 20. Jahrhunderts von sozial engagierten, bürgerlichen Frauen gegründet. Diese Ausbildung beruhte auf neuartigen Systematisierungen von Aufgaben und Methoden der Fürsorge und sie bot den auszubildenden und lehrenden Frauen eine der wenigen Möglichkeiten, mithilfe einer qualifizierten Betätigung ein eigenständiges Leben als Frau zu führen. Auf dem Hintergrund sich verschärfender Klassenkonflikte und der Suche nach sozialen Lösungen in der Zeit um den Ersten Weltkrieg herum wurden zudem empirische und theoretische Ansätze der Fürsorgeforschung von Frauen entwickelt und veröffentlicht (vgl. Staub-Bernasconi 1989). Pionierinnen wie Jane Addams in den USA oder Alice Salomon in Deutschland entfalteten ihre gesellschaftskritischen Überlegungen im Kontext nationalökonomischer Analysen und stellten ihre sozialen Praxen in einen engen Zusammenhang mit sozialreformerischen Bewegungen, vor allem der Ersten Frauenbewegung, die sich für Frieden und systemimmanenten sozialen Ausgleich einsetzte (vgl. Böhnisch et al. 2005). Ihre Analysen und Handlungskonzepte waren geprägt von der Idee einer Gesellschaft mit menschlichem Antlitz – auf der Basis vorhandener Macht- und Besitzverhältnisse – als einer Art ‚Drittem Weg' zwischen Sozialismus und Kapitalismus. Im Zuge der Institutionalisierung und Verwissenschaftlichung Sozialer Arbeit haben diese Frauen der ersten Stunde jedoch schon in den 1920er Jahren zunehmend an Anerkennung für ihre praxisbezogenen, schulengründenden und wissenschaftlichen Leistungen eingebüßt und gerieten in Vergessenheit. Je mehr Soziale Arbeit eine staatlich geplante und rechtlich kodifizierte Aufgabe sozialer Sicherung wurde und Teil des Hochschul- und Wissenschaftssystems, desto häufiger waren Männer in Planung, Entwicklung und Theorie öffentlich präsent (vgl. May 2014). Eine Entwicklung, die bis heute nie problematisiert wurde, – Frauen ‚fehlten' offenbar nicht in der Wissenschaft, im Gegensatz dazu wird der ‚Mangel' an Männern in der Praxis heute in öffentlichen Diskursen beklagt: ‚Nur' Frauen schaden offenbar der Jugend und den Kindern, aber ‚nur' Männer nicht der Wissenschaft. Es würde sich sicher lohnen, diesem behaupteten unterschiedlichen Umgang mit geschlechtsspezifischen Einseitigkeiten nachzugehen, um dahinter stehende Annahmen zur Bedeutung von Geschlecht für die Wissenschaft und Praxis Sozialer Arbeit aufzuspüren. Erst in den letzten zwei bis drei Jahrzehnten werden Frauen in Theorie und Methodik wieder etwas sichtbarer. Frauen stellen zudem weiterhin die große Mehrheit der Praktikerinnen: In den ‚sozialpädagogischen Kernberufen' gab es 830.000 Beschäftigte im Jahr 2007– darunter: 278.000 SozialarbeiterInnen/SozialpädagogInnen, 480.000 ErzieherInnen und 72.000 KinderpflegerInnen (Züchner/Cloos 2010, S. 937). Der Frauenanteil in den sozialen Berufen insgesamt, d. h. einschließlich AltenpflegerInnen, ArbeitsberaterInnen, HeilerziehungspflegerInnen, HeilpädagogInnen liegt seit den 1970er Jahren mit leichten Schwankungen immer bei 83 bis 85 %, gleichzeitig gibt es eine Überrepräsentation von Männern in Leitungs- und Geschäftsführungspositionen von 51 % bezogen auf den Bereich der Kinder- und Jugendarbeit (ausschließlich des bis 2007 noch fast reinen Frauenbereichs der Kindertagesstätten[2]) (Züchner/Cloos 2010, S. 946-948). So scheint immer noch aktuell, was Christoph Sachße für die 1920er Jahre konstatiert: „Soziale Arbeit veränderte sich […] von einem Konzept weiblicher Emanzipation zu einem Dienstleistungsberuf unter männlicher Leitung" (Sachße 2001, S. 679).

Zusammenfassend lässt sich sagen, dass es angesichts der Ökonomisierung vieler Bereiche Sozialer Arbeit heute mehr denn je gilt, den Anspruch der Pionierinnen wieder aufzugreifen: in der Sozialen Arbeit ethisch fundierte, praxisbezogene Gerechtigkeits- und Fürsorglichkeitsvorstellungen mit gesellschaftswissenschaftlichen Sozialanalysen zu verknüpfen und sich sozialpolitisch für Gerechtigkeit und global für Frieden einzusetzen. Dazu bedarf es der Berücksichtigung von Geschlecht ebenso wie von Schicht und Ethnie, um soziale Differenzierungsmechanismen mit ihrem jeweiligen Potential an sozialer Ungleichheit zu erfassen. Da die sozialen Konfliktlinien zunehmend transnational sind, bedeutet das auch, die soziale Frage wieder neu in den Blick zu nehmen und in die eigene Positionierung Migrationspolitiken mit ihren Integrations- respektive Exklusionswirkungen strukturell stärker einzubeziehen und die Migrationsfrage somit als Teil der sozialen Frage im Sinne einer transnationalen Neubestimmung zu begreifen (vgl. Böhnisch/Schröer 2013).

---

2 In Kitas lag der Frauenanteil 2014 noch bei 96,2 % und war damit seit 2010 schon gefallen (BFSFJ 2015: Quereinstieg – Männer und Frauen in Kitas. http://www.bmfsfj.de/BMFSFJ/Service/themen-lotse,did=166702.html (21.7.2016).

2 Theoretische Einflussnahmen der Frauen- und Geschlechterforschung auf die Soziale Arbeit heute: Arbeit an Geschlechtergerechtigkeit

Geschlecht (Gender) ist weiterhin ein zentrales Kriterium gesellschaftlicher und individueller Verortung und bestimmt die Lebensweise der Menschen maßgeblich mit, wie die aus der internationalen Zweiten Frauenbewegung seit den 1980er Jahren hervorgegangene Frauen- und Geschlechterforschung in zahlreichen Veröffentlichungen aufgezeigt hat (vgl. Ehlert et al. 2011). Geschlechtszugehörigkeit und -zuschreibung fungieren im Rahmen hierarchischer Geschlechterverhältnisse als gesellschaftliche Platzanweiser (vgl. Becker-Schmidt/Knapp 2000), auch wenn weitere Differenzierungen – vor allem ethnische und schichtspezifische – die Geschlechterverhältnisse überlagern können (vgl. Knapp 2005). Trotz neuerer queer-theoretischer Analysen zur Kritik der Heteronormativität und des Verständnisses von Zweigeschlechtlichkeit als zu überwindendem binären Code zugunsten von Diversität (vgl. Hark 2004), gibt es weiterhin benennbare geschlechtsspezifische Benachteiligungen, die zu spezifischen Ansätzen Sozialer Arbeit geführt haben. Diese Ansätze galten zunächst den besonderen Gewalterfahrungen sowie der ökonomischen Schlechterstellung (durch verengte Berufszugänge und Doppelbelastung) von Frauen und Mädchen. Dennoch ist das Geschlechterthema und die Frage von Geschlechterungerechtigkeiten häufig über eine Nischenexistenz in der Sozialen Arbeit nicht hinausgekommen und spielt in vielen Debatten, wie z.B. in der Professionsdebatte, keine systematische Rolle (vgl. Ehlert 2010).

Geschlechtertheoretisch fundierte Entwürfe sozialen Aufbruchs zielen auf Entgeschlechtlichung (de-gendering') (vgl. Lorber 1999) gesellschaftlicher Strukturen, um Demokratisierungsprozesse im öffentlichen und im privaten Raum voranzutreiben. Dem muss zunächst ein ‚Re-Gendering' vorausgehen im Sinne des Sichtbarmachens von Geschlecht dort, wo Geschlecht drin ist, aber nicht drauf steht (z.B. bei sozialen Problemlagen und sozialpolitischen Maßnahmen), um dann ein ‚De-Gendering' im Sinne der Zurückweisung von entwertenden oder einengenden Geschlechtszuweisungen zu ermöglichen: z.B. die Zuweisung unbezahlter Familienarbeit und ehrenamtlicher Fürsorge an Frauen (vgl. Brückner 2008). Ein Dilemma bleibt, dass die Thematisierung von Geschlecht nicht dem Problem entkommt, Geschlecht als differenzierende Kategorie zu bestärken, was aber ebenso für Ethnie und Schicht sowie andere Differenzkategorien gilt, indem deren Benennung zunächst etwas festschreibt, was sie überwinden will (vgl. Sabla 2013). Die Auflösung fester Geschlechternormen, die zunehmende Individualisierung und die wachsenden Ansprüche selbstverantwortlicher Lebensgestaltung in neoliberalen Kontexten führen zu neuen Aufgaben geschlechtersensibler Arbeit in der Diversität. Mitzudenken ist, wie sozialarbeiterische Unterstützung bei Lebensplanung und Lebensführung im Kontext der Kinder- und Jugendarbeit, aber auch in verschiedenen Beratungssettings hierzu beitragen kann (vgl. Rose 2007). Ein hilfreiches, weiter auszubauendes Konzept, das diese unterschiedlichen Herausforderungen bündelt, ist die Idee der „Geschlechterdemokratie", die an die Vorstellung eines demokratischen Staatswesens und einer demokratischen zivilen Gesellschaft anknüpft (vgl. Heinrich-Böll-Stiftung 2003; Döge 2011). Geschlechterdemokratie steht für die notwendige Entwicklung von Theorieansätzen und Handlungsorientierungen, die Akteure beider bzw. aller Geschlechter zu einer gleichberechtigten Kooperation auf der Basis gleicher Rechte und Chancen sowohl im öffentlichen als auch im privaten Raum befähigen. Dieser Gedanke hebt nicht auf nationalstaatliche Begrenzungen ab, sondern muss transnational verstanden werden, denn nur dann entspricht er dem Selbstverständnis internationaler Sozialer Arbeit als Menschenrechtsprofession im Sinne eines Orientierungsmaßstabes professionellen Handelns (vgl. Staub-Bernasconi 2008).

Zusammenfassend ist zu konstatieren, dass durchaus weitreichenden Veränderungen der Geschlechterverhältnisse zum Trotz, Gender sowohl auf der Struktur- als auch auf der Subjektebene weiterhin eine zentrale Kategorie zur Analyse gesellschaftlicher Prozesse und individueller Handlungs- und Deutungsmuster darstellt und für Soziale Arbeit daher theoretisch und praktisch bedeutsam bleibt (vgl. Kosuch/Fehrenbach 2014). Damit keine falschen Verallgemeinerungen über unterschiedliche Ungleichheiten vorgenommen werden, bedarf es jedoch der individuellen und der kollektiven Reflexion eigener intersektioneller Machteinbettungen, um nicht disziplinär und professionell wenig präsente Erfahrungen (z. B. von schwarzen Deutschen) und Lebensweisen (z. B. aufgrund unterschiedlicher sexueller Orientierungen) auszuschließen (vgl. Hark et al. 2015).

3 Praktische Einflussnahmen der Zweiten Frauenbewegung: Gründung geschlechtsspezifischer und geschlechtersensibler Projekte Sozialer Arbeit

Politische Aktionen der Zweiten Frauenbewegung unter dem Motto ‚das Private ist politisch' führten dazu, dass seit den späten 1970er Jahren auch in der Sozialen Arbeit geschlechtsspezifische Fragen der Ungerechtigkeit aufgegriffen wurden. Neue Projekte ‚von Frauen für Frauen' entstanden – zumeist im harten Ringen um Finanzierungen – zunächst in der alten Bundesrepublik, nach der Wende 1989 auch in den Neuen Bundesländern (vgl. Lenz 2008). Das Verhältnis der Aktivistinnen der

Frauenbewegung zur Sozialen Arbeit war zunächst durchaus kritisch: Sie warfen Sozialer Arbeit ein traditionelles Frauen- und Mädchenbild, autoritäre Haltungen und Blindheit gegenüber drängenden Fragen vor (vgl. Bitzan 2011a). Die sich als politisch und nicht als sozial verstehenden feministischen Projekte (wie Beratungsstellen, Treffpunkte, Frauenhäuser) wurden in Distanz zur institutionellen Sozialen Arbeit entwickelt, nicht selten aber unter prominenter Mitarbeit von Studierenden und Professionellen aus dem sozialen Bereich, die einen alternativen Ort für ihr Engagement gegen die Unterdrückung von Frauen und Mädchen suchten (vgl. Brückner/Holler 1990). Teils schmerzhafte Prozesse der Institutionalisierung der Projekte und berufliche Entwicklungen der Aktivistinnen führten im Laufe eines Jahrzehnts zur Professionalisierung der Frauenbewegung und damit zunächst zu einer Durchlässigkeit in Richtung Soziale Arbeit bis hin zur weitgehenden Verschmelzung. Die Soziale Arbeit hatte sich ihrerseits durch die sozialen Bewegungen sowie durch soziale Reformprozesse in den späten 1970er/frühen 1980er Jahren stark verändert: Neue Arbeitsbereiche für Frauen und Mädchen wurden geschaffen und seit den 1990er Jahren zunehmend auch für Jungen und Männer. Entsprechend wuchs das Bemühen um geschlechterreflexive methodische Ansätze besonders in der Kinder- und Jugendarbeit (vgl. Voigt-Kehlenbeck 2008). Über die seither vergangenen gut drei Jahrzehnte hinweg sind insbesondere zwei dieser Bereiche für die Soziale Arbeit bedeutsam geworden: Gewalt gegen Frauen (und Mädchen, später auch Jungen) und Mädchenarbeit respektive Jungenarbeit in der offenen Jugendhilfe.

3.1 Recht auf ein Leben ohne Gewalt

Die Thematisierung verschiedener Facetten geschlechtsbezogener Gewalt fand in „Wellenbewegungen" (vgl. Gerhard 1995) statt: Vergewaltigung, Beziehungsgewalt, sexueller Missbrauch, „(Zwangs)Prostitution" und Frauenhandel, sowie sexuelle Belästigung am Arbeitsplatz (vgl. Brückner 2014). Manche dieser Themen wie sexuelle Belästigung am Arbeitsplatz, sind – bis auf den ‚Hashtag Aufschrei' – fast untergegangen. Andere Themen hingegen haben eine steile ‚Karriere' gemacht und sind als interprofessionelle Berufsfelder etabliert – wie Häusliche Gewalt, aber auch sexueller Missbrauch; letzterer verstärkt seit Missbrauch in sozialen Institutionen öffentlich wurde (vgl. Fachbereich Soziale Arbeit und Gesundheit 2011). Dennoch sind auch diese Bereiche nicht vor Kürzungen gefeit und müssen oft jährlich um ihre Finanzierung ringen. Wieder andere Gewaltformen erscheinen heute eher als Teil liberalen Selbstverständnisses mit seinen normativ fast unbegrenzten Selbstbestimmungsvorstellungen z. B. hinsichtlich Prostitution und Frauenhandel (vgl.

Kontos 2014; Niesner 2001). Kontrovers ist sowohl die Frage, ob Prostitution als ein mehr oder weniger normaler „marktförmiger Tausch" von Sexarbeit gegen Geld (Kontos 2009, S. 9) oder als Ausdruck deformierter Geschlechterverhältnisse zu sehen ist, als auch, ob Prostitution eine Verletzung des Menschenrechts darstellt (in Schweden werden seit 1999 Freier bestraft) oder eine ‚ganz normale' Erwerbstätigkeit (das Prostitutionsgesetz in der BRD von 2002 versteht Prostitution als Erwerbstätigkeit, die aber Einschränkungen unterliegt).[3] Hoch umstritten ist die derzeitige Reform des Prostitutionsgesetzes in Deutschland, die schärfere Regulierungen durch mehr Auflagen für Bordellbetreibende, Freier und Prostituierte mit sich bringen werden; Maßnahmen, die – auch unter Feministinnen und engagierten SozialarbeiterInnen – von den einen als hilfreicher Schutz, von den anderen als nutzlose Zumutung und Diskriminierung eingeschätzt werden (vgl. Niesner 2014). Hier zeigt sich, wie schwierig ‚Gerechtigkeit' und Einsatz für Menschenrechte in der Sozialen Arbeit sein kann: Wieviel Schutz bedarf es für Hilfeleistungen, wann verschlimmert diese Art von Schutz die Situation der Betroffenen? Jede schnelle Antwort scheint hier das Wohl potentieller Klientel zu verfehlen.

Seit der Jahrtausendwende werden weitere geschlechtsbezogene Gewaltformen öffentlich gemacht wie: männliche Opfererfahrungen (vgl. Hagemann-White/Lenz 2002) und Gewalt in lesbischen und schwulen Beziehungen (vgl. Ohms 2008). Von wachsender Bedeutung erweist sich zudem geschlechtsbezogene Gewalt im Internet wie z. B. unerwünschtes Einstellen von Fotos und Filmen von anderen Personen (oft Frauen und Mädchen) in intimen und sexuellen Situationen. Weiterhin unzureichend sind Angebote, die sich an gewalttätige Partner, zumeist Männer, richten wie entsprechende Antigewaltmaßnahmen (Beratung, Trainings, Therapien). Erst in Ansätzen gibt es Kooperationsformen zwischen Einrichtungen der Frauen- und der Männerarbeit unter der Prämisse des Schutzes der Opfer von Gewalt und Angebote der Paarberatung (vgl. Kruse et al. 2015). All diese genannten geschlechtsbezogenen Gewaltformen

---

3   In Schweden wurde Sexkauf verboten, nicht aber das Angebot von Sexarbeit, wodurch erstmals Freier, nicht aber SexarbeiterInnen als Problemverursacher gesehen werden, hingegen wurde in Deutschland fast zeitgleich Prostitution als Gewerbe (nicht aber als Beruf) legalisiert, um Stigmatisierungen von Sexarbeiterinnen zu beenden und Krankenversicherungen zu ermöglichen. Beide Strategien werden hochkontrovers diskutiert, weil die Einschätzungen, welche Strategie im Sinne der Menschenwürde ethisch angemessener und/oder hilfreicher für die Frauen (oder auch Männer) in der Sexarbeit ist, weit auseinander gehen. Der schwedischen Strategie hat sich inzwischen z. B. Frankreich angeschlossen und die deutsche Regierung hat im März 2016 eine Novellierung beschlossen, nach der es neue Regulierungen und Beschränkungen „zum Schutz der Prostituierten vor Gewalt und Ausbeutung" geben wird. http://www.bmfsfj.de/BMFSFJ/gleichstellung,did=97962.html (21.7.2016).

sind strukturell gesellschaftlich verankert, indem sie auf Hierarchisierungen zwischen den Geschlechtern, aber auch innerhalb der Geschlechtergruppen basieren: Insbesondere andauernde, schwere physische, psychische und sexuelle Gewalt wird deutlich mehr von Männern gegenüber Frauen ausgeübt als umgekehrt, während Männer zumeist Gewalt durch andere Männer erleiden (vgl. Hagemann-White/Lenz 2011).

Die aufgezeigten Wellenbewegungen von Thematisierung und Ignorierung, von Skandalisierung und Normalisierung geschlechtsbezogener Gewalt müssen in kritischer Auseinandersetzung mit neoliberalen Verständnissen von Individualität und Selbstbestimmung einschließlich damit verknüpfter Selbstverantwortung analysiert werden. Wurde in den 1970er Jahren Selbstbestimmung in der Frauenbewegung noch im Kontext emphatischer Vorstellungen von Emanzipation mit eindeutigen Bildern einer emanzipierten Frau verstanden – geknüpft an Erfordernisse gleichberechtigter gesellschaftlicher Teilhabe, gibt es heute kaum noch öffentlich verhandelte Wertvorstellungen und kritische Einschätzungen gesellschaftlicher Voraussetzungen. Selbstbestimmung ist heute zunehmend weniger an kollektive Ideen und Ideale gebunden, sondern kann fast alles meinen. Ob dieser Verlust geteilter Überzeugungen und Handlungsleitlinien als neuerliche ‚Befreiung' oder als Mangel einzuschätzen ist, wäre eine Debatte von hoher Praxisrelevanz – z. B. für Einrichtungen zur Unterstützung von Frauen in der Prostitution und Opfern des Frauenhandels (vgl. Brückner/Oppenheimer 2009), aber auch für Einrichtungen der Jugendhilfe hinsichtlich Fragen der Sexualität und Erotik (vgl. Brückner 2016). Das hieße den Raum zu füllen zwischen ‚anything goes' und schwarzer Pädagogik und Ansätze zur Verbesserung von Teilhabemöglichkeiten auf der Basis von Befähigungen für alle in Deutschland lebenden Menschen zu entwickeln. Selbstbestimmung ist nicht voraussetzungslos, sondern gebunden an Entwicklungsmöglichkeiten, reale Entscheidungsspielräume und individuelle sowie kollektive Wertvorstellungen. Dazu bedarf es einer öffentlichen Streitkultur in der Sozialen Arbeit, um immer wieder gemeinsam Herauszufinden, was Menschen gut tut und was das Gute sein könnte – in aller notwendigen Vielfalt.

Angesichts zunehmend heterogener Vorstellungen über Lebensrealitäten und Lebenswünsche von Frauen und Männern, Jungen und Mädchen, geht es auch um eine neuerliche Klärung des Verständnisses geschlechtsbezogener Gewalt und der Definitionsmacht über Gewalt: Wer nutzt mit welchen Intentionen den Gewaltbegriff? Welche Ermöglichungen und welche Schließungen liegen in diesem Begriff als wissenschaftliche Kategorie? Soll die Definitionsmacht bei den betroffenen Frauen (und Männern) liegen, wie es die Frauenbewegung in den 1970er Jahren forderte, oder ist diese längst auf gesellschaftliche Institutionen – auch solche der Sozialen Arbeit übergegangen, insbesondere im Kontext von Kinderschutz? Wie bedeutsam diese Frage der Definitionsmacht ist, zeigt sich an den Ergebnissen der neuesten europaweiten Studie (EU) zu Gewalterfahrungen von Frauen, in der in Nordeuropa höhere Raten angegeben wurden als in Süd- und Osteuropa, nicht zuletzt deshalb, weil es eine sehr unterschiedliche Sensibilisierung gegenüber geschlechtsbezogener Gewalt in den verschiedenen Ländern gibt (vgl. FRA 2014).

Zusammenfassend lässt sich sagen, dass auf der Ebene praktischer Unterstützung in der geschlechtsbezogenen Anti-Gewaltarbeit große Erfolge zu verzeichnen sind, während der politische Kampf für Gewaltfreiheit im Geschlechterverhältnis weiterhin eher am Anfang steht, denn die Zahlen geschlechtsspezifischer Gewalt sind nach wie vor hoch (vgl. Gig-net 2008). Insbesondere in den professionalisierten Bereichen wie Häusliche Gewalt ist es zudem wichtig, wieder mehr in die Gesellschaft hinein zu arbeiten, z. B. durch am Gemeinwesen orientierte Projekte wie das Hamburger Projekt ‚StoP – Stadtteile ohne Partnergewalt', um deutlich zu machen, dass dieses Gewaltproblem nicht nur auf Institutionen und ExpertInnen abwälzbar ist, sondern eines Umdenkens aller Menschen bedarf (vgl. Stövesand 2013).

3.2 Recht auf eigenständige Entfaltung

Frauen der Zweiten Frauenbewegung gründeten in den 1980er Jahren – ebenfalls gegen politischen Widerstand – nach den Frauen- auch Mädchenprojekte, da die Interessen von Mädchen genau wie diejenigen der Frauen übergangen oder patriarchal überformt wurden (vgl. Friebertshäuser et al.1997). Besonders offene Jugendarbeit (z. B. in Jugendhäusern) richtete sich bis dahin im Wesentlichen an Jungen, nicht ausdrücklich, aber durch die Art der Angebote, so dass ‚Jugendarbeit' mit ‚Jungenarbeit' gleichzusetzen war, wie Jugendarbeiterinnen zunehmend kritisierten. Ziel feministischer Mädchenarbeit war und ist die Überwindung geschlechtsspezifischer Zuschreibungen und Beschränkungen und die Eröffnung vielfältiger Lebensformen für Mädchen aller Herkünfte (vgl. Hartwig/Muhlack 2006). Feministische Mädchenarbeit hat es sich zur Aufgabe gemacht, individuelle Probleme von Mädchen im gesellschaftlichen Bedingungszusammenhang zu verstehen und die Stärken von Mädchen zu mobilisieren, d. h. Geschlechterhierarchisierungen zu kritisieren und Selbstbestimmung und Ermächtigung zu fördern (vgl. Bitzan/Daigler 2001). Gleichzeitig gilt es, sich des latenten Widerspruchs zwischen geschlechtsspezifischer Arbeit und der Überwindung von Geschlechterrollen bewusst zu sein, ohne den ganzen Ansatz zu verwerfen. Eine zentrale Funktion der Mädchenarbeit besteht im Aufrechterhalten kollektiver Orte der Selbstrepräsentation in Zeiten der Individualisierung, wodurch Möglichkeiten des Austausches und der Selbstvergewisserung geschaffen werden (vgl. Kagerbauer 2015).

Seit den 1990er Jahren hat eine organisatorische und inhaltliche Ausdifferenzierung dazu geführt, dass Mädchenprojekte strukturelle Angleichungen zur institutionalisierten Sozialen Arbeit vorgenommen und andererseits traditionelle Träger Sozialer Arbeit Themen und Arbeitsansätze der Mädchenprojekte aufgegriffen haben (vgl. Doderer/Kortendiek 2004). Die Arbeitsbereiche in der Mädchenarbeit umfassen heute zum einen ‚Gewalt gegen Mädchen' (Mädchenzufluchten, Mädchenwohngruppen, Beratungsstellen), d. h. Erziehungshilfen (vgl. Bronner/Behnisch 2007) und zum anderen den Bereich ‚offener Mädchenarbeit' (freizeit-, kultur- und bildungsorientierte Angebote), immer häufiger unter Berücksichtigung interkultureller Ansätze (vgl. Brinkmann 2006). In der parteilich ausgerichteten Arbeit mit Mädchen sollen nicht nur vorhandene Wünsche aufgenommen, sondern diese Wünsche gemeinsam daraufhin untersucht werden, wie sie in eigenständige Entwicklungen eingebettet werden können, insbesondere wenn sie eher auf übernommenen familialen und gesellschaftlichen Normen beruhen (vgl. Bitzan 2011b). Es braucht also konfliktoffene Wege zu neuen Erfahrungsräumen und Denkmustern, um Wünsche entwickeln zu können, die Selbstentfaltung ermöglichen. Das gilt ebenso für die Jungenarbeit. Entsprechend stehen in der neueren fachpolitischen Debatte zwei Themen im Mittelpunkt: Zum einen das unterschiedlich eingeschätzte Ausmaß von und der jeweilige Umgang mit Ungleichheit zwischen den Geschlechtern, zum anderen die Frage nach Geschlechtertrennung als Prinzip – im Verhältnis zu einer gemeinsamen geschlechterreflektierenden Kinder- und Jugendarbeit (vgl. Voigt-Kehlenbeck 2008). Damit sind nach Lotte Rose (2007) neue Facetten der Mädchenarbeit virulent geworden: Erstens die Förderung von Mädchen durch Angebote, die Mädchen ansprechen, ohne das Geschlechtsspezifische in den Vordergrund zu stellen, und zweitens die Entwicklung von geschlechtsbewussten gemeinsamen Angeboten für Mädchen und Jungen. Ähnlich formuliert es Michael Cremers (2011) für die Jungenarbeit, indem er Fragen zur Lebensbewältigung in den Vordergrund rückt und die Notwendigkeit eines differenzierten Blicks auf Jungen hervorhebt.

Zusammenfassend steht feministische Mädchenarbeit für eine grundsätzliche Interessensvertretung von Mädchen, die angesichts divergenter Zugehörigkeiten von Mädchen zu unterschiedlichen Gruppierungen mit verschiedenen Machtausstattungen neuer Diversifizierungen bedarf. Politische Ausgangspunkte bleiben sowohl die Kritik an gesellschaftlichen Geschlechterhierarchisierungen als auch eine reflexive Auseinandersetzung mit eigenen Geschlechterbildern sowohl der Mädchen als auch der Professionellen. Damit wird deutlich, dass Geschlecht als politische Kategorie zu behandeln ist, die gebraucht wird, aber auch hinterfragt werden muss (vgl. Autor_innengruppe Marburg 2014). Ebenso wie Mädchen bedürfen Jungen auf der Basis anderer gesellschaftlicher Voraussetzungen eine – verschiedene Männlichkeiten reflektierende – Förderung und Unterstützung für ihre persönliche und gruppenbezogene Entwicklung. Übergreifendes Anliegen geschlechterreflektierender Mädchen- und Jungenarbeit ist die Enthierarchisierung und Vervielfältigung von Geschlechterverhältnissen durch getrennt geschlechtsspezifische als auch durch gemeinsame geschlechtssensible Ansätze.

4 Geschlechtergerechte Denkansätze und Strategien für die Soziale Arbeit: Überwindung der globalen Care Krise

Spätestens seit der Jahrtausendwende zeigen sich trotz punktueller Ausweitungen Sozialer Arbeit und anderer sozialer und pflegerischer Berufe zunehmend Versorgungslücken im Bereich der Kinderbetreuung, der Pflege alter, kranker und beeinträchtigter Menschen und von Menschen in schwierigen Lebenslagen – von Armut über Flucht bis zur Wohnungslosigkeit (vgl. Gather et al. 2013). Gründe dieses wachsenden Bedarfes sind neben weltpolitischen Krisen erstens der demografische Wandel, zweitens die zunehmende Erwerbsbeteiligung von Frauen am Arbeitsmarkt und drittens veränderte Formen des Zusammen- respektive Getrenntlebens. Zudem spielen politische Maßnahmen wie die vorgeblich geschlechtsunspezifische Konstruktion des „erwachsene Erwerbstätige Familienmodells" (vgl. Giullari/Lewis 2005) eine Rolle, welche die explizit geschlechtsspezifische Konstruktion des „männlicher Ernährer Familienmodells" abgelöst hat, nach der alle Erwachsenen gleichermaßen zur Erwerbsarbeit verpflichtet sind, auch diejenigen mit Sorgeaufgaben (vgl. Becker-Schmidt 2011). Hier zeigt sich, wie in neoliberalen Kontexten einst von der Frauenbewegung gestellte Forderungen nach gleichberechtigter Teilhabe am Erwerbsarbeitsmarkt und nach einem eigenen Einkommen, sich verkehren in die Verpflichtung zur Erwerbsarbeit, unabhängig von immer noch mehrheitlich von Frauen übernommenen unbezahlten Hausarbeits- und Sorgetätigkeiten.

Das derzeitige deutsche Wohlfahrtssystem ist aufgrund des eher zurückgebliebenen Ausbaus professioneller sozialer Dienstleistungen diesem neuen Bedarf an Care Tätigkeiten nicht gewachsen, so dass in steigendem Maße ein Teil dieser Aufgaben durch Niedriglohnarbeit im Haushaltssektor – besonders Pflege- und Putztätigkeiten – aufgefangen wird (vgl. Aulenbacher/Dammayr 2014). Vor allem Migrantinnen versorgen und pflegen unter prekären, schlechtbezahlten und nicht selten illegalisierten Bedingungen alte Menschen oder aber diese werden ihrerseits in Billiglohnländer verbracht, was manche von ihnen gern wollen (z. B. nach Thailand oder Namibia), andere können aufgrund ihrer Demenz nicht mehr gefragt werden und werden z. B. nach Polen oder in die Slowakei befördert (vgl. Lutz 2009). Trotz der prekären Lage vieler Migrantinnen im Care Bereich in reichen Ländern wie Deutschland birgt die transnationale Migration – über Ungleichheitsmechanismen und Herrschaftsverhältnisse hinweg – auch individuelle Ermöglichungen in sich, wenn die Migration zum Verlassen schwieriger Lebenssituationen und/oder als Sprungbrett in die Aufnahmegesellschaft genutzt werden kann (vgl. Glaeser 2014). Bislang unbezahlt geleistete Care-Tätigkeit erhält eine neue Sichtbarkeit als zu bezahlende und anzuerkennende, gesellschaftlich notwendige Arbeit.

Alternativ zur drohenden Rückkehr zu einer „Dienstbotengesellschaft" (vgl. Notz 2013, S. 110) wäre professionelle Sorgetätigkeit in der Sozialen Arbeit, der Pflege und der Kleinkinderziehung ausreichend auszubauen. Teilweise findet ein solcher Ausbau statt, geht aber aufgrund neoliberaler Marktlogik auch mit neuen Prekarisierungen und Privatisierungen sowie Formen des Abbaus von unbefristeten Arbeitsplätzen und Sozialleistungen einher. Betriebswirtschaftliche Prioritätensetzungen führen zu einer „emotionalen Entleerung" (vgl. Rohr 2000) sozialer und gesundheitlicher Berufe durch Kehrtwendungen hinsichtlich der Qualität: Fürsorglichkeit und Beziehungsorientierung weichen der Pflegetätigkeit im Minutentakt und der Sozialen Arbeit nach individualisierter Fachleistungsstunde, wodurch insbesondere Gruppenansätze gefährdet werden. Im fachlichen Diskurs erscheint Distanzwahrung – nicht menschenwürdige Interaktionsgestaltung – als Königsweg neuer Professionalität. Hier treffen neoliberale Ökonomisierungsbestrebungen und eher sozialkritische Angst vor paternalistischer Fürsorglichkeit in unglücklicher Weise einander bestärkend zusammen. Wenn professionelle Sorge auf personenunabhängiges, zielgerichtetes Sprechen und Handeln reduziert wird, verkommt sie zur beziehungslosen Handlung ‚am' Menschen. Sorgen droht seinen kontextuellen, kommunikativen Charakter zu verlieren und damit die mitmenschliche Ebene, die Hinwendung zum jeweiligen Menschen bedeutet und unterschiedliche Zeit erfordert (vgl. Schmidbaur 2010).

Skandinavische Theoretikerinnen wie Kari Waerness (2000) sehen daher die Notwendigkeit einer wissenschaftlichen Verortung der Beziehungsarbeit als zentralem Bestandteil personenbezogener Sorge und Pflege. Entsprechend geht Waerness von der Notwendigkeit einer „Fürsorgerationalität" aus: d. h. der Verständigung über und Abstimmung von Bedürfnissen und Sichtweisen sowie ausreichend Zeit und Raum, um eine gemeinsame Arbeitsgrundlage aufzubauen (vgl. Brückner 2011). Dieser Aspekt jeder personenbezogenen sozialen, erzieherischen und pflegenden Tätigkeit muss seiner Naturalisierung und Geschlechterzuweisung enthoben und neu in die Care Professionen integriert werden, statt eine vermeintliche Verwissenschaftlichung allein auf der Basis von Messbarkeit (evidenzbasierte Ansätze) zu konstruieren. Ein idealtypisches gesellschaftliches Modell des Sorgens hat Arlie Hochschild (1995) mit ihrem Konzept „warm-modern" Care entwickelt: Soziale

Institutionen übernehmen Teile der Care Aufgaben, gleichzeitig haben Frauen und Männer genügend Zeit und den Wunsch, Care im privaten Kontext zu leisten, d. h. Voraussetzungen sind der Wandel des Männer- und Frauenbildes, der Arbeits- und Zeitstruktur und der Wertschätzung von Care. Care Professionen und Care Aktivitäten stehen für das Gewährleisten des zwischenmenschlichen Zusammenhaltes und umfassen alle, zumeist – aber nicht nur – von Frauen geleisteten, bezahlten und unbezahlten, formellen und informellen Tätigkeiten gesellschaftlich notwendiger Betreuung, Unterstützung, Hilfe, Fürsorge und Pflege.

Zusammenfassend ist zu konstatieren, dass Gesamtkonzepte des Sorgens im öffentlichen und privaten Raum entwickelt und durchgesetzt werden müssen, da der derzeitige soziale und politische Wandel eine globale Care Krise hervorgerufen hat. Ein neuer Welfare-Mix auf transnationaler Ebene ist erforderlich, der die Rechte von Sorgebedürftigen ebenso wie von Sorgenden berücksichtigt und das Sorgen als beziehungs- und bedürfnisorientierte soziale Praxis von Frauen und Männern in beruflichen und privaten Kontexten konzipiert. Dabei kommt Sozialer Arbeit und der Vernetzung mit allen Akteuren und Akteurinnen im sozialen Feld eine zentrale Rolle zu, denn Soziale Arbeit verfügt über mehr als 100 jährige Kenntnisse im sozialen Feld und ist am breitesten beruflich aufgestellt.

5   Schlussbemerkung

Die Entwicklung Sozialer Arbeit wurde in Schüben zunächst durch die Erste und in der letzten Phase des 20. Jahrhunderts durch die Zweite Frauenbewegung mit geprägt: von ihren emanzipatorischen Ansprüchen, ihren sozialen Aufbruchsvorstellungen, ihren beziehungsorientierten Handlungsansätzen und ihren politischen Forderungen nach Gerechtigkeit auch im Geschlechterverhältnis (vgl. Bereswill/Stecklina 2010). Dennoch steht eine systematische geschlechtertheoretische Fundierung sowie eine durchgängig geschlechterbewusste Konzeptualisierung und Praxis Sozialer Arbeit noch aus. Damit vergibt Soziale Arbeit die Chance, sich ihrer geschlechterrelevanten Wirkung bewusst zu sein und diese Wirkmächtigkeit emanzipatorisch zu gestalten, sei es hinsichtlich Sozialer Arbeit als Beruf, der Analyse sozialer Probleme oder der Entwicklung von Handlungsansätzen (vgl. Maurer 2011). Das Ringen um mehr Gerechtigkeit in der Gesellschaft und damit auch im Geschlechterverhältnis, kann nur gemeinsam betrieben werden und ist in heterogenen Gesellschaften wie der unsrigen nur im Plural zu denken. Es geht um das Aushandeln von verschiedenen Gerechtigkeiten in einem Zeitalter der ‚Feminismen' und ‚Solidaritäten' – so die Titel zweier neuer feministischer Texte (vgl. Pöge et al. 2014; Thomas/Wischermann

2015). In Anlehnung an Hannah Arendt geschieht dieses Aushandeln in Hinblick auf eine offene Zukunft, von der wir aber hoffen, dass sie eine bessere wird (vgl. Günter 2015). Somit enthält diese Hoffnung, die das Leben lebenswert macht, ein bindendes, gegenseitiges Versprechen. Basis dieses Versprechens ist die Einsicht in eine mit allen Menschen geteilte Lebenssituation, aus der sich die Notwendigkeit ergibt, eine Zukunftsorientierung zu entwickeln – das gilt auch für Soziale Arbeit.

Literatur

Aulenbacher, Brigitte/Dammayr, Maria (Hrsg.) (2014): *Für sich und andere sorgen.* Weinheim/Basel: Beltz Juventa.

Autor_innengruppe Marburg (2014): (Wie) kann sich feministische Mädchenarbeit heute noch auf „Mädchen" beziehen? Ein Küchengespräch. In: Franke, Yvonne/Mozygemba, Kati/Pöge, Kathleen/Ritter, Bettina/Venohr, Dagmar (Hrsg.): *Feminismen heute*, S.249-267. Bielefeld: transcript.

Becker-Schmidt, Regina (2011): „Verwahrloste Fürsorge" – ein Krisenherd gesellschaftlicher Reproduktion. In: *Gender. Zeitschrift für Geschlecht, Kultur und Gesellschaft*, 3. Jg., S. 9-23.

Becker-Schmidt, Regina/Knapp, Gudrun-Axeli (2000): *Feministische Theorien.* Hamburg: Junius.

Bereswill, Mechthild/Stecklina, Gerd (2010): Frauenbewegungen und Soziale Arbeit. In: Dies., (Hrsg.): *Geschlechterperspektiven für die Soziale Arbeit*, S. 7-18. Weinheim/München: Juventa.

Bitzan, Maria (2011a): Feministische Sozialarbeit. In: Ehlert, Gudrun/Funk, Heide/Stecklina, Gerd (Hrsg.): *Wörterbuch Soziale Arbeit und Geschlecht*, S. 135-137. Weinheim/München: Juventa.

Bitzan, Maria (2011b): Parteilichkeit I. In: Ehlert, Gudrun/Funk, Heide/Stecklina, Gerd (Hrsg.): *Wörterbuch Soziale Arbeit und Geschlecht*, S. 307-309. Weinheim/München: Juventa.

Bitzan, Maria/Daigler, Claudia (2001): *Eigensinn und Einmischung. Einführung in Grundlagen und Perspektiven parteilicher Mädchenarbeit.* Weinheim/München: Juventa.

Böhnisch, Lothar/Schröer, Wolfgang (2013): Die Zukunft der Sozialen Arbeit im Lichte ihrer Paradoxien. In: *Sozialmagazin*, 1-2, S. 82-89.

Böhnisch, Lothar/Schröer, Wolfgang/Thiersch, Hans (2005): *Sozialpädagogisches Denken – Wege zu einer Neubestimmung.* Weinheim/München: Juventa.

Brinkmann, Tanja (2006): *Theoretische Neufundierung der Mädchenarbeit.* Münster: Unrast.

Bronner, Kerstin/Behnisch, Michael (2007): *Mädchen- und Jungenarbeit in den Erziehungshilfen. Einführung in die Praxis einer geschlechterreflektierenden Pädagogik.* Weinheim/München: Juventa.

Brückner, Margrit (2017): Brüche und Kontinuitäten: Verhältnisse zwischen Liebe/Sexualität und Soziale Arbeit. In: Tuider, Elisabeth/Klein, Alexandra (Hrsg.): *Sexualität und Soziale Arbeit.* Hohengehren: Schneider.

Brückner, Margrit (2014): Transformationen im Umgang mit Gewalt im Geschlechterverhältnis: Prozesse der Öffnung und der Schließung. In: Rendtorff, Barbara/Riegraf, Birgit/Mahs, Claudia (Hrsg.): *40 Jahre Feministische Debatten*, S. 59-73. Weinheim/Basel: Beltz Juventa.

Brückner, Margrit (2011): „Das hat mir sehr geholfen, dass man hier her kam und konnte sich an'n Tisch setzen und einfach frühstücken." – Care Verständnisse aus der Sicht der AkteurInnen. In: *Soziale Passagen, Journal für Empirie und Theorie Sozialer Arbeit*, 2. Jg., H. 1, S. 61-80.

Brückner, Margrit (2008): Geschlechterverhältnisse und Soziale Arbeit: „De"-Gendering und „Re"- Gendering als theoretische und praktische Aufgabe. In: Haasper, Ingrid/Jansen-Schulz, Bettina (Hrsg.): *Key Competence: Gender*, S. 213-231. Münster: Lit.

Brückner, Margrit/Holler, Simone (1990): *Frauenprojekte und soziale Arbeit*. Frankfurt/M.: Fachhochschulverlag.

Brückner, Margrit/Oppenheimer, Christa (2009): Gewalt in der Prostitution – Untersuchung zu Sicherheit, Gesundheit und sozialen Hilfen. In: Kavemann, Barbara/Rabe, Heike (Hrsg.): *Das Prostitutionsgesetz, aktuelle Forschungsergebnisse, Umsetzung und Weiterentwicklung*, S. 153-166. Opladen/Farmington Hills: Barbara Budrich.

Cremers, Michael (2011): Jungenarbeit. In: Ehlert, Gudrun/Funk, Heide/Stecklina, Gerd (Hrsg.): *Wörterbuch Soziale Arbeit und Geschlecht*, S. 219-220. Weinheim/München: Juventa.

Doderer, Yvonne/Kortendiek, Beate (2004): Frauenprojekte: Handlungs- und Entwicklungsräume feministischer Frauenbewegungen. In: Becker, Ruth/Kortendiek, Beate (Hrsg.): *Handbuch Frauen- und Geschlechterforschung*, S. 648-691. Wiesbaden: VS.

Döge, Peter (2011): Anerkennung und Respekt – Geschlechterpolitik jenseits des Gender Trouble. In: *Aus Politik und Zeitgeschichte*, Beilage zur Wochenzeitung „Das Parlament", B 37-38, S. 50-54.

Ehlert, Gudrun (2010): Profession, Geschlecht und Soziale Arbeit. In: Bereswill, Mechthild/Stecklina, Gerd (Hrsg.): *Geschlechterperspektiven für die Soziale Arbeit*, S. 45-60. Weinheim/München: Juventa.

Ehlert, Gudrun/Funk, Heide/Stecklina, Gerd (Hrsg.) (2011): *Wörterbuch Soziale Arbeit und Geschlecht*. Weinheim/München: Juventa.

Fachbereich Soziale Arbeit und Gesundheit, Fachhochschule Frankfurt a. M. (Hrsg.) (2011): *Grenzverletzungen, Institutionelle Mittäterschaft in Einrichtungen der Sozialen Arbeit*. Frankfurt/M.: Fachhochschulverlag.

FRA – Agentur der Europäischen Union für Grundrechte (2014): *Gewalt gegen Frauen: eine EU-weite Erhebung*. Luxemburg: Eigendruck.

Friebertshäuser, Barbara/Jacob, Gisel/Klees-Möller, Renate (Hrsg.) (1997): *Sozialpädagogik im Blick der Frauenforschung*. Weinheim/München: Juventa.

Gerhard, Ute (1995): Die „langen Wellen" der Frauenbewegung – Traditionslinien und unerledigte Anliegen. In: Becker-Schmidt, Regina/Knapp, Gudrun-Axeli (Hrsg.): *Das Geschlechterverhältnis als Gegenstand der Sozialwissenschaften*, S. 247-278. Frankfurt am Main/New York: Campus.

Gather, Claudia/Othmer, Regine/Senghaas-Knobloch, Eva (2013): Sorgeverhältnisse. Einleitung. In: *Feministische Studien, Zeitschrift für interdisziplinäre Frauen- und Geschlechterforschung*, 31. Jg., H. 2, S. 203-207.

GiG-net (Hrsg.) (2008): *Gewalt im Geschlechterverhältnis*. Opladen/Farmington Hills: Barbara Budrich.

Giullari, Susy/Lewis, Jane (2005): *The Adult Worker Model Family, Gender Equality and Care.* United Nations Research Institute for Social Development, Social Policy and Development Programme Paper No. 19, April (UNRISD/PPSPD19/05/2).

Glaeser, Janian (2014). Die eine hilft der anderen – Transnationaler Feminismus auf dem care Arbeitsmarkt. In: Franke, Yvonne/Mozygemba, Kati/Pöge, Kathleen/Ritter, Bettina/Venohr, Dagmar (Hrsg.): *Feminismen heute,* S. 191-202. Bielefeld: transcript.

Günter, Andrea (2015): Überlegungen zum Zusammenhang von Solidarität, Moral und Politik. In: *Feministische Studien, Zeitschrift für interdisziplinäre Frauen- und Geschlechterforschung,* 33. Jg., H. 1, S. 107-111.

Hagemann-White, Carol/Lenz, Hans-Joachim (2011). Gewalt. In: Ehlert, Gudrun/Funk, Heide/Stecklina, Gerd (Hrsg.): *Wörterbuch Soziale Arbeit und Geschlecht,* S.177-179. Weinheim/München: Juventa.

Hagemann-White, Carol/Lenz, Hans-Joachim (2002). Gewalterfahrungen von Männern und Frauen. In: Hurrelmann, Klaus/Kolip, Petra (Hrsg.): *Geschlecht, Gesundheit und Krankheit: Männer und Frauen im Vergleich,* S. 460-487. Bern: Huber.

Hark, Sabine (2004): Lesbenforschung und Queertheorie: Theoretische Konzepte, Entwicklungen und Korrespondenzen. In: Becker, Ruth/Kortendiek, Beate (Hrsg.): *Handbuch Frauen- und Geschlechterforschung,* S. 104-111. Wiesbaden: VS.

Hark, Sabine/Jaeggi, Rahel/Kerner, Ina/Meißner, Hanna/Saar, Martin (2015): Das umkämpfte Allgemeine und das neue Gemeinsame. Solidarität ohne Identität. In: *Feministische Studien, Zeitschrift für interdisziplinäre Frauen- und Geschlechterforschung,* 33. Jg., H. 1, S. 99-103.

Hartwig, Luise/Muhlak, Kirsten (2006): Mädchenarbeit in Theorie und Praxis. In: Zander, Margharita/Hartwig, Luise/Jansen, Irma (Hrsg.): *Geschlecht Nebensache? Zur Aktualität einer Gender-Perspektive in der Sozialen Arbeit,* S. 86-117. Wiesbaden: VS.

Heinrich-Böll-Stiftung (Hrsg.) (2003): *Geschlechterdemokratie wagen.* Königstein/Taunus: Ulrika Helmer.

Hochschild, Arlie R. (1995): The Culture of Politics: Traditional, Postmodern, Cold-modern and Warm-modern Ideals of Care. In: *Social Politics,* Vol.2, 3, S. 331-346.

Kagerbauer, Linda (2015): Mädchen_arbeit ein Widerspruch?! In: Mafalda Mädchenkulturzentrum (Hrsg.): Mafalda feiert Geburtstag. *Broschüre des Mädchenkulturzentrums Mafalda,* Frankfurt/M., S. 16-23.

Knapp, Gudrun-Axeli (2005): „Intersectionality" – ein neues Paradigma feministischer Theorie? Zur transatlantischen Reise von „Race, Class, Gender". In: *Feministische Studien, Zeitschrift für interdisziplinäre Frauen- und Geschlechterforschung,* 23. Jg., H. 1, S. 68-81.

Kontos, Silvia (2014): Alte und neue Polarisierungen. Zur aktuellen Kontroverse über die Prostitution. In: *Feministische Studien, Zeitschrift für interdisziplinäre Frauen- und Geschlechterforschung,* 32. Jg., H. 2, S. 185-200.

Kontos, Silvia (2009): *Öffnung der Sperrbezirke.* Königstein: U. Helmer.

Kosuch, Renate/Fehrenbach, Tim (2014): Selbstentwürfe von Sozialarbeitsstudenten: Männlichkeitsinszenierungen – Ambivalenzen – Veränderungspotentiale. In: Rose, Lotte/May, Michael (Hrsg.): *Mehr Männer in die Soziale Arbeit?,* S. 195-212. Opladen/Berlin/Toronto: Barbara Budrich.

Kruse, Marcel/Flohr, Heike/Brandl, Matthias (2015): *Lösungsfokussierte Paarberatung bei häuslicher Gewalt. Ein Curriculum zur Beendigung von situativer Paargewalt.* Caritasverband Erzbistum Berlin. Landeskommission Berlin gegen Gewalt, Senatsverwaltung Inneres und Sport, Berliner Forum Gewaltprävention Nr. 55.

Lenz, Ilse (Hrsg.) (2008): *Die neue Frauenbewegung in Deutschland. Abschied vom kleinen Unterschied. Eine Quellensammlung.* Wiesbaden: VS.

Lorber, Judith (1999): *Gender-Paradoxien.* Opladen: Leske + Budrich.

Lutz, Helam (Hrsg.) (2009): *Gender Mobil!? Geschlecht und Migration in transnationalen Räumen.* Münster: Westfälisches Dampfboot.

May, Michael (2014): Hegemoniale Männlichkeit und Soziale Arbeit: Eine herrschafts- und differenzanalytische Betrachtung der Forderung nach mehr Männern in die Soziale Arbeit. In: Rose, Lotte/May, Michael (Hrsg.): *Mehr Männer in die Soziale Arbeit!? Kontroversen, Konflikte und Konkurrenzen,* S. 73-89. Opladen/Berlin/Toronto: Barbara Budrich.

Maurer, Susanne (2011): GeschlechterUmOrdnungen in der Sozialen Arbeit? In: Böllert, Karin/Heite, Catrin (Hrsg.): *Sozialpolitik als Geschlechterpolitik,* S. 123-147. Wiesbaden: VS.

Maurer, Susanne (2001): Soziale Arbeit als Frauenberuf. In: Otto, Hans-Uwe/Thiersch, Hans (Hrsg.): *Handbuch Sozialarbeit Sozialpädagogik,* S.1598-1604. Neuwied: Luchterhand.

Niesner, Elvira (2014): Stellungnahme FIM (Frauenrecht ist Menschenrecht e. V., öffentliche Anhörung des Ausschusses für Menschenrechte und humanitäre Hilfe des Deutschen Bundestages zu „Menschenhandel und Zwangsprostitution in Europa". https://www.bundestag.de/blob/280580/5e62931b695ff2e3bb350b29c47aa8e1/stellungnahme-elvira-niesner-data.pdf. (Zugegriffen: 30.März 2016).

Niesner, Elvira (2001): Frauenhandel zwischen Tabuisierung, Dramatisierung und Instrumentalisierung – Herausforderungen für die feministische Forschung und Praxis durch ein internationales und tagespolitisch aktuelles Problem. In: Hornung, Ursula/Gümen, Sedef/Weilandt, Sabine (Hrsg.): *Zwischen Emanzipationsvision und Gesellschaftskritik. (Re-)konstruktionen der Geschlechterordnung,* S. 239-266. Münster: Westfälisches Dampfboot.

Notz, Gisela (2013): Gesellschaftliches Potential der Haus- und Betreuungsarbeit. In: *Widersprüche, 29 Jg.,* H. 62, S. 105-119.

Ohms, Constance (2008): *Das Fremde in mir. Gewaltdynamiken in Liebesbeziehungen zwischen Frauen. Soziologische Perspektive auf ein Tabuthema.* Bielefeld: transcript.

Pöge, Kathleen/Franke, Yvonne/Mozygemba, Kati/Ritter, Bettina/Venohr, Dagmar (2014): Welcome to Plurality, ein kaleidoskopischer Blick auf Feminismen heute. In: Franke, Yvonne/Mozygemba, Kati/Pöge, Kathleen/Ritter, Bettina/Venohr, Dagmar (Hrsg.): *Feminismen heute,* S. 19-31. Bielefeld: transcript.

Rohr, Elisabeth (2000): Emotionale Entleerung und die Säkularisierung des Sozialen in modernen Dienstleistungsunternehmen. In: *Forum Supervision,* 8. Jg., H. 16, S. 35-48.

Rose, Lotte (2007): *Gender und Soziale Arbeit. Annäherungen jenseits des Mainstreams der Genderdebatte.* Hohengehren: Schneider.

Sabla, Kim-Patrick (2013): Professionalisierung und Geschlecht in der Kinder- und Jugendhilfe. In: *die hochschule 1,* S. 118-125.

Sachße, Christoph (2001): Geschichte der Sozialarbeit. In: Otto, Hans-Uwe/Thiersch, Hans (Hrsg.): *Handbuch Sozialarbeit Sozialpädagogik,* S. 670-681. Neuwied: Luchterhand.

Schmidbaur, Marianne (2010): Geschlechterdifferenz, normative Orientierungen, Professionalisierung. In: Bereswill, Mechthild/Stecklina, Gerd (Hrsg.): *Geschlechterperspektiven für die Soziale Arbeit,* S. 19-44. Weinheim/München: Juventa.

Seidenstücker, Bernd (2015): Sozialpolitik und Soziale Arbeit in der DDR. In: Otto, Hans-Uwe/Thiersch, Hans (Hrsg.): *Handbuch Sozialarbeit Sozialpädagogik,* S. 1607-1616. Neuwied: Luchterhand.

Staub-Bernasconi, Silvia (2008): Soziale Arbeit und Menschenrechte – Oder: Was haben Menschenrechte in der sozialen Arbeit zu suchen? In: *Widersprüche, Zeitschrift für sozialistische Politik im Bildungs-, Gesundheits- und Sozialbereich*, 28. Jg., H. 107, S. 9-32.

Staub-Bernasconi, Silvia (1989): Im Schatten von Riesen – Warten auf feministische Gesellschaftstheorie? In: Haller, Max/Hoffmann-Nowotny, Hans-Joachim/Zapf, Wolfgang (Hrsg.): *Kultur und Gesellschaft. Kongressband des Internationalen Soziologiekongresses 1988*, S. 113-116. Zürich: Seismo.

Stövesand, Sabine (2013). Das Private ist Politisch. Über öffentliche Eingriffe in privatisierte Gewaltverhältnisse. In: *Widersprüche, Zeitschrift für sozialistische Politik im Bildungs-, Gesundheits- und Sozialbereich*, 33. Jg., H. 127, S. 65-81.

Thomas, Tanja/Wischermann, Ulla (2015): Einleitung: Solidaritäten – theoretische Einsichten und soziales Handeln. In: *Feministische Studien, Zeitschrift für interdisziplinäre Frauen- und Geschlechterforschung*, 33. Jg., H. 2, S. 3-8.

Voigt-Kehlenbeck, Corinna (2008): *Flankieren und Begleiten. Geschlechterreflexive Perspektiven in einer diversitätsbewussten Sozialarbeit*. Wiesbaden: VS.

Waerness, Kari (2000): Fürsorgerationalität. In: *Feministische Studien. Extra-Heft: Fürsorge, Anerkennung, Arbeit*, 18. Jg., S. 54-66.

Züchner, Ivo/Cloos, Peter (2010): Das Personal der Sozialen Arbeit. In: Thole, Werner (Hrsg.): *Grundriss Soziale Arbeit*, 3. überarb. Aufl., S. 933-954. Wiesbaden: VS.

Teil 2
Konfliktperspektiven in Fall-, Feld- und Sozialraumorientierung

Einleitung

Elke Schimpf und Johannes Stehr

Angesichts einer zu konstatierenden Verdrängung einer „Politik der Verhältnisse" durch eine „Politik des Verhaltens", durch welche gesellschaftliche Ungleichheits-, Macht- und Herrschaftsverhältnisse diskursiv transformiert werden zu Fragen der „richtigen" Lebensführung, des „normalen" und „normkonformen" individuellen und kollektiven Verhaltens, werden auch in der Sozialen Arbeit Konzepte der individuellen Verhaltenssteuerung, -modifikation und -kontrolle entwickelt und als wirksam bewertet. Dabei ist die Soziale Arbeit nicht einfach als Erfüllungsgehilfin dieses Wandels zu verstehen, sondern ist selbst Bestandteil der Widersprüche, die sich aus dieser Politikverschiebung ergeben und auch eine bedeutsame Akteurin derselben. Bezugnehmend auf den definierten Gegenstand von Sozialer Arbeit werden solche Konzepte nicht nur in der herkömmlichen „Fallarbeit", sondern auch bei der Ausweitung des professionellen Blicks auf „Sozialräume" favorisiert, indem v. a. an „soziale und individuelle Probleme" oder „soziales und kulturelles Kapital" angeknüpft wird, wie generell an die individuellen Kompetenzen, Ressourcen und Biographien der Adressat_innen. Damit tendiert selbst eine an der Emanzipation der Adressat_innen orientierte Soziale Arbeit dazu, den Grundprinzipien einer „Politik des Verhaltens" zu folgen und in individualisierender, entpolitisierender Weise gesellschaftliche Konfliktverhältnisse (wieder) zu verdecken und in individuelles und kollektives Problemverhalten zu transformieren, welches dann normalisierend, disziplinierend und gegebenenfalls auch ausschließend bearbeitet werden soll.

In den folgenden Beiträgen werden v. a. die Fragen diskutiert, welche Produktivität und welches kritische Potential der *Konfliktperspektive* und einer an sie anknüpfenden *Konfliktorientierung* zukommt, in einer Gesellschaft, die strukturell wie auch bezogen auf die unmittelbaren Handlungssituationen als ein Konfliktzusammenhang gedacht werden muss, der sich aus verschiedenen, auch überlappenden Macht- und Herrschaftsverhältnissen und Ungleichheitsdimensionen jeweils in bestimmten Ausformungen konstituiert. Wir wollen nach den Möglichkeiten und Strategien suchen, wie über eine Konfliktperspektive im Kontext der Sozialen Arbeit auch Gegenentwürfe der Sozialen Arbeit zu neoliberalen Regierungsstrategien entwickelt und praktiziert werden können, und wie diese in all ihrer „Widersprüchlichkeit, Mehrdeutigkeit und Widerspenstigkeit" (Susanne Maurer in diesem Band) kritisch reflektiert werden können.

In diesem Zusammenhang haben wir zwei unterschiedliche Diskussionszugänge[1] gewählt, die im Folgenden in Form von einzelnen Beiträgen dokumentiert werden. Zuerst wird die „Perspektive der Grenzbearbeitung als eine Denkfigur für eine Politik der Verhältnisse" beschrieben und die Frage aufgeworfen, wie ein demokratisches, politisches Gemeinwesen jenseits herrschaftlicher Indienstnahmen des Sozialraumkonzepts zu Verwaltungs- und Regierungszwecken möglich wird und wie es gesellschaftspolitisch auch begründbar ist. Der zweite Diskussionszugang widmet sich städtischen Konfliktfeldern und der Konstituierung des öffentlichen Raums und diskutiert Formen und Folgen der Transformation urbaner Konflikte durch Politiken des Verhaltens und die Entwicklung möglicher Gegenstrategien.[2]

Susanne Maurers Beitrag geht von der Frage aus, inwiefern sich Sozialräume als „demokratische Gemeinwesen" rekonstruieren lassen, und entwickelt hierzu die Denkfigur der „Grenzbearbeitung", über die gesellschaftliche Verhältnisse als gegeben und machtvoll wirkend analysiert werden sowie auch Versuche ermöglicht werden können, diese in „kritisch utopischer Absicht zu problematisieren und für neue, gerechtere, solidarischere Möglichkeiten zu öffnen". Soziale Arbeit ermöglicht und begrenzt zugleich, stellt eine Doppelbewegung dar, die sich besonders an „Raum" und „Räumlichkeit" festmachen lässt. Für *Susanne Maurer* ist hier entscheidend, dass „mit der Perspektive der ‚Grenzbearbeitung' nicht nur die Rekonstruktion der Machtwirkungen von Grenzen und Grenzziehungen möglich wird, sondern immer auch die darauf bezogenen Praktiken in den Blick kommen" und dass deren Widersprüchlichkeit und auch deren Widerspenstigkeit reflektiert werden kann. Darüber hinaus verbindet *Susanne Maurer* ihre Grenzbearbeitungsfigur mit einer

---

1   Diese Diskussionszugänge sind auf dem Bundeskongress Sozialer Arbeit 2015 im Rahmen zweier Panel-Foren organisiert worden: 1. Sozialraum als demokratisches Gemeinwesen? Die Perspektive der Grenzbearbeitung; 2. Moralkampagnen und urbane Konflikte im öffentlichen Raum.

2   Das kritische Potential der Konfliktperspektive im Rahmen einer „Politik der Verhältnisse" wird hier vor allem an Feld- und Sozialraumzugängen diskutiert, weniger am Beispiel institutioneller ‚Fallbearbeitungen'. Diese Thematik wird im zweiten Band der Dokumentation des Bundeskongresses (Johannes Stehr/Roland Anhorn/Kerstin Rathgeb [Hrsg.]:Konflikt als Verhältnis – Konflikt als Verhalten – Konflikt als Widerstand. Widersprüche der Gestaltung Sozialer Arbeit zwischen Alltag und Institution. Wiesbaden: Springer VS [i. E.]) stärker aufgegriffen.

Konfliktperspektive, die es möglich macht, Erfahrungen von Begrenztheit und von Begrenzungen zu Konflikterzählungen werden zu lassen, aus denen wiederum „Grenzbearbeitungen" in verändernder Absicht resultieren können.

Der Beitrag von *Michael May* stellt die Frage einer zeitgemäßen theoretischen Begründung eines „demokratischen und sozialen Gemeinwesens" ins Zentrum und entwickelt zunächst einen Begriff von Gemeinwesen in der Tradition historisch- und dialektisch-materialistischer Kritik, mit dem Perspektiven für eine gesellschaftspolitische Begründung eröffnet werden. In kritischer Auseinandersetzung mit Arendts Konzept eines „politischen Gemeinwesens" und einer „Politik der Bedürfnisinterpretation" (im Anschluss an Nancy Fraser) weist *Michael May* darauf hin, dass „artikulierte Ansprüche" aus einem „spezifisch erfahrenen Mangel heraus", die direkt in ein gesellschaftliches Verhältnis übertragen werden, erneut zu Ausgrenzung und wechselseitiger Zerstörung führen (können). Zur Entwicklung eines „demokratischen und sozialen Gemeinwesens" ist es deshalb erforderlich, bei jedem Ansatz einer „kategorialen Gemeinwesenarbeit" zu fragen, ob es sich um elementare, organisierbare Bedürfnisse handelt, die zu einer Aufhebung tendieren. Bezugnehmend auf Paolo Freire und dessen Konzept von „Grenzakten" und „Grenzsituationen", stellt *Michael May* heraus, dass eine *Arbeit am Gemeinwesen* als „Verwirklichung menschlicher Subjektivität" verstanden werden kann, jedoch nur sofern die Bedingungen der Möglichkeit zur Befreiung aus blockierten Lebensverhältnissen herausgearbeitet werden.

Der zweite Diskussionszugang knüpft an gegenwärtige „Politiken des Verhaltens" an und zielt auf die Herausarbeitung unterschiedlicher Verhaltenspolitiken sowie auf Möglichkeiten der Entwicklung von Gegenstrategien im Sinne der Aufdeckung und Politisierung von verdeckten Konfliktverhältnissen im Kontext der Nutzung des öffentlichen Raums. *Anselm Böhmer* rekonstruiert in seinem Beitrag den Konflikt zwischen einer „neoliberalen Stadt-Politik und -Ökonomie einerseits sowie den Bemühungen um die Verwirklichung von emanzipatorischen Identitätspolitiken im sozialen Raum andererseits". Mit Bezug auf das Konzept des „leeren Signifikanten" von Laclau und Foucaults Begriff der „Heterotopien" erarbeitet *Anselm Böhmer* ein Forschungsdesign, mit dem er „ein mehrfach gegliedertes Spannungsfeld von Raumproduktionen, raumbezogenen Konflikten und Politiken des Verhaltens" empirisch herausarbeitet. Auf diese Weise werden „Verhaltenspolitiken der Alterisierung", hinsichtlich ihrer Machtwirkungen wie auch ihrer Begrenzungen untersuchbar. *Anselm Böhmer* rekonstruiert den öffentlichen Raum sowohl als einen über verschiedene neoliberale Subjektivierungen konstituierten Raum wie auch als subversiven Raum, der zugleich Möglichkeiten des Unterlaufens hegemonialer Raumkonstitutionen bietet. Hier sieht er für die Soziale Arbeit die Möglichkeit, „die Selbstpositionierung marginalisierter Akteursgruppen reflexiv zu assistieren".

Christian Reutlinger widmet sich ebenfalls dem „umkämpften öffentlichen Raum" und fragt nach den Konfliktverhältnissen, die sich durch veränderte Nutzungsformen öffentlicher Räume – bedingt durch Privatisierung und Kommerzialisierung – ergeben, wie auch nach den konflikthaften Aushandlungsprozessen, über die Nutzungsmöglichkeiten blockiert oder ermöglicht werden. In einer vergleichenden Analyse kommunaler Strategien im Umgang mit aktuellen Formen „der Unordnung", werden anhand von drei aktuellen (Jugend-)Kampagnen im öffentlichen Raum Vorstellungen und Positionierungen der Sozialer Arbeit vorgestellt und diskutiert. Soziale Arbeit wird als eine zentrale Akteurin bei der Herstellung von öffentlichem Raum wie auch bei der Herstellung von Öffentlichkeit benannt, die zur Analyse ihre eigenen Verstrickungen und zur Erweiterung der Handlungsspielräume eine Kontextualisierung vornehmen muss, vor allem bei moralisch aufgeladenen Kampagnen. Aus einer kritisch-reflexiven Haltung heraus sieht *Christian Reutlinger* die Soziale Arbeit aufgefordert zu fragen, welche Vorstellungen vom öffentlichen Raum dominant sind bzw. werden, welche Handlungsformen und Interaktionen in öffentlichen Räumen als normal bzw. abweichend definiert oder gar ausgegrenzt werden (sollen), welche Normen und Normalitätsvorstellungen durchgesetzt bzw. welche Gesellschaftsordnungen darüber hergestellt werden (sollen). Unterlässt Soziale Arbeit ein solches Fragen, werden über solche Kampagnen nicht nur die Bewohner_innen und Nutzer_innen normalisiert, sondern es wird auch „das professionelle Verständnis Sozialer Arbeit determiniert".

Franziska Beckers Beitrag knüpft an einen konkreten Konflikt im öffentlichen Raum an und diskutiert dabei ihre Erfahrungen in der Konfliktvermittlung zwischen den Nutzungsinteressen unterschiedlicher Akteure. Aus der Perspektive einer kommunal beauftragten und forschenden Mediatorin im Rahmen eines „sozialen Platzmanagements" beschreibt sie die konflikthaften Aushandlungsprozesse, in denen es vor allem auch darum geht, „Politiken des Verhaltens" zu transformieren in eine partizipative Neugestaltung von öffentlichem Raum und von städtischen Lebensverhältnissen. In diesem Zusammenhang beschreibt *Franziska Becker*, wie es über „induktive Partizipationsprozesse" und einem forschenden, ethnographischen Zugang möglich wurde, die Interessen von öffentlich diskreditierten Personen(-Gruppen) sichtbar zu machen und in den Aushandlungsprozess um die Neugestaltung des öffentlichen Raumes einzubeziehen und darüber neue Strukturen im Gemeinwesen zu etablieren. Der Beitrag zeigt, dass dies kein konfliktfreier Prozess ist und wie urbane Machtverhältnisse in ihn hineinwirken, dass aber auch (forschende) partizipative Praktiken möglich werden, in welchen eigensinnige Positionen artikuliert, Handlungsfähigkeiten demonstriert und andere politische Diskurse entstehen können als über Diskreditierung und soziale Ausschließung.

Die Perspektive der „Grenzbearbeitung" im Kontext des Nachdenkens über Verhältnisse und Verhalten

Susanne Maurer

Dieser Beitrag basiert auf einer gemeinsamen Auseinandersetzung mit der Frage, ob bzw. inwiefern sich ‚Sozialräume' als ‚demokratische Gemeinwesen' (re)konstruieren lassen. Im Rahmen des Panels „Konfliktperspektiven in Fall-, Feld- und Sozialraumorientierung" formulierte Fabian Kessl, nicht zuletzt vor dem Hintergrund gouvernementalitätstheoretischer Reflexionen, eine spezifische „Kritik der lokalen Gemeinschaftlichkeit" (vgl. auch Widersprüche 2015), während Michael May die Frage nach der möglichen Bestimmung eines ‚politischen Gemeinwesens' im Verhältnis zu menschlicher Subjektivität diskutierte (vgl. May in diesem Band). Mein Part war es, die von mir und Fabian Kessl formulierte, und dann über viele Jahre auch mit verschiedenen anderen Kolleg_innen weiter entwickelte und vielfältig diskutierte Perspektive der „Grenzbearbeitung" zu verdeutlichen und ihre Produktivität für eine „Politik der Verhältnisse" im Kontext Sozialer Arbeit auszuloten.

Die Denkfigur der „Grenzbearbeitung" lässt sich – das versuchen die folgenden Überlegungen plausibel zu machen – auf die gesellschaftlichen Verhältnisse als ‚gegebene' und machtvoll wirksame ebenso beziehen wie auf die vielfältigen Versuche, diese in kritisch-utopischer Absicht zu problematisieren und für neue, gerechtere, solidarischere Möglichkeiten zu öffnen.

Der Versuch einer Bestimmung Sozialer Arbeit als „Grenzbearbeitung" nutzt die Foucault'sche Vorstellung von ‚Gouvernementalität', die wir auch auf Selbstverständnisse, Perspektiven und Praktiken im Kontext der Diskussionen um eine ‚Kritische Soziale Arbeit' beziehen (vgl. dazu Kessl/Maurer 2009). So werfen wir etwa die Frage auf, welche Anforderungen sich für kritisches, 'oppositionelles' Denken und Handeln ergeben, wenn die Ordnungen,[1] auf die sich die Kritik be-

---

1   Mit ‚Ordnungen' meinen wir hier: relativ stabile Anordnungen, Ausprägungen oder Strukturierungen in den gesellschaftlichen Kräfteverhältnissen, die sich sowohl auf der Makro-Ebene der Gesellschaft als Ganzes, auf einer Meso-Ebene bestimmter

zieht, immer mehr als ‚bewegt' und ‚entgrenzt' erscheinen: Welche Auswirkungen haben derartige ‚Transformationsprozesse' auf ‚Bewegungen der Kritik', wie etwa den Versuch eine (selbst-)kritische Praxis Sozialer Arbeit zu realisieren?

In seiner „Kritik der lokalen Gemeinschaftlichkeit"[2] spitzt Fabian Kessl eine empirische Beobachtung denn auch wie folgt zu: Bestehende Institutionen kaufen sich unter der Überschrift „Sozialraumorientierung" Programme und Maßnahmen ein, die sich – als Orientierungen und Praktiken – historisch eigentlich einem antiinstitutionellen Impuls verdanken; dies geschieht in der Hoffnung, damit die derzeit vorherrschenden Rationalitäten und Zwänge ‚bedienen' und zugleich die spezifischen Anforderungen aus der gegenwärtigen Situation wenigstens annähernd bewältigen zu können.[3]

Wie aber kommt es zu einer solchen Dynamik, im Zuge derer sich die – im Kontext Sozialer Bewegungen entstandene und artikulierte – Institutionenkritik plötzlich als vielversprechend für die Lösung anstehender komplexer Aufgaben erweist, so dass der ‚antiinstitutionelle Impuls' sich also plötzlich in einem ganz anderen Zusammenhang wiederfindet und dort machtvolle (und wiederum kritisch zu problematisierende) Wirkungen entfaltet?[4] Welcher Art genau sind die Wechselwirkungen zwischen Institutionen und deren Kritik, die die Institutionen sich – unter bestimmten Vorzeichen – dann wieder zunutze machen?[5] Die seit Jahren intensiv geführte Auseinandersetzung mit der Gouvernementalität Sozialer Arbeit (vgl. z. B. Kessl 2005, Kessl/Maurer 2005) verhandelt genau diese Fragen; es geht dabei um die Verwicklung Sozialer Arbeit in spezifische Regierungstechnologien der Gegenwart, und – angesichts dessen – um die Frage nach möglichen Orten, Modi und Chancen der Kritik, verstanden als Theorie und als Praxis (vgl. z. B. Maurer 2012).

---

    gesellschaftlicher Bereiche wie auch auf der Mikro-Ebene zwischenmenschlicher Angelegenheiten (bis hinein in die Selbst-Verhältnisse der Individuen) finden. Die Begriffe ‚Mikro', ‚Meso' und ‚Makro' werden hier eher als Hinweise auf die unterschiedliche Größenordnung oder Reichweite der ‚ordnenden Gestaltung' genutzt, auf deren unterschiedlichen Grad an Konkretion oder Abstraktion, und weniger als systematische soziologische Begriffe.

2   Gemeint ist hier die (implizite) Annahme oder Unterstellung, eine ‚lokale Gemeinschaft' könne zur ‚Lösung sozialer Probleme' aktiviert werden, wobei die Frage sozialer Ungleichheit und die damit strukturell verbundene Konfliktdimension ebenso wie die Frage sozialer Rechte – die wiederum einer Institutionalisierung bedürfen – jeweils ausgeblendet werden.

3   Vgl. dazu insgesamt auch die Beiträge in Widersprüche 2015.

4   Vgl. zu dieser Thematik insgesamt auch Maurer 2006.

5   Siehe zu ganz ähnlichen Fragen auch Tilman Lutz in diesem Band.

Während Fabian Kessl im gemeinsamen Panel beim Bundeskongress Soziale Arbeit 2015 letztlich für eine ‚kritische Institutionalisierung' plädierte, folgte Michael May einer anderen Spur: Nicht zuletzt unter Bezugnahme auf die feministische Rechtswissenschaftlerin Kimberlé Crenshaw und ihre Überlegungen zu Intersektionalität (vgl. u. a. Crenshaw 1995; siehe auch May 2012), verdeutlichte er die Auffassung, dass ein demokratisches, politisches Gemeinwesen – ob auf der Ebene eines Staates oder eines kommunalen (Wohn-)Quartiers – immer wieder aufs Neue sehr konkret bestimmt werden muss, also nicht einfach ‚als solches' besteht (vgl. May 2012b). Ein Gemeinwesen kann in diesem Verständnis nicht allgemein und abstrakt definiert und dann vorausgesetzt werden, weil es vielfältige, sich überlagernde Interessen und Bedürfnisse organisieren muss, die sich auch quer und sperrig zueinander verhalten, sich durchkreuzen – ebenso wie die unterschiedlichen Betroffenheiten von Unterdrückung und Diskriminierung (vgl. Combahee River Collective (1981 [1977]).

Ich greife die von Kessl und May reflektierten Aspekte hier noch einmal auf, weil sich damit auch unser gemeinsames Nachdenken über „Grenzbearbeitung" verbindet. So weist Fabian Kessl darauf hin, dass ‚die gegenwärtigen gesellschaftlichen Verhältnisse' die Institutionen (etwa der Jugendhilfe oder der Sozialen Dienste allgemein) in Bezug auf die Erfüllung ihrer gesetzlichen Aufgaben mit bestimmten Grenzen konfrontieren (z. B. in Bezug auf verfügbare finanzielle Ressourcen), die von diesen Institutionen in irgendeiner Weise bearbeitet werden müssen.[6] Die dabei entwickelte „Grenzbearbeitung" kann auch in der Suche nach Alternativen zu den (bisherigen) institutionellen Bearbeitungsformen bestehen.

Michael May bezieht sich im Hinblick auf ‚blockierte Situationen', insbesondere im Hinblick auf blockierte Lebensmöglichkeiten von Menschen, auf Paolo Freires Begriff der „Grenzsituation". Bei Freire sind „Grenzakte" Versuche der ‚Freisetzung', der Befreiung aus blockierten Lebensverhältnissen.[7] In der Geschichte der (politischen) Gemeinwesenarbeit (im Sinne z. B. eines Saul Alinsky) kommt der Praxis des ‚Organizing' eine hohe Bedeutung zu: Hier geht es – ebenfalls im Sinne einer ‚Freisetzung' – um die Organisierung von konkreten ‚Betroffenheiten' und

---

6 Ein anderes, sehr aktuelles Beispiel wäre die Soziale Arbeit für und mit geflüchteten Menschen.

7 Vgl. Freire (1973). – Tim Krause hat in seiner (leider bislang unveröffentlichten) Diplomarbeit (siehe Krause 2009) einen Versuch vorgelegt, Freires Idee der „Grenzakte" mit einer gouvernementalitätstheoretischen Perspektive ebenso zu verknüpfen wie mit der Figur der „Grenzbearbeitung". Da er dies zudem in einen theaterpädagogischen Kontext einbettet, kommt er der hier von mir bevorzugten Vorstellung von vielfältigen Prozessen der Auseinandersetzung mit Begrenzungen und Grenzziehungen im Sinne der „Grenzbearbeitung" sehr nahe.

Bedürfnissen, die sich allerdings nicht eindeutig oder ausschließlich bestimmten Personen(gruppen) zuordnen lassen. Hier zeigt sich nun m. E., dass es nicht um einzelne „Grenzakte" geht, sondern eher um eine vielfältige und vielschichtige Praxis der „Grenzbearbeitung".

Im Folgenden soll nachvollziehbar gemacht werden, auf welche Fragen und Problemstellungen das Denken der „Grenzbearbeitung" sich bezieht und in welchem Kontext es zu verorten ist.

1 Bezugspunkte eines Denkens der „Grenzbearbeitung"

Die (Denk-)Figur der „Grenzbearbeitung" ist nicht zuletzt vor dem Hintergrund der Auseinandersetzung mit unterschiedlichen Ordnungen der Differenz und den damit sehr konkret verbundenen Praktiken der Grenzziehung entstanden (vgl. auch Kessl/Maurer 2010). „Ordnungen der Differenz" (Mecheril 2008), wie etwa das System der Zweigeschlechtlichkeit oder Denkweisen und Praktiken, die auf rassifizierenden Kategorisierungen beruhen, bestehen (und wirken) nicht jeweils für sich, sondern überlagern sich in vielschichtiger und oft komplizierter Art und Weise – so dass Kategorisierungen qua Geschlecht, Klasse oder *race* sich gegenseitig sowohl verstärken wie auch relativieren können, da sie in ganz unterschiedlichen Gemengelagen und Konstellationen auftreten (vgl. dazu die Darstellung der Perspektive der Intersektionalität bei Walgenbach 2012).

Das Nachdenken über Befunde und Möglichkeiten der „Grenzbearbeitung" lässt sich daher im Kontext der Diskussionen um Soziale Arbeit in der Migrationsgesellschaft ebenso verorten wie im Kontext der Debatten um Geschlechtergerechtigkeit – es lässt sich überall dort zum Einsatz bringen, wo die Frage von Diskriminierung auf der Tagesordnung steht, und das ist für die Soziale Arbeit in mehrfacher Hinsicht von Bedeutung:

1. So kann zum einen wahrgenommen und untersucht werden, wie die von Diskriminierung Getroffenen/Betroffenen ihr – durch jeweils spezifische Grenzziehungen – ,Begrenzt-Werden' erleben, wie sie es subjektiv verarbeiten (,bewältigen'): Inwiefern und auf welche Weise ,bearbeiten' sie die ihnen gesetzten, zugemuteten Grenzen (die Lebensmöglichkeiten und Ansprüche blockieren können) selbst auch aktiv? Indem sie diese Grenzen z. B. annehmen, ,übernehmen', gestalten, 'begehen', variieren, dehnen, angreifen, ignorieren, überschreiten, oder auch sprengen?

2. Zum anderen kann und muss nach der Rolle politischer und/oder professioneller Akteur_innen (hier: in [Sozial-]Pädagogik oder Sozialer Arbeit) gefragt werden: Inwiefern und auf welche Weise beteiligen sie sich an denjenigen Prozessen der Grenzziehung, die anderen Menschen bestimmte Plätze zuweisen, ihnen damit auch Möglichkeiten vorenthalten, gar verwehren? Und inwiefern versuchen sie andererseits diese Grenzen zu hinterfragen, zu problematisieren – sie in kritischer Absicht zu ‚bearbeiten'?[8]

Es stellt sich also die Frage, ob und wie Akteur_innen Sozialer Arbeit sich mit den (Be)Grenz(ungs)verhältnissen auch selbstkritisch auseinandersetzen, ob und wie sie zu einer Veränderung und Umarbeitung der gezogenen Grenzen beitragen (wollen), so dass es tatsächlich zu einer Öffnung und Erweiterung von Lebensmöglichkeiten kommt und diesbezügliche Ansprüche von Adressat_innen auch zur Geltung gebracht werden können.

In der Sozialen Arbeit haben kritische Reflexionen, die sich auf die ‚Macht der Kategorie', die ‚Macht der Kategorisierung' beziehen, durchaus Tradition (vgl. z. B. Cremer-Schäfer in diesem Band). Die damit verbundenen Praktiken der Unterscheidung können auch als ‚Grenzziehungen' oder als Ein-Grenzungen markiert werden. Vielfach wurde dazu gearbeitet, wie komplex in diesem Zusammenhang die Verhältnisse eines ‚Innen' und ‚Außen' sich darstellen – wobei die Positionen ‚innen' oder ‚außen' durchaus wechseln und sich auch überlagern können.

Da sowohl die Debatte um Integration als auch die Debatte um Inklusion spezifische Grenzen aufweisen,[9] haben wir versucht, dieses Problem mit der Denkfigur, also dem Begriff und der Metapher der „Grenzbearbeitung", direkt zu adressieren. Wir wollten all die komplexen, komplizierten Prozesse einfach anders – nämlich im Sinne konkreter Praktiken – fassen können, sie damit auch anders erschließen, wahrnehmbar und erkennbar machen können. Zugleich wollten wir mit der Rede von „Grenzbearbeitung" die Erfahrung bewusst halten, dass wir mit jedem begrifflichen Instrumentarium zwangsläufig begrenzt sind in Bezug auf unsere Erkenntnismöglichkeiten, und dass auch unsere Handlungsmöglichkeiten, ob als politische oder professionelle Akteur_innen, immer spezifische Grenzen aufweisen – die allerdings zur (selbstkritischen) Reflexion und Bearbeitung herausfordern.

---

8 Auch diese Fragen ließen sich am Beispiel Sozialer Arbeit mit Geflüchteten konkretisieren; vgl. zuletzt die Beiträge im von Scherr und Yüksel herausgegebenen Sonderheft 13 der Zeitschrift „neue praxis" (2016) oder im Heft 141 der Zeitschrift „Widersprüche" (2016).

9 Zum Diskurs um Integration vgl. etwa Hörster und Treptow (1999), zum Diskurs um Inklusion Heft 133 der Zeitschrift „Widersprüche" (2014).

Kurz gefasst, sind es sowohl sehr konkrete Praxisbezüge (hier nun verstanden als professionelle Praxis, zum Beispiel im Schnittfeld zwischen Jugendhilfe und Schule, oder zwischen Jugendhilfe und Psychiatrie) und die darauf bezogenen Selbstverständnisse, wie auch disziplinäre, wissenschaftliche, forschende Kontexte,[10] in denen das Denken der „Grenzbearbeitung" sich entwickelt hat, und in denen es auch fortwährend befragt und hinterfragt wird.[11]

Die Anlässe und Felder, die uns zu einem Denken der „Grenzbearbeitung" herausgefordert haben, waren/sind oft Anlässe und Felder, bei denen sich ‚Räumlichkeit' in besonderer Weise zeigt und auch gestaltet werden muss, wo sowohl die konkreten, materialisierten, als auch die auf andere Weise wahrnehmbaren und wirkmächtigen Räume, Grenzen und ‚Übergangszonen' behandelt und reflektiert werden (müssen?). Dies wird deutlich, wenn wir uns etwa abarbeiten an der Frage „Was bedeutet ‚Sozialraum'?" (vgl. Kessl et al. 2005), wenn wir uns (selbst)kritisch mit der Entwicklung von ‚Sozialraumorientierung' auseinandersetzen und demgegenüber die Frage erneut aufwerfen: „Was verstehen wir eigentlich unter einem (politischen) ‚Gemeinwesen'?" – wie auch im Rahmen des Bundeskongresses Sozialer Arbeit 2015 geschehen.

Die aus dieser Auseinandersetzung mit ‚Raum' und ‚Räumlichkeit' gewonnenen Möglichkeiten etwas zu sehen und zu erkennen, aber auch in spezifischer Weise zu ‚bearbeiten', haben wir auf Soziale Arbeit im weiteren Sinne zurück zu spiegeln versucht. Das bietet sich insofern an, als Soziale Arbeit immer als Ermöglichung und Begrenzung zugleich gedacht werden muss: Im Hinblick auf ihre gesellschaftliche Funktion und Wirkungsweise kann sie nicht ausschließlich als ‚Ermöglichung', im Hinblick auf die historisch und fachlich mit ihr verbundenen Aspirationen aber auch nicht ausschließlich als ‚Begrenzung' gedacht werden.[12]

Weder die radikale Kritik an ‚Sozialdisziplinierung' durch und mit Hilfe Sozialer Arbeit noch der emphatische Bezug auf Empowerment oder Menschenrechte jeweils

---

10 Für den Wissenschafts- und Hochschulkontext wäre damit auch die Frage der notwendigen Qualität des Denkens und des Forschens zu verbinden: Was bedeutet eine (selbst)kritische Perspektive in der Sozialen Arbeit, die mit einem ‚Grenz-Bewusstsein' verknüpft ist, für das konkrete Vorgehen etwa im Rahmen eines (empirischen) Forschungsprozesses (vgl. Kessl/Maurer 2012)?

11 Würdigen möchte ich an dieser Stelle den Arbeitszusammenhang mit Birgit Bütow, aber auch die Züricher Diskussionsrunden mit Catrin Heite et al., in denen wir die Frage der „Grenzbearbeitung" und der „Grenzanalysen" in vielfältiger Weise reflektiert haben.

12 Das lässt sich am Beispiel von ‚Normalisierung' als Anerkennung und Zurichtung zugleich sehr gut verdeutlichen; vgl. dazu Maurer (2001).

für sich genommen machen also Sinn; es braucht vielmehr eine angemessene und produktive Klammer, die erlaubt beides ins Verhältnis setzen.[13]

Wenn wir heute – herausgefordert nicht zuletzt durch machtanalytische Beiträge und Positionen – erneut versuchen, die notwendige (Selbst-)Kritik Sozialer Arbeit, die sich zugleich mit einem Anspruch auf Gesellschaftskritik verbindet (vgl. Anhorn et al. 2012) mit dem konkreten alltäglichen Bemühen um eine möglichst gute, im (selbst)kritischen Sinne gestaltete Praxis Sozialer Arbeit zu vermitteln (vgl. dazu Maurer 2012), so brauchen wir dafür eine Denk-Bewegung und Perspektive, die beides zu fassen vermag: die radikale(re) Sicht auf gesellschaftliche Verhältnisse, blockierte Situationen, einschließlich des kritischen Blicks auf das eigene Handeln, das eigene Verstrickt-Sein, und zugleich den – eher pragmatischen? – Anspruch, auch praktisch zu werden mit dieser Kritik, in einem (möglichst) vertretbaren, (möglichst) legitimierbaren Sinne.

Es geht also um die konkreten Möglichkeiten einer (verändernden) Praxis. Dafür brauchen wir Denkbewegungen in kritischer Absicht und eine Rekonstruktion des Konflikthaften – in den ‚Verhältnissen' insgesamt, aber auch in den eigenen Praxiskontexten und -vollzügen. Hilfreich ist es in diesem Zusammenhang, der ‚Spur des Unbehagens' zu folgen, und auch die Enttäuschungserfahrungen in den eigenen Praxiskontexten ernst zu nehmen (vgl. dazu Maurer 1996); diese können auch als spezifische ‚Grenzerfahrungen' in Bezug auf das bisher Gedachte und Gewollte, auf das bisher Entworfene und Versuchte gelesen werden.

2 Zur Produktivität der Perspektive der „Grenzbearbeitung" für die Soziale Arbeit

Soziale Arbeit verfügt historisch über eine spezifische Expertise, da sie – als ‚kollektive Akteurin' oder ‚Instanz' – mit Bezug auf soziale Konflikte, oft ausgehend von konkreten lokalen Kontexten, auch gesamtgesellschaftlich immer wieder Thematisierungsmacht entfalten und damit nicht zuletzt auf soziale Ungleichheit als strukturierendes Prinzip in den gesellschaftlichen Verhältnissen hinweisen konnte. Die mit Sozialer Arbeit konstitutiv verbundene Ordnungs-, Normalisierungs- und Kontrollfunktion wird mit dieser ‚anderen Seite' Sozialer Arbeit, wie gesagt, keineswegs aufgehoben. Dennoch sollte die notwendige analytische (und selbst/kritische) Vergewisserung über Soziale Arbeit als Teil der wohlfahrtsstaatlichen ‚Regierung

---

13 Das wurde historisch bereits vielfach versucht, so etwa mit der Figur von „Hilfe und Kontrolle"; vgl. Müller (1978).

des Sozialen' nicht verdecken, dass in den Praxiskontexten Sozialer Arbeit auch ein spezifischer Blick für die Anstrengungen der Lebensführung in den gesellschaftlichen Verhältnissen entwickelt worden ist, der immer auch auf das Potenzial der erneuten Politisierung dieser Verhältnisse verweist (siehe z. B. Bitzan 2013).

Soziale Arbeit ist Teil der Artikulationsweisen, die das wohlfahrtsstaatliche Arrangement durchziehen und legitimieren. Sie ist damit Teil derjenigen Thematisierungspraktiken, die den wohlfahrtsstaatlichen Diskurs insgesamt prägen. Zugleich ist ihre Beteiligung aber auch Möglichkeit zur Re-Artikulation, zur Irritation und Verschiebung des Bestehenden auf Basis der Dechiffrierung hegemonialer Artikulationsweisen.[14]

Wenn es nun darum geht die gesellschaftlichen Konfliktdimensionen zu re-artikulieren, denen sich Soziale Arbeit (historisch) verdankt und auf die Theorie wie Praxis Sozialer Arbeit auch immer wieder neu zu beziehen sind (vgl. Bitzan in diesem Band), so kann die Perspektive bzw. der Ansatz der „Grenzbearbeitung" dafür produktiv gemacht werden. Entscheidend dabei ist, dass mit der Perspektive der „Grenzbearbeitung" nicht nur die Rekonstruktion der Machtwirkungen von Grenzen und Grenzziehungen möglich wird, sondern immer auch die darauf bezogenen konkreten Praktiken in den Blick kommen, in all ihrer Widersprüchlichkeit, Mehrdeutigkeit und Widerspenstigkeit – so dass beide Seiten in ein und demselben Bearbeitungszusammenhang reflektiert werden können.

Mit der Figur der „Grenzbearbeitung" wird also eine Denk-Bewegung möglich, mit der sich auch neue Möglichkeiten der Unterscheidung und Systematisierung in Bezug auf gesellschaftliche Verhältnisse erarbeiten lassen. Dies lässt sich mit den folgenden drei ‚Momenten des Vorgehens' verdeutlichen, die der Perspektive der „Grenzbearbeitung" inhärent sind und auf die sie sich auch zuspitzen lässt: 1. Kennzeichnen und Markieren von Grenzen und Grenzziehungen, 2. Kritik der Verhältnisse, in denen die Grenzziehungen stattfinden und für die sie funktional sind, 3. Versuche/Praktiken der Transformation bzw. der Subversion.

Diese drei Momente sind nicht als linearer Prozess vorzustellen, sie gehen vielmehr ineinander über, fordern sich auch gegenseitig immer wieder aufs Neue heraus. Hier soll jedes Moment etwas ausbuchstabiert werden:

1. *Kennzeichnen und markieren*: Hier geht es um die Wahrnehmung und Verdeutlichung von Grenzen (sowie Grenzziehungen, Grenzerfahrungen und Grenzpraktiken) im Kontext der (Re-)Produktion von gesellschaftlichen Verhältnissen; gemeint ist damit eine spezifische historische Situation und Konstellation, die macht- und herrschaftsförmig ist, aber auch immer wieder – u. a. über Grenz-

---

14 Vgl. dazu auch die früheren Überlegungen in Kessl/Maurer (2005).

ziehungen – hergestellt werden muss. Im Kontext Sozialer Arbeit lassen sich all die genannten Grenzaspekte von Seiten der Fachkräfte, aber auch von Seiten der Nutzer_innen oder Nicht- Nutzer_innen Sozialer Arbeit her bestimmen; der Blick richtet sich dabei stets auch auf das Umfeld, in dem Soziale Arbeit stattfindet, den Kontext, in dem sie situiert ist, die gesellschaftliche Dynamik insgesamt. Nicht zuletzt geht es auch um die Markierung der eigenen Wahrnehmungsgrenzen, in einer Bewegung der kritischen Selbstreflexion. Und damit ist die Frage im Spiel: Welche Grenzen werden warum, unter welchen Vorzeichen, sichtbar gemacht und welche werden zugleich verdeckt oder ausgeblendet?
2. *Kritik der Verhältnisse*: Dieses Moment des Vorgehens bezieht sich auf die unterschiedlichen Dimensionen, die Soziale Arbeit hervorbringen, bedingen und ausmachen. Dazu gehören wiederum sowohl die (Makro-)Ebene der Gesellschaft insgesamt als auch die (Meso-)Ebene der konkreten Institutionen, Konzeptionen und Verfahren – also die (Binnen-)Verhältnisse der Sozialen Arbeit selbst. Hier gilt es vor allem auch die konflikthaften Momente und Konfrontationen wahrzunehmen, ernst zu nehmen und aufzugreifen, die sich bis in das existentielle (Mikro-)Erleben der Einzelnen hinein – also in die Dimension der menschlichen Subjektivität hinein – umsetzen. Wie ‚die Verhältnisse' in Gesellschaft und auch in Sozialer Arbeit subjektiv erlebt werden – von Fachkräften und Adressat_innen – kann dazu herausfordern, die damit verbundenen ‚Grenzerfahrungen' (selbst)kritisch zu bearbeiten. Wenn dies als ‚Projekt der Kritik' angegangen wird, so verbindet sich damit in der Regel auch das Anliegen einer kritischen – (fach)politischen – Intervention, um etwas anderes als das bislang Gegebene und Erfahrene zu erreichen.
3. *Versuche/Praktiken der Transformation und der Subversion*: Sofern diese bewusst realisiert werden, geschieht dies in der Regel in kritisch-verändernder Absicht, ohne dass die Alternative zum Gegebenen (schon) völlig klar sein muss, die dann sozusagen ‚das Ziel' wäre. Es kann z. B. auch um eine andere mögliche – oder erneut versuchte – Bearbeitung von Konflikten gehen.[15] Von Interesse sind hier also die Modi des verändernden Umgangs mit Grenzen, die Art und Weise, wie Grenzen ‚genutzt' und auch subversiv ‚umgenutzt' werden.

Insgesamt sprechen wir also nicht einfach von „Grenzanalysen" (die ebenfalls notwendig sind), sondern schlagen vor, eine sehr bewusste und konkrete Auseinandersetzung mit spezifischen Ausprägungen von Grenzen vorzunehmen

---

15 Auch hier gibt es eine Querbeziehung zu dem Gedanken des ‚demokratischen Gemeinwesens' bei Michael May, das zwar nicht endgültig erreichbar ist, das aber immer wieder neu entstehen kann.

– im Sinne von Grenzziehungen, Grenzerfahrungen und Grenzpraktiken. In einer solchen Auseinandersetzung werden die mit Grenzziehungen – und ihren machtvollen Wirkungen – verbundenen Ambivalenzen, Mehrdeutigkeiten und Widersprüchlichkeiten ebenfalls wahrnehmbar. ‚Grenze' wird auf diese Weise zu einem Einhakpunkt der Kritik, der es um die Möglichkeitsbedingungen von „Grenzbearbeitung" in verändernder Absicht geht.

Das Denken und die Perspektive der „Grenzbearbeitung" bezieht sich auf Wissenschaft und professionelle Praxis zugleich – deren allzuhäufig formulierte ‚Dichotomie' durchbrochen werden soll. Damit ergibt sich eine Differenz zu einem eher theorie-systematischen Anspruch ebenso wie eine deutliche Differenz zur Vorstellung ‚exakter empirischer Abbildungen'. Gerade indem wir uns auf ‚Grenzbearbeitung als Praxis' beziehen, nehmen wir auch deren historisch- gesellschaftliche Situiertheit und Vermitteltheit in den Blick.

3   Zum Schluss: Erzählungen aus den Verhältnissen ...[16]

In der Plenumsdiskussion zu unseren Beiträgen im Rahmen des Bundeskongresses Soziale Arbeit gab es an einer Stelle eine sehr starke Resonanz im Raum – in dem Moment, in dem ein Kollege die sehr konkreten und akuten Probleme in Bezug auf die Soziale Arbeit mit Geflüchteten ansprach und fragte, was all unsere ‚akademischen' Überlegungen dazu eigentlich beizutragen hätten. Mit seinem Statement formulierte dieser Kollege sozusagen eine spezifische Erzählung von gesellschaftlichen (Konflikt-)Verhältnissen, wie sie in diesem Moment anscheinend von vielen in ganz ähnlicher Weise erlebt und gelebt wurden. Damit kommt abschließend noch ein zentrales Moment ins Spiel, das sich mit dem Denken der „Grenzbearbeitung" sehr gut verbinden lässt, denn meines Erachtens brauchen wir dafür tatsächlich ganz konkrete ‚Erzählungen aus den Verhältnissen', wie sie sich uns jetzt gerade darstellen und ihre machtvolle Wirkung (auf uns und andere) entfalten. Sobald diese Erzählungen einmal artikuliert sind, können wir damit in eine Auseinandersetzung eintreten – und damit befinden wir uns bereits mitten in der Praxis der „Grenzbearbeitung". Es geht hier also nicht um die ‚Übersetzung' irgendeiner akademischen Analyse in eine ‚irgendwo ganz anders' stattfindende Praxis. Vielmehr entsteht gerade aus dem Erleben gesellschaftlicher Verhältnisse,

---

16 An dieser Stelle ergibt sich ein Querbezug zu anspruchsvollen Perspektiven einer sozialpädagogischen Kasuistik, wie sie etwa von Reinhard Hörster oder auch Hans Thiersch vertreten werden.

und auch der Verhältnisse in der eigenen beruflichen oder politischen (sogar akademischen!) Arbeit, die Erfahrung der Begrenztheit. Wenn Erzählungen aus diesen Verhältnissen tatsächlich ernst genommen, genau betrachtet und daraufhin untersucht werden, an welche Grenze(n) wir hier eigentlich stoßen, so ergeben sich daraus auch sehr konkrete Einhakpunkte für eine erneute „Grenzbearbeitung" – in verändernder Absicht.[17]

Mit Bezug auf die Überlegungen von Maria Bitzan (in diesem Band) ließe sich hier auch davon sprechen, dass aus den strukturell angelegten Konfliktkonstellationen ein ganz konkreter Konflikt im Kontext einer ganz bestimmten gesellschaftlich-historischen Situation entsteht. Wie dieser Konflikt dann von ganz bestimmten Akteur_innen erlebt, beschrieben und erzählt wird, birgt ein ganz bestimmtes Potential: Denn der Konflikt, der über die Erzählung potentiell in eine gemeinsame Auseinandersetzung eingebracht wird, kann dann tatsächlich – politisch und/oder fachlich – bearbeitet werden, von Akteur_innen, die sich dazu aber, auch über Grenzen hinweg, verbinden müssen (und damit wiederum eine Art ‚politisches Gemeinwesen' herstellen). Aus dem Prozess, der davon seinen Ausgang nimmt, kann eine intervenierende Praxis werden – ob im unmittelbaren Nahraum oder in einem eher vermittelten Raum.

Wir brauchen also Konflikt-Erzählungen, um in die Praxis der Konflikt- oder „Grenzbearbeitung" wirklich einsteigen zu können; ansonsten bleiben wir an einem Punkt stecken, wo nur die Blockierung wahrgenommen werden kann, die sich über Grenzziehungen und Begrenztheit vermittelt, und nicht das, was daraus ebenfalls (zumindest potentiell) hervorgeht, nämlich die Versuche an den entsprechenden Blockierungen zu arbeiten, über diese hinauszudenken und sie zu neuen Möglichkeiten hin zu öffnen.

Literatur

Anhorn, Roland/Bettinger, Frank/Horlacher, Cornelis/Rathgeb, Kerstin (Hrsg.) (2012): *Kritik der Sozialen Arbeit kritische Soziale Arbeit. Perspektiven kritischer Sozialer Arbeit.* Wiesbaden: Springer VS.

Bitzan, Maria (2013): „…damit die Menschen Kontrolle über ihre Lebensverhältnisse bekommen…". Lebensweltorientierung und Gemeinwesenarbeit. In: Stövesand, Sabine/

---

17 Dafür braucht es allerdings Zeiten und Räume – und nicht zuletzt die gemeinsamen Reflexionsprozesse im Rahmen des Bundeskongresses Soziale Arbeit bieten dafür ein hervorragendes Beispiel!

Stoik, Christoph/Troxler, Ueli (Hrsg.): *Handbuch Gemeinwesenarbeit. Traditionen und Positionen, Konzepte und Methoden*, S. 110-121. Opladen/Berlin/Toronto: Barbara Budrich.
Combahee River Collective (1981 [1977]): A Black Feminist Statement. In: Anzaldúa, Gloria/Cherrie Moraga, Cherrie (Eds.): *This Bridge Called my Back: Writings by Radical Women of Color*, S. 210-218. New York: Kitchen Table/Women of Color Press.
Crenshaw, Kimberlé (Hrsg.) (1995): *Critical Race Theory. The Key Writings that formed the Movement*. New York: New Press.
Freire, Paolo (1973): *Pädagogik der Unterdrückten. Bildung als Praxis der Freiheit*. Reinbek: Rowohlt.
Hörster, Reinhard/Treptow, Rainer (Hrsg.) (1999): *Sozialpädagogische Integration. Entwicklungsperspektiven und Konfliktlinien*. Weinheim/München: Juventa.
Kessl, Fabian (2005): *Der Gebrauch der eigenen Kräfte. Eine Gouvernementalität Sozialer Arbeit*, Weinheim/München: Juventa.
Kessl, Fabian/Reutlinger, Christian/Frey, Oliver/Maurer, Susanne (Hrsg.) (2005): *Handbuch Sozialraum*. Wiesbaden: VS.
Kessl, Fabian/Maurer, Susanne (2005): „Soziale Arbeit". In: Kessl, Fabian/Reutlinger, Christian/Frey, Oliver/Maurer, Susanne. (Hrsg.) (2005): *Handbuch Sozialraum*, S. 111-128. Wiesbaden: VS.
Kessl, Fabian/Maurer, Susanne (2009): Die ‚Sicherheit' der Oppostionsposition aufgeben – Kritische Soziale Arbeit als ‚Grenzbearbeitung'. In: *Kurswechsel, Zeitschrift des Beirat für gesellschafts-, wirtschafts- und umweltpolitische Alternativen (BEIGEWUM)*, 24. Jg., H. 3, S. 91-100.
Kessl, Fabian/Maurer, Susanne (2010): Praktiken der Differenzierung als Praktiken der Grenzbearbeitung. Überlegungen zur Bestimmung sozialer Arbeit als Grenzbearbeiterin. In: Kessl, Fabian/Plößer, Melanie (Hrsg.): *Differenzierung, Normalisierung, Andersheit. Soziale Arbeit als Arbeit mit den Anderen*, S. 154-169. Wiesbaden: VS.
Kessl, Fabian/Maurer, Susanne (2012): Radical Reflexivity as Key Dimension of a Critical Scientific Understanding of Social Work. In: *Social Work and Society, International Online Journal*, Vol 10, No 2.: Working at the Border. (http://www.socwork.net/sws/article/view/335, letzter Zugriff: 15.01.2017).
Krause, Tim (2009): *Grenzakte im ästhetischen Raum. Zur Relevanz von Augusto Boals politischer Theaterpädagogik heute*. Marburg (unveröffentlichte Diplomarbeit).
Maurer, Susanne (1996): *Zwischen Zuschreibung und Selbstgestaltung. Feministische Identitätspolitiken im Kräftefeld von Kritik, Norm und Utopie*. Tübingen: Ed. Diskord.
Maurer, Susanne (2001): Das Soziale und die Differenz. Zur (De-)Thematisierung von Differenz in der Sozialpädagogik. In: Lutz, Helma/Wenning, Norbert (Hrsg.): *Unterschiedlich verschieden. Differenz in der Erziehungswissenschaft*, S. 125-142. Opladen: Leske + Budrich.
Maurer, Susanne (2006): Gouvernementalität „von unten her" denken. Soziale Arbeit und soziale Bewegungen als (kollektive) Akteure „beweglicher Ordnungen". In: Weber, Susanne/Maurer, Susanne (Hrsg.): *Gouvernementalität und Erziehungswissenschaft*, S. 233-252. Wiesbaden: VS.
Maurer, Susanne (2012):‚Doppelspur der Kritik' – Feministisch inspirierte Perspektiven und Reflexionen zum Projekt einer ‚Kritischen Sozialen Arbeit'. In: Anhorn, Roland/Bettinger, Frank/Horlacher, Cornelis/Rathgeb, Kerstin (Hrsg.): *Kritik der Sozialen Arbeit – kritische Soziale Arbeit*, S. 299-323. Wiesbaden: Springer VS.
May, Michael (2012a): Das Paradigma von Intersektionalität und das Erbe eines kritisch-reproduktionstheoretisch orientierten Forschens in der Tradition von Marx. In: *Wider-*

sprüche. *Zeitschrift für sozialistische Politik im Bildungs-, Gesundheits- und Sozialbereich*, 32. Jg., H. 126, S. 29-49.

May, Michael (2012b): Formen solidarischer Vergesellschaftung und Vergemeinschaftung von Jugendlichen aus der Provinz. In: *Widersprüche. Zeitschrift für sozialistische Politik im Bildungs-, Gesundheits- und Sozialbereich*, 32.Jg., H. 124, S. 71-93.

Mecheril, Paul (2008): ‚Diversity' – Differenzordnungen und ihre Verknüpfungen. In: Politics of Diversity. Dossier der Heinrich-Böll-Stiftung, S. 63-67 (Das Online-Dossier wurde veröffentlicht auf www.migration-boell.de im Juli 2008; Direktlink: http://www.migration-boell.de/web/diversity/48_1712.asp, letzter Zugriff: 17.12.2016).

Müller, Siegfried (1978): Sozialarbeiterisches Alltagshandeln zwischen Hilfe und Kontrolle – Aspekte einer gesellschaftlichen Funktionsbestimmung der Sozialarbeit/Sozialpädagogik. In: *neue praxis. Zeitschrift für Sozialarbeit, Sozialpädagogik und Sozialpolitik*, 8. Jg., H. 4, S. 342-348.

Scherr, Albert/ Yüksel, Gökcen (Hrsg.) (2016): *Flucht, Sozialstaat und Soziale Arbeit*. Sonderheft 13, neue praxis.

Walgenbach, Katharina (2012): *Intersektionalität – eine Einführung*, unter: www.portal-intersektionalität.de, letzter Zugriff: 15.01.2017.

Widersprüche (2014): *Inklusion – Versprechungen vom Ende der Ausgrenzung*. Heft 133.

Widersprüche (2015): *Sozialraum ist die Antwort. Was war nochmals die Frage?* Heft 135.

Widersprüche (2016): *Flucht – Provokationen und Regulationen*. Heft 141.

Arbeit am Gemeinwesen und menschliche Subjektivität

Michael May

Sozialraum fungiert in den letzten Jahren als Antwort auf höchst unterschiedliche gesellschaftliche Problemstellungen (vgl. Widersprüche 135/2015). Im Kontext Sozialer Arbeit geht es dabei vor allem um eine effizientere Neuorganisation Sozialer Dienste. Die Steuerungskapazität der Sozialadministration soll durch Sozialraumorientierung im Vergleich zur klassischen Fallorientierung sowie Personal- und Infrastrukturplanung vor allem durch eine entsprechende Aktivierungspolitik von Selbsthilfe erhöht werden. Verbunden ist dies mit neuen Formen lokaler/regionaler Governance, wobei sich auch die Beziehungen von Staat, Ökonomie und Gesellschaft verändern. Im Anschluss an Foucault (2000) wurde diese Dynamik mit dem Begriff der Gouvernementalität zu analysieren versucht. Dieser zielt auf neue Regierungstechniken zur Vermittlung von Selbst- und Fremdregierung (vgl. Kessl 2005), welche die Bevölkerung anreizen, zum „Unternehmer ihrer selbst" (May 2003) zu werden.

Überlagert wird diese Dynamik zwischen Staat und Gesellschaft, sowie der in den Gouvernementalitätsstudien nur allzu leicht außer Blick geratenden politischen Ökonomie, durch „Veränderungen in den Beziehungen und Gewichtungen zwischen den verschiedenen Ebenen politischer und wirtschaftlicher Organisation und der auf ihn handelnden Akteure" (Röttger/Wissen 2005, S. 212). Dabei dominiert die kapitalistische Verwertungslogik zunehmend die Logik der sozialen Dimension des lokalen Staates. Dies drückt sich in einer dramatischen Zunahme sozialräumlicher Polarisierungen aus. Diese fungieren dann wiederum als Begründung, herrschaftlich eben jene neuen Regulationsweisen durchzusetzen, in denen dann auch die Sozialraumorientierung Sozialer Dienste eingebunden wird. Entsprechend entpuppten sich auch die praktizierten Formen von Governance mehr und mehr als eine neue Qualität von Ökonomisierung und Kontrolle in „Abkehr von partizipationsorientierten und demokratisch legitimierten Prozessen der Lokalisierung/Regionalisierung" (ebd.).

Gemeinwesenarbeit wird in diesem Zusammenhang auf ein „sozialpädagogisches Arbeitsprinzip" reduziert „zur projekt-unspezifischen Aktivierungsarbeit der Wohnbevölkerung, [...] Begleitung von Gruppen und Initiativen" (Hinte 2009, S. 25) sowie „Vernetzung von formellen und informellen Ressourcen" (ebd.). Demgegenüber gab es in den Ursprüngen und der Geschichte der Gemeinwesenarbeit (vgl. May 2001) durchaus Ansätze, diese als Arbeit an einem gleichermaßen sozialen, wie demokratischen Gemeinwesen zu profilieren. Soziale Arbeit gewinnt darin Gestalt als eine diesbezügliche „Bildung *des* Sozialen" (Kunstreich/May 1999), die zugleich dialektisch mit einer „Bildung *am* Sozialen" (ebd.) vermittelt ist.

Damit aber stellt sich sogleich die Frage nach einer zeitgemäßen Begründung – sowohl theoretischer, wie gesellschaftspolitischer Art – eines solchen Gemeinwesens. Auf diese Frage eine Antwort in der Tradition historisch- sowie dialektisch-materialistischer Kritik zur Diskussion zu stellen, ist Anspruch dieses Beitrages. Dazu ist zunächst einmal, in kritischer Auseinandersetzung mit anderen Begriffsbestimmungen in der Geschichte der Philosophie und politischen Theorie, ein dieser Tradition gemäßer Begriff von Gemeinwesen zu entwickeln, der zugleich auch Perspektiven dessen gesellschaftspolitischer Begründung angesichts der skizzierten aktuellen Tendenzen herrschaftlicher Indienstnahme von Sozialraum eröffnet. Daraus sollen schließlich Vorschläge zur Profilierung eines Konzeptes professioneller Sozialer Arbeit als Arbeit *am* Gemeinwesen zur Verwirklichung menschlicher Subjektivität gewonnen werden.

1 Staat, Kommune, Sozialraum und die Frage nach dem Gemeinwesen

„Unter der Herrschaft der politischen Ökonomie ist das Gemeinwesen zunächst einmal der Staat" (Richter 2004, S. 80). Vor diesem Hintergrund scheint die *„Tendenz* der politisch einflußlosen Klassen, ihre *Isolierung* vom *Staatswesen* und von der *Herrschaft* aufzuheben" (Marx 1978, S. 408[1]) nur allzu verständlich. Marx spricht diesbezüglich geradezu polemisch von der *„politische[n] Seele* einer Revolution" (ebd.). Er verdeutlicht, dass der Standpunkt einer solchen Revolution notwendiger Weise der des Staats ist. „Eine Revolution von *politischer Seele* organisiert daher auch, der *beschränkten* und *zwiespältigen* Natur dieser Seele gemäß, einen herrschenden Kreis in der Gesellschaft, auf Kosten der Gesellschaft" (ebd.). Gerade deshalb kann

---

1 Hervorhebungen in allen Zitaten dieses Beitrages entsprechen immer dem Original.

sie auch kein Gemeinwesen in einem umfassenden Sinne begründen, das keine gesellschaftlichen Gruppen mit ihren Interessenlagen und Vermögen ausgrenzt. Wenn Helmut Richter dafür plädiert, das Gemeinwesen als Kommune zu bestimmen, stellt sich für ihn das gleiche Problem: Wie kann ein kommunales Gemeinwesen partizipativ „*lebensweltlich* gebildet und nicht nur administrativ konstituiert" (Richter 2001b, S. 1306) werden, „so dass es berechtigt erscheint, von Forderungen *der* Kommune zu reden und nicht nur der Interessengruppen *in der* Kommune?" (ebd.). Wolfgang Hinte ist es hingegen „schleierhaft, wie jemand zu der Formulierung ‚Arbeit am Gemeinwesen' gelangen kann" (Bitzan et al. 2005, S. 554), um die es ja bei Richters Ansatz einer *lebensweltlichen* Bildung von *Kommune* letztlich geht. Offensichtlich setzt Hinte das Quartier, den Stadtteil oder – wie es heute gerne heißt – den ‚Sozialraum' mit Gemeinwesen gleich und sucht mit dieser, seiner Sichtweise auch andere Ansätze von Gemeinwesenarbeit zu vereinnahmen. So behauptet er „einen breiten Konsens zwischen aggressiver, katalytischer, emanzipatorischer, wohlfahrtsstaatlicher und integrativer Gemeinwesenarbeit" (ebd.) dahingehend, dass es all diesen Ansätzen wichtig gewesen sei, „ ‚im' Gemeinwesen zu arbeiten" (ebd.). Im Anschluss an Helmut Richter erscheint es aber hoch unwahrscheinlich, dass es sich bei konkreten auf ein Quartier bezogenen Sozialräumen um ein Gemeinwesen handelt, sind doch in der Regel auch aus solch sozialräumlich klar umgrenzten Öffentlichkeiten stets bestimmte Gruppen mit ihren Interessen und Vermögen ausgeschlossen.

Die Geschichte des philosophischen und politikwissenschaftlichen Nachdenkens über Gemeinwesen (vgl. May 2016) ist gekennzeichnet durch eine seit der Antike bis heute sich fortsetzende Debatte, ob ein Gemeinwesen, das diesen Namen verdient, rein politisch auf der Basis der antiken ‚polis'-Idee begründbar ist, oder aber einer eigenen ökonomischen Basis bedarf, als einer modernen und demokratisierten Variante der Subsistenzwirtschaft der ursprünglichen Hausgemeinschaft des antiken ‚oikos' mit seiner „Idee[] von einer pfleglichen Balancearbeit im Innern des Ganzen Hauses" (Negt 2002, S. 316). Vor diesem Hintergrund spricht für Helmut Richter „alles dafür, ein Gemeinwesen zu wollen, das die Ökonomie des ‚ganzen Hauses' mit der politischen Ökonomie des Staates vermittelt. Der ‚oikos' wäre dann identisch mit der ‚polis', Vergesellschaftung und Vergemeinschaftung würden sich hierin aufheben" (Richter 2004, S. 80f.). Bedingung dafür aber wäre, dass sich „die vorherrschende Ökonomie im Gemeinwesen […] zu einer Ökonomie des Gemeinwesens entwickelt" (ebd., S. 81), indem sie sich am Modell einer „sozialreformerischen Genossenschaftsökonomie mit ihren Grundprinzipien der Selbsthilfe, Selbstkontrolle und Selbstverwaltung" (ebd.) orientiert.

Dieser konkreten Utopie zufolge, die übrigens schon von Paul Natorp (1974) in ähnlicher Weise angedacht war, wären so „die Einwohner(innen) kleiner und überschaubarer Gemeinden zugleich Mitglieder demokratisch strukturierter und miteinander kooperierender Genossenschaften" (Richter 2004, S. 81). Allerdings hatte Natorp sein Modell nicht auf Gemeinden beschränkt. Seine Idee weitergedacht ließe sich ein politisches Gemeinwesen als gewissermaßen Genossenschaft „zweiter Ordnung" konstituieren, in der Genossenschaftler sich zu übergreifenden Genossenschaften zusammenschließen (vgl. Kunstreich in diesem Band). „Das Kommune" (Widersprüche Redaktion 2015) als Gemeinwesen müsste demnach nicht auf eine territorial umgrenzte Gemeinde beschränkt werden.

2   Wie lässt sich ein Gemeinwesen begründen?

Richter ist der Meinung, dass sich ein Gemeinwesen auch „kleinräumig […] durch Gemeinwesenökonomie auf erwartbare Zeit hin […] nicht begründen lässt, sondern wie einst in der Antike und Mittelalter allein durch Handeln" (2004, S. 82). So plädiert er im Rahmen seiner Konzepte einer „Pädagogik des Sozialen" (1998) sowie einer „Kommunalpädagogik" (2001a) dafür, „durch die Herstellung von Öffentlichkeit in den freiwilligen Vereinigungen eines Gemeinwesens, dieses Gemeinwesen als Ganzes zu bilden" (Richter 2004, S. 84). Dabei greift er Habermas' Überlegungen zur „kommunikativen Macht" (1993, S. 44) einer diskursiven Aufhebung von Herrschaft und Gewalt durch den Zwang des besseren Argumentes auf. Wenn aber Richter vor diesem Hintergrund sich eine „Pädagogik des Sozialen" in „Form einer *freiwilligen, angeleiteten Selbstreflexion* auf der Basis *wechselseitig unterstellter Mündigkeit*" (1998, S. 69) vorstellt, dann scheint dies noch weniger realistisch zu sein, als eine Bildung von Gemeinwesen auf der Basis kleinräumiger Ansätze von Gemeinwesenökonomie.

Schon vor Habermas und Richter reduzierte sich auch für Hannah Arendt ein Gemeinwesen letztlich auf die antike ‚polis'-Idee. Und auch für Arendt kommt Handeln in der „Gründung und Erhaltung politischer Gemeinwesen" (2010, S. 8) zu sich selbst. Allerdings beschränkt sich ihr Handlungsbegriff nicht auf Sprechhandlungen im Sinne von Habermas' herrschaftsfreiem Diskurs. Habermas (1981) erachtet auf der Basis seiner „Theorie des kommunikativen Handelns" ein allgemeines Interesse nur für verwirklichbar, wenn die Moral im Prozess der öffentlichen Kommunikation selbst verankert und an solche Verfahren demokratischer Meinungs- und Willensbildung gebunden werde, die vernünftige Resultate ermöglichten. Demgegenüber hält Hannah Arendt daran fest, dass sich Handeln und Sprechen in einem Bereich bewegen, „der zwischen Menschen qua Menschen liegt, sie richten sich unmittelbar an die Mitwelt, […] also den Zwischenraum, in dem Menschen sich bewegen und ihren jeweiligen, objektiv-weltlichen Interessen nachgehen. Diese Interessen sind im ursprünglichen Wortsinne das, was ‚inter-est', was dazwischen liegt und die Bezüge herstellt, die Menschen miteinander verbinden und zugleich voneinander scheiden" (2010, S. 224).

Von daher ist Arendts Handlungsbegriff eng verbunden mit ihrem Begriff von *Macht*. Denn aus ihrer Perspektive entsteht *Macht*, „wann immer Menschen sich zusammentun und gemeinsam handeln" (1998, S. 53). Sie entspringt damit „der menschlichen Fähigkeit, nicht nur zu handeln oder etwas zu tun, sondern sich mit anderen zusammenzuschließen und im Einvernehmen mit ihnen zu handeln" (ebd., S. 45). Von daher scheint ihre Konzeption der Bildung eines politischen Gemeinwesens durch gemeinsame Interessen und wechselseitiges, handelndes Aneinander-Anschließen an die „Initiativität" anderer weit realistischer als die von Habermas und Richter. Allerdings bleibt auch bei Arendt die Frage offen, was mit denjenigen passiert, deren Initiativität von niemandem handelnd aufgegriffen wird. Und auch eine Demokratisierung der Verkehrsformen in solchen Handlungsgeflechten der *Macht* scheint alles andere als eine Selbstverständlichkeit, ganz zu schweigen von der von Marx angesprochenen Problematik, dass auch solche *Macht*-Verbünde nicht gefeit sind, bloß „einen herrschenden Kreis in der Gesellschaft, auf Kosten der Gesellschaft" (Marx 1978, S. 408) zu organisieren.

Darüber hinaus ist mit Marx daran zu erinnern, dass „das *Gemeinwesen* [...], von welchem der Arbeiter *isoliert* ist, [...] ein Gemeinwesen von ganz andrer Realität [ist] und ganz andrem Umfang als das *politische* Gemeinwesen. Dies Gemeinwesen, von welchem ihn seine *eigene Arbeit* trennt, ist das *Leben* selbst, das physische und geistige Leben, die menschliche Sittlichkeit, die menschliche Tätigkeit, der menschliche Genuß, das *menschliche* Wesen" (ebd.) als das „*wahre Gemeinwesen* der Menschen" (ebd.). Und mit Marx ist daran festzuhalten, dass dies nicht am Charakter der Arbeit selbst liegt, wie dies die Arbeitsbegriffe von Arendt und Habermas unterstellen, sondern an den Produktionsverhältnissen, unter denen sie geleistet wird.

Nun arbeitet Marx überzeugend heraus, dass „wie die heillose Isolierung von diesem [Gemein-]Wesen unverhältnismäßig allseitiger, unerträglicher, fürchterlicher, widerspruchsvoller ist als die Isolierung vom politischen Gemeinwesen, [...] auch die Aufhebung dieser Isolierung und selbst eine partielle Reaktion, ein *Aufstand* gegen dieselbe um so viel unendlicher [ist], wie der *Mensch* unendlicher ist als der *Staatsbürger*, und das *menschliche Leben* als das *politische Leben*" (ebd.). Eine solche „Protestation des Menschen gegen das entmenschte Leben" (ebd.), die „vom *Standpunkt* des *einzelnen wirklichen Individuums* ausgeht" (ebd.), bezeichnet Marx als „soziale Revolution"

3 Perspektiven von Gemeinwesenarbeit als Beitrag zur Verwirklichung menschlicher Subjektivität

Insofern Marx unter „sozialer Revolution" auch „partielle Reaktionen" (1978, S. 408) fasst, korrespondiert dies mit Handlungen, die Paulo Freire (1975) als *Grenzakt* bezeichnet. Denn wenn Menschen beginnen, bestimmte Faktoren gesellschaftlich historischer Konstellationen, die sie in ihren Fähigkeiten und Möglichkeiten blockieren, „als Grenze zwischen Sein und Menschlicher-Sein und nicht mehr als Grenze zwischen Sein und Nichts" (ebd., S. 85) wahrzunehmen, dann spricht Freire von der Ausprägung einer *thematischen Orientierung*, in der sie solche sie begrenzenden Konstellationen nun als *Grenzsituation* symbolisieren, die sie zu entsprechenden *Grenzakten* als Antwort herausfordern. Damit aber „beginnen sie ihre zunehmend kritischen Aktionen darauf abzustellen, die unerprobte Möglichkeit, die mit diesem Begreifen verbunden ist, in die Tat umzusetzen" (ebd.).

In dieser Weise zielen *Grenzakte* darauf, blockierte menschliche Subjektivität in der Ausschöpfung dessen zu verwirklichen, was Ernst Bloch (1979, Bd.1, S. 258ff.) in seiner systematischen Unterscheidung von „Schichten der Kategorie Möglichkeit" gegenstandstheoretisch als „sachhaft objektgemäß möglich" (ebd., S. 259ff.) bezeichnet hat. Dieses *sachhaft-objektgemäß Mögliche* kann erst durch das Ineinandergreifen von *aktiver Potenz* – den (Arbeits-)Vermögen und Fähigkeiten menschlicher Subjektivität – und *passiver Potentialität* verwirklicht werden.

Eine solche *passive Potentialität* kann jedoch auch gezielt sozialpädagogisch hergestellt werden. Michael Winklers (1988, S. 278f.) Begriff von *sozialpädagogischem Ortshandeln* verweist darauf. Denn es geht dabei darum, einen Ort als *passive Potentialität* dergestalt sozialpädagogisch zu kreieren, dass die ihn Nutzenden durch dessen Aneignung bisher blockierte *aktive Potenz* als Subjekte zu verwirklichen vermögen. Winkler mahnt in diesem Zusammenhang an, „in welcher Situation der einzelne sich befinden mag, wie gering seine geäußerte Subjektivität erscheint, wie verletzt und beschädigt, abhängig und kontrolliert das Subjekt ist, es […] doch als Subjekt anzuerkennen" (ebd., S. 151). Noch seine Probleme müssten „als Probleme thematisiert werden, welche es als Subjekt hat" (ebd.). Winkler selbst entwickelt diesbezüglich eine „Typologie möglicher Aneignungsprobleme" (ebd., S. 157) als „heuristisches Hilfsmittel" (ebd.), um eine reflexive Entscheidung der Professionellen anzuregen im Hinblick auf ein zu deren Überwindung geeignetes *sozialpädagogisches Ortshandeln*.

Auch Dewe und Otto sehen den Kern dessen, was sie als „reflexive Professionalität" bezeichnen, in der situativ aufzubringenden reflexiven Fähigkeit, das was Nutzende Sozialer Arbeit als Probleme bedrückt, mit diesen gemeinsam „plausibel als ein Blockierungszusammenhang menschlicher Möglichkeiten zu interpretieren"

(2002, S. 188). Ebenso scheint es ihnen nur im Dialog mit diesen möglich, „situativ und emotional ertragbare Begründungen für praktische Bewältigungsstrategien zu entwickeln [...] und subjektive Handlungsmöglichkeiten zu steigern" (ebd.). Allerdings geben sie keine Hinweise, wie dies methodisch konkret von Seiten der Professionellen umzusetzen versucht werden könnte.

Demgegenüber hat Paulo Freire (1975) mit seinem Prinzip von *Kodierung/Dekodierung* eine Didaktik entwickelt, die den Dialog auch über die Beziehung zwischen einzelnen Professionellen und ihren einzelnen Adressat_innen auf ein Kollektiv ausweitet, das er aufgrund seines Verständnissen von dialogischer Bildung auch nicht mehr als Adressat_innen bezeichnet (zur didaktischen Weiterentwicklung dieses Prinzips vgl. May 2005, S. 189ff., 2014b, S. 147ff.). Dieses didaktische Prinzip geht davon aus, dass eine als *Blockierungszusammenhang* wirksam werdende historische Problemkonstellation für die Betroffenen ihre Diffusität verliert und im Rahmen der Ausprägung einer *thematischen Orientierung* als *Grenzsituation* symbolisierbar wird, wenn ihre Bestandteile und Elemente in einer analytischen Betrachtung auch und gerade in ihrer Wechselwirkung untereinander Gestalt annehmen. Demzufolge versucht der *Kodierungs*prozess im Sinne Freires eine ikonographische Re-Präsentation entsprechender, in der Alltagswelt einer Gruppe als *Blockierungszusammenhang* wirksam werdender historischer Problemkonstellationen z. B. in Form von Bildern, Fotos, Videosequenzen oder dramatisierten Szenen. Diese *Kodierung* zeigt jeweils einige der konstitutiven Bestandteile dieser Situationen in ihrer Interaktion. In ihrer Ikonographie müssen solche *Kodierungen* den Betroffenen stets mehrere Möglichkeiten und Ansatzpunkte einer Entschlüsselung in der *Dekodierung* (d. h. der Analyse der *kodierten* Situation durch die Gruppe) eröffnen, die ihnen erlauben, ihre eigene Symbolisierung als *Grenzsituation* zu entfalten.

Dass lebenspraktisch als Beschneidung von *Initiativität* (Arendt) und noch weitergehend von *Potentialität* (Bloch) im Hinblick auf die Verwirklichung der Subjektivität menschlichen Gemeinwesens erfahrene historische Problemkonstellationen im Sinne von Freire als *Grenzsituation* symbolisiert werden, setzt jedoch voraus, dass die Betroffenen ein in den Kategorien von Ernst Bloch (1979, Bd. 1, S. 259ff.) *sachhaft-objektgemäß Mögliches* zu antizipieren vermögen. Dabei eröffnen sich stets mehrere Möglichkeiten der Antwort auf die dann als *Grenzsituation* erfahrenen Probleme. Deshalb beinhaltet solch *symbolvermitteltes Handeln* nicht nur eine Überprüfung der Tragfähigkeit von Alternativen, sondern immer auch die Verständigung über wirksame Interessen auf Seiten der Betroffenen. Das mit der Ausbildung einer *thematischen Orientierung* verbundene *symbolvermittelte Handeln* kann sich dabei zu einem Eigeninteresse gerade auch dadurch verdichten, dass dieses bei anderen wieder erkannt wird und dadurch ein „erweitertes Ausdrucksvermögen" (Negt und Kluge 1993, S. 32) entwickelt, welches dann sogar schon politisch entziffert und aufgegriffen werden kann.

Nancy Fraser (1994) spricht in diesem Zusammenhang, in Weiterführung der skizzierten Überlegungen Hannah Arendts, von einer *Politik der Bedürfnisinterpretation*, in der sich die Betreffenden zugleich als (kollektive) politische Subjekte konstituieren. Denn indem sich Ansprüche so als in die anderer übersetzbar erweisen, werden Perspektiven erkennbar, die gesellschaftliche Interessensidentitäten verdeutlichen. Diese schärfen im Kollektiv dann auch das Bewusstsein dahingehend, die gemeinsam als problematisch wahrgenommene Lebenslage als *Grenzsituation* zu begreifen, die eine Antwort auf der Ebene kollektiven Handelns erfordert. Das als *Grenzsituation* symbolisierte Problem gewinnt so schließlich den Charakter einer Herausforderung zu *Grenzakten*, die – in den Kategorien von Ernst Bloch (1979) – das *objektiv-real Mögliche* (ebd., Bd. 1, S. 271ff.) zu verwirklichen trachten.

4 Der Beitrag von Professionellen zu einer Verwirklichung menschlicher Subjektivität

Dieses *objektiv-real Mögliche* lässt sich jedoch nicht allein durch eine „kühle Analyse" (Bloch 1979, Bd. 1, S. 239) der „strengen unüberschaubaren Determinierungen" (ebd.) einer „bedingungsanalytische[n] Forschung" (ebd., S. 240) erschließen, wie dies Dewe und Otto als Rekonstruktion „soziale[r] Verursachungen" (2002, S. 188) von *Blockierungszusammenhängen* für eine reflexive Professionalität Sozialer Arbeit einklagen. Denn die Perspektive einer solchen zweifellos notwendigen bedingungsanalytischen Forschung[2] beschränkt sich rein auf einen „Horizont als [...] *begrenzenden*, als dem des begrenzt Möglichen" (Bloch 1979, Bd. 1, S. 239) im Hinblick auf die Verwirklichung menschlichen Gemeinwesens.

Darüber hinaus erforderlich ist jedoch eine von Bloch als „Wärmestrom" (Bloch 1979, Bd. 1, S. 240) gekennzeichnete „Aussichts-Erforschung des In-Möglichkeit-Seienden" (ebd.). Auszurichten ist diese auf den Horizont „noch unerschöpft und unverwirklicht Möglichen" (ebd.) in der Bildung menschlichen Gemeinwesens. Für Bloch konkretisiert sich diese als „wachsende Verwirklichung des Verwirklichenden, zunächst im menschlichen Umkreis" (ebd., S. 241) der „materialistisch-humane[n],

---

2   Durch diese lässt sich auch Michael Winklers „Typologie möglicher Aneignungsprobleme" (Winkler 1988, S. 157) auf verschiedenste Formen intersektionaler Diskriminierungen beziehen (vgl. May 2014b).

human-materialistische[n] Realtendenz" (ebd.) einer „Naturalisierung des Menschen" (ebd.) und zugleich „Humanisierung der Natur" (ebd.). Mit Letzterem schließt Bloch unmittelbar an Marx Definition von Kommunismus als *„wahrhafte Auflösung des Widerstreites zwischen dem Menschen mit der Natur und mit dem Menschen"* (Marx 1990, S. 536) an, in der allein sich die Subjektivität menschlichen Gemeinwesens zu verwirklichen vermag.

Möglicherweise bezieht sich Blochs Formulierung „zunächst im menschlichen Umkreis" (Bloch 1979, Bd. 1, S. 241) auf die bereits zitierte Bemerkung Marx', dass eine *soziale* Revolution zur Verwirklichung der Subjektivität menschlichen Gemeinwesens „vom *Standpunkt* des *einzelnen wirklichen Individuums"* (Marx 1978, S. 408) auszugehen hat, um dessen Isolierung vom *wahren menschlichen Gemeinwesen* auch möglicherweise nur durch „eine partielle Reaktion, ein[en] *Aufstand* gegen dieselbe" (ebd.) aufzuheben: also einen *Grenzakt* im Freireschen Sinne. Auf jeden Fall aber erscheint notwendig, im Prozess der *Dekodierung* ausgehend von den Vorschlägen über das, was als Antwort auf die nun als *Grenzsituation* symbolisierte historische Problemkonstellation als *objektiv-real möglich* (Bloch 1979, Bd. 1, S. 271ff.) erachtet wird, zurückzukehren „zum nahen Wirklichen und […] die Kraftlinien und Tendenzen des Wirklichen bis zu jenem äußersten Möglichen zu verlängern" (Lefebvre 1977, Bd. II, S. 129ff.).

Henri Lefebvre hat dies im Rahmen der Methodologie seiner Alltagskritik als *Strategische Hypothese* zu fassen versucht. Mit dieser geht es ihm nicht nur darum, vergleichbar der klassischen Forschungshypothese „eine Beziehung zwischen theoretischen Aussagen und Annahmen und der Ebene der Beobachtung von Sachverhalten oder Zusammenhängen herzustellen" (Ritsert 1978, S. 42), sondern zugleich auch zwischen den mit Widersprüchen in der Wirklichkeit hervortretenden historischen Problemkonstellationen und deren Lösung (= Dimension des im Sinne Bloch *objektiv-real Möglichen*). Vor diesem Hintergrund lässt sich dann auch die *Kodierung* im Anschluss an Freire als Operationalisierung solch *Strategischer Hypothesen* verstehen.

Mit Heinz Sünker (vgl. 2011, S. 259) lässt sich Lefebvres Alltagskritik als eine Mäeutik lesen, die als entsprechende Hervorbringungsarbeit darauf zielt, „der Alltäglichkeit zu helfen, eine in ihr anwesende-abwesende Fülle zu erzeugen" (Lefebvre 1972, S. 31). Auszurichten wäre ein solches – seine ursprünglich griechische Wortbedeutung als „Hebammenkunst" sozial transformierendes – Hervorbringen auch auf jene in der Alltäglichkeit als *objektiv real möglich* (Bloch 1979, Bd. 1, S. 271 ff.) *anwesenden* Eigenschaften und Vermögen, die durch (intersektionale) Blockierungen vielfältigster Art in deren *Wirk*lichkeit zugleich in dem Sinne *abwesend* sind, dass sie sich darin bisher nicht angemessen ver*wirk*lichen können (May 2014b).

Die von Bloch als „Wärmestrom" (Bloch 1979, Bd. 1, S. 240) gekennzeichnete „Aussichts-Erforschung des In-Möglichkeit-Seienden" (ebd.) hätte sich also im (sozial-)pädagogischen Verhältnis zunächst einmal auf solche durch Intersektionalitäten vielfältigster Art in ihrer Verwirklichung blockierte Vermögen zu richten, um sie durch eine entsprechende Anerkennung mäeutisch eben dieser Verwirklichung entgegen zu bringen. Wenn Judith Butler Hegels (1986) Dialektik der Anerkennung als Prozess interpretiert, „durch den ich ein Anderer werde als der, der ich gewesen bin" (Butler 2007, S. 41), dann lässt sich dies genau auf diese Mäeutik durch Intersektionalitäten in ihrer Verwirklichung blockierter Vermögen beziehen. Der von ihr als unrealistisch angesehene „Wunsch, sich selbst dort reflektiert zu finden, wo die Reflexion keine endgültige Enteignung ist" (Butler 2008, S. 379), scheint sehr wohl erfüllbar, wenn Anerkennung im Sinne Blochs (1979, Bd. 1, S. 240) „Wärmestrom" auch diejenigen Vermögen einbezieht, die bisher gesellschaftlich in ihrer Verwirklichung blockiert wurden (May 2014a).

Butler selbst gesteht ja zu, dass „Anerkennung zu fordern oder zu geben […] gerade nicht [heißt], Anerkennung dafür zu verlangen, wer man bereits ist" (2005, S. 62), sondern „ein Werden für sich zu erfragen, eine Verwandlung einzuleiten, die Zukunft stets im Verhältnis zum Anderen zu erbitten" (ebd.). Dies entspricht durchaus auch Arendts (2010, S. 235ff.) Begriff des *handelnden* Aufgreifens der *Initiativität* von Anderen. Sowohl für eine professionelle Sozialpädagogik, wie für eine sie übergreifende Soziale Arbeit als dialektisch miteinander vermittelte Prozesse einer „Bildung *des* Sozialen und Bildung *am* Sozialen" (Kunstreich/May 1999), bedeutet dies, dass *Parteilichkeit* sich nicht auf konkrete Menschen richten kann, weil sich in deren Lebensweisen und Lebensäußerungen immer zugleich auch herrschaftliche Mechanismen artikulieren. Vielmehr kann sich *Parteilichkeit* nur in Form einer zwar „vom *Standpunkt* des *einzelnen wirklichen Individuums*" (Marx 1978, S. 408) ausgehenden, aber auf die Verwirklichung dessen menschlicher Subjektivität als wahres menschliches Gemeinwesen gerichtete Mäeutik realisieren. Diese muss gerade die in ihrer Alltäglichkeit als *objektiv-real möglich*" (Bloch 1979, Bd. 1, S. 271ff.) *anwesende* (Lefebvre 1972, S. 31), aber zugleich durch verschiedenste intersektionale Blockierung zugleich auch *abwesende Fülle* (ebd.) entsprechender menschlicher Vermögen in ihren „Wärmestrom" (Bloch 1979, Bd. 1, S. 240) mit einbeziehen.

5 Perspektiven kategorialer Gemeinwesenarbeit

Vor diesem Hintergrund sind *Strategische Hypothesen* und ihre Operationalisierung in entsprechenden *Kodierungen* dann auch zum Ausganspunkt einer intersektionalitätssensiblen *kategorialen Gemeinwesenarbeit* zu nehmen. *Kategoriale Gemeinwesenarbeit* (vgl. May 2008, S. 79ff.) zielt darauf, von gleichen Problemsituationen betroffene, aber bisher voneinander isolierte Menschen nach der Devise zusammen zu bringen: „Nicht nach Köpfen, sondern nach Interessen organisieren!" (Negt 1976). Sie stellt in dieser Weise zugleich eine professionelle Antwort auf die bezüglich Arendts *Macht*-Begriff problematisierte Konstellation dar, dass die *Initiativität* einzelner von anderen *handelnd* bisher nicht nachhaltig politisch aufgegriffen wurde.

Arendt hat dargelegt, dass sich „Handeln in zwei klar voneinander geschiedene Teile bzw. Stadien [teilt]: etwas wird begonnen oder in Bewegung gesetzt von einem einzelnen [...], worauf ihm viele gleichsam zu Hilfe eilen, um das Begonnene weiter zu betreiben und zu vollenden" (2010, S. 235). Vor diesem Hintergrund hat Joachim Weber *Helfen* als „Antwort auf die menschliche Initiativität, die allerdings selbst von Initiativität berührt ist" (2014, S. 269) definiert und verdeutlicht, dass „durch Helfen erst [...] sich das Bezugsgewebe" (ebd.) entwickelt, das Arendt als *Macht* bezeichnet. Indem aber „Hilfehandeln [...] an Anfänge an[knüpft], um sie fortzuführen" (ebd.) erhält für ihn *Helfen* „eine sehr genau beschreibbare Position im zwischenmenschlichen Bezugsgewebe. Helfer sind nicht die Anfänger, die Ideen einbringen, um dadurch andere zu motivieren, diesen Ideen zu folgen, sondern helfen beginnt vielmehr mit der Aufmerksamkeit auf die Anknüpfungspunkte anderer" (ebd., S. 270). Entsprechend sieht er professionelles *Helfen* dadurch gekennzeichnet, dass es Anknüpfungspunkten selbst dort zu entdecken vermag, „wo andere solche Anschlussmöglichkeiten nicht mehr sehen" (ebd.). Dieser so an Arendt anschließende emphatische Begriff professionellen *Helfens* kann als eine Weiterführung von Michael Winklers (1988) Begriff *sozialpädagogischen Ortshandelns* in das Soziale verstanden werden, bleibt dieser doch erstaunlicher Weise gerade was die soziale Dimension betrifft von Winkler eher unterbestimmt.

Im Hinblick auf die Bildung eines demokratischen, politischen Gemeinwesens wurde in der Auseinandersetzung mit Arendts Position ja auch schon darauf hingewiesen, dass ihre Legitimierung von *Macht* allein dadurch, dass Menschen „sich mit anderen zusammen[]schließen und im Einvernehmen mit ihnen [...] handeln" (Arendt 1998, S. 45), keine Antwort auf die von Marx mit seinem polemischen Begriff der „*politische[n] Seele* einer Revolution" (Marx 1978, S. 408) aufgeworfene Problematik zu geben vermag, bloß „einen herrschenden Kreis in der Gesellschaft, auf Kosten der Gesellschaft" (ebd.) zu organisieren. Denn Ansätze einer *Politik der Bedürfnisinterpretation* (Fraser 1994) können auch zu „sich überstürzenden Geltungsansprüchen" (Negt/Kluge 1993, S. 32) führen, unabhängig davon, ob sie aus sich selbst heraus in der von Arendt (2010, S. 224) als „Mitwelt" bezeichneten Sphäre entstehen, in der „Menschen sich bewegen und ihren jeweiligen, objektiv-weltlichen Interessen nachgehen" (ebd.), oder ob sie im Rahmen *kategorialer Gemeinwesenarbeit* durch ein professionelles *Helfen* im Sinne Joachim Webers (vgl. 2014, S. 270) angestoßen wurden.

So tendieren aus einem jeweils spezifisch erfahrenen Mangel heraus artikulierte Ansprüche, wenn sie direkt in ein gesamtgesellschaftliches Verhältnis übertragen werden, nur allzu schnell dazu, aus anderen Mangelsituationen resultierende *Politiken der Bedürfnisinterpretation* auszugrenzen. Letztlich drohen aus solcher auf verschiedene Situationen von Mangel und Diskriminierung antwortender *Initiativität*, oder auch aus einem professionellen Organizing erwachsende Interessenkoalitionen der *Macht* sich damit sogar wechselseitig zu zerstören.

Damit ein gleichermaßen demokratisches, wie soziales Gemeinwesen entstehen kann, das keine Gruppen mit ihren Interessen und Vermögen ausgrenzt, muss deshalb einerseits bei jedem Ansatz *kategorialer Gemeinwesenarbeit* gefragt werden, ob es sich um elementare, organisierbare Bedürfnisse handelt, die – indem sie einer spezifischen gesellschaftlichen Unterdrückung unterliegen – zu einer Aufhebung in einer zunächst eigenen Öffentlichkeit tendieren. Um dies an der von Kimberlé Crenshaw (1989) für die Entwicklung ihres Intersektionalitätskonzeptes initialen Konstellation exemplarisch zu verdeutlichen, verlangen die einer spezifischen Diskriminierung unterliegenden Bedürfnisse und Vermögen von als ‚schwarze Frauen' Markierten durchaus zunächst nach einem exklusiven Raum. Nur in einem solchen können sich dieser spezifischen intersektionalen Diskriminierungsform angemessene Ansätze einer *Politik der Bedürfnisinterpretation* entwickeln. Und diese wiederum sind die Voraussetzung um konkrete Konstellationen solch spezifischer intersektionaler Diskriminierungsformen im Rahmen der Ausbildung einer *thematischen Orientierung* als *Grenzsituationen* symbolisieren zu können, die zu entsprechenden *Grenzakten* herausfordern, welche diesen spezifischen intersektionalen *Blockierungszusammenhang* aufzusprengen vermögen.

Wenn Freire davon spricht, dass Betroffene durch solch *symbolvermitteltes Handeln*, das dann auch in entsprechenden *Grenzakten* sich fortsetzt, „beginnen [...] ihre zunehmend kritischen Aktionen darauf abzustellen, die unerprobte Möglichkeit, die mit diesem Begreifen verbunden ist, in die Tat umzusetzen" (Freire 1975, S. 85), dann wurde dies von der Widersprüche Redaktion (1984) mit dem damals noch rein männlichen Begriff einer *„Produzentensozialpolitik"* zu fassen versucht. Dennoch hat dieser Begriff schon damals neben den Erfahrungen der Arbeiter-Medizin auch die der Frauenhausarbeit aufgegriffen, um davon ausgehend eine Strategie zu entwerfen, wie Betroffene nicht nur die Definitionsmacht darüber wiedererlangen können, was ihre Probleme sind, sondern auch einzugreifen vermögen in die Bedingungen, die diese Probleme verursachen. Ein solcher – Professionelle durchaus einbeziehender – Prozess sollte ‚von unten' kontrolliert werden, um so die Problembetroffenen vor Vereinzelung, unausgewiesenen Normalitätskriterien und Machtanhäufung von Professionellen zu schützen. Später wurde dieser Begriff nicht nur sprachlich als *ProduzentInnensozialpolitik* (May 1997) bzw. *Sozialpolitik der Produzierenden* (May 2013) präzisiert. Deutlicher akzentuiert wurde auch dessen Gegenstand als ein auf Lebensinteressen bezogener Produktionsprozess, in dem für die Problembetroffenen im überschaubaren Umkreis der eigenen Erfahrung überprüfbar wird, „worin der Befreiungsgehalt politischen Handelns und demokratischer Selbstorganisation" (Negt 1995, S. 162) besteht.

Gerade diesbezüglich aber wären die als ‚schwarze Frauen' Markierten im Kampf gegen Sexismus und geschlechtshierarchische Arbeitsteilung auch mit anderen davon Betroffenen und im Kampf gegen Rassismus und rassistische Arbeitsteilung mit allen anderen rassistisch Diskriminierten sowie von nationalstaatlich begünstigter Ausbeutung und Ausplünderung Betroffenen *kategorial* zu organisieren. Nur so lassen sich diesen Diskriminierungs- und Unterdrückungskonstellationen angemessene *Politiken der Bedürfnisinterpretationen* sowie daran anknüpfende, aus *Grenzakten* hervorgehende *Sozialpolitiken der Produzierenden* entwickeln. Im Hinblick auf Formen der Ausbeutung, den diese Personen auf der Grundlage ihrer Trennung als Produzierende von den Produktionsmitteln unterliegen, gilt es sie darüber hinaus zugleich auch in eine übergreifende *proletarische Öffentlichkeit* (Negt/Kluge 1990) einzubinden und eine darin erst an Kontur und Direktion gewinnende, ebenso übergreifende *Politik des Sozialen* (May 1997, 2013).

6 Politik des Sozialen als Arbeit an einem demokratischen Gemeinwesen

Eine solche übergreifende *Politik des Sozialen* muss nicht nur danach trachten, all jene auf spezifische Formen von Diskriminierung und Unterdrückung antwortenden Ansätze von *Sozialpolitiken der Produzierenden* in sich dialektisch aufzuheben. Sie muss dabei auch jene indirekten Formen der Diskriminierung dialektisch aufzuheben suchen, die als objektives Verhältnis des Entzugs von Produktions- bzw. Lebensmitteln (in einem umfassenden Verständnis) einer Verwirklichung des *menschlichen Gemeinwesens* entgegenstehen. Denn ohne Überwindung auch dieser indirekten Formen der Diskriminierung, hinter der sich das spezifisch kapitalistische Klassenverhältnis als Basis von Ausbeutung und Entfremdung verbirgt, ist die Verwirklichung eines demokratischen, sozialen Gemeinwesen nicht möglich, das der Vielfältigkeit und historischen Offenheit des menschlichen Wesens angemessen ist.

Vor allem aber vermag eine solche, die diversen *Sozialpolitiken der Produzierenden* übergreifende *Politik des Sozialen* nur in einem Prozess gemeinschaftlich solidarischer Arbeit *am* Gemeinwesen ihre jeweils historische Gestalt gewinnen. Da eine solche übergreifende Solidarität aber – wie in der kritischen Auseinandersetzung mit Arendts Konzept eines *politischen Gemeinwesens* skizziert – alles andere als selbstverständlich ist, scheint zur Bildung eines nicht ausgrenzenden, demokratischen, menschlichen Gemeinwesens eine *allparteiliche* Moderation oder gegebenenfalls auch Mediation erforderlich. *Allparteilichkeit* kann jedoch nur dann beansprucht werden, wenn in diesen Prozess auch die von indirekten Formen der Diskriminierung in Form eines Entzugs von Produktions- bzw. Lebensmitteln Betroffenen einbezogen werden, die solche Konstellationen eines *Blockierungszusammenhangs* bisher nicht als *Grenzsituation* zu symbolisieren vermochten, geschweige denn über darauf bezogene *Grenzakte* in einer entsprechenden Form von *Produzierenden-Sozialpolitik Macht* entwickeln konnten. Nur wenn alle die gleichen Chancen haben, ihrer Interessen an menschlicher Verwirklichung in einer entsprechenden *Sozialpolitik der Produzierenden* zur Geltung zu bringen, lässt sich ein nicht ausgrenzendes, gleichermaßen soziales, wie demokratisches Gemeinwesen in einer übergreifenden *Politik des Sozialen* verwirklichen.

Literatur

Arendt, Hannah (1998): *Macht und Gewalt*. 13. Aufl., München: Piper.
Arendt, Hannah (2010): *Vita activa. Oder Vom tätigen Leben*. München: Piper.
Bitzan, Maria/Hinte, Wolfgang/Klöck, Tilo/May, Michael/Stövesand, Sabine (2005): Diskussionsbeitrag Gemeinwesenarbeit. In: Kessl, Fabian/Reutlinger Christian/Maurer, Susanne/Frey Oliver (Hrsg.): *Handbuch Sozialraum*, S. 529-558. Wiesbaden: VS.
Bloch, Ernst (1979): *Das Prinzip Hoffnung*. Frankfurt/M.: Suhrkamp.
Butler, Judith (2005): *Gefährdetes Leben. Politische Essays*. Frankfurt/M.: Suhrkamp.
Butler, Judith (2007): *Kritik der ethischen Gewalt. Adorno-Vorlesungen 2002,* Institut für Sozialforschung an der Johann-Wolfgang-Goethe-Universität, Frankfurt am Main. Frankfurt/M.: Suhrkamp.
Butler, Judith (2008): *Die Macht der Geschlechternormen und die Grenzen des Menschlichen*. Frankfurt/M.: Suhrkamp.

Crenshaw, Kimberlé W. (1989): Demarginalizing the intersection of race and sex: a Black feminist critique of antidiscrimination doctrine, feminist theory and antiracist politics. In: *University of Chicago Legal Forum* (139), S. 139–167.

Dewe, Bernd/Otto, Hans-Uwe (2002): Reflexive Sozialpädagogik. Grundstrukturen eines neuen Typs dienstleistungsorientierten Professionshandelns. In: Thole, Werner (Hrsg.): *Grundriss Soziale Arbeit. Ein einführendes Handbuch*, S. 179–198. Opladen: Leske + Budrich.

Foucault, Michel (2000): Die Gouvernementalität. In: Bröckling, Ulrich/Krasmann, Susanne/Lemke, Thomas (Hrsg.): *Gouvernementalität der Gegenwart. Studien zur Ökonomisierung des Sozialen*, S. 41-67. Frankfurt/M.: Suhrkamp.

Fraser, Nancy (1994): *Widerspenstige Praktiken. Macht, Diskurs, Geschlecht*. Frankfurt/M.: Suhrkamp.

Freire, Paulo (1975): *Pädagogik der Unterdrückten. Bildung als Praxis der Freiheit*. Reinbek: Rowohlt.

Habermas, Jürgen (1981): *Theorie des kommunikativen Handelns*. Frankfurt/M.: Suhrkamp.

Habermas, Jürgen (1993): *Strukturwandel der Öffentlichkeit. Untersuchungen zu einer Kategorie der bürgerlichen Gesellschaft*; mit einem Vorwort zur Neuauflage 1990. Frankfurt/M.: Suhrkamp.

Hegel, Georg Wilhelm Friedrich (1986): Phänomenologie des Geistes. In: Ders., *Werke*, Bd. 3. Frankfurt/M.: Suhrkamp.

Hinte, Wolfgang (2009): Arrangements gestalten statt erziehen. Methoden und Arbeitsfelder der Sozialraumorientierung. In: Kluschatzka, Ralf Eric/Wieland, Sigrid (Hrsg.): *Sozialraumorientierung im ländlichen Kontext*, S. 15-38. Wiesbaden: VS.

Kessl, Fabian (2005): *Der Gebrauch der eigenen Kräfte. Eine Gouvernementalität sozialer Arbeit*. Weinheim/München: Juventa.

Kunstreich, Timm/May, Michael (1999): Soziale Arbeit als Bildung des Sozialen und Bildung am Sozialen. In: *Widersprüche*, H. 73: *Transversale Bildung – wider die Unbilden der Lerngesellschaft*, S. 35-52.

Lefebvre, Henri (1972): *Das Alltagsleben in der modernen Welt*. Frankfurt/M.: Suhrkamp.

Lefebvre, Henri (1977): *Kritik des Alltagslebens*. Kronberg/Ts.: Athenäum-Verlag.

Marx, Karl (1978): *Kritische Randglossen*. In: Marx-Engels-Werke, Bd. 1, S. 392-410. Berlin: Dietz.

Marx, Karl (1990): *Ökonomisch-philosophische Manuskripte aus dem Jahre 1844*. In: Marx-Engels-Werke, Bd. 40, S. 465-588. Berlin: Dietz.

May, Michael (1997): Perspektiven einer ProduzentInnensozialpolitik. In: *Widersprüche 66: Gesellschaft ohne Klassen? Politik des Sozialen wider Ausgrenzung und Repression*, H. 66, S. 231-244.

May, Michael (2001): Gemeinwesenarbeit. In: Haug, Wolfgang Fritz (Hrsg.): *Historisch-kritisches Wörterbuch des Marxismus*, Band 5, S. 201-209. Hamburg: Argument.

May, Michael (2003): Unternehmer seiner selbst. Die neoliberale Variante von Selbstbildung, Eigenverantwortung und Autonomie. In: *Widersprüche*, H. 89: *Zum Umbau von Bildung und Sozialstaat*, S. 75-92.

May, Michael (2005): *Wie in der sozialen Arbeit etwas zum Problem wird. Versuch einer pädagogisch gehaltvollen Theorie sozialer Probleme*. Münster: Lit.

May, Michael (2008): Sozialraumbezüge Sozialer Arbeit. In: Alisch, Monika/May, Michael (Hrsg.): *Kompetenzen im Sozialraum. Sozialraumentwicklung und -organisation als transdisziplinäres Projekt*, S. 61–84. Opladen u. a.: Barbara Budrich.

May, Michael (2013): Soziale Infrastruktur und Politik des Sozialen. In: Hirsch, Joachim/Brüchert Oliver/Krampe Eva-Maria, u. a. (Hrsg.): *Sozialpolitik anders gedacht. Soziale Infrastruktur*, S. 185-191. Hamburg: VSA.

May, Michael (2014a): Auf dem Weg zu einem dialektisch-materialistischen Care-Begriff. In: *Widersprüche 134: Arbeit am Leben: Care-Bewegung und Care-Politiken*, S. 11-51.

May, Michael (2014b): Zur Mäeutik durch Intersektionalitäten in ihrer Verwirklichung blockierter Vermögen von Heranwachsenden. In: von Langsdorff; Nicole (Hrsg.): *Jugendhilfe und Intersektionalität*, S. 135-155. Leverkusen: Budrich.

May, Michael (2016): *Soziale Arbeit als Arbeit am Gemeinwesen. Ein theoretischer Begründungsrahmen.* Leverkusen: Budrich.

Natorp, Paul (1974): *Sozialpädagogik. Eine Theorie der Willensbildung auf Grundlage der Gemeinschaft.* Paderborn: F. Schöningh.

Negt, Oskar (1976): Nicht nach Köpfen, sondern nach Interessen organisieren! In: Negt, Oskar (Hrsg.): *Keine Demokratie ohne Sozialismus. Über den Zusammenhang von Politik, Geschichte und Moral*, S. 300-312. Frankfurt/M.: Suhrkamp.

Negt, Oskar (1995): *Achtundsechzig. Politische Intellektuelle und die Macht.* Göttingen: Steidl.

Negt, Oskar (2002): *Arbeit und menschliche Würde.* Göttingen: Steidl.

Negt, Oskar/Kluge, Alexander (1981): *Geschichte und Eigensinn.* Frankfurt/M.: Zweitausendeins.

Negt, Oskar/Kluge, Alexander (1990): *Öffentlichkeit und Erfahrung. Zur Organisationsanalyse von bürgerlicher und proletarischer Öffentlichkeit.* Frankfurt/M.: Suhrkamp.

Negt, Oskar/Kluge, Alexander (1993): *Maßverhältnisse des Politischen. 15 Vorschläge zum Unterscheidungsvermögen.* Frankfurt/M.: Fischer.

Richter, Helmut (1998): *Sozialpädagogik, Pädagogik des Sozialen. Grundlegungen, Institutionen, Perspektiven der Jugendbildung.* Frankfurt/New York: P. Lang.

Richter, Helmut (2000): Ökonomie, Öffentlichkeit und kommunale Identität. In: Ihmig Harald (Hrsg.): *Wochenmarkt und Weltmarkt. Kommunale Alternativen zum globalen Kapital*, S. 107-115. Bielefeld: Kleine Verlag.

Richter, Helmut (2001a): *Kommunalpädagogik. Studien zur interkulturellen Bildung.* Frankfurt/New York: P. Lang.

Richter, Helmut (2001b): Öffentlichkeit. In: Otto, Hans-Uwe/Thiersch, Hans (Hrsg.): *Handbuch Sozialarbeit, Sozialpädagogik*, S. 1301-1307. Neuwied: Luchterhand.

Richter, Helmut (2004): Gemeinwesenökonomie ohne Gemeinwesen. In: Lindenberg, Michael/Peters, Lutz (Hrsg.): *Die gelebte Hoffnung der Gemeinwesenökonomie*, S. 77-86. Bielefeld: Kleine Verlag.

Ritsert, Jürgen (1978): Theorie, Operationalisierung und Curriculum in den Sozialwissenschaften. In: Ritsert, Jürgen/Brunkhorst, Hauke (Hrsg.): *Theorie, Interesse, Forschungsstrategien. Probleme kritischer Sozialforschung*, S. 1-81. Frankfurt/M.: Campus.

Röttger, Bernd/Wissen, Markus (2005): (Re-)Regulation des Lokalen. In: Kessl, Fabian/Reutlinger, Christian/Maurer, Susanne/Frey, Oliver (Hrsg.): *Handbuch Sozialraum*, S. 207-225. Wiesbaden: VS.

Sünker, Heinz (2011): Soziale Arbeit und Bildung. In; Thole, Werner (Hrsg.): *Grundriss Soziale Arbeit. Ein einführendes Handbuch*, S. 249–266. Wiesbaden: VS.

Weber, Joachim (2014): *Soziale Arbeit aus Überzeugung. Ethische Perspektiven auf sozialpädagogische Praxis.* Opladen u. a.: Barbara Budrich.

Widersprüche Redaktion (1984): Verteidigen, kritisieren und überwinden zugleich! Alternative Sozialpolitik – Gegen Resignation und Wende. In: *Widersprüche 11: Schule ist Schule – ist anpassen, wegtauchen, verändern*, S. 121-135.

Widersprüche Redaktion (Hrsg.) (2015): *Widersprüche 115: Sozialraum ist die Antwort. Was war nochmals die Frage?*

Widersprüche Redaktion (Hrsg.) (2015): *Widersprüche 115: Das Kommune: Kämpfe um das Gemeinsame; von Commons, Gemeingütern und Sozialer Infrastruktur.*

Winkler, Michael (1988): *Eine Theorie der Sozialpädagogik*. Stuttgart: Klett-Cotta.

Mediation im Gemeinwesen
Konfliktregulierung im öffentlichen Raum

Franziska Becker

Öffentliche Plätze geraten gerade in Großstädten mitunter zum Austragungsort sozialer Spannungen. So auch in Berlin-Wedding, als sich auf einem der größten öffentlichen Plätze die seit Jahren dort schwelenden Nutzungskonflikte zuspitzten.[1] Im Sommer 2010 hatte es der Leopoldplatz endgültig zu zweifelhafter Berühmtheit gebracht: Mit einem bundesweiten Fernsehbeitrag über eine Begehung des Bezirksbürgermeisters von Berlin-Mitte, der vor der Presse und aufgebrachten BürgerInnen[2] Rede und Antwort stand.[3] Denn seit einigen Jahren war der vordere Leopoldplatz – verkehrsgünstig an zwei zentralen U-Bahnlinien gelegen – Treffpunkt einer der größten „Trinker- und Drogenszenen" Berlins.[4] Bei gutem Wetter versammelten sich regelmäßig 60 bis 90 Personen aus der Szene an U-Bahneingängen und auf Parkbänken. AnwohnerInnen beschwerten sich über Lärm, Vermüllung, Belästigung durch freilaufende Hunde, hygienische Belastungen wie z. B. Urinieren im Freien sowie über eine „wachsende Drogenkriminalität". Viele Anwohner- und PlatznutzerInnen fühlten sich verunsichert und bedroht. Hinzu kamen Klagen über die allgemeine Verwahrlosung des Platzes sowie die fehlende Aufenthaltsqualität für SeniorInnen und Familien mit kleinen Kindern. Als auf einem Kita-Gelände,

---

1 Der folgende Beitrag enthält Passagen aus bereits veröffentlichten Texten, vgl. Becker (2012): Darin wurden die Grundzüge des hier beschriebenen Verfahrens in kürzerer Form beschrieben; vgl. weiterhin: Becker/Hubana (2015); Becker/Hubana (2016).

2 Ich orientiere mich an einer gender-sensiblen Schreibweise mit Ausnahmen z. B. bei feststehenden Begriffen und Bezeichnungen, im Fall nur weiblicher bzw. männlicher Beteiligter oder zwecks besserer Lesbarkeit.

3 Vgl. Bericht „Trinker-TV vom Leo", in: Berliner Woche am 21.07.2010.

4 Mit den Bezeichnungen „Trinker- und Drogenszene" oder „ansässige Szene", die in der Alltagssprache genutzt werden, sind jene Frauen und Männer gemeint, die sich regelmäßig auf dem Platz treffen, um gemeinsam (übermäßig) Alkohol und Drogen zu konsumieren.

das sich mitten auf dem Leopoldplatz befindet, auch noch Spritzenfunde für Aufsehen sorgten, rissen die Beschwerden und medialen Skandalisierungen im Rahmen des bevorstehenden Berliner Wahlkampfes nicht mehr ab.[5] AnwohnerInnen, Gewerbetreibende und andere PlatznutzerInnen quer durch alle sozialen Schichten machten mit Unterschriftenaktionen und Pressekampagnen gegen die „Trinker- und Drogenszene" mobil.[6] Zugleich begannen verschiedene Bürgerforen, darunter ein Runder Tisch und eine Bürgerplattform (nach amerikanischem Vorbild des Community Organizing), Druck auf Politik und Polizei auszuüben, um die Situation am Leopoldplatz aus Sicht der Beschwerdeführenden zu verbessern.

Im September 2010 wurde schließlich ein „Soziales Platzmanagement" vom Bezirksamt Berlin-Mitte damit beauftragt, den Konflikt im Rahmen eines Gesamtkonzepts zur Verbesserung der Aufenthaltsqualität am Leopoldplatz zu entschärfen. Das Soziale Platzmanagement, mit dem ein sozialer Träger beauftragt worden war, wurde von der Autorin (Ethnologin und Mediatorin) und einem Sozialpädagogen (Streetworker) als „Team Leo" durchgeführt.

Unter dem Motto „Ein Platz für alle – Gemeinsam einen Platz für alle gestalten" und mit Mitteln aus dem städtebaulichen Förderprogramm „Aktives Zentrum und Sanierungsgebiet Müllerstraße"[7] sollte der jahrzehntelang vernachlässigte Leopoldplatz umfassend saniert und nutzerfreundlich aufgewertet werden. Im Gesamtkonzept waren vier Handlungsfelder benannt: (A) Kulturelle Belebung, (B) Bauliche Umgestaltung, (C) Aufsuchende Sozialarbeit/Konfliktvermittlung und (D) Maßnahmen zur Verbesserung der Sicherheit. Im Baustein A wurden u. a. Feste und Aktionen auf dem Platz initiiert; im Baustein B wurde die bauliche Aufwertung mit klar definierten Nutzungsbereichen (Spielplatz, Aufenthaltsbereich, Fontänenfeld und Bänke) umgesetzt; Baustein C umfasste die sozialarbeiterische Betreuung der Szene und Mediation im Netzwerk; zu D gehörte die Begleitung der

---

5 So titelte beispielsweise das Berliner Abendblatt vom 27.11.2010: „Der gefährlichste Platz Berlins".

6 Für Bürgergruppen, die an solchen Plätzen gegen die Präsenz von ‚Trinker- und Drogenszenen' mobil machen, sind diese oftmals ein Symptom, an dem tiefer liegende Probleme, wie der Niedergang eines Stadtteils oder Armutsphänomene in sozial benachteiligten Quartieren, festgemacht werden.

7 Die stadtplanerischen Vorgaben für die Umgestaltung des Leopoldplatzes – Förderkulisse Aktives Zentrum Müllerstraße (Wedding) – bildeten den Rahmen für die Sanierung des Platzes. Das Programmformat Aktives Zentrum gehört neben den bereits bekannten Programmen wie Soziale Stadt, Städtebaulicher Denkmalschutz, Sanierung und Entwicklung sowie Stadtumbau zu den zentralen Programmen der Städtebauförderung und setzt dabei neue Schwerpunkte bzgl. der Aufwertung von Stadtzentren (abrufbar unter: http://www.stadtentwicklung.berlin.de/staedtebau/foerderprogramme/aktive_zentren/download/muellerstrasse/Muellerstrasse-Kurzfassung.pdf [03.09.2016]).

Prozesse durch Ordnungsbehörden (z. B. Polizei, Ordnungsamt und ggf. private Sicherheitsdienste). Das Handlungskonzept sah also von Beginn an die Integration verschiedener fachlicher und ressortübergreifender (Handlungs-)Ebenen sowie lokaler Akteure bei der Verbesserung der baulichen und sozialen Situation auf diesem zentralen Stadtplatz Berlins vor.

Die Etablierung eines ‚Sozialen Platzmanagements Leopoldplatz' war ein elementarer Bestandteil des Gesamtkonzepts (vgl. Handlungsfeld C) und begleitete diesen Prozess als soziales Projekt mit dem vorrangigen Ziel, Nutzungskonflikte im öffentlichen Raum konstruktiv und nachhaltig zu entschärfen. In diesem Rahmen war das Soziale Platzmanagement zum einen für die aufsuchende Sozialarbeit (Streetwork) in der ‚Trinker- und Drogenszene' zuständig und zum anderen für die konfliktvermittelnde Netzwerkarbeit im Gemeinwesen. Zu den zentralen Prämissen gehörte es, bestimmte Gruppen, wie die ansässige Szene, weder von der Platznutzung auszuschließen noch sie in andere Gebiete des Berliner Stadtraums repressiv zu verdrängen.[8] Vielmehr sollte diese Szene nach Möglichkeit aktiv in die Problemlösung einbezogen bzw. mit ihr Formen der Beteiligung realisiert werden. Zugleich sollte die Attraktivität des Platzes gesteigert werden, um auch andere Nutzergruppen (Familien, Kinder und Jugendliche, Senioren) im Hinblick auf einen zukünftig ausgewogenen Nutzungspluralismus anzuziehen.

Im Folgenden wird dargelegt, wie das Soziale Platzmanagement vorgegangen ist, um die Nutzungskonflikte am Leopoldplatz zu entschärfen und nachhaltig zu regulieren.[9] Am konkreten Beispiel wird nun ein interdisziplinärer, prozessorientierter und multimethodischer Ansatz sozialraumbezogener[10] Konfliktregu-

---

8 Die gängige Praxis ist dann meist, solche Szenen, die ohnehin von struktureller Ausgrenzung betroffen sind, durch die Polizei oder private Sicherheitsdienste zu verdrängen bzw. sie von Quartier zu Quartier, von Platz zu Platz hin- und herzuschieben, statt sie in eine integrative Konfliktlösung vor Ort einzubinden.

9 Zusammen mit einem erfahrenen Streetworker war ich drei Jahre lang als selbstständige Ethnologin und Mediatorin – konzeptionell und praktizierend – im Sozialen Platzmanagement Leopoldplatz tätig. Der soziale Träger war Gangway e. V. Straßensozialarbeit in Berlin. Nach dreijähriger Laufzeit wurde das Projekt mit einer weiteren Ethnologin fortgesetzt und lief bis 2015. Seit Anfang 2016 gibt es das Folgeprojekt „Konflikt- und Platzmanagement Berlin-Mitte" unter der Trägerschaft von Fixpunkt e. V. für suchtbegleitende Hilfen. Ein Schwerpunkt ist weiterhin der Leopoldplatz, darüber hinaus aber auch andere öffentliche Plätze in Berlin-Mitte, an denen Nutzungskonflikte mit sog. ‚Trinker- und Drogenszenen' auftreten.

10 Wir verwenden den Begriff „Sozialraumorientierung" im Sinne einer kritischen, reflexiven Grundorientierung von Gemeinwesenarbeit (GWA) (vgl. Stövesand/Stoik 2013, S. 25). Auch wenn das professionelle Handeln in der GWA in der Regel auf einen (sog. benachteiligten) Stadtteil, d. h. auf eine territoriale Einheit ausgerichtet ist, liegt den

lierung vorgestellt, bei dem Gemeinwesenmediation,[11] aufsuchende Sozialarbeit (Streetwork),[12] ethnologische Feldforschung und lokale Netzwerkarbeit kombiniert wurden. In dieses Vorgehen einer gemeinwesenorientierten Konfliktvermittlung wurden engagierte Bürgergruppen, staatliche Instanzen und soziale Träger sowie die lokale ‚Trinker- und Drogenszene' einbezogen.

Das Soziale Platzmanagement war einerseits auf die Bedürfnisse und Hilfsbelange der Szene ausgerichtet (Parteilichkeit) und berücksichtigte andererseits die Interessen von Anwohnern und anderen Nutzergruppen im übergreifenden Netzwerk (Allparteilichkeit).

1 Konfliktvermittelnde Netzwerkarbeit

Konfliktfelder wie am Leopoldplatz sind besonders komplex und stellen eine gemeinwesenorientierte Konfliktvermittlung vor besondere Herausforderungen. Das gilt vor allem für die Größe, Heterogenität und Fluktuation der beteiligten Gruppen, die in der Regel nicht an einen Tisch kommen, um Lösungen gemeinsam auszuhandeln. Am Leopoldplatz standen sich nicht einfach eine Gruppe von ‚Trinkern' und einige Bürger gegenüber, sondern es hatten sich bereits diverse, zum Teil stark politisierte Netzwerke und Lobbygruppen gebildet. Längst waren nicht nur drei verschiedene Bürgergruppen[13] involviert, sondern auch PolitikerInnen

---

neueren Konzepten von GWA kein statischer, territorial fixierter Raumbegriff mehr zugrunde, wie dies noch im klassischen Gemeinwesenbegriff impliziert war. Dagegen gehen neuere einschlägige sozial- und kulturwissenschaftliche Konzepte von einem relationalen, prozessualen Raumbegriff aus, wonach Raum nicht an sich existiert, sondern sozial hergestellt wird. Zugleich bilden sich in der Produktion von Raum immer auch gesellschaftliche Macht- und Herrschaftsverhältnisse ab (vgl. Löw/Sturm 2005; Lefèbvre 1991). Daraus ergibt sich notwendigerweise eine bewusste, situative, politische Positionierung professioneller Sozialraumarbeit (vgl. Kessl/Reutlinger 2013).

11 Gemeinwesenmediation zielt (systemisch) auf die langfristige Veränderung eines Konfliktgeschehens im Sozialraum mit dem Ziel ab, dass die Beteiligten eine konstruktive Konfliktregulierung in einem kooperierenden Netzwerk langfristig selbst übernehmen (vgl. Becker/Riedel 2013; Schulz 2004).

12 Streetwork umfasste sowohl gruppenbezogene Sozialarbeit als auch intensive (begleitende) Einzelfallhilfen für Angehörige aus der Szene am Leopoldplatz. Innerhalb der Projektlaufzeit von insgesamt fünf Jahren wurden mindestens 300 Personen sozialarbeiterisch begleitet.

13 Dazu zählten der Runde Tisch Leopoldplatz, die Bürgerplattform Wedding-Moabit und die Stadtteilvertretung Müllerstraße, ein in städtischen Sanierungsgebieten eingesetztes

und Verwaltungsleitungen, aber auch Polizei, Medien, eine ansässige Kirchengemeinde u. a. Schnell wurde deutlich, dass es eine Vielzahl an Akteuren mit jeweils eigenen Interessen und Strategien in diesem Konfliktfeld gab. Hinzu kam, dass das Konfliktgeschehen am Leopoldplatz aufgrund des bevorstehenden Berliner Wahlkampfes hochgradig politisiert war, was den Lösungsdruck verstärkte. Der Gemeinwesenorientierung des Sozialen Platzmanagements entsprechend, erforderte dies eine breit angelegte, intensive Kommunikation und Netzwerkarbeit im Stadtteil, die ein ganz wesentlicher Bestandteil des Konfliktvermittlungsprozesses war. Besonders wichtig war hier ‚Allparteilichkeit', also jene professionelle Haltung in der Mediation, die es ermöglicht, die Positionen, Interessen und Bedürfnisse *aller* am Konfliktgeschehen beteiligten Akteure als gleichwertig wahrzunehmen. Dazu gehörten unzählige formelle und informelle Gespräche mit allen relevanten Akteuren rund um den Leopoldplatz, um Kontakte herzustellen und Vertrauen aufzubauen und das Projekt auf diese Weise ‚im Gemeinwesen' überhaupt erst zu implementieren. Zugleich galt es, ein an der Konfliktentschärfung interessiertes Netzwerk aufzubauen. Denn von vornherein war klar, dass die Nutzungskonflikte nicht allein durch das Soziale Platzmanagement gelöst werden können, sondern dass es galt, bereits vorhandene Netzwerke und eine Reihe neuer lokaler Akteure einzubeziehen. Diese aktivierende Netzwerkarbeit mit verschiedenen zivilgesellschaftlich engagierten Akteure, staatlichen Institutionen und sozialen Einrichtungen bildete über mehrere Monate hinweg einen Arbeitsschwerpunkt des Sozialen Platzmanagements. Dabei ging es darum, einen konstruktiven Kommunikationsprozess in einem Konfliktfeld zu initiieren, die unterschiedlichen Akteure für die Prämissen des Handlungskonzepts zu sensibilisieren, das Verantwortungsbewusstsein zu stärken, Lösungen zu erarbeiten und Vorgehensweisen gemeinsam abzustimmen. Ziel war also, eine bürgerschaftlich integrierende, fach- und ressortübergreifende Gemeinwesenarbeit zu initiieren, die es vorher im Feld nicht gab. Zu diesen lokalen Akteuren gehören u. a.

- bürgerschaftliche Organisationsformen (Runder Tisch Leopoldplatz, Stadtteilvertretung und Nachbarschaftsinitiativen)
- Kirchengemeinden (mit zwei Kirchen auf dem Leopoldplatz)
- Gewerbetreibende am/im Umfeld des Leopoldplatzes
- in der lokalen Kulturwirtschaft tätige Akteure
- soziale Einrichtungen (Platzmanagement, Suchthilfe/Drogenprävention u. a.)
- lokale Szene (Mitglieder aus der ‚Trinker- und Drogenszene')

Bürgergremium mit beratender Funktion der zuständigen Planungsbehörden.

- politische VertreterInnen (Bürgermeister und Stadtrat für Stadtentwicklung, Bauen, Wirtschaft und Ordnung des Bezirks Berlin-Mitte)
- Bezirksverwaltung (Stadtplanungs- und Grünflächenamt, Präventionsbeauftragter) und Senatsverwaltung (für Stadtentwicklung und Umwelt)
- staatliche und private Ordnungsinstanzen (Polizei, Ordnungsamt, Sicherheitsdienste, temporärer Platzdienst)
- extern beauftragte Dritte (Prozesssteuerung Aktives Zentrum Müllerstraße/ Leopoldplatz; Landschaftsarchitekt).

2 Konfliktregulierung: Zur Beteiligung der ansässigen Szene

Zum Kern der Konfliktvermittlung durch das Soziale Platzmanagement gehörte die Beteiligung der lokal ansässigen Trinker- und Drogenszene, die im Rahmen des Sanierungsprozesses des Leopoldplatzes in die Problemlösung einbezogen wurde. Ein zentraler Baustein dieser Umgestaltung war die Einrichtung eines neuen Aufenthaltsbereichs für die Szene im mittleren Teil des Platzes, um die bestehenden Nutzungskonflikte im vorderen Bereich zu entschärfen und ihn für andere Nutzergruppen attraktiver zu machen. Denn die Szene sollte ja nicht repressiv vertrieben bzw. in andere Stadtteile oder auf andere öffentliche Plätze verdrängt werden, sondern nach Möglichkeit aktiv in eine kooperative Lösungsstrategie vor Ort eingebunden werden. Deshalb sollten möglichst große Teile der Szene die Möglichkeit bekommen, eigene Vorschläge in Bezug auf die Gestaltung des Aufenthaltsbereichs zu machen und sich diesen auch anzueignen. Doch wie konnte die Szene ohne repressive Verdrängung eingebunden werden? Würde sie überhaupt dorthin ,umziehen', was als planerische Leerstelle ausgewiesen war? Der politische Wille im Bezirk Berlin-Mitte unterstrich wie andernorts auch, wie notwendig eine breite Bürgerbeteiligung am Leopoldplatz sei. Doch ob dies auch für die ,Trinker- und Drogenszene' gelten sollte und wie sie in den Umgestaltungsprozess einbezogen werden könnte, blieb offen. Der Sozialarbeiter und die Ethnologin/Mediatorin des Platzmanagements standen im kontinuierlichen Kontakt mit der Szene, um Möglichkeiten und Grenzen eines solchen Umzugs auszuloten. Im Blick auf den neuen Aufenthaltsbereich waren relevante Fragen, wer überhaupt ,mitziehen' würde, wer in der Szene ,etwas zu sagen hat' (also Autorität und Sprecherschaft), wer dort später für die Einhaltung von Nutzungsregeln sorgen könnte, aber auch, welche Abgrenzungen und Spannungen zwischen den verschiedenen Gruppierungen der Szene zu erwarten sind.

2.1 Ethnographische Feldforschung

Um einen tieferen Einblick in das soziale Gefüge der Szene zu bekommen und Möglichkeiten und Grenzen ihres Umzugs auf dem Platz auszuloten, führte ich als Ethnologin im Sozialen Platzmanagement zunächst eine mehrwöchige ethnographische Feldforschung[14] mit der Methode der „teilnehmenden Beobachtung"[15] in der Szene am Leopoldplatz durch. Die Leitfragen lauteten dabei: Um was für eine Szene handelt es sich eigentlich? Woher kommen und stammen diese Menschen und wieso treffen sie sich überhaupt im öffentlichen Raum? Gerade in großen heterogenen Gruppen mit starker Fluktuation ist eine längere teilnehmende Beobachtung methodisch sinnvoll. Denn in unserem konkreten Fall stellte sich erst auf diese Weise heraus, wer regelmäßig auf dem Platz ist, wie eine Partizipation realisierbar ist und wer dabei langfristige AnsprechpartnerInnen der Szene sein könnten. Zugleich gab diese Methode Aufschluss über verschiedene (sub)kulturelle Identitäten, interne Hierarchien und soziale Spannungen innerhalb der Szene, die auch im Blick auf eine konstruktive Konfliktregulierung eminent wichtig waren.

Um einen Zugang zur Szene zu bekommen, war zunächst ein längerer Feldeinstieg erforderlich. ‚Hanging around'[16] nennen EthnologInnen die erste Phase einer teilnehmenden Beobachtung, also sich mit den Menschen dort aufzuhalten, wo sie alltäglich zusammenkommen, um einen möglichst alltagsnahen Kontakt herzustellen und Vertrauen aufzubauen – in unserem Fall an U-Bahneingängen und an den Bänken in der Baumallee auf dem vorderen Leopoldplatz, die verschiedene Gruppierungen der Szene unter sich aufgeteilt hatten.[17] Bei Gruppen mit vielfältigen

---

14 Allgemein geht es bei ethnographischer Feldforschung darum, durch die kontinuierliche Präsenz des Forschers/der Forscherin tiefere Einblicke in Lebenswelten und Binnenperspektiven bestimmter Gruppen zu gewinnen. In methodischer Hinsicht umfasst diese Form der qualitativen Sozialforschung systematische Beobachtungen, offene Interviews und informelle Gespräche mit den Forschungsakteuren (vgl. Flick 2000; Lüders 2008).

15 Teilnehmende Beobachtung bezeichnet eine Methode der Feldforschung, die vertiefte Einblicke in das Handeln von Menschen, deren Alltagspraxen, aber auch die Lebenswelten, Sinnstiftungen und Strukturen des Handelns ermöglichen. Dabei sind die Forschenden „mit der doppelten Absicht unterwegs, an einer Situation teilzunehmen und sie gleichzeitig zu beobachten. Während der Fokus zu Beginn der Forschung mit teilnehmender Beobachtung möglichst breit ist, verlagert er sich mit zunehmender Orientierung im Feld zu einem Blick in die Tiefe" (vgl. Cohn 2014, S. 79).

16 Vgl. Hannerz 2004 [1969] S. 201-210.

17 Dieser Feldeinstieg war eine langsame, über mehrere Wochen dauernde Annäherung, wobei es gerade am Anfang wichtig war, ein feines Gespür dafür zu entwickeln, wann in der Szene ‚Stress' aufkam oder wenn ‚Gefahr im Verzug' war (z. B. Durchsuchungen

Stigmatisierungs- und Repressionserfahrungen ist es dabei besonders wichtig, die eigene Rolle im Feld von vornherein transparent zu machen; ‚verdeckte Ermittlungen' verbieten sich zu jeder Zeit. Gerade in einem Feld wie dem Leopoldplatz, das aufgrund des Drogenhandels von kriminalisierenden bzw. repressiven Maßnahmen durchdrungen ist, wäre ein solches Vorgehen äußerst problematisch gewesen und hätte anfangs ohnehin vorhandenes Misstrauen reproduziert.

Während der Feldforschung ermöglichten strukturierte Beobachtungen und eine Vielzahl informeller Gespräche mit rund 40 Personen aus der Szene ein Wissen über die Heterogenität und Fluktuation der Szene, Hierarchien und Abgrenzungsprozesse innerhalb verschiedener Gruppierungen z. B. in Bezug auf Drogen- und Alkoholkonsum zu gewinnen.[18] Durch diesen tieferen Einblick in das soziale Gefüge der Szene relativierte sich auch der gängige normative Außenblick auf ‚Problemgruppen', der ausschließlich auf deren suchtbedingtes ‚abweichendes' Verhalten' fokussiert ist. Stattdessen gerieten auch alltägliche Bedürfnisse nach sozialer Vergemeinschaftung in den Blick, die solchen Szenen in der öffentlichen Wahrnehmung oftmals abgesprochen werden. Weiterhin wurde deutlich, dass die Szene trotz großer Fluktuation aus einem festen Kern von Personen besteht, die sich teils seit Jahrzehnten kennen. Oftmals teilten sie die Erfahrung permanenter Verdrängung von anderen öffentlichen Plätzen im Berliner Stadtgebiet durch Polizei, Sicherheitsdienste und/oder Bürgerinitiativen. Viele lebten in beengten Sozialunterkünften, Einrichtungen des Betreuten Wohnens oder kleinen unsanierten Wohnungen, wobei die meisten aus dem umliegenden Wohnumfeld oder benachbarten Stadtteilen kamen. Vor diesem Hintergrund erschloss sich auch die soziale Bedeutung des Leopoldplatzes aus verschiedenen Binnenperspektiven: als ‚externes Wohnzimmer', als Umschlagplatz für kleine Tauschgeschäfte (lebens-) notwendiger Alltagsgüter oder als Rückzugsort, um Stigmatisierungen zu entgehen und ohne Scham ‚unter sich' sein zu können.

---

    von zivilen Drogenfahndern). Als der Sozialarbeiter und die Ethnologin des ‚Team Leo' (Soziales Platzmanagement Leopoldplatz) gleich zu Anfang in eine Drogenfahndung hinein gerieten, wurde dies in der Szene genau registriert: Wir waren gleich behandelt worden und standen somit nicht ‚auf der falschen Seite'.

18 Erst durch die längere Präsenz der Feldforscherin waren auch informelle, spontane und möglichst alltagsnahe Gespräche möglich, während formale Interviews oder standardisierte Befragungen erwartungsgemäß aus verschiedenen Gründen ungeeignet waren.

2.2 Aktivierende Befragungen in der Szene

Da die Szene von Anfang an aktiv in die Regulierung der bestehenden Nutzungskonflikte einbezogen werden sollte, wurde der ethnographische Zugang mit aktivierenden Befragungsmethoden der Mediation kombiniert, um auszuloten, ob es überhaupt ein Problembewusstsein bezüglich dieser Konflikte gibt, welche unterschiedlichen Interessen und Bedürfnisse es im Blick auf die Platznutzung in der Szene gibt, aber auch welche Vorschläge aus der Szene selbst kommen, um die Situation zu entschärfen.[19]

Die ethnologische Feldforschung mit aktivierenden Befragungen in der Szene hat ergeben, dass sich viele einen alternativen Treffpunkt auf dem Leopoldplatz wünschten, um AnwohnerInnen nicht mehr zu stören und „in Ruhe" unter sich sein zu können. Von großer Bedeutung war dabei, weiterhin einen Platz im Freien zu haben, ohne sich den Regeln einer sozialen Einrichtung unterwerfen zu müssen. Der von der evangelischen Kirchengemeinde eingerichtete ‚Trinkraum Knorke' ergänzte das Aufenthaltsangebot im Freien, vor allem auch während der kalten Winterzeit. An diesem Aktivierungs- und Beteiligungsprozess der Szene hat das Soziale Platzmanagement über ein halbes Jahr intensiv gearbeitet. Der Perspektivenwechsel bezüglich der Beschwerden anderer Nutzergruppen erbrachte eine Vielzahl von Lösungsvorschlägen aus der Szene (z. B. eine öffentliche kostenfreie Toilette, bessere Müllentsorgung, einen überdachten Aufenthaltsbereich mit Sichtschutz), da sich viele Angehörige der Szene der Nutzungsprobleme durchaus bewusst waren und selbst darauf drangen, Abhilfe zu schaffen.

Im Ergebnis erklärte sich eine Kerngruppe der Szene im Vorfeld des Umzugs bereit, für die Regeleinhaltung auf dem neuen Aufenthaltsbereich zu sorgen. Auf dem zukünftigen Aufenthaltsbereich fanden mehrfach Begehungen mit dem beauftragten Landschaftsarchitekten statt, der die Vorschläge aus der Szene – soweit wie möglich – in die Gestaltung aufgenommen hat.[20]

Nach der Einweihung wurde der neue Aufenthaltsbereichs (mit Überdachung, Toilette, Tischtennisplatte, Bänken und Mülleimern) gut angenommen. Eine alteingesessene Kernszene (von ca. zehn Personen) sorgte für eine gewisse Regeleinhaltung (z. B. in Bezug auf Sauberkeit, Lärm und Hygiene). Sie wurde durch den Streetworker, MitarbeiterInnen des ‚Trinkraums Knorke', VertreterInnen der

---

19 Ich nenne dieses Vorgehen ‚induktive Partizipation' und verstehe darunter einen kontinuierlichen, lebensweltlich orientierten und dialogischen Beteiligungsprozess, der sich aus dem ethnographischen Zugang entwickelt.

20 Z. B. konnte eine eigens für den Aufenthaltsbereich gewünschte Beleuchtung aus Kostengründen nicht realisiert werden.

Polizei und des Ordnungsamts sowie zeitweise auch von einem Platzdienst darin unterstützt. Die im sozialen Platzmanagement initiierte, kontinuierliche Beteiligung der Kernszene am Planungs- und Realisierungsprozess des neuen Aufenthaltsbereichs hat erheblich dazu beigetragen, das sich die Szene dauerhaft mit ‚ihrem' neuen Bereich identifizierte und ihn kontinuierlich nutzte. Ihren ehemals angestammten Bereich auf dem vorderen Leopoldplatz hat sie aufgegeben. Dies hat wiederum zu einer deutlichen Entspannung der Konfliktsituation im sozialen Feld und einer insgesamt positiven öffentlichen und politischen Resonanz geführt.

Durch den multimethodischen bzw. interdisziplinären Zugang (Feldforschung, Streetwork und Mediation) war es gelungen, einen Beteiligungsprozess zu initiieren, der sich nicht auf kurzfristige punktuelle Begegnungen beschränkte, sondern auf langfristig aufgebauter Mitwirkung basierte. Wenn es um ‚Bürgerbeteiligung' im Sinne von ‚einbeziehen' (*to involve*) in stadtplanerische Vorhaben geht, scheint dieses Vorgehen mit den beschriebenen methodischen Zugängen besonders wichtig zu sein. Denn mit Szenen wie am Leopoldplatz und allgemeiner mit benachteiligten sozialen Schichten kommen StadtplanerInnen selten in Kontakt. Schließlich kann oder will sich die große Mehrheit dieser Milieus mittelschichtsdominierten Beteiligungsworkshops oder formalen Gremien nicht aussetzen. Im Umgestaltungsprozess des Leopoldplatzes übernahm das Soziale Platzmanagement also auch in diesem konkreten Beispiel eine Vermittlungsfunktion (im Sinne der Pendelmediation[21]), um die Interessen und Vorschläge aus der Szene soweit wie möglich in den Planungsprozess einzubringen. Dazu gehörte auch eine transparente und kontinuierliche Vermittlungsarbeit ins Netzwerk hinein, was die Mitwirkungsbereitschaft und Verbesserungsvorschläge der Szene betraf. Als Folge setzte bei etlichen AnwohnerInnen, die sich anfangs für eine Vertreibung der ‚Trinker- und Drogenszene' ausgesprochen hatten, ein Perspektivwechsel ein. Denn das Bild einer amorphen, mitunter bedrohlich wirkenden Masse ‚fremder Alkoholiker' hatte sich zugunsten konkreter Einzelschicksale, die zum Leopoldplatz dazugehören, relativiert.

---

21 Die Pendel- oder Shuttlemediation ist eine besondere Form der Mediation, die gerade in politischen bzw. diplomatischen Kontexten immer wieder eingesetzt wird. Der/die Mediator/in pendelt dabei in einer allparteilichen Vermittlungsrolle zwischen den am Konflikt beteiligten Parteien. Pendelmediation kann wirksam werden, wenn die Konfliktparteien nicht mit der anderen Seite zusammentreffen können (aufgrund räumlicher oder sozialer Distanz) oder wollen oder im Vorfeld eines Mediationsprozesses (vgl. Rabe/Wode 2014, S. 6).

3 Neue Strukturen im Gemeinwesen

Allerdings wäre der Prozess dieser gemeinwesenorientierten Konfliktregulierung am Leopoldplatz ohne die mit allen NetzwerkpartnerInnen gemeinsam entwickelten Strukturen bzw. Gremien nicht möglich gewesen. Denn dort trafen sich die Akteure in regelmäßigen Abständen, tauschten sich über neue Entwicklungen aus, planten soziale, kulturelle oder ordnende Maßnahmen und entwickelten Strategien zur Verwirklichung. Im Folgenden werden die Aufgaben und Funktionen von vier, am Leopoldplatz kontinuierlich aktiven Gremien noch einmal genauer dargestellt:

Beim *Runden Tisch Leopoldplatz* lag der Ausgangspunkt des bürgerschaftlichen Engagements rund um den Leopoldplatz.[22] Dieses im August 2009 entstandene Forum hatte sich gegenüber dem Bezirksamt Berlin-Mitte u. a. dafür eingesetzt, ein Soziales Platzmanagement am Leopoldplatz zu etablieren. Am Runden Tisch werden die Interessen und Belange der BürgerInnen diskutiert und Ideen zur Steigerung der Attraktivität des Platzes in den Bereichen Soziales, Sicherheit, Baugestaltung und Kultur erarbeitet. Der engagierten Zivilgesellschaft werden dabei keine Lösungen seitens der Bezirksverwaltung oder -politik vorgegeben. TeilnehmerInnen des Runden Tisches initiieren auch die kulturelle Belebung des Leopoldplatzes mit regelmäßig stattfindenden Festen und anderen Veranstaltungen, die viele verschiedene PlatznutzerInnen anziehen.

Die *Praktiker vom Leo* – auch Praktikerrunde genannt – wurde erstmals im September 2011 auf Initiative des Platzmanagements ins Leben gerufen. Es handelt sich um einen Zusammenschluss von Personen und Institutionen aus den Bereichen Soziales, Sicherheit und Ordnung sowie den Gewerbetreibenden, die in ihrer alltäglichen Arbeit vor Ort in direktem Kontakt zur ansässigen Szene stehen.[23] Diese Akteure begleiteten die Szene bei der Umgestaltung des Platzes und unterstützen sie bei sozialen Belangen und der Regeleinhaltung im öffentlichen Raum. Möglich ist dies nur durch den intensiven und lösungsorientierten Dialog zwischen sozialen Einrichtungen und ordnungsregulierenden Instanzen sowie die (konflikt-)präventive Handlungsorientierung des Gremiums.[24] Die Runde wurde erstmals im September 2011 auf Initiative des Platzmanagements ins Leben gerufen.

---

22 Dieses Bürgergremium, das seit 2009 sechsmal im Jahr stattfindet, wird vom Präventionsrat des Bezirks Berlin-Mitte moderiert, der zwischen Behörden, Bezirkspolitik und Zivilgesellschaft vermittelt.

23 Die Praktikerrunde hat über die Laufzeit des Sozialen Platzmanagements Leopoldplatz (2010-2015) hinaus Bestand.

24 In der Praktikerrunde werden bspw. Maßnahmen beraten und umgesetzt, die Nutzungskonflikten zwischen Szene und anderen PlatznutzerInnen vorbeugen.

Der *Steuerrat* besteht seit September 2010 und setzt sich aus Vertretern des Bezirks Berlin-Mitte (Stadtplanungsamt und Präventionsrat) und den vom Bezirksamt beauftragten Dritten (Platz- und Prozessmanagement) zusammen. In diesem Gremium sprechen sich die Beteiligten über Ziele, laufende Prozesse und Planungen ab. Sie fungieren dabei als Kommunikationsschnittstelle zwischen (Stadt-) Planungsakteuren sowie BürgerInnen, PraktikerInnen und der Szene vor Ort. Doch auch hier musste ein sozialraumorientiertes Handeln erst hergestellt werden, da die komplexe Berliner Verwaltung meistens fachbezogen und in ihrer Handlungslogik entlang einer Säulenhierarchie – hier Soziales dort Stadtplanung – agiert.

Das *Soziale Platzmanagement* hatte sowohl zum Runden Tisch Leopoldplatz als auch zur lokal ansässigen Trinker- und Drogenszene intensiven Kontakt. Es moderierte in regelmäßigen Abständen das Abstimmungsgremium ‚Praktiker vom Leo' und war Teil des Steuerrats vom Leopoldplatz. Das Platzmanagement vermittelte die Ideen und Anliegen unterschiedlicher Gruppen an die entsprechenden Stellen im Netzwerk weiter, sodass sie bei Planungsprozessen berücksichtigt wurden.[25] Auf diese Art und Weise sorgte es kontinuierlich für einen Interessensausgleich zwischen Bürgergruppen und der lokal ansässigen Szene oder Planungsakteuren und Praktikern vor Ort.

4   Fazit

In Fällen wie am Leopoldplatz geht es um Nutzungskonflikte im öffentlichen Raum, wie sie auch in anderen Städten zu beobachten sind. Vor dem Hintergrund solcher Konflikte geraten Sanierungs- und Planungsvorhaben des öffentlichen Raums zu einem komplexen Aushandlungsprozess, in den eine Vielzahl staatlicher und zivilgesellschaftlicher Akteure mit unterschiedlichen Aufgaben und Interessen eingebunden sind. Die Aufgabe des Sozialen Platzmanagements bestand darin, die Konfliktparteien in eine nachhaltige gemeinwesenbezogene Lösung – auch unter Berücksichtigung sozial ausgegrenzter Gruppen – einzubinden und ein an der Konfliktentschärfung sowie -regulierung interessiertes Netzwerk aufzubauen. Dies erforderte einen kontinuierlichen Interessensausgleich und die Vermittlung

---

25   Der Umgestaltungsprozess des Leopoldplatzes wurde 2014 abgeschlossen. Das Nachfolgeprojekt des Sozialen Platzmanagements mit der Bezeichnung „Konflikt- und Platzmanagement Berlin-Mitte" betreut die Szene am Leopoldplatz auch weiterhin; seine Aufgaben wurden seit 2015 jedoch auf andere öffentliche Plätze in Berlin-Mitte ausgeweitet (vgl. Fußnote 8).

zwischen BürgerInnen, Szene, Verwaltung und PolitikerInnen. Es ging also um eine ständige Pendelbewegung zwischen *studying up* und *studying down* bei der prozesshaften Analyse des Sozialraums sowie seiner Veränderungen. Der „transformative" Ansatz von Gemeinwesenmediation zielt demnach nicht auf eine einmalig ausgehandelte Konfliktlösung, sondern auf eine langfristig und systemisch wirksame Konfliktregulierung bei Nutzungskonflikten im öffentlichen Raum.

Literatur

Becker, Franziska (2012): Umkämpfte Plätze. Gemeinwesenmediation und Konfliktmanagement. In: *Perspektive Mediation*, Heft 1, S. 33-37.
Becker, Franziska/Hubana, Sanda (2016): Platz planen. Ethnologische Kompetenzen in der Sozialen Stadtentwicklung. In: Lange, Jan/Müller, Jonas (Hrsg.): *Wie plant die Planung? Kultur- und planungswissenschaftliche Perspektiven auf die Praxis räumlicher Planungen*, S. 174–184. Berlin: Panama-Verlag.
Becker, Franziska/Hubana, Sanda (2015): Ein Platz für alle? Gemeinwesenorientierte Konfliktvermittlung in der Sozialen Stadtentwicklung. In: Gangway e. V. (Hrsg.): *Interventionsstrategien im öffentlichen Raum. Ein Erfahrungsbericht der Straßensozialarbeit mit Erwachsenen in belasteten Wohngegenden*, S. 72-92. Berlin: Archiv der Jugendkulturen.
Becker, Franziska/Riedel, Silka (2013): Gemeinwesenmediation. In: Stövesand, Sabine/Stoik, Christoph/Troxler, Ueli (Hrsg.): *Handbuch Gemeinwesenarbeit. Traditionen und Positionen, Konzepte und Methoden*, S. 425-430. Opladen u. a.: Barbara Budrich.
Cohn, Miriam (2014): Teilnehmende Beobachtung. In: Bischoff, Christine/Oehme-Jüngling, Karoline/Leimgruber, Walter (Hrsg.): *Methoden der Kulturanthropologie*, S. 71-85. Bern: Haupt.
Flick, Uwe (2000): *Qualitative Forschung. Theorie, Methoden, Anwendung in Psychologie und Sozialwissenschaften*, 5. Aufl., S. 70-77. Reinbek bei Hamburg: Rowohlt.
Hannerz, Ulf (2004 [1969]): Appendix: In the Field. In: Ders.: *Soulside. Inquiries into the Ghetto Culture and Community*, S. 201-210. Chicago: University of Chicago Press.
Lüders, Christian (2008): Beobachten im Feld und Ethnographie. In: Flick, Uwe/Kardorff von, Ernst/Steinke, Ines (Hrsg.): *Qualitative Forschung. Ein Handbuch*, 6. Aufl., S. 384-401. Reinbek bei Hamburg: Rowohlt.
Kessl, Fabian/Reutlinger, Christian (2013): Sozialraumarbeit. In: Stövesand, Sabine/Stoik, Christoph/Troxler, Ueli (Hrsg.): *Handbuch Gemeinwesenarbeit*, S. 128-140. Opladen u. a.: Barbara Budrich.
Lefèbvre, Henri (1991): *The Production of Space*. Oxford: John Wiley & Sons (Original 1974).
Löw, Martina/Sturm, Gabriele (2005): Raumsoziologie. In: Kessl, Fabian/Reutlinger, Christian/Frey, Oliver (Hrsg.): *Handbuch Sozialraum*, S. 31-48. Wiesbaden: VS.
Rabe, Christine Susanne/Wode, Martin (2014): *Mediation, Methoden, rechtlicher Rahmen*. Berlin/Heidelberg: Springer.

Schulz, Olaf (2004): *Gemeinwesenmediation als Methode partizipativer Gemeinwesenarbeit*. Norderstedt: Grin Publishing.

Stövesand, Sabine/Stoik, Christoph (2013): Gemeinwesenarbeit als Konzept Sozialer Arbeit – eine Einleitung. In: Stövesand, Sabine/Stoik, Christoph/Troxler, Ueli (Hrsg.): *Handbuch Gemeinwesenarbeit. Traditionen und Positionen, Konzepte und Methoden*, S. 14-34. Opladen u. a.: Barbara Budrich.

Politiken des Verhaltens im öffentlichen Raum
Ein internationaler Vergleich urbaner Konflikte

Anselm Böhmer

Soziale Räume sind von einer Vielzahl unterschiedlicher und nicht selten konfligierender Machtpositionen geprägt. So werden soziale Verhältnisse und ihre räumlichen Praktiken nicht selten durch das Ringen um die jeweilige Vorherrschaft im Hinblick auf durchzusetzende Normativitäten und die damit einhergehende Deutungshoheit bestimmt. Die sich damit ergebenden Konsequenzen führen bis zum sehr konkreten Durchgriff hinein in die alltägliche Lebensführung der Individuen, um solcherart eine Politik[1] des Verhaltens auch über sozialräumliche Initiativen zu exekutieren. Der vorliegende Beitrag greift zur Konzeptualisierung dieser These auf die dichotome Struktur sozialer Räume in urbanem Format zurück, indem er sich zwischen einer neoliberalen Gestaltung seitens Stadt-Politik und -Ökonomie einerseits sowie den Bemühungen um die Verwirklichung von emanzipatorischen Identitätspolitiken im sozialen Raum andererseits positioniert.

In dieses Spannungsfeld hinein operierte ein Forschungsprojekt, das im Juni 2013 in Deutschland durchgeführt und dessen Design im Frühjahr 2015 in Südaustralien repliziert wurde.[2] Konkret handelte es sich bei diesem Forschungsprojekt um die mehrperspektivischen Analysen von Konflikten um die Nutzung öffentlicher Räume durch unterschiedliche, vornehmlich marginalisierte Personengruppen. Dabei zeigte sich, dass tradierte strukturbezogene Politiken, die hegemoniale Prozesse hinsichtlich klassen-, geschlechter- und migrationsbezogenen Verhältnissen

---

1 In diesem Zusammenhang soll ein weites Politikverständnis zugrunde gelegt werden, das ‚all jene öffentlich rationale Legitimität beanspruchenden Prozesse, die Konsequenzen für eine Vielzahl von Menschen besitzen', umfasst (in kritischer Weiterführung der Position von Jahn 2013, S. 31).

2 Aufgrund der lokalen Verhältnisse im Umfeld der Hochschule entschloss sich das Team der damaligen Professur 2013 zu dieser Erhebung; von Anfang an wurde ein enger Kontakt zu PraktikerInnen der Sozialen Arbeit hergestellt.

bearbeiten, zunehmend durch Politikstile ersetzt werden, die mittels Territorialisierung, Responsibilisierung und Moralisierung auf individuelles und kollektives Verhalten fokussieren.

Die folgenden Ausführungen rekurrieren auf die empirischen Befunde der beiden Forschungsprojekte und betten sie international vergleichend insbesondere in die Theorienagebote Foucaults und Laclaus ein. Dabei werden zunächst Unterschiede sozialer „Lagerungsbeziehungen" (Foucault 1992, S. 37) als „Heterotopien" konzeptualisiert, die eine *andere* Wirklichkeit gerade dadurch zu kategorisieren vermögen, dass sie *fremde* Positionen codieren und um sie herum Schranken zwischen Normalität und Alterität markieren. Ein dispositives Verständnis von Diskursen, wie es mit Foucault und zu Teilen Laclau konzipiert werden kann, lässt auf diese Weise einerseits die hegemonialen Bestrebungen der Raumdiskurse und -politiken sichtbar werden und kann zum anderen deren selten eineindeutiges Machtgefälle zu Gesicht bringen. Wie also in einem hegemonial-diskursiven Raumverständnis soziale Ordnungen im – eventuellen – Unterschied zu territorialen aufgefasst und operationalisiert werden können, wird sich einerseits an den politikbezogenen Anteilen der Heterotopie zeigen und zum anderen an den konkret in den Diskursen verwendeten (kommunal- wie ordnungs-)politischen Ansprüchen ausweisen lassen.

Konkret gliedert sich der Beitrag in vier Abschnitte. Zunächst werden Sicherheitspolitiken des öffentlichen Raums im Hinblick auf Lagen und Ordnungen im Raum diskutiert, um sich sodann dezidierten Fragen nach Sicherheit und territorialer Lage im urbanen Raum zuzuwenden und anschließend das vor diesem Hintergrund entwickelte Forschungsdesign kurz zu präsentieren (1). Auf dieser Grundlage können dann einige der für die hier zu bearbeitende Frage nach Politiken des Verhaltens im öffentlichen Raum relevanten Forschungsbefunde herangezogen und vorgestellt werden (2). Der Blick auf Verhaltenspolitiken der Alterisierung dient anschließend dazu, einen konzeptionellen Rahmen für weitergehende Interpretationen zu bieten (3) und schlussendlich eine gewandelte soziale Ästhetik im öffentlichen Raum skizzieren zu können (4). Auf diese Weise können theoretische Grundlagen poststrukturalistischer Epistemologie dazu Verwendung finden, eine neoliberale Politik des Verhaltens von Marginalisierten im öffentlichen Raum zu beschreiben.

1 Sicherheitspolitiken des öffentlichen Raums

Um den gesellschaftlichen Rahmen der hier diskutierten Frage nach einer Politik des Verhaltens durch den öffentlichen Raum näher erfassen zu können, sollen im Folgenden die soziale Koproduktion öffentlichen Raums, die damit einhergehenden konfligierenden Diskurspositionen und Raumpolitik als urbaner Prekarisierungsprozess marginalisierter Personengruppen rekonstruiert werden.

1.1 Lagen im sozialen Raum

Öffentlichem Raum kommen gleich mehrere Funktionen in urbanen Zusammenhängen zu. So können Passage, Kommunikation, Politik und Ökonomie als die tradierten Nutzungsformate öffentlicher Räume in europäischen Städten angesehen werden (vgl. Böhmer 2014), die einerseits die sozialen Praktiken im öffentlichen Raum prägen, andererseits von den sozialen Normen der jeweiligen (städtischen) Gesellschaft geprägt werden. Somit bietet die jeweilige Lage des öffentlichen Raumes vielfältigen Einblick in die sozialen Prozesse des städtischen Raumes.

Besonderes Gewicht bekommt die Frage nach den jeweils gegebenen sozialen Räumen, da deren Strukturen, Prozesse und Rahmenbedingungen ihrerseits für die Aufgabenstellung Sozialer Arbeit ebenso bedeutsam werden wie für die Analyse einer, nun nicht mehr allein: situativ gegebenen, städtischen Gesellschaft, die sich über z. T. viele Jahre hinweg eine bestimmte soziale Konstellation gegeben hat.

Soziale Räume[3] werden durch Prozesse von Produktion, Aneignung, Nutzung und Kontrolle (vgl. Belina 2013) geformt und weiter ausgestaltet. Konkret hat dies zur Konsequenz, dass kaum von „dem" Sozialraum gesprochen werden kann, sondern sehr viel mehr die jeweiligen Prozesse der Kontaktaufnahme, Vernetzung, aber auch des Ringens um Deutungs- und Gestaltungshoheit sowie (gerade im öffentlichen Raum) der Präsenz und Nutzung von sozialen und territorialen Möglichkeiten reflektiert werden müssen, um sozialräumliche Verläufe angemessen einschätzen und ggfls. mitgestalten zu können.

Dies wird nochmals komplexer, wenn der Begriff des Sozialraumes nach Bourdieu als makrosoziale Einschätzung naheliegender Weise ebenfalls zur Anwendung kommen soll:

> So wie der physische Raum durch die wechselseitige Äußerlichkeit der Teile definiert wird, wird der Sozialraum durch die wechselseitige Ausschließung (oder Unter-

---

3   „Als sozialer Raum wird das zeitlich befristete Produkt sozialer Beziehungsgeflechte verstanden, in denen durch soziale Prozesse von Ästhetik, Ethik und Politik, durch infrastrukturelle Rahmenbedingungen und durch diskursive Praktiken soziale Nähe und Distanz zum Ausdruck kommen, soziale Hierarchien abgebildet und geschaffen, Machtunterschiede formuliert und materielle wie immaterielle Ressourcen unterschiedlich verteilt werden" (Böhmer 2015, S. 9).

scheidung) der ihn bildenden Positionen definiert, d. h. als Aneinanderreihung von sozialen Positionen. (Bourdieu 1997, S. 160)

Auf diese Weise bekommen gerade Momente sozialer „Ausschließung (oder Unterscheidung)" und die mit ihnen einhergehenden Machtpositionen besondere Bedeutung. Im hier diskutierten Zusammenhang von Politiken des öffentlichen Raumes wird nach solchen Exklusionen oder Differenzierungen zu fragen sein, um die makrostrukturelle Dimension des untersuchten Feldes ebenso wie die intersubjektiven in den Blick nehmen zu können. Doch sollten auch die intersubjektiven Dimensionen und die mit ihnen verbundenen mikrosozialen Wechselspiele von räumlich formierten Subjektivitäten (vgl. Kessl 2016; Reutlinger et al. 2016) ebenso beachtet werden wie territoriale Gegebenheiten und Abläufe mit ihrer noch darzustellenden Bedeutung für das Verständnis von Prozessen im (öffentlichen) Raum.

Werden insofern makro- wie mikrostrukturelle Aspekte gleichermaßen berücksichtigt, kann aus dieser sozialwissenschaftlichen „Weitwinkelperspektive" ein ebenso weites Spektrum räumlicher Gegebenheiten und der mit ihnen möglichen Politiken untersucht werden. Ein solcher Raum ist dann nicht bloß Planungsraum, Territorium oder auch Quartier, sondern über diese hinaus Struktur für soziale und bildungsspezifische Verläufe aller damit adressierter Ebenen – der individuellen, aber eben auch der der jeweiligen Gruppe, ferner der territorialen, der gesamtstädtischen oder auch in einer übergeordneten (nationalen, supranationalen) sozialen und politischen Ordnung.

1.2 Gespaltene Profession?

Soziale Räume, so wurde dargelegt, entstehen aus und erstrecken sich über unterschiedliche soziale Ebenen und Felder. Insofern sind deren Programmatiken von einigem Interesse, um die Genealogie, Struktur und Veränderungsmöglichkeiten gegebener sozialer Räume reflektieren zu können. In jüngerer Zeit wird dabei eine neoliberale Auffassung vertreten, nämlich „that the social good will be maximized by maximizing the reach and frequency of market transactions, and it seeks to bring all human action into the domain of the market" (Harvey 2005, S. 3). Unter dieser Hinsicht ist davon auszugehen, dass sich „the domain of the market" auch im Kontext sozialer Räume wiederfinden lassen müsste, Konzepte also, die Ökonomisierung als einen Austausch von Kapitalien (Geld, Kultur, Beziehungen o. ä.) auch in sozialräumlichen Bezügen suchen und auf diese Weise die alltägliche Lebensführung von Individuen, Gruppen, aber auch im Hinblick auf deren gesellschaftliches Umfeld durch Kosten-Nutzen-Kalküle, Suche nach dem eigenen Vorteil und einem allgemeinen Optimierungsdenken prägen. Kommen damit veränderte, weil neoliberale Anforderungen auf die Soziale Arbeit zu (vgl. z. B. Butterwegge 2014) und würden diese schlicht umgesetzt, so ergäbe sich damit eine gespaltene Profession Sozialer Arbeit – diejenige, die einen Wohlfahrtsmarkt erfolgreich zu bewirtschaften verstünde, im Unterschied zu jener, die sich mit dem vom „Wohltätigkeitsstaat" definierten Armenspeisungen und -versorgungen abzugeben hätte (vgl. ebd., S. 389). Eine dritte Version ließe sich dort identifizieren, wo die mit der neoliberalen Umsteuerung des Wohlfahrts- und des Gemeinwesens einhergehende Umsteuerung der Subjektivierungsformen identifiziert werden kann. Konkret finden sich solche an ökonomischer Deregulierung orientierten Subjektivitätsformate in verschiedenen Formen der Disziplinierung von Menschen (zum Verhältnis von Disziplin, Überwachung und Kontrolle, die im Folgenden noch weiter relevant werden, vgl. auch Stehr 2007). Dabei kann eine „weichere" Form der Disziplinierung durch Soziale Arbeit ausgemacht werden, etwa indem sie aufsuchend, als Tagesstätte, Beratungsstelle o. a. normalisierend tätig wird. Härtere Formen der Disziplinierung erfolgen mitunter durch sog. Alkoholverbotszonen, Personenkontrollen, publizierte Diffamierungen (die als „öffentlicher Diskurs" mitunter besondere Aufmerksamkeit erlangen), Entfernung von Sitzgelegenheiten etc. (vgl. zu diesen Beispielen insgesamt Böhmer/Zehatschek 2015).

Werden solche Politiken im urbanen und dort womöglich im öffentlichen Raum wirksam, ergeben sie Formen der Disziplinierung und Kontrolle, aber auch Politiken der urbanen Verhältnisse, die sich folgenreich auf jene auswirken, die in den neoliberalen Transformationen des öffentlichen wie des alltäglichen Lebens nicht hinreichend erfolgreich erscheinen – den Marginalisierten. Insofern kommen den Forderungen nach einem „Recht auf Stadt" (Lefebvre 1968) auch rund einem halben Jahrhundert später erneut – und verändert – Bedeutung „als ein ‚Recht auf Nichtausschluss' von den Qualitäten und Leistungen der urbanisierten Gesellschaft" (Holm 2011, S. 89) zu, insofern „alle Formen des diskursiven und instrumentellen Entwurfs künftiger städtischer Entwicklungen" (ebd.) abermals und nun mit veränderten Vorzeichen zur Verhandlung stehen. Diese Vorzeichen sind jene der neoliberalen Programmatik, die einer „unternehmerischen Stadt" (vgl. ebd., S. 92ff.) entsprechen und spezifische Einschlüsse alles „Verwertbaren" (z. B. auch sich selbst als alternativ verstehender kreativer Milieus) und ebenso spezifische Ausschlüsse alles „Unproduktiven" (im Sinne eines nicht [hinreichend] marktfähigen Potentials von Menschen, aber auch Orten u. a. m.) ergibt. Auf diese Weise entstehen neoliberal veränderte Formen urbaner Marginalisierung – und veränderte Gruppen und Milieus urbaner Marginalisierung (vgl. zu Letzteren Wacquant 2008). Empirisch zu prüfen wäre, inwiefern sich in diesen Zusammenhängen die zuvor skizzierte

"Spaltung" der Profession identifizieren lässt (erste Hinweise bieten zumindest die Verweise – auch auf das Gesundheitswesen – in Butterwegge 2014).

1.3 Konflikte um die Sicherheit im urbanen Raum

Mit Laclau können Grundlage solcher Transformationen und der mit ihnen gegebenen Kodierungen jene Signifikanten sein, die den anderen Zeichen des dabei fungierenden diskursiven Systems eine semantische Basis bieten. Diese maßgebenden Signifikanten betitelt Laclau als „leere" (Laclau 2002), da sie sich von unterschiedlichen Bedeutungen „füllen" lassen, in diesem Zusammenhang sogar sehr verschiedene Signifikate bezeichnen und mit einer solchen Zuordnung dennoch ermöglichen, den Diskurs in der bloß situativ gegebenen Kohärenz zu verstehen. „Es kann leere Signifikanten innerhalb des Feldes der Signifikation deshalb geben, weil jedes Signifikationssystem um einen leeren Platz herum konstruiert ist, der aus der Unmöglichkeit resultiert, ein Objekt zu produzieren, welches die Systemhaftigkeit des Systems trotz alledem erfordert" (ebd., S. 70). Der leere Signifikant – etwa: „Sicherheit" im öffentlichen Raum (vgl. Böhmer/Zehatschek 2015; Böhmer 2014) – kann unter dieser Hinsicht trefflich für Politiken des Verhaltens genutzt werden, da er den „leeren Platz" des Diskurses variabel und doch strategisch zielgerichtet auszufüllen vermag und somit neoliberalen Imperativen von Kontrolle und Disziplinierung entsprechen kann.

Weiter kommt den Foucaultschen Heterotopien heuristische Bedeutung zu. Notiert Foucault: „[…] tatsächlich hat jede Heterotopie ein ganz bestimmtes Funktionieren innerhalb der Gesellschaft, und dieselbe Heterotopie kann je nach der Synchronie der Kultur, in der sie sich befindet, so oder so funktionieren" (Foucault 1992, S. 41), so haben die Raumpolitiken je nach ‚kultureller Phase' unterschiedliche hermeneutische Funktionen. Wird in diesem Zusammenhang Raum als „relationale (An)Ordnung sozialer Güter und Menschen an Orten" (Löw 2001, S. 224) konzeptualisiert, so kann er nicht nur sozial und territorial, sondern zudem hegemonial und diskursiv aufgefasst werden. Eine solche Auffassung ermöglicht, soziale Räume als plural strukturiert zu verstehen und im Anschluss daran unter der Perspektive einer Politik des Verhaltens bezüglich der fungierenden Hegemonien und ihrer Diskurse zu interpretieren. Auf diese Weise lassen sich die Funktionalitäten öffentlicher Räume als – zumindest potentiell – abweichende Orte auffassen und untersuchen.

Beide Perspektiven – jene auf die diskursiven Nutzungsstrategien (Laclau) ebenso wie die auf abweichende ‚(An)Ordnung sozialer Güter und Menschen in politischen Diskursen' (mit Foucault und Löw) – erweisen sich in der urbanen Konkretisierung in aller Regel als einigermaßen komplex. Zum einen rührt diese Komplexität aus der Vielzahl von Konfliktparteien, die sich höchst selten auf lediglich zwei Parteien reduzieren lassen, wenngleich dies eine Erleichterung für die mediale Darstellung urbaner Politiken und ihrer Konflikte um den öffentlichen Raum zu entsprechen scheint. Stattdessen finden sich z. B. BürgerInnen mit unterschiedlichen Interessen wie Passage, Konsum, Events u. a. m., dann dezidierte Konservative, welche u. a. die „Sauberkeit" des öffentlichen Raums erhalten wollen, ferner Neoliberale, denen insbesondere das Stadt-Marketing für die „kreativen Klassen" (vgl. Florida 2012) am Herzen liegt, sodann Marginalisierte, die sich um ihre alltägliche Lebensführung bemühen, etc. Weisen alle diese (und sicher noch einige weitere) Gruppierungen bereits jeweils verschiedene Interessen und sodann noch gruppenweise differierende auf, so ist es in der Stadtentwicklung kaum möglich, allen Interesselagen zugleich entsprechen zu können. Für die Konflikte um die Sicherheit im städtischen Raum etwa hat dies zur Folge, dass hochkomplexe Lösungsmuster für diese ebenfalls ausgeprägt komplexe Bedarfslage gefunden werden müssen, um auch nur einigermaßen konstruktive Lösungen zu ermöglichen. Dieser Aspekt soll bei der Interpretation der Forschungsergebnisse (vgl. 3 und 4) nochmals Berücksichtigung finden.

1.4 Territoriale Lage

In diesem Abschnitt soll der untersuchte australische Fall territorial verortet und gegen den deutschen abgegrenzt werden.[4] Methodologisch ist in diesem Kontext die Warnung Stehrs zu beherzigen, der im Hinblick auf die rekonstruktive Biographieforschung deutlich macht, dass dort zumeist eine individualisierende Problemperspektive mitsamt der diesen hinterlegten gesellschaftlichen Normalitätskonzepten reproduziert werde (vgl. Stehr 2015, S. 124). Übertragen auf den im

---

4 Als Fall wird beschrieben eine räumlich, zeitlich und sozial eingrenzbare Situation des öffentlich sichtbaren Konfliktes um die Nutzung öffentlichen Raumes. Die Untersuchung von einzelnen Fällen folgt dem o. g. epistemologischen Konzept eines um *Verständnis* von Diskurspositionen und politischen Prekarisierungsprozessen bemühten Ansatzes (vgl. Weber 1980; ihn interpretierend Schluchter 2000, S. 120ff.). Die Fälle wurden dabei den forschungsleitenden Fragestellungen gemäß ausgewählt, die sich insbesondere durch beobachtbare Prozesse räumlicher Marginalisierung von Personengruppen und damit einhergehenden Konflikte, durch die langjährige öffentliche Debatte sowie die Verschiebungen in den politischen Ansatzpunkten der Konflikte auszeichneten. – Zum deutschen Fall sei erwähnt, dass er durch die Untersuchung eines zentral gelegenen Marktplatzes in einer süddeutschen Stadt mit rund 50.000 EinwohnerInnen und zentraler Bedeutung für die umgebende Region bestimmt war, wobei dieser Platz bereits seit mehr als zehn Jahren im Fokus öffentlicher Debatten um Ordnung und Sicherheit stand (detailliert vgl. Böhmer/Zehatschek 2015, S. 311ff.).

Folgenden näher zu analysierenden Einzelfall sozialräumlicher Forschung kann es im Folgenden also auch nicht darum gehen, lediglich herrschende Normalitätskonzepte etwa durch die Ausarbeitung von davon abweichenden Verhaltensformen im öffentlichen Raum zu bestätigen. Vielmehr ist das Ziel der Untersuchung, am Einzelfall Politiken des Verhaltens deutlich zu machen, die in einem neoliberalen gesellschaftlichen Kontext[5] vorgefunden werden, und – mit der notwendigen epistemologischen Reflexivität – für die Interpretation weiterer solcher Fälle und allgemeinerer Politiken herangezogen werden können. Dieser Aspekt soll bei der Entwicklung von Forschungsfrage, -design und der Interpretation der Befunde mit reflektiert werden.

Insofern sei angemerkt, dass der im australischen Fall näher betrachtete öffentliche Raum im australischen Bundesstaat South Australia, genauer: in dessen Hauptstadt Adelaide liegt. Die Innenstadt ist durch fünf große Plätze geprägt, die sich zentral und in den vier Himmelsrichtungen innerhalb des City Centre befinden. Der hier näher darzustellende ist derjenige im Südwesten, der Whitmore Square/Iparrityi.[6] Die Wahl fiel auf ihn, da er einerseits, ähnlich wie der im deutschen Fall, als öffentlicher Raum eine markante Bedeutung für die Stadtgesellschaft aufweist, die insbesondere durch kulturelle, sportliche und soziale Aspekte geprägt wird. Gerade durch eine Vielzahl von sozialen Einrichtungen, die z. T. bereits seit mehr als einhundert Jahren dort verortet sind, wurde er zum Anziehungspunkt von marginalisierten Personengruppen. Sodann wurde im Verlauf des Forschungsprozesses deutlich, dass dieser Platz einen von indigenen Bevölkerungsteilen verehrten Baum beherbergt, was zu weiteren Besuchen durch Aboriginal People führt, die in Australien vielfach zu den benachteiligten Personengruppen zählen (vgl. einführend Campbell et al. 2012; Hunter 2009; McLeod/Allard 2007) und insofern den Forschungsfokus weiter bereicherten. Demgemäß lässt sich der untersuchte Platz als administrativ gefasster Versorgungs- und sozialer Raum für die Stadtgesellschaft allgemein und marginalisierte Personengruppen im Besonderen bezeichnen.

Ferner zeigte sich in der Phase der ersten Sichtung des Settings, dass dieser Raum nicht allein aufgrund der vorgenannten Aspekte die Normative der städtischen Ordnungen widerspiegelte, sondern ebenfalls als sozialer Gegen-Raum gelesen werden kann, da dort verdeckter Alkoholkonsum, verdeckte Geschäfte und ver-

---

5 Für den australischen Kontext, vgl. paradigmatisch Reference Group 2015. Dort werden z. B. Hinweise auf workfare (vgl. ebd., S. 75ff.), Individualisierung und Familialisierung sozialer Fürsorge (vgl. ebd., S. 107ff.) und unternehmerische Interventionen in die Entwicklung von Gemeinschaften (vgl. ebd., 175ff.) formuliert. Zu einer solchen Kategorisierung neoliberaler Regime, vgl. einleitend Lessenich 2013.

6 Mit dem zweitgenannten Namen wird Iparrityi (ca. 1847-1929), der letzten Sprecherin der lokalen indigenen Sprache der Kaurna, gedacht.

deckte Themen verhandelt wurden (vgl. ausführlicher Abschnitt 2). Teilweise ließ sich auch offener Protest erkennen. Insofern zeigten sich in diesem Kontext bereits bei einer ersten, vorbereitenden Sichtung Hinweise auf Politiken des Verhaltens *qua* öffentlichem Raum.

1.5 Forschungsdesign

Um die Spezifika der Konflikte im und des Ringens um (Deutungs-)Hoheit über den öffentlichen Raum erheben zu können, wurde für den deutschen wie den australischen Fall ein Forschungsdesign entwickelt, das sich ideographisch den vergleichenden Fallstudien der Politikwissenschaft (vgl. Jahn 2013, S. 342 ff.) anlehnt. Insbesondere sollten die jeweiligen Eigenheiten des Ortes, die an ihm versammelten sozialen Räume und die dabei zu beobachtenden Strategien der Raumproduktion, -nutzung sowie -umnutzung, -kontrolle und die mit ihnen einhergehenden Diskurse ermittelt, systematisiert und ausgewertet werden.

Hierbei war darauf zu achten, dass durch das Forschungssetting nicht nachträglich das Forschungsartefakt „Ort der Konstitutierung von Konfliktsubjekten" (Stehr 2015, S. 133) geschaffen wurde. Dies wurde durch eine möglichst breite methodologische Ausrichtung des Designs im Sinne des mixed methods research (vgl. Caruth 2013; Tashakkori/Teddlie 2010) sowie durch die damit mögliche multiperspektivische Rückfrage nach den Perspektiven der unterschiedlichen Personengruppen und Interessen angezielt. Methodisch konnte diesem Anliegen gerade mit einer „verstärkte[n] Alltagsorientierung" (Stehr 2015, S. 136) und darin einer intensiven Berücksichtigung der Wahrnehmungen von marginalisierten Menschen entsprochen werden.

Insgesamt wurden vier verschiedene Zugänge ins Forschungsfeld gewählt:

1. eine Befragung der marginalisierten RaumnutzerInnen[7] durch einen für den deutschen (N ≈ 45; n = 38) wie den australischen Fall (N = 80; n = 48) inhaltlich identischen quantitativ ausgelegten Fragebogen,

---

7 Angezielt wurden jeweils Vollerhebungen der als marginalisiert konzeptualisierten Personengruppen; der Zugang erfolgte über die mit diesen Gruppen in Kontakt stehenden Fachdienste Sozialer Arbeit und über direkte Ansprachen am untersuchten Ort (vgl. ausführlicher Böhmer/Zehatschek 2015).

2. eine Raumnutzungsanalyse, die in Deutschland aufgrund der verfügbaren personellen Ressourcen qualitativ und quantitativ, in Australien jedoch lediglich qualitativ erfolgte,[8]
3. eine Befragung von ExpertInnen aus Sozial-, Gesundheits- und Sicherheitsdienstleistungen (deutscher Fall: n = 5; australischer Fall: n = 3)[9] sowie
4. eine Diskursanalyse der öffentlichen Debatten in der jeweiligen lokalen Tageszeitung (deutscher Fall: 17 Artikel für den Zeitraum 2009-2013; australischer Fall: 118 Artikel in der Zeit 2001-2015).

Grenzen weist das hier entfaltete Setting u. a. in temporaler Hinsicht auf: Nicht beantwortet werden können nämlich Fragen nach strukturellen Zusammenhängen der Entwicklung australischer Sozialpolitik in den zurückliegenden Jahren und eine etwaige Veränderung der Konsequenzen für die hier thematisierten marginalisierten Personenkreise. Zu diesem Zweck müssten Längsschnittstudien sozialraum- und politikwissenschaftlicher Art durchgeführt werden.

Aufgrund der gewonnenen umfangreichen Datenmenge können im Folgenden nicht alle Befunde dargestellt und interpretiert werden. Hier sollen lediglich diejenigen Hinweise versammelt werden, die besonders aufschlussreich für die Politiken des Verhaltens im öffentlichen Raum sind.

2 Ausgesuchte Forschungsbefunde

Um die Bedeutung des Whitmore Square/Iparrityi für die Stadtgesellschaft und v. a. für Politiken des Verhaltens näher zu erfassen, sollen zunächst jene Befunde dargestellt werden, die sich in den Fragebögen erkennen lassen. Um die Konturen des australischen Falls schärfer herausarbeiten zu können, werden dabei die Bezüge zum deutschen Fall jeweils mit ausgewiesen, wobei deren unterschiedlicher sozialpolitischer Rahmung jeweils Rechnung getragen wird.

Werden Menschen nach den Gründen für ihren Besuch im öffentlichen Raum gefragt, zeigt sich zunächst, dass im deutschen Fall weit häufiger soziale Gründe

---

8   Im direkten Fallvergleich könne daher lediglich die qualitativen Befunde genutzt werden; die quantitativen dienen insofern zum besseren Verständnis der gegebenen Situation – auch im Rekurs auf die lokalpolitischen Diskurse.

9   Ausgewählt wurden diese Personen aufgrund ihrer fachlichen Expertise, ihrem Feldkontakt mit den marginalisierten Personengruppen sowie ihrer Positionierung im öffentlichen Diskurs.

benannt werden als im australischen. Im Einzelnen gaben im deutschen Fall 90 % der Befragten an, zum Platz in der Innenstadt zu kommen, um ihre Freunde zu treffen; im australischen Fall waren dies lediglich 10 %. In der deutschen Szene gaben 66 % an, im öffentlichen Raum Spaß zu haben, im australischen lediglich 6 %. Der Aussage „Hier kann ich sein, wie ich will" stimmten in der deutschen Untersuchung 68 % zu, in der australischen Untersuchung 13 %. Allerdings gaben in der deutschen Befragung bloß 24 % „sonstige Gründe" an, in der australischen Befragung bestätigten dies 52 % und konkretisierten, dass sie den öffentlichen Raum bloß durchquerten oder aber als Weg in die sozialen Einrichtungen am Whitmore Square/Iparrityi nutzten. Es zeigt sich also, dass die Gründe für die Raumnutzung in der deutschen Befragung weit stärker in sozialräumlichen Zusammenhängen festgemacht werden konnten, in der australischen jedoch eher in funktional orientierten. Bereits hier wird deutlich, dass sich die Motive deutlich unterscheiden und insofern zu vermuten ist, dass auch die ihnen zugrundeliegenden Politiken unterschiedlich sein können.

Ein ähnliches Bild ergeben die Fragen nach den Konsequenzen, die sich die befragten Marginalisierten aufgrund ihrer Erfahrungen mit dem öffentlichen Raum wünschen. In der deutschen Befragung vermissten ca. 55 % „einen anderen Umgang mit uns", in der australischen gaben dies lediglich 19 % an. Soziale Einrichtungen wurden von beiden befragten Personenkreisen nicht sonderlich stark erwähnt. Doch wurden besondere Differenzen wieder deutlich, als es um existenzielle Fragen von Wohnen und Übernachten ging: in Deutschland hielten solche Einrichtungen zwar nur 21 % für relevant, in der australischen Untersuchung meinten dies jedoch immerhin rund 40 %. Auch aus diesen Daten können Differenzen in den Ergebnissen beider Untersuchungen erkannt werden, die eine stärker soziale Bedarfslage für die deutschen Befragten und eine eher existenziell ausgerichtete für die australischen erkennen lässt.

Der Blick in die ExpertInnen-Interviews ergibt ebenfalls Hinweise auf Differenzen, nun insbesondere bezüglich der Nutzungsinteressen und Machtausstattung im öffentlichen Raum. Diesbezüglich rekonstruiert eine befragte Fachperson das Verbot für Alkoholkonsum, das wenige Monate zuvor (erneut) für den öffentlichen Raum („dry zone") verhängt worden war, folgendermaßen: *„You know, the dry zone came about because a few people living near the park went to the council. The government said: ‚Look, look these people', and a few people had a lot of power. And the Government made that decision, you know? Bang, with the council, dry zone!"* (Interview III, 301-303). Hierbei wird weniger deutlich, dass bereits unterschiedliche Verhaltensformen durch Politiken des öffentlichen Raumes entstünden. Vielmehr zeigt sich, dass sich die politischen Möglichkeiten zur Ausgestaltung und Nutzung des öffentlichen Raumes je nach sozialer Gruppenzugehörigkeit markant unterscheiden können. Dennoch sind nicht allein marginalisierte Personenkreise von den Politiken des Verhaltens betroffen, wie dieselbe Fachkraft wenig später ausführt: „*So the pressure on the people is, just living their lives, paying their bills, looking after their children, education, running a car, running the house – that are their pressures. So when you have someone in front of your road causing problems, it's another pressure*" (Interview III, 500-502). Es zeigt sich, dass die unterschiedlichen Machtverhältnisse in einer gesamtgesellschaftlichen Perspektive mit einem belasteten Lebensgefühl auch für andere, etablierte, Personenkreise in Verbindung gebracht werden. Diese Belastung („*pressure*") wird in vielfältigen Bereichen des Alltags (Leben, Konsum, Familie, Bildung, Besitz etc.) wahrgenommen. Die Konsequenzen solcher Belastungserfahrungen werden jedoch je nach Gruppierung unterschiedlich operationalisiert: Während etablierte Kreise diesen Druck ertragen müssen und zugleich Möglichkeiten hätten, zumindest manche Belastungsformen eher von sich zu weisen, haben jene mit weniger machtvoller Ausstattung auch hierbei das Nachsehen. Sie werden als jene bezeichnet, die Probleme machen („*someone [...] causing problems*"), nicht jedoch als solche, die aufgrund struktureller und politischer Weichenstellungen Probleme bekommen.

Vor diesem Hintergrund ergibt sich zum einen, dass im australischen Fall die befragten marginalisierten Personenkreise öffentlichen Raum eher funktional nutzen und kaum Interesse oder aber Gelegenheit erkennen lassen, auch soziale Nutzungsformen zu praktizieren. Zugleich sind sie weit stärker als die deutschen Befragten in existenzieller Not, überhaupt ein Nachtlager o. ä. grundlegende Versorgungsmöglichkeiten zu finden. Diese objektivierbare Lage spiegelt sich in den subjektiven Antworten wider, denn die Erfahrung, im alltäglichen Leben unter Druck zu stehen, wird zahlreichen Kreisen innerhalb der Stadtgesellschaft zugeschrieben, doch werden die Antwortmöglichkeiten und -formen offenkundig sehr unterschiedlich verteilt gesehen. Etablierte haben die Möglichkeit, sich über die Stadtpolitik in bestimmten Bereichen Entlastung zu verschaffen (so etwa durch eine „dry zone"), Marginalisierte jedoch haben solche Möglichkeiten nicht und werden gerade im Zuge der jüngeren politischen Interventionen weiter an den Rand der normativ geprägten Stadtpolitik und -gesellschaft gedrängt.

Ihnen bleiben daher weniger und eher verdeckte Strategien der Antwort, um durch ein solches Verhalten eigene Gestaltungsmöglichkeiten sichern und manche Gestaltungsfreiheiten realisieren zu können. So zeigte sich gerade in den Befunden der qualitativen Raumnutzungsanalyse, dass verdeckte Formen von Kommunikation und Aktion erfolgten, um den eigenen Zielen (Erwerb und Konsum illegaler Güter, aber auch Kommunikation besonders intimer Informationen wie der Tod eines

Gruppenmitglieds) folgen zu können. Andererseits wurde während einer Diskussion mit wohnungslosen Menschen in der Mitte des Whitmore Square/Iparrityi nicht verdeckt, sondern sehr vehement formuliert: „Homeless need shelter!"

Zusammenfassend zeigen sich mit Hilfe der hier knapp skizzierten Daten aus der australischen Fallstudie, dass marginalisierte Personenkreise dort über weniger Durchsetzungsmacht verfügten, weniger gesellschaftlich bedingten Belastungsformen ausweichen konnten und in ihren Raumnutzungsformen häufig von der „Verschattung" ihrer Interessen und ihres Handelns bestimmt waren als im deutschen Fall. Zudem waren Interessen und Handlungen weit stärker existenziellen Notwendigkeiten geschuldet.

3 Verhaltenspolitiken der Alterisierung

Vor dem Hintergrund der bislang entwickelten theoretischen Bezüge und der ausgewiesenen empirischen Befunde soll nun danach gefragt werden, wie urbane Identitäten durch Verhaltenspolitiken von Alterisierung (vgl. Böhmer 2013) und Prekarisierung Heteronomer generiert werden. Zugleich werden deren widerständige Verhaltensweisen in Politik und Diskurs berücksichtigt. Dabei zeigt sich ein mehrfach gegliedertes Spannungsfeld von Raumproduktionen, raumbezogenen Konflikten und Politiken des Verhaltens. Unter diesen Perspektiven kann die Frage nach den hegemonialen Sprech- und Handlungsorten und ihren korrespondierenden subalternen Sozialräumen differenzierter thematisiert werden.

Zunächst wurde deutlich, dass urbane Heterotopien innerhalb des öffentlichen Raumes situiert sein können. Es ließen sich weit weniger „andere Orte" identifizieren als vielmehr „andere Subjekte" an denselben Orten. Diese Ausdrucksgestalten der Subjektivitäten, die von den normativ gesetzten abweichen, wurden dabei diskursiv formatiert, indem sie über mediale, fachliche und subjektive Attribuierungen ihre jeweilige Form zugesprochen bekamen. Um solche Adressierungen der Anderen erreichen zu können, waren politische Maßgaben im oben erwähnten Sinne als ‚all jene öffentlich rationale Legitimität beanspruchenden Prozesse, die Konsequenzen für eine Vielzahl von Menschen besitzen', vonnöten. Hierzu zählen etwa die Proklamation und Exekution der „dry zone", die Konzentration sozialer Dienstleistungseinrichtungen am untersuchten Ort sowie die milieuspezifisch verteilten Antwortmöglichkeiten für die Belastungserfahrungen („pressure") des neoliberal formierten und als solchen zu bewältigenden Alltags. Diese Befunde machen deutlich, dass die Raumnutzung und -kontrolle in Abhängigkeit von der Zugehörigkeit zu etablierten oder marginalisierten Gruppen ebenso abhängt wie von den daraus resultierenden diskursiven, aber auch materiell geprägten Handlungsmöglichkeiten. Somit ergibt sich aus einer hegemonialen Position zunächst Alterisierung als Konstruktion jener Anderen, die im öffentlichen Raum auffallen, den Alltag anderer aus deren Sicht behelligen und sich dabei existenziellen Unterversorgungen ausgesetzt sehen. Die letztgenannte Situation ihrerseits macht deutlich, dass damit eine von den an den Rand der Stadtgesellschaft gedrängten Individuen deutlich artikulierte Prekarisierung verbunden ist, die ihrerseits nicht selten zu konflikthaften Situationen führt. Dennoch werden diese Konflikte aufgrund von Verdrängung im Untersuchungszeitraum ebenso wie in der einen Zeitraum von immerhin rund 14 Jahren umfassenden Diskursanalyse nicht sichtbar. Konflikte entladen sich eher innerhalb der marginalisierten Gruppen oder in sehr vereinzelten Begebenheiten in deren Alltag.

Doch lässt sich ein anderer, eher subversiver Umgang Marginalisierter mit den Konfliktlagen beschreiben. In ihren expliziten Artikulationen gegen die Unterversorgung mit Wohnraum und Übernachtungsmöglichkeiten zeigen sich subalterne Sozialräume, die indes in ihrer Performanz noch immer das gegebene *Regime des Subjekts* reflektieren. Denn deutlich wird, dass in der Ablehnung der randständigen, lediglich über Bedürfnisse und deren staatlich kontrollierte sowie disziplinierte Positionierung gerade solches Positionieren in der Negation erneut aufgerufen wird – es ist noch immer jene Ordnung, unter der die Befragten leiden, der sie sich aber im Widerspruch zugleich anheimgeben (wenn eben auch nicht mehr widerstandslos unterwerfen). Damit wird deutlich, wie das von Žižek zitierte „include me out" (Žižek 2010, S. 54) die *urbane Ordnung des Subjekts* sozialräumlich aufgreift und gerade im Bemühen um Abweichung deren Strukturen abermals artikuliert. Berücksichtigt man zudem die von Laclau wie Žižek genutzte semiotische Annäherung an die geschilderten Phänomene (vgl. bereits 1.3), so wird deutlich, dass eine Ordnung fungiert, die zwar eine Vielzahl von Signifikanten nutzt (so etwa Druck, Kontrolle, Aktivierung u. a. m.), dass jedoch das Subjekt selbst als leerer Signifikant der gegebenen *urbanen Ordnung des Subjekts* aufzufassen ist. Es selbst nämlich wird als zentrale Bezeichnung adressiert, um dem diesbezüglichen Diskurs seine Ordnung zu verleihen, doch ist es selbst kein Bestandteil der Äquivalenzkette, mit der es gewissermaßen beschworen, aber eben nicht gefasst, sondern vielmehr dem Diskurs zwar Raum, aber nicht einen konkreten Inhalt bietet (vgl. Žižek 2010, S. 159). Auf diese Weise wird das Subjekt urbaner Ordnung als „leerer Platz" (Laclau) konstituiert. Was somit bleibt, sind – auch angesichts aller Affirmation und aller Subversion – lediglich hegemoniale Sprech- und Handlungsorte und ihre korrespondierenden subalternen Sozialräume.

4 Smooth, smart, succeeding

Anhand der zuvor erwähnten Befunde und ihrer Deutungen können die erarbeiteten Interpretationsmodi nun als Bricolage hegemonialer Strukturierungen im öffentlichen Raum sowie zugleich subjektivierender Tendenzen hinsichtlich der Instrumentalisierung und Enteignung lebensweltlicher Ressourcen und der Zuschreibung lebensweltlicher Selbstzuständigkeit aufgefasst werden. Eine solcherart reflektierte Sozialraum-Orientierung kann – insbesondere in der Kontrastierung der international gewonnenen Befunde – kenntlich gemacht werden als Politikfeld mit der Tendenz, Regierung als reziproke Kolonialisierung von heterotopisch strukturierten Orten (vgl. 1.3), Verhaltensformaten und Diskursen aufzufassen. Unter dieser Perspektive kann der Profession Sozialer Arbeit die Möglichkeit zukommen, der Selbstpositionierung marginalisierter Akteursgruppen reflexiv zu assistieren.

Dies kann zum einen geschehen, indem Soziale Arbeit öffentlichen Raum als offiziellen Raum dechiffriert. Hier nämlich können, wie gezeigt, neoliberale Subjektivierungen durch „smooth, smart, succeeding spaces" realisiert werden: Diesem Zweck sollte die erwähnte „dry zone" dienen; Ähnliches gilt für die Struktur der öffentlichen Plätze, die durch ihre bauliche Ordnung, durch Sauberkeit und kontrollierte Aktivitäten (des Konsums ebenso wie etwa des Sports) als ebenso erfolgversprechend wie geordnet erscheinen sollen. Zugleich werden Instanzen von Disziplinierung genutzt, um diese Struktur des öffentlichen Raumes ebenso wie der durch ihn adressierten Subjektivitäten zu realisieren. Hierzu zählen Polizei, Therapie,[10] aber auch Soziale Arbeit, die in ihren jeweils unterschiedlichen Ansätzen die Ordnung subjektiver Strukturen anzielen.

Dennoch lassen sich diese Adressierungen nicht vollumfänglich gewährleisten. Denn öffentlicher Raum wird ferner als subversiver Raum hergestellt. Dies gilt in erster Linie für die räumlichen Praktiken der NutzerInnen, die ihren verdeckten Alkoholkonsum ebenso realisieren wie sie ihre Bedarfe und Themen nur in ausgesuchten Kreisen artikulieren. Zu Teilen unterlaufen auch Professionelle die gegebenen Ordnungen, so etwa wenn eine Fachkraft der Suchthilfe darauf aufmerksam macht, dass die definierten Alkohol-Grenzwerte nach ihrer Auffassung nicht alleiniger Maßstab für die Verweigerung des Zugangs in die am Ort befindliche Therapieeinrichtung sein sollen: „*Make some decisions but don't rely on that [numbers]. Rely on your judgement, rely on the presentation [of the client]*" (Interview III, 920f.; Ergänzung A.B.). Auf diese Weise erfolgen Subjektivierungen und Subversionen zugleich, allerdings bei ungleichen Zugängen zu Ressourcen, Definitionsmöglichkeiten und

---

10 Am untersuchten Square gab es z. B. eine Therapieeinrichtung für den körperlichen Alkoholentzug.

ungleicher Machtausstattung. Doch haben zumindest die als NutzerInnen sozialer Dienstleistungen Angerufenen die Möglichkeiten, durch die Artikulation ihrer äußeren Erscheinung („*the presentation*") sowie die selektive Artikulation ihrer Themen spezifische Konsequenzen bei Fachkräften hervorzurufen.

Unter dieser Hinsicht kann die im öffentlichen Raum versuchte Kontrolle des Verhaltens als Regierung durch letztlich reziproke Kolonialisierung von heterotopisch strukturierten Orten, Verhaltensformaten und Diskursen bei klaren Macht- und Ressourcenverteilungen aufgefasst werden. Dabei spielen öffentliche Räume eine gewichtige Rolle, insofern sie Möglichkeiten subjektivierender Anrufungen und subjektivierter Antworten bereitstellen und zugleich jenes wechselseitige Verhältnis von Affirmation und Subversion (der normativen Ordnung ebenso wie der Subjektformate und SprecherInnenpositionen) zugleich konstituieren und unterlaufen.

Daraus ergeben sich je nach Fall unterschiedliche Politiken neoliberaler Verhältnisse. Denn während im deutschen Fall das Einfordern von Bürgerrechten („Ich bin hier, weil's mein gutes Recht ist!") und eine bei aller Ungleichheit der Akteurspositionen letztlich doch fungierende demokratische Diskurs-Kultur auch offizieller Akteure zu erkennen waren (vgl. für die Details Böhmer/Zehatschek 2015), ließen sich für die australische Studie eher „Schatten-Milieus" mit „Schatten-Techniken" beschreiben.

Für die Profession Sozialer Arbeit ergeben sich somit unterschiedliche Konsequenzen. Während im in Australien untersuchten Fall das gezielte Nutzen der (finanziellen wie ordnungsrechtlichen) Freiräume ebenso ein Mittel der Wahl war wie die umfängliche Erfüllung des öffentlichen Auftrags, wurden in den Fachkreisen der in Deutschland durchgeführten Untersuchung v. a. ein Streben nach Evidenzbasierung[11] und konzeptionellen Antworten gesucht. Gerade Letztere jedoch wurden nicht selten durch neoliberale Politiken der Verhältnisse unterlaufen, etwa wenn Aufträge an Träger vergeben wurden, die zwar nicht dieselbe langjährige Erfahrung mit den z. T. recht anspruchsvollen Subgruppen aufwiesen, jedoch einen billigeren Marktpreis verlangten.

Abschließend ergeben sich unterschiedliche Perspektiven vor dem Hintergrund dieser Untersuchungen: Für die Stadtpolitiken, gerade im internationalen Vergleich, ist nach den jeweiligen politischen Grundlagen, diskursiven Begründungen und faktischen Konsequenzen für die marktorientierte Marginalisierung zu fragen. Ausgegrenzte Personengruppen zeigen in höchst unterschiedlicher Form ihre Bestrebungen und Befähigungen zu eigen konzeptualisierten Verhaltensmöglich-

---

11 Nach Aussagen der Akteure verstanden als Orientierung an in vergleichbaren Situationen erfolgreichen Handlungsformen, auch um der Legitimation in öffentlichen (und häufig neoliberal argumentierenden) Diskursen willen.

keiten im öffentlichen Raum, gerade in der alltäglichen Auseinandersetzung mit von ihnen als Ausgrenzung erlebten politischen Programmen (z. B. „dry zone"). Für die Disziplin und Profession Sozialer Arbeit schließlich bleibt zu fragen, an welchen Stellen jene Traditionen der Profession vermehrt zum Tragen kommen sollen, die sich auf Empowerment und Emanzipation bezogen, und die im internationalen Vergleich mit bemerkenswerter Kontinuität artikuliert werden. Ob marginalisierte Menschen indes auf eine solche Selbstbesinnung der Profession warten, kann aufgrund der Forschungsbefunde bezweifelt werden.

Literatur

Belina, Bernd (2013): *Raum. Zu den Grundlagen eines historisch-geographischen Materialismus*. Münster: Westfälisches Dampfboot.
Böhmer, Anselm (2015): *Konzepte der Sozialplanung. Grundwissen für die Soziale Arbeit*. Wiesbaden: Springer VS.
Böhmer, Anselm (2014): Der soziale Fetisch des öffentlichen Raums. Raumkonflikte als Dispositive von Ordnung und Kontrolle. In: *Soziale Arbeit* 63, 7, S. 250-256.
Böhmer, Anselm (2013): Die Funktion der Anderen. Migrationstheoretische Überlegungen zur Diskursfigur der dritten Person. In: *Migration und Soziale Arbeit* 35, 3, S. 210-216.
Böhmer, Anselm/Zehatschek, Stefan (2015): Sicherheit als leerer Signifikant. Fallstudie zu Perspektiven der Regierung „unsicherer Räume". In: *Zeitschrift für Sozialpädagogik* 13, 3, S. 306-333.
Bourdieu, Pierre (1997): Ortseffekte. In: Ders. u. a. (Hrsg.): *Das Elend der Welt. Zeugnisse und Diagnosen alltäglichen Leidens an der Gesellschaft*, S. 159-167. Konstanz: UVK.
Butterwegge, Christoph (2014): *Krise und Zukunft des Sozialstaates*. 5. Aufl. Wiesbaden: Springer VS.
Campbell, Perri et al. (2012): *The Problem of Aboriginal Marginalisation: Education, Labour Markets and Social and Emotional Well-Being*. Alfred Deakin Reserach Institute. Working Papers Series Two. No. 31. Geelong.
Caruth, Gail D. (2013): Demystifying Mixed Methods Research Design. A Review of the Literature. In: *Mevlana International Journal of Education* 3, 2, S. 112-122.
Florida, Richard (2012): *The Rise of the Creative Class. Revisited*. New York: Basic Books.
Foucault, Michel (1992): Andere Räume. In: Barck, Karlheinz et al. (Hrsg.): *Aisthesis. Wahrnehmung heute oder Perspektiven einer anderen Ästhetik*, S. 34-46. Leipzig: Reclam.
Grieser, Markus (2015): Der Staat als Wissensapparat. Konzeptionelle Überlegungen zu einer nicht-funktionalistischen Funktionsanalyse des Sozialstaats. In: *Zeitschrift für Sozialreform* 61, 1, S. 103-124.
Harvey, David (2005): *A Brief History of Neoliberalism*. Oxford u. a.: Oxford University Press.
Holm, Andrej (2011): Das Recht auf die Stadt. In: *Blätter für deutsche und internationale Politik* 56, 8, S. 89-97.

Hunter, Boyd (2009): Indigenous social exclusion. Insights and challenges for the concept of social inclusion. In: *Familly Matters* 82, S. 52-61.

Jahn, Detlef (2013): *Einführung in die vergleichende Politikwissenschaft*. 2. Aufl. Wiesbaden: Springer VS.

Kessl, Fabian (2016): Erziehungswissenschaftliche Forschung zu Raum und Räumlichkeit. Eine Verortung des Thementeils „Raum und Räumlichkeit in der erziehungswissenschaftlichen Forschung". In: *Zeitschrift für Pädagogik* 62, 1, S. 5-19.

Laclau, Ernesto (2002): Was haben leere Signifikanten mit Politik zu tun? In: Ders., *Emanzipation und Differenz*, 3. Aufl., S. 65-78. Wien: Turia + Kant.

Lefebvre, Henri (1968): *Le Droit à la ville*. Paris: Economica.

Lessenich, Stephan (2013): *Die Neuerfindung des Sozialen. Der Sozialstaat im flexiblen Kapitalismus*. 3. Aufl. Bielefeld: transcript.

Löw, Martina (2001): *Raumsoziologie*. Frankfurt/M.: Suhrkamp.

McLeod, Julie/Allard, Andrea C. (Hrsg.) (2007): *Learning from the Margins. Young Women, Social Exclusion and Education*. London/New York: Routledge.

Reference Group (2015): *A New System for Better Employment and Social Outcomes. Report of the Reference Group on Welfare Reform to the Minister for Social Services. Final Report*. Brisbane.

Reutlinger, Christian et al. (2016): Zur pädagogischen Herstellung städtischer Räume zwischen Ort und Klient*in. In: *Zeitschrift für Pädagogik* 62, 1, S. 20-33.

Schluchter, Wolfgang (2000): Handlungs- und Strukturtheorie nach Max Weber. In: *Berliner Journal für Soziologie* 10, 1, S. 125-136.

Stehr, Johannes (2015): Über einige Bedingungen von biographischer Forschung als widerständiger Praktik. In: Dörr, Margret/Füssenhäuser, Cornelia/Schulze, Heidrun (Hrsg.): *Biografie und Lebenswelt. Perspektiven einer Kritischen Sozialen Arbeit*, S. 123-139. Wiesbaden: Springer VS.

Stehr, Johannes (2007): Normierungs- und Normalisierungsschübe. Zur Aktualität des Foucaultschen Disziplinbegriffs. In: Anhorn, Roland/Bettinger, Frank/Stehr, Johannes (Hrsg.): *Foucaults Machtanalytik und Soziale Arbeit. Eine kritische Einführung und Bestandsaufnahme*, S. 29-40. Wiesbaden: VS.

Tashakkori, Abbas/Teddlie, Charles (Hrsg.) (2010): *Handbook of Mixed Methods in Social and Behavioral Research*, 2. Edition. Los Angeles u. a.: Sage.

Wacquant, Loïc (2008): *Urban Outcasts. A Comparative Sociology of Advanced Marginality*. Cambridge/Malden: Polity Press.

Weber, Max (1980): *Wirtschaft und Gesellschaft. Grundriß der verstehenden Soziologie*. 5. Aufl. Tübingen: Mohr.

Žižek, Slavoj (2010): *Die Tücke des Subjekts*. Frankfurt/M.: Suhrkamp.

Kampagnen gestalten öffentlichen Raum!
Sozialräumliche Anmerkungen zu Positionen Sozialer Arbeit

Christian Reutlinger[1]

Was wir wollen: Platz, um uns frei zu entfalten. Ohne Konsumzwang, wo wir feiern und tanzen können, wo wir unsere Fantasie entfalten und selbst bestimmen können, was daraus gemacht werden soll. (Anonyme Facebook-Mitteilung, in: Murgeri/Fauser August 2014, S. 22)

Diese vermutlich von einer oder einem Jugendlichen verfasste Forderung nach mehr Freiraum und Selbstbestimmung im öffentlichen Raum wurde 2012 im Rahmen des Anlasses „*Tanz dich frei*" anonym als Facebook-Mitteilung gepostet. Der Anlass ist vergleichbar mit „Reclaim the streets"-Veranstaltungen in Deutschland und anderen europäischen Ländern. Jugendliche sind aufgrund ihrer ökonomischen und sozialen Voraussetzungen vielfach mehr als andere Altersgruppen auf den öffentlichen Raum angewiesen. Sie nutzen exponierte Orte im öffentlichen Raum, indem sie eine Fussgängerpassage, eine Gruppe Parkbänke oder ein Häuschen einer ÖV-Haltestelle für ihre Bedürfnisse und als Treffpunkt umfunktionieren (vgl. Reutlinger/Fritsche 2011). Dadurch erschaffen die Heranwachsenden Orte der Kommunikation, der Erkundung und des Ausprobierens, der Selbsterfahrung, aber auch des Rückzugs (Kemper/Reutlinger 2015a, S. 16). Der Aufenthalt und die Bewegung in öffentlichen Räumen ist dadurch wichtiger Bestandteil der Sozialisation und Identitätsentwicklung Jugendlicher. Zentral ist dabei die Abgrenzung von der Erwachsenenwelt, aber auch von anderen Gruppen Jugendlicher (vgl. Wüstenrot-Stiftung 2003; Frey 2004).

---

1 Die Überlegungen zu diesem Beitrag sind gemeinsam mit meiner Kollegin Christina Vellacott im Rahmen des Beitrags „Zusammenleben im öffentlichen Raum früher und heute – eine Suche nach vergessenen Zusammenhängen" entstanden, welche in der Zeitschrift der Schweizerischen Ethnologischen Gesellschaft (SEG) TSANTS. 21/2016, S. 105-115 erschienen sind. An dieser Stelle bedanke ich mich vielmals für den gemeinsamen Diskussions- und Denkprozess.

In den vergangenen Jahren haben massive Veränderungen der Nutzungsmöglichkeiten, bedingt durch Privatisierungs- und Kommerzialisierungs- oder Eventisierungstendenzen, den Druck auf öffentliche Plätze und attraktive Flächen unter freiem Himmel massiv erhöht. Aufgrund komplexer und widersprüchlicher Zuschreibungen werden heute Aushandlungen um öffentliche Räume und deren Nutzungsmöglichkeiten fast zwangsläufig auch konflikthaft geführt (Emmenegger/ Litscher 2011, S. 10). Infolgedessen werden Jugendliche als Verursacherinnen und Verursacher von Ruhestörungen, Littering, Vandalismus, Provokationen, Gewalt, Chaos und damit als Unsicherheitsfaktoren wahrgenommen. Sie werden als störendes Element in öffentlichen Räumen, als Keim von Unordnung thematisiert. Die Rede ist von einem Generationenkampf, welcher sich im Bild eines umkämpften, konflikthaften öffentlichen Raums manifestiert (Kemper/Reutlinger 2015b, S. 9ff.).

Versucht man, sich dem Bild des „umkämpften öffentlichen Raums" analytisch zu nähern, kann man folgenden Verweisungszusammenhang formulieren: Ein Phänomen, d. h. zum Beispiel eine Personengruppe oder ein Verhalten, aber auch ein baulicher Zustand, wird von bestimmten Akteurinnen und Akteuren als problematisch thematisiert und in den politischen Diskurs eingebracht. Aufgrund dieser Problematisierung wird eine bestimmte Massnahme ergriffen, der eine potentielle Wirkung auf das Problem unterstellt wird. Diese Massnahme wird demnach als passgenaue Lösung für ein bestimmtes Problem entworfen und verteidigt (Fritsche/ Reutlinger 2015, S. 194). Akteurinnen und Akteure verschiedener Professionen, insbesondere der Jugendarbeit, Ordnungsdienste und Planung werden in der Folge mit der Durchsetzung der dominierenden Vorstellung beauftragt; meist sind das Vorstellungen Erwachsener von Ordnung, Sauberkeit und Sicherheit (vgl. Rolshoven et al. 2010).

Um den Zusammenhängen von Phänomenen, Problematisierungen und Massnahmen im öffentlichen Raum auf die Spur zu kommen, wurde am Kompetenzzentrum Soziale Räume der FHS St.Gallen das vom Schweizerischen Nationalfonds geförderte Projekt „*Massnahmen im öffentlichen Raum. Eine vergleichende Analyse kommunaler Strategien im Umgang mit aktuellen Formen der Unordnung*" durchgeführt (Fritsche/ Reutlinger 2012). Die Befunde verweisen darauf, dass Unordnungsphänomene im öffentlichen Raum, wie Gewalt, Lärm, Littering, Alkoholmissbrauch, aber auch der Aufenthalt abweichender Gruppen in den Gemeinden, immer mehr durch *Informations- und Sensibilisierungskampagnen* bearbeitet werden.

Ausgehend von den Erkenntnissen aus diesem abgeschlossenen Forschungsprojekt möchte ich im Folgenden im Sinne weiterführender Überlegungen drei aktuelle Kampagnen genauer betrachten. Diese schauen jeweils mit einer unterschiedlichen Perspektive auf die Phänomene im öffentlichen Raum. In meiner Denkübung geht es mir darum, zentrale Dimensionen herauszuarbeiten und so die einzelnen

Kampagnen miteinander in einen Dialog zu bringen. Dabei sollen verschiedene Positionierungen Sozialer Arbeit sichtbar werden. Soziale Arbeit muss sich der Frage stellen, will, kann, soll sie sich bei der Herstellung bestimmter Formen von öffentlichem Raum beteiligen? Welche Vorstellungen vom öffentlichen Raum lassen sich aus fachlicher Hinsicht formulieren und in welchem Verhältnis stehen diese zu den dominanten Normalitätsvorstellungen in der Gesellschaft?

Viele Massnahmen werden, so die Befunde des SNF-Forschungsprojekts, von staatlichen Akteurinnen und Akteuren (aus Politik und Verwaltung) initiiert und durchgeführt, wie beispielsweise die Kampagne *„Gemeinsam mit Respekt"*. Die durchführende Schweizer Stadt als staatliche Akteurin möchte mit ihrem Konzept den Nutzerinnen und Nutzern des öffentlichen Raums mittels Richtlinien und Verhaltensregeln eine bestimmte Wertehaltung vermitteln und damit direkt auf ihr Verhalten einwirken (Stadt St.Gallen 2010, S. 4).

Der Begriff „öffentlicher Raum" wird in den konzeptionellen Grundlagenpapieren zur Kampagne „Gemeinsam mit Respekt" häufig verwendet. Öffentliche Räume bilden gemäss Initiant_innen Knotenpunkte verschiedener Aktivitäten und bieten eine Kommunikations- und Integrationsfunktion für die städtische Gesellschaft. Daneben dient der öffentliche Raum als „Verkehrsfläche, Erholungsgebiet, Begegnungs- und Aufenthaltsfläche" sowie als Erlebnisort für kommerzielle Veranstaltungen (Stadt St.Gallen 2010, S. 6). Konkret wird der öffentliche Raum in den Kernzonen der Stadt, d. h. an bekannten und beliebten Plätzen und Parks verortet (ebd., S. 6ff.). An diesen Orten dürfen sich laut Konzept alle Personen aufhalten, die nicht stören. „Der öffentliche Raum muss ungestörtes soziales Leben ermöglichen; es gibt keine Orte, die von einzelnen Personen oder Gruppen exklusiv genutzt werden dürfen" (ebd., S. 9).

Personen oder Gruppen müssen jedoch „betreut" werden, wenn sie unerwünschte Verhaltensweisen an den Tag legen, wie Verunreinigungen (Littering), Suchtprobleme (Alkohol), mangelnden Respekt gegenüber Personen und Sachen sowie zunehmenden Lärm und Gewalt (ebd., S. 8). Und hier kommt Soziale Arbeit ins Spiel.

Konkrete Massnahmen werden in erster Linie im Bereich der Sensibilisierung und Prävention ergriffen, um die Eigenverantwortung, Toleranz und Rücksicht bestimmter Gruppen gegenüber der Umwelt zu fördern. Fruchten diese Massnahmen dennoch nicht, sollen (drohende oder eskalierende) Konflikte durch direktes Eingreifen aufsuchender Jugendarbeit in ein Geschehen verhindert werden. Erst als letztmögliche Lösung werden Repressionen eingesetzt und kommen Polizeikräfte als Ordnungshüter zum Einsatz (ebd.).

Die übergeordneten Ziele der Kampagne bestehen darin, die „Qualitäten des ‚Multifunktionsraums Innenstadt'" (ebd., S. 6) zu pflegen und weiter zu entwickeln.

Die besagte Stadt soll „weiterhin eine weltoffene, lebensfrohe Stadt sein" (ebd., S. 7) mit dem Image einer „Messe-, Tourismus- und Einkaufsstadt" (ebd., S. 8). Doch wie gehen nun Betroffene mit ordnenden bzw. repressiven Massnahmen um? Immer wieder stellen Gruppen, die durch solch moralisch aufgeladene Sensibilisierungskampagnen ihr Verhalten ändern sollen, zur Gegenwehr eigene, inhaltlich entgegengesetzte Kampagnen auf die Beine. So riefen zum Beispiel Jugendliche 2011 erstmals zur eingangs erwähnten Tanzdemonstration *„Tanz dich frei"* auf, welche seither mehrmals und in verschiedenen Schweizer Städten wiederholt wurde. In den Medien war das Phänomen hoch präsent. Die Rede war von „Gewalt und Chaos verdrängen die ‚Tanz dich frei'-Idee" (NZZ, 26.05.2013) oder von „Teure Krawallnacht: ‚Tanz dich frei' kostete über 2 Millionen!" (Blick, 13.08. 2013).

Auch im Zusammenhang mit „Tanz dich frei" nimmt der Begriff „öffentlicher Raum" eine wichtige Rolle ein. Der öffentliche Raum dient als Plattform für die Anliegen der Initiant_innen und hat somit die Funktion einer Politarena. Dafür muss er angeeignet resp. (rück)erobert werden (Murgeri/Fauser 2014, S. 62).

Jeder – Jugendliche sowie Erwachsene – soll sich rund um die Uhr im öffentlichen Raum aufhalten dürfen. (ebd., S. 62). Die Problematik besteht laut den jugendlichen Initiant_innen aus fehlenden Freiräumen für die Jugend, was an der Kommerzialisierung des öffentlichen Raums liegt (ebd., S. 51). Die Aufwertungspolitik der Städte bewirkt zunehmende Restriktionen im öffentlichen Raum und insbesondere im Nachtleben – Leidtragende sind die Jugendlichen (ebd., S. 73).

Als Massnahme dagegen wählen die Initiant_innen jene Verhaltensweisen, die von staatlicher Seite unerwünscht sind; man soll ohne Konsumationszwang nach Lust und Laune tanzen, feiern, laut Musik hören, demonstrieren dürfen. Die Funktion des öffentlichen Raums als Politarena wird durch die Art der gewählten Massnahme ergänzt durch jene des Partyraums. Teil der Massnahme ist der Gemeinschaftsaspekt, so meint beispielsweise ein „Tanz dich frei"-Teilnehmer: „Die meisten habe ich vorher gar nicht gekannt. Man hat sich irgendwie so über diesen Anlass gefunden. […] Im Nachhinein habe ich das Gefühl, dass es die jüngere Generation schon ein bisschen zusammengebracht hat" (ebd., S. 59).

Durch Manifestationen im öffentlichen Raum sind nach der Vorstellung der Initiant_innen zentrale politische und gesellschaftliche Themen im öffentlichen Raum verhandelbar. Für sie ist der Anlass „mehr als ein riesiges Strassenfest" (ebd., S. 21) – der öffentliche Raum soll verwandelt (ebd., S. 73) und dem Kapitalismus und den damit einhergehenden Ausgrenzungstendenzen gegen gesteuert werden (ebd., S. 42). Dieses zweite Beispiel verdeutlicht, dass es bestimmten Jugendlichen immer wieder gelingt, den restriktiven Tendenzen durch eigene Kampagnen und durch gemeinschaftliche Aktivitäten etwas entgegen zu setzen. Soziale Arbeit taucht als Akteurin in diesem zweiten Beispiel nicht auf.

Doch was tun jene Betroffenen, die sich nicht wie die Tanz-dich-frei-Anhänger wehren können? Wie reagieren die marginalisierten Positionen der Gesellschaft, welche an den Rand gedrängt wurden und durch repressive Massnahmen immer weiter diskriminiert werden? Viele dieser Menschen werden durch caritative Institutionen aufgefangen. Ein prominentes Beispiel hierzu ist die christliche Einrichtung „*Sozialwerke Pfarrer Sieber*", die sich seit den 1980er Jahren im Zusammenhang mit der damaligen offenen Drogenszene am Platzspitz und später am Bahnhof Letten in Zürich für Randständige einsetzt, welche durch die Maschen des Systems gefallen sind.

Pfarrer Sieber und seine Mitarbeitenden verwenden in ihren Kampagnen anstelle des Begriffs „öffentlicher Raum" die Bezeichnungen „Strasse", „Gasse" oder benennen konkrete Orte in der Stadt Zürich, wie den „Sündenpfuhl Langstrasse", den „Chreis Cheib" oder die „Sexmeile Sihlquai"[2]. Der öffentliche Raum hat demnach allenfalls die Funktion eines Arbeitsortes oder eines Vergnügungsortes, jedoch mit deutlich negativer, moralischer Konnotation. Öffentlicher Raum wird hier als Gefahrenherd skizziert. Deshalb müssen laut Pfarrer Sieber besonders die Jugendlichen vor der Strasse geschützt werden.

Offiziell leben in der Stadt Zürich keine jugendlichen Obdachlosen,[3] dennoch gibt es immer wieder junge Menschen, welche die Strasse zumindest temporär zum Mittelpunkt ihres Lebens wählen resp. darauf angewiesen sind. Die Jugendlichen auf der Gasse können, so Sieber, keinen Drogenentzug machen, keinen Job und keine sozialpädagogische Betreuung suchen – eben weil sie offiziell nicht existieren. Sie sind zudem damit konfrontiert, „dass [...] sie auf der Strasse nicht an Krankheiten sterben, sondern an der Vereinsamung".[4]

Als Massnahme dagegen wurde die Notschlafstelle „Nemo" gegründet, die offen ist für alle Jugendlichen in Notsituationen. In Pfarrer Siebers Kampagne spielt der Gemeinschaftsaspekt ebenfalls eine tragende Rolle. Seiner Ansicht nach braucht es eine Solidargemeinschaft mit den Betroffenen: Denn das familiäre Umfeld und die persönliche Betreuung in der caritativen Einrichtung sind für viele der so wichtige Neuanfang.

Das übergeordnete Ziel der Kampagne besteht darin, die Jugendlichen durch den christlichen Glauben zu heilen, diesen zu verbreiten, um schliesslich den „Sieg Jesu über den Sündenpfuhl Langstrasse, über alle Sexkinos und alle Drogen" verkünden zu können.

---

2   http://www.reformiert.info/artikel_10914.html, zuletzt abgefragt am 04.04.2015.
3   http://www.reformiert.info/artikel_10914.html, zuletzt abgefragt am 04.04.2015.
4   http://www.limmattalerzeitung.ch/limmattal/region-limmattal/pfarrer-sieber-die-kirche-gehoert-mitten-ins-dorf-125975788, zuletzt abgefragt am 05.04.2015.

Soweit einmal meine Ausführungen zu den drei beispielhaften Kampagnen. Aus einer analytischen Perspektive ist nun interessant, wie die drei ausgewählten Kampagnen mit ähnlichen Begrifflichkeiten und Konzepten arbeiten, diese jedoch anders kombinieren resp. theoretisch einbinden und sie dadurch andere Bedeutungen erlangen: Für alle geht es um den öffentlichen Raum und dessen Nutzung und Gestaltung. Jedoch werden diesen Gestaltungen unterschiedliche Bilder hinterlegt: Die staatliche Kampagne „Gemeinsam mit Respekt" zielt auf die Schaffung eines Multifunktionsraums mit Visitenkartenqualität, indem sich die Menschen mit Respekt begegnen. Für die Kampagne „Tanz Dich frei" wird der öffentliche Raum zur Politarena und zum Partyraum, um einen Kontrapunkt zu repressiven und kommerziellen Tendenzen zu setzen. Und für Pfarrer Sieber geht es um eine Akzeptanz des Lebens- und Arbeitsortes Strasse sowie um eine Solidargemeinschaft mit marginalisierten Personen, mit dem Ziel, mit Hilfe des Glaubens gegen die sozialen Missstände zu kämpfen.

Alle drei Beispiele gehen von der Planbarkeit vom öffentlichen Raum und darüber hinaus auch von gesellschaftlichen Zusammenhängen aus: Die Initiant_innen argumentieren, dass es möglich ist, über Kampagnen auf das Verhalten der Bevölkerung oder bestimmter Gruppen zuzugreifen und dieses zu verändern. Bei den beiden Kampagnen erwachsener Akteurinnen und Akteure wird angenommen, durch das pädagogische oder repressive Eingreifen könne es gelingen, Jugendliche und ihr Verhalten zu verändern, sie zu einer bestimmten Normalität zu führen. Die Kampagne Jugendlicher will tanzend einen Gegenpol zu vereinnahmenden Tendenzen schaffen, darüber sollen Jugendliche politisiert werden. Ziel ist es, eine respektvolle, antikapitalistische oder solidarische Gesellschaft zu schaffen. Der Aspekt des solidarischen Miteinanders wird beim „Tanz dich frei" wie auch bei Pfarrer Sieber als zentral betont, während die staatliche Initiative zwar die Gemeinschaft im Titel (Gemeinsam mit Respekt) trägt, jedoch tatsächlich mit ihren konkreten Massnahmen insbesondere auf Individuen zielt, die sich zu Gemeinschaften – Gruppen – zusammengeschlossen haben. Diese sollen sich an die Norm anpassen, oder es gilt, sie durch entsprechende Massnahmen „zu zerschlagen" oder zumindest die Gruppenbildung zu verunmöglichen.

Betrachtet man diese Kampagnen aus einer sozialräumlichen Perspektive, so ist es wichtig herauszustreichen, dass nicht alle Akteurinnen und Akteure die gleichen Definitions- und Durchsetzungsmöglichkeiten bei räumlichen Herstellungsprozessen haben: Erwachsene haben im Kampf um Raumansprüche und Nutzungsformen in öffentlichen Räumen tendenziell eine stärkere Position, indem sie definieren können, was stört und was „normal" ist. Ihre Vorstellungen können sie über die funktionale Bestimmung, über die physische Gestaltung, aber auch über die Implementierung und Reglementierungen durchsetzen (vgl. Kemper/

Reutlinger 2015, S. 21), während die eingangs erwähnten entwicklungsbedingten Bedürfnisse Jugendlicher überlagert oder gar übergangen werden. Die Jugend sollte wunschgemäss angepasst sein und sich nicht störend verhalten, das heisst einerseits keinen Lärm und Schmutz verursachen, keine Gewalt anwenden, sondern respektvoll sein – sich also möglichst gar nicht im öffentlichen Raum blicken lassen oder sich zumindest so „normal" verhalten, dass sie von niemandem bemerkt wird. Die analysierte staatliche Kampagne zeichnet dabei ein positives, anzustrebendes Wunschbild von öffentlichem Raum und darauf aufbauend von Gesellschaft, in dem sich alle Personen und ihre Bedürfnisse an ein ideales gemeinschaftliches „Wir" anpassen müssen. Deshalb müssen bestimmte Personen und Verhaltensweisen aus dem öffentlichen Raum „vertrieben" werden, damit er öffentlich und für andere zugänglich bleibt. Die caritative Argumentation Pfarrer Siebers zielt hingegen darauf ab, dass kein Mensch aus dem öffentlichen Raum „vertrieben" werden darf, eben weil er öffentlich sei. Sieber begründet dies damit, dass die Gesellschaft heute ausgrenzend wirkt auf bestimmte Menschen, die laufend an Teilhabemöglichkeiten verlieren. Nur über geschützte Zonen oder Inseln, in denen junge Menschen Brot und Nächstenliebe erhalten und dadurch „auftanken" können, gelinge eine spätere Wiedereingliederung in die Gesellschaft. Betrachtet man die konkrete alltägliche Ebene der betroffenen Gruppen von Jugendlichen, heisst es in beiden Fällen, dass sie verdrängt werden und an andere Orte – einmal Nischen oder weniger beachtete Orte in anderen Quartieren, einmal Inseln in einem von Drogen und Prostitution geprägten Überlebenskampf – ausweichen müssen. Die Jugendlichen weichen nicht nur aus, wie ich am Beispiel des „Tanz dich frei" aufzeigen konnte, sondern wehren sich gegen Einschränkungen ihrer Freiheit mit eigenen Massnahmen, worauf wiederum mit Repression reagiert wird und das Spiel von neuem beginnen kann. Vergessen wird bei diesem „Katz-und-Maus-Spiel", dass die Jugendlichen stattdessen auch beteiligt werden könnten bei der Suche nach Lösungen für ein friedliches Zusammenleben im öffentlichen Raum.

Zusammenfassend bedeutet dies, dass im Rahmen der betrachteten Kampagnen angenommen wird, dass der Ort, an dem soziale Phänomene sichtbar werden, auch der Ort ist, an dem sie entstehen und in der Konsequenz auch der Ort, an dem sie bearbeitet werden können (vgl. Reutlinger 2012). Es findet also unabhängig davon, ob von Erwachsenen oder Jugendlichen initiiert, aktuell eine deutliche Ortsorientierung statt – über die Ortsgestaltung soll(en) die Gesellschaft resp. soziale Zusammenhänge geordnet werden.

Nicht beachtet wird bei der Orientierung an Orten, die als zu schmutzig, zu lärmig, zu voll oder zu leer oder zu fremd definiert werden, dass „die räumlich beobachtbare Äusserungsform des Sozialen nicht der Grund oder gar die Ursache eines gesellschaftlichen Prozesses sein kann" und sie deshalb „auch nicht zum zentralen Element einer sozialen Erklärung gemacht werden" darf (Werlen 2005, S. 17). „Ebenso wenig kann der Äusserungsort einer sozialen Problemlage das soziale Problem selbst sein" (ebd.). Vielmehr müsste es gelingen, die sozialen Zusammenhänge von sichtbaren Phänomenen mit einzubeziehen. Eine damit verbundene relationale Raum-Perspektive betrachtet nicht die Seinsweise starrer, problematischer oder gar konfliktiver öffentlicher Räume, sondern in den Blick rücken die alltäglichen Praxen der Menschen, durch welche Raum permanent im Handeln (re)produziert wird (vgl. Kessl/Reutlinger 2010; Löw 2001) und der sich damit fortwährend in dynamischer und vielschichtiger Weise verändert (Emmenegger/Litscher 2011, S. 8). Hinter dem örtlich Sichtbaren stehen stets sozialpolitische, sozialstrukturelle oder auch sozialisatorische Themen, die sich nur begrenzt im öffentlichen Raum bearbeiten lassen, sondern in sozialen und sozialpolitischen Zusammenhängen verhandelt werden müssen (vgl. Fritsche/Reutlinger 2015, S. 201) Die Herausforderung besteht dabei immer wieder von Neuem darin, wo man bspw. eine politische Botschaft platzieren kann, damit auch etwas bewirkt wird, d. h. dass darüber eine gesellschaftliche Auseinandersetzung über relevante Themen in Gang kommt – wählt man als Form beispielsweise einen gemeinschaftlichen, medienwirksamen Anlass oder schreibt man im stillen Kämmerchen ein feuriges Pamphlet? Ist die Sichtbarkeit an neuralgischen Orten und Plätzen der richtige Weg oder bedarf es anderer – auch virtueller Kanäle? Wie gelangt man an die Macht- und Herrschaftszusammenhänge, welche die Gesellschaft und den öffentlichen Raum ordnen?

Soziale Arbeit ist als zentrale Akteurin bei der Herstellung von öffentlichem Raum und Öffentlichkeit beteiligt. Um sich positionieren zu können, muss sie sich in die jeweiligen Kontexte rein denken mit dem Ziel, sich der eigenen Verstrickung bewusst zu werden, aber auch die Möglichkeiten für Handlungsspielräume auszuloten. Dies ist insbesondere bei der Frage der Normalisierung bzw. bei moralisch aufgeladenen Kampagnen wichtig. Aus einer kritisch-reflexiven räumlichen Haltung (vgl. Kessl/Reutlinger 2010) heraus sollte also vermehrt gefragt werden, welche Vorstellungen vom öffentlichen Raum dominant sind, was als normal oder abnormal definiert wird und welche Elemente offen, welche versteckt aus dem öffentlichen Raum ausgegrenzt werden oder werden sollen. Geht es um saubere öffentliche Plätze oder zielen Kampagnen auf eine bestimmte Form des Zusammenlebens, das auf der Basis unhinterfragter Normen und Normalitätsvorstellungen durchgesetzt werden soll? Oder soll mit dem Aufräumen der Plätze und der (Wieder-)Herstellung bestimmter Ordnungen eine neue Gesellschaftsordnung hergestellt werden? Damit zusammenhängend geht es um die Frage, welche gesellschaftlichen Machtverhältnisse dabei angestrebt werden – geht es um eine demokratische Gemeinschaft der verschiedenen Akteurinnen und Akteure, an deren Entscheidungen alle Gesellschaftsmitglieder beteiligt sind, oder um die Stärkung von (staatlicher) Autorität und die Interessen weniger? Weiter sollte jeweils die Reichweite der Ziele hinterfragt werden; ob mit einer Kampagne versucht wird, soziale Missstände für schwächere Positionen zu verbessern oder Symptome zu bekämpfen, damit sich niemand im öffentlichen Raum gestört fühlt. In jedem Kontext ist Soziale Arbeit angehalten, sich diesen und ähnlichen Fragen zu stellen und ihre Position auf der Basis einer fachlichen Argumentation auszutarieren. Ansonsten normalisieren solche Kampagnen nicht nur die Jugend resp. die Bevölkerung, sondern determinieren das professionelle Verständnis Sozialer Arbeit.

Literatur

Deinet, Ulrich/Reutlinger, Christian (Hrsg.) (2004): *„Aneignung" als Bildungskonzept der Sozialpädagogik. Beiträge zur Pädagogik des Kindes- und Jugendalters in Zeiten entgrenzter Lernorte*. Wiesbaden: VS.

Emmenegger, Barbara/Litscher, Monika (2011): *Perspektiven zu öffentlichen Räumen. Theoretische und praxisbezogene Beiträge aus der Stadtforschung*. Luzern: Interact.

Frey, Oliver (2004): Urbane öffentliche Räume als Aneignungsräume. Lernorte eines konkreten Urbanismus? In: Deinet, Ulrich/Reutlinger, Christian (Hrsg.): *„Aneignung" als Bildungskonzept der Sozialpädagogik. Beiträge zur Pädagogik des Kindes- und Jugendalters in Zeiten entgrenzter Lernorte*, S. 219-234. Wiesbaden: VS.

Fritsche, Caroline/Reutlinger, Christian (2012): Massnahmen im öffentlichen Raum – Ein Vergleich kommunalpolitischer Strategien. In: *sozialraum.de* (abrufbar unter: http://www.sozialraum.de/massnahmen-im-oeffentlichen-raum.php).

Fritsche, Caroline/Reutlinger, Christian (2015): Der öffentliche Raum ist (k)ein Problem. In: Kemper, Raimund/Reutlinger, Christian (Hrsg.): *Umkämpfter öffentlicher Raum. Herausforderungen für Planung und Jugendarbeit. Sozialraumforschung und Sozialraumarbeit*, S. 193-206. Wiesbaden: Springer VS.

Kemper, Raimund/Reutlinger, Christian (2015a): Konstruktionszusammenhänge und Wirkungen des umkämpften öffentlichen Raums – eine Einführung. In: Kemper, Raimund/Reutlinger, Christian (Hrsg.): *Umkämpfter öffentlicher Raum. Herausforderungen für Planung und Jugendarbeit. Sozialraumforschung und Sozialraumarbeit*, S. 13-46. Wiesbaden: Springer VS.

Kemper, Raimund/Reutlinger, Christian (Hrsg.) (2015b): *Umkämpfter öffentlicher Raum. Herausforderungen für Planung und Jugendarbeit. Sozialraumforschung und Sozialraumarbeit*. Wiesbaden: Springer VS.

Kessl, Fabian/Reutlinger, Christian (Hrsg.) (2010): *Sozialraum. Eine Einführung*. Wiesbaden: VS.

Lindenau, Mathias/Meier Kressig, Marcel (Hrsg.) (2012): *Zwischen Sicherheitserwartung und Risikoerfahrung. Vom Umgang mit einem gesellschaftlichen Paradoxon in der Sozialen Arbeit*. Bielefeld: transcript.

Löw, Martina (2001): *Raumsoziologie*. Frankfurt/M.: Suhrkamp.
Murgeri, Maria/Fauser, Viola (August 2014): „*Tanz dich frei*". *Smash the system – reclaim the streets!* Bachelor-Arbeit. Luzern.
Projekt „Netzwerke im Stadtteil" (Hrsg.) (2005): *Grenzen des Sozialraums. Kritik eines Konzepts – Perspektiven für Soziale Arbeit.* Wiesbaden: VS.
Reutlinger, Christian (2012): Die gefährliche Straße. Raumtheoretische Betrachtung eines ambivalenten Verhältnisses von öffentlichem Raum und Aufmerksamkeit generierenden Gruppen in der Sozialen Arbeit. In: Lindenau, Mathias/Meier Kressig, Marcel (Hrsg.): *Zwischen Sicherheitserwartung und Risikoerfahrung. Vom Umgang mit einem gesellschaftlichen Paradoxon in der Sozialen Arbeit*, S. 253-290. Bielefeld: transcript.
Reutlinger, Christian/Fritsche, Caroline (2011): Spannungsfeld öffentlicher Raum. In: *laut & leise. Magazin der Stellen für Suchtprävention im Kanton Zürich*, 1, S. 5-8.
Rolshoven, Johanna/Langreiter, Nikola/Steidl, Martin/Haider, Margret (Hrsg.) (2010): *SOS Sauberkeit Ordnung Sicherheit in der Stadt*. Bricolage Band 6. Innsbruck: Innsbruck University Press.
Stadt St.Gallen (2010): *Konzept der Stadt St.Gallen zur Vermittlung von Werthaltungen im öffentlichen Raum (Commitment). Gemeinsam mit Respekt*. http://zora-cep.ch/cmsfiles/e_konzept_commitment_fassung_4__aktuellstes_arbeitspapier.pdf. (07.05.2015).
Werlen, Benno (2005): Raus aus dem Container! Ein sozialgeographischer Blick auf die aktuelle (Sozial)Raumdiskussion. In: *Projekt „Netzwerke im Stadtteil"*, S. 15-35.
Wüstenrot-Stiftung (Hrsg.) (2003): *Jugendliche in öffentlichen Räumen der Stadt:. Chancen und Restriktionen der Raumaneignung*. Leverkusen: Leske+Budrich.

Teil 3
Partizipation, Inklusion und Diversität im Neoliberalismus

Einleitung

Susanne Spindler

Für Institutionen der Bildung und der Sozialen Arbeit gelten Partizipation, Inklusion und Diversität als hochaktuelle Arbeitsansätze. Diese Konzepte sollen (Denk-)Räume öffnen für Teilhabeprozesse, für gesellschaftliche Zugehörigkeit von Gruppen, die als benachteiligt, ausgeschlossen oder nicht dazugehörig gelten, wie beispielsweise Menschen mit Beeinträchtigungen oder auch Menschen mit Fluchterfahrung. Auf ihren emanzipatorischen Gehalt hin geprüft, können diese Konzepte aber auch durchaus kritisch gelesen werden: Sie können neue Konflikte um Teilhabe generieren und bergen das Risiko, mit aktivierungspolitischen Aufforderungen verknüpft zu werden. Diese ersten Kritikpunkte deuten darauf hin, dass die Ansätze genauer überprüft werden sollten, inwiefern sie, auch durch die Hintertür, ihr emanzipatorisch-kritisches Potenzial verlieren.

Schaut man beispielsweise auf den Begriff der Diversität, so wird dieser für die Soziale Arbeit gerade im Kontext der Migrationspädagogik häufig als emanzipatorischer Begriff diskutiert, der den Blick öffnet für die Anerkennung von Differenzen und deren Gleichwertigkeit betont. Dies setzt voraus, dass diese Differenzen tatsächlich existieren – ihre Konstruiertheit muss also nicht hinterfragt werden. Wenn alles in seinem Anderssein angenommen werden muss, dann wird dieses Anderssein gewissenmaßen essentialisiert, bekommt eine ontologische Qualität – im Kontext der Sozialen Arbeit ist das besonders heikel, denn nicht jede Differenz will anerkannt werden, wie Nancy Fraser (2002)[1] dies formuliert hat. So ist beispielsweise Armut in einer reichen Gesellschaft (in einer armen Gesellschaft wird sie nicht als Differenz wahrgenommen) keine hinzunehmende Differenz, sondern eine, die geändert werden will. Wenn Differenzen als gegeben hingenommen werden, dann

---

1 Vgl. Fraser, Nancy (2002): Soziale Gerechtigkeit in der Wissensgesellschaft: Umverteilung, Anerkennung und Teilhabe. In: Heinrich-Böll-Stiftung (Hrsg.): *Gut zu Wissen – Links zur Wissensgesellschaft*, S. 50-63, Münster.

fragt man weder nach der Relevanz von Unterschieden in Bezug auf Situationen und Orte noch nach Machtverhältnissen.

Die dem Diversitätsbegriff innewohnende Annahme der Anerkennung und Gleichrangigkeit von Differenz wird damit per se eine Lösungsorientierung zugesprochen. Dies lässt Diskriminierungserfahrungen in den Hintergrund treten und es werden weder strukturelle Ungleichheiten thematisiert noch bearbeitetet, wie *Safiye Yıldız* die Kritik in ihrem Beitrag ausführt. Diversität ebenso wie Heterogenität wird damit auch für die Soziale Arbeit nicht zu einem handlungsleitenden Konzept, mit dem gesellschaftlichen Ungleichheiten begegnet werden kann, sondern im Gegenteil, so *Safiye Yıldız*, geraten die vielschichtigen Exklusionen damit aus dem Blick. Sie schildert dies als Teil eines neuen Herrschaftstopos in der Logik neoliberaler Politik: Die extensive Debatte um Heterogenität und Diversität verdrängt eine Diskussion um strukturelle Ungleichheit. Vor dem Hintergrund hochgradig stratifizierter Gesellschaften läuft das Konzept der Diversität damit Gefahr, dass soziale Ungleichheiten und die damit verbundenen gesellschaftlichen Verhältnisse aus dem Blick geraten und stattdessen Differenzen zu individuellen Merkmalen umgedeutet werden.

Für das Handlungsfeld Sozialer Arbeit im Fluchtkontext nimmt *Albert Scherr* Inklusion als problematisches nationalstaatliches Konzept kritisch unter die Lupe. Die nationalstaatliche Anlage des Wohlfahrtsstaates wird begleitet von einer Politik der Exklusion für bestimmte Gruppen, beispielsweise für Menschen aus den so genannten „sicheren Herkunftsländern" oder Personengruppen mit „schlechter Bleibeperspektive". Soziale Arbeit wird in diesem Arbeitsfeld zum Teil des nationalstaatlichen Handelns. Auch die Diversität der Bewohner_innen kann somit nur innerhalb der nationalen Grenzen wahrgenommen werden. Letztlich führt diese Beharrungskraft des Nationalen zur Nichtanerkennung von Herkünften, Biografien und Erfahrungen migrantischer oder transnational lebender Subjekte sowie zur Zuweisung zu Räumen der Inklusion oder der Exklusion. Während politisch-rhetorisch noch die Bemühungen der Subjekte im Mittelpunkt stehen und sie zu eigenen Anstrengungen der Inklusion aufgefordert werden (Deutsch lernen, Schule besuchen, sich in den Arbeitsmarkt einbringen…), so ist doch klar, dass all dies der Erlaubnis bedarf und zudem davon abhängig ist, ob das erlaubte Angebot überhaupt vorhanden ist. Und zugleich, betrachtet man das Verhältnis von Inklusion und Exklusion, sind inkludierende Exklusionen heute aktueller denn je, denkt man z. B. an die Unterbringungs- und Versorgungssituation vieler Geflüchteter in der Bundesrepublik – in Lagern oder auch Gemeinschaftsunterkünften sind sie zwar im gesellschaftlichen Raum, doch zugleich außen vor und mit wenig Perspektive auf die Möglichkeit tatsächlicher gesellschaftlicher Teilzuhabe, wie *Safiye Yıldız* in ihrem Beitrag weiterhin beschreibt.

Einleitung

Für Soziale Arbeit, die eingespannt ist zwischen sozialpädagogischer Arbeit, Versuchen der Schaffung von Teilhabemöglichkeiten für die Adressat_innen und exkludierenden Migrationspolitiken, führt das häufig zu einem Verhältnis des Eingespanntseins in Pseudo-Inklusionsprozesse, in die beschriebenen inkludierenden Exklusionsprozesse und, wie *Albert Scherr* den weitergehenden Prozess benennt, in ein „Exklusionsmanagement". Es ist gekennzeichnet durch die Art der Unterbringung Geflüchteter, durch die Verwaltung ihrer Bewegungslosigkeit und dadurch, dass kaum mehr Spielräume einer sozialpädagogischen Arbeit im Sinne der Ermöglichung von Emanzipation und gesellschaftlicher Teilhabe vorhanden sind. Im Anschluss stellt sich die Frage, ob Soziale Arbeit mehr in die Produktion von Ausschluss denn in die Ermöglichung von Partizipation und Teilhabe involviert ist und wie damit umzugehen ist.

Der Frage, welche Rolle Inklusion in einer Gesellschaft spielt, die sehr stark auf Normalisierung setzt, von Leistungsdruck geleitet und auf Lohnarbeit fixiert ist, geht *Michael Winkler* nach. Dabei lotet er aus, inwiefern Inklusion eine formelhafte Beliebigkeit bekommt und auf eine eigentlich unentschiedene Ausgangslage trifft. Einem inklusiven Denken stehen beispielsweise rigide Argumentationen und Politiken entgegen, wie z. B. die europäische Bekämpfung von Einwanderung durch Fluchtbewegungen oder auch die Propagierung der Verhinderung eines „Behinderungsrisikos" durch pränatale Diagnostik. Dem Individuum wird eine erweiterte Rolle zugeschrieben: Es bekommt die Entscheidung über dieses „Risiko" in seine Hand gelegt, Selbstverantwortung im Sinne steter Selbstoptimierung gerät in den Fokus und Chancenverteilung außer Acht. Auch für die Verfügbarkeit von Individuen kann Inklusion dienlich werden, z. B. wenn die Gruppenzugehörigkeit als „Behinderte" verschwindet und stattdessen das dem Arbeitsmarkt zur Verfügung stehende Individuum (trotz oder gerade aufgrund einer Behinderung) an Relevanz gewinnt. Inklusion und Partizipation setzen auf Engagement, auch auf zivilgesellschaftliches Engagement der Bürger_innen. *Michael Winkler* macht das Thema der Machtverteilung für die Diskussion stark: Um Inklusion und Partizipation zu analysieren, bedarf es immer auch der Frage, wer diese auf die Agenda gesetzt hat, wer also auch mit Definitions- und Realisationsmacht in diesem Feld agiert.

Soziale Arbeit als (Inklusions-)Container
Die (Un)Ordnung von Heterogenität und subjektnormierenden Praxen im Kontext Flucht und Soziale Arbeit

Safiye Yıldız

In diesem Beitrag greife ich kritisch einige Diskurs- bzw. Argumentationslinien der in der Erziehungswissenschaft/Sozialen Arbeit/Sozialpädagogik und Schulpädagogik populär gewordenen Differenz-, Diversity- und Inklusionsdebatte auf und fokussiere darauf, dass diese Diskurse nicht macht- und herrschaftsfrei sind, wie sie permanent den Eindruck erwecken. Diese Tendenz zeige ich auf, indem ich der diskursiven Spur der Uneindeutigkeiten und Unbestimmtheiten der Debatte über Heterogenität nachgehe.

Die Rekonstruktion der kritischen Diskurslinien in der Heterogenitäts- und Inklusionsdebatte im Hinblick auf die begrifflich-semantischen Uneindeutigkeiten und Unbestimmtheiten soll verdeutlichen, dass sie eher dazu tendieren, neoliberale Denkrichtungen unangreifbar zu machen, da diese auch in der Vielfaltsdebatte als eine Form des Differenzdenkens legitimiert werden. Damit können die begrifflichen Unbestimmtheiten als Medium der (Neu-)Ordnung der neoliberalen Differenz-Politik und Logik dienen, mit der beispielsweise die (un-)erwünschten Differenzen anhaltend Thema politischer Debatten werden (können). Damit rücken erneut die Strukturen von Ungleichheit zu Ungunsten der deprivilegierten Bevölkerungsteile wieder in den Hintergrund.

Daher stößt die Inklusion- und Heterogenitätsdebatte kaum auf Ablehnung der Privilegierten. In diesen Diskurslinien wird insbesondere die Frage fokussiert, inwiefern Soziale Arbeit durch die Rezeption der Inklusions- und Heterogenitätsdebatte bei gleichzeitiger Unbestimmtheit der Begriffe in die Reproduktion von Ausschlüssen verstrickt ist. Die Verstricktheit verdeutliche ich vor allem am Beispiel der Sozialen Arbeit mit Geflüchteten. Damit verweise ich auch auf die Unterwürfigkeit der Sozialen Arbeit unter nationalstaatliche Wohlfahrtsarrangements und -politiken. Am Schluss des Beitrags werden einige kritische Gedanken resümiert, die darauf verweisen, dass die Soziale Arbeit eine politische Haltung einnehmen sollte und damit auf die Veränderung der Strukturen zielen muss, damit sie sich nicht einer subtilen neoliberalen Politik im Medium der diskursiven Unbestimmtheit fügt. Die Vervielfältigung der Debatte über Heterogenität, Diversität, Differenz, also von Begriffen, die analytisch unscharf ineinander übergehen und polykontextuale und polykomplexe gesellschaftliche Zusammenhänge in einem Begriff zu fassen versuchen, lese ich mit Kron und Winter als Ausdruck und Resultat einer (Un-) Ordnung, d. h. als „eine radikale Unbestimmtheit des Sozialen" (Kron/Winter 2011). Auf die begriffliche Unklarheit von Heterogenität verweisen auch Rendtorff (2014, S. 118) und Budde (2012). Diese analytische Unbestimmtheit betrifft auch den Begriff der Inklusion, der mit dem Begriff der Heterogenität bzw. Diversität semantisch kodiert und entfaltet wird. Inklusion im Kontext der Erziehung, Bildung und Sozialen Arbeit bezieht sich inzwischen nicht ausschließlich auf die Kategorie Behinderung, sondern fungiert als eine „non-kategoriale" Größe, die ein „auf ‚alle' Diversitätsmerkmale bezogenes Adressatenverständnis" forciert. (Lindmeier/Lütje-Klose 2015, S. 8). Die diskursive Verbreitung von Heterogenität und Inklusion bei gleichzeitiger Unbestimmtheit stellt aufgrund einer empirischen Leere in den Begriffs(ver)klärungen eine Herausforderung für die Praxis Sozialer Arbeit bzw. für die Sozialpädagog_innen dar. Mit dem Zuwachs an Diskursen und einer Fülle von Bedeutungen, bietet der Begriff der Heterogenität einerseits keine konkrete Orientierung, andererseits wirkt er subjektnormierend, weil der „Umgang mit Heterogenität" normativ vorausgesetzt wird, aber sich an der Kontinuität von beispielsweise Diskriminierungsverhältnissen nichts verschiebt (Eggers 2013, S. 56). In dieser Bedeutungsfülle geraten, so meine These, die vielschichtigen ökonomischen, politischen und sozialen Exklusionsformen aus dem Blick und aus dem Bewusstsein. Ferner fasse ich die ausufernde Debatte über Heterogenität und damit verbunden die Verdrängung einer Debatte über strukturelle Bedingungen von Ungleichheit als Symptom einer neoliberalen Politik-Logik (alles ist möglich, aber auch nicht möglich), als einen neuen Herrschaftstopos in der Postmoderne.

Insofern hat die Soziale Arbeit sich der Antwort auf die Frage, was Exklusion war und ist, gerade in der Debatte über Inklusion und Heterogenität immer wieder zu vergewissern. Sie ist eine organisationale Einheit der funktionalen Differenzierung in wohlfahrtsstaatlichen Arrangements, die einerseits alle benachteiligten Gruppen der Gesellschaft einschließen soll, andererseits ist sie selbst Teil und Effekt von Ausschließungsprozessen, wie im Folgenden skizziert wird. So kann Soziale Arbeit als der Sammelort von kumulierten Exklusionen und Inklusionen aufgefasst werden, da, so Stichweh, in einer systemdifferenzierenden Gesellschaftsordnung jede Form von Exklusion immer wieder in eine andere Inklusion überführt werden kann und umgekehrt (vgl. Stichweh 2009, S. 37f.). Soziale Arbeit ist also nicht ein Ort außerhalb der herrschafts- und machtförmig geprägten Gesellschaft. Daher kann der Selbstanspruch, eine völlige Inklusion der Ausgegrenzten zu ermöglichen, nicht gelingen, muss aber stets gefordert werden.

1 Soziale Arbeit als Ort der Ver-Strickungen von Inklusionen und Exklusionen

Als Begründungszusammenhang für die Sozialpädagogik und Soziale Arbeit stehen heute die Differenzperspektive (Kessl/Plößer 2010) und das Selbstverständnis der Sozialen Arbeit als Menschenrechtsprofession häufig im Mittelpunkt (Staub-Bernasconi 1998). Die Begründung, dass durch eine strukturelle Ordnung (ökonomische, politische, globalisierte) und eine normative Ordnung von Diskursen, die Menschen unter Rückgriff auf eine Leitdifferenz als homogen ‚normal' eingeschlossenen (inkludiert) und als homogen ‚abweichend' (ausgeschlossenen) kategorial klassifiziert werden können, legitimiert den universalistischen Anspruch nach einer bedingungslosen Inklusion der Ausgegrenzten. Dieser „moderne Allinklusionsimperativ" (Bohn 2008, S. 185) operiert mit weiteren synonym verwendeten Schlüsselbegriffen wie Heterogenität, Vielfalt und Differenz, deren Berücksichtigung als Herausforderung für pädagogische Handlungen im Kontext Schule, Sozialpädagogik und Soziale Arbeit in den Fokus vielfältiger Debatten rückt (vgl. Sturm 2016; Merten/Scherr 2004). Jedoch steigt inzwischen auch die Skepsis und Kritik gegenüber der analytischen Unbestimmtheit dieser Art Begriffsmodelle, wie z. B. Heterogenität. Trotz ihrer Unbestimmtheit, werden generalisierende Aussagen, Herausforderungen, Ansprüche und Ziele für die pädagogische Praxis formuliert, die nicht einlösbar erscheinen. Budde beschreibt Heterogenität als „Containerbegriff" (Budde 2012, S. 3). Rendtorff redet überspitzt von einem „Gummiwort" bzw. „Super-Begriff" (Rendtorff 2014, S. 115). Aufgrund der ausufernden Produktion von Bedeutungsvielfalt werden die Akteur_innen (Lehrer_innen, Sozialpädagog_innen, Sozialarbeiter_innen) ohne eine empirische Fülle der Begriffsmodi mit neuen Ansätzen wie dem der Inklusion konfrontiert, der statt Handlungsorientierung zu geben, eher handlungshemmend zu wirken droht.

Einerseits existieren beispielsweise in der Sozialen Arbeit mit Geflüchteten vielschichtige strukturelle Hindernisse, die aus rechtlich festgelegten nationalstaatlichen Rahmenbedingungen (Aufenthaltsregelungen, Asylrecht, Unterbringung in Unterkünften) resultieren. Andererseits führen vorgeschlagene Diversity-Konzepte zur Banalisierung des Umgangs mit Heterogenität, mit der Folge, dass eine grundlegende Auseinandersetzung mit ausgrenzenden Strukturen ausbleibt, die ‚Andere' als solche hervorbringen, isolieren und ausgrenzen. Soziale Arbeit hat so nicht mit denen zu tun, die in der Gesellschaft privilegiert und bevorteilt sind und über politische, organisationale, soziale und kulturelle Ressourcen verfügen, sondern mit jenen, die durch Staatspolitik(en), hegemoniale Diskurse und soziale Praktiken als different und abweichend markiert und vom Zugang zu gleichen Chancen und Rechten – wie im Falle der Geflüchteten – u. a. vom Staatsbürgerschaftsrecht ausgeschlossen werden und deren Leben in menschenunwürdigen Wohnunterkünften legitimiert wird. Soziale Arbeit legitimiert sich als die Arbeit „mit Anderen", also mit Exkludierten, um ihnen möglichst die gleichberechtigte gesellschaftliche Teilhabe zu ermöglichen (vgl. Kessl/Plößer 2010). Folgende Frage wird also nicht gestellt: Wie gehen wir mit Menschen um, die in der Gesellschaft privilegiert sind und Anteil daran haben, andere zu exkludieren? So wird in der Inklusions- und Heterogenitätsdebatte weniger die von wohlfahrtsstaatlichen Arrangements der Sozialen Arbeit zugeschriebene, aber nicht überwindbare Inklusionsaufgabe in den Blick gerückt: eine *soziale* Korrektur der ausschließenden Gesellschaft zu übernehmen. Ferner werden auch die Akteur_innen der Sozialen Arbeit als Gegenstand des Ausschlusses im Sinne ihrer Inklusion (Einbindung) in wohlfahrtsstaatliche Arrangements, in das Gefüge machtvoller nationalstaatlicher Apparate, rechtlicher Bestimmungen, Institutionen, Bestimmung und Gestaltung des Sozialen und Sozialpädagogischen weniger analysiert (vgl. Kessl 2005, S. 80ff.). Kessl verweist darauf, dass die Strukturierung der Sozialen Arbeit und (soziale) Handlungspraktiken in diesem Feld durch staatlich-institutionelle Machtarrangements und machtvolle neoliberale Strukturlogiken erfolgen. Erst die Analyse „jener Strukturierungslogiken" kann die Inkludiertheit im Sinne der Gefügigkeit Sozialer Arbeit und der Akteur_innen in ein „fachliches (Regierungs)Handeln" ans Licht bringen (ebd., S. 83). Ganz besonders wird die Inklusion der Sozialen Arbeit in die Regulierung der politischen Entscheidungen, Aussagen und Haltungen beispielsweise in der Arbeit mit geflüchteten Kindern und Erwachsenen und bei Abschiebungen deutlich, worauf Albert Scherr verweist. So sei durch die Einbindung der Sozialen Arbeit als Profession „in die Strukturen des nationalen Wohlfahrtsstaates" auch ihre Gefügigkeit gegenüber diesen zu beobachten (Scherr 2015, S.17). Im Hinblick auf „die Lebensbedingungen von Kindern und Jugendlichen in Erstaufnahmeeinrichtungen und Gemeinschaftsunterkünften für Flüchtlinge" vermerkt Scherr,

> dass normative Selbstbeschreibungen der Sozialen Arbeit de facto vielfach nicht als Begründungen und Legitimation einer kritischen und emanzipatorischen Praxis wirksam werden, sondern eher zur Selbstberuhigung der Akteure und der Verschleierung ihrer faktischen Mitwirkung an einer flüchtlingspolitischen Praxis mit tödlichen Folgen beitragen. (ebd., S.17)

Die fachlichen Standards, die für Kindeswohlgefährdung berücksichtigt werden, würden bei minderjährigen Flüchtlingen von Jugendämtern ignoriert und es würde keine ernsthafte systematische Auseinandersetzung mit der Lebenssituation der geflüchteten Menschen stattfinden (ebd.). Soziale Arbeit vermeide Konfrontationen mit den staatlichen Behörden (Ausländerbehörden), politischen Instanzen, Wohlfahrtsverbänden als Träger der Sozialen Arbeit mit Geflüchteten und umgehe damit ihrer Aufgabe als Menschenrechtsprofession zu fungieren (ebd., S.18). Die subjektnormierende politische Praxis, die mit der strukturellen Begrenzung der Möglichkeiten der Sozialen Arbeit, aber auch mit den sich-selbst-fügenden Haltungen der Akteur_innen einhergeht, stellt auch die fachspezifischen Standards und das politische Mandat der Profession in Frage. Darüber hinaus ermöglicht die Vermeidung der politisch-kritischen Konfrontation mit den Behörden und nationalstaatlichen Arrangements die Abschiebungen und damit eine repressive Form der Kindeswohlgefährdung. Die Konfrontationsvermeidung mit der nationalstaatlichen Politik und den Strukturen führt aber auch zur Gefährdung der geflüchteten Menschen in allen Altersstufen durch z. B. ihre Inklusion in die menschenunwürdigen Gemeinschaftsunterkünfte, durch medizinische Unterversorgung und rechtliche Deprivilegierung etc. (vgl. Muggenthaler 2016). Was bringt hier die Debatte um Heterogenität und Differenz? Um die Gewalt dieser Art Inklusion zu verdeutlichen, schreibt Scherr:

> Die hoch problematische Sortiermaschine des Flüchtlings- und Zuwanderungsrechts ist also für die Soziale Arbeit unmittelbar folgenreich. Sie entscheidet mit darüber, wer AdressatIn der Sozialen Arbeit bleiben darf und wer in Länder abgeschoben wird, in denen dem Betroffenen in der Regel kaum noch zumutbare Lebensbedingungen und auch keine Hilfeleistungen durch die Soziale Arbeit zugänglich sind […]. Soziale Arbeit leistet auch in diesem Arbeitsfeld keine Hilfe für Hilfsbedürftige, sondern für diejenigen, die durch politische und rechtliche Vorgaben in ihre Zuständigkeit verwiesen werden. (Scherr 2015, S.18f.)

Insofern hat die Soziale Arbeit sich der Antwort auf die Frage, welche Folgen Exklusionen haben, gerade im Kontext der Debatte von Inklusion und Heterogenität und in der Arbeit mit geflüchteten Menschen, immer wieder zu vergewissern. Insbesondere im Kontext der Sozialen Arbeit mit geflüchteten Menschen gewinnen die Studien zur Gouvernementalität als grundlegendes Professionswissen an Bedeutung für die Praxis. Kessl (2005) macht in seiner Studie auf die „Gouvernementalität Sozialer Arbeit" und damit auf die gouvernementale Verfassung der Gesellschaft aufmerksam.

Die Analyse des Staates wie auch die Analyse der Soziale Arbeit als staatliche Instanz fokussieren die geplanten Führungen und Lenkungen von Subjekten bzw.

„geplanter Beeinflussung von Subjektivierungsweisen der nachwachsenden Generationen in sozialen Problemlagen" (Kessl 2005, S. 89f.). Die Studie macht auf die Selbstführung der Akteur_innen der Sozialen Arbeit im Sinne der Eigeninklusion in wohlfahrtsstaatliche Arrangements und als deren Folge, auf die Fremdführung, also die Führung ‚Anderer', aufmerksam.

Die Erkenntnis „Soziale Arbeit ist Regierungshandeln" (ebd., S. 90) betont die Abhängigkeit Sozialer Arbeit von der Sozialpolitik, insofern Soziale Arbeit als „Teil einer Politik des Sozialen im umfassenden Sinne (sozialer Raum der Gesellschaft)" und damit als „eine der bestimmenden Akteurinnen der wohlfahrtsstaatlichen Regierung des Sozialen im engen Sinne (sozialer Sektor)" fungiert (ebd., S. 93f.). Die auf Foucaults machttheoretischer Analyse beruhende Perspektive auf Soziale Arbeit und Jugendhilfemaßnahmen ermöglicht, insbesondere im Kontext der Sozialen Arbeit mit Geflüchteten, die „Grade der Verdichtung der Machtverhältnisse" im Kontext der geplanten Subjektivierungsweisen der Akteure und der Adressat_innen zu verdeutlichen (ebd., S. 89), in deren Reproduktion Soziale Arbeit auf unterschiedliche Art und Weise verstrickt ist. Gegenstand der Analyse dieser Verstrickungen wären nicht nur Exklusions- und Inklusionsprozesse als ineinandergreifende Herrschaftsmedien. Der Fokus sollte z. B. auch auf den Subjektivierungsweisen des ‚Fremden' liegen, mit den Geflüchtete mit unterschiedlichen synonymen und assoziativen Begrifflichkeiten (‚Flüchtlingsströme', ‚Flüchtlingskrise', ‚Wirtschaftsflüchtlinge', etc.) permanent adressiert werden und so im sozialen Sektor und sozialen Raum der Gesellschaft Diskriminierungen und Rassismus ausgesetzt sind.

Wenn Soziale Arbeit sich auf Diversity-Ansätze mit dem Ziel stützt, allen benachteiligten Menschen Zugangsmöglichkeiten zu gleichen Rechten und sozialen Chancen zu ermöglichen, kann sie jedoch „Diversity nicht als *Raum des Anderen* […] zelebrieren, ohne die Prozesse des *Othering* selbst in Augenschein zu nehmen" (Castro Varela 2010, S. 257, Herv. i. O., vgl. auch Yıldız 2016), und zwar als historisch mit der ökonomisch-politischen, sozialen und kulturellen Kolonisierung und Ausbeutung „der Anderen" einhergehende Dimension (ebd., S. 254f.). Kolonisierungspraxen, die sich u. a. mit einer Verlinkung eines hegemonialen (Un-)Wissens über ‚Andere' vollziehen – aktuell über die Konstruktion von ‚Flüchtlingen' als kollektiver Gegenpart des ‚Eigenen' – müssen Teil der Reflektion des sozialpädagogischen Handelns sein (vgl. Castro Varela 2015). So kann allein die Affirmation „nationaler Zugehörigkeitsordnungen" dazu führen, dass „die Exklusion ganzer Bevölkerungsgruppen legitimiert" wird (Castro Varela 2013, S. 318).

Das Bekenntnis der Nationalstaaten und der Sozialen Arbeit zu Menschenrechten geht nicht mit der Anerkennung der Geflüchteten als Bürger_innen einher. Soziale Arbeit ist situiert und agiert in nationalstaatlich erzeugten strukturellen (Un-)Möglichkeitsräumen und Diskrepanzen, weil „viele soziale, politische und bürgerliche Rechte [...] an den Staatsbürgerschaftsstatus gebunden (sind)" (Initiative Hochschullehrender zu Sozialer Arbeit in Gemeinschaftsunterkünften 2016, S. 2). Daraus folgt per se eine rechtliche Schlechterstellung der Geflüchteten, die die Soziale Arbeit nicht als Bürger_innen anerkennt. Sie sind größtenteils aus den Sozialleistungen ausgeschlossen, sowie u. a. aufgrund eines ungeklärten Aufenthaltsstatus in ihren Lebensbedingungen eingeschränkt und beeinträchtigt, wie in dem Positionspapier Sozialer Arbeit als Kernpunkt der Diskrepanz resümiert wird:

> Die praktische Tätigkeit ist – gerade in Gemeinschaftsunterkünften – dadurch erschwert, dass die Sozialarbeiter_innen meist in schlecht ausgestatteten, unklar geregelten und konzeptionell kaum entwickelten Settings agieren. In der Folge besteht zwischen dem, was fachlich und professionsethisch geboten ist, und dem, was rechtlich sowie praktisch nahe gelegt wird, eine große Diskrepanz. Die Soziale Arbeit sieht sich entsprechend aufgefordert, rechtliche Festlegungen, auf deren Grundlage Menschen das Recht auf Aufnahme, Schutz und Unterstützung verwehrt wird, kritisch zu hinterfragen. Das gilt gleichermaßen für die generelle Schlechterstellung wie für aktuell stattfindende Entrechtungen, vernachlässigende Unterstützung sowie für aufenthaltsbeendende Maßnahmen (sog. ‚freiwillige Ausreisen' und Abschiebungen). Das bedeutet auch, sich der Erwartung zu verweigern, an der Durchsetzung aufenthaltsbeendender Maßnahmen mitzuwirken. (ebd.)

In diesem Zusammenhang ist die Frage, die Castro Varela (2013) für eine politisch zu denkende Pädagogik und damit für die Politisierung der Sozialen Arbeit aufwirft, gerade im Kontext Migration, die mit globalen aber auch lokalen Herrschaftsstrukturen zusammenhängt, von hoher Bedeutung wie auch die Frage, ob die Soziale Arbeit mit einer bedingungslosen und rücksichtslosen Kritik an den bestehenden Verhältnissen auch an sich arbeiten muss, um sich nicht dermaßen diesen Verhältnissen zu unterwerfen bzw. sich zu inkludieren. Für eine ernst genommene gerechte Ordnung der Gesellschaft, die durch „die Komplexität Sozialer Ungerechtigkeit" (ebd., S. 318) gekennzeichnet ist, müsste die Soziale Arbeit bzw. müssten die Akteur_innen der Sozialen Arbeit sogar in Kauf nehmen, sich selbst überflüssig zu machen, eine (Selbst-)Kritik und eine radikale Kritik auszuüben an den gesellschaftlichen Verhältnissen, einhergehend mit einer „Verweigerung eines absoluten Gehorsams" (ebd., S. 319).

Mit Foucaults Thesen zur Gouvernementalität als Perspektive zur Analyse von Ungleichheiten zu arbeiten bedeutet, nicht die Verteidigung dieser Gesellschaft anzustreben (vgl. Foucault 2001), sondern alle gesellschaftlichen Verhältnisse, die gewaltvolle und „sanftere" Exklusionen bedingen, so auch die Inklusion der Sozialen Arbeit und der Akteur_innen in wohlfahrtsstaatliche bzw. nationalstaatliche Herrschafts- und Machtarrangements auf den Kopf zu stellen. Die Regierung der Sozialarbeiter_innen und Regierung der „Fremden" (Geflüchteter) zeigt sich aktuell ganz deutlich als konstitutiver Bestandteil der nationalstaatlichen Regierungs- und Flüchtlingspolitik. Die Frage nach der Regierung der Menschen über Menschen, bzw. die Herrschaft von Menschen über Menschen (vgl. Jäger 2001, S. 85.) schließt auch ein, wie Sozialarbeiter_innen regiert werden. Dieser Frage wird es umso wichtiger analytisch nachzugehen, wenn ihnen mehr Aufgaben der Sozialen Arbeit mit geflüchteten Menschen zugemutet werden (Überstunden, Ehrenamt). Die Hinnahme einer Mehrarbeit zugunsten einer Verschiebung der Aufgabe der Politik auf die Soziale Arbeit scheint kaum Gegenstand der Analysen zu sein. Die Einhaltung und Verwirklichung der Menschenrechte ist primär eine staatspolitische Aufgabe, insofern sie auf eine strukturelle Gleichstellung von benachteiligten Menschen abzielt. Wenn also in der Sozialen Arbeit mit den Begriffen Inklusion und Heterogenität die gleichberechtigte Teilhabe aller Menschen postuliert wird, tendieren sie eher zur konstanten Verschleierung der strukturellen Verhältnisse.

2 Inklusion als Nomenklatur für das In-Ordnung-Bringen der exkludierenden Gesellschaft. Rückerinnerungen an die Geschichte der Exklusionen als Geschichte der Inklusionen[1]

Exklusionen haben eine Geschichte. Sie haben eine Geschichte, die zugleich eine Geschichte der Inklusionen ist. Diese These der ineinandergreifenden gesellschaftlichen Phänomene, die Michel Foucault als die Geschichte der Ein- und Ausschließungen beschreibt, konfrontiert die (neuen) Ansätze zu Inklusion mit ihrem universalisierenden Geltungsanspruch „all inclusive" oder „inklusive Gesellschaft" (Yıldız 2015). Foucault schreibt, dass wir es in der modernen Gesellschaft durch Ein- und Ausschließungen (Inklusion und Exklusion) mit vielschichtigen Teilungspraktiken der Subjekte zu tun haben, die „als Basis für weitreichende und den gesamten Gesellschaftskörper durchlaufende Spaltungen dienen" (Foucault 2003, S. 95). Diese gehen mit Teilungspraktiken in Wissensarchiven einher. Teilungspraxen in Wissensarchiven bedeutet, dass sie mit vielschichtigen dichotomischen Begriffsmodellen operieren, die bestimmte Subjektpositionen bereitstellen, diese von Individuen angeeignet werden und damit zur Spaltung der Gesellschaftsgruppen (in beispielsweise Geflüchtete (Fremde), Mann/Frau, etc., beitragen [vgl. Yıldız 2009, S. 72f.]). Diese vielfältigen Teilungen in Wissensarchiven, die die Konstituierung von vielen Gegenständen und Subjektpositionen strukturieren, ordnen bipolare

---

[1] Teile dieses Abschnitts gehen auf meine Studie des Jahres 2009 zurück.

Denkfiguren in polykontextualen Diskursen, die in Handlungsweisen übergehen. Die bipolare Strukturiertheit von Diskursen und Wissensvorräten sowie von Vorgängen und Prozessen von Ausschließung auch als Einschließung zu verstehen, macht er am Beispiel von Vernunft und Wahnsinn als Kategorien der Ordnung eines historischen Diskurses deutlich, die repräsentativ auf andere bipolar strukturierte Diskurse übertragbar sind.

Die Gegenstandskonstitutionen in dualistischen Begriffsmodellen und der damit einhergehenden Semantiken sind trotz der eindeutig erscheinenden kategorialen Pole (Vernunft/Wahnsinn, Frau/Mann, gesund/nicht gesund, Fremde/Eigene...) jedoch nicht immer transparent. Auch tauchen sie in *vernünftigen* Begriffen wie Heterogenität oder Diversity implizit oder explizit auf. Daher schlägt Foucault, vor allem im Hinblick auf ihre Machtwirkungen, eine strategische Lesart vor:

> Um zum Beispiel herauszufinden, was unsere Gesellschaft unter vernünftig versteht, sollten wir vielleicht analysieren, was im Feld der Unvernunft vor sich geht. Wir sollten untersuchen, was im Feld der Illegalität vor sich geht, um zu verstehen, was wir mit Legalität meinen. (Foucault 1994, S. 245)

Mit dieser Analysestrategie bemüht sich Foucault, die Prozesse der Objektivierung und Teilungen des Wissens bzw. Sortierung und Verteilung der Wissensgegenstände in die gesellschaftlichen Sphären, die in Handlungen verflochten sind, zu rekonstruieren.

Foucault zufolge gehen die opponierenden Momente mit vielen anderen Strategien in einem Diskurs (so auch in Inklusion, Heterogenität, Vielfalt) ineinander. Er spricht von der Polyvalenz und Zerstreuung von Aussagen, Sinn und Bedeutungen von Begriffen und Gegenständen in Diskursen, die zwar nicht als kohärente Äußerungen zu denken sind, aber insgesamt eine Wechselwirkung von Diskurs, Wissen und Macht konstituieren:

> Es gibt nicht auf der einen Seite den Diskurs der Macht und auf der andern Seite den Diskurs, der sich ihr entgegensetzt. Die Diskurse sind taktische Elemente oder Blöcke im Feld der Kraftverhältnisse: es kann innerhalb einer Strategie verschiedene und sogar gegensätzliche Diskurse geben; sie können aber auch zwischen entgegengesetzten Strategien zirkulieren, ohne ihre Form zu ändern. (Foucault 2003, S. 101)

Es gibt also nicht auf der einen Seite die Exklusion und auf der anderen Seite die Inklusion. Die Produktivität von Macht, also die nicht repressiven Formen von Macht, zeigen sich z. B. u. a. in den strategisch positiven Handlungen im Sinne der Inklusion der Benachteiligten in Regelstrukturen, die in den gesetzten Ziel- und Zweckbestimmungen der Ansätze und Konzepte formuliert werden.

Unter Strategie versteht Foucault a) „die Wahl der Mittel zur Erreichung eines Zwecks [...]; es handelt sich um die aufgewandte Rationalität zur Erreichung eines Ziels", b) „die Weise, in der man versucht, *die anderen in den Griff zu bekommen*", c) „[s]chließlich [...] die Gesamtheit der Verfahren [...], die in einer Auseinandersetzung verwandt werden, um dem Gegner seine Kampfmittel zu entziehen und ihn zum Verzicht auf den Kampf zu nötigen; hier handelt es sich um Mittel zur Erringung des *Siegs*" (Foucault 1994, S. 259, Herv. i. O.). So könnten beispielsweise Abschiebungen als rechtlich (sic!) und politisch begründet soziale Akteure_innen entlasten. Aber genau jene Entlastung kann als sozial verträglicher „Sieg" oder in Griff bekommen der „Anderen" interpretiert werden. Darin zeigen sich die von Foucault postulierten Strategien der politischen Macht.

Die angewandten Verfahren schlagen sich in dem hegemonial definierten ‚Flüchtlingsproblem' nieder: in der diskursiven Konsensstiftung durch Medien, dadurch dass es ein ‚Flüchtlingsproblem' gibt, in der Reproduktion von westlich-geprägten Diskursen und Wissen z. B. über ‚kulturell Andere', die die (post)kolonialen Ursachen der Fluchtbewegungen verschleiern (Entgeschichtlichungsverfahren), in der Rationalisierung des Problems durch die Eindämmungspolitik der ‚Flüchtlingszahlen' mit dem impliziten oder expliziten Argument der Überbevölkerung oder Rationalisierung einer Menschen-Sortierungslogik nach ‚nützlichen' und ‚nicht-nützlichen' Potentialen Geflüchteter, in unmenschlichen Inklusionspraxen in isolierten Räumen und marginalisierten Orten (Kasernierung in Asylunterkünften, Gemeinschaftsunterkünfte) und in juridischen Regelungen, mit Hilfe derer eine begrenzte Erteilung oder völliger Entzug von Aufenthaltsrechten erfolgt. Diese Verfahren in einem Konglomerat von Diskurs, institutioneller Macht und Wissensgegenständen, dienen allesamt dazu, Geflüchteten die Mittel zu nehmen, mit denen sie sich mit der eigenen Stimme gegen (post)koloniale Praxen, Rassismus und Diskriminierungen widersetzen können und somit also über ihre Lebenslagen mitentscheiden könnten.

Von „Machtstrategie" spricht Foucault, wenn er „die Gesamtheit der Mittel" meint, die verwendet werden, „um ein Machtdispositiv" – hier Inklusion und Exklusion gleichzeitig – am Leben zu halten (ebd.).[2] Ihm geht es um Strategien

---

2 So können z. B. das Aufbegehren und die Freiheit als Strategien von Diskursen (z. B. das Aufbegehren „Deutschland ist ein freies Land") aufgefasst werden, die innerhalb der Machtverhältnisse zur Verdeutlichung von Grenzen und Dichotomien und zur Vollendung der Ziele dienen (vgl. Foucault 1994, S. 259 f.). Das Operieren mit dem Freiheitsbegriff zum Beispiel in einem Nationalstaat setzt andere Bedingungen und Voraussetzungen für die der Nation Zugehörigen als für die, die nicht zur Nation gehören. Link spricht von „DISKURSTAKTIK", womit er einem Diskurs immanente begriffliche und symbolische Strategien meint, in der die der Begriff der Freiheit stets mit hineinspielt (Link 1983, S. 60 ff.).

und Mechanismen in Diskursen und deren Entschlüsselung, darum also, ans Licht zu bringen, was die Macht und die Machtverhältnisse in der Gesellschaft durch vielerlei diskursive und strukturelle Möglichkeiten konstituiert. Er betont die Vielfältigkeit von Konstitutionsregeln,[3] methodisch gefasst z. B. als „Regel der taktischen Polyvalenz der Diskurse" (Foucault 2003, S. 100). Polyvalenz bedeutet hier, dass der Diskurs „eine Serie diskontinuierlicher Segmente" umfasst, die nicht aufeinander angewiesen sind, und daher unterschiedliche Funktionen und Wirkungen innehaben kann (ebd., S. 100). Die polyvalente Produktion und Akkumulation von Wissenselementen, „die ein Gebiet bevölkern und organisieren" (ebd., S. 93), Zerstreuung und Entfaltung von beispielsweise Heterogenitätswissen und -diskursen tendieren dazu, Machtverhältnisse zu verflachen und zu veruneindeutigen.

Daher ist für ihn die Frage nach den Diskursen und Diskurselementen, die innerhalb dieser Kräfteverhältnisse in Umlauf kommen, von zentraler Bedeutung, da in ihnen Gegenstände konstituiert werden, die soziales Handeln generieren und konstituieren. Mit Machtverhältnis ist u. a. die Materialisierung von Wissen-Macht-Komplexen in Handlungen der Menschen untereinander gemeint:

> Tatsächlich ist das, was ein Machtverhältnis definiert, eine Handlungsweise, die nicht direkt und unmittelbar auf die anderen einwirkt, sondern eben auf deren Handeln. Handeln auf ein Handeln, auf mögliche oder wirkliche, künftige oder gegenwärtige Handlungen. (Foucault 1994, S. 254)

Foucault macht darauf aufmerksam, dass wir „die historischen Bedingungen kennen" sollten, „die eine bestimmte Art der Begriffsbildung motivieren" und wir „ein geschichtliches Bewusstsein der Situation, in der wir leben" nötig haben (Foucault 2005, S. 241), denn genau unter anderem an jenem orientieren wir unsere Handlungen, allein wenn wir z. B. über Flüchtlings(sozial)arbeit reden oder das „Leiden Anderer" als Aufruf zur Sozialhilfe generieren (Castro Varela 2015). Um z. B. einschätzen zu können, wie wir in der Polyvalenz der Diskurse über Inklusion und Heterogenität den diskursiven Boden für pädagogische (Handlungs-)Praktiken nicht verlieren, ist es notwendig, Foucaults Analysefokus auf die Frage zu richten, wie die historischen Objektivierungsweisen von Subjekten als theoretisch-diskursive Formierung der Menschen zu bestimmten (dominanten und unterwürfigen) Subjekten verlaufen. Wie werden beispielsweise das produzierende, arbeitende Subjekt und das ethnische Subjekt marginalisiert und in diesem Fall auch die Sozialarbeiter_innen im Kontext der Exklusionen als sozial Tätige formiert? Unter welchen gesellschaftlichen

---

3 Foucault spricht von „Regel der Immanenz", „Regel der stetigen Variationen", „Regel des zweiseitigen Bedingungsverhältnisses", die alle regulierende Funktionen haben (Foucault 2003, S. 98f.).

Bedingungen und in wessen Namen handeln die Pädagog_innen und wirken auf die Handlungen anderer Subjekte, ihrer Adressat_innen, wie etwa Geflüchtete? So schreibt Foucault, dass ein „umfassendes Thema" seiner „Arbeit also nicht die Macht, sondern das Subjekt" ist (Foucault 2005, S. 240). Damit negiert er die Machtdimension nicht – und Letzteres ist auch Kern seiner Analysen –, sondern er verdeutlicht, wie wichtig es ist, die Subjektpositionierungen in dieser Gesellschaft, die durch komplexe Machtverhältnisse hervorgebracht werden, analytisch herauszuarbeiten. Die Berücksichtigung des Zusammenhangs von Gesellschaft-Macht-Subjekt und von Ein- und Ausschlussprozessen würde die die Subjekte hervorbringenden, subjektnormierenden und disziplinierenden Aspekte ans Licht bringen.[4]

Es bedarf in dieser Hinsicht einer Verhältnisbestimmung des relationalen Zusammenhangs der „inkludierende(n) Exklusion" (Bohn 2006, S. 44) und des Wahrheitsgehalts der Inklusion (Yıldız 2015). In funktional differenzierenden modernen bzw. nationalstaatlich geprägten Gesellschaften, so verdeutlichen Foucaults Analysen und systemtheoretische Ansätze, kann nicht von einer vollständigen Exklusion geredet werden. Die Exklusion der Ausgeschlossenen in modernen Nationalstaaten erfolgt durch ihre Inklusion in räumlich und ethnisch segregierte Orte. Bohn hebt hervor, dass „die neue Form der Exklusion [...] gleichzeitig eine Inklusion (ist), eine inkludierende Exklusion durch räumliche Konzentration, durch Kasernierung oder Asylierung, durch den unfreiwilligen Ausschluss durch Einschluss" (Bohn 2006, S. 44). Die Unterbringung der Geflüchteten in Zelten oder Gemeinschaftsunterkünften entspricht diesem einschließenden Ausschluss, also nicht einem totalen Ausschluss. Im Falle von Abschiebungen einiger Geflüchteter handelt es sich jedoch um einen totalen Ausschluss aus dem Territorium und Entzug aller auch gewährten partiellen Möglichkeiten.

Die analytische Frage, die Renn stellt, also „Wo steht das Subjekt?" (Renn 2012, S. 35ff.) im Kontext Heterogenität, wenn es weder als passiver Agent seiner Tätigkeiten zu denken ist, noch als völlig autonom konstruiert werden kann, ist von großer Bedeutung. Vor allem, wenn die zeitgenössische Debatte beispielsweise die Lösung der Probleme geflüchteter Menschen stets als Herausforderung für die Soziale Arbeit darstellt und nicht etwa als ein von der Politik und vom Staat zu lösendes Problem.

---

4 Wie u.a. in der Geschlechter- und Migrationsforschung aufgezeigt, werden Menschen in Sinnzusammenhängen und Bedeutungszuweisungen im Kontext eines Wissens-Macht-Komplexes zu geschlechtlichen Subjekten wie Mann und Frau (vgl. Butler 1991; Bourdieu 2013). Subjektbildung in einer Migrationsgesellschaft basiert auf einer auf historisch-spezifische Weise hervorgebrachten und institutionalisierten Ausschließung der ‚Anderen' (vgl. Mecheril 2014).

Für die Sozialpädagogik und die Soziale Arbeit ergeben sich folgende Fragen: Wo steht das pädagogisch handelnde Subjekt im Diskurs um Heterogenität, unter Diskurs-Verhältnissen von Unbestimmtheiten? Was mobilisiert uns Wissenschaftler_innen, das postmoderne Denkmodell von Heterogenität, Vielfalt, Diversität zu vervielfältigen, das eine Orientierung für das Handeln der Professionellen erschwert, mit dem (Neben)Effekt, Machtstrukturen zu verschleiern? Wo bleibt die Rekurrenz auf die Beleuchtung hegemonialer Strukturen und das Lesbar-Machen von neoliberaler (Ent-)politisierung Sozialer Arbeit bzw. Sozialpädagogik, die sich durch die Affirmation der Unbestimmtheit der Begriffsmodi wie Heterogenität herauskristallisieren?

3   Die (bestimmte) Unbestimmtheit von Heterogenität

Aus einem diskursanalytischen Zugang geht Budde (2012) den Aussagen und diskursiven Formationen der Debatte über Heterogenität im schulpädagogischen Feld nach. Ihm zufolge sind die Aussagen, das Sprechen und Schreiben über Heterogenität nicht arbiträr und gleichförmig, sondern verteilt und verbreitet, indem eine Regelmäßigkeit von Aussagen mit Hilfe auch synonymer Begriffe wie Vielfalt, Verschiedenheit, Diversität auftaucht. Das bedeutet auch, dass die diskursiven Aussagen in anderen Feldern (u. a. Erziehungswissenschaft, Sozialpädagogik) im Feld der Schulpädagogik aufgenommen und verbreitet werden. Bezeichnend sei eine zunehmende Operationalisierung des Begriffs Heterogenität, der eine Hervorbringung von Widersprüchen zur Folge hat und wodurch der Gegenstand der Debatte undurchsichtig und damit verunklart wird:

> In den diskursiven Formationen tauchen durchgängig Begrifflichkeiten auf, die zwar vorgeben, Heterogenität zu erläutern (durch Relationen, Synonyme etc.), tatsächlich aber dazu führen, dass sich das Sprechen und Schreiben multipliziert, der Gegenstand dabei aber nicht an Kontur gewinnt, sondern verliert. (Budde 2012, S. 18)

Es lassen sich ihm zufolge in Thematisierungen von Differenz, Gleichheit und Homogenität „zahlreiche Widersprüche und Unklarheiten identifizieren, sodass Heterogenität als Containerbegriff erscheint" (ebd., S. 3).

Der Containerbegriff steht sinnhaft für die Summierung bzw. Ansammlung von Synonymen, theoretischen Referenzen und Kategorien in Diskursen unter dem Begriff Heterogenität. Heterogenität, damit aber auch Inklusion, erscheint als ein Containerbegriff, in dem kritische Diskurse, Theorien, Ansätze, Konzepte sowie neoliberale Denkstrukturen, Meinungen über Vielfalt untergebracht werden (können). Diese Art ungehemmte Summierung und Zerstreuung von Bedeutungen, synonymer und assoziativer Aussagen, Referenztheorien jeglicher Couleur bedingt einerseits eine „Ordnungslosigkeit" (ebd., S. 9) bzw. eine Unbestimmtheit des Diskurses über Heterogenität. So wird ein systematischer Rückgriff auf den Begriff und das Konzept der Heterogenität verunmöglicht, woraus Folgen für die pädagogische Praxis resultieren: Es schafft einerseits eine Orientierungslosigkeit, andererseits aber auch einen beliebigen oder bestimmten Rückgriff auf das Konzept Heterogenität, das z. B. neoliberale Denkrichtungen legitimieren kann. Die Ordnungslosigkeit bzw. die Unbestimmtheit wäre in diesem Fall jedoch, so Budde, eine „vermeintliche Ordnungslosigkeit", bzw. vermeintliche Unbestimmtheit (ebd., S. 18). So kann etwa, mit Budde gelesen, die (Neu)Ordnung neoliberaler Denkrichtungen mit Hilfe der „Verschleierung durch Vervielfältigung" des Heterogenitätsdiskurses gelingen (ebd.). „Dies funktioniert prominent über begrifflich konstruierte Verwandtschaften, die wiederum durch reihende Nennungen erzeugt werden" können, denn „(d)ie Erläuterungen zu Heterogenität sind dabei weder willkürlich noch kongruent, sondern assoziativ und damit dem offenen Feld der Spekulationen überlassen" (ebd., S. 18). Die verschleierte Ordnung neoliberaler Diskursrichtungen und Aussagen durch eine Unordnung der Debatte im Kontext der Polyreferenzialität und Vervielfältigung, hat Unklarheiten und Widersprüche in der pädagogischen Praxis zur Folge. Einerseits scheint sie durch die eindeutig definierten Paradigmen wie Anerkennung von Vielfalt, Differenzen oder Heterogenität Handlungsorientierungen und -möglichkeiten zu bieten (all inclusive), andererseits Handlungs*un*möglichkeiten in der pädagogischen Praxis zu manifestieren, weil beispielsweise die (schul-)strukturellen Selektionsbedingungen als systembedingte Differenzierungsdimensionen und als normative Handlungs-Einschränkungsstrukturen in den Hintergrund treten. So kann „Heterogenität als Herausforderung, als Chance oder als Belastung" unendlich diskutiert werden, ohne konkrete Handlungsmodi zu bieten (ebd., S. 10).

Weitere unlösbare Widersprüche ergeben sich aus der vermeintlichen Annahme, alle wüssten, was mit Heterogenität gemeint ist, wer mit Heterogenität adressiert wird und an wen Erwartungen gerichtet werden, und wer das Konzept in die Praxis umsetzen soll. Budde spricht beispielsweise von einer „Nicht-Adressierung [...]. Nicht-adressiert werden jene, die mit sozialen Kategorien als heterogen beschrieben werden, nämlich die Kinder und Jugendlichen" (ebd., S. 9). Wird Heterogenität als Chance begriffen, als Ermöglichung von Handlungsspielräumen, so wird nicht spezifiziert, „worin diese Chancen bestehen" (ebd., S. 11) oder wer wem Handlungsspielräume eröffnet oder auch nicht eröffnet. Wenn Heterogenität im neoliberalen Duktus als Belastungsthema, als Herausforderung adressiert wird, ist die Frage, wer und was als Belastung gesehen wird und wem damit keine Chancen zugänglich und Exklusionen legitimiert werden. Die Bedingungslosigkeit der Anerkennung von Heterogenität ist daher stets (herrschafts)bedingt.

Die regelmäßig sich wiederholenden Aussagen über Heterogenität und Inklusion beeinflussen eine Strukturierung des Bewusstseins, so dass danach zu fragen ist, „was der Diskurs im Prozess der Hervorbringung" von Gegenständen, Ziel- und Zweckbestimmungen, von subjektkonstituierenden Adressierungen und von Thematisierungsweisen von und über Heterogenität, Differenz und Vielfalt, „zum Schweigen bringt oder unkenntlich macht" (ebd., S. 4). Die eingehende Analyse dieser Frage ist für die pädagogische Praxis von enormer Bedeutung.

Während das Rekurrieren auf und Bedeutung von Heterogenität in zahlreichen Publikationen im Chor der Erziehungswissenschaft, insbesondere der Schulpädagogik, betont wird, werden nach Budde die Relationen und die semantischen Beziehungen zwischen den Begriffen sowie zwischen sozialen Kategorien wie Geschlecht, Behinderung, Alter, etc. nicht erläutert. Durch die Nicht-Präsizierung der äquivalent auftauchenden Begriffe schaffen diese eine analytische Beziehungsleere durch die „Multiplizierung von Bedeutungen" (ebd., S. 8), die wiederum die Bedingungen dafür liefert, jederzeit das wieder ins Gedächtnis zurückzurufen, was stets „im Griff" war und ist (dualistische Bilder, Semantiken, Denklogiken, Aussagensysteme). Barbara Rendtorff (2014) spricht von der Banalisierung des Heterogenitäts- und des Differenzbegriffs. Banalisierungen haben tendenziell eine unbenannte Funktion zur Folge. So sei der „,Umgang mit Heterogenität' in der Pädagogik ein Ausdruck für das Bemühen, nicht genau hinzuschauen auf die Strukturen der Problematik" (Rendtorff 2014, S. 115). Unterstellt werde ein klares Handlungswissen, das jedoch „gerade für diejenigen", die Handlungen vollziehen sollen, die Lehrer_innen oder Sozialpädagog_innen sowie Sozialarbeiter_innen, die zum Umsetzen des Heterogenitätskonzepts angeregt, motiviert, verpflichtet und aufgefordert werden, „keinerlei Hilfe darstellt" (ebd., S. 115). Im Gegenteil rufe ein „Super-Begriff wie ‚Heterogenität'" nicht nach Differenzierungen (ebd.), sondern konstituiert ein (Un-)Wissen über die Strukturen, insofern er Begriffe „miteinander verwurstet" (ebd.). Diese führe „im konkreten Bedarfsfall zu den verfügbaren, gewohnten und ohnehin plausibel scheinenden Sortierungsmerkmalen", so z. B. den „‚kulturellen Hintergrund' für alles Mögliche verantwortlich zu machen" (ebd.). Ähnliche Tendenzen zeichnen sich in dem Rückgriff auf Geschlechterdifferenzen und bei der Erklärung von Unterschieden ab (ebd., S. 116f.).

Eggers (2013) hebt hervor, dass mit Diversität einerseits „ein inzwischen recht populär gewordenes Format" für die Herstellung von Bildungsgerechtigkeit in der Schule und soziale Gerechtigkeit im Sinne der Inklusion der benachteiligten Gruppen in allen Bereichen der Gesellschaft formuliert wird. Anderseits wird jedoch mit dem Diversitätsbegriff, der mit einer „lösungsorientierten Aufladung" und Optimierungslogik versehen ist, die „verblüffende Konstanz" von strukturellen Ungleichheiten und Diskriminierungen in der Schule nicht gebrochen (ebd., S. 56). Sie verweist auf die mit dem Diversitätsbegriff einhergehenden Verflachungen von interdependent und vielschichtig existierenden Diskriminierungserfahrungen. Es sei eine Tendenz in schulpraktischen Kontexten zu verzeichnen, dass mit dem Präferieren von Diversitätskonzepten eine Bevorzugung und Ausgrenzung von Themen wie beispielsweise Rassismus und Thematisierungsweisen einhergehe, die eine „(analytische) Verleugnung struktureller und symbolischer Benachteiligungsprinzipien, Ausschlüsse und Gewalt" zur Folge haben (kann) (ebd., S.59). Eine Grenzziehung im Sinne des Sich-Distanzierens vom Thema Rassismus lässt sich unter dem Topos Diversität leicht realisieren und ermöglicht *en passant* einen kategorialen Austausch: „Diversität ersetzt Rassismuskritik" (ebd.).

4 Einige Schlussbemerkungen

Soziale Arbeit ist politisch, indem sie u.a. entpolitisierend agiert. Sie adaptiert eine wohlfahrtsstaatlich definierte Inklusionspolitik, macht Inklusion und die Anerkennung von Heterogenität zur normativen Grundlage sozialen Handelns, die mit der Menschenrechtsprofession vereinbar ist. Jedoch erzeugt diese Aufgabenbeschreibung und Anerkennung von Heterogenität keine gleichberechtigten Zustände. Vielmehr werden die Inklusionsidee und das Konzept der Heterogenität Teil des Macht- und Handlungsarrangements, das gerade im Kontext der Sozialen Arbeit mit geflüchteten Menschen explizit nicht verdeckt werden sollte.

Diese (taktische) Polyvalenz von Bedeutungen bzw. die ungehemmte Produktion von Debatten über Heterogenität und Inklusion liefern die Bedingungen dafür, dass dualistische Denkprinzipien ein Eigenleben führen können, so dass die diskursive Strategie ‚Andere in den Griff zu bekommen', also die Exkludierten einzuschließen, zum Handlungsprinzip wird und nicht etwa die Privilegierten dieser Gesellschaft aus ihrem inkludierten Status zu bringen. Die Popularisierung des zunehmenden Diskurses um Heterogenität, Pluralität, Vielfalt, Multikulturalismus, dieser eingeschlagene postmoderne liberale Diskursweg, der kaum auf Ablehnung seitens der Privilegierten und Machtkonfigurationen in institutionalisierten Praktiken stößt, sichert die bestehenden Herrschaftsverhältnisse.

Aus einem (bestimmt) unbestimmten Ort im Sinne der „Veruneindeutigung von Heterogenität" (Budde 2012, S. 9), die eine semantische Leere bedingt, kann sich das freie Spiel mit Macht durch Resignifizierung des „Anderen", im Plural gedacht, ungehemmt entfalten. So tragen Heterogenität, Vielfalt, Differenz und Verschiedenheit durch die (Un)Ordnung der Debatte zur (Neu)Ordnung hegemonialer Machtverhältnisse bei, im Sinne des Unberührt-Lassens der Machtverhältnisse. Die Nutzung von postmodern „gekleideten" Begriffen ermöglicht es, widerstreitende Meinungen in konsensuale Meinungen münden zu lassen. Und „Konsenssicherung", die mit Begriffen wie Heterogenität im Feld der Pädagogik gelingt, um mit Gramsci abzuschließen, ist die Grundbedingung für die Aufrechterhaltung einer neoliberalen Politik und Gesellschaftsordnung (Bernhard 2005, S. 121). Gerade in der Sozialen Arbeit mit Geflüchteten bedarf es einer grundlegenden Abwehr der Konsenssicherung, Abwehr eines Gehorsams gegenüber (institutionellen, rechtlichen, diskursiven) Praxen, die ihren Adressaten_innen in globalen und lokalen Kontexten ein menschenwürdiges Leben verunmöglichen.

Literatur

Bernhard, Armin (2005): *Antonio Gramscis politische Pädagogik. Grundrisse eines praxisphilosophischen Erziehungs- und Bildungsmodells*. Hamburg: Argument.
Bohn, Cornelia (2008): Inklusion und Exklusion: Theorien und Befunde. Von der Ausgrenzung aus der Gemeinschaft zur inkludierten Exklusion. In: *Soziale Systeme*, 14. Jg., H. 2, S. 171-190.
Bohn, Cornelia (2006): *Inklusion, Exklusion und die Person*. Konstanz: UVK.
Bourdieu, Pierre (2013): *Die männliche Herrschaft*. Frankfurt/M.: Suhrkamp.
Budde, Jürgen (2012): Die Rede von der Heterogenität in der Schulpädagogik. Diskursanalytische Perspektiven. In: *Forum Qualitative Sozialforschung/Forum: Qualitative Social Research*, Vol 13, No 2, Art.16 – Mai 2012.
http://nbn-resolving.de/urn:nbn:de:0114-fqs1202160. Zugegriffen am 30.07.2016.
Butler, Judith (1991): *Das Unbehagen der Geschlechter*. Frankfurt/M.: Suhrkamp.
Castro Varela, María do Mar (2015): Das „Leiden ‚Anderer' betrachten. Flucht, Solidarität und Postkoloniale Soziale Arbeit. 39. Tübinger Sozialpädagogiktag 2015. Flucht. Herausforderungen für Soziale Arbeit, 27./28. November 2015. http://www.rassismuskritik-bw. de/erklaervideo/. Zugegriffen 31.07.2016.
Castro Varela, María do Mar (2013): Die diskursive Stille unterbrechen. Kritische Migrationsforschung und politische Intervention. In: Hünersdorf, Bettina/Hartmann, Jutta (Hrsg.): *Was ist und wozu betreiben wir Kritik in der Sozialen Arbeit? Disziplinäre und interdisziplinäre Diskurse*, S. 317-332. Wiesbaden: VS.
Castro Varela, María do Mar (2010): Un-Sinn: postkoloniale Theorie und Diversity. In: Kessl, Fabian/Plößer, Melanie (Hrsg.): *Differenzierung, Normalisierung, Andersheit. Soziale Arbeit als Arbeit mit den Anderen*, S. 249-262. Wiesbaden: VS.
Eggers, Maisha (2013): Konstruktion von Geschlecht und rassistischer Markierung – Diversität als neues Thematisierungsformat. In: Bulletin Texte 37, S. 56-70. Zentrum für

transdisziplinäre Geschlechterforschung. Humboldt Universität zu Berlin. https://www.gender.hu-berlin.de/de/publikationen/gender-bulletins/texte-37. Zugegriffen: 22. 09. 2016.

Foucault, Michel (2005): *Analytik der Macht*. Frankfurt/M.: Suhrkamp.

Foucault, Michel (2003): *Der Wille zum Wissen. Sexualität und Wahrheit I*. Frankfurt/M.: Suhrkamp.

Foucault, Michel (2001): *In Verteidigung der Gesellschaft*. Frankfurt/M.: Suhrkamp.

Foucault, Michel (1994): Das Subjekt und die Macht. In: Dreyfus, Hubert L./Rabinow, Paul: *Michel Foucault. Jenseits von Strukturalismus und Hermeneutik*. Mit einem Nachwort von und einem Interview mit Michel Foucault, S. 243-261. Weinheim: Beltz Athenäum.

Initiative Hochschullehrender zu Sozialer Arbeit in Gemeinschaftsunterkünften (Hrsg.) (2016): Zukunft? Positionspapier: Soziale Arbeit mit Geflüchteten in Gemeinschaftsunterkünften. Professionelle Standards und sozialpolitische Basis, S.1-11. Berlin. http://www.fluechtlingssozialarbeit.de/Positionspapier_Soziale_Arbeit_mit_Geflüchteten.pdf. Zugegriffen: 04.10.2016.

Jäger, Siegfried (2001): *Kritische Diskursanalyse. Eine Einführung*. 3. Auflage. Duisburg: DISS-Studien.

Kessl, Fabian (2005): *Der Gebrauch der eigenen Kräfte. Eine Gouvernementalität Sozialer Arbeit*. Weinheim/München: Juventa.

Kessl, Fabian/Plößer, Melanie (2010) (Hrsg.): *Differenzierung, Normalisierung, Andersheit. Soziale Arbeit als Arbeit mit den Anderen*. Wiesbaden: VS.

Kron, Thomas/Winter, Lars (2011): Die radikale Unbestimmtheit des Sozialen. In: Fischer, Daniel/Bonß, Wolfgang/Augustin, Thomas/Bader, Felix/Pichlbauer, Michaela/Vogl, Dominikus. Universität der Bundeswehr München (Ed.): Uneindeutigkeit als Herausforderung – Risikokalkulation. Amtliche Statistik und die Modellierung des Sozialen, S. 187-215. Neubiberg. http://nbn-resolving.de/ urn:nbn:de:0168-ssoar-407144. Zugegriffen: 31. 07. 2016.

Lindmeier, Christian/Lütje-Klose, Birgit (2015): Inklusion als Querschnittsaufgabe in der Erziehungswissenschaft. In: *Erziehungswissenschaft. Mitteilungen der Deutschen Gesellschaft für Erziehungswissenschaft*: Inklusion – Perspektive, Herausforderung und Problematisierung aus Sicht der Erziehungswissenschaft, 26. Jg., H. 51, S. 7-16.

Link, Jürgen (1983): Was ist und bringt Diskurstaktik? In: *kultuRRevolution. Zeitschrift für angewandte Diskurstheorie*, Nr. 2, S. 60-66.

Mecheril, Paul (2014) (Hrsg.): *Subjektbildung. Interdisziplinäre Analysen der Migrationsgesellschaft*. Bielefeld: transcript.

Merten, Roland/Scherr, Albert (2004): *Inklusion und Exklusion in der Sozialen Arbeit*. Wiesbaden: VS.

Muggenthaler, Ferdinand (2016): Flucht in die Rechtlosigkeit. Menschenrechte zwischen moralischer Phrase und Kompass für politische Praxis. In: *Luxemburg. Gesellschaftsanalyse und linke Praxis*. April 2016, S. 84-91.

Rendtorff, Barbara (2014): Heterogenität und Differenz. Über die Banalisierung von Begriffen und den Verlust ihrer Produktivität. In: Koller, Hans-Christoph/Casale Rita/Ricken, Norbert (Hrsg.): *Heterogenität. Zur Konjunktur eines pädagogischen Konzepts*, S.115-131. Paderborn: Ferdinand Schöningh.

Renn, Joachim (2012): Nicht Herr im eigenen Hause und doch nicht eines anderen Knecht. Individuelle Agency und Existenz in einer pragmatisierten Diskurstheorie. In: Keller, Reiner/Schneider, Werner/Viehöver Willy (Hrsg.): *Diskurs – Macht – Subjekt. Theorie und Empirie von Subjektivierung in der Diskursforschung*, S.35-52. Wiesbaden: VS.

Scherr, Albert (2015): Soziale Arbeit mit Flüchtlingen. Die Realität der „Menschenrechtsprofession" im nationalen Wohlfahrtsstaat. In: *Sozial Extra*, 39. Jg., H. 4, S. 16-19.

Staub-Bernasconi, Silvia (1998): Soziale Arbeit als Menschenrechtsprofession. In: Wöhrle, Armin (Hrsg.): *Profession und Wissenschaft Sozialer Arbeit. Positionen in einer Phase der generellen Neuverortung*, S. 305-332. Pfaffenweiler: Centaurus.

Stichweh, Rudolf (2009): Leitgesichtspunkte einer Soziologie der Inklusion und Exklusion. In: Stichweh, Rudolf/Windolf, Paul (Hrsg.): *Inklusion und Exklusion. Analysen zur Sozialstruktur und sozialen Ungleichheit*, S. 29-42. Wiesbaden: VS.

Sturm, Tanja (2016): *Lehrbuch Heterogenität in der Schule*. 2., überarbeitete Auflage. München: Ernst Reinhardt.

Yıldız, Safiye (2016): Die Kunst des Bildens und Regierens ‚des Eigenen' und die performative Selbstüberbietungspraxis. Theoretische Suchbewegungen zum Bildungsverständnis und zu Bildungsprozessen ‚des Eigenen'. In: Witte, Egbert/Heinze, Carsten/ Rieger-Ladich, Markus (Hrsg.): „*... was den Menschen antreibt"*, S.117-140. Oberhausen: Athena Verlag.

Yıldız, Safiye (2015). Inklusion!? Was ist daran wahr? In: *Erziehungswissenschaft. Mitteilungen der Deutschen Gesellschaft für Erziehungswissenschaft*: Inklusion – Perspektive, Herausforderung und Problematisierung aus Sicht der Erziehungswissenschaft, 26. Jg., H. 51, S. 53-60.

Yıldız, Safiye (2009). *Interkulturelle Erziehung und Pädagogik. Subjektivierung und Macht in den Ordnungen des nationalen Diskurses*. Wiesbaden: VS.

Flüchtlinge, Staatsgrenzen und Soziale Arbeit

Albert Scherr

> *Sozialarbeiterinnen würden den Zugzwängen und dem vielfältigen Druck des hoheitsstaatlichen Verwaltungs- und Herrschaftsapparats weniger schutzlos ausgeliefert sein, wenn sie ihre unabweislichen hoheitsstaatlichen Verwaltungs- und Herrschaftsaufgaben aktiv und beherzt, staatskritisch, organisationskritisch und selbstkritisch angehen und gestalten würden.*
>
> Schütze 1996, S. 247

Einleitung[1]

Eine grundlegende Herausforderung auch an die Soziale Arbeit mit Flüchtlingen besteht darin, ihre Möglichkeiten und Grenzen zu klären – und auch die Reichweite ihrer moralischen Zuständigkeit und Verantwortlichkeit. Versteht sich Soziale Arbeit hier als professionelle Praxis, dann kann sie sich diesbezüglich nicht einfach auf das Mandat und die Vorgaben zurückziehen, die ihr durch staatliche Politik, Sozial- und Ausländerrecht zugewiesen werden. Vielmehr muss es als klärungsbedürftig gelten, was aus der Sicht der eigenen Fachlichkeit und der ethischen Grundsätze der Profession erforderliche und angemessene Formen der Hilfe sind. Angesichts der im Wortsinn tödlichen Folgen der herrschenden Flüchtlingspolitik an den Außengrenzen, der eng begrenzten Leistungsansprüche eines Teils der Flüchtlinge sowie der zunehmenden Repressionen gegen diejenigen Flüchtlinge, denen die

---

1 Dieser Beitrag basiert auf Vorträgen, die 2015 beim Bundeskongress Soziale Arbeit und beim Tübinger Sozialpädagogiktag sowie an der Universität Bielefeld gehalten wurden. Eine erste Fassung wurde für den Band ‚Flucht – Herausforderungen für Soziale Arbeit' verfasst, den Johanna Bröse, Stefan Faas und Barbara Stauber (2017) herausgeben. Für den vorliegenden Band wurde diese Fassung etwas überarbeitet und gekürzt. Für hilfreiche Hinweise zu einer ersten Fassung dieses Textes danke ich Barbara Stauber.

Anerkennung legitimer Fluchtmotive verweigert wird (insbesondere denjenigen aus den so genannten ‚sicheren Herkunftsstaaten') ist es offenkundig, dass Soziale Arbeit sich dabei in einem besonders zugespitzten Spannungsverhältnis befindet: Die Diskrepanz zwischen dem generellen Anspruch der Sozialen Arbeit, Hilfe für Bedürftige zu leisten einerseits, den faktischen Möglichkeiten ihres Helfens andererseits spitzt sich hier, wie im Folgenden noch näher zu zeigen sein wird, in besonderer Weise zu. Unbestreitbar ist aber auch: Die kaum erträglichen Bilder über Tod und Elend der Flüchtlinge können auch zu einer moralisch motivierten Selbstüberforderung führen, die dann, wenn sie die Grenzen der eigenen Handlungsmächtigkeit ignoriert, entweder in Resignation und Zynismus, oder aber in moralische Empörung mündet: Letztere artikuliert sich in Formen des Protests und des zivilen Ungehorsams, die zwar berechtigt sind, aber nur begrenzte Wirkungen erzielen. Sie finden ihre Grenzen an den politischen Macht- und Mehrheitsverhältnissen und sind als Grundlage professionellen Handelns in der Sozialen Arbeit nicht geeignet.[2] Denn ihrer Situierung in widersprüchlichen Verhältnissen kann Soziale Arbeit nicht entgehen. Was wären also die Möglichkeiten einer Sozialen Arbeit mit Flüchtlingen, die ihre Aufgaben „aktiv und beherzt, staatskritisch, organisationskritisch und selbstkritisch" (Schütze 1996, S. 247) angeht, ohne zu verkennen, dass sie an rechtliche Vorgaben und staatliche Mittelzuweisung gebunden ist?[3]

Im Folgenden wird darauf bezogen *erstens* aufgezeigt, dass Soziale Arbeit auf die erneute Herausforderung der Hilfen für Flüchtlinge deshalb schlecht vorbereitet war, weil sie theoretisch und praktisch einem nationalistischen Paradigma verhaftet ist (vgl. Scherr 2015b). *Zweitens* wird analysiert, welche Aufgaben der Sozialen Arbeit in Bezug auf Flüchtlinge im Rahmen des nationalen Wohlfahrstaates zugewiesen sind. *Drittens* wird argumentiert, dass der Bezug auf die Menschenrechte keine sichere und verlässliche Grundlage für Positionierungen der Sozialen Arbeit im Bereich der Arbeit mit Flüchtlingen bietet. In der Konsequenz heißt dies, dass die Soziale Arbeit begründete Antworten auf die Frage, was moralisch und politisch geboten

---

2 Dies schließt zwar kreative Formen der Widerständigkeit durch einzelne Sozialarbeiter/innen nicht aus; diese sind aber aufgrund der gegebenen Rahmenbedingungen (s. u.) eben keine tragfähige Grundlage für das Selbstverständnis der Profession und ihrer Organisationen.

3 Der Verfasser sympathisiert zwar durchaus mit Formen des zivilen Ungehorsams und widerständigen Praktiken, welche die Durchsetzung problematischer politischer und rechtlicher Vorgaben gegen Flüchtlinge zu behindern versuchen. Als Grundlage für die berufliche Praxis der Sozialen Arbeit sind diese jedoch nur in einem sehr begrenzten Umfang geeignet. Aber die/der Sozialarbeiter/in (Wissenschaftler/in, Professor/in usw.) ist ja immer auch mündige/r Bürger/in, dessen/deren Verantwortlichkeit nicht nach Dienstschluss endet.

ist, auf einer unsicheren Grundlage trifft und deshalb im Sinne einer postmodernen Ethik (Bauman 1999) Verantwortung für ihre Entscheidungen übernehmen muss, ohne sich auf fraglose Gewissheiten berufen zu können.

1 Zunächst: Was nützt eine theoretische Vergewisserung für die Soziale Arbeit mit Flüchtlingen?

Sich – wie hier – theoretisch mit Flüchtlingen in Flüchtlingssozialarbeit zu beschäftigten, ist keine unmittelbar naheliegende und auch eine durchaus begründungsbedürftige Reaktion auf die Notlagen von Flüchtenden und die anhaltende Krise des Flüchtlingsschutzes. Denn theoretische Texte sind für diejenigen, die sich in Notlagen befinden, nicht hilfreich und es erscheint in Krisensituationen als ein luxuriöses Unternehmen, Zeit in Theoriearbeit zu investieren. Irritierend ist auch die Beobachtung, dass zwischen denjenigen, die sich politisch oder als Helfer für Flüchtlinge engagieren und den theoretischen Diskursen in den Wissenschaften, auch in der Sozialen Arbeit, eine erhebliche Kluft zu bestehen scheint, die nur selten überbrückt wird.[4]

Gleichwohl gibt es zumindest einen guten Grund für theoretische Auseinandersetzungen mit den Bedingungen, Möglichkeiten und Grenzen von Flüchtlingssozialarbeit: Eine auf Dauer und langfristig angelegte Arbeit in diesem Feld – und dies gilt für ehrenamtliches Engagement ebenso wie für professionelle Praxis – kann sich nicht allein auf moralische Empörung und politischen Protest stützen. Denn Empörung und Protest schlagen vielfach allzu schnell in Resignation und Verzweiflung um, wenn sich zeigt, dass die Wirkungen des eigenen Engagements allzu gering und die Reichweite des eigenen Handelns angesichts der Größenordnung der Probleme und Notlagen allzu begrenzt sind. Deshalb gibt es einen Bedarf an Analysen, die dazu beitragen, die eigene Praxis einzuordnen, ihre Rahmenbedingungen zu verstehen und sich ihrer gesellschaftlichen Situierung zu vergewissern. Vor diesem Hintergrund zielen die weiteren Überlegungen (vgl. auch Scherr und Yüksel 2016) auf eine kritische Auseinandersetzung mit der politischen, rechtlichen und ideologischen Situierung der Sozialen Arbeit mit Flüchtlingen.

---

4   Ein wichtiger Versuch des Brückenbaus ist das ‚Positionspapier: Soziale Arbeit mit Geflüchteten in Gemeinschaftsunterkünften – Professionelle Standards und sozialpolitische Basis' (http://fluechtlingssozialarbeit.de/).

Die zentralen Aussagen der folgenden Analyse können vorab zu folgenden Thesen[5] zusammengefasst werden:

1. Soziale Arbeit ist faktisch keine „Menschenrechtsprofession", sondern organisierte Hilfe in den Grenzen des nationalen Wohlfahrtsstaates. Sie bewegt sich in ihren Theorien und in ihrer Praxis überwiegend im paradigmatischen Rahmen eines strukturellen und gewöhnlichen Nationalismus.
2. Im Bereich der Sozialen Arbeit mit Flüchtlingen werden die Grenzen der Hilfe in besonderer Weise deutlich, die der Sozialen Arbeit durch politische und rechtliche Vorgaben gesetzt sind; deutlich wird hier auch, dass die organisierte und professionelle Soziale Arbeit durchaus bereit ist, die ihr politisch und rechtlich vorgegebenen Grenzen der Hilfe weitgehend zu akzeptieren.
3. Die politische und rechtliche Entwicklung führt zu einer forcierten Spaltung zwischen ‚wirklichen Flüchtlingen' und denen aus den so genannten ‚sicheren Herkunftsstaaten' bzw. mit ‚offenkundig unbegründeten' Asylanträgen.
4. Die Soziale Arbeit ist institutionell in die hoch problematischen Selektionsmechanismen der Flüchtlingspolitik und des Flüchtlingsrechts verstrickt.
5. Auch die Soziale Arbeit mit Flüchtlingen generiert Mittelzuweisungen und Stellen, ist also ein mehr oder weniger einträgliches Unternehmen für die Organisationen der Sozialen Arbeit. Wie auch in anderen Feldern ist die Soziale Arbeit deshalb nur begrenzt konfliktfähig.
6. Eine innerhalb der Profession und Disziplin konsensuelle und verbindliche Klärung des eigenen Standorts zur Flüchtlingspolitik und zum Flüchtlingsrecht ist bislang nicht erreicht worden.
7. Eine entscheidende Herausforderung für eine Soziale Arbeit in Zeiten fortgeschrittener Globalisierung besteht darin, den herrschenden Flüchtlingsbegriff infrage zu stellen. Dies kann jedoch nur dann gelingen, wenn Disziplin und Profession ihren moralischen Selbstanspruch ernst nehmen und in ein politisches Mandat übersetzen würden.
8. Die Aufnahme von Flüchtlingen durch Deutschland und die EU ist ein notwendiger, aber nur ein begrenzter Beitrag im Umgang mit den globalen Problemen, die durch die Fluchtmigration sichtbar werden. Unter Bedingungen fortgeschrittener Globalisierung wird damit die Frage nach den Erfordernissen einer Entwicklungszusammenarbeit, Außenpolitik und Außenwirtschaftspolitik, die tatsächlich auf die Überwindung von Armut und Menschenrechtsverletzungen

---

5 Diese Thesen waren Grundlage der erwähnten Vorträge; einer dieser Vorträge ist hier nachzuhören: http://www.uni-bielefeld.de/erziehungswissenschaft/ag8/Albert-Scherr_Wer-ist-ein-Fluchtling_Vortrag-Bielefeld-%2814_1_2016%29.mp3.

und damit indirekt auch auf die Bekämpfung der Fluchtursachen gerichtet ist, auch für die Soziale Arbeit relevant.

2 Soziale Arbeit, Nationalstaatlichkeit und Nationalismus

Obwohl die Soziale Arbeit in ihren ausdifferenzierten Arbeitsfeldern immer wieder mit Flüchtlingen befasst war und ist, ist bislang keine substantielle ‚Theorie der Sozialen Arbeit mit Flüchtlingen' entwickelt worden. Zwar gibt es durchaus Fachdiskurse in den Arbeitsfeldern, insbesondere bezogen auf die unbegleiteten minderjährigen Flüchtlinge, was vor allem der engagierten Arbeit des Bundesfachverbandes unbegleitete minderjährige Flüchtlinge zu verdanken ist (siehe http://www.b-umf.de/), sowie Empfehlungen und Handreichungen der Wohlfahrtsverbände zu unterschiedlichen Aspekten. In den auf generelle Theoriebildung angelegten Publikationen sowie den einschlägigen Grundlagentexten und Handbüchern der Sozialen Arbeit finden Flucht als gesellschaftliche Herausforderung und Flüchtlinge als Adressatengruppe jedoch bislang keine oder bestenfalls randständige Erwähnung.

Vordergründig betrachtet kann man dies darauf zurückführen, dass die Soziale Arbeit, ebenso wie die Politik, nach dem Rückgang der Flüchtlingszahlen Mitte der 1990er Jahre irrtümlich davon ausgegangen war, dass Fluchtmigration in Deutschland ein eher randständiges und weniger bedeutsames gesellschaftliches Phänomen sei. Eine tieferliegende Ursache ist jedoch darin zu sehen, dass Soziale Arbeit historisch in einem engen Zusammenhang mit der Herausbildung nationaler Wohlfahrtsstaaten entstanden ist und systematisch mit den Strukturen des nationalen Wohlfahrtsstaates verschränkt ist (Bommes/Scherr 2012, S. 152ff.).[6] D. h.: Soziale Arbeit war und ist eine Form der organisierten Hilfe, die innerhalb nationalstaatlich verfasster Gesellschaften, auf der Grundlage des nationalstaatlichen Rechts und überwiegend mit staatlicher Finanzierung erbracht wird. Sie richtet sich entsprechend an diejenigen, die sich legal auf dem staatlichen Territorium aufhalten, vor allem (aber nicht exklusiv) an die Staatsbürger/innen. Wohlfahrtsstaat und Soziale Arbeit sind so betrachtet Formen der Regulierung des Zusammenlebens von Wohlhabenden und Armen, Etablierten und Außenseiten, Normkonformen und Abweichenden innerhalb nationalstaatlich verfasster Gesellschaften. Dem entspricht ein Denken im paradigmatischen Rahmen des so genannten „methodologischen

---

6   Entsprechend wird die Geschichte der Sozialen Arbeit gewöhnlich auch als Nationalgeschichte geschrieben; vgl. etwa Hering/Münchmeier 2000.

Nationalismus", der auch in gängigen politikwissenschaftlichen und soziologischen Gesellschaftsbeschreibungen vorherrschend ist (s. dazu Wimmer/Schiller 2002). D. h.: Gesellschaft wird als Zusammenleben von Einzelnen und sozialen Gruppen auf einem staatlich umgrenzten Territorium gefasst, die Theorien und Konzepte – so z. B. Theorien sozialer Ungleichheit, Modelle der Sozialstrukturanalyse und Konzepte der Armutsforschung – setzen einen nationalstaatlich gefassten Denkrahmen gewöhnlich als selbstverständlich und nicht weiter begründungsbedürftig voraus. Dies gilt auch für Theorien der Sozialen Arbeit. Darauf, dass das Paradigma des methodologischen Nationalismus zu erheblichen Denkblockaden führt und unter Bedingungen fortgeschrittener Globalisierung zunehmend seine Plausibilität verliert, ist in der sozialwissenschaftlichen Diskussion wiederkehrend hingewiesen worden (s. Beck/Grande 2010; Luhmann 1997, S. 36ff.).[7]

Bevor darauf eingegangen wird, warum dies auch für die Thematik der Arbeit mit Geflüchteten folgenreich ist, sollen zunächst noch einige Implikationen des methodologischen Nationalismus verdeutlicht werden:

- Nationalstaaten sind politisch organisierte territoriale Solidargemeinschaften (s. etwa Kaufmann 2003). Durch Steuern, Abgaben und staatliche Umverteilungsmaßnahmen sind die Staatsbürger/innen in einen Solidarzusammenhang einbezogen, der historisch auch die Erwartung umfasste, dass alle (männlichen) Staatsbürger bereit sind, im nationalen Interesse als Soldaten zu dienen. Die Verpflichtung zu Solidarität innerhalb des Nationalstaates und zur Verteidigung der Interessen der Nation schließt konstitutiv die Abgrenzung gegen andere Nationalstaaten ein: die Zugehörigkeit zur „imaginären Gemeinschaft" (Anderson 2006).
- Mit der strukturellen Verfasstheit des politischen Systems korrespondiert ein Verständnis von Moral und Ethik, das Thomas Pogge (2011; vgl. Scherr 2012 und 2015c) als „gewöhnlichen Nationalismus" gekennzeichnet hat. Dieser gewöhnliche Nationalismus basiert nicht auf Ideologien der nationalen Einzigartigkeit oder Überlegenheit. Er besteht allein in der Annahme, dass Politik im hohen Maße dem Wohlergehen der Staatsbürger/innen verpflichtet ist, sich an national gefassten Eigeninteressen orientieren soll, während das Wohlergehen der Bürger/innen anderer Staaten bedeutungslos oder jedenfalls nachrangig ist.
- Nationalstaaten sind zudem als „Informations- und Betroffenheitshorizonte" (Schimank 2005, S. 401) wirksam. Die mediale Berichterstattung, der politische

---

7 Und was die Überwindung eines methodologischen Nationalismus für die Beschreibung und Bewertung gesellschaftlicher Verhältnisse bedeutet, ist in der Form eines englischsprachigen Lehrbuchs nachlesbar; vgl. Macionis/Plummer 2007.

Diskurs, aber auch die schulische Bildung stellen Entwicklungen und Ereignisse innerhalb des Nationalstaats ins Zentrum und ergänzen diese lediglich durch hochselektive Informationen über andere Weltregionen, insbesondere um solche Entwicklungen und Ereignisse, die für die nationale Politik und Ökonomie relevant sind.[8] Zudem kommunizieren Massenmedien, Politik und schulische Bildung die Erwartung, dass ‚wir' in besonderer Weise betroffen sein sollen, wenn deutschen Staatsbürger/innen irgendwo auf der Welt etwas zustößt oder wenn deutsche Sportler/innen irgendwo auf der Welt Erfolge erzielen. Gleiches gilt aber nicht für Bürger/innen anderer Staaten – vom Sonderfall großer Katastrophen abgesehen, die medial repräsentiert werden.

Obwohl diese Konstruktionselemente des Nationalen im 21. Jahrhundert in Folge der Globalisierung von Ökonomie und Kommunikation sowie der Herausbildung inter- und supranationaler Rechtssysteme sowie eines transnationalen Völkerrechts nicht mehr ungebrochen sind, stellen sie nach wie vor hoch bedeutsame gesellschaftliche Ordnungsprinzipien dar. Dies zeigt sich in Bezug auf Wohlfahrtstaatlichkeit und Soziale Arbeit unter anderem an folgenden Sachverhalten:

- Armut innerhalb des eigenen Staates und der eigenen Staatsbürgerinnen und Staatsbürger ist ein zentrales Bezugsproblem wohlfahrtsstaatlicher Hilfen.[9] Armut außerhalb des eigenen Territoriums fällt aber nicht in die Zuständigkeit des Wohlfahrtsstaates, sondern in die politisch als höchst nachrangig geltende Verantwortung der Entwicklungszusammenarbeit und internationaler Hilfsorganisationen.
- Die institutionelle und rechtliche Verfassung des Wohlfahrtsstaates und der Sozialen Arbeit sind durch nationalgesellschaftliche Besonderheiten geprägt; auch Theorien und Konzeptionen der Sozialen Arbeit weisen eine deutliche nationalgesellschaftliche Prägung auf.
- Während ein Teil der Adressat/innen Sozialer Arbeit nationalstaatliche Grenzen regelmäßig überschreitet (z. B. Saisonarbeiter, Wanderarbeiter) und die privaten Lebenszusammenhänge von Migranten (Familien, Verwandtschaften) auch transnationale Ausprägungen aufweisen, sind Formen der grenzüberschreitenden

---

8   Dies zeigt sich zum Beispiel dann, wenn man am gleichen Tag eine deutsche, eine französische und eine britische Tageszeitung liest.

9   Auch wenn die Existenz eines Armutsproblems in Deutschland häufig abgestritten wird, wie sich in der Debatte um den letzten bundesweiten Armuts- und Reichtumsbericht der Bundesregierung erneut gezeigt hat.

Zusammenarbeit zwischen Institutionen und Fachkräften der Sozialen Arbeit bislang kaum entwickelt.[10]
- Und nicht zuletzt verliert Soziale Arbeit ihre Zuständigkeit, wenn ausländische Klienten der Sozialen Arbeit gezwungen werden, das Staatsgebiet zu verlassen (s. u.).

Den Rahmen, der ihr durch nationale Politik (und die supranationale Politik der EU) sowie durch nationales und europäisches Recht vorgegeben ist, kann Soziale Arbeit nicht beliebig überschreiten, denn er definiert eine machtförmige Konstellation, mit der Sozialer Arbeit Aufgaben, Zuständigkeiten und Ressourcen zugewiesen werden. Ein erster wichtiger Schritt besteht aber darin, diesen Rahmen nicht als fraglos-selbstverständlich vorauszusetzen, sondern ihn als solchen zu erkennen. Erst dann kann nach seiner Angemessenheit unter Bedingungen fortgeschrittener Globalisierung sowie nach seiner Veränderlichkeit gefragt werden.

Exkurs: No nation, no borders?

Das Elend der Flüchtlinge und die herrschende Flüchtlingspolitik führen dazu, dass in manchen der Strömungen der zivilgesellschaftlichen Initiativen die Legitimität staatlicher Grenzen prinzipiell in Frage gestellt und ein generelles ‚Recht auf Bewegungsfreiheit' gefordert wird. Diese auf den ersten Blick durchaus sympathische Position ist aber mit dem Problem konfrontiert, dass Wohlfahrtsstaaten auf die Begrenzung des Zugangs zu ihren Leistungen verwiesen sind, wenn gravierende Leistungseinschränkungen vermieden werden sollen. Eine Verweigerung staatlicher Leistungen für Flüchtlinge, die dazu führt, sie ins Land, aber dann sich selbst zu überlassen, ist jedoch unter Bedingungen entwickelter Wohlfahrtsstaatlichkeit nicht zulässig. D. h.: Die Forderung nach einer Welt ohne staatliche Grenzen ist konsequent nur im Rahmen einer neoliberalen Position formulierbar, gemäß der sich jeder überall aufhalten kann, ohne daraus Ansprüche auf staatliche Leistungen ableiten zu können. Deshalb ist es auch wenig verwunderlich, wenn deutsche Arbeitgeberverbände gegenwärtig die wirtschaftlichen Vorteile von Fluchtmigration betonen – Flüchtlinge sind in deren Perspektive zunächst nichts anderes als eine Erhöhung des Arbeitskräftepotentials – dabei aber den Blick allein auf solche Flüchtlinge richten, die mit einem begrenzten Aufwand an Qualifizierungsmaßnahmen in den Arbeitsmarkt integrierbar sind. Nicht

---

10 Siehe dazu die Ergebnisse des Forschungsprogramms ‚Center for Transnational Social Support' (http://transsos.com/publications/2014.html).

zuletzt aus diesem Grund formulieren auch akademische Repräsentanten der politischen Linken wie Etienne Balibar (2003), Seyla Benhabib (2008) oder zuletzt Slavoj Zizek (2016) mit unterschiedlicher Akzentuierung eine deutliche Kritik der Forderung nach offenen Grenzen und argumentieren, dass allein eine funktionsfähige staatliche Ordnung in der Lage ist, die destruktiven Auswirkungen des ökonomischen Kapitalismus einzuhegen (s. zur Diskussion dieser Positionen Scherr 2013, 2015, 2015c und 2016).

Erkennt man die prinzipielle Rechtfertigbarkeit von Staatsgrenzen an, oder zumindest aber die Tatsache, dass diese faktisch nicht aufhebbar sind, dann stellen sich in Bezug auf Flüchtlinge die zentralen Fragen, wer nach welchen Kriterien als Flüchtling anerkannt werden soll und in wessen Verantwortung die Situation derjenigen fällt, die sich zur Flucht gezwungen sehen, ohne rechtlich als Flüchtlinge anerkannt zu werden. Die Kontroverse über die Legitimität von Grenzen verschiebt sich dann erstens in eine Auseinandersetzung über den Flüchtlingsbegriff, die Kritik seiner allzu engen Fassung im politischen Diskurs und in der Rechtsprechung sowie die Forderung nach einer angemessenen Ausweitung (vgl. dazu Scherr 2015). Zweitens ist dann die Frage nach einer solchen Entwicklungszusammenarbeit, Außenpolitik und Außenwirtschaftspolitik unabweisbar, die tatsächlich auf die Überwindung von Armut und Menschenrechtsverletzungen und damit indirekt auch auf die Bekämpfung der Fluchtursachen gerichtet ist. Normativ formuliert: Wer ein Recht auf Bewegungsfreiheit ablehnt, kann sich der Frage nicht verweigern, was politisch und ökonomisch erforderlich ist, um die menschenrechtlich zentrale Freiheit von Not und Furcht in den Herkunftsländern zu gewährleisten.

3 Funktionen Sozialer Arbeit im Kontext der staatlich-politischen Regulierung von Flüchtlingsmigration

Auf der Grundlage einer als kritische Gesellschaftstheorie verstandenen System- und Differenzierungstheorie (vgl. Scherr 2015a) können die Funktionen Sozialer Arbeit, das heißt die Leistungen, die sie für andere gesellschaftliche Teilbereiche erbringt, generell als Inklusionsermöglichung, Exklusionsvermeidung und Exklusionsverwaltung bestimmt werden (vgl. dazu Bommes/Scherr 1996 und 2012). So betrachtet besteht die Aufgabe Sozialer Arbeit darin, einerseits Hilfen bereitzustellen, die Individuen befähigen und motivieren sollen, sich an den Teilnahmebedingungen der gesellschaftlichen Teilsysteme und ihrer Organisationen auszurichten; anderseits darin, in Bezug auf diejenigen, bei denen dies auf begrenzte Zeit oder dauerhaft nicht gelingt, dafür Sorge zu tragen, dass direkte und indirekte negative Auswirkungen von Armut und Ausgrenzung auf die Gesellschaft verhindert oder zumindest verringert werden. Über diese strikt funktionalistische Betrachtung hinausgehend ist weiter zu berücksichtigen, dass Soziale Arbeit eine Grundlage in der normativen Ordnung moderner Gesellschaften hat (vgl. dazu Scherr 2001): Moderne, demokratisch und rechtstaatlich verfasste Staaten nehmen eine Selbstverpflichtung auf menschenrechtliche Standards sowie wohlfahrtstaatliche Prinzipien vor, die als Begrenzungen dessen verstanden werden können, was Menschen – auch unabhängig von ihrer Nützlichkeit für die Gesellschaft – zugemutet werden kann. Es ist so betrachtet eben z.B. nicht zulässig, Menschen auch dann einfach verhungern zu lassen, wenn sie arbeitslos sind und als Arbeitskräfte auf absehbare Zeit nicht benötigt werden, oder z.B. straffällig Gewordene, die als Bedrohung wahrgenommen werden, zu töten.[11] Vielmehr gilt es als geboten, elementare Menschenrechte – und in sozialstaatlich verfassten Gesellschaften wie Deutschland auch ein soziokulturelles Existenzminimum – für Alle abzusichern. Damit zeigt sich: Das gesellschaftliche Mandat Sozialer Arbeit begründet sich in Leistungen, deren Erfüllung durch die Soziale Arbeit gesellschaftlich als erforderlich betrachtet wird. Dies betrifft einerseits sowohl Leistungen, die auf die Ermöglichung gesellschaftlich (nicht zuletzt ökonomisch) nützlicher Teilhabe sowie die Minimierung der negativen gesellschaftlichen Folgen von Armut und Ausgrenzung ausgerichtet sind wie andererseits auch Leistungen, die zur Aufrechterhaltung des normativen Selbstverständnisses der Gesellschaft als erforderlich betrachtet werden.

Bezieht man diese generellen Überlegungen auf die Soziale Arbeit mit Flüchtlingen, dann könnte sie wie folgt konkretisiert werden:[12]

1. Soziale Arbeit ist umfassend mit den Selektionsprozessen der Migrations- und Flüchtlingspolitik verschränkt. Dies wird schon daran deutlich, dass ihre Zuständigkeit erst dann entsteht, wenn Flüchtlinge es schaffen, das Territorium Deutschlands lebend zu erreichen. Soziale Arbeit kann ihre Leistungen also nur für diejenigen Flüchtlinge bereitstellen, die legale oder sonstige Zugangsmöglichkeiten finden, da in ihren Herkunftsländern gewöhnlich keine oder nur minimale Leistungen Sozialer Arbeit erreichbar sind.

---

11 Dies gilt für Mittel- und Nordeuropa, nicht aber z.B. für die USA und China.

12 Im Folgenden werden der Sozialen Arbeit politisch und rechtlich zugewiesene Aufgaben dargestellt, aber es wird keine Aussage darüber getroffen, wie die Organisation und die Berufstätigen der Sozialen Arbeit praktisch mit diesen Aufgabenzuweisungen umgehen. Empirische Studien dazu, wie und in welchem Ausmaß die Soziale Arbeit am Prinzip der möglichst reibungslosen Aufgabenerfüllung orientiert ist oder aber auch widerständige professionelle Praktiken entwickelt und realisiert, liegen nicht vor.

2. Auch im Hinblick auf ihre Inklusionschancen und Exklusionsgefährdungen sind Flüchtlinge keine homogene Gruppe, denn aus den komplexen Regelungen des Ausländer- und Flüchtlingsrechts ergeben sich höchst heterogene und für die Soziale Arbeit folgenreiche Abstufungen der Bedingungen (vgl. Scherschel 2015).[13]
3. Für die Professionalität in der Flüchtlingssozialarbeit heißt dies, dass gute Kenntnisse des Ausländer- und Flüchtlingsrechts und eine kontinuierliche eigene Weiterbildung dazu ebenso unverzichtbar sind wie ein Wissen darüber, wo und wie eine kompetente Rechtsberatung für Flüchtlinge sowie engagierte Anwälte erreichbar sind.
4. Basales Prinzip der staatlich-politischen Regierung von Flüchtlingsmigration ist die folgenreiche Unterscheidung zwischen denjenigen, die als ‚wirkliche' Flüchtlinge anerkannt werden und denen entsprechend ein Recht auf Einwanderung zugestanden wird und denjenigen, denen die Anerkennung als legitime Flüchtlinge verweigert wird bzw. verweigert werden soll. Dies führt dazu, dass Soziale Arbeit in die *Inklusions-/Exklusionsordnung* der nationalstaatlichen Flüchtlingspolitik verstrickt ist, ggf. also auch damit befasst ist, Exklusionsprozesse zu ermöglichen und durchzusetzen. Diese Verstrickung betrifft zunächst
   a. die Sozial- und Verfahrensberatung durch Sozialarbeiter/innen in Erstaufnahmeeinrichtungen, die darauf ausgerichtet ist, Flüchtlinge zu befähigen, die administrativen und rechtlichen Prozeduren zu bewältigen, in denen über ihre Anerkennung oder Nichtanerkennung als legitime Flüchtlinge entschieden wird.
   b. Deutlich wird dies weiter darin, dass von Sozialer Arbeit erwartet wird, einen Vorrang ausländerrechtlicher Gesichtspunkte vor dem Wohlergehen ihrer Adressat/innen zu akzeptieren, also erzwungene Ausreisen von Familien hinzunehmen, die bis zum Zeitpunkt ihrer Ausreise Klienten der Kinder- und Jugendhilfe oder anderer Leistungsbereiche der Sozialen Arbeit sind. Ein Vorrang normativer Prinzipien der Sozialen Arbeit (Kindeswohl) ist – infolge der Ratifizierung der UN Kinderrechtskonvention – nur im Sonderfall unbegleiteter minderjähriger Flüchtlinge anerkannt, nicht aber bei begleiteten minderjährigen Flüchtlingen sowie erwachsenen Adressat/innen der Sozialen Arbeit (vgl. dazu Cremer 2015).
   c. Unmittelbar verstrickt ist Soziale Arbeit in die Exklusionsprozesse der Flüchtlingspolitik und des Flüchtlingsrechts durch ihre Mitwirkung an

---

13 Diese können hier nicht dargestellt werden. Eine informative und verlässliche Informationsquelle dazu ist zum Beispiel die Internetseite des niedersächsischen Flüchtlingsrats (http://www.nds-fluerat.org); hilfreich ist gegebenenfalls auch die Internetpräsenz des Bundesamts für Migration und Flüchtlinge (www.bamf.de).

der Organisation erzwungener Ausreisen im Kontext der so genannten Rückkehrberatung. Sozialarbeiter/innen sind dort damit befasst, Prozesse der erzwungenen Ausreise – im Orwell'schen Behördenjargon werden diese als ‚freiwillige Ausreise' bezeichnet – durch Beratung und den Zugang zu materiellen Hilfen in einer Weise zu ermöglichen, die zur eigenständigen Ausreise führt, so dass auf polizeilich durchgesetzte Abschiebungen verzichtet werden kann.

5. Im Hinblick auf *Inklusion* gilt für die Teilgruppe derjenigen, die einen legalen Aufenthaltstitel (als Asylberechtigte, Flüchtlinge im Sinne der Genfer Konvention, subsidiär Schutzberechtigte) erhalten, ähnlich wie im Fall der Arbeitskräftemigration, dass Soziale Arbeit daran beteiligt ist,

   a. unterschiedliche Integrationshilfen bereitzustellen, die den Spracherwerb, die Inklusion ins Bildungssystem, in den Arbeitsmarkt usw. unterstützen sollen. Besondere Anforderungen und Aufgaben, die Flüchtlingssozialarbeit hier von der übrigen Migrationssozialarbeit unterscheiden, ergeben sich aus den besonderen psychischen Belastungen, wie sie als Traumatisierung von Flüchtlingen diskutiert werden, aber auch daraus, dass ein Teil der Flüchtlinge mehrere Jahre auf der Flucht war und dabei Überlebensstrategien jenseits der geordneten Strukturen des Bildungssystems und des Arbeitsmarkts entwickelt hat.

   b. Darüber hinaus gibt es Ansatzpunkte, um Flüchtlingen, deren Aufenthaltsstatus prekär ist, die also weder über einen Aufenthaltstitel verfügen, noch abschließend zur Ausreise gezwungen sind,[14] dadurch Integrationschancen zu öffnen, dass sie beim Versuch unterstützt werden, einen legalen Aufenthaltstitel zu erwerben. Dies betrifft insbesondere die Verknüpfung von Bildungserfolg und Aufenthaltsstatus, wie sie für Kinder und Jugendliche im § 25a Aufenthaltsgesetz vorgesehen ist, sowie Möglichkeiten, einen Aufenthaltstitel durch Arbeitsmarktintegration zu verbessern, insbesondere bei so genannten Härtefallanträgen.

6. *Exklusionsverwaltung:* Die Situation von Flüchtlingen bis zur Entscheidung über ihren Asylantrag durch das Bundesamt für Migration und Flüchtlinge, aber auch für Geduldete und Abgelehnte, bei denen die Erzwingung der Ausreise misslingt, ist durch ein komplexes System von Exklusionsformen[15] bestimmt: Dies betrifft die sozialräumliche Segregation durch die Unterbringung in Erst-

---

14 Dies betrifft vor allem diejenigen, deren rechtlicher Status die so genannte Duldung ist.

15 Auf die Details der rechtlichen Regulierungen, die sich zwischen der Verfassung und der Drucklegung dieses Beitrags ohnehin erneut ändern werden, kann nicht eingegangen werden.

aufnahmeeinrichtungen und Gemeinschaftsunterkünften, Begrenzungen der räumlichen Mobilität durch die Residenzpflicht, Einschränkungen der Sozialleistungsansprüche durch das Asylbewerberleistungsgesetz sowie Restriktionen des Arbeitsmarktzugangs und des Zugangs zu Bildung. In besonderer Weise davon betroffen sind Flüchtlinge aus den so genannten ‚sicheren Herkunftsstaaten', für die seit 2016 spezifische restriktive Regelungen gelten.

Zusammenfassend lässt sich feststellen: Soziale Arbeit ist ein bedeutsamer Bestandteil der staatlich-politischen Regulierung von Fluchtmigration und dabei als organisierte und professionelle Praxis damit beauftragt, Inklusion und Exklusion von Flüchtlingen auf der Grundlage des geltenden Rechts zu ermöglichen. Dabei ist Soziale Arbeit hier in einem Spannungsverhältnis zwischen konkurrierenden Sichtweisen und in einem politischen Konfliktfeld situiert. Dieses resultiert aus der erheblichen Diskrepanz zwischen einer primär an national gefassten Interessen orientierten Politik, die menschenrechtliche Gesichtspunkte als nachrangig betrachtet und einem zunehmend restriktiven Flüchtlingsrecht einerseits, den humanitären und menschenrechtlichen Überzeugungen andererseits, auf die sich Sozialarbeiter/innen, Organisationen der Sozialen Arbeit, NGOs sowie rechtliche und sozialwissenschaftliche Fachdiskurse beziehen. Dieses führt zu strukturellen Spannungen (und damit potenziell zu Konflikten) auch innerhalb der Sozialen Arbeit selbst. Denn einerseits profitiert die Soziale Arbeit davon, dass ihr im Rahmen der herrschenden Flüchtlingspolitik Aufgaben und damit Stellen und Gelder zugewiesen werden. Andererseits hat sie gute Gründe, genau diese Politik und ihre Folgen zu kritisieren. Eine solche Kritik, die zu massiven Konflikten mit Politik und Sozialverwaltungen führt oder gar zur Verweigerung der Mitwirkung, wäre jedoch eine ökonomische Selbstbeschädigung der Organisationen Sozialer Arbeit. Wie sich die Soziale Arbeit in diesem Spannungsverhältnis zwischen ökonomischen Eigeninteressen und politischer Anpassungsbereitschaft einerseits, professionellem Selbstverständnis und politischer Widerständigkeit andererseits bewegt und bewegen wird, ist eine Frage praktischer Entscheidung, die theoretisch nicht vorhersagbar sind. Feststellen lässt sich aber: Die Relevanz oder Irrelevanz von Selbstbeschreibungen als kritische Soziale Arbeit oder als Menschenrechtsprofession (vgl. Staub-Bernasconi 2014) zeigt sich zentral im Bereich der Sozialen Arbeit mit Flüchtlingen. Denn hier geht es – wie in wohl kaum einem anderen Bereich – um die Wahrung oder Missachtung elementarer humanitärer Standards im Umgang mit Notleidenden und Hilfsbedürftigen.

4 Unsicherheit: Von welchen normativen Grundsätzen kann die Soziale Arbeit mit Flüchtlingen ausgehen?

Sofern sich Soziale Arbeit nicht auf eine rechtspositivistische Position zurückziehen will, welche die Vorgaben des nationalen Rechts als Grundlage ihrer Praxis vorbehaltlos akzeptiert, stellt sich die Frage nach den normativen Maßstäben, die einer professionellen Kritik zu Grunde gelegt werden können (vgl. generell Ritsert 2008; in Bezug auf die Soziale Arbeit Otto/Scherr/Ziegler 2010). Diesbezüglich ist festzustellen: Kritik der herrschenden Flüchtlingspolitik, wie sie im politischen Diskurs und auch innerhalb der Sozialen Arbeit formuliert wird, bezieht sich vielfach auf die Menschenrechte, sie wird als Einforderung von Menschenrechten für Flüchtlinge formuliert. Vordergründig betrachtet ist dies plausibel, denn die deklarierten Menschenrechte zielen ganz dezidiert auf die Absicherung grundlegender Rechte und Freiheiten für Alle, also nicht nur für Staatsbürger/innen. Weiter kann argumentiert werden: Das moderne Verständnis des Flüchtlingsbegriffs, wie es sich erst nach 1945 herausgebildet hat (vgl. dazu Gatrell 2013), ist eng mit dem Menschenrechtsdiskurs verbunden. Damit stellt sich aber unabweisbar die Folgefrage, wer völker- und menschenrechtlich einen Anspruch darauf hat, als Flüchtling anerkannt zu werden. Diesbezüglich ist zunächst festzustellen: Nicht jede/r, der/die sich aus unterschiedlichen Gründen gezwungen sieht, sein Herkunftsland zu verlassen, kann auf Grundlage der deklarierten Menschenrechte und der Genfer Flüchtlingskonvention beanspruchen, als Flüchtling betrachtet zu werden. Vielmehr wird dort von einer Bestimmung des Flüchtlingsbegriffs ausgegangen, in dessen Zentrum die Vorstellung der Verfolgung durch Staaten steht, welche grundlegende Menschenrechte missachten. Trotz der seit den 1960er Jahren erfolgten Ausweitung des Flüchtlingsbegriffs der Genfer Konvention (vgl. dazu Tiedemann 2015, S. 27ff.) umfasst der Flüchtlingsbegriff des Menschen- und Völkerrechts keineswegs alle, die in der wissenschaftlichen Diskussion unter die Kategorie der ‚forced migration', also der erzwungenen Migration subsumiert werden (dazu etwa Stepputat/Sorensen 2014; Zetter 2014). Insbesondere sind Armut und Verelendung der „Überlebensmigranten" (Betts 2013) nicht als Fluchtgründe anerkannt.

Darin kommt zum Ausdruck, dass das Verständnis der Menschenrechte, wie es zentral in der Allgemeinen Erklärung der Menschenrechte (AEDM) von 1948 kodifiziert ist, in Bezug auf die Kontrolle und Regulierung von Zuwanderung keineswegs die Souveränität der Nationalstaaten in Frage stellt. Die AEDM sieht zwar ein Asylrecht vor, dieses aber ist absichtsvoll allein als das Recht gefasst, Asyl zu suchen, dem aber zugleich keine Verpflichtung der Einzelstaaten entspricht, dieses auch zu gewähren. D.h.: Die Entscheidung darüber, wen sie als Asylberechtigte anerkennen wollen, bleibt in der AEDM den Einzelstaaten überlassen.

Ähnliches gilt für das Völkerrecht: zwar ist das Recht, den eigenen Herkunftsstaat zu verlassen, das so genannte ‚exit right', ein völlig unstrittiger völkerrechtlicher Grundsatz. Diesem entspricht aber kein unkonditioniertes ‚entry right', also kein Recht auf Aufnahme (vgl. Offe 2011).

Folglich kann sich die herrschende Flüchtlingspolitik mit ihren zunehmend restriktiven Praktiken gegenüber Flüchtenden durchaus auf die kodifizierten Menschenrechte berufen und diejenigen, die Zweifel an der Legitimität jeweiliger Praktiken haben, auf die Möglichkeiten der Klage vor Gericht, insbesondere dem Europäischen Gerichtshof für Menschenrechte, verweisen. Entsprechend transformieren sich dann politische Auseinandersetzungen über eine angemessene Flüchtlingspolitik in juristische Interpretationsdebatten und Auseinandersetzungen, in denen über die richtige Lesart der geltenden Gesetze gestritten wird.[16]

Die Menschenrechte – verstanden als positives Recht – bieten folglich keine sichere Grundlage für eine Kritik der herrschenden Flüchtlingspolitik und für die Positionsbestimmung einer Sozialen Arbeit, die mit dem Umgang mit Schutzsuchenden in der Aufnahmegesellschaft ebenso wenig einverstanden ist wie mit der Abweisung von Schutzsuchenden an den Außengrenzen. Damit findet sich (auch) die Soziale Arbeit in einer postmodernen Situation vor, d.h. in einer Situation, in der ein sicheres normatives Fundament für eigene Positionsbestimmungen nicht verfügbar ist (vgl. dazu grundlegend Bauman 1999). In dieser Situation ist der Bezug auf die Menschenrechte als normative Referenz zwar unverzichtbar, dies aber im Sinne eines solchen Verständnis der Menschenrechte, das diese nicht auf das verfasste Recht reduziert, sondern das die Auseinandersetzung um Menschenrechte und ihre politische Gewährleistung als einen unabgeschlossenen und konflikthaften Lernprozess begreift. In dieser Auseinandersetzung gilt es m.E. für eine solche Weiterentwicklung des Flüchtlingsbegriffs einzutreten, die auch absolute Armut und die Diskriminierung von Minderheiten als legitimen Fluchtgrund anerkennt.

Eine solche Forderung handelt sich den unabweisbaren Einwand ein, dass die Folgeprobleme globaler Ungleichheiten nicht durch eine Zuwanderung aus dem globalen Süden in den globalen Norden gelöst werden können. Diesem Einwand ist jedoch entgegenzuhalten, dass die alternative Problemlösung, für die gegenwärtig im politischen Diskurs auf die Formel ‚Bekämpfung der Fluchtursachen' Bezug genommen wird, nicht nur auf jahrzehntelange Versäumnisse der Entwicklungszu-

---

16 Dies zeigt sich zum Beispiel in den zahlreichen Auseinandersetzungen vor deutschen Verwaltungsgerichten über Klagen gegen die Ablehnung von Asylanträgen. Die Verrechtlichung eines politischen Konflikts zeigt sich zuletzt auch darin, dass ‚Pro Asyl' eine Klage gegen den so genannten Türkei-Deal der Europäischen Union angekündigt hat.

sammenarbeit, der Außenwirtschafts- und Außenhandelspolitik und nicht zuletzt auf die Folgen der Destabilisierung durch Kriege verweist; auch die gegenwärtige Flüchtlingskrise hat bislang diesbezüglich keineswegs zu einem prinzipiellen Umdenken geführt. Folglich kann seitens der Staaten und Gesellschaften des globalen Nordens moralische und politische Verantwortung für die Zunahme der erzwungenen Migration nicht abgewiesen werden. Der bloße Verweis darauf, dass es sich aber zu einem großen Teil nicht um Flüchtlinge im Sinne der rechtlich kodifizierten Menschenrechte und des Völkerrechts handelt, löst dieses Problem nicht auf und dispensiert nicht von der daraus resultierenden Verantwortung.

„Dass nicht alle kommen und bleiben können, heißt noch lange nicht, dass keine/r kommen und bleiben kann". Mit diesem Satz brachte eine flüchtlingssolidarische Aktivistin das zentrale Dilemma auf den Punkt. In einer solchen Situation, in der keine letztlich gewisse Entscheidungsgrundlage verfügbar und erreichbar ist, ist jede/r, und das gilt auch für die Akteure in der Sozialen Arbeit, aufgefordert, ohne sichere Grundlage verantwortliche Entscheidungen zu treffen. Genau darin besteht die Herausforderung der gegenwärtigen Situation.

Dass dabei die Idee der Menschenrechte (wenn auch nicht ihre derzeitige Auslegung) ein brauchbarer Bezugspunkt sein kann, ist unbenommen: Die Menschenrechtsidee fordert zur Kritik einer Politik auf, die sich durch den Verweis auf nationale Eigeninteressen sowie rechtspositivistisch legitimiert. Eine darauf ausgerichtete Kritik ist einerseits darauf verwiesen, ein erweitertes Verständnis legitimer Fluchtgründe einzufordern, andererseits aber auch darauf, eine solche Politik einzufordern, die konsequent auf die globale Durchsetzung politischer, wirtschaftlicher und sozialer Menschenrechte ausgerichtet ist. Und das heißt für die Soziale Arbeit auch: Sie ist aufgefordert, ihre gesellschaftlichen und politischen Rahmenbedingungen und Herausforderungen im globalen Kontext zu begreifen und vor diesem Hintergrund ihr politisches Mandat zu bestimmen. Fragen der globalen kapitalistischen Ökonomie, der internationalen Politik und Entwicklungszusammenarbeit, der Beteiligung oder Nicht-Beteiligung an so genannten militärischen Interventionen usw. sind mithin für die Soziale Arbeit als Profession relevant, denn sie haben Auswirkungen auf die Soziale Arbeit, die durch Flüchtlinge sichtbar werden. Das impliziert konfliktreiche Klärungsprozesse – doch diese sind unausweichlich.

Literatur

Anderson, Benedict (2006): *Imagined Communities: Reflections on the Origin and Spread of Nationalism*. London: Verso.

Balibar, Etienne (2003): *Sind wir Bürger Europas?* Hamburg: Hamburger Edition.

Bauman, Zygmunt (1999): *Unbehagen in der Postmoderne*. Hamburg: Hamburger Edition.

Beck, Ulrich/Grande, Edgar (2010): Jenseits des methodologischen Nationalismus. In: *Soziale Welt*, 61.Jg., H. 3/4, S. 187-216.

Benhabib, Seyla (2008): *Die Rechte der Anderen*. Frankfurt/M.: Suhrkamp.

Betts, Alexander (2013): *Survival Migration: Failed Governance and the Crisis of Displacement*. Ithaca: Cornell University Press.

Bommes, Michael/Scherr, Albert (1996): Exklusionsvermeidung, Inklusionsvermittlung und/oder Exklusionsverwaltung. Zur gesellschaftlichen Bestimmung Sozialer Arbeit. In: *neue praxis*, 26. Jg., H. 26, S. 107-123.

Bommes, Michael/Scherr, Albert (2012): *Soziologie der Sozialen Arbeit*. 2., überarb. Aufl. Weinheim/München: Juventa.

Bröse, Johanna/Faas, Stefan/Stauber, Barbara (Hrsg.) (2017): *Flucht. Herausforderungen für die Soziale Arbeit*. Wiesbaden: Springer VS (im Erscheinen).

Bundesamt für Migration und Flüchtlinge (BAMF) (2016): *FAQ: Zugang zum Arbeitsmarkt für geflüchtete Menschen*. unter: http://www.bamf.de/DE/Infothek/FragenAntworten/ZugangArbeitFluechtlinge/zugang-arbeit-fluechtlinge-node.html.

Castles, Stephen (2003): Towards a Sociology of Forced Migration and Social Transformation. In: *Sociology* 37(1), S. 13-34.

Cremer, Hendrick (2015): Konflikte zwischen dem Kinder- und Jugendhilferecht und dem Ausländerrecht. In: *Sozial Extra*, 39. Jg., H. 4, S. 32-36.

Fuchs, Peter (2008): Die Moral des Systems Sozialer Arbeit – systematisch. Unter: http://www.sozialarbeit.ch/dokumente/ethik.pdf.

Gatrell, Peter (2015): *The Making of the Modern Refugee*. Oxford: Oxford University Press.

Hering, Sabine/Münchmeier, Richard (2000): *Geschichte der Sozialen Arbeit*. Weinheim/München: Juventa.

Ignatieff, Michael (2002): *Die Politik der Menschenrechte*. Hamburg: Europäische Verlagsanstalt.

Kaufmann, Franz-Xaver (2003): *Varianten des Wohlfahrstaates*. Frankfurt/M.: Suhrkamp.

Luhmann, Niklas (1997): *Die Gesellschaft der Gesellschaft*: Frankfurt/M.: Suhrkamp.

Macionis, John L./Plummer, Ken (2007): *Sociology. A Global Introduction*. Harlow u.a.: Prentice Hall.

Offe, Claus (2011): From Migration in Geographic Space to Migration in Biographic Time: Views from Europe. In: *The Journal of Political Philosophy* 19 (3), S. 5-19.

Otto, Hans-Uwe/Scherr, Albert/Ziegler, Holger (2010): Wieviel und welche Normativität benötigt die Soziale Arbeit? In: *neue praxis*, 40. Jg., H. 2, S. 137-163.

Pogge, Thomas (2011): *Weltarmut und Menschenrechte. Kosmopolitische Verantwortung und Reformen*. Berlin/New York: de Gruyter.

Ritsert, Jürgen (2008): Der Mythos der nicht-normativen Kritik. Oder: Wie misst man die herrschenden Verhältnisse an ihrem Begriff? In: Müller, Stefan (Hrsg.): *Probleme der Dialektik heute*, S. 161-176. Wiesbaden: VS.

Scherr, Albert (2001): Soziale Arbeit und die nicht beliebige Konstruktion sozialer Probleme in der funktional differenzierten Gesellschaft. In: *Soziale Probleme*, 12. Jg., H. 1, S. 73-94.
Scherr, Albert (2012): Nationalstaatlichkeit. Moral und Kritik. In: *Sozialwissenschaftliche Literaturrundschau*, 35. Jg., H. 1, S. 27-35.
Scherr, Albert (2013): Offene Grenzen? Migrationsregime und die Schwierigkeiten einer Kritik des Nationalismus. In: *PROKLA. Zeitschrift für kritische Sozialwissenschaft*, 43. Jg., 171, S. 335-349.
Scherr, Albert (2015): Wer soll deportiert werden? Wie die folgenreiche Unterscheidung zwischen den „wirklichen" Flüchtlingen, den zu Duldenden und den Abzuschiebenden hergestellt wird. In: *Soziale Probleme. Zeitschrift für soziale Probleme und soziale Kontrolle*, 26. Jg., H. 2, S. 151-170.
Scherr, Albert (Hrsg.) (2015a): *Systemtheorie und Differenzierungstheorie als Kritik*. Weinheim/München: Beltz Juventa.
Scherr, Albert (2015b): Soziale Arbeit mit Flüchtlingen. In: *Sozial Extra*, 39. Jg., H. 4, S. 16-20.
Scherr, Albert (2015c): Migration, Menschenrechte und die Grenzen der Demokratie. In: Eigemann, Philipp/Geisen, Thomas/Studer, Tobias (Hrsg.): *Migration und Minderheiten in der Demokratie*, S. 45-62. Wiesbaden: Springer VS.
Scherr, Albert (2016): Menschenrechte, nationalstaatliche Demokratie und funktionale Differenzierung – Wahlverwandtschaften oder Gegensätze? Sammelbesprechung. In: *Sozialwissenschaftliche Literaturrundschau*, 39. Jg., H. 73, S. 73-79.
Scherr, Albert/Yüksel, Gökcen (Hrsg.) (2016): *Flucht, Sozialstaat und Soziale Arbeit*. Sonderheft 13 der Zeitschrift neue praxis.
Scherschel, Karin (2015). Zwischen universellen Menschenrechten und nationalstaatlicher Kontrolle: Flucht und Asyl aus ungleichheitssoziologischer Perspektive. In: *Soziale Probleme. Zeitschrift für soziale Probleme und soziale Kontrolle*, 26. Jg., H. 2, S. 123-136.
Schimank, Uwe (2005). Weltgesellschaften und Nationalgesellschaften. In: Heinz, Bettina/Münch, Richard/Tyrell, Hartmann (Hrsg.): *Weltgesellschaft. Theoretische Zugänge und empirische Problemlagen*. Sonderheft der Zeitschrift für Soziologie, S. 394-414. Stuttgart: Lucius & Lucius.
Staub-Bernasconi, Silvia (2014): Macht und (kritische) Soziale Arbeit. In: Kraus, Björn/Krieger, Wolfgang (2014): *Macht in der Sozialen Arbeit. Interaktionsverhältnisse zwischen Kontrolle, Partizipation und Freisetzung*. 3., überarb. und erw. Aufl., S. 363-392. Lage: Jacobs Verlag.
Schütze, Fritz (1996): Organisationszwänge und hoheitsstaatliche Rahmenbedingungen im Sozialwesen. In: Combe, Arno/Helsper, Werner (Hrsg.): *Pädagogische Professionalität*, S. 49-69. Frankfurt/M.: Suhrkamp.
Stepputat, Finn/Nyberg Sorensen, Ninna (2014): Sociology and Forced Migration. In: Fiddan-Qasmigeh, Elena/Loescher, Gil (Hrsg.): *The Oxford Handbook of Refugee and Forced Migration Studies*, S. 86-98. Oxford: Oxford University Press.
Tiedemann, Paul (2014): *Flüchtlingsrecht: Die materiellen und verfahrensrechtlichen Grundlagen*. Berlin/Heidelberg: Springer.
Wimmer, Andreas/Schiller, Nina Glick (2002): Methodological nationalism and the study of migration. In: *Archives Europeennes de Sociologie* 43, S. 217-240.
Zetter, Roger (2014): *Schutz für Vertriebene. Konzepte, Herausforderungen und neue Wege*. Eidgenössische Kommission für Migrationsfragen (EKM). Zürich.
Zizek, Slavoj (2016): *Der neue Klassenkampf*. Berlin: Ullstein.

Der andere Ausschluss – zur Dialektik von Inklusion
Ungeordnete Bemerkungen

Michael Winkler

1. Was sind eigentlich die Begriffe noch wert, mit welchen wir operieren? Die Frage irritiert vielleicht ein wenig, weil sie selbst schon nicht nur als performativ provokant bezeichnet werden muss, sondern sich erledigt, indem sie aufgeworfen wird. Es ist keineswegs nur als Ausdruck politischer Korrektheit zu werten, wenn sofort – eben sprach- und begriffskritisch – eingewandt wird, dass das Personalpronomen „wir" andere vereinnahmt, ganz unabhängig davon, ob und wie weit sie eine Stellungnahme zur Frage und zu dem durch sie mitgeteilten (oder nur unterstellten) Inhalt abgegeben haben. Ein „Wir" ist gefährlich – es transportiert Unterstellungen von Zustimmung, die gar nicht gegeben wurden.[1]

So soll denn der kritische Vorbehalt gegenüber manchem Sprachgebrauch in der Sozialen Arbeit verstanden werden: Geht es überhaupt noch um Begriffe (wobei philosophisch durchaus der Begriff des Begriffs diskutiert wird) oder geht es nur noch um Worte, die im politischen Kontext oder in öffentlichen Debatten Aufsehen erregen? Stehen im Vordergrund die performativen Sprechakte, also die illokutionären Akte, wie Austin und Searle sie nennen (Austin 1972; Searle 1969), bei denen es auf den Vollzug des Sprechens ankommt, während die Inhalte, die

---

1 Aus aktuellem Anlass muss sogleich eine Ergänzung hinzugefügt werden: Selbst wenn political correctness zuweilen erschwert, einen Sachverhalt hinreichend trennscharf und präzise zu benennen, muss diese Sensibilität für den Gebrauch von Ausdrücken und Sprache verteidigt werden. Denn die Kritik an der politischen Korrektheit wird zunehmend von Gruppierungen oder Einzelnen geübt, die die Formel für sich in Anspruch nehmen, dass das eine oder andere „doch gesagt werden muss oder wenigstens gesagt werden darf". Nein, nicht alles kann und darf gesagt werden. Sprache darf und soll nicht gegen Menschen eingesetzt werden, um sie zu schädigen oder zu verletzen, sie in ihrem Status oder persönlich zu verletzen. Sprachgebrauch darf nicht grausam sein. Bei aller Spitze im Ausdruck, etwa in der Satire, bleibt ihre Aufgabe, das Projekt der Humanität voranzubringen.

Bedeutung, die Semantik, die möglichen gedanklichen Implikationen längst in den Hintergrund getreten sind oder gar nicht mehr interessieren; sozusagen nach der Devise: Hauptsache, wir geben Laut, zum rechten Zeitpunkt, am rechten Ort. Sollen und können Begriffe noch etwas an Realität zugänglich machen, verstehen lassen, sollen sie beschreibende, analytische, erklärende oder kritische Kraft haben? Sollen sie begreifen lassen, bestimmt und beschränkt durch Denkmöglichkeiten, die in ihnen und für sie in der Vergangenheit eröffnet wurden und begriffsgeschichtlich rekonstruiert sind, als Momente von Theorien, wenn nicht sogar als Theorie selbst? Oder taugen sie eben nur noch als Hülsen, als Container – in welchen sich dann alles Mögliche verbirgt. Um schnell vergessen zu werden, wenn andere Themen auf die Agenda gesetzt werden, die keine Agenda ist, sondern nur ein Merkzettel für aktuelle Worte.

Dann also doch etwas konkreter, bezogen auf eines der jüngeren Zauberworte, bei dem nicht sicher ist, ob und wieweit seine Halbwertszeit dauert: Was bedeutet nun Inklusion? Eine dumme Frage! Jede und jeder weiß das doch, Inklusion hat halt etwas zu tun mit der UN-Konvention für Menschen mit Behinderung. Inklusion setzt sich gegen Ausgrenzung ein, will Vielfalt, soll sicherstellen, dass Kinder und Jugendliche, dass alle Menschen wie alle anderen lernen und sich qualifizieren können. Inklusion möchte Beteiligung und Mitwirkung, vielleicht nur ganz banal den Zugang und die schlichte Anwesenheit an Orten, wo alle anderen hinkommen, die nicht in ihrer Bewegung, in ihren Handlungsmöglichkeiten, in ihren physischen oder psychischen Aktivitäten eingeschränkt sind oder als eingeschränkt behauptet werden. Manchem reicht schließlich der Augenschein, um das Verdikt auszusprechen, das da lautet, jemand sei nicht normal, daher als Gefahr für andere oder für sich selbst anzusehen.

Daran zu rütteln, aufzurühren, anzuklagen – das ist unzweifelhaft das Verdienst der Inklusionisten, wenngleich das j'accuse in diesem Zusammenhang schnell in die Gefahr gerät, nur noch rhetorische Figur, Geste zu sein, Ausdruck von Empörung, vielleicht von Mitleid. Das gilt selbst und vielleicht sogar erst recht dann, wenn es schon um mehr zu gehen scheint, um einen Paradigmenwechsel, wie manche für die Pädagogik behaupten, um eine Revolution vielleicht sogar, die am Ende die ganze Gesellschaft erfasst. Inklusionisten sind zuweilen Visionäre. Das tut erst einmal gut, allzumal in einer Zeit und in Gesellschaften, die ihre Zukunftsfragen damit erledigen, dass sie nach der Evidenzbasis fragen, erstaunlicherweise wenig kritisch, sondern affirmativ und meist im Rahmen eines TINA-Denkens: There is no alternative. Aber doch: es gibt Alternativen; insofern tut die Debatte um Inklusion not und ist hilfreich.

Aber: die Anklage wirkt im Falle der Inklusion etwas wohlfeil, mit Tendenz zur Beliebigkeit und zum Zynismus. Denn das treibt einen kritischen und vielleicht nicht ganz vergesslichen Beobachter bei der Debatte stets herum: Sie vergisst ihren Anlass, nämlich die Tatsache, dass in vielen Ländern dieser Welt Kinder und Jugendliche aufgrund vor allem von massiven Kriegsverletzungen von jeglicher Bildungsmöglichkeiten ausgeschlossen sind und schlicht dahinvegetieren. Es ist vielleicht ethisch zweifelhaft, größeres Elend in Erinnerung zu bringen, um das Näherliegende zu relativieren. Dennoch ist zu fürchten, dass manche Debatte objektiv nur dazu dient, dieses größere Elend schlicht zu verdrängen oder zu vergessen. Diese Sorge beschleicht vor allem dann, wenn Konzepte – wie das der Inklusion – im Grunde unbegrenzt verwendet werden, eben als Empörungsformel, mit einer Tendenz, völlig unscharf zu werden, beliebig. Da sollen dann alle inkludiert werden, um die Menschen mit Behinderung geht es gar nicht mehr, sondern um die Armen, um die Flüchtlinge. Das ist – um es ein wenig persönlich zu formulieren – alles zu global und zu smart – und zuletzt sogar ein wenig fatal: Inklusion, gedacht als ein veritables Menschenrecht, rückt in die Nähe weniger eines unbestimmten Rechtsbegriffes, sondern in die Nähe der Programmformeln, die von Juristen, von Staatsrechtlern insbesondere eher skeptisch beäugt werden. Programmformeln dienen als generelle Auslegungslinien für die dann bestimmten Rechtssätze, sie erscheinen heikel, weil sie den Wohlfahrtsstaat zwingen, meist Infrastrukturen unabhängig von der Bedarfsfeststellung bereit zu halten, oder auch das auslösen, was gelegentlich als Anspruchsinflation gegeißelt wird. Notabene: so sprechen die eher konservativen Staatsrechtler. Doch wird man sie in einem Punkt dann doch erfahrungsgesättigt bestätigen: Die Unbestimmtheit solcher Vorstellungen kann nicht verhindern, was an allen Ecken und Enden als Empirie der Inklusion sichtbar wird. Das große und pompöse Wort erweist sich in der realen sozialen Praxis als ganz simple Sparmaßnahme, die am Ende sogar die Lebensmöglichkeiten von Menschen einschränkt.

Der Eindruck drängt sich nicht nur auf, sondern lässt sich belegen – wie das Uwe Becker in seiner kritischen Studie zur Inklusion beeindruckend nachgewiesen hat (Becker 2015) –, dass Staat und Behörden, dass die – um derart undifferenziert zu sprechen – *Politik* eine eigenartige Tendenz entwickelt haben, große programmatische Formeln sozusagen staatspädagogisch wirksam zu setzen, um sie dann selbst zu unterlaufen, manchmal durch parteipolitisches Gezänk, oft durch eine seltsame Unfähigkeit, das Gewollte dann doch noch administrativ zu realisieren. Manchmal drängt sich sogar der Eindruck auf, dass dies eine Strategie allzumal der Sozialdemokratie geworden ist, genauer jener Sozialdemokratie, die sich nach dem berühmt berüchtigten Pakt zwischen Tony Blair und Gerhard Schröder gebildet hat, von Colin Crouch der Postdemokratie zugeordnet und verbittert als wirkungsvollstes Instrument zur Durchsetzung neoliberaler Strategien identifiziert (Crouch

2013), um endlich von dem Kabarettisten Urban Priol in „tilt", dem Jahresrückblick 2015, als „soziales Spurenelement" karikiert zu werden. Bei der Werbung für Inklusion wird all das deutlich, bleibt sie doch einerseits vage, spricht andererseits Gefühle an, zielt auf Einstellungen und Haltungen. Nun kann man sagen, dass das so sein muss, wenn man – wie die Befürworter von Inklusion gelegentlich schwärmen – eine gesellschaftliche Veränderung erzielen will. Insofern soll und darf Politik verteidigt werden, sie muss Themen in gesellschaftliche Diskurse einbringen, solche sogar anregen, zuweilen sogar Avantgarde, um Veränderungsprozess aufzunehmen und weiter voran zu treiben; zuweilen ist das hilfreich, dient der Bildung von Bewusstsein, dem Fortschritt in der ethischen Reflexion oder der Entwicklung moralischer Vorstellungen.

Dagegen wäre also nichts zu sagen. Im Fall der Inklusion ist die Sachlage dabei differenzierter zu betrachten. Sie ist möglicherweise unentschieden:

Auf der einen Seite wird nicht nur der Pessimist sagen, dass die Ablehnung von Menschen sogar zunimmt, die nicht den Projektionen entsprechen, in welchen sich die eigene, selbst nur vorgebliche Normalität ausdrückt. Es werden Bilder des Anderen oder gar Fremden konstruiert, die sich verhärten. Um es vielleicht ungerecht und hart zu formulieren: zwischen der Ablehnung von Migranten und dem Hass auf sie einerseits, sowie andererseits der Abwehr von Menschen mit Behinderung besteht ein Kontinuum. Eine Verbindung, die all jene offensichtlich nicht mit bedenken, die sich gegenwärtig für eine rigorose Abschottung gegenüber einem vermeintlichen Flüchtlingsstrom aussprechen. Hinzu kommt nun im Zusammenhang der Debatte um Behinderung eine geradezu perfide Form der Ablehnung, nämlich der zuweilen nur implizit vorgebrachte Hinweis, dass sich „dies" doch bei hinreichend vorbeugenden Maßnahmen hätte verhindern lassen; vielleicht müssen und sollten die inneren Zusammenhänge etwa zwischen Risikodiskurs, Präventionsdenken, pränataler Diagnostik und Behinderung strenger bedacht werden.

Auf der anderen Seite, eher optimistisch gedacht, besteht die Hoffnung, dass die mit dem Inklusionsbegriff geforderte gesellschaftliche Veränderung schon längst da ist, sogar in weiteren Kreisen der Bevölkerung, als man dies zunächst erwarten würde. Ein indirekter Beleg für diesen hoffnungsvollen Verdacht lässt sich anführen: Dieser Einstellungswandel wird nun sogar politisch kräftig instrumentalisiert, für einen Staat, der sich ansonsten aus der Sache gerne heraushält. Dass dieser klitzekleine Verdacht nicht so ganz unberechtigt ist, hat sich in den letzten Wochen des Jahres 2015 gezeigt: da wird von Willkommenskultur schwadroniert, die Kanzlerin breitet die Arme aus, um seltsam ruhig zu werden angesichts der Erinnerung daran, dass Europa mit ihrer Zustimmung sich zur Festung ausgebaut hat, dass der in Ungarn verwendete Stacheldraht die EU-Zertifizierung erhalten hat und als wirksam gilt. Die eigentliche Arbeit erledigt die Zivilgesellschaft, erledigen die Bürger, übrigens auch die Polizei – und zwar so lange, bis wirklich alle ausgebrannt sind. Indes: Man darf sich bei all dem nichts vormachen, sollte dies insbesondere bei der Inklusionsfrage nicht tun: Der moderne, flexible, ziemlich dünn gewordene Sozialstaat vernutzt das zivilgesellschaftliche Engagement, übrigens gleich mit doppelter Absicht, nämlich einerseits um sich von Belastungen einigermaßen frei zu halten, andererseits um zu verhindern, dass die Menschen sich in Wutbürger verwandeln, wie der befremdende Begriff heißt, der ursprünglich auf kluge, erfahrene, kritische Personen angewandt wurde (nämlich auf die Gegner des Projekts Stuttgart 21). Heute werden die Wutbürger perfiderweise in einen Topf mit Pegida geworfen, vielleicht um sich so gegenüber einer Kritik zu immunisieren, die einem tatsächlichen Staatsversagen gilt, das politisch als Teil neoliberalistischer Strategien durchaus gewollt war.

Kurz und – wahrscheinlich weniger – gut: Das Thema Inklusion sollte in seiner Komplexität, allzumal in seiner Dialektik verhandelt werden, übrigens ebenso das der Partizipation; es könnte notwendig sein, es nicht bloß als Theoretiker, sondern als Häretiker zu bedenken. Nüchtern gefragt geht es immer darum erst einmal festzustellen, wer es sozusagen auf die Agenda setzt. Wer will, dass Inklusion oder Partizipation stattfindet, wer definiert dabei auch, wie diese realisiert werden?

2. Das führt – *erstens* – doch wieder zu Begriffen zurück: *Inklusion* bedeutet nun einmal schlicht *Einschluss*. Wer anderes meint, sollte das beim Namen nennen. Die Protagonisten der Debatte grenzen sich schließlich gerne gegen anderes ab, explizit gegenüber der Integration, wobei diese Differenz bis heute unverständlich geblieben ist. Allzumal in der Auseinandersetzung mit den Symbolbildern, die von den einschlägigen wikipedia-Seiten her überall hingewuchert sind, wo das Thema verhandelt wird. Deutlich scheint hier nur, dass Inklusion das stärkere, das grundlegendere und prinzipiellere Verfahren ist, rigider und rigoroser. Übrigens damit in Differenz zu dem, was die Debatte um Integration immer erschwert hat, nämlich der Umstand, dass Integration zwei Subjekte voraussetzt, jenes, das die Aufnahme in das Ganze fordert und vielleicht ermöglicht, sowie das andere, das diesen Vorgang gleichsam von außen betreibt oder betreiben soll, das sich integrieren möchte oder soll. Einschluss ist aber immer eine Zwangsmaßnahme, wobei irritierenderweise der Einschluss bedeutet, dass es ein Umfeld gibt, von dem man ausgeschlossen ist. Zugegeben: das klingt ein wenig nach Haarspalterei. Aber irgendwie bedeutet Inklusion dann doch schon wieder den Verlust von Entscheidungs- und Handlungsmöglichkeiten, die etwa die Räume betreffen, von welchen man durch Einschluss ausgeschlossen worden ist. Wer drinnen ist, ist eben nicht außen. Das hört sich zunächst gut an, stimmt aber nicht in jedem Fall glücklich. Manchmal will man gar nicht dazu gehören, allzumal wenn die Alternative tatsäch-

lich fehlt oder – schlimmer – man über diese nicht verfügen kann. Banal gesagt: Ob Inklusion oder Exklusion, das Problem liegt vor allem darin, einem (sozialen oder kulturellen) Raum zugewiesen worden zu sein, ohne gegenüber dieser Zuweisung Stellung beziehen zu können oder zu dürfen.

Darauf wird jedenfalls noch zurück zu kommen sein. Hier muss aber zuerst das Monitum stehen, dass der Begriffsgebrauch wenigstens deshalb unpräzise erscheint, weil er nämlich hinter das zurück fällt, was allzumal in der Rechtsphilosophie als Universalismus bezeichnet wird. Folgt man der schon genannten UN-Konvention geht es nämlich um den: Die Intention der Konvention zielt darauf, die universellen Menschenrechte für alle und überall durchzusetzen; das aber als Inklusion zu bezeichnen, scheint mehr als unglücklich, zumal es noch das zusätzliche Problem aufwirft, dass es im Kern falsch ist, wenn es um die modernen Rechtsstaaten geht, zumindest in einem formal juristischen Sinn, auf den die Verfechter von Inklusion sich stützen, wenn sie an die Rechtsverbindlichkeit der Konvention erinnern. Das Dilemma besteht nur darin, dass formalrechtlich eine Inklusionspolitik nicht mehr erforderlich ist, dass es aber real sehr wohl darauf ankommt, Willkür und Grausamkeit gegenüber Menschen selbst in vorgeblich aufgeklärten Staaten zu bekämpfen. Noch bis in die jüngere Geschichte hat es selbst in den europäischen Staaten, übrigens besonders lange in Skandinavien, zweifellos Praktiken gegeben, die mit Entmündigung und mit massiven körperlichen Eingriffen etwa bei Sinnesgeschädigten verbunden waren. Solche Praktiken des nachträglichen medizinischen Eingriffs sind inzwischen eher unwahrscheinlich geworden, dafür aber einer Praxis der Prävention noch in Gestalt medizinischer Indikationen für einen Schwangerschaftsabbruch gewichen. Hinzu kommt, wie Menschen in Pflegeheimen ruhig gestellt werden, in einer Weise, der gegenüber man das medikamentöse Treatment als human zu empfinden beginnt. In der Mikrodynamik menschlichen Lebens wird man vielleicht noch darüber nachdenken, ob und wie weit die hygienisch begründeten Praktiken in Pflegeheimen nicht auch als grausam empfunden werden können, weil sie die aktuelle Verfasstheit und Lebensform von Menschen verachten, vielleicht auf subtile Weise und technisch, aber doch herabwürdigend. So irritierend dies sein mag: man muss einer dementen Person nicht ständig vor Augen führen, dass sie inkontinent ist. Doch führt das zu intensiven, fast philosophischen, wenigstens aber ethischen Debatten, die aber personenbezogen geführt werden müssen. Ganz zu schweigen von der realen Diskriminierung etwa durch Verwaltungsakte. Immerhin kann und muss diese auf dem Rechtsweg bekämpft werden, wie kafkaesk das auch immer aussehen mag – und wie zynisch so mancher gerichtlich erstrittene Bescheid dann wieder ausfällt.

Gleichwohl, um das zugegeben schwierige Argument fortzusetzen: es scheint also nicht um die rechtliche Diskriminierung gehen zu können, wenn von Inklusion die Rede ist. Denn auf der Ebene des Justiziellen hat sich in den Staaten mit einem der Aufklärung verpflichteten Rechtssystem ein Universalismus durchgesetzt, der ein Außen nicht kennt oder kennen sollte. Wenngleich, wie das gerade am Umgang mit Menschen zu sehen ist, die sich für Flucht entschieden haben, nationale oder übernationale Begrenzungen eine Rolle spielen. Wenn aber dieser Universalismus zutrifft, dann richtet sich offensichtlich die Inklusionspropaganda als ein politisch-pädagogisches Projekt auf die Gesellschaft selbst. Solches hat sich ja schon angedeutet. Dabei lohnt es sich gelegentlich, auf konservative Soziologen zu hören, die vor so viel Programmatik und Pädagogik eher warnen und skeptisch empfehlen, man möge Entwicklungen sozusagen den Gesellschaften selbst überlassen; die regeln sich schon irgendwie, im Guten wie im Schlechten, wie Durkheim mit dem ernüchternden Verweis auf die Suizide nicht nur der Soziologie beigebracht hat.

Zweitens: In unserem Zusammenhang verlangt das allerdings, dann doch einmal auf die Gesellschaft zu sehen, in welche inkludiert, in welche eingeschlossen werden soll. Einerseits deutete sich schon an, wie eine viel größere Zahl von Menschen als bisher angenommen ihre Ängste vor Behinderung verloren haben, weniger Ablehnung und sogar die gute, weil triviale Hilfebereitschaft schaffen, die man Menschen zeigt, welche durch die ihnen gegebenen Lebensumstände daran gehindert werden, in der für sie bestmöglichen Weise zu leben. Offensichtlich ist auf der Ebene der Lebenspraxis und der Mentalitäten zwar langsam, aber voranschreitend ein Humanisierungs- und sogar Universalisierungsprozess eingetreten, sicher immer wenig angestupst von Verfechtern der Inklusion, aber doch eher aus Einsicht und – so darf man doch als Verdacht äußern – aus einer Art stillen Opposition gegenüber einer Politik und einer Verwaltung, die längst noch nicht so weit sind; zuweilen drängt sich, wie gesagt, der Eindruck auf, dass es so etwas wie heimliche und zugleich praktisch tätige Wutbürger gibt, die in eigener Initiative das voranbringen, was doch politisch bewirkt werden sollte. Sie tun dies, weil sie gelegentlich oder sogar häufiger mit Menschen konfrontiert waren, die offensiv über ihre Behinderung oder – das wird bei der Thematik gerne vergessen – ihre chronische Krankheit sprechen.

Vielleicht sind zwei weitere Dimensionen zu nennen, die in diesem Geschehen eine gar nicht so unwichtige Rolle spielen: *Einerseits* könnten die Kirchen doch noch mehr Einfluss haben, als dies angesichts ihrer zurückgehenden Mitgliederzahlen und eines geradezu galoppierenden Säkularisierungstrends zu erwarten ist; wobei dieser allerdings zu denken geben muss. Während ein Atheismus aus Überzeugung durchaus einer ethischen Reflexion und einer moralischen Haltung Vorschub leisten kann, kann der schleichende Abschied aus einem religiös geprägten Wertehimmel ziemlich teuflische Folgen nach sich ziehen. Wie auch immer: Die oft religionsgeschichtlich begründete Ablehnung von Kirche oder Ritus taugt ja nur bedingt, um die normativen Erwartungen zurück zu weisen, die Religionen heute etwa im Blick auf den Umgang mit Menschen stellen, die mit Behinderung oder Krankheit zu tun haben. *Andererseits* sollte man sich die Altersgruppen einmal genauer ansehen, die Einfluss auf die Mentalitätsmuster haben. Wer heute zu den jungen Alten gehört, also zwischen sechzig und fünfundsiebzig ist, hat sich den Auseinandersetzungen nicht ganz entziehen können, die mit dem Stichwort von den „68ern" benannt werden. Selbst die Bürger der DDR waren davon beeinflusst, zumindest wenn sie Westfernsehen nutzten oder zur Gruppe derjenigen gehörten, die sich in Ungarn mit den Platten der Pop- und Rockmusik versorgten – wobei das natürlich jetzt Stereotype oder Klischees ausspricht, die aber doch für eine soziale und kulturelle Dynamik stehen, welche die Haltung gegenüber Menschen mit Behinderungen beeinflusst oder verändert. Es geht um eine Generation, die nicht bloß tolerant ist (was im Zusammenhang mit Behinderung oder Krankheit in die Nähe des Horrors rückt, weil Toleranz auch desinteressiertes Ertragen meinen kann), sondern sich aktiv engagiert, um die zivilgesellschaftlichen Standards zu verwirklichen, um die sie selbst gestritten haben. Kurz: vielleicht gibt es im Blick auf gesellschaftliche Entwicklungen und die Zurückweisung von Ausgrenzung mehr Anlass zu Optimismus, als manche und mancher dies angesichts rassistischer und rechtsradikaler Strömungen erwartet.

Drittens sollte übrigens nicht verschwiegen werden, dass die Fähigkeit sich trotz Behinderung aktiv in das gesellschaftliche Leben einzuschalten, in einem ganz hohen Maße von der professionellen Unterstützung abhängt, die Behinderten und Erkrankten zukommt. Das gilt in zweierlei Hinsicht: Zum einen muss sie Behinderten und Erkrankten mit einer völligen Selbstverständlichkeit zukommen, die der Hilfe und Unterstützung jeglichen Aufmerksamkeits- oder Erregungswert nimmt. Um es ein wenig paradox und provokativ zu formulieren: Hilfe wird würdig erst dann, wenn sie gar nicht mehr als Hilfe erfahren wird und als solche ignoriert werden kann, weil sie sich von anderen Handlungen nicht unterscheidet – es verschwindet, in Anlehnung an Max Weber gesprochen, der soziale Sinn der Hilfe, weil es um ein „normales" Handeln geht. Man kann dieses mit der Bitte vergleichen, jemand möge mir doch das Salz herüber reichen. Dann, zweitens, muss sie aber als professionelle Hilfe und Unterstützung zukommen können; wie unauffällig auch immer diese geschieht. Hier bereitet allerdings die Inklusionsdebatte Sorgen, weil sie politisch optimistisch auf ein Konzept setzt, das in der Psychiatriereform wichtig geworden ist, nämlich die „Rückgabe" der Erkrankung an die Gesellschaft, die als Ursprung des Leidens gesehen worden ist. Das geriet schnell an Grenzen, einmal dort, wo die Krankheiten endogen bedingt waren, zum anderen in den Fällen, in welchen der gesellschaftliche Entstehungsort nicht einfach zu identifizieren war (beispielsweise in Fällen der Interaktion von Arbeitsdruck, familiären Konflikten und innerer

Entwicklungsdynamik), sowie in Kontexten, in welchen die Bereitschaft fehlte, die erkrankte Person wieder aufzunehmen.[2] Kurz: Professionelle Hilfe ist häufig genug unentbehrlich, allzumal in der – oft beklagten – Verbindung heilpädagogischer und medizinischer Hilfe. Um es mal sehr direkt zu sagen: Wer in Deutschland Defizite der Inklusion geltend macht, sollte bitte erklären, wie etwa Menschen mit Trisomie 21 gegenüber der Situation vor vierzig Jahren eine Lebenserwartung wie nahezu alle anderen haben, dass sie heute nicht versteckt oder eben ausgeschlossen werden, sondern in einem ganz hohen Maße gesellschaftlich mitwirken; wobei die zuverlässigen Daten aus gutem Grunde fehlen und die Einzelfälle zu prüfen sind. Wie das so schön schon heißt: Wir haben mit Individuen zu tun, mit individueller Entwicklungsverzögerung, mit außerordentlichen Unterschieden dabei, die eigene Verfasstheit anzunehmen. Übrigens unterscheiden sich nun darin Menschen eigentlich überhaupt nicht. Soweit jedenfalls die eine gute Nachricht.

Die andere lautet, dass in dieser Gesellschaft ein ganz erhebliches Ausmaß an fachlicher Kompetenz entwickelt worden ist, um menschliche Individuen in ihrer Lebensführung zu unterstützen, die in ihrer Entwicklung verzögert sind, im Laufe ihres Aufwachsens manche Schritte nicht getan haben, die andere selbstverständlich ausführen. Sonder-, Behinderten-, Integrationspädagogik, wie auch immer sie genannt werden wollen und sollen, haben eine fachliche Entwicklung hinter sich gebracht, die gewürdigt werden muss, nicht zuletzt, weil die Formen von Hilfe und Begleitung, Förderung und Betreuung, weil Therapien in unterschiedlichster Weise das Spektrum der Möglichkeit autonomer Lebensführung deutlich erweitert haben (vgl. Ahrbeck 2015). Dazu gehört übrigens, dass viele im professionellen und disziplinären Kontext diese fachliche Entwicklung sehr offen, transparent und kritisch diskutiert haben, selbst noch im Blick auf das in der Tat nicht ganz unproblematische Miteinander von Pädagogik und Medizin. Insofern muss man in der Auseinandersetzung mit der Inklusion zwei Linien unterscheiden: In der einen geht es um eine Radikalisierung dessen, was in den letzten Jahrzehnten erreicht worden ist; sie hat vielleicht mit Ungeduld und Hoffnungen zu tun, nun endlich die Begrenzungen sprengen zu können, die sich zuweilen gesellschaftlich aufgetan haben. So kann man wenigstens das Engagement jener lesen, die dem politisch linken Lager in der Behindertenpädagogik angehören. Sie wollen nicht das fachlich Erreichte zerstören, sondern weiter gehen. Das gilt wenigstens für die Beiträge

---

2   Das spielte bei der demokratischen Psychiatriereform noch eine geringere Rolle, würde heute dramatische Züge etwa bei der Aufnahme von Menschen gewinnen, die mit fortgeschrittener Demenz in die Familie zurückkehren sollten; nicht nur wären die Angehörigen überfordert, vielmehr zeigt die Erfahrung, dass Erkrankte sich der Pflege durch ihre eigenen Kinder widersetzen, weil ihnen diese nahe und fremd zugleich sind.

von Jantzen und Feuser in der Debatte, die von anderen jedoch heftig angegriffen werden, welche ihrerseits das Inklusionsprojekt mit Vorbehalten sehen. Die zweite Linie scheint problematischer: es gibt nämlich leider eine deutliche Tendenz, das zuletzt Erreichte massiv in Frage zu stellen. Ironischerweise begegnet sie sogar bei Verfechtern der Inklusionsvorstellung, die auf den ersten Blick für eine neue Praxis kämpfen. Abgesehen davon, dass nicht sicher ist, ob diese wirklich besser ist als die zuletzt realisierte, zeichnete sie ein erstaunliches Paradox aus, nämlich die Ablehnung von Kategorisierung bei gleichzeitigem Rückfall in sozialtechnologische Perspektiven, wie sie beispielsweise in Gestalt eines Inklusionsindex gegeben sind. Dahinter verbirgt sich nur ein Denken, das seine faktische, vielleicht aber nicht bemerkte Herrschaftsattitüde in der Gestalt von Standards camoufliert, die auslassen, was nun konkret zu deren Verwirklichung getan werden muss.

3. Freilich wird diese sicher noch unentschiedene Entwicklung in der Gesellschaft allerdings konterkariert von vor allem öffentlich verbreiteten Bildern schöner und gesunderer Menschen, die sich fit machen für diese Gesellschaft. Sie verkünden das Bild, dass man doch optimal geformt und absolut leistungsfähig sein soll – und nicht wenige kommen dem ja nach, indem sie regelmäßig einschlägige Angebote wahrnehmen, sogar ihren Körper systematisch überwachen, um ihn zu optimieren. Von allem Spaß am Sport und am Schwitzen mal abgesehen, verweist dies nun auf eine andere Tendenz in dieser Gesellschaft, die ernst zu nehmen ist. Die Tendenz nämlich zum optimierten Menschen, der sich permanent selbst übersteigert, der sich in dieser dauernden Kompetenz zur Leistungserbringung eben fit macht, für Anforderungen, die von anderen gestellt werden. Hier sind zwei Dimensionen anzusprechen: Zygmunt Bauman hat *zum einen* das Synoptikum als eine Form moderner Herrschaftsausübung identifiziert, das nicht zuletzt darin zum Ausdruck kommt, dass und wie Menschen sich gleichsam an den Idealgestalten der Prominenten ausrichten, wie mühevoll deren tägliches Styling auch ausfallen mag (vgl. Bauman 2000, 2010). Das aber bedeutet wiederum, dass diejenigen in ihrer Existenz verworfen werden, die nicht diesen Bildgestalten entsprechen – die von Jürgen Link aufgezeigte Macht des Normalismus wirkt hier, die Regulierung der Menschen über Standards verstärkt sie noch (Link 2013). Manchmal sollte man die sozialisatorischen Nebeneffekte der von vielen gelobten Steuerungsmechanismen nicht übersehen. Gibt es vielleicht Zusammenhänge zwischen PISA-Vorgaben oder Bildungsstandards und der Angst von Eltern, ein behindertes Kind könnte den messbaren Lernerfolg einer Schulklasse einschränken? *Zum anderen* darf nicht aus dem Blick geraten, dass über diese Gesellschaft und ihre Ökonomie das Verdikt verhängt werden muss, nach welchem sie eine gierige Institution ist, eine greedy institution, wie Coser sie genannt hat (Coser 2015). Die moderne Gesellschaft ist

geradezu süchtig auf beides, auf billige Arbeitskräfte und Konsumenten, die das geringe Salär noch ausgeben, das ihnen verbleibt. Inklusion kann und sollte nun sogar in diesem Zusammenhang gesehen werden: Es geht darum, die Zahl der Arbeitskräfte zu erhöhen und den Konsum anzukurbeln. Nach den Frauen sind jetzt die Behinderten dran, weniger weil der große Mangel an Arbeitskräften in einer Gesellschaft besteht, die sich ihrer Rationalisierungsfähigkeit rühmt und diese noch so vorantreibt, dass die Entlassung von Arbeitskräften sich positiv auf Aktienkurse auswirkt. Nein, der Arbeitsmarkt soll ausgeweitet werden, alle – um in der Formulierung die Ambivalenz beizubehalten – Sonderkategorien menschlicher Existenz aufgehoben werden, das Besondere an der menschlichen Existenz, das doch Humanität dann vielleicht erst auszeichnet. Alle Gruppenzugehörigkeiten und vielleicht Schicksalsgemeinschaften sollen verschwinden, damit bloße Individuen dem Arbeitsmarkt zur Verfügung stehen – für den ja längst nicht nur Kritiker des Geschehens das Wort von der *global auction* bereit halten (Brown/Lauder/Ashton 2011). Sie sollen billig produzieren, sie sollen aufwendig konsumieren, sie sollen den Standards unterworfen sein, die normiert worden sind für das, was die meist eilfertigen Psychologen als good functioning bezeichnen. Um noch einmal auf die Ebene der Sprachverwendung zurück zu kommen, zugegeben ein wenig nebenbei: Es erstaunt schon ein wenig, dass im Bedeutungsfeld von Inklusion Begriffe wie Wohlbefinden, Behaglichkeit und Lebensfreude oder Glück keine Rolle spielen; fast schämt man sich ein wenig des eigenen Gefühls, wenn beim Kindergeburtstag das ausdrücklich und ganz selbstverständlich eingeladene schwer und chronisch erkrankte Kind mit allen anderen herum tollt, mitten drin und dabei ist. Darf man den Ernst seiner Lage nicht vergessen, mit ihm zusammen und den anderen, den Kindern allzumal? Oder noch zugespitzter: Wieso ist eigentlich Inklusion eine so bittere und fast harte Angelegenheit?

Die schlechte Nachricht lautet also endlich, dass auf dieser Ebene der Gesellschaft eben doch Ausgrenzungsprozesse stattfinden, dass Gesellschaft selbst immer mit Normalisierungsmustern einhergeht, die einmal machtvoll und energisch durchgesetzt werden, die auf der anderen Seite aber auch auf fatale Weise notwendig sind, um soziale Integration überhaupt sicher zu stellen. Mich irritiert, mit anderen Worten, wie wenig die Inklusionisten sich auf Befunde etwa der Sozialforschung einlassen. Auf die Befunde etwa, die beispielhaft der schon mehrfach angesprochene Jürgen Link gesammelt und in seiner Normalismusthese verdichtet hat; die These also, dass die Steuerung der modernen Gesellschaft sogar zunehmend durch Formen der Standardisierung, der Überprüfung menschlichen Verhaltens und seiner Ordnung anhand der klassischen Normalverteilung erfolgt; wer, aus welchen Gründen auch immer, nicht in den Mittelbereichen der klassischen Glockenkurven-Normalverteilung angesiedelt ist, hat ziemlich schlechte Chancen. Noch heikler ist die andere

Seite – und wir brauchen dazu gar nicht an die Anhänger des politisch rechten Lagers denken, in welchen geradezu bizarre Vorstellungen über andere Menschen herrschen. Zwischen Rassismus, Fremdenhass und Ablehnung von Behinderung besteht ein Kontinuum, man kann das gar nicht oft genug wiederholen. Wobei ein fatales Problem sich noch darin zeigt, dass Polizei und Staatsanwaltschaft ganz offensichtlich regelmäßig Übergriffe auf Behinderte nicht den rechtsradikal motivierten Straftaten zuordnen. Doch gilt leider mehr als das: offensichtlich können wohl gerade moderne Gesellschaften nicht auf Diskriminierung verzichten, übrigens selbst in ihren professionellen Zusammenhängen nicht. Die Soziale Arbeit sollte sich da schon an die eigene Nase fassen, denn gelegentlich ist sie doch arg schnell dabei, das Wort von der Unterschicht aufzunehmen, vielleicht noch ironisch, dann von sozial schwachen oder bildungsfernen Familien zu sprechen. Und selbst der vermeintlich sozialwissenschaftlich saubere Gebrauch des Begriffs Risiko ist nicht so ganz frei von ekligem Beigeschmack, denn in der Tat galten Menschen mit psychiatrisch diagnostizierbaren Auffälligkeiten lange Zeit als ein Risiko für die Allgemeinheit. So gut sind wir also nicht, im Gegenteil bewegt sich auch diese Profession in einer Nähe zu dem Urteil von Jugendlichen übereinander, nach welchen der eine ein Spasti oder der andere eben gar behindert sei, vom schrecklichen Wort „Opfer" ganz zu schweigen.

Das alles muss aus dem Gruselkabinett der modernen Gesellschaft hervorgezogen werden, um an den klassischen sozialpsychologischen Mechanismus zu erinnern, dass Gruppen sich häufig in ihrer Identität darüber stabilisieren und integrieren, Außenseiter, Fremde, von den Gruppennormen Abweichende zu konstruieren oder zu stigmatisieren. Dabei gilt dieser Mechanismus offensichtlich ganz besonders dann, wenn die jeweiligen Gemeinschaften selbst per Zwang zusammen geführt werden und unter Druck stehen. Das erklärt übrigens teilweise warum Inklusion in Kindergärten meist funktioniert, in Schulklassen demgegenüber zu einem schwierigen Balanceakt wird. Kindergartengruppen kommen zwar ebenfalls mehr oder weniger zwangsweise zusammen, wobei die Kinder selbst noch grundlegende Gruppenmechanismen entwicklungsbedingt erst in diesen Zusammenhängen erwerben, einschließlich ihrer moralischen Urteilsfähigkeit; vor allem stehen sie aber nicht unter Leistungszwang. Vielleicht wirken im Kindergarten die evolutionär entscheidenden anthropologischen Grundmechanismen der Kooperation, die den Kindern später wegerzogen werden, wie Michael Tomasello (2010) feststellt. In Schulklassen ist nun alles ganz anders, weil es um Wettbewerb und Konkurrenz geht, dann darum, Leistungsdruck zu bewältigen, der mit Selektion und letztlich mit Allokationsprozessen verbunden ist, die ihrerseits wiederum auf mehr oder weniger standardisierter Messung beruhen. Hier treten nun zu den ohnehin schon aufgeregten Kindern die noch aufgeregteren, längst vom Bildungswahn besessenen

Eltern hinzu, die entweder mit einer gegenüber Inklusion aversiven oder aber – das gibt es auch – mit einer Strategie operieren, die Inklusion durchaus paradox unterstützt. Die aversive Strategie geht mit der Forderung nach Homogenität einher, die zuweilen mit Elitenförderung verbunden wird. Interessanter ist die andere Strategie, bei der nämlich versucht wird, Diagnosen für die eigenen Kinder zu erreichen, eine LRS oder sogar eine ADHS, tatsächlich sogar eine seelische Behinderung. Das führt zu erhöhter Aufmerksamkeit seitens der Lehrerinnen oder zu verlängerten Prüfungszeiten – und bedeutet am Ende, dass nun Heterogenität sozusagen wirklich zum Normalfall werden könnte.

Freilich nur, wenn sich Schulen darauf einlassen können – und das sind nun wiederum die wenigsten. Denn das darf man nicht vergessen: gegenüber aller Heterogenität, gegenüber aller Differenzierung, stehen Schulen unter dem Druck der standardisierten Leistungsmessungen – und bislang sehe ich nun wirklich nicht, dass dieser Druck zurückgenommen wird zu Gunsten einer Anerkennung und Förderung von Heterogenität. Im Gegenteil: im Unterschied zu anderen Ländern, in welchen die für das Erreichen von Qualifikationen wichtigen Fächer durchaus ausgewählt werden können – England wie Kanada eröffnet zum Beispiel die Möglichkeit das Abitur im Fotokurs oder im darstellenden Spiel zu erwerben –, wird hierzulande der Fächerkanon ja sogar noch enger gefasst.

4. Das alles verweist endgültig auf eine Makroperspektive: Man kann sich durchaus fragen, ob man eigentlich die Inklusion, nochmals notabene: den Einschluss, in eine Gesellschaft will, die nur an individualisierten, hochgradig vernutzbaren Arbeitskräften interessiert ist, höchstens den Konsumenten haben will, wenn dieser hinreichend zahlungsfähig ist, um die dann wohl doch betrügerisch erzeugten und vielleicht sogar menschenzerstörenden Produkte zu erwerben – VW ist ja nun wirklich eine Menetekel, das am Ende die von Cederström und Fleming vorgetragene Diagnose vom *Dead Man Working* sozusagen in jeder Hinsicht bestätigt (Cederström/Fleming 2013). Es geht ausschließlich um das Individuum ohne Besonderheit, allein in seiner Tauglichkeit für den Arbeitsmarkt und den Konsumsektor. Und das wird überhaupt nicht geheilt, wenn dann – fast noch zynischer – ein Unternehmen eine Arbeitsgruppe mit Autisten zusammenstellt, weil die wie niemand anderes in der Lage sind, Fehler in Computerprogrammen zu identifizieren. Sie sind dann formal im Arbeitsmarkt inkludiert – um den Rest ihrer Person schert sich indes niemand. Anders formuliert: Können wir eigentlich ernsthaft und ohne relativierende Einschränkung – ich bin sehr vorsichtig – die Inklusion in eine Gesellschaft fordern, die nicht nur auf pathologische Art und Weise auf Lohnarbeit fixiert ist, dabei keine Lebensform mehr zulässt, die nicht markt- und geldvermittelt darauf sich richtet, alles in Kapital zu verwandeln, einschließlich der Menschen selbst, die

nur noch als Humankapital gelten. Das Problem dabei ist schon, dass sehr schnell das aufgegeben und abgeworfen wird, was der Investition nicht lohnt und keine Rendite verspricht. Oder anders formuliert: Wie geht das eigentlich zusammen, Inklusion zu fordern, während man doch zugleich erkennen muss, dass und wie diese Gesellschaft systematisch Ausschluss betreibt – Menschen zu, wie Zygmunt Bauman es formuliert, wasted lives verwandelt (Bauman 2005), überflüssig macht, wie Trojanow das in seinem bedrückenden Essay beschrieben hat (Trojanow 2013).

Können wir also ernsthaft fordern, Menschen zu zwingen, sich einer Gesellschaft zu unterwerfen, die längst alle positiven Seiten von Gesellschaftlichkeit zu dementieren versucht? Das berührt in der Tat den Partizipationsgedanken, der nun nicht minder zynisch wird, in einer Gesellschaft, die längst den Status der Postdemokratie erreicht hat, in der die Verhandlungen geheim geführt werden, jenseits nur irgendeiner Beteiligung. Und können wir wirklich ohne zu erröten die Inklusion in eine Gesellschaft fordern, die längst einen Vergesellschaftungsmechanismus etabliert hat, der mit Asozialität, mit Zerstörung des Sozialen verbunden ist – während alle Formen des Miteinanders zumindest solange als überholt denunziert werden, wie sie nicht selbst wieder in klingende Münze sich umsetzen lassen. Eine Gesellschaft, die mit Förderung durch ihr politisches System prekäre Existenzen produziert, um sie dann als scheiternde Ich-AGs zu verlachen.

5. Am Ende kann und muss man das in einem Gedanken zuspitzen, der endgültig kompliziert ist – vielleicht liegt man mit ihm völlig daneben: Bei all dem wird, so eine Überlegung, die an den Frankfurter Philosophen Andreas Kuhlmann und seine Untersuchungen zu den Grenzen unserer Lebensform anschließt (Kuhlmann 2011), schnell vergessen, worin eigentlich die Problemlagen bestehen, mit welchen jene zu tun haben, die mit dem Etikett der Behinderung umgehen müssen.

Diese ziemlich schräg klingende Formulierung macht zunächst auf ein Problem aufmerksam, das zu nennen Protest hervorruft. Es klingt für viele beim ersten Hinhören zynisch. Dennoch lautet das Problem: Empfinden sich alle Menschen mit Behinderung oder Krankheit als behindert oder erkrankt? Leiden sie an ihrer Behinderung, müssen wir sie bedauern? Die Antwort lautet erstaunlicherweise, dass dies nicht der Fall ist. Systematisch gesprochen ist entscheidend, ob und wie weit Menschen ihren Leib als integriert empfinden, wobei sie sich vielleicht ärgern, wenn sie beispielsweise nur über ein geschwächtes Sehvermögen verfügen. Dennoch sehen sie sich selbst deshalb nicht als beschädigt an, weil und sofern es ihnen gelingt, diese ihre Eigenart hinzunehmen – etwa so, wie man erträgt, kein guter Läufer zu sein. Das Gefühl eines Verlusts an Integration tritt zum einen zunächst dort und dann auf, wenn Behinderung oder Krankheit lebensgeschichtlich später eingetreten sind, mit Verlust oder Veränderung der Lebensführung verbunden sind, die von den Akteuren selbst als solche wahrgenommen werden. Zum anderen breitet sich das Gefühl der eigenen Differenz dann und dort aus, wo die gesellschaftlichen Verkehrsverhältnisse die Varianz menschlichen Lebens nicht berücksichtigen. Behinderung ist also Erzeugung von Behindertsein durch soziale oder kulturelle Organisation; als spannendes Beispiel kann man nehmen, ob und wie weit Fußgängerampeln nur ein optisches Signal geben, mit dem Effekt, dass Sehschwäche als Behinderung erzeugt wird, oder so kurz geschaltet sind, dass nur gut trainierte Läufer die Straße in der vorgegebenen Zeit queren können. Was zur Externalisierung des Ärgers über unfähige Programmierer von Ampelschaltungen und nicht zum Gefühl wird, man sei wohl gehbehindert. Behinderung wird mithin gesellschaftlich und kulturell inszeniert, nämlich in negativen Stigmatisierungsprozessen.[3]

Deutlich wird hier zugleich erneut, dass und wie die Wahrnehmung von Behinderung eng mit sozialen und kulturellen Normalisierungsvorgängen zu tun hat. Menschen können sich in der weiten Varianz humaner Existenz selbst fassen, die menschliches Leben auszeichnet; sie können ertragen, was die Physis mit ihnen anstellt oder angestellt hat, alt werden beispielsweise, Kräfte noch nicht zu haben oder sie wieder zu verlieren, vor allem: etwas nicht zu können, das nicht zu können, ihnen erst einmal gar nicht auffällt, früh – in der Kindheit – und später – im Alter – Anlass wird, um Hilfe zu bitten, die selbstverständlich gewährt wird. Das alles erzählt übrigens eine alte Geschichte, Rousseau hat sie vorgestellt. Kritisch wird die Angelegenheit erst, wenn Menschen anfangen sich zu vergleichen, fatal jedoch, wenn die Vergleichsmaßstäbe die Macht des idealen Normbildes gewinnen, an welchen man sich nicht nur messen soll, zu einem Normbild, das man sich zu eigenmachen soll, dem man genügen muss. So will es Gesellschaft, der man kaum Widerstand entgegen setzen kann; die eigene Existenz ist doch zu zerbrechlich. Diese Normierungstendenzen haben in der Gegenwart offensichtlich eine besondere Dramatik angenommen, weil und sofern die statistisch konstruierten Idealbilder eines guten und gesunden Lebens nicht nur überhandgenommen haben. Vielmehr werden sie im Kontext einer rigide gehandhabten normativen Empirie (Rödder 2015, S. 112) sozial durchgesetzt, perfiderweise übrigens in Gestalt von Subjektivierungsstrategien: Wir schließen andere aus, indem wir uns selbst Normen unterwerfen, die zunächst als Idealbilder konstruiert werden, um uns dann als Muster auferlegt zu sein, denen wir selbst gehorchen.

Aber: gleichwohl hat Behinderung eben zugleich eine ontologische Dimension, die sich im sozialen oder legislativen Akt nicht aufheben lässt. Diese ontologische

---

3 Kulturgeschichtlich muss übrigens daran erinnert werden, dass es durchaus auch „positive" Stigmatisierungsprozesse gegeben hat, bei welchen Menschen etwa mit Wundmerkmalen als heilig angesehen wurden.

Dimension verlangt selbst noch Anerkennung. Das wird ja immerhin schon gelegentlich diskutiert, kontrovers durchaus, wie die Auseinandersetzung mit den Grenzen der Gerechtigkeit von Martha Nussbaum zeigt (Nussbaum 2010). Man sollte und muss daher die Grenzen einer objektivierenden Debatte um Inklusion sehen, die nicht die subjektive Realität begreift, die mit Behinderung verbunden ist. Inklusion wird dann blind diskutiert, weil und wenn sie in einer Art von rechtlichem und soziologischem Objektivismus Fragen des Status, der Befindlichkeit ausblendet. Inklusion diskreditiert dann eine Lebensform oder zerstört sie sogar, wenigstens aber stellt sie die subjektive Grundlage von Selbstachtung in Frage.

Mehr als das: Oft begegnet in den Debatten eine Art quid pro quo, sozusagen eine Verkehrung der Intentionen. Im Falle von Inklusion zeigt sich dies spätestens dort, wo sie mit Partizipation verbunden wird, um endlich sogar mit Verantwortung verknüpft zu werden, mit Verantwortung für das eigene Leben. Dann wird die Sache tückisch. Wie viel muss man sich eigentlich selbst antun, um dem Idealbild zu entsprechen, um der Allgemeinheit Kosten zu sparen, um die Anderen vor dem Anblick etwa des eigenen Scheiterns, etwa des Altwerdens zu schützen. Bin ich noch zumutbar? Dabei wird der Vorgang eigentümlich formalisiert, sozusagen den Beteiligten aus der Hand genommen, schon damit, dass sie gar nicht mehr als Betroffene gelten, sondern als verantwortlich, als Täter. Die Lebenssituation wird gewissermaßen ignoriert und scheint nicht mehr verhandelbar, obwohl die klugen Beobachtungen etwa von Hans Georg Gadamer zu Krankheit und Gesundheit uns darüber belehren, dass subjektive Befindlichkeit nur dialogisch zu fassen ist (Gadamer 1993). Sie kann nicht festgelegt und festgestellt werden, schon gar nicht als Bestimmung subjektiver, sinnlicher Lebenspraxis. Inklusion ist aber demgegenüber ein Akt der Verfügung, der etwas zumutet und eine Zustimmung verlangt, die nicht jeder zu geben bereit ist. Er gibt eine Beschreibung der Lebensführung vor, die auf den ersten Blick plausibel erscheint, aber dennoch dunkle Seiten hat. Plausibel erscheint die Beschreibung, weil sie mit den langen Traditionen eines vornehmlich europäischen Liberalismus einhergeht, der sich – um es ein wenig zuzuspitzen – auf Freiheit und Gleichheit beruft, dabei aus dem Blick verloren hat, dass die Französische Revolution an die Brüderlichkeit erinnert hat, nämlich an den Grundmechanismus der Sorge füreinander, im Wissen um die Differenzen der Kräfte; die hatten nämlich ihren Rousseau und seine Vorgeschichte des contrat social gelesen.

Was nun in der Inklusion passiert, ist jedoch Anordnung und Zuweisung, bei der nicht nachgefragt wird, ob und wie sich die Beteiligten und jetzt wiederum Betroffenen dazu verhalten wollen. Um das sehr vorsichtig zu formulieren, weil man sich täuschen kann – noch einmal: es geht um eine Dialektik, die sich nicht theoretisch und nicht begrifflich auflösen lässt, sondern nur in einer Praxis, die sich zur Offenheit von Humanität bekennt und diese ständig zu wahren versucht, selbst auf die Gefahr hin im konkreten Fall in einer Weise zu handeln, über die man sich selbst ärgert; wir machen immer wieder Fehler, aber die beiden größten Fehler wären, sich diese nicht einzugestehen und den Versuch zu vermeiden, um Entschuldigung für sie zu bitten.

Jedenfalls lässt sich in den Inklusionsdebatten die Angst nicht ganz vermeiden, dass es eben nicht mehr darum geht, die Wünsche und Hoffnungen von Menschen zu verwirklichen, sie in ihrer aktiven Praxis auch der Rebellion wahrzunehmen. Irgendwie scheint es sogar, dass nun sozusagen politisch und administrativ diejenigen domestiziert werden sollen, die etwa als Krüppelinitiativen provozierten und begonnen haben, ihre Lebenslage selbst zu bestimmen und zu gestalten. Für sie hat dieses staatlich verordnete Inklusionspaket schon wieder einen Zug des Paternalistischen, wenn nicht sogar der funktionalistischen Inanspruchnahme. Nun tritt ein vorgeblicher fürsorglicher Staat auf, der Inklusion gewährt, um sogleich im nächsten Zimmer zu erklären: Nun beugt Euch mal schön den Zwängen, die in einer inklusiven Gesellschaft gelten. Wir haben Euch reingeholt, für den Rest übernehmt brav Verantwortung für Euch selbst, ihr seid ja nun die Inkludierten – und gehorcht den Anforderungen, die für alle geleichermaßen gelten. Macht keinen Rabatz, sondern wirkt mit, wie alle anderen auch. Es gibt da keine Sonderregeln, sondern nur die des – das sagt natürlich kaum einer – schlechten Liberalismus und noch schlechteren Individualismus. Es fällt schon auf, dass – um die Eingangsüberlegungen zum Begriffsgebrauch noch einmal aufzunehmen – bei all dem Gerede über Inklusion von Emanzipation und Freiheit, von Autonomie, von Selbstbestimmung der Lebensführung so wenig die Rede ist; da sollen alle unterschiedslos vereinnahmt werden, ohne Bedenken gegenüber der Komplexität auch von Behinderung und Krankheit, nicht einmal mit dem Recht, das eigene Leben anders führen zu wollen.

Gibt es eine Alternative zum aktuellen Inklusionsdiskurs? Leider lässt sie sich nicht erkennen. Manchmal geht einem jedoch die Lust verloren, positiv und produktiv zu denken, wo radikale Kritik gefordert ist. Weil man sich mit allem anderen mit einem System gemein macht, das menschenverachtend agiert. Zuweilen muss man wohl negativ, ablehnend agieren und sprechen, um die Integrität von Menschen, ihre Würde zu wahren, um ihnen Freiheit und Selbstbestimmung gegenüber Wohltaten zu sichern, die sich spätestens im Kleingedruckten als ziemlich übel erweisen.

Literatur

Ahrbeck, Bernd (2015): *Inklusion. Eine Kritik.* Stuttgart: Kohlhammer.
Austin, John L. (1972): *Zur Theorie der Sprechakte (How to do things with words).* Stuttgart: Reclam.
Bauman, Zygmunt (2000): *Liquid Modernity.* Cambridge: Polity Press.
Bauman, Zygmunt (2005): *Verworfenes Leben. Die Ausgegrenzten der Moderne.* Hamburg: Hamburger Edition.
Bauman, Zygmunt (2010): *Wir Lebenskünstler.* Berlin: Suhrkamp.
Becker, Uwe (2015): *Die Inklusionslüge. Behinderung im flexiblen Kapitalismus.* Bielefeld: transcript.
Brown, Phillip/Lauder, Hugh/Ashton, David (2011): *The Global Auction. The Broken Promises of Education, Jobs, and Incomes.* Oxford: University Press.
Cederström, Carl/Fleming, Peter (2013): *Dead Man Working: Die schöne neue Welt der toten Arbeit.* Berlin: edition tiamat.
Coser, Lewis A. (2015): *Gierige Institutionen. Soziologische Studien über totales Engagement.* Berlin: Suhrkamp.
Crouch, Colin (2013): *Jenseits des Neoliberalismus. Ein Plädoyer für soziale Gerechtigkeit.* Wien: Passagen-Verlag.
Gadamer, Hans-Georg (1993): Über die Verborgenheit der Gesundheit. Aufsätze und Vorträge. Frankfurt/M.: Suhrkamp.
Kuhlmann, Andreas (2011): *An den Grenzen unserer Lebensform: Texte zur Bioethik und Anthropologie.* Frankfurt/New York: Campus.
Link, Jürgen (2013): *Normale Krisen? Normalismus und die Krise der Gegenwart.* Konstanz: UVK.
Nussbaum, Martha C. (2010): *Die Grenzen der Gerechtigkeit. Behinderung, Nationalität und Spezieszugehörigkeit.* Berlin: Suhrkamp.
Rödder, Andreas (2015): *21.0. Eine kurze Geschichte der Gegenwart.* Frankfurt/Zürich/Wien: Büchergilde Gutenberg.
Searle, John, R. (1969): *Speech Acts. An Essay in the Philosophy of Language.* Cambridge: University Press.
Tomasello, Michael (2010): *Warum wir kooperieren.* Berlin: Suhrkamp.
Trojanow, Ilija (2013): *Der überflüssige Mensch.* St. Pölten/Salzburg/Wien: Residenz Verlag.

Teil 4
Praktiken der Normierung, Normalisierung, Disziplinierung und Ausschließung

Einleitung

Helga Cremer-Schäfer und Rolf Keim

Analysen, Kritik und Reflexion Sozialer Arbeit beziehen sich entweder auf Politiken und Techniken der Normierung, der Disziplinierung und Normalisierung der Person oder auf Vorgänge sozialer Ausschließung. Dass die Einbeziehung der produktiv gemachten Subjekte in einem dialektischen Verhältnis zu neuen Grenzziehungen steht und damit zum gesellschaftlichen Vorgang sozialer Ausschließung führt, wird deutlich seltener thematisiert. Die gegenwärtigen, auch in Soziale Arbeit übertragenen Normierungs- und Disziplinierungspraktiken, werden als Förderung von personalen Fähigkeiten (Empowerment, Kompetenztrainings, Aktivierung u. a. m.) und als Verhinderung von Normabweichung verstanden, sei es via pro-aktiver Kontrolle und Prävention, verhaltenstherapeutischer Erziehungsprogramme, Disziplinarzwang, Strategien symbolischer Grenzziehung und Sanktionierung, via Straf-Drohung, Bestrafung und Einschließungen. Schon mit der Aufzählung dieser „Integrationsmittel" wird deutlich, dass Einbeziehung in die Gesellschaft (schon lange vor neoliberalen Zeiten) eine Formierung der Person voraussetzt, die weniger, meist jedoch mehr als Zurichtung des zuverlässigen Menschen organisiert wird. Um auszuloten, welche Möglichkeiten Soziale Arbeit hat, nach der „Normalisierung" des Aktivierungsparadigmas durch neoliberale Sozialpolitik individuelle und kollektive Abwehr solcher Formierung (durch Normierung, Disziplinierung und/oder Identisch-machen mit Normalitätsstandards) zu unterstützen, sind auf der Ebene von Theoriebildung, von Forschung und Handlungspraxis zwei Schritte hilfreich, nötig und möglich.

Zum einen wären Politiken und Techniken der „Einbeziehung", die auf die Formung eines produktiven, als Arbeitskraft nützlichen Subjekts zielen, und Vorgänge sozialer Ausschließung als ein *unauflösliches Verhältnis* zu analysieren. Integration und Ausschließung bilden einen Gegensatz *und* sie implizieren Mechanismen und Logiken, die ihr Gegenteil hervortreiben. Soziale Arbeit blieb, wie die moderne Armenhilfe, eine („dialektische") Integrations-Instanz *und* sie impliziert bzw.

erzeugt Etiketten, Prozesse und Orte ihres Gegenteils: soziale Ausschließung. Als Folge wohlfahrtsstaatlicher „Problemlösungen" wurden, wie Georg Simmel (1992 [1908])[1] es weitsichtig auf den Begriff gebracht hat, weitere Orte und soziale Lagen des „Draußen im Drinnen" institutionalisiert. Unter neoliberalen Bedingungen entwickelt diese Dialektik jeder Ordnungspolitik eine besondere Tendenz zu „kalter", weil moralisch und instrumentell legitimierter Ausschließung.

Zum Zweiten sind wir in der Lage, die politisch hergestellten organisatorischen und kulturellen bzw. ideologischen Kontexte für die gegenwärtig praktizierte „Politik des Verhaltens" als eine *widersprüchliche* „Politik der Verhältnisse" zu thematisieren. Widersprüche und die damit auftretenden sozialen Konflikte können nach allen Erfahrungen weder herrschaftlich und ordnungspolitisch, noch über alltägliche Praktiken „gelöst" werden. Gleichwohl werden sie politisch, organisatorisch und im Rahmen alltäglicher Interaktion von Fachleuten und Leuten[2] bearbeitet. Entgegen aller Darstellerei könnten wir beobachten, dass die neoliberale Transformation der Sozialpolitik ein Vielfaches an Normierungen der Lebensweise, Messungen der Person an definierten Standards und schließlich ein Mehr an Bürokratisierung erbracht hat; dies besonders im Bereich von Sozialpolitik und Sozialer Arbeit. Definitionen, Bestimmungen, Vorgaben müssen wie (allgemeine) Normen und Rechte situativ durch die in Bürokratien beschäftigten „Entscheider" angewendet werden. Unter welchen (Arbeits-)Bedingungen in verschiedenen Feldern Sozialer Arbeit und durch wissenschaftliches Arbeiten die Entscheidungspraktiken in Richtung mehr Solidarität gelenkt oder aber durch ein Mehr an sozialer Degradierung und Ausschließung „aufgelöst" werden, wird so zur zentralen empirischen Frage von kritischem Forschen und reflexiver Kritik in der Sozialen Arbeit.

Um sich im Verhältnis von Integration (die die Person zur nützlichen Arbeitskraft und als produktives Subjekt sowie friedfertigen Bürger_in formt) und sozialer Ausschließung der nicht-Nützlichen, der nicht-Produktiven und nicht-Friedfertigen durch Markt, Privateigentum, Familie, (Sicherheits-)Staat bewegen zu können, braucht es vielleicht „soziale Erfindungen". Strategien der individuellen und kooperativen Abwehr von Normierung, Disziplinierung und Ausschließung brauchen nach aller Erfahrung nicht gänzlich neu erfunden zu werden. Sie müssen und können gerade in jenen alltäglichen, professionellen und wissenschaftlichen Praktiken wiederentdeckt werden, die (inzwischen mehr als ein Viertel Jahrhundert lang) das Arsenal von „Aktivierung" bearbeiten: alltäglich, professionell

---

1 Vgl. Simmel, Georg (1992 [1908]): Soziologie. Untersuchungen über die Formen der Vergesellschaftung. In: Ders., Gesamtausgabe, Bd. 11, Frankfurt/Main: Suhrkamp.
2 Zum Begriff der „Leute", vgl. den nachstehenden Beitrag von Bareis/Kolbe/Cremer-Schäfer.

und wissenschaftlich. Im Rahmen des Panels wurden zwei Foren organisiert, die thematisiert haben, in welches Verhältnis Disziplinaranforderungen und soziale Teilnahme unter der Bedingung eines durchgesetzten Neoliberalismus bzw. des Aktivierungsparadigmas gesetzt wurden: das Forum „Arbeit an Ausschließung. Praktiken des Alltags und die Passung Sozialer Arbeit" und das Forum „Aktivierung, Ausschließung und Alter".

Zu den Ideologieproduktionen, die die Transformation der fordistischen in die neoliberale, „aktivierende" Sozialstaatlichkeit begleitet haben, gehört die Unterstellung, eine an „Wohlfahrt" orientierte Politik des Sozialen (die wir selbst in Zeiten des Fordismus nicht kannten) fördere eine „passivierende" Haltung von „Leistungsempfängern". Verantwortlich und sozial haftbar gemacht für diese „Abhängigkeit" werden die „Leistungsempfänger". Selbst schuld sind sie, weil eben Marktteilnehmer ohne (Lohn)Arbeit, Konsument_innen ohne ausreichendes Einkommen, Arbeitskräfte ohne verwertbare Qualifikationen, ohne „employability", ohne die Bereitschaft, sich der disziplinierten Lebensweise zu subordinieren, ohne (Versicherungs-)Rechte usw. usf.. Die alte bürgerliche Wohlfahrtspflege (in ihrer nüchternen Version) sprach von marktverursachter „Unwirtschaftlichkeit"; eine im Vergleich zu den heute benutzten Etiketten (wie „Überflüssige", „white trash", „Neue Unterschicht") milde Klassifikation. Zu neoliberalen Ideologieproduktionen gehören Re-Moralisierungen, insbesondere die der Subjekte, die sich nicht eigenständig aus schwierigen Situationen sozialer Ausschließung heraushelfen und sich daher über kurz oder lang nach herrschender Logik „selbst ausschließen".

Das Forum „Arbeit an Ausschließung. Praktiken des Alltags und die Passung Sozialer Arbeit" beruht auf den seit langem verfügbaren Argumenten gegen die bis heute kursierende Unterstellung von In-Aktivität. Sozialpolitische Forschungen zum Alltag der Bearbeitung von schwierigen Situationen (sozialer Ausschließung) und Untersuchungen zum Alltag der Nutzbarmachung und Ingebrauchnahme von staatlich organisierter sozialer Sicherung zeichnen seit mehr als 20 Jahren ein Gegenbild dazu. Geschichten, die Leute im Rahmen von Forschungen zum Alltag erzählt haben, zeigen: Die Leute müssen in ihrem schwierigen Alltag keineswegs durch Sanktionsdrohung und Strategien des Forderns aktiviert werden. Eigenständigkeit, das Leben in die eigene Hand nehmen, schwierige Situationen bearbeiten, liegt im Interesse der Leute und gehört zu ihren Handlungsroutinen.

Das, was wir „Wohlfahrtsproduktion" nennen, wird keineswegs top down „gewährt". Eine der wichtigsten Lehren der Forschungen zu Alltagspraktiken legt einen Perspektivenwechsel nahe: Wohlfahrt wird „von unten", wird durch Arbeit im und am Alltag produziert. Die Ingebrauchnahme von sozialstaatlich verwalteten Ressourcen (Geld und Dienstleistungen) ist jedoch immer schwieriger zu bewerkstelligen. Besonders im neoliberalen, „aktivierenden" Sozialstaat werden Zugänge zu gesellschaftlich verfügbaren Ressourcen blockiert: Kollektiv erarbeitete soziale Sicherung wird an Bedingungen geknüpft (Lohnarbeitsbindung, Normalitätsanforderungen, employability), die Defizit-Orientierung und, inzwischen vermehrt, die degradierenden Kontrollen der Person durch soziale Bürokratien (Soziale Arbeit eingeschlossen) beschädigen das Leben der Leute, die sich aus schwierigen Situationen herausarbeiten wollen und müssen.

Gleich, ob es sich um Disziplinierungs- oder Norm(alis)ierungspraktiken oder um Vorgänge gesellschaftlich organisierter Ausschließung handelt, Analysen konzentrieren sich in der Forschung zum Alltag entweder auf den Umgang der Leute damit oder auf die Art und Weise, wie Professionelle diese Praktiken als Beruf ausüben (können). Durch welches „Unterleben" können Personal (und Fachleute) in den verschiedenen „Anstalten" ihren veränderten Arbeits-Alltag bewerkstelligen. Rationalisierung, Ökonomisierung, Standardisierung, Steuerung, Optimierung, Effektivierung werden weder konfliktlos noch ohne widersprüchliche Gegenwehr oder Mitarbeit durch Fachleute einer Organisation durchgesetzt. Wie ist es nach der Transformation der fordistischen in die neoliberale Sozialstaatlichkeit mit der „Responsivität" und der „Passung" von materiellen Sozialleistungen, von sozialer Infrastruktur und von personenbezogenen Dienstleistungen bestellt? Diese beiden aus dem Sprachgebrauch entschwundenen Begriffe – Responsivität und Passung – wurden ehemals verstanden als gegenseitige Annäherung von Anliegen und Bedürfnissen der Leute und professionellem Handeln im Prozess der kooperativen Bearbeitung von schwierigen, stets konflikthaften Situationen.

Da die Perspektiven der „Ko-Produzenten" sozialer Dienstleistungen eher selten in Studien aufeinander bezogen wurden, haben die Akteure des Forums „Arbeit an Ausschließung. Praktiken des Alltags und die Passung Sozialer Arbeit" (Ellen Bareis, Christian Kolbe und Helga Cremer-Schäfer) im Format eines Gesprächs versucht, Wissen über die Alltags-Praktiken der Leute (Ellen Bareis) und Wissen über den Arbeitsalltag der Fachleute (Christian Kolbe) in eine Inter-Aktion zu bringen; die Fragen stellte Helga Cremer-Schäfer. Statt einer Kurzfassung des Gesprächs möchten wir die Beiträge des Forums durch Fragen charakterisieren sowie durch den Lernprozess, den wir bezüglich der Begriffe erfahren haben.

Wie organisieren die Leute ihren Alltag in der neoliberalen Produktionsweise, der sie als „Arbeitskraft-Unternehmer" definiert? Welche Erfahrungen machen die Leute, die den „aktivierenden Sozialstaat" aktivieren wollen (und müssen)? Wie haben sich die Alltagspraktiken der Leute und die der Professionellen mit dem Modus der Vergesellschaftungsweisen (durch Markt, Sozialpolitik und subkulturelle Produktionen) verändert? Wie bearbeiten Fachleute Rationalisierung, Steuerung, Standardisierung des „Erbringungskontextes" von sozialen Dienstleistungen? Welche Möglichkeiten bestehen im Alltag, soziale Ausschließungen zu einer (biographischen) Episode werden zu lassen? Im Zentrum der Begriffsarbeit stehen ein erweitertes Verständnis von Arbeit und eine Klärung des Verständnisses von Alltag als zugleich bornierte und grenzüberschreitende Praktiken. Es werden „Arbeits*weisen* am Sozialen" (der Leute und Fachleute) in Bezug gesetzt zu Lebensweisen und kapitalistischen Produktionsweisen. Im neoliberal transformierten Erbringungskontext von personenbezogenen Dienstleistungen sollte man (erstens) eher von der Verhinderung einer „Passung" von Praktiken des Alltags und Sozialer Arbeit ausgehen, gleichwohl wird man (zweitens) mit „Widerspruch und Widersprüchen" rechnen können.

Wie das Aktivierungsparadigma die sozialpolitische Ausgestaltung von Handlungsfeldern der Sozialen Arbeit in der Begleitung von Altern und „Alten" bestimmt und zum Ausschluss von sozialer Teilhabe im Alter führt, analysieren Kirsten Aner und Dörte Naumann im zweiten Forum „Aktivierung, Ausschließung und Alter".

Kirsten Aner zeigt, wie die Dezentralisierung sozialer Daseinsfürsorge auf kommunaler Ebene dazu führt, das zivilgesellschaftliche Engagement älterer Menschen in Dienst zu nehmen und den Ausbau einer (professionellen) sozialen Infrastruktur zu vernachlässigen. Während die adressierten „neuen und jungen Alten" an aktivitätsorientierte Normalisierungsstrategien gebunden werden, steigt das Risiko für den „Rest", der Prekarisierung ihrer Lebenslagen ausgeliefert zu sein. Territorialisierung wie auch Demografisierung des Sozialen beschreiben den gesellschaftlichen Hintergrund, der – so zeigt der Beitrag von Kirsten Aner – der Sozialen Arbeit die Rolle der Exklusionsverwalterin zuweist; soziale Spaltung und Randständigkeit bleiben im Alter nicht nur erhalten, sondern werden weiter vorangetrieben. Wie kann sich Soziale Arbeit in diesem Diskurs positionieren? Kirsten Aner benennt Mindestvoraussetzungen: Neben der Reflektion ihrer normativen Vorstellungen und Verstrickungen bei der dichotomen Konstruktion von ‚aktiven Alten' und einem ‚inaktiven Rest' sieht sie die Notwendigkeit der Stärkung der finanziellen Handlungsfähigkeit der Kommunen und der Entwicklung der partizipativen Handlungsspielräume der Bewohner_innen sozialer und demokratischer Gemeinwesen.

An dieser Stelle schließt unmittelbar der Beitrag von Dörte Naumann an. Ihr Blick richtet sich auf „alleinlebende Menschen im hohen Alter" und fragt, auf der Grundlage einer qualitativen Fallstudie, nach deren Aktivitätspotentialen im Wohnquartier: Gehören sie automatisch zu dem von Kirsten Aner bezeichneten „Rest"? Welche Unterstützungsbedarfe und Teilhabechancen im urbanen Raum zeichnen sich darüber ab? Vor dem Hintergrund schrumpfender altersbedingter und restriktiver gesellschaftsstruktureller Handlungsspielräume in ihren unterschiedlichen (räumlichen, physischen, zeitlichen und sozialen) Dimensionen werden die Potentiale gesellschaftlicher Integration (soziale Beziehungen) und

Mitwirkung (Aktivitäten im Gemeinwesen durch bürgerschaftliches Engagement) „alleinlebender Hochaltriger" reflektiert. Die Fokussierung auf die Förderung des ‚Aktiven Alterns' wie die Durchsetzung lokaler sorgender Verantwortungsgemeinschaften (7. Altenbericht 2016) wird kritisch beleuchtet. Die besondere Bedeutung des unmittelbaren Wohnumfeldes erklärt sich nicht (allein) als kreative Anpassung an Notwendigkeiten im hohen Alter, sondern verweist auf grundlegende Versorgungslücken und Praktiken des sozialen Ausschlusses. Insgesamt verschieben sich – wie der Beitrag zeigt – die Muster gesellschaftlicher Integration und Mitwirkung von einer Außen- zu einer Innenorientierung: Der Verlust von Möglichkeiten zu einer selbständigen Lebensführung weicht zunehmend der Isolation und sozialen Ausschließung; Dörte Naumann sieht in einer generationengerechten Gestaltung des Quartiers und der Entwicklung lokaler Unterstützungsstrukturen eine Antwort auf gesellschaftsstrukturelle Ausschlussprozesse.

Arbeit an Ausschließung
Die Praktiken des Alltags und die Passung Sozialer Arbeit – Ein Werkstattgespräch

Ellen Bareis, Christian Kolbe und Helga Cremer-Schäfer

Es ist nach wie vor üblich, Soziale Arbeit als Verwaltung oder Bearbeitung der von anderen Institutionen geleisteten „Exklusionen" zu betrachten. Neuerdings geschieht das auch unter der Perspektive von Effektivität, dem *what works*. In unserem (dialogischen) Beitrag wollen wir stattdessen die Praktiken des Alltags der Leute *und* die Alltagspraktiken der Dienstleistungsarbeit als (zusätzlich notwendige) „Arbeitsweisen am Sozialen" aufeinander beziehen: als Bearbeitungen einer sich neoliberal transformierenden Sozialpolitik und Sozialen Arbeit aus den zwei Perspektiven der „Ko-Produzenten" sozialer Dienstleistungen. Es kommt bei beiden Seiten darauf an zu zeigen, dass sich weder „Abbau" noch „Umbau" von Sozialstaatlichkeit und auch nicht „Transformation" konfliktlos durchsetzen. Wir rechnen mit „Widerspruch" und „Widersprüchen".

Im ersten Teil möchten wir etwas genauer fassen, was wir mit Alltag, alltäglichen Situationen und alltäglicher Praxis meinen. Ellen Bareis bringt zur Sprache, was wir über alltägliche Praktiken der Leute wissen könnten, Christian Kolbe, was wir über die organisierte Praxis von Fachleuten wissen. Im zweiten Teil des Gesprächs werden wir „Arbeit an Ausschließung" aus der Perspektive alltäglicher Praxis – im Alltagsleben, wie im professionellen Alltag – näher in den Blick zu nehmen. Hier gilt es zunächst gesellschaftstheoretische Zugänge zu erschließen, um sichtbar machen zu können, wie sich die Alltagspraktiken der Leute und die der Professionellen mit dem Modus der Vergesellschaftungsweise (inklusive Sozialpolitik) verändern. Im dritten Teil werden wir uns dann an der Verschränkung der beiden Perspektiven versuchen.

1 Alltag, alltägliche Situationen, alltägliche Praxis: *They do what they can*

Ellen Bareis: Über die Produktion des Sozialen *from below*, also aus der Perspektive des Alltags, nachzudenken, bedeutet jene Aktivitäten zum Ausgangspunkt zu nehmen, die Leute individuell und kooperativ tun (müssen), um für sich und andere in einer herrschenden Produktionsweise soziale Teilnahme und politische Partizipation zu organisieren. Wir fragen in den Forschungen danach, *was* sie tun und *wie* sie das Nötige und Mögliche tun. Unter welchen Bedingungen können sie am Sozialen arbeiten? „Das Soziale", das Leuten widerfährt, wird erfahren als Kette von Situationen sozialer Ausschließung, von Zumutungen und Lebenskatastrophen. „Das Soziale" besteht aber auch in Situationen, nach Möglichkeiten anders zu leben zu suchen. Der Rückgriff auf den umgangssprachlichen, theoretisch-wissenschaftlich unbestimmten Begriff der „Leute" weicht absichtsvoll der genaueren Bestimmung des Verhältnisses von Individuum und Gesellschaft aus: Unser „Leute" ist an die Diskurse der älteren britischen Cultural Studies angelehnt; Referenzpunkt sind alltägliche Praktiken von Menschen in Gesellschaft bzw. Menschen in ihrem jeweiligen Alltag. Es ist ein Begriff, der die Praktiken von Menschen nicht anthropologisiert, sondern im Kontext konkreter gesellschaftlicher Institutionen benennt. Im Alltag der Leute wie auch im Berufsalltag z. B. innerhalb der Institution Sozialer Arbeit, finden sich Routinen und Begrenzungen durch institutionalisierte Ungleichheits- und Herrschaftsverhältnisse, durch Verfügungs- und Definitionsmacht wieder. Im alltäglichen Handeln reproduzieren sich diese institutionalisierten Strukturen und Bestimmungen. Insofern ist der Alltag der Leute immer borniert und verdinglicht. Im selben alltäglichen Handeln finden sich aber auch Handlungsstrategien und Artikulationen, die diese Grenzen überschreiten. In der Alltagsforschungsperspektive geht es also nicht um eine naive, sondern um eine reflexive Methodologie."*[1] Studien, in denen die Narrationen von Usern oder Nutzer_innen sozialer Dienstleistungen eine relevante Rolle spielen, zeigen, dass die Leute in ihrem Alltag sehr gut differenzieren können – zwischen Angeboten und sozialen Infrastrukturen, die einer Ingebrauchnahme nach eigenen Vorstellungen von Rechten und Bedarfen entgegenkommen, und „Angeboten" und Infrastrukturen, die den Zugang zu benötigten Ressourcen eher zusätzlich blockieren (vgl.* sowie aktuell Herzog 2015; Streck 2016; van Rießen 2016). Dies lässt sich jedoch nur durch eine kritische und reflexive Interpretation von Geschichten über Arbeit an schwierigen Situationen herausfinden. Es wurde und wird in solchen Studien deutlich, dass die Leute eine

---

1 Die mit Sternchen markierten Stellen finden sich als ergänzende Ausführungen am Ende des Beitrags.

Menge Arbeit haben – und sich diese auch machen, um den institutionalisiert angebotenen Dienst- und Transferleistungen Ressourcen abzugewinnen, die für das Betreiben des eigenen Lebens und der eigenen Partizipation an Gesellschaft hilfreich, förderlich oder nutzbar sind.

Christian Kolbe: Ich würde an dieser Stelle gerne etwas zu den Arbeitsalltagspraktiken von Fachleuten sagen. Wir haben uns in unseren bisherigen Forschungen (vgl. Kolbe 2011a & b, 2012) über die Praktiken der Fachleute auf eine alte Diskussion um Handlungskompetenz bezogen, besonders einen Beitrag von Thomas Lau und Stephan Wolff aus dem Jahr 1982: „Wer bestimmt hier eigentlich, wer kompetent ist" (vgl. Lau/Wolff 1982). Darin verweisen beide im Zusammenhang mit einer empirischen Studie im ASD auf einen nötigen Perspektivwechsel, der angesichts doppelter An- und Überforderungen eingenommen werden sollte.

In ihrer Studie kritisieren Lau und Wolff die unterschiedlichen normativen Anrufungen – sei es als verwaltungspolitische Zielsetzung oder auch als fachlich begründete Kriterien –, in denen kontextfrei eine Messlatte an „richtige Praxis" angelegt werde. Unter solchen „Messlatten" rutschen Fachleute systematisch entweder aus der einen oder der anderen Warte durch, werden den Anforderungen nicht gerecht, machen „keine gute Arbeit". Anders der Blick von Lau und Wolff: Sie beobachten bestehende Praxis, also die alltäglich vollzogenen, angesichts der vorfindlichen Arbeitssituation „kompetenten" Bearbeitungen. Wie schon für die Nutzer_innen in den Blick genommen, bezieht sich das Interesse zur Frage der Erbringbarkeit des Sozialen ebenfalls darauf, *was* die Fachleute tun und *wie* sie es tun.

Stephan Wolff weist auf diese Perspektive noch einmal ausdrücklich in seinem Buch zur Produktion von Fürsorglichkeit hin (vgl. Wolff 1983): Sozialarbeitspraxis beschreibt er hier „als Versuch der angemessenen Bewältigung von anstehenden Arbeitsproblemen", die es zu ergründen gelte. Diese Art von „Unterleben" haben sich nicht nur wir, sondern, nach Erving Goffmans (1973) Beobachtung des „Unterlebens" von Insassen und Personal in totalen Institutionen und Aaron Cicourels Ethnographie der „Social Organisation of Juvenile Justice" (1968), viele andere lange vor uns und insbesondere wieder im Zusammenhang mit den Reformen in den USA Ende der 1990er Jahre angeschaut (vgl. u. a. zusammengefasst Brodkin 2013).

Über diese Perspektive von Institutionenforschung hinaus, ergaben sich aus unserer eigenen Empirie, in der wir insbesondere den Veränderungsprozess in Organisationen im Zusammenhang mit dem Wechsel vom BSHG zum SGB II beobachteten (vgl. u. a. Kolbe/Reis 2005), einige Einsichten. Die mit Inkrafttreten des neuen Gesetzes zusammenhängenden Organisationsveränderungen bzw. -zusammenlegungen führten dazu, dass die zuvor bestehenden organisationalen Pfade zumindest teilweise verlassen wurden (siehe zur Pfadabhängigkeit Beyer

2005). Das heißt, Zielsetzungen wurden mehrdeutig, Abläufe unscharf, Anforderungen undeutlich und der Umgang mit den Bearbeitungs- und Dokumentationsprogrammen für viele Fachkräfte nicht nachvollziehbar, manchmal auch nicht bearbeitbar. Im Zusammenhang mit grundlegenden Veränderungen gab und gibt es also eine Reihe offener Situationen, in denen es darum geht, neu-alte Formen der Arbeitsalltagsbewältigung zu finden. Neben diesem regen Unterleben gibt es in der Arbeitsmarktpolitik vor allem eines: den verzweifelten Versuch, diesem in Form von allerlei Interventionen „von oben" fortlaufend Herr werden zu wollen.

Etwas konkreter und ergänzend zu unseren eigenen Forschungen: Marcia Meyers u. a. (1998) haben in einer Studie Ende der 1990er Jahre zu Reformprozessen und Implementierungen von *workfare*-Programmen in den USA in den Arbeitsalltag unterschiedliche Formen der Bearbeitung beobachtet. Der Obertitel könnte lauten: „They do what they can" (Brodkin 1997). Dieser, ein O-Ton aus Evelyn Brodkins frühen Studien in US-amerikanischen Sozialbehörden, verweist darauf, dass man sich die Arbeitsbedingungen anschauen muss, unter denen die Arbeit in den von uns beobachteten Institutionen und Behörden stattfand und stattfindet, um zu verstehen, wie Beratungen ablaufen. Was können die Fachleute tun, unter den Bedingungen und der Infrastruktur, die ihnen zur Verfügung stehen? Es gilt eine Verbindung zwischen dem Arbeitsauftrag und Arbeitsvolumen auf der einen Seite und den unterschiedlichen Anrufungen im Feld – standardisiert arbeiten und individuell zugeschnitten zugleich – auf der anderen Seite zu finden. Dies mündet nach unseren Beobachtungen im Bereich der Jobcenter und den angeschlossenen Angeboten häufig darin, dass es verschiedene Suchbewegungen gibt, um Handlungssicherheit zu erlangen. Dabei spielen eigene Routinen, erworben durch die vorherige Arbeit, durch die eigene Qualifikation oder auch durch die den Fachleuten bekannten Arbeitskulturen eine gravierende Rolle: „They do what they can." Ein anderer Modus, um Handlungssicherheit zu erlangen, besteht darin, sich der eingeführten Instrumente zu bedienen. Auf diese Weise kann die Komplexität der Lebens- und Beratungssituationen reduziert und klassifiziert und damit für die eigene Arbeitsbewältigung handhabbar gemacht werden.

Yeheshkel Hasenfeld unterscheidet verschiedene Dienstleistungstechnologien voneinander, die jeweils auf eine spezifische Perspektive ausgerichtet sind. Er unterscheidet zwischen *sustaining technologies* i. S. v. versorgend, *changing technologies* i. S. v. Erziehung und Verhaltenskorrektur und *processing technologies* i. S. v. der zur Verfügung Stellung von Infrastruktur (vgl. Hasenfeld 1983). Mit der Reduktion der Komplexität und Klassifizierung der Situation geht in unseren Untersuchungen (vgl. Institut für Stadt- und Regionalentwicklung 2008) einher, dass jeweils nur *ein* Ausschnitt der bestehenden Anforderungen seitens der Fachleute erfüllt wurde. Beispielsweise konnten wir beobachten, dass je nach Schwerpunktsetzung entweder stärker die Idee der Grundsicherung verfolgt und verwaltet wurde, in anderen Fällen wurden dagegen die arbeitsmarktrelevanten Fragestellungen in den Mittelpunkt gestellt. Je nach Routine und Expertise der Fachleute werden dadurch von ihnen ausgewählte Frage- und Problemstellungen in den Fokus von Beratung gerückt. Dies kann auf die Bedürfnisse der Leute treffen, die in den Beratungen auf der anderen Seite des Tisches sitzen, muss es aber keineswegs.

Helga Cremer-Schäfer: „Passung" Sozialer Arbeit meint etwas anderes als „kann auf die Bedürfnisse der Leute treffen, [...] muss es aber keineswegs". In aller Zurückhaltung würden wir doch unter „Passung" verstehen, dass vorgehaltene soziale Infrastruktur (Transfers und Dienstleistungen), sich den Bedürfnissen und besonderen Anliegen der Leute in ihrem jeweiligen Alltag annähern können. Für die Leute und für alltägliches Handeln (als widersprüchliche Einheit von borniertem und grenzüberschreitendem Handeln) gilt ja auch *„they do what they can"*. Was wissen wir überhaupt über das, was wir „Arbeitsweisen am Sozialen" nennen? Und könnte das befördern, dass das „Unterleben", das Fachleute organisieren, eher in eine Inter-Aktion mit Bedürfnissen und Anliegen der Leute gebracht werden kann?

2 Arbeit an Ausschließung – Arbeitsweisen am Sozialen und Arbeit am Sozialen

Ellen Bareis: Das Wissen über Arbeit am Sozialen verdanken wir der langen Tradition von interaktionistischer Forschung und den Interpretationen von Narrationen der Leute über ihren Alltag, besonders solchen über die Bearbeitung von Situationen sozialer Ausschließung und die Nutzbarmachung von (monetären) Sozialleistungen und sozialen Dienstleistungen. Die Erzählungen konnten wir im Rahmen von „großen" und kleineren Forschungsprojekten zur „Wohlfahrtsproduktion von unten" sammeln.*

Die alltägliche Arbeit, die sich die Leute machen, um an gesellschaftlichem Leben und an den für eine Lebensweise notwendigen, gemeinsam produzierten Ressourcen (dem gesellschaftlichen Reichtum) zu partizipieren, haben wir zunächst mit den Begriffen der „Reproduktionsarbeit" bzw. „Reproduktionsstrategien" gefasst (vgl. Bareis/Cremer-Schäfer 2008). Die feministische Arbeitssoziologie versteht Reproduktionsarbeit als notwendige Voraussetzung jeder Erwerbsarbeit und gleichzeitig als konstitutives Element subjektiver Widerständigkeit gegen die Vernutzung von Arbeitskraft als Lohnarbeit im kapitalistischen Produktionsprozess. Klassische ökonomische Analysen einschließlich der orthodox marxistischen betrachten diese Tätigkeiten üblicherweise als nachgeordnet. Aus einer feministischen Perspektive auf Alltag stellt sich dies jedoch anders dar, da Abhängigkeit, Kontingenz und Verletzbarkeit das menschliche Leben selbst prägen. Hier gibt es eine große Nähe unserer Perspektive auf Alltag zur aktuellen Care-Debatte und -Bewegung.

Da auch der Bereich der persönlichen und gesellschaftlichen Reproduktion nicht nur zunehmend warenförmig, sondern auch zunehmend bürokratieförmig organisiert wird (Recht, Organisationen, (Staats-)Apparate, neuerdings zusätzlich über Qualitätsmanagement und Steuerung durch Kennzahlen), ist außerdem jede Arbeit an Verdinglichung einzubeziehen, die mit Prozessen der faktischen und symbolischen Grenzziehung („Schließung" und „Ausschließung") durch Institutionen verbunden ist. Diese Arbeit an Verdinglichung finden wir in Narrationen der Leute, wenn sie zentrale Ideologeme aufgreifen, um Zugehörigkeiten – wenn auch auf eigenwillige Weise – zu formulieren. Die klassische Studie der Cultural Studies aus der kapitalistischen Phase fordistischer Vergesellschaftung wäre *Learning to labour. How working class kids get working class jobs* von Paul Willis (1977). Was von reformerischer Seite als Möglichkeit des sozialen Aufstiegs durch erweiterte Bildungsangebote gedacht war („Arbeiterschule") und de facto auf Anforderungen des Arbeitsmarkts nach „gebildeten" Fachkräften reagierte, verweigerten Jugendliche der Arbeiterklasse durch das rebellische Unterlaufen der Institution Schule. Sie reproduzierten auf diese Weise „Proletarität". Zugleich spiegelt sich in den Narrationen aus *Learning to labour* das widersprüchliche Verhältnis von Borniertheit und Aufbruch, das den Alltag der Leute auszeichnet.

Mit dem Begriff „Arbeit" bzw. „Bearbeitungsweisen", schließen wir an die Tradition an, die Tätigkeiten im Bereich des Alltags, der Reproduktion und des *Care* mit einem erweiterten Arbeitsbegriff (Eigenarbeit, Haus-, Sorge- und Erziehungsarbeit) zu fassen. Wir argumentieren, dass auch die Arbeit an den gesellschaftlich erzeugten und wohlfahrtsstaatlich verwalteten Ressourcen in einen erweiterten Arbeitsbegriff aufzunehmen ist, da deren In-Gebrauchnahme bzw. „Nutzbarmachung" (vgl. Bareis 2012) im Übergang von der fordistischen zur neoliberalen Wohlfahrtsstaatlichkeit zunehmend erschwert bis blockiert wird. Es ist eine Menge und sehr spezifische (Mehr-)Arbeit von Nöten, um wohlfahrtsstaatlich organisierte Ressourcen im Alltag und für den Alltag nutzbar zu machen. Zugleich sprechen wir von „Arbeits*weisen* am Sozialen" und nicht nur von „Arbeit am Sozialen". Die Tätigkeiten lassen sich so in Relation zu verschiedenen Produktions*weisen* einer kapitalistischen Gesellschaft setzen. Produktionsweisen** unterscheiden sich durch ihre Herrschaftsregime, die Formen der Arbeitsteilung, die Muster der Klassenpolitik, die institutionalisierten (oder aufgekündigten) Interessenkompromisse und Konfliktbearbeitungen, die Bildungspolitik etc. „Arbeits*weisen* am Sozialen" verstehen wir dementsprechend immer bezogen auf eine historisch und räumlich hegemoniale kapitalistische Produktionsweise, aktuell die in der „neoliberalen" Phase des Kapitalismus durchgesetzten und neu entstehenden Zumutungen für die Reproduktion der Arbeitskraft und die Konflikte darum. Mit dem Begriff der „Arbeitsweisen am Sozialen" können wir diese Zumutungen und Konflikte angemessener interpretieren als etwa mit den sozialwissenschaftlich gebräuchlichen Begriffen des individuellen „Coping" von „Lebenskrisen" oder des individuellen „Bewältigungshandelns", die nur zu oft als Synonym für Abweichungen von Normen gebraucht wurden. Ich werde gleich etwas dazu sagen, wie sich Verschiebungen im Übergang von einer fordistisch organisierten Sozialstaatlichkeit in die neoliberalisierten Formen aus der Perspektive des Alltags der Leute darstellen. Christian Kolbe wird aber zunächst von der Seite der Fachleute auf Arbeitsweisen eingehen.

Christian Kolbe: Erst habe ich gedacht, zu dieser Frage nach den Arbeitsweisen eigentlich nichts beitragen zu können, weil ich die von Ellen Bareis als Ausnahmesituation beschriebene fordistische Phase nie empirisch forschend/beobachtend erlebt habe. Inzwischen denke ich anders darüber. Nimmt man die Veränderung vom BSHG zum SGB II als eine der Zäsuren hin zum aktivierenden Staat, dann lassen sich bezogen auf die Position der Fachleute ein paar Konkretisierungen benennen. Meine Quellen dazu sind der Rückschau verschiedener Fachleute geschuldet. Mit der Figur des persönlichen Ansprechpartners im SGB II und der Betonung der Wichtigkeit der persönlichen Hilfe rückt das Verhältnis Fachkraft/Nutzer_in verstärkt in den Blick. Es findet eine Aufwertung der Rolle der Fachleute statt, indem insbesondere das persönliche Einwirken auf das Verhalten der Nutzer_innen zum Teil der Voraussetzungen wird, die für den Bezug von materiellen Leistungen entscheidend sind. Yeheshkel Hasenfeld spricht in seiner Unterscheidung verschiedener Dienstleistungstechnologien im Zusammenhang mit den US-amerikanischen *workfare*-Strategien (1983) von stärkerer Hinwendung zu einer die Person erziehenden, korrigierenden Perspektive in der Dienstleistung (*„changing technology"*). Der Arbeitsauftrag im BSHG hatte trotz der wachsenden Bedeutung der Hilfe zur Arbeit (§§ 18-20 BSHG) wesentlich stärker eine „versorgende" Perspektive: In dieser werden Ressourcen zur Verfügung gestellt. Auf diese bestand ein Rechtsanspruch, weitgehend ohne die gleichzeitige Anrufung, „sei Subjekt, zeige dich kooperativ und arbeitswillig!"

Im Umkehrschluss kann man konstatieren, dass die Prominenz des Auftrags im SGB II, Integration bzw. Herstellung von Beschäftigungsfähigkeit, diesen Raum für eine vorrangig versorgende Perspektive weniger bereithält, als dies, so meine Beobachtungen in einem früheren Projekt, im BSHG noch möglich gewesen ist. In einer Region mit ca. 18 % Arbeitslosigkeit wurden dabei Langzeitleistungsempfänger_innen selten oder nie in Beschäftigungsmaßnahmen gebracht, sondern stattdessen „in Ruhe gelassen" und in anderen Formaten unterstützt (Wohnen usw.). Geforderte Aktivierer im SGB II müssten ein solches Vorgehen heute sehr gut begründen, wenn sie auch unter veränderten sozialgesetzlichen Bedingungen in ähnlicher Weise agieren wollten.

Die im BSHG beginnende Verbreitung von Case- oder später Fallmanagement wurde im SGB II systematisch weiterverfolgt. Dies veränderte die Position der Fachleute im SGB II zusätzlich. Dadurch wurde und wird Wissen und Können abgefragt und eingefordert, für das ihnen zugleich nicht systematisch Ressourcen (Zeit, Schulung, Angebote, Mandat u. v. m.) zur Verfügung gestellt werden. Im Vergleich zum BSHG kann man demnach wohl von einer Aufwertung oder einem Machtzuwachs der Fachleute im Binnenverhältnis zu den Nutzer_innen sprechen. Die gestiegenen Anforderungen jedoch verweisen darauf, wie oben bei Lau und Wolff schon einmal angesprochen, dass hier regelmäßig die geleistete Arbeit als defizitär wahrgenommen wird. Die bereits beschriebenen Bearbeitungsweisen für eine zumindest rudimentär an Bedürfnissen ausgerichtete Erbringbarkeit sind nach dem, was wir in den Projekten beobachten konnten, entweder routiniert oder standardisiert. Dieses Vorgehen erweist sich aus der Binnenperspektive der Fachleute als hoch funktional zur Bewältigung des Arbeitsalltags.

Der Handlungskorridor, den je besonderen Situationen der Leute gerecht zu werden, verengt sich mit dem Versuch, Standardinstrumente einzurichten. In einem älteren Text im Vorfeld des SGB II beurteilt Michael Galuske (2004) die Errungenschaft, im fachlichen Handeln autonom agieren zu können, als wesentliche professionelle Anerkennung. Die sich andeutende Standardisierungsausrichtung wird von ihm als eine Aberkennung eigentlich sicher geglaubter fachlicher Pfründe eingeschätzt. Der fachlich fundiert gefüllte Ermessensspielraum werde, so Galuske, durch „paternalistische Programme" unterminiert, in denen „vorgegebene Verhaltensstandards durchgesetzt" würden.

Neben den Standardisierungselementen sind Fachleute mit der programmatischen Neujustierung des Verhältnisses von Hilfe und Kontrolle konfrontiert, die es zu bearbeiten und interpretieren gilt. Die Funktion von Beratung im SGB II, aber nicht nur dort, ist vom Leitbild des Förderns und Forderns maßgeblich geprägt. Dies verweist in diesem Feld auf die Betonung und Erzwingung von Beteiligung. Mit Sanktionen wird belegt, wenn Beteiligung verweigert wird. Tilman Lutz (2012) spricht in diesem Zusammenhang von einer „Kultur der Kontrolle", die in verschiedenen Feldern Sozialer Arbeit hoch virulent sei. Durch die Betonung einer notwendigen Gegenleistung oder doch zumindest durch Bekundung und Darstellung der eigenen Bereitschaft sich aktiv zu beteiligen (Nachweis von Eigenbemühungen als Voraussetzung für das Fördern), verschiebt sich das Verhältnis von Hilfe und Kontrolle. Studien der vergangenen Jahre aus dem Feld machen deutlich, dass das Leitbild programmatisch auf eine Engführung der Beratung hinweist, in der Arbeitsmarktanforderungen den Fokus bilden. Durch viele Beobachtungen seit Inkrafttreten des SGB II verschieben sich aktuell einige Parameter: Das bei Einführung zunächst aus der Arbeitsförderung übertragene Vermittlungs- oder Matchingverfahren erweist sich als nicht angemessen, will man das Ziel der Integration in Arbeit langfristig erreichen. Die neue Programmatik der „Sozialen Aktivierung" kann jedoch nicht als ein echtes Umdenken und dem Hinterlegen von dafür notwendigen Ressourcen hin zu einer bedürfnisorientierten Beratung gelesen werden. Den Leuten wird nicht durch das Zur-Verfügung-Stellen von Ressourcen deren Nutzbarmachung ermöglicht. „Soziale Aktivierung" meint vielmehr Einsicht in die Notwendigkeit einer erweiterten Arbeitsmarktorientierung für „schwierige Kandidat_innen". Dass es sich hierbei nicht um eine besondere Blüte der Beschäftigungsförderung im SGB II handelt, darauf verweisen viele Studien, die andere Alterskohorten (Lessenich 2012) und auch andere Handlungsfelder (Lutz 2012 [HzE]; Marquardt 2013 [Wohnungslosenhilfe]) ebenfalls als Teil des Diskurses rund um erzwungene Mitwirkung oder den Topos der Eigenverantwortung identifizieren.

Nimmt man statt der programmatischen Ansagen die Analysen der operativen Arbeit zum Ausgangspunkt, so lassen sich die bereits 1980 von Michael Lipsky formulierten Thesen des erheblichen Interpretationsspielraums der Fachleute hinter der Beratungstür bestätigen (vgl. Lipsky 1980). Auch wenn die Les- und Interpretationsarten keineswegs notwendig gegen die ausschließenden Programme gerichtet sind – vielfach dienen sie der Legitimierung der eigenen, kontrollierenden Arbeit – so wird doch an der Heterogenität der Bearbeitungsweisen zur Erbringbarkeit deutlich, dass auch unter schwierigen Bedingungen reges Unterleben herrscht.

Bezogen auf das Thema „Stigma als Recht"*** kann in der Unterscheidung zwischen dem BSHG und dem SGB II ebenfalls eine Veränderung festgestellt werden. War der Erwerb eines Rechts aufgrund einer wie auch immer gearteten Diagnose von „Benachteiligung" oder „Diskriminierung" zunächst ein Hinweis auf (Hilfe-)Bedürftigkeit („Stigma als Recht"), so verbindet sich heute „Bedürftigkeit" unmittelbar damit, Beschäftigungsfähigkeit herzustellen. Die Frage stellt sich hier also, in welche der „Kundengruppen" die Person einsortiert wird und, damit verbunden, welche Varianten und Angebote je nach Arbeitsmarktdistanz geeignet sind, um dem Ziel der Verringerung materieller Leistungen schnell Rechnung tragen zu können.

Ellen Bareis: Wie sehen die gerade genannten Verschiebungen und Zuspitzungen aus der Alltagsperspektive der Leute aus? Ich greife die Themen, „Standardisierungen", „Hilfe und Kontrolle" und „Stigma als Recht" auf. Was bedeutet dies für die Arbeit der „Nutzbarmachung" und den Alltag? Helga Cremer-Schäfer und Heinz Steinert (2014) analysierten Sozialpolitik in der fordistischen Produktionsweise als eine Politik, die Mittel zu Zwecken der allgemeinen sozialen Reproduktion so zur Verfügung stellt, dass eine auf Lohnarbeit bezogene, disziplinierte Lebensweise ermöglicht und so abgesichert wird, dass mit einem „Normalarbeitsverhältnis" Aufstiege aus der sozialen Lage „Proletarität" möglich wurden. Um die disziplinierte Arbeitskraft im Fordismus auch als Konsumkraft einzubinden, bedurfte es darüber hinaus der Absicherung von Nicht-Warenförmigem (in Analogie zur Hausarbeit und dem weiblichen Arbeitsvermögen) als Voraussetzung für Lohnarbeit. Ist das Arbeitsverhältnis (und Herrschaftsverhältnis), das als das „Leitbild" dieser inzwischen verabschiedeten politischen Ökonomie (und Sozialpolitik) gilt, das „Normalarbeitsverhältnis", so bezeichnen Steinert u. a. (2005) die Figur, die diese politische Ökonomie erzeugte, rückblickend im Unterschied zum neoliberalen „Arbeitskraft-Unternehmer" als den „Arbeitskraft-Beamten". Zwar war dieses Modell im Verhältnis zwischen Erwerbsarbeit und unbezahlter Reproduktion weitgehend als männliches *„bread-winner-*Modell" organisiert und ideologisch unterlegt. Doch gab es eine sehr kurze Zeit lang in den 1970er Jahren den einen oder anderen ideologischen Zwang, „alle" in den Vertrag einzubeziehen und noch bis in die 1980er Jahre zumindest allen „Chancengleichheit" zu bieten: Die Einbeziehung „aller" bedeutete stets nur eine „Aufstiegschance" in einem hierarchisierten „System sozialer Sicherung" (vgl. ausführlich Cremer-Schäfer/Steinert 2014; auch Cremer-Schäfer 2004). Die Hierarchie beginnt bei Institutionen und Interventionen, die „strukturierend" Lebensbedingungen verändern (*processing technologies* mit Hasenfeld), bis hin zu jenen, die auf die Person zugreifen (*changing technologies*). Dies bildet sich auch im Thema des Bundeskongress Soziale Arbeit „Politik der Verhältnisse – Politik des Verhaltens" ab. Aus der Alltagsperspektive lässt sich jenen Narrationen, die gerade noch in die letzten Ausläufer fordistischer Produktionsweise fallen, entnehmen, dass Nutzbarkeit desto stärker zurücktritt und Kontrolle der Person sowie in Folge Ausschlussprozesse vehementer zu Tage treten, je mehr sozialpolitische Maßnahmen und Einrichtungen (und das heißt eben auch die in ihnen tätigen Fachleute) auf die Person zugreifen (vgl. insbesondere Bareis/Cremer-Schäfer 2008; Bareis/Cremer-Schäfer/Klee 2015). In Situationen sozialer Ausschließung nehmen die Leute die institutionalisierte soziale Sicherung, Maßnahmen der Qualifikation und Requalifikation selbstverständlich in Anspruch. Als zentrale Ressource von Arbeit am Sozialen konnten wir jedoch eine Art „Gesamtarbeitsvermögen" herausarbeiten, das wir angesichts der hegemonialen geschlechtlichen Arbeitsteilung als „weibliches Arbeitsvermögen" gefasst haben. Es umfasst Lohn- und Sorgearbeit für die persönlichen Netze (Familie) und die Selbstsorge. Begrifflich etwas präziser haben Helga Cremer-Schäfer und ich dies als „Haushalt" bzw. als Formen der Haushaltung gefasst (Bareis/Cremer-Schäfer 2013). Kompetenzen und soziale Relationen wie Respektabilität, Vertrauen auf sich selbst, Partizipation an sozialen Netzen kommen hinzu. Soziale Ressourcen (soziale Netze) wie kulturelle Ressourcen (in Form von Arbeitskompetenzen, Ausbildungszertifikaten) stellen in Geschichten, die uns im Rahmen der genannten Projekte erzählt wurden, die zentralen Anknüpfungspunkte dar, auch um Berechtigung für „Inanspruchnahme" der sozialen Ressourcen (und „Mittel des Lebens") darzulegen. Das Vorhandensein sekundärer, informeller Zugangsressourcen, des „weiblichen Arbeitsvermögens" und die Reziprozität von sozialen Netzen – also die „Arbeit der Leute", ermöglichte die Nutzbarmachung institutionalisierter und hierarchisierter Sozialleistungen *als ob* sie einen Gebrauchswert hätten.

Wohlfahrt der Leute entsteht also erst durch die den institutionalisierten Maßnahmen und Ressourcen zugesetzte (Reproduktions- und Partizipations-)Arbeit. Anders als in manchen dienstleistungstheoretischen Annahmen liegt der Nutzen also *nicht in* der Dienstleistung und Infrastruktur. Insofern wäre die Rede von der „Gebrauchswerthaltigkeit" sozialer Dienstleistungen eine Beschönigung dessen, was bürokratisch organisierte Institutionen im Verhältnis zu Arbeitsweisen am Sozialen in Wohlfahrtsproduktion einbringen. Arbeitsweisen am Sozialen schaffen die Voraussetzung, um Maßnahmen und Angebote der sozialen Infrastruktur (herrschaftlich verstanden als Infrastruktur zur Reproduktion von Lohnarbeitskraft) nutzbar zu machen. Wir haben das als einen „als-ob-Gebrauchswert" bezeichnet.

Im Kontext der (post-)fordistischen Sozialstaatlichkeit, so zeigen Geschichten der Nutzbarmachung, waren damit in manchen glücklicheren Fällen „begrenzte Autonomiegewinne" (Vobruba 2002) möglich. Der Spezialfall von *Ausschließung durch Sozialpolitik* wird üblicherweise nicht zu der institutionalisierten Sozialstaatlichkeit hinzugerechnet, gehörte aber stets dazu und wird im neoliberalen Typus wieder besonders akzentuiert (vgl. Steinert 2004). Die Einrichtungen und Maßnahmen, gelegentlich als das „letzte Netz" sozialer Sicherung und Fürsorge bezeichnet, waren vor allem nützlich für die Demonstration, wohin es kommen kann mit „Subjekten", die sich im Blick „von oben" als „Versager", als „unwillig" oder „unfähig" erwiesen, sei es trotz aller Integrations- und Disziplinierungsanstrengungen oder dass sie sich nicht dem jeweiligen Normalarbeitsmodell bzw. der disziplinierten Lebensweise fügen und sich Maßnahmen entziehen. Diese Formen von Hilfe und Kontrolle, die vorgehaltenen geschlossenen Anstalten (eingeschlossen im Bereich der Sozialen Arbeit) und Zwangsmaßnahmen bilden einen Übergang von Sozial- zur Kriminalisierungspolitik, generell zu sozial degradierenden und punitiven Maßnahmen. Das im Kontext der fordistischen Sozialstaatlichkeit (selektiv) eingeführte Prinzip „Stigma als Recht" wird zur historischen Ausnahme und wieder durch den Normalfall „Stigma als Anlass für soziale Degradierung" verdrängt. Wenn Infrastrukturmaßnahmen, Versicherungsleistungen (Geld, gesundheitliche Versorgung, Qualifikation) nicht ausreichend für eine Haushaltung zur Verfügung stehen, bewegen sich Bearbeitungsstrategien, die in den Alltagsgeschichten auftauchen, weiterhin auch in der Logik, sozialpolitische Infrastruktur entlang von „Stigma als Recht" zu aktivieren: d. h. konkret im Kontext des „aktivierenden Sozialstaats" sich durch Pathologisierungen (vgl. Cremer-Schäfer 2008) oder Selbstinstrumentalisierungen (vgl. Bareis u. a. 2015) Zugänge zu brauchbaren Ressourcen zu schaffen.

Die von Christian Kolbe analysierte Transformation in der Erbringung von sozialen Dienstleistungen auf verstärkte Herstellung von Beschäftigungsfähigkeit an Stelle der Anerkennung eines Unterstützungsbedarfs konterkariert diese Arbeit. Misstrauen, Kontrolle und Sanktionsdrohung beschädigen den *„bona fide"*-Status als Mitglieder; Ressourcen und soziale Dienstleistungen, die auf Kontrollen und Sanktionsdrohungen zurückgreifen, kommt gerade noch ein *„phantom use"* zu. Sie lassen sich nicht als Ressource nutzbar machen, machen als Ideologeme der Zugehörigkeit in der Alltagsnarration jedoch „Sinn": Ein-Euro-Jobs etwa als „sinnvoll verbrachte Zeit", „Entwicklung der persönlichen Arbeitskraft", „selbständig werden", „sinnvolle Tätigkeit" zu beschreiben, belegt dies.

Helga Cremer-Schäfer: Die Fragen von Seiten der kritischen Alltagsforschung könnten ja lauten: Wie organisieren die Leute ihren Alltag in der neoliberalen Produktionsweise, die sie als „Arbeitskraft-Unternehmer" definiert? Wie und mit welchen individuellen, haushaltsbezogenen und kollektiven Folgekosten ist das zum Leben Notwendige unter institutionellen Bedingungen der Prekarisierung und der sozialen Ausschließung (*working poor*, Alg II, Leben ohne Papiere) zu erarbeiten? Welche Erfahrungen machen die Leute, die den „aktivierenden Sozialstaat" aktivieren wollen (und müssen), um schwierige Situationen mehr oder weniger auf „Episoden" ihres Lebens zu begrenzen. Können wir dies in Zusammenhang mit der Seite der Fachleute bringen, also noch mal im Zusammenhang mit dem aufgreifen, was „der Sozialstaat" aus den Arbeitsweisen am Sozialen von Leuten und Fachleuten lernen könnte?

3 Wenn der Sozialstaat denn lernen könnte – Verschränkungen der Arbeitsweisen am Sozialen durch Fachleute und Leute

Christian Kolbe: Irgendwie kommt mir die Frage merkwürdig gestellt vor. Es gäbe viel zu lernen angesichts vielfältiger Forschungen. Mit der Prominenz der persönlichen Dienste vor Sach- und Geldleistungen steht nicht mehr die monetäre Leistung selbst im Vordergrund, sondern die mehr oder weniger passende Dienstleistung wird wesentlich häufiger in den Blick genommen, auch empirisch, als dies bislang der Fall war. Allein die Beobachtungen in dem von mir am ehesten einschätzbaren Feld der Beschäftigungsförderung, könnten Lernprozesse in Gang setzen. Ein wissenschaftlicher Erkenntnisgewinn könnte sein, dass die Entwicklung der Sozialpolitik nicht von einem „Sparmodus" geprägt ist. Ganz im Gegenteil werden viele öffentliche Mittel in Maßnahmen verausgabt, die im Sinne von Effektivität und zukünftiger Arbeitsmarktrelevanz erprobt werden und viele Ressourcen verschlingen. Häufig scheitern sie auch. Ob sie für die Leute in ihrem Alltag hilfreich sind, scheint allerdings nicht immer Teil der Fragestellung zu sein. Stattdessen befördern die Ergebnisse, die darauf hindeuten, dass sich bestimmte Prozesse (wie jemanden in einer schwierigen Situation einen guten Dienst zu leisten) standardisierten Steuerungsmodi entziehen, eine immer größere Steuerungssehnsucht – bis ins Detail. Claus Reis und Monika Ludwig haben dies treffend als Steuerungsillusion (Reis/ Ludwig 2011) bezeichnet. Wenn der Sozialstaat lernen könnte, dann sollte oder müsste er das Unterleben ernst nehmen. Stattdessen werden immer neue Versuche unternommen, die auf eine immer genauere Beherrschung des Prozesses abzielen, inklusive der standardisierten Vereinnahmung eben dieses Unterlebens. Gerade angesichts der oben beschriebenen Fragen nach dem „was und wie tun Fachleute ihre Arbeit", könnte ein Teil einer Perspektive/Analyse darin bestehen, im Sinne einer *institutional ethnography* (Smith 2005, vgl. auch Nadai 2012) nach den die Verfahren regelnden Verhältnissen zu fragen bzw. Mechanismen dahingehend freizulegen. Insbesondere mit Blick auf die Bedeutung lokaler Kontexte könnte verstehbar werden, warum und unter welchen Bedingungen lokal verschieden agiert wird. Versuche der Steuerung durch weitere, differenzierte Zumutungen „von oben" jedenfalls erinnern stark an bildungspolitische Blüten in Deutschland nach PISA. Viel vom selben – vor allem nicht, wenn es den herrschenden Interessen dienlich ist – hilft nicht notwendigerweise viel.

Ellen Bareis: Die Frage nach dem Lernprozess lässt sich auf der Grundlage unserer größeren und kleineren Forschungen zur „welfare policy *from below*", zur (Nicht-) Nutzbarmachung sozialer Dienstleistungen und der alltäglichen Reproduktionsarbeit/Arbeitsweisen am Sozialen* ganz gut *ex negativo* beantworten. Ein zentrales Problem der Nutzbarmachung wohlfahrtsstaatlicher Maßnahmen ist deren Konditionalität. Die Konditionalität war in der (post)fordistischen Sozialstaatlichkeit bereits streng. Sie hat aber unter den Bedingungen eines unter neoliberalen Prämissen entwickelten „aktivierenden" Sozialstaats an Konditionalität bis hin zur Punitivität zugelegt.

Der Möglichkeit, im (post-) fordistischen Wohlfahrtsstaat durch die Arbeit der Nutzbarmachung von Sozialversicherung, von Sozialhilfe und anderen sozialen

Dienstleistungen gesellschaftliche Partizipation zu realisieren, standen und stehen aus der Perspektive von Haushalten und Personen Bedingungen gegenüber: die (Selbst-)Verpflichtung auf das jeweilige Normalarbeitsmodell (das *male breadwinner model* vs. heute das Modell des *double income*). Die disziplinierte Lebensweise im Rahmen der jeweiligen Ideologie (*breadwinner, double income* etc.) war und bleibt jener Kontext, in dem Institutionen – auch der Sozialen Arbeit – die Mitarbeitsbereitschaft im Sinne von Hilfe und Kontrolle wahrnehmen und kategorisieren. Im Rahmen dieser grundsätzlichen Konditionalität handelte es sich damit aus der Perspektive des Alltags stets um „Umnutzung" einer sozialen Dienstleistung, da diese nur entsprechend einer gesellschaftlichen Funktionalität (z. B. Reproduktion von Lohnarbeitskraft, Kontrolle von Disziplin) bereitgestellt wurde und wird und nicht als Teil einer allgemein zugänglichen „sozialen Infrastruktur nach den Bedürfnissen der Arbeitskraft".

Wenn die Eigenständigkeit in der Lebensgestaltung zu sehr gefährdet ist, keine kompensierenden sekundären Ressourcen zur Verfügung stehen oder keine Risiken der Illegalisierung eingegangen werden (können), verschärfen sich schwierige Lebenssituationen zu Krisen, Überforderungen, Erschöpfung, zu bedrückenden Lebensgeschichten und Lebenskatastrophen. Verschärfte Bedürftigkeitsprüfungen und Kontrollen der Lebensführung, Ein-Euro-Jobs, „Qualifizierung" für den Niedriglohnsektor und prekäre Beschäftigung sind soweit mit der Erfahrung sozialer Degradierung verbunden (als „nicht aktiv genug", „nicht leistungsfähig", „nicht ausreichend beschäftigungsfähig", „arbeitsunwillig", „sozialhilfeabhängig"), dass die erzählten Geschichten der Leute sich zunehmend darum drehen, wie Beschädigungen von Identität durch soziale Bürokratien (und das heißt Aufkündigungen von Zugehörigkeit) abzuwenden versucht werden. In solchen Fällen konnten wir in der Interpretation der Narrationen nicht einmal mehr von einem *„phantom use"* sprechen. „Stigma als Recht" wird umgewandelt in legitimierte „institutionelle soziale Degradierung" – symbolisch und real.

Die drei genannten Punkte und der folgende sprechen zugleich *gegen* eine Rückkehr zu Formen „neo-fordistischer" Sozialstaatlichkeit. Zentral und wichtiger als alle anderen Ressourcen zeigte sich zudem für die Reproduktionsarbeit von Haushalten die Verfügung über ein ausreichendes Einkommen. Dies ist jedoch ohne ein bedingungsloses Grundeinkommen kaum zu ermöglichen. Aus der Perspektive des Alltags, also „von unten", wird die spezifische Produktionsweise doppelt gemessen: entlang der Nützlichkeit für die Realisierung der disziplinierten („integrierten") Lebensweise wie auch in ihrer Nutzbarkeit für die Realisierung von Eigensinn und der Verweigerung von Teilnahmen an gesellschaftlich hegemonialen Anforderungen. Daher können auch „Alternativen" zur institutionalisierten Sozialpolitik (wie der Vorschlag, „Sozialpolitik als soziale Infrastruktur" zu denken) nur als Zwischenergebnis einer „Passung" von institutionalisierter Wohlfahrt und Arbeitsweisen am Sozialen interpretiert werden. Im Kontext von Verrechtlichung, im Zusammenhang mit Expertenmacht und dem Handeln von Professionellen wird „Eigensinnigkeit" zu erkämpfen bleiben – auch gegen die Zwischenergebnisse von Reformen.

Christian Kolbe: Ich möchte an dieser Stelle, um die Frage nach den Verschränkungen der Arbeitsweisen am Sozialen durch Fachleute und Leute weiter zu verfolgen, einen Vorschlag von Timm Kunstreich aufgreifen. „Orte verlässlicher Begegnung" sind nach Kunstreich nicht „einfach". Im Gegenteil, schreibt er, sind sie komplex und herausfordernd, insbesondere für Professionelle. Das Zusammentreffen von Bedürfnissen und Ressourcen, von Zeit und Ort, von Interesse und Anfrage könne nur begrenzt organisiert oder hergestellt werden und zudem braucht es etwas anderes:

> Viel wichtiger erscheint mir die Aufmerksamkeit aller Handelnden, sich als Koordinatoren dieser Gelegenheiten zu verstehen. Auch hier taucht das Problem der Wirksamkeit auf, denn, worin besteht mein Handeln als Professioneller, wenn ich in Kommunikation mit zwei oder mehreren Menschen deren Wünsche nach Austausch und wechselseitiger Unterstützung zusammenbringe? Was ist der Erfolg, wenn ich scheinbar zufällig im Stadtteil einer Frau mit musikalischen Fähigkeiten begegne und diese zu einem Auftritt auf dem Stadtteilfest ermuntere? Was ist mein Handlungsbeitrag, wenn eine Mutter beim Frauenfrühstück eine andere Mutter kennenlernt, um sich dadurch neben der Freundschaft zweier Frauen auch noch eine wechselseitige Beratung und Unterstützung ergibt? Handeln wird hier als Ermöglichen sichtbar und die Kunst dieses Handelns ist, dass es sich schnellstmöglich nach dieser Verknüpfung zweier Möglichkeiten oder Gegebenheiten zurückzieht, dass es also seine Autorenschaft kaschiert. (Kunstreich 2012, S. 91)

Selbst in den von mir beobachteten Kontexten, die kennzeichnend für Disziplinierung und Konditionierung sind, ließen sich diese Arten der Koordination von Gelegenheiten beobachten. Allerdings nur unter sehr außergewöhnlichen Bedingungen.

Ellen Bareis: Eine spezifische Konfliktsituation ergibt sich zudem durch die zeitliche Ordnung der Reproduktionsarbeit. Empirisch zeigte sich deutlich eine Reihenfolge, die mit „defensiven" Strategien beginnt. Zuerst ist das Überleben als einzelne Person zu bewerkstelligen. Dann kann man für die Reproduktion von Haushaltsmitgliedern sorgen, die noch oder wieder oder zeitweise von jemandem abhängig sind. Danach kommen Versuche, die zeitliche und soziale Sicherung der Mittel des Überlebens als Person und der erweiterten Reproduktion anzugehen. Strategien, die ökonomische, politische und gesellschaftliche Partizipation „erweitern" (eine selbstbestimmtere Organisation der sozialen Infrastruktur, die Entwicklung der Produktivkraft, die Teilnahme an Fortschritt und damit verbundene Befreiungs- und Individuierungsmöglichkeiten), gehören selten zu unseren Möglichkeiten. Gleichwohl hat sich in allen Alltagen eine Vorstellungskraft davon erhalten. In den Erzählungen der Leute, in den alltäglichen „Arbeitsweisen am Sozialen", bleiben das „gute Leben", „zufriedenstellende Arbeit" und ein „eigenbestimmtes, weniger abhängiges Leben" als *generative* Themen präsent. Die Priorität von defensiven Strategien stellt also kein ehernes Gesetz des Alltags bzw. einer „Kultur der Notwendigkeit" (Bourdieu 1982) dar. Bearbeitungs- und Nutzungsstrategien der Leute verfolgen den Zweck, sich Optionen auf „gutes Leben" zu bewahren und eigensinnige Teilnahme an den Entscheidungen über die Gestaltung der Gesellschaft zu behaupten – in einer erlebbaren Zeit.

Anhang/Endnoten

* *Empirische Studien, aus denen die im Beitrag für die Perspektive* from below *angeführten Narrationen und deren Interpretationen entnommen sind.*

Dazu gehörte die 1998-2001 interdisziplinär und international organisierte, EU finanzierte Studie CASE (Coping with and Avoiding Social Exclusion. Social exclusion as a multidimensional process); Forschungsorte waren Barcelona, Bologna, Frankfurt/Main, Groningen, Leeds, Leipzig, Stockholm, Wien. In diesem Projekt wurden soziale Akteure nach ihren Erfahrungen mit „schwierigen Situationen" (sozialer Ausschließung) befragt. Die Akteure konnten und sollten in einem narrativen Interview erzählen, wie sie versucht und getan haben, um aus der Situation (und Position) sozialer Ausschließung herauszukommen. Die Praktiken des Alltags haben wir „*welfare policy from below*" genannt (vgl. Steinert/Pilgram 2003, zu Darstellungen und Fallgeschichten der deutschen Teilstudie vgl. u. a. Cremer-Schäfer 2005 und 2008). Weitere Fallgeschichten zur Nutzbarmachung sozialer Dienstleistungen haben wir entnommen: einer 2005 durchgeführten, qualitativen, lokalen Studie zu „Gender im Kontext der Organisation und Nutzung der mit dem SGB II eingeführten Arbeitsgelegenheiten" (vgl. Bareis 2006); einer ethnografischen Forschung zu städtischen Einkaufszentren, die in den Jahren 2002/03 von Ellen Bareis (2007) durchgeführt wurde (vgl. Bareis/Cremer-Schäfer 2008) sowie der Untersuchung (und Diplomarbeit) „Frauen und Hartz IV" von Shalimar Klee (vgl. Bareis/Cremer-Schäfer/Klee 2015). In den Publikationen finden sich jeweils mehrere Fallgeschichten, in denen Arbeitsweisen am Sozialen *from below* bzw. die Arbeit der Leute an den Transformationen der (post-)fordistischen zur neoliberalen Sozialstaatlichkeit interpretiert und dokumentiert werden.

** *Produktionsweise*

Produktionsweise meint in der staats- und regulationstheoretischen Perspektive (vgl. Hirsch 1996; Jessop 2002) den Gesamtzusammenhang der gesellschaftlichen Produktion und Reproduktion, die Art und Weise der Produktion von Gütern und Dienstleistungen, den

Modus ihrer Verteilung, die Produktionsmittel und die Verfügbarkeit darüber, die Form, die gesellschaftliche Institutionen annehmen, die Legitimationsfiguren, Diskurse, politischen Formen und die spezifische geschlechtliche und intellektuelle Arbeitsteilung. Von Interesse sind die Unterschiede von historisch sich ablösenden (kapitalistischen) Produktions*weisen*. Unter welchen Bedingungen und in welchen (Herrschafts-)Verhältnissen muss (und kann) „das zum Leben Notwendige" produziert werden? – so die Frage von Christine Resch und Heinz Steinert in ihrem Porträt der historischen Varianten kapitalistischer Produktionsweise(n) (2009).

*** „*Stigma als Recht*"

Die sozialpolitischen Reformen in der Phase der wirtschaftspolitisch und wohlfahrtsstaatlich regulierten fordistischen Produktionsweise zielten nicht auf „Dekommodifizierung", bewirkt wurde eine „Verteuerung" der Ware Arbeitskraft. Als „teure Ware" und wie ein „Arbeitskraft-Beamter" behandelt zu werden, macht für das Verhältnis von Leben und Arbeiten einen deutlichen Unterschied, doch die Logik der Sozialpolitik verändert sich mit Verbesserungen nicht radikal. Zur ideologischen Absicherung der „Wohlstands- und Konsumgesellschaft" gehörte die Politik der Darstellung von weitgehender Integrationsbereitschaft: die Ankündigung Demokratie, Wohlstand, Sicherheit, Chancengleichheit, Mitbestimmung, Bildung, Gesundheit, Kultur *für alle* zu realisieren. Die fordistische Sozialstaatlichkeit hat den Lohnarbeitsbezug von öffentlicher Wohlfahrt nicht geschwächt, vielmehr (zeitweise) durch ein Prinzip „Stigma als Recht" ergänzt, um so alle und auch die „Problemgruppe der Benachteiligten" „einzubeziehen". Neu daran war, dass, um Hilfen zu aktivieren, Betroffene auf Defizit-Etiketten und Devianz-Etiketten („benachteiligt", „soziales Problem", „Risikogruppe", „gefährdete und gefährliche Jugend") zurückgreifen konnten (und mussten), um öffentliche Wohlfahrt zu mobilisieren – wenn auch vermittelt über Professionelle, die die entsprechenden Maßnahmen dafür anbieten. Joseph R. Gusfield (1989) benennt dieses international im Kontext der Kultur der „Sozialen Probleme" in die Sozialstaatlichkeit des Fordismus eingefügte Moment „Stigma als Recht".

Literatur

Bareis, Ellen (2007): *Verkaufsschlager. Urbane Shoppingmalls – Orte des Alltags zwischen Nutzung und Kontrolle*. Münster: Westfälisches Dampfboot.
Bareis, Ellen (2006): *Gender im Kontext der Organisation und Nutzung der mit dem SGB II eingeführten Arbeitsgelegenheiten*. Nicht veröffentlichter Forschungsbericht. Frankfurt/M.
Bareis, Ellen (2012): Nutzbarmachung und ihre Grenzen – (Nicht-)Nutzungsforschung im Kontext von sozialer Ausschließung und der Arbeit an der Partizipation. In: Schimpf, Elke/Stehr, Johannes (Hrsg.): *Kritisches Forschen in der Sozialen Arbeit. Gegenstandsbereich – Kontextbedingungen – Positionierungen – Perspektiven*, S. 291-314. Wiesbaden: Springer VS.
Bareis, Ellen/Cremer-Schäfer, Helga (2008): Reproduktionsstrategien und die Reproduktion von Armutsfeindlichkeit. In: Alisch, Monika/May, Michael (Hrsg.): *Kompetenzen im*

Sozialraum, Sozialraumentwicklung und -organisation als transdisziplinäres Projekt, S. 109-132, Opladen & Farmington Hills: Verlag Barbara Budrich.

Bareis, Ellen/Cremer-Schäfer, Helga (2013): Haushalt und Soziale Infrastruktur: Komplizierte Vermittlungen. In: Hirsch, Joachim/Brüchert, Oliver/Krampe, Eva-Maria u. a. (Hrsg.): *Sozialpolitik anders gedacht: Soziale Infrastruktur*, S. 161-184, Hamburg: VSA.

Bareis, Ellen/Cremer-Schäfer, Helga/Klee, Shalimar (2015): Arbeitsweisen am Sozialen. Die Perspektive der Nutzungsforschung und der Wohlfahrtsproduktion „von unten". In: Bareis, Ellen/Wagner, Thomas (Hrsg.): *Politik mit der Armut. Europäische Sozialpolitik und Wohlfahrtsproduktion „von unten"*, S. 310-340. Münster: Westfälisches Dampfboot.

Beyer, Jürgen (2005): Pfadabhängigkeit ist nicht gleich Pfadabhängigkeit! Wider den impliziten Konservatismus eines gängigen Konzepts. In: *Zeitschrift für Soziologie*, 34. Jg., H. 1, S. 5-21.

Bourdieu, Pierre (1982): *Die feinen Unterschiede. Kritik der gesellschaftlichen Urteilskraft*. Frankfurt/M.: Suhrkamp.

Brodkin, Evelyn Z. (1997): Inside the Welfare Contract: Discretion and Accountability in State Welfare Administration. In: *Social Service Review*, Vol. 71, No.1, S. 1-33.

Brodkin, Evelyn Z. (2013): Street-level organizations and the welfare state. In: Brodkin, Evelyn Z./Marston, Gregory (Hrsg.):*Work and the Welfare State: Street-Level Organizations and Workfare Politics*, S. 17-34. Washington DC.: Georgetown University Press.

Cicourel, Aaron (1968): *The social organisation of juvenile justice*. Berkeley: John Wiley & Sons.

Cremer-Schäfer, Helga (2004): Nicht Person, nicht Struktur. Lokale Sozialarbeitspolitik mit Gebrauchswert verändert Situationen. In: Kessl, Fabian/Otto, Hans-Uwe (Hrsg.): *Soziale Arbeit und soziales Kapital. Zur Kritik lokaler Gemeinschaftlichkeit*, S. 169-183. Wiesbaden: VS.

Cremer-Schäfer, Helga (2005): Lehren aus der (Nicht-)Nutzung wohlfahrtsstaatlicher Dienste. Empirisch fundierte Überlegungen zu einer sozialen Infrastruktur mit Gebrauchswert. In: Oelerich, Gertrud/Schaarschuch, Andreas (Hrsg.): *Soziale Dienstleistungen aus Nutzersicht. Zum Gebrauchswert Sozialer Arbeit*, S. 163-177. München/Basel: Reinhardt.

Cremer-Schäfer, Helga (2008): Situationen sozialer Ausschließung und ihre Bewältigung durch die Subjekte. In: Anhorn, Roland/Bettinger, Frank/Stehr, Johannes (Hrsg.): *Sozialer Ausschluss und Soziale Arbeit. Positionsbestimmungen einer kritischen Theorie und Praxis Sozialer Arbeit*, 2. überarbeitete und erweiterte Auflage, S. 147-164, Wiesbaden: VS

Cremer-Schäfer, Helga/Steinert, Heinz (2014): *Straflust und Repression. Zur Kritik der populistischen Kriminologie*, 2. überarbeitete Auflage. Münster: Westfälisches Dampfboot.

Galuske, Michael (2004): *Der aktivierende Sozialstaat. Konsequenzen für die Soziale Arbeit*. Studientexte aus der Evangelischen Hochschule für Soziale Arbeit Dresden. Dresden.

Goffman, Erving (1973): *Asyle: Über die soziale Situation psychiatrischer Patienten und anderer Insassen*. Frankfurt/M.: Suhrkamp.

Gusfield, Joseph R. (1989): Constructing the Ownership of Social Problems: Fun and Profit in the Welfare State. In: *Social Problems*, Vol. 36, No. 5, S. 431-441.

Hasenfeld, Yeheskel (1983): *Human Service Organizations*. Upper Saddle River/New Jersey: Prentice-Hall.

Herzog, Kerstin (2015): *Schulden und Alltag. Arbeit mit schwierigen finanziellen Situationen und die (Nicht-)Nutzung von Schuldnerberatung*. Münster: Westfälisches Dampfboot.

Hirsch, Joachim (1996): *Der nationale Wettbewerbsstaat. Staat, Demokratie und Politik im globalen Kapitalismus*. Berlin: Edition ID Archiv.

Institut für Stadt- und Regionalentwicklung (ISR), Institut für angewandte Sozialwissenschaft, Wissenschaftszentrum Berlin für Sozialforschung (WZB) (2008): *Evaluation der*

Experimentierklausel nach § 6c SGB II – Vergleichende Evaluation des arbeitsmarktpolitischen Erfolgs der Modelle der Aufgabenwahrnehmung „Optierende Kommune" und „Arbeitsgemeinschaft". Untersuchungsfeld 2: Implementations- und Governanceanalyse (Abschlussbericht Mai 2008), Frankfurt/M.
Jessop, Bob (2002): *The Future of the Capitalist State*. Cambridge: Polity Press.
Klee, Shalimar (2010): *Frauen und Hartz IV. Soziale Ausschließung und individuelle Bewältigungsstrategien als Thema einer kritisch-reflexiven Sozialen Arbeit*. (Unveröffentlichte Diplomarbeit an der Fachhochschule Ludwigshafen am Rhein).
Kolbe, Christian (2011a): *Geforderte Aktivierer. Fachkräfte im SGB II zwischen Ansprüchen und Bewältigungen*. Frankfurt/M.: Fachhochschulverlag FH Frankfurt am Main.
Kolbe, Christian (2011b): Irritationen im Zwangskontext – Interaktionen im SGB II. In: *WSI-Mitteilungen, Zeitschrift des Wirtschafts- und Sozialwissenschaftlichen Instituts der Hans-Böckler-Stiftung*, 65. Jg., Schwerpunktheft 3, S. 198-205.
Kolbe, Christian (2012): Fachkräfte in der Normenfalle. Von widersprüchlichen Anrufungen und deren Bearbeitung im SGB II. In: *Widersprüche, Zeitschrift für sozialistische Politik im Bildungs-, Gesundheits- und Sozialbereich*, 32. Jg., H. 125, S. 71-85.
Kolbe, Christian/Reis, Claus (2005): *Vom Case Management zum „Fallmanagement". Zur Praxis in der Sozialhilfe und der kommunalen Beschäftigungspolitik am Vorabend von Hartz IV*. Frankfurt/M.: Fachhochschulverlag FH Frankfurt am Main.
Kunstreich, Timm (2012): Sozialer Raum als „Ort verlässlicher Begegnung". Ein Essay über Verbindlichkeit und Verlässlichkeit. In: *Widersprüche, Zeitschrift für sozialistische Politik im Bildungs-, Gesundheits- und Sozialbereich*, 32. Jg., H. 125, S. 87-92.
Lau, Thomas/Wolff, Stephan (1982): Wer bestimmt hier eigentlich, wer kompetent ist? In: Müller, Siegfried u. a. (Hrsg.): *Handlungskompetenz in der Sozialarbeit/Sozialpädagogik*, S. 261-302, Bielefeld: AJZ.
Lessenich, Stephan (2012) „Aktivierender" Sozialstaat: eine politisch-soziologische Zwischenbilanz. In: Bispinck, Reinhard/Bosch, Gerhard/Hofemann, Klaus/Nägele, Gerhard (Hrsg.): *Sozialpolitik und Sozialstaat*, S. 41-53. Wiesbaden: Springer VS.
Lipsky, Michael (1980): *Street-Level Bureaucracy. Dilemmas of the Individual in Public Services*. New York: Russell Sage Foundation.
Lutz, Tilman (2012): Verordnete Beteiligung im aktivierenden Staat. Bearbeitungsweisen und Deutungen von Professionellen. In: *Widersprüche, Zeitschrift für sozialistische Politik im Bildungs-, Gesundheits- und Sozialbereich*, 32. Jg., H. 123, S. 41-54.
Marquardt, Nadine (2013): Räume der Fürsorge. Regieren der Wohnungslosigkeit im betreuten Wohnen. In: *Geographische Zeitschrift*, Bd. 101, H. 3/4, S. 148-165.
Meyers, Marcia/Glaser, Barnie/MacDonald, Karin (1998): On the front lines of welfare delivery. Are workers implementing policy reforms? In: *Journal of the Association for Public Policy Analysis and Management*, Vol. 18, Iss. 17, S. 1-22.
Nadai, Eva (2012): Von Fällen und Formularen: Ethnographie von Sozialarbeitspraxis im institutionellen Kontext. In: Schimpf, Elke/Stehr, Johannes (Hrsg.): *Kritisches Forschen in der Sozialen Arbeit. Gegenstandsbereiche – Kontextbedingungen – Positionierungen – Perspektiven*, S. 149-163. Wiesbaden: Springer VS.
Reis, Claus/Ludwig, Monika (2011): Steuerungsillusionen und ihre praktischen Wirkungen. Das „Vier-Phasen-Modell" der Bundesagentur für Arbeit als Lehrstück für Case Management. In: *Case Management*, 8. Jg., H. 2, S. 67-77.
Resch, Christine/Steinert, Heinz (2009): *Kapitalismus. Porträt einer Produktionsweise*. Münster: Westfälisches Dampfboot.

Smith, Dorothy E. (2005): *Institutional Ethnography. A Sociology for People*. Lanham: Altamira Press.

Streck, Rebekka (2016): *Nutzung als situatives Ereignis. Eine ethnografische Studie zu Nutzungsstrategien und Aneignung offener Drogenarbeit*. Weinheim/Basel: Beltz Juventa.

Steinert, Heinz (2004): Schließung und Ausschließung: Eine Typologie der Schließungen und ihrer Folgen. In: Mackert, Jürgen (Hrsg.): *Die Theorie sozialer Schließung. Tradition, Analysen, Perspektiven*, S. 193-212. Wiesbaden: VS.

Steinert, Heinz (2005): Eine kleine Radikalisierung von Sozialpolitik: Die allgemein verfügbare „soziale Infrastruktur zum Betreiben des eigenen Lebens" ist notwendig und denkbar. In: *Widersprüche, Zeitschrift für sozialistische Politik im Bildungs-, Gesundheits- und Sozialbereich*, 25. Jg., H. 97, S. 51-67.

Steinert, Heinz/Pilgram, Arno (Hrsg.) (2003): *Welfare policy from below. Struggles against social exclusion in Europe*. Oxford: Ashgate.

van Rießen, Anne (2016): *Zum Nutzen Sozialer Arbeit. Theaterpädagogische Maßnahmen im Übergang zwischen Schule und Erwerbsarbeit*. Wiesbaden: Springer VS.

Vobruba, Georg (2002): *Freiheit und soziale Sicherheit. Autonomiegewinne der Leute im Wohlfahrtsstaat*. Arbeitsbericht des Instituts für Soziologie, Nr. 29 (August 2002). Universität Leipzig.

Willis, Paul (1977): *Learning to labour. How working class kids get working class jobs*. Saxon House; deutsch (1979): *Spaß am Widerstand. Gegenkultur in der Arbeiterschule*. Frankfurt/M.: Syndikat.

Wolff, Stephan (1983): *Die Produktion von Fürsorglichkeit*. Bielefeld: AJZ.

Lauter „aktive Alte" – wer interessiert sich für den „Rest"?

Kirsten Aner

Einführung

Die zeitgenössischen Theorien Sozialer Arbeit weisen naturgemäß eine schwache Handlungsfeldorientierung auf. Die Folge ist, dass die Ad-ressatInnen in den Theorien nur selten und überwiegend indirekt in den Blick kommen. Dieses Phänomen hat durchaus eine positive Seite, denn auf diese Weise wird die Fixierung auf AdressatInnen und ihre Defizite vermieden, die gesellschaftliche Ursachen ebenso übersieht wie vorhandene Ressourcen. Andererseits bewirkt es, dass die AdressatInnen als handelnde Subjekte unterbestimmt bleiben (vgl. Hammerschmidt/ Aner/Weber 2017). Dies gilt für die älteren AdressatInnen umso mehr, denn erst seit den 1980er Jahren sind Sozialarbeit und Sozialpädagogik auf der Suche nach einem modernen Profil ihrer Arbeit mit älteren AdressatInnen. Die gewissermaßen nachholende Theoretisierung und Professionalisierung dieser Arbeit konzentrierte sich insbesondere auf die sog. offene Altenarbeit, die Kommunen im Rahmen der – vor allem im Vergleich zu SGB VIII und IX – schwachen rechtlichen Regulierung des § 71 SGB XII als Teil der kommunalen Daseinsvorsorge leisten. Anstoß waren häufig einschlägige Modellprojekte auf Bundes- und Landesebene. Diese wiederum zielten lange Zeit überwiegend auf ein sozialpädagogisch begleitetes ehrenamtliches Engagement Älterer sowie auf Beratungs- und Bildungsangebote, also eher auf die privilegierten, die „bildungsgewohnten" und solche Älteren, die in der Lage sind, Komm-Strukturen zu nutzen. Mit anderen Professionen zusammen sind SozialarbeiterInnen zwar auch im Bereich Gesundheit und Pflege tätig, etwa in zugehenden Sozialdiensten, ambulanten Pflegediensten und vollstationären Pflegeheimen. Doch ist die Soziale Arbeit mit Menschen, die bei der Bewältigung ihrer gesundheitlichen Einschränkungen der Unterstützung bedürfen, nach wie vor eher Option als Regelangebot. Dieser Bias in den Feldern Sozialer Arbeit mit älteren Menschen fällt zusammen mit einem verbreiteten Normalisierungsdiskurs, der die Zuständigkeit Sozialer Arbeit für de-privilegierte Bevölkerungsgruppen als „Armutsgeruch" zu „parfümieren" versucht (Iben 2008, S. 273). Der folgende Beitrag hingegen geht grundsätzlich davon aus, dass es wesentliche Aufgabe der Sozialen Arbeit ist, sich gerade für Armuts- und Randgruppen zu interessieren, mithin auch für die, die im Titel etwas polemisch als Gegenteil der aktiven Alten, als „Rest" bezeichnet werden.

Zudem wird hier davon ausgegangen, dass Armut und Randständigkeit relational zu bestimmen sind. Deshalb wird zunächst dargelegt, wie das Gegenteil des „Rests", nämlich die aktiven Alten, adressiert und konstruiert werden und was die Soziale Arbeit daran praktisch interessieren sollte, bevor die Konstruktion einer Gruppe von „uninteressanten", „restlichen" Alten verdeutlicht wird. Abschließend wird zur Diskussion gestellt, was Soziale Arbeit dieser folgenreichen Differenzierung entgegensetzen kann. Dabei wird eine anwendungsbezogene Perspektive um eine wissenschaftstheoretische ergänzt.

1 Das kommunale Interesse an den aktiven Alten

Das Interesse des Marktes an den Alten als Konsumenten, als „silver consumer", „best ager" oder – wenn schon hochaltrig –„golden ager" bezeichnet, liegt auf der Hand, es muss hier nicht interessieren. Wohl aber das kommunale Interesse, welches sozialpolitisch motiviert ist.

Kommunen übernehmen im Rahmen der kommunalen Daseinsvorsorge ein breites Aufgabenspektrum. Sie machen vor Ort Sozialpolitik nicht nur für Menschen in verschiedenen Lebenslagen, sondern auch für verschiedene Generationen. Möglichkeiten der Teilhabe sind für Kinder, Jugendliche und Familien ebenso zu gewährleisten wie für ältere Menschen. Als sei dies nicht Herausforderung genug, soll die regionale Ebene in jüngster Zeit als Ressource dienen, die die Effekte wachsender sozialer Spaltung und zunehmender Armut kompensiert. Dieser Dezentralisierungsgedanke ist international zu beobachten: Durch die Verlagerung der Verantwortung vom National- bzw. Bundesstaat resp. -land auf die lokale Ebene verspricht man sich effizientere Strategien und die Nutzung nichtstaatlicher intermediärer, zivilgesellschaftlicher und auch unternehmerischer Ressourcen. Diese „Territorialisierung des Sozialen", die zunächst für die USA beschrieben wurde (vgl. Jessop 2007), ist seit ca. 15 Jahren auch in der bundesdeutschen Sozialpolitik zu beobachten. Zwar kommt den Kommunen auch unter den Bedingungen solcherart dezentralisierter Sozialpolitik die Aufgabe zu, die gesetzlich festgelegte Infrastrukturverantwortung umzusetzen. Jedoch hält ihre Finanzausstattung nicht Schritt mit den Bedarfen, die aus prekären Lebenslagen immer breiterer Bevölkerungskreise resultieren, sodass sie gefordert sind, die Versorgungsaufgaben (wieder) stärker hinein in die Gemeinschaften auf Quartiers- und Nachbarschaftsebene und in die Familien hinein zu verlagern. Man könnte auch von einer zunehmend einseitigen Auslegung des Subsidiaritätsprinzips sprechen, bei der die übergeordnete Instanz ihrer bei aller gebotenen Zurückhaltung dennoch bestehenden Verantwortung kaum noch gerecht wird.

Die Alterung der Gesellschaft spielt in diesem Kontext eine nicht unerhebliche Rolle. Seit Kodifizierung der „sozialen Altenhilfe" als Teil der selbstverwalteten kommunalen Daseinsvorsorge im BSHG, später SGB XII, sind die Kommunen gesetzlich verpflichtet, sich um ihre älteren BürgerInnen zu kümmern. Der Sachbereich „soziale Altenhilfe" ist – mit nur einem Paragrafen (§ 71 SGB XII) – durch eine vergleichsweise schwache rechtliche Regulierung gekennzeichnet, sodass die konkrete Ausgestaltung und Umsetzung der Altenhilfe vor Ort höchst unterschiedlich ausfällt (vgl. Hammerschmidt 2010). Bundesweit einheitlich fällt jedoch der Befund aus, dass die Altenplanung als Teil der kommunalen Sozialplanung seit der Einführung des SGB XI 1995 unter einer problematischen Trennung zwischen offener Altenhilfe und Pflegeplanung leidet (vgl. Rhoden/Villard 2010). Zwar hat sie seither einen Wandel durchgemacht: von der klassischen Fachplanung (Ziel – Bestand – Bedarf – Maßnahme – Evaluation) hin zu einer diskursiven Planung, die unter der Leitung der Verwaltung freie gemeinnützige, private und zivilgesellschaftliche Akteure einbezieht. Doch alles, was über die Vermeidung der für die Kommunen teuren stationären Unterbringung hinausgeht, hängt davon ab, ob und in welchem Maße kommunale Politik und Verwaltung dem Bereich Altenhilfe Bedeutung zumessen und welche Schwerpunkte dabei gesetzt werden, sowie nicht zuletzt von den höchst unterschiedlichen finanziellen Spielräumen vor Ort.

Besondere Aktivitäten entfalten Kommunen immer dann, wenn sich Bedürfnisse Älterer mit kommunalen Interessen überschneiden. Hilfen nach § 71 SGB XII können der (wachsenden) Gruppe der Älteren mit geringen Altersbezügen ihren Wünschen entsprechend ermöglichen, (länger) in ihren Wohnungen zu verbleiben und somit die Inanspruchnahme der Sozialhilfe zur Restfinanzierung für die regelmäßig teure Heimunterbringung, in die ca. 75 % der „Hilfen zur Pflege" nach dem SGB XII fließen, vermeiden bzw. hinauszögern.

Altenhilfe als kommunales Handlungsfeld gerät jedoch im Kontext der „Territorialisierung des Sozialen" unter Druck, sich der Ressourcen zu bedienen und die ressourcenarmen Gruppen zu vernachlässigen oder doch wenigstens die Bedürftigsten unter den Alten unter Zuhilfenahme der etwas weniger Bedürftigen zu „befrieden". Es findet sich in der Altenhilfe das, was wir als „creaming the poor" aus der Arbeitsmarktpolitik kennen und in jüngerer Zeit im Kontext der

Diskussion über Menschen, die vor Todesangst, Krieg und Elend nach Europa fliehen, erleben müssen.

Den Kommunen fließt zwar finanzielle Unterstützung des Bundes und der Länder auch für die soziale Altenhilfe zu, doch geschieht dies in unzureichendem Ausmaß und lediglich über zeitlich befristete Modellprogramme. Die kommunale Weiterfinanzierung im Anschluss an die Modellförderung ist oft nicht gewährleistet, sodass die Angebote als solche und die Situation der darin beschäftigten Hauptamtlichen prekär bleiben. Viele dieser Modellprogramme fördern nicht professionelle Strukturen, sondern zivilgesellschaftliches Engagement älterer Menschen als Teil der sozialen Infrastruktur. Im Zuge dieser Modellprogramme „zivilgesellschaftlich produktiven Alterns", die zu einem nicht unerheblichen Teil sozialpädagogisch begleitet sind (vgl. Aner/Hammerschmidt 2008), werden seit Jahren auch ältere Menschen zunehmend Aktivitätserwartungen ausgesetzt (vgl. u. a. Lessenich/ Otto 2005), die – zumal in der gesellschaftlich erwünschten Form – überwiegend von den ohnehin eher privilegierten BürgerInnen erfüllt werden (können) (vgl. BMFSFJ 2014, S. 429). Mithin tragen diese Programme und vielfach auch die darin realisierte sozialpädagogische Fachlichkeit dazu bei, dass ausgewählte Altersbilder zur gesellschaftlichen Norm werden.

2 Die Konstruktion des Rests

Viele Alte werden diesen Erwartungen in ihrem Alltag durchaus gerecht und auch einem Teil der zukünftigen Alten dürfte es gelingen, sie aus dem Berufsleben in die Nacherwerbsphase hinein zu verlängern (vgl. Aner 2005). Insofern kann man argumentieren, dass der Diskurs über die sogenannten neuen oder jungen Alten nur Farce bzw. eine rhetorische Inszenierung sei (vgl. Denninger u. a. 2011; Göckenjan 2009), was für die Soziale Arbeit von marginaler Bedeutung wäre. Jedoch werden andere Alte von eben diesen aktivitätsorientierten Normalisierungsstrategien und den damit verbundenen sozialmoralischen Programmen ausgegrenzt, zumal sie sich mittlerweile bis hin zur Körperlichkeit erstrecken. Neben einem eigenverantwortlichen und kenntnisreichen, möglichst präventiven Gesundheitshandeln gewinnen sogar ästhetische Maßstäbe an Bedeutung. Im Grunde machen schon die Stichworte „Gesundheit", „Körper" und „Ästhetik" in diesem Kontext deutlich, wie schnell jede/r zum unzureichenden „Rest" gehören kann.

Existenzieller sind jedoch andere Rahmenbedingungen des Alterns. Zum einen wird im Transformationsprozess vom Wohlfahrtsstaat zum aktivierenden Sozialstaat die Sozialpolitik zunehmend zu arbeitsmarktpolitischen Zwecken instrumentalisiert.

Das hat für die älteren ArbeitnehmerInnen sehr spezifische Auswirkungen: Trotz der im Rahmen der offenen Koordinierung aufgelegten EU-Programme zum „active aging" mangelt es in Deutschland noch immer an langfristigen Unternehmensstrategien, die den Prozess des Alterns im Beruf sinnvoll begleiten. Die Erwerbsquote bei den 60- bis 64-Jährigen stieg zwar in den letzten Jahren, jedoch liegt sie noch immer auf einem niedrigen Niveau, wie das Institut Arbeit und Qualifikation an der Fakultät für Gesellschaftswissenschaften der Universität Duisburg-Essen auf der Grundlage von Daten des Mikrozensus 2011 ermittelt hat.

> Während bei den Männern 45,8 % der 63jährigen und 39 % der 64jährigen erwerbstätig sind, liegt die Quote bei den Frauen gerade einmal bei 33,3 % der 63jährigen und 26,7 % der 64jährigen. Nicht berücksichtigt sind hierbei die Art des Beschäftigungsverhältnisses und der Beschäftigungsumfang nach Arbeitsstunden. Betrachtet man nur die sozialversicherungspflichtige Beschäftigung fallen die Beschäftigungsquoten im rentennahen Alter noch geringer aus. (IAQ 2014)

Die schrittweise Heraufsetzung des Rentenzugangsalters bzw. die entsprechenden Einbußen bei vorzeitiger Verrentung wie auch die Abschaffung der Berufsunfähigkeitsrenten wirken deshalb als erhebliche Kürzungen der Rentenbezüge. Zwar sind Menschen im Alter von 65 und mehr Jahren heute noch leicht unterdurchschnittlich von Armut betroffen (im Jahr 2013 14,3 % gegenüber 15,5 % Armutsrisikoquote der Gesamtbevölkerung, vgl. Statistische Ämter 2015) und kann diese Altersgruppe überdurchschnittlich auf Vermögen zurückgreifen, insbesondere Wohneigentum, ohne Zins- und Tilgungsverpflichtung. Gleichwohl gibt es – neben der Erwerbsbeteiligung – auch andere Lebenslagedimensionen, bei denen die Alten gegenüber dem Durchschnitt der Bevölkerung benachteiligt sind, etwa durch die auf „Eigenverantwortlichkeit" zielenden Reformen im Gesundheitswesen, da Ältere überdurchschnittlich häufig von chronischen Krankheiten betroffen sind. Aktuell sind in vielen Städten die steigenden Mieten dafür verantwortlich, dass immer mehr Haushalte mehr als ein Drittel ihres Einkommens für Miete ausgeben müssen. Dies ist der Anteil, bei dem die Lebenslagen „kippen", der verfügbare Rest reicht nicht zur Deckung der weiteren Kosten. Ältere können über Erwerbsarbeit kaum noch gegensteuern.

Neben der Verdrängung über die Mietpreise droht ihnen die Ausgrenzung über ihre Generationenzugehörigkeit. Gardemin (2013) beschreibt eine – zusätzliche – symbolische Verdrängung. Städte verzeichneten bereits heute zunehmende Segregation. Regional unterschiedlich stark ausgeprägt entstünden Quartiere mit Banlieu-Charakter. Hier wohnten die relativ Armen unter den RentnerInnen dann gemeinsam mit anderen Gruppen, die nicht mithalten können in der modernen urbanen Gesellschaft (ebd.). Problematisch sind auch die Gebiete, in denen in den

1950er und 60er Jahren ausschließlich Einfamilienhäuser gebaut wurden. Hier konzentriert sich vielerorts insbesondere verdeckte Armut. Überhaupt stellen die Eigentümerstrukturen, genau: private Wohnungs- und Hausbestände, für die Steuerung einer integrativen und gut abgestimmten Stadt- und Regionalentwicklung ein Problem dar (vgl. Zimmer-Hegemann 2011, S. 132). Eine besondere Situation findet man in den sog. neuen Bundesländern vor. Auch hier sind viele der heute älteren Menschen von einer Kumulation unterschiedlicher struktureller Benachteiligungen betroffen. Zur vergleichsweise geringeren Höhe von Einkommen und Vermögen gesellt sich ein subjektiv empfundener Mangel an Anerkennung durch die nach dem Umbruch von 1989/90 erfolgten kollektiven Entwertungen ostdeutscher Biographien (vgl. Richter i. E.).

Hinzu kommt eine diskursive Ausgrenzung, die wesentlich von der „Demographisierung des Gesellschaftlichen" (Barlösius 2007) getragen wird. In der Bundesrepublik wurden in den letzten Jahren zahlreiche sozial- und arbeitsmarktpolitische Gesetzesänderungen mit dem demografischen Wandel begründet. Die Argumentationsfigur: Die hochaltrigen, multimorbiden Menschen werden als „Alterslast" diskreditiert und die gesünderen jüngeren Alten allenfalls als „neue Alte", die messbar produktiv oder doch wenigstens „silver consumer" sind, akzeptiert. Die demografische Alterung erscheint als ein „gesellschaftlich erdrückendes Problem", das oft „apokalyptisch fehlinterpretiert" (Schwentker/Vaupel 2011, S. 3) wird.

Das Phänomen, dass sich Gesellschaften auch demografisch wandeln, wobei moderne (Wohlstands-)Gesellschaften in Zeiten des Friedens altern, ist altbekannt. Seine argumentative Kraft in der heutigen Zeit begründet Barlösius (2007) damit, dass es sich um eine „Repräsentationspraxis" handelt. Bevölkerungspolitische Argumentationen waren in Deutschland nach dem Zweiten Weltkrieg zunächst diskreditiert, so auch die zugrunde liegende demografische Forschung. Sie galt als Lieferant legitimatorischen Wissens an das NS-Regime. Doch seit den 1980er Jahren begann die bundesdeutsche demografische Forschung wieder aufzublühen und ist heute wissenschaftlich stark institutionalisiert. Der demografische Diskurs kann zudem an die allgemein geteilte Überzeugung anknüpfen, nur eine stabile Bevölkerungszahl und -struktur biete Sicherheit. Zum anderen suggerierten, so Barlösius, demografische Repräsentationen Zukunftsgewissheit in einer Zeit, die von wachsender Ungewissheit und zum Teil real steigender Unsicherheit bezüglich der Zukunft gekennzeichnet ist. Hinzufügen kann man, dass demografische Daten auch dann als amtlich und wissenschaftsgeneriert wahrgenommen werden, wenn sie nicht im wissenschaftlichen Feld im engeren Sinne erzeugt wurden, wie es etwa bei den einflussreichen privaten Stiftungen der Fall ist, denn Statistik ist eine (Staats-)Wissenschaft auf mathematischer Grundlage und Mathematik genießt in modernen Gesellschaften kulturell ein hohes Ansehen. In der Folge ergab eine repräsentative Befragung von 648 BürgermeisterInnen aus dem Jahr 2005, dass 72 % den demografischen Wandel für wichtig oder sehr wichtig halten und 32 % das Thema mit hoher Priorität behandeln (Esche et al. 2005, S. 3f.), und es neigen selbst diejenigen, die von diesem Diskurs stigmatisiert werden, zur Übernahme der Argumentationsfigur.

Was bedeutet nun die Ausgangslage einer „Territorialisierung des Sozialen" (vgl. Jessop 2007) und „Demographisierung des Gesellschaftlichen" (Barlösius 2007) für die Mehrheit der Städte und Gemeinden, deren Bevölkerung tatsächlich altert? Können sie womöglich eine „Demographie-Rendite" erwarten, die aus dem sinkenden Anteil junger Menschen resultiert? Leider haben die demografischen Veränderungen eine komplexe Wirkung auf die Kommunalfinanzen und werden tendenziell keine Kostenentlastung erbringen. Gegenläufig wirkt der Ausbau der Leistungen im Bereich „Kindertagesstätten" und neue finanzielle Verpflichtungen im Rahmen der Grundsicherung im Alter und bei Erwerbsminderung, Kosten der sozialen Betreuung (§ 36 SGB XI), und Eingliederungshilfen nach SGB IX schlagen als Belastungen zu Buche. Diese Belastungen werden bei der absehbar steigenden (Alters-)Armut (vgl. dazu u. a. Bäcker 2016) mittelfristig eher zu- als abnehmen. Bürgerschaftliche Potenziale der gut situierten Älteren sind vorhanden. Aus der Engagementforschung ist jedoch bekannt, dass gerade diese Älteren, wenn überhaupt, dann eher projektbezogen tätig werden. Ein „harter Kern" entsteht, aber es müssen immer wieder neue Ältere gewonnen werden. Wo die Bevölkerungszahlen abnehmen und Alterung zu verzeichnen ist, bedarf es zudem einer Anpassung der technischen und sozialstrukturellen Infrastruktur. Viele Kommunen jedoch konkurrieren stattdessen mit erheblichem finanziellen Aufwand um die Ansiedelung von Unternehmen. Ihre Infrastrukturentwicklung zielt auf die Jungen und besser Situierten mit den potenziell – im Gegensatz zu den RentenbezieherInnen – steigenden Einkommen, die größere Steuereinahmen verheißen, also auf junge Familien und ggf. Pendler.

Um Stadtteile und Quartiere langfristig „demografiegerecht" im Sinne von „lebenswert für alle Generationen" gestalten zu können, wäre diese Spirale der Standortkonkurrenz um Einwohner zu durchbrechen und die regionale Abstimmung zu suchen. Das heißt, sowohl auf der Quartiersebene als auch über Verwaltungsgrenzen hinweg konkrete Handlungskonzepte zu entwickeln, dies in Kooperation mit privaten und intermediären Akteuren und gestützt auf Bewohnerbeteiligung und Bürgerengagement (vgl. Zimmer-Hegemann 2011, S. 139). Zugleich verweisen gerontologische Forschungsbefunde darauf, dass kommunale Politik integrative Stadtplanung generationenübergreifend gestalten sollte. Denn fragt man ältere Menschen danach, was ihre örtliche (!) Lebensqualität ausmacht, nennen sie neben altersspezifischen Wünschen wie „Angebote für geschütztes Wohnen" und

„Verfügbarkeit von ambulanten Diensten" Faktoren, die für Jung und Alt gleichermaßen bedeutsam sind: bezahlbare Mietwohnungen, Waren für den täglichen und nichttäglichen Bedarf, gute Angebote des ÖPNV mit angemessenen Taktzeiten, Sicherheit der Gehwege und Zugänglichkeit von Einrichtungen, Aktivitäten von freien Trägern im Bereich Gesundheit und Soziales, Möglichkeit der Selbstverwirklichung und politischen Beteiligung, Vorhandensein von Krankenhäusern und von öffentlichen Toiletten (vgl. Piorkowsky 2010).

3 Normierung, Ausschließung und die Soziale Arbeit mit älteren Menschen

Diese kommunalpolitischen Forderungen und gerontologischen Erkenntnisse können und müssen aus der Perspektive der Sozialen Arbeit und ihrer einschlägigen Forschung ergänzt werden, denn Soziale Arbeit mit älteren Menschen ist mit der Prekarisierung der Lebenslagen vieler älterer und in das Alter hineinwachsender Menschen und dem allgegenwärtigen sozialmoralisch aufgeladenen Aktivierungsparadigma unmittelbar konfrontiert – über die Lebenslagen ihrer AdressatInnen und durch die eigene Einbindung in die kommunale Sozial(hilfe-)politik und damit verbunden in sozialpolitische Beratungs-, Entscheidungs- und Umsetzungsprozesse. Die sozialarbeiterische Begleitung des sog. dritten Lebensalters, der relativ jungen und gesunden Menschen in der nachberuflichen Phase, im Rahmen der regulären kommunalen Altenhilfe oder in Modellprogrammen ist zudem in der paradoxen Situation, die gesellschaftliche Integration einer Gruppe organisieren zu sollen, die doch erst durch Ausgrenzung (aus dem Erwerbsleben) zu einer Gruppe gemacht wurde und als solche äußerst heterogen auch in ihrem Wunsch nach sog. Integration ist. Ein handelnder Beitrag zur Konstruktion des Gegensatzes zwischen dem „guten" aktiven und dem „schlechten" inaktiven Alter liegt nahe; ebenso die Gefahr, zur Exklusionsverwalterin von Adressatengruppen zu werden, deren Inklusion wenig realistisch ist – zumindest in das, was aktuell gesellschaftlich als nützlich und moralisch legitim anerkannt wird.

Schon in den 1970er Jahren war die Soziale Arbeit auf der Suche nach Wegen, die ursprünglich in den Städten zurückgebliebenen benachteiligten Gruppen an den positiven sozialräumlichen Entwicklungen teilhaben zu lassen. Stichworte wie „Gemeinwesenarbeit und Community Organizing statt Stadtteilarbeit, die das Elend nur verwaltet", „zugehende Angebote" statt exkludierender „Komm-Strukturen" müssen an dieser Stelle genügen. In den 1980er/90er Jahren befasste sich die Soziale Arbeit intensiv mit lokalen Ökonomien, diskutierte die Einbindung von Freiwilligen und die dafür notwendigen Ressourcen wie auch die Fallstricke in Beteiligungsprozessen.

Neuere Forschungen werten aus, was in dieser Zeit seinen Ursprung hat. So wissen wir heute zum Beispiel, dass Senioren-Genossenschaften und selbstorganisierte Wohnprojekte in der Regel dadurch gekennzeichnet sind, dass ihre InitiatorInnen recht gute Startbedingungen haben und privilegierte Sozialräume als Standorte wählen. Wir wissen, dass auch diese Projekte systematisch Ambivalenzen nach innen aufweisen, dass sie weder unbedingt egalitär sind noch eine Garantie für mehr verbindendes Sozialkapital oder gar Kooperationen über Macht- und Statusgefälle hinweg („bridging social capital" bzw. linking social capital"; vgl. Putnam 2007) und dass selbst diese Projekte im Zeitverlauf Unterstützung von außen benötigen. So zeigt eine neuere Studie zur bekannten ersten Alten-Wohngemeinschaft der BRD, dass das langjährig existierende Projekt in Göttingen mit dem Problem unterschiedlicher BewohnerInnen-Generationen im Projekt zu kämpfen hat und dass es entgegen der eigenen Absicht ohne nachhaltige Wirkung auf den Sozialraum blieb. Es wäre also wichtig, vor allem das sog. „linking social capital" mit professioneller Unterstützung zu erschließen und mit kontinuierlicher Begleitung zu verstetigen. Anderenfalls drohen die weniger gut organisierten Interessen selbst nach eventuellen Anfangserfolgen wieder ins Hintertreffen zu geraten (vgl. dazu auch Karl et al. 2008). In diesem Kontext, aber auch vor dem Hintergrund eines steigenden Beratungsbedarfs älter Menschen nach dem Sozialgesetzbuch kommt der Kategorie „Generation" eine wichtige Rolle zu, weshalb es gute Gründe gibt, insbesondere die Stellung der Fachkräfte im generationalen Gefüge von Hilfe- und Beratungsbeziehungen zu einem selbstverständlichen Teil der Aus- und Fortbildung der Fachkräfte Sozialer Arbeit zum Thema Alter und Pflege zu machen (vgl. Aner 2010)

Großen Raum im gerontologischen Fachdiskurs an der Schnittstelle zur praktischen Sozialen Arbeit nahm zuletzt das Thema Selbstbestimmung trotz verstärkter Einschränkung der Autonomie ein, was für das hier verhandelte Thema, die Soziale Arbeit mit mehrfach benachteiligten älteren Menschen, besonders interessant ist. So untersuchte das Forschungsprojekt „neighbourhood" (Wissenschaftszentrum Berlin und Institut für Gerontologische Forschung Berlin) im Rahmen des Forschungsverbunds „Autonomie trotz Multimorbidität im Alter" mit einem milieutheoretischen Ansatz die Ressourcen der von Multimorbidität betroffenen älteren EinwohnerInnen eines unterprivilegierten städtischen Quartiers sowie die strukturellen Chancen und Barrieren für Selbstbestimmung trotz Pflegebedarfs. Im Ergebnis zeigte sich, dass sich auch benachteiligte ältere Menschen weder auf ihre Armut noch auf ihren Pflegebedarf reduzieren lassen, wenngleich sich ihre Teilhabe im Sozialraum wie zu erwarten deutlich schwieriger gestaltet. Auch bei ihnen fanden sich individuelle habituelle und milieuspezifische Ressourcen. Jedoch fehlte es an unabhängigen Beratungsstellen, vor allem an zugehenden Angeboten, und die zielgruppenspezifischen Angebote etwa für MigrantInnen waren von prekären Anstellungsverhältnissen sowie mangelnder Fach- und Beratungskompetenz gekennzeichnet. Da den Anbietern und Fachkräften der Pflege aufgrund der Marktlogik des Sektors Interesse an bzw. Zeit zur Ressourcenorientierung fehlen, bedürfte es der Durchsetzungskraft und -strategien der eher gehobenen Milieus, um im Pflegefall Autonomiepotenziale gegen die Logik des Pflegesektors durchzusetzen. Insgesamt konnte aufgezeigt werden, wie individuelle und sozialräumliche Ressourcen untereinander und miteinander interagieren und es je nach Passung zu einer Kumulation von Möglichkeiten, zur Kompensation, aber auch zu starken Behinderungen der möglichen Autonomie kommen kann (vgl. Falk et al. 2011, S. 125ff.).

Grell (2008, S. 354ff.) hatte ausgehend von der US-amerikanischen Sozialhilfepolitik globaler herausgearbeitet, was sich auch anhand der Studie von Falk et al. (2011) zeigen lässt: Die Versorgungsaufgaben weiter ins Private, in familiale Netzwerke und lokale Gemeinschaften sowie in den karitativen Sektor hinein zu verlagern, kann nur solange funktionieren, wie diese Strukturen über ausreichend Ressourcen verfügen – und der karitative Sektor sich dafür instrumentalisieren lässt. Ein soziales und demokratisches Gemeinwesen basiert also auf Mindestvoraussetzungen: der finanziellen Handlungsfähigkeit der Kommunen und grundlegenden Handlungsspielräumen der BewohnerInnen. Hinzuzufügen ist, dass der Staat zivilgesellschaftliche Räume immer nur öffnen, jedoch nie vollständig steuern kann. Je nachdem, ob und wie sie gefüllt werden, kann die Entwicklung auch in wenig demokratische Richtungen laufen (vgl. Aner/Hammerschmidt 2010). Diese Gefahr lässt sich historisch belegen oder durch einen Blick auf die aktuelle Situation in vielen Kommunen in strukturschwachen Regionen West- und Ostdeutschlands studieren.

Während Soziale (Alten-)Arbeit weder ordnungs- noch sozialpolitisch eingreifen kann, hat sie immerhin die Möglichkeit und die Pflicht, die eigenen Paradigmen auch aus gerontologischer Perspektive kritisch zu hinterfragen, etwa: Wie kommen die gängigen professionellen Vorstellungen von Nutzerinnen und Nutzern zustande (vgl. Kessl/Otto 2003, S. 70)? Welche Vorstellungen oder Befürchtungen über das eigene Leben im Alter projizieren SozialpädagogInnen unter diesem Label der Entfremdung auf die AdressatInnen (vgl. Aner 2010)? Welche impliziten fachlichen Werte tragen zur Definition von Menschen im höheren Lebensalter als Risikogruppe bei, deren Risiko in der Inaktivität besteht, die es um jeden Preis zu verhindern gilt (vgl. Aner 2012)?

Da das wissenschafts- und kommunalpolitische Umfeld, insbesondere in Form von Modellprogrammen von Bund und Ländern, den Zugang zu finanziellen Ressourcen zunehmend von der „Partizipation" der Zielgruppen abhängig macht und auch WissenschaftlerInnen und PraktikerInnen selbst von der Richtigkeit dieses Anspruchs überzeugt sind, werden schon seit den 1980er Jahren in Sozialer (Alten-) Arbeit und anwendungsorientierter (gerontologischer) Forschung zunehmend sog. „partizipative Methoden" eingesetzt. Hierbei ist zu fragen: Welches Verständnis von Partizipation – advokatorisch oder deliberativ – verwirklichen SozialarbeiterInnen in der Arbeit mit älteren Menschen? Welche Stufen der Partizipation – informiert werden, angehört werden, mitentscheiden und selbstverwalten – sollen, welche können erreicht werden? Werden diese Aspekte transparent gehandhabt oder werden die Beteiligten instrumentalisiert (vgl. Arbeitskreis Kritische Gerontologie 2016; Aner/Köster 2016)?

Aus der Perspektive einer kritischen Sozialen Arbeit, die die eigenen normativen Vorstellungen und emotionalen Verstrickungen reflektiert, stellt sich auch die Frage nach dem Beitrag der eigenen Wissensproduktion und des eigenen Handelns zu einer Dichotomie, hier der für die Betroffenen folgenreichen binären Codierung zwischen den aktiven Alten und dem „Rest". Schließlich setzt erst unser Denken über das hohe Alter dasselbe als „Objekt".

Mit diesem Ziel scheint abschließend ein wissenschaftstheoretischer Rückblick inspirierend: zu Georg Büchner, der in Darmstadt, dem Tagungsort des Bundeskongresses Soziale Arbeit 2015, aufgewachsen ist. Der Blick zurück führt in das Jahr 1836, in dem der Mediziner und Naturwissenschaftler Büchner, frisch zum Doktor der Philosophie promoviert, an der Universität Zürich eine Probevorlesung hielt. Ganz gegen den Empirismus schon seiner Zeit vertrat er darin die Auffassung, dass alles, was ist, um seiner selbst willen da sei. Er kritisiert seine medizinischen Kollegen; sie sähen in allen Organsimen nur „verwickelte Maschinen", „ja die Thräne ist nur der Wassertropfen, welcher es [das Auge; K. A.] feucht hält" (Büchner 1836, zit. nach Roth 2004, S. 464f.). Büchner wirft den Kollegen nicht etwa mangelnde „Romantik" und zu viel „Aufklärung" vor, sondern er seziert die Zirkelschlüsse ihrer teleologischen Methode, deren einziges Gesetz die „größtmögliche Zweckmäßigkeit" (ebd.) sei. Aufgabe der Philosophie sei es, zu fragen, „wo die teleologische Schule mit ihrer Antwort fertig sei" (ebd.). Insgesamt kann man Büchners Probevorlesung aus dem Jahr 1836 auch als Kritik an „Wahrheitsdispositiven" (Foucault) lesen, deren Umbruch in Richtung „Strukturfunktionalismus" ihm bitter aufstieß, weil die Frage einzig nach dem Zweck keinem lebendigen Organismus, erst recht nicht dem Menschen und der Welt als Ganzem gerecht werde. Anders und mit Blick auf das Thema dieses Beitrags formuliert: Es gilt, im Denken und Handeln größtmögliches Misstrauen gegenüber der Zweckrationalität zu bewahren, denn WissenschaftlerInnen wie PraktikerInnen tragen Verantwortung für die Aussagen über das Alter und die Alten, die als wahrheitsfähig gelten, und die womöglich das richtige vom falschen, inakzeptablen Altern scheiden.

Literatur

Aner, Kirsten (2005): *„Ich will, dass etwas geschieht!" Wie zivilgesellschaftliches Engagement entsteht – oder auch nicht*. Berlin: edition sigma.
Aner, Kirsten (2010): *Soziale Beratung und Alter*. Opladen: Barbara Budrich.
Aner, Kirsten (2012): „Im Alter ein Mensch bleiben ..." Was sind uns die Alten wirklich wert? In: *Zeitschrift für Gerontologie und Geriatrie (ZfGG)*, 45(7), S. 585-586.
Aner, Kirsten/Hammerschmidt, Peter (2010): Zivilgesellschaftliches Engagement des Bürgertums vom Anfang des 19. Jahrhunderts bis zur Weimarer Republik. In: Olk, Thomas/Klein, Ansgar/Hartnuß, Birger (Hrsg.): *Engagementpolitik. Die Entwicklung der Zivilgesellschaft als politische Aufgabe*, S. 63-96. Wiesbaden: VS.
Aner, Kirsten/Karl, Fred (2006): Älterwerden in Schauenburg. Abschlussbericht der partizipatorischen Bürgerbefragung. Kassel [https://www.uni-kassel.de/fb01/fileadmin/datas/fb01/Institut_fuer_ Sozialwesen/Lebenslagen_Altern/projektbericht_Schauenburg.pdfl; 31.03.2016].
Aner, Kirsten/Karl, Ute (Hrsg.) (2010): *Handbuch Soziale Arbeit und Alter*. Wiesbaden: VS.
Aner, Kirsten/Köster, Dietmar (2016): Partizipation älterer Menschen – kritisch gerontologische Anmerkungen. In: Naegele, Gerhard/Olbermann, Elke/Kuhlmann, Andrea (Hrsg.): *Teilhabe im Alter gestalten. Aktuelle Themen der Sozialen Gerontologie*, S. 465-484. Wiesbaden: Springer VS.
Arbeitskreis Kritische Gerontologie (2016): Diskussionspapier Partizipation und partizipative Methoden in der Gerontologie. In: *Zeitschrift für Gerontologie und Geriatrie* 49(2), S. 143-147.
Bundesministerium für Familien, Senioren, Frauen und Jugend [BMSFSJ] (Hrsg.) (2014): *Freiwilliges Engagement in Deutschland. Der Deutsche Freiwilligensurvey 2014*. Berlin: DZA.
Bäcker, Gerhard (2016): Altersarmut, Lebensstandardsicherung und Rentenniveau. In: Naegele, Gerhard/Olbermann, Elke/Kuhlmann, Andrea (Hrsg.): *Teilhabe im Alter gestalten. Aktuelle Themen der Sozialen Gerontologie*, S. 63-82. Wiesbaden: Springer VS.
Barlösius, Eva (2007): Die Demographisierung des Gesellschaftlichen. Zur Bedeutung der Repräsentationspraxis. In: Dies./Schiek, Daniela (Hrsg.): *Demographisierung des Gesellschaftlichen. Analysen und Debatten zur demografischen Zukunft Deutschlands*, S. 9-34. Wiesbaden: VS.
Denniger, Tina/Dyk, Silke van/Lessenich, Stefan/Richter, Anna (2010): Die „Aufwertung" des Alters. Eine gesellschaftliche Farce. In: *Mittelweg 36*, 19. Jg., H. 5, S. 15-33.
Dyk, Silke van (2007): Kompetent, aktiv, produktiv? Die Entdeckung der Alten in der Aktivgesellschaft. In: *Prokla. Zeitschrift für kritische Sozialwissenschaft*, 36. Jg., H. 1, S. 93-112.
Esche, Andreas et al. (2005): *Kommunen und Regionen im Demographischen Wandel – Bürgermeisterbefragung 2005. Aktion Demographischer Wandel*. Gütersloh: Bertelsmann.

Falk, Katrin et al. (2011): *Alt, arm, pflegebedürftig. Selbstbestimmungs- und Teilhabechancen im benachteiligten Quartier*. Berlin: edition sigma.

Gardemin, Daniel (2013): Großstadt im Wandel – Plädoyer für eine neue Wohnungspolitik. In: *Zeitschrift für sozialistische Politik und Wirtschaft* 5, S. 23-28.

Grell, Britta (2008): *Workfare in den USA. Das Elend der us-amerikanischen Sozialhilfepolitik*. Bielefeld: transcript.

Göckenjan, Gerd (2009): Vom „tätigen Leben" zum „aktiven Alter": Alter und Alterszuschreibungen im historischen Wandel. In: Dyk, Silke van/Lessenich, Stephan (Hrsg.): *Die jungen Alten. Analysen einer neuen Sozialfigur*, S. 235-255. Frankfurt: Campus.

Hammerschmidt, Peter (2010): Soziale Altenhilfe als Teil kommunaler Sozial(hilfe-)politik. In: Aner, Kirsten/Karl, Ute (Hrsg.): *Handbuch Soziale Arbeit und Alter*, S. 19-32. Wiesbaden: VS.

Hammerschmidt, Peter/Aner, Kirsten/Weber, Sascha (2017): *Zeitgenössische Theorien Sozialer Arbeit*. Weinheim/München: Beltz Juventa.

Iben, Gerd (2008): Sozialarbeit – Armut und Randgruppen. In: Chassé, Karl August/Wensierski, Hans-Jürgen von (Hrsg.): *Praxisfelder der Sozialen Arbeit*, S. 273-287, 4. akt. Aufl. Weinheim/München: Juventa.

IAQ (Institut Arbeit und Qualifikation) (2014): Erwerbstätigenquoten Älterer nach Altersjahren und Geschlecht 2008–2014 [http://www.sozialpolitik-aktuell.de/tl_files/sozialpolitik-aktuell/_Politikfelder/Arbeitsmarkt/Datensammlung/PDF-Dateien/abbIV103.pdf; 31.03.2016].

Jessop, Bob (2007): Raum, Ort, Maßstäbe. Territorialisierungsstrategien in postfordistischen Gesellschaften. In: Kessl, Fabian/Otto, Hans-Uwe (Hrsg.): *Territorialisierung des Sozialen. Regieren über soziale Nahräume*, S. 25-56. Opladen: Leske + Budrich.

Karl, Fred/Aner, Kirsten/Bettmer, Franz/Olbermann, Elke (2008): *Perspektiven einer neuen Engagementkultur. Praxisbuch zur kooperativen Entwicklung von Projekten*. Wiesbaden: VS.

Kessl, Fabian/Otto, Hans-Uwe (2003): Aktivierende Soziale Arbeit. Anmerkungen zur neosozialen Neuprogrammierung Sozialer Arbeit. In: Dahme, Heinz-Jürgen/Otto, Hans-Uwe/Trube, Achim/Wohlfahrt, Norbert (Hrsg.): *Soziale Arbeit für den aktivierenden Staat*, S. 57-73. Opladen: Leske + Budrich.

Lessenich, Stefan/Otto, Ulrich (2005): Das Alter in der Aktivgesellschaft – eine Skizze und offene Fragen zur Gestalt eines „Programms" und seinen Widersprüchen. In: Dies. (Hrsg.): *Partizipation und Inklusion im Alter. Aktuelle Herausforderungen*, S. 5-18. Jena: edition paideia.

Naegele, Gerhard/Olbermann, Elke/Kuhlmann, Andrea (Hrsg.) (2016): *Teilhabe im Alter gestalten. Aktuelle Themen der Sozialen Gerontologie*. Wiesbaden: Springer VS.

Piorkowsky, Michael-Burkhardt (2010): Unzufriedenheit mit der kommunalen Infrastruktur. In: *Zeitschrift für Gerontologie und Geriatrie* 43 (2), S. 82-85.

Putnam, Robert D. (2000): *Bowling alone. The Collaps and Revival of American Community*. New York: Simon & Schuster.

Richter, Anna Sarah (i. E.): *Multiple Positionierungen. Eine intersektionale Analyse biographischer Erzählungen älterer Frauen aus Ostdeutschland*.

Roth, Udo (2004): *Georg Büchners naturwissenschaftliche Schriften. Ein Beitrag zur Geschichte der Wissenschaften vom Lebendigen in der ersten Hälfte des 19. Jahrhunderts*. Tübingen: Max Niemeyer.

Rohden, Karin Sonja/Villard, Hans Jürgen (2010): Kommunale Alten(hilfe-)planung. Rahmung und Standards. In: Aner, Kirsten/Karl, Ute (Hrsg.): *Handbuch Soziale Arbeit und Alter*, S. 51-58. Wiesbaden: VS.

Schwentker, Björn/Vaupel, James W. (2011): Eine neue Kultur des Wandels. In: *Aus Politik und Zeitgeschichte*. 10-11, S. 3-10.

Statistische Ämter (2015): Sozialberichterstattung der Statistischen Ämter des Bundes und der Länder [www.amtliche-sozialberichterstattung.de; 30.09.2015).

Zimmer-Hegemann, Ralf (2011): Demografischer Wandel als Herausforderung für die Stadt- und Quartiersentwicklung. In: Dahme, Heinz-Jürgen/Wohlfahrt, Norbert (Hrsg.): *Handbuch Kommunale Sozialpolitik*, S. 128-141. Wiesbaden: VS.

„Aktives Altern" im Quartier im hohen Alter
Eine Fallstudie zu den Möglichkeiten, Grenzen und Formen gesellschaftlicher Teilhabe im hohen Alter

Dörte Naumann

1 Einführung

Im Zuge des demografischen Wandels werden neben der nachhaltigen Sicherung der Sozialsysteme und der pflegerischen Versorgung auch die Rollen und Erwartungen an ältere Menschen in der Gesellschaft breit diskutiert (vgl. van Rießen/Bleck/Knopp 2015; Kricheldorff 2015). Dabei stehen die Fragen nach der sozialräumlich orientierten Förderung einer selbständigen Lebensführung in der gewohnten Umgebung, der Einbindung älterer und alter Menschen im Gemeinwesen sowie das Gelingen von intergenerationellen Beziehungen im Wohnquartier im Vordergrund (vgl. Kricheldorff/Oswald 2015; Heite/Rüßler/Stiel 2015; van Rießen/Bleck/Knopp 2015). Die positive Wirkung von außerhäuslichen Aktivitäten, der Identifikation mit der Nachbarschaft und dem Stadtteil für ein gesundes Altern und Wohlbefinden ist in vielfältigen Studien gut belegt (vgl. Oswald/Konopik 2015; Iwarsson/Wahl 2004; Sixsmith et al 2014). Vor diesem Hintergrund leitet sich auch für die Soziale Arbeit im Gemeinwesen die Herausforderung ab, generationsübergreifend die Bedingungen für ein gutes Leben und Wohnen und soziale Integration im Quartier zu stärken (Kricheldorff 2014).

Die (inter-)nationale Altenpolitik ist aktuell an den Leitbildern des „Aktiven Alterns" (vgl. Nowossadeck/Vogel 2013; Boudiny 2013; Klie 2015) und der „Sorgenden Gemeinschaft" orientiert. Letzteres steht im Mittelpunkt des 7. Altenberichts (vgl. Berner/Hagen 2015; Klie 2015). Mit diesen Leitbildern ist das Ziel verknüpft, dass Menschen über den gesamten Lebensverlauf als gleichberechtigte Bürger*innen mit allen Rechten und Pflichten am Gemeinwesen teilnehmen und sich entsprechend ihrer persönlichen Fähigkeiten, Interessen und Bedürfnisse entfalten können (vgl. Kruse 2012; Vogel/Nowossadeck 2013). Implizit steht dahinter gleichzeitig die Aufforderung, individuell Verantwortung für das gelingende, gesunde Altern über den Lebensverlauf hinweg zu übernehmen, verfügbare Handlungsspielräume entsprechend zu nutzen sowie aktiv im Quartier generationenübergreifende Solidarität zu leben. Die Analysen der Sorgestrukturen im 7. Altenbericht berücksichtigen dabei die angesichts vielfältiger Altersbilder ambivalenten Rollen älterer Menschen und konzeptualisieren das Sorge-Geben und Sorge-Empfangen über den individuellen Lebensverlauf als ein Kontinuum. Es wird hervorgehoben, dass das Sorge-Geben im Lebensverlauf nicht vom Sorge-Empfangen abgelöst wird, sondern beide Formen der Sorge unterschiedlich gewichtet über den gesamten Lebensverlauf bestehen. Dieser Ansatz soll der Marginalisierung des von abnehmender Autonomie gekennzeichneten 4. Alters vorbeugen (vgl. Berner/Hagen 2015; Kruse 2012).

Mit der Förderung des „Aktiven Alterns" und der Etablierung von „sorgenden Gemeinschaften" oder lokalen Verantwortungsgemeinschaften wird die politische Hoffnung verknüpft, auch zukünftig angesichts sich verknappender gesellschaftlicher Ressourcen gelingendes und selbstbestimmtes Altern im Quartier zu ermöglichen (vgl. Klie 2015) und mit Hilfe neuer, konstruktiver Modelle den prognostizierten Pflegenotstand im Quartier zu verhindern (vgl. Kricheldorff/Klott/Tonello 2015). In diesem Kontext erhält das bürgerschaftliche Engagement Älterer eine Schlüsselrolle, um angesichts der tiefgreifenden gesellschaftlichen Veränderungen den Anforderungen an die kommunale Daseinsfürsorge gerecht zu werden (vgl. Klie 2015; Klie 2013). Dieser Ansatz steht im Einklang mit gängigen sozialgerontologischen Modellen gelingenden, produktiven oder erfolgreichen Alterns (vgl. Vogel/Nowossadeck 2013). Diese betonen mit jeweils unterschiedlichen Schwerpunkten den individuellen und gesamtgesellschaftlichen Nutzen individueller Ressourcen und Kompetenzen älterer Menschen. Die damit verbundenen Erwartungen an Ältere, aktiv zu sein, sich einzubringen und sich nicht vom gesellschaftlichen Leben zurückzuziehen, werden hingegen kontrovers diskutiert (vgl. Aner u. a. 2007; van Dyk 2015; van Dyk 2014).[1]

Angesichts der vielfältigen diskontinuierlichen, brüchigen und von sozialer Ungleichheit geprägten Entwicklungen des hohen Alters, das empirisch zwischen 80 und 85 Jahren verortet ist (vgl. Lindenberger u. a. 2010), sind die Teilhabechancen von Menschen in dieser Lebensphase an Maßnahmen zur Umsetzung der genannten Leitbilder schwer einzuschätzen (vgl. Strube/König/Hanesch 2014). Die entsprechende Datenlage ist lückenhaft. Bekannt ist, dass die Beteiligung hochaltriger Menschen in den Kommunen und den Strukturen des freiwilligen Engagements zurückgeht (vgl. Naumann 2006; Rüßler/Stiel 2014). Den Daten des Deutschen Altersurvey zufolge engagierten sich im Jahr 2009 unter den 70 bis 85jährigen 11,8 % gegenüber 19,8 % unter den 40 bis 55jährigen freiwillig (vgl. Vogel/Nowossadeck 2015). Der Rückgang freiwilligen Engagements im höheren Alter kann teilweise mit Faktoren

---

1 Vgl. den Beitrag von Kirsten Aner in diesem Band.

wie der Gesundheit, der Beschaffenheit des Wohnumfelds, schrumpfenden sozialen Netzwerken sowie dem hohen Alter selbst erklärt werden (vgl. Hank/Erlinghagen 2010). Über die genauen Rückzugsmotive und subjektiven Gründe sowie die Muster des bürgerschaftlichen Engagements jenseits der Altersgrenze von 85 Jahren ist hingegen nach wie vor wenig bekannt (vgl. Naumann 2006).

In der Gesamtschau stellt die abnehmende Beteiligung hochaltriger Menschen im freiwilligen Engagement, verschiedenen außerhäuslichen Aktivitäten wie Freizeitaktivitäten und die zunehmende Konzentration des Alltags in der Häuslichkeit auch die Soziale Arbeit im Gemeinwesen vor Herausforderungen (vgl. Kricheldorff 2014). Gerade die aktuelle Generation der von Isolation bedrohten alleinlebenden hochaltrigen Menschen gilt als schwer erreichbare Zielgruppe zugehender Altenarbeit (vgl. Karl 2012). Bei der Konzeption von neuen Angeboten für diese Zielgruppe sollten angesichts der hohen Anpassungsfähigkeit hochaltriger Menschen (vgl. Baltes/Carstensen 2003), die Wechselwirkung zwischen personenspezifischen Faktoren, altersbezogenen Bedürfnislagen und sozialräumlichen Einflussfaktoren auch hinsichtlich sozialer Marginalisierung differenziert betrachtet werden (vgl. Kricheldorff/Oswald 2015; Naumann, 2006).

Anhand der nachfolgend vorgestellten und kursorisch dargestellten Fallstudie wird der Frage nachgegangen, wie die schwer erreichbare Zielgruppe der alleinlebenden Hochaltrigen im urbanen Raum ihre Teilhabechancen an der Gesellschaft und im Quartier gestaltet und welcher Unterstützungsbedarf sich dabei abzeichnet (vgl. Naumann 2006). Die Bedeutung der Ergebnisse der Fallstudie für die Soziale Arbeit im Gemeinwesen wird im Anschluss diskutiert.

2 Qualitative Fallstudie zur gesellschaftlichen Integration und Mitwirkung im Kontext des hohen Alters

Im Mittelpunkt der Fallstudie steht die Frage, wie alleinlebende Hochaltrige selbst ihren zunehmenden Rückzug auf die Wohnung und das unmittelbare Wohnumfeld erklären und wie sie die „verbleibenden" Muster gesellschaftlicher Integration und Mitwirkung erleben und gestalten. Mit gesellschaftlicher Integration sind vielfältige Berührungspunkte zwischen dem alten Menschen, seinem sozialen Umfeld und unterschiedlichen gesellschaftlichen Sphären gemeint. Unter gesellschaftlicher Mitwirkung werden hingegen konkrete Aktivitäten im Gemeinwesen durch bürgerschaftliches Engagement und weitere produktive Tätigkeiten sowie die Teilnahme an Aktivitäten in Politik, Freizeit, Sport und Kultur, inkl. Medienkonsum subsumiert (vgl. Naumann 2006). Datenbasis ist die deutsche qualitative Tiefenstudie (N=40) des europäischen Forschungsprojektes ENABLE-AGE. ENABLE-AGE untersucht das Zusammenspiel zwischen der Wohnumwelt und einem gesunden Altern im Sinne von Autonomie, Partizipation und Wohlbefinden bei alleinlebenden Hochaltrigen im urbanen Raum im Alter von 75-89 Jahren in Deutschland, Schweden, England, Lettland und Ungarn. Projektbausteine sind ein längsschnittlicher regional verorteter Survey (N=1918), eine qualitative Tiefenstudie anhand des Forschungsstils der Grounded Theory (vgl. Strauss/Corbin 1998) (N=190) und eine Bestandsaufnahme (inter-)nationaler Wohnpolitik (vgl. Iwarsson et al 2005).[2] Die nachfolgend exemplarisch dargestellten Ergebnisse basieren auf 40 leitfadengestützten vollständig transkribierten 1-2stündigen Interviews mit urban alleinlebenden hochaltrigen Männern und Frauen (Textumfang rund 1000 Seiten). Die Stichprobe der qualitativen Fallstudie ist eine Teilpopulation der Teilnehmer*innen an dem ENABLE-AGE Survey. Die kriteriengestützte Stichprobenziehung erfolgte anhand der Surveydaten zu Geschlecht, sozio-ökonomischem Status, Muster gesellschaftlicher Teilhabe sowie Stadtteil mit der Zielsetzung maximaler Diversität der Studienteilnehmer*innen.

In der Gesamtschau veranschaulicht diese qualitative Fallstudie, wie diskontinuierliche Entwicklungen im hohen Alter im Zusammenspiel mit gesellschaftsstrukturellen Ausgrenzungsprozessen die Optionen der Studienteilnehmer*innen zur gesellschaftlichen Integration und Mitwirkung reduzieren. Es wird rekonstruiert, wie die Studienteilnehmer*innen ihre schrumpfenden Handlungsspielräume anhand von vier in den Daten identifizierten Dimensionen (räumlich, physisch, zeitlich, sozial) beschreiben und erklären. Die physische Dimension der schrumpfenden Handlungsspielräume umfasst körperlich-kognitive Einschränkungen, die räumliche Dimension die zugängliche physische Wohnumwelt, die soziale Dimension das verfügbare Spektrum an sozialen Berührungspunkten zum unmittelbaren sozialen Umfeld sowie weiteren gesellschaftlichen Sphären. Die zeitliche Dimension bezieht sich auf das Zeitbudget, das für Aktivitäten zum Erhalt der gesellschaftlichen Integration und Mitwirkung im Alltag zur Verfügung steht. Vor dem Hintergrund der schrumpfenden Handlungsspielräume wird außerdem nachgezeichnet, wie die Studienteilnehmer*innen ihren Alltag immer stärker in der unmittelbaren Wohnumwelt konzentrieren und sich deren Bedeutung als Lebensraum und zentrale Ressource für die Lebensqualität und Teilhabe verdichtet. Dabei verlagern sie, unterstützt von Telefon und Massenmedien, neben informellen auch formelle, an

---

2   Vgl. Naumann (2006) für eine ausführliche Beschreibung des methodischen Vorgehens in der qualitativen Tiefenstudie.

Institutionen gebundene Muster – zunehmend unsichtbar für die Öffentlichkeit – in die private, informelle Sphäre. Im Zuge dieses Prozesses bilden sie, neben aktiven, „nach außen" orientierten Mustern, zunehmend subtile, „nach innen" orientierte Muster gesellschaftlicher Integration und Mitwirkung. Diese Verlagerung der Muster ist eine aktive und kreative Anpassung der Studienteilnehmer*innen an die einschränkenden altersbezogenen und gesellschaftsstrukturellen ausgrenzenden Faktoren, die nicht auf eine unvermeidliche Begleiterscheinung des hohen Alters zu reduzieren ist (vgl. Schaubild 1).

Schaubild 1 Gesamtmodell der qualitativen Analyse zum Rückgang gesellschaftlicher Integration und Mitwirkung

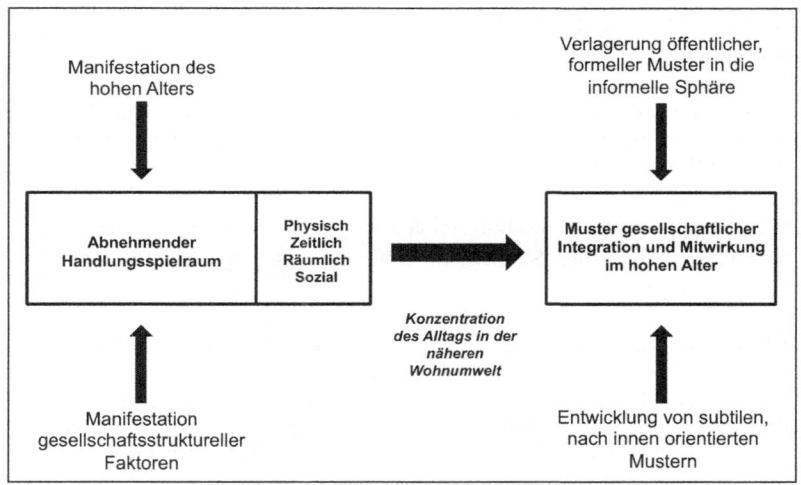

Quelle: Naumann 2006, S. 241

Nachfolgend werden die schrumpfenden Handlungsspielräume in den oben genannten Dimensionen beispielhaft veranschaulicht und mit ausgewählten Zitaten der Studienteilnehmer*innen belegt (vgl. Naumann 2006).

2.1 Abnehmende Handlungsspielräume zum Erhalt der gesellschaftlichen Integration und Mitwirkung

Anhand der auf der physischen Ebene schrumpfenden Handlungsspielräume wird rekonstruiert, wie das hohe Alter selbst mit funktionellen Einschränkungen und sensorischen Verlusten das Aktivitätenspektrum der Studienteilnehmer*innen einschränkt. Im Zuge dieses Prozesses entwickeln die Studienteilnehmer*innen existentielle Ängste und Unsicherheiten, die als eine Art von „Unterton" auf vielschichtige Weise in ihrem Alltag aufscheinen. In der Folge verschieben die Studienteilnehmer*innen ihre Prioritäten bei der Auswahl und Bewertung ihrer Alltagsaktivitäten und weisen dem Erhalt der Identität und Autonomie oberste Priorität zu. Es wird deutlich, wie die in dieser Lebensphase entstehende existentielle Verunsicherung durch eine nicht bedarfsgerechte Wohnumwelt zusätzlich verschärft wird:

> Ja, also so behende kann ich die Treppe nicht mehr hoch rennen, nicht, Stufe für Stufe halt. Ich stehe halt jetzt auch vor der Alternative, wie das weitergeht. Eines Tages muss ich kapitulieren. Was kommt dann? (Naumann 2006, S. 95)

Darüber hinaus erscheint das hohe Alter selbst als Barriere, verfügbare Angebote zu nutzen, wenn sich einige Studienteilnehmer*innen selbst von den „Jungen Alten" im Quartier abgrenzen:

> Ich kenne eine, die ist ins Augustinum gegangen, na ja, die ist 76, ich bin 89, die will noch was haben im Leben, das brächte ich im Leben nicht fertig. […] ja was soll ich mir noch gut gehen lassen. Ich meine, die ist noch rüstig, die kann in die Stadt runter, die kann noch alles mitmachen. Es sind ja so viele Angebote, auch da in den Heimen […]. Aber man kann es doch nicht mehr mitmachen. Man kann nicht mehr so gehen und dann sieht man nicht. (Naumann 2006, S. 89)

In der zeitlichen Dimension der schrumpfenden Handlungsspielräume wird nachvollzogen, wie sich das Zeitbudget im Alltag der Studienteilnehmer*innen verändert und wieviel Zeit für mögliche Aktivitäten für den Erhalt der gesellschaftlichen Integration und Mitwirkung übrig bleibt. Beim Zeitbudget differenzieren die Studienteilnehmer*innen zwischen einer alltäglichen und existentiellen Ebene. Auf der alltäglichen Ebene hat für die Studienteilnehmer*innen Priorität, bei der Bewältigung alltäglicher Aufgaben stets genügend Zeit zu haben, weswegen sie aufgrund schwankender Tagesform häufige feste oder regelmäßige Termine ablehnen:

Nicht festlegen, nein, nicht festlegen. Weil, die sind ja alle, sind auch 80 Jahre, auch mit 85 Jahren. Das ist ja klar, dass die nicht mehr so können. Die eine kommt sogar mit dem Wägelche gefahren. (Naumann 2006, S. 98)

Dabei beschreiben die Studienteilnehmer*innen die Akzeptanz des steigenden Zeit- und Kraftaufwandes, die Vermeidung von Zeitdruck und fixen Terminen, um mit Muße und Geduld Aktivitäten durchführen zu können, als Ergebnis eines häufig von Unfällen und Frustrationen begleiteten Lernprozesses beim Übergang ins hohe Alter und als einen wichtigen Faktor der Lebensqualität.

Auf der existentiellen Ebene des Zeitbudgets reflektieren die Studienteilnehmer*innen, was sie in ihrer verbleibenden Lebenszeit noch erledigen wollen und passen entsprechend ihre Prioritäten und Interessen an. Das Sichten und Ordnen des Besitzes und das Beenden von alltäglichen und übergeordneten Projekten wird zu einem wichtigen Bestandteil der zentralen Bestrebung, Autonomie und Identität zu bewahren:

> Das ist alles vorbei und gelebt. Ich schaue nur vorwärts, und bin froh, wenn ich jeden Tag aufstehen kann (Pause). Ich nehme mir jeden Tag was vor, das muss gemacht werden. Und wenn ich als mal öfters da liege, und dann mache ich es auch abends um zehn Uhr noch. Denn am anderen Morgen kann ich vielleicht nicht mehr da sein, und dann steht das Geschirr rum, und dann ist bei mir (Pause), und bei mir muss aufgeräumt sein, so wie mein ganzes Leben war. (Naumann 2006, S. 102)

Wie groß das Zeitbudget auf der alltäglichen und auch existentiellen Ebene ist, hängt aus Sicht der Studienteilnehmer*innen auch von der Verfügbarkeit und Akzeptanz von Hilfe und Unterstützung bei der selbstständigen Lebensführung ab. Dabei diskutieren die Studienteilnehmer*innen die Bereitschaft, Aufgaben abzugeben und sich helfen zu lassen vor dem Hintergrund unterschiedlicher Altersbilder und einer intuitiven Version des Leitbildes des „Aktiven Alters" kontrovers. Außerdem wägen sie die Kompromisse hinsichtlich Autonomie und Identität, die die Inanspruchnahme von Unterstützung im Alltag erfordern, ab. Während die eine Studienteilnehmer*innen disziplinierte Selbständigkeit als wichtigen Faktor des „Aktiven Alterns" hochhält: *„aber durch Angebote, wie Essen auf Rädern, das ist sicher für manche ältere Menschen gut, aber es ist auch eine Verführung zum Stumpfsinn* (Naumann 2006, S. 111), vertritt die andere die Position, dass es im Altersprozess gerade darauf ankomme, sich flexibel an die Veränderungen anzupassen, eigene Grenzen zu erkennen und sich nicht selbst zu gefährden:

> Im Kopf habe ich das alles, aber ich habe so viel Lehrgeld gezahlt, dass ich dann vom Stuhl gefallen bin, oder so irgendwas, und so lasse ich es im Kopf, und nehme jemand, der mir das dann wegmacht. […] Ich mache immer so weit, wie ich kann. Und wenn

> ich eben nicht, wenn ich müde werde, dann höre ich auf. [...] ich überfordere mich nicht mehr (Pause) In kleinen Schritten, das ist das Beste.

Zumal zu viel Erwartungen an einen selbst die Lebensqualität beeinträchtigen kann:

> [...] Also wenn man sich (betont) alles, alles (Pause) nicht erlaubt, (.) dann kann man sich gleich den Sarg bestellen, dann geht man auch innerlich, die ganze Konstitution geht weg. (Pause) Man kann dann nicht mehr (Pause). (Naumann 2006, S. 112)

Neben der grundsätzlichen Diskussion, inwiefern bestehende Unterstützungsangebote geeignet und mit den individuellen Vorstellungen einer autonomen Lebensführung und Identität einer selbständigen Person vereinbar sind, finden sich in den Daten reichhaltige Beispiele für die ausgrenzenden Folgen nicht bedarfsgerechter wohlfahrtstaatlicher Hilfe und Unterstützungsstrukturen und einer nicht alternsgerechten Quartiersgestaltung und öffentlichen Infrastruktur, einschließlich öffentlicher Verkehrsmittel. Gerade anhand der zeitlichen Dimension schrumpfender Handlungsspielräume wird besonders deutlich sichtbar, wie eng die Beschaffenheit der Wohnumwelt und des Quartiers mit den Möglichkeiten der selbständigen Lebensführung und gesellschaftlichen Integration und Mitwirkung verwoben sind.

In der räumlichen Dimension schrumpfender Handlungsspielräume beschreiben die Studienteilnehmer*innen, wie sich ihre Optionen für den Erhalt der gesellschaftlichen Integration und Mitwirkung aufgrund von alternsbezogenen Mobilitätseinschränkungen, sensorischen Einbußen und zusätzlichen existenziellen Unsicherheiten und Ängsten weiter vermindern. Das Zuhause erscheint zunehmend als sicherer Rückzugsort in einem zunehmend beschwerlichen, von brüchiger Selbständigkeit geprägten Alltag:

> Aber an sich bin ich eigentlich am liebsten zu Hause. Zumindest freut man sich immer, wenn man wieder nach Hause kommt. Schlaf nicht mehr gern in fremden Betten und es ist alles auch ein bisschen schwieriger. (Naumann 2006, S. 123)

Dazu hängt das Spektrum verfügbarer Optionen elementar von der individuellen Person-Umwelt-Passung, der Beschaffenheit des Wohnumfeldes, einschließlich Infrastruktur und Technik sowie den Angeboten für die außerhäusliche Mobilität ab. Die Aufgabe des Auto- und Radfahrens, die Angst vor Stürzen und generell außerhäuslicher Mobilität in der Dunkelheit und die abnehmende Reisefähigkeit beschränken die Möglichkeiten der Studienteilnehmer*innen empfindlich. Im Bereich der außerhäuslichen Mobilität zeichnen sich massive Unterstützungslücken und Mängel der Quartiersgestaltung ab.

In der sozialen Dimension der schrumpfenden Handlungsspielräume gehen mit gehäuft auftretenden Verlusten von sozialen Bezugspersonen vielschichtige Verluste von Berührungspunkten mit der sozialen Umwelt einher. Diese führen zu komplexen Entfremdungsprozessen der Studienteilnehmer*innen von der unmittelbaren und weiteren gesellschaftlichen Umwelt. Denn diese Prozesse sind aufgrund des vielschichtigen und fein verwobenen Zusammenspiels von altersbezogenen Verlusten von Lebenspartner*innen, Familienangehörigen, Freundschaften, Nachbarn, informellen Freizeitgruppen, bürgerschaftlichem Engagement sowie beruflichen Kontakten und gesellschaftsstrukturellen Ausgrenzungsprozessen, wie eingeschränkte Mobilität aufgrund nicht bedarfsgerechter Wohnumfeldgestaltung und unzureichenden Zugang und Versorgung mit gesellschaftsstrukturellen Unterstützungsangeboten sowie vielschichtigen gesellschaftlichen Diskriminierungsprozessen, für die Studienteilnehmer*innen schwer zu kompensieren. Im Zuge dieses Prozesses verlieren sie nicht nur vielfältige Berührungspunkte zu verschiedenen gesellschaftlichen Sphären, sondern werden zunehmend in der Öffentlichkeit weniger sichtbar, weil sie gleichzeitig vormals von ihnen im öffentlichen Raum besetzte Nischen, wie z. B. Treffpunkte im Park, in Cafés oder in Kulturbetrieben aufgeben.

Zudem beschreiben die Studienteilnehmer*innen Entfremdungsprozesse innerhalb der eigenen Altersgruppe, zu den jüngeren Generationen, den gesellschaftlichen Institutionen, dem Kulturbetrieb und der Gegenwartsgesellschaft an sich, deren Normen, Umgangsformen und Alltagstempo sie irritieren können. Dies erleben sie umso pointierter, je mehr sie mit dem Verlust zentraler Bezugspersonen auch ihr soziales Milieu verlieren, in dem sie mit anderen ihre Werte und Überzeugungen teilen konnten. Zusätzlich fühlen sie sich von der sozialen Umwelt pauschal der negativ stereotypisierten Gruppe der Alten zugeordnet, mit der sie erst einmal nicht viele Berührungspunkte spüren. Folgende Studienteilnehmer*innen bringt mit ihrer Erklärung, warum sie eine Seniorenakademie nicht mehr besucht, die Haltung vieler anderer Studienteilnehmer*innen auf den Punkt:

> Nur, nur, zu Alten nicht. Das will ich ihnen sagen, warum […]. Wenn ich fort bin, dann habe ich immer meine ganzen Leiden ins Eck geworfen, und (Pause) (betont) nur von Krankheiten, die meisten Älteren können nur sich in ihren Krankheiten (Pause) also fassen. Und (Pause) dann, ja ich habe also Pause), und dann war ich, das habe ich gern gemacht, manchen mit auf die Toilette geholfen, aber ich habe nicht die Toiletten alle rennen können, ich war ja auch noch schon behindert mit meinem, und das war mir zu viel. (Naumann 2006, S. 138)

Diese vielschichtigen Entfremdungsprozesse werden durch eine eingeschränkte außerhäusliche Mobilität und sensorische Einbußen im Sehen und Hören weiter verschärft:

> Eine der größten Einschränkungen ist, dass ich schwerhörig bin. Ich kann sie jetzt gut verstehen, weil keine Nebengeräusche da sind, sie sitzen mir direkt gegenüber, und ich verstehe auch, was sie artikulieren [...] Aber (Pause) ich versage häufig am Telefon, (Pause) ja wenn Leute anrufen, die ich nicht kenne [...] Das passiert mir öfters, so dass ich es lieber habe, wenn andere zum Telefon gehen (betont) und auch für mich Telefongespräche führen. [...] ich selber traue mich auch manchmal nicht, Leute anzurufen, die ich auch kenne. (Naumann 2006, S. 151)

Die kurz umrissenen komplexen Entfremdungsprozesse im Zuge des hohen Alters interagieren mit vielfältigen gesellschaftsstrukturell geformten Ausgrenzungsprozessen im Alltag der Studienteilnehmer*innen. Neben gesellschaftlichen negativen Altersstereotypen und dem Pflegeheim als Inbegriff gesellschaftlicher Ausgrenzung und Marginalisierung alter Menschen stehen hier besonders die nicht bedarfsgerechte Quartiersgestaltung und die Technisierung der Alltagswelt im Vordergrund:

> Aber wissen sie, mit den ganzen Automaten, man kommt nicht mehr zurecht. [...] Also ich meine, ich kann mein Geld noch holen und kann es auch ausgeben (lacht). (Pause) Das funktioniert noch. Aber an (Pause) den Geldautomaten gehe ich nicht, verstehen Sie, ich will mein Geld da bar haben und da nicht an den Dings. Meine Geheimnummer, die tue ich immer gleich weg. (Pause.) (unverständlich), wenn so Sachen sind irgendwie, das macht mein Sohn. (Naumann 2006, S. 156)

Auch in stadtplanerischen Maßnahmen und der Quartiersentwicklung berichten Studienteilnehmer*innen, wie ihre Anforderungen und Bedürfnisse übergangen werden. Folgende Studienteilnehmer*innen beschreibt, wie die Anwohner in ihrem Stadtteil den Bau eines Einkaufscenters verhindert haben und dabei die Situation der alten Bewohner*innen übersehen, da in diesem Stadtteil weder eine ausreichende Infrastruktur noch eine bedarfsgerechte Anbindung mit Personennahverkehr existiert:

> Und die Anwohner, die haben sich dagegen aufgelehnt. Sie möchten keinen Lärm und keinen Krach, wenn dann die Autos ankommen und so weiter. Ist das nicht blöd? Und ich habe zuerst gedacht, Kaufleute! da ist dann nur ein Bäcker, die zehn Minuten bis da zu dem Bäcker, das, muss ich ihnen ehrlich sagen, das strengt mich schon an. (Naumann 2006, S. 156)

In der Gesamtschau beschreiben die Studienteilnehmer*innen, wie sich ihre Handlungsspielräume für die Gestaltung der gesellschaftlichen Integration und Mitwirkung in physischen, zeitlichen, räumlichen und sozialen Dimensionen verkleinern und sie deswegen den Alltag in ihrer näheren Wohnumwelt konzentrieren (müssen). Dabei wurde exemplarisch nachgezeichnet, dass dieser „Rückzug" in die Wohnumwelt nicht allein eine aktive und kreative Anpassung an unvermeidliche

Begleiterscheinungen des hohen Alters, sondern auch auf vielschichtige gesellschaftsstrukturelle Ausgrenzungsprozesse und Versorgungslücken zurückzuführen ist.

Schaubild 2 Zusammenfassung der qualitativen Datenanalyse zur Erklärung des Rückgangs gesellschaftlicher Integration und Mitwirkung

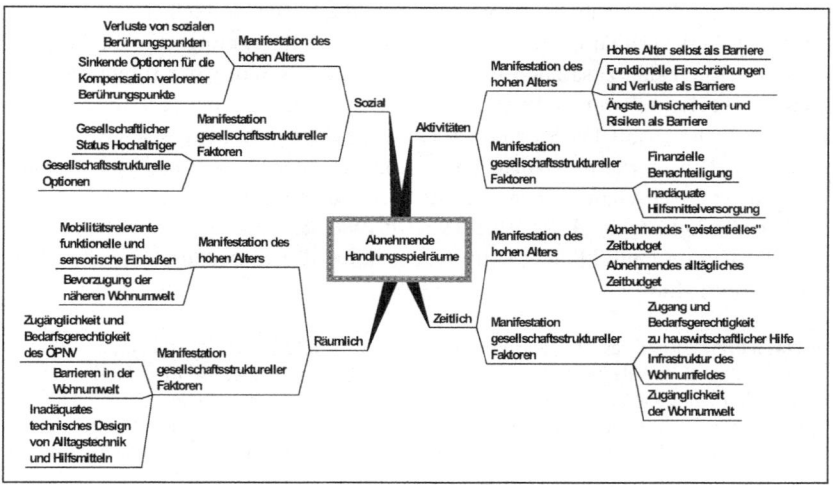

Quelle: Naumann 2006, S. 179

2.2 Verschiebung der Muster gesellschaftlicher Integration und Mitwirkung

Im Folgenden werden die Ergebnisse der Exploration der Muster gesellschaftlicher Integration und Mitwirkung beispielhaft vorgestellt. Dabei wird zwischen aktiven, „nach außen" orientierten und subtilen, „nach innen" orientierten Dimensionen differenziert.

In der aktiv „nach außen" gerichteten Dimension gesellschaftlicher Integration bleiben die Studienteilnehmer*innen über formelle, an Institutionen gebundene, und informelle Berührungspunkte aus dem privaten sozialen Umfeld mit der Gesellschaft verbunden. Dabei ziehen sich die Studienteilnehmer*innen tendenziell aus formal organisierten gesellschaftlichen Bereichen, wie dem Erwerbsleben und bürgerschaftlichem Engagement, zurück und bleiben aber teilweise auf informellen

Wegen mit diesen gesellschaftlichen Bereichen im Kontakt, wie in diesem Beispiel die Fortsetzung der Kontakte aus einer Freizeitgruppe übers Telefon:

> Wir kommen immer so [...], oder tun am Telefon miteinander sprechen. Da wird geklatscht und gebabbelt. Dann bin ich wieder froh. (Naumann 2006, S. 183)

Neben der gesellschaftlichen Integration über die Pflege (verbleibender) Freundschaftsnetzwerke primär übers Telefon und flüchtigen Begegnungen im öffentlichen Raum zeichnen sich zusätzlich subtile Muster gesellschaftlicher Integration im Quartier ab. Hier scheint die Verbundenheit zur Gesellschaft über geteilte Normen und Konventionen auf. Die Studienteilnehmer*innen beschreiben, wie sie sich über gesellschaftlich anerkannte Normen und Konventionen weiterhin als vollwertiges Mitglied der Gesellschaft erleben. Dies gilt besonders für die gesellschaftliche Norm der Selbständigkeit, der „busy ethic" (Ekerdt 1986) und der Reziprozität, die letztlich alle auch im Leitbild der „Aktiven Alters und der „Sorgenden Gemeinschaft subsummiert sind:

> Das ist reine Energiesache. Das kommt auf die Einstellung des Menschen an, ob er noch (Pause) Freude am Leben hat, oder ob er labil wird. Und wenn er labil wird, dann kann er gleich zumachen, kann er gleich das Kreuzchen bestellen. Aber ich beschäftige mich mit allen möglichen Dingen, (Pause) ich bin (Pause) immer beschäftigt mit meinen Hobbys, deren viele ich habe. Und (Pause) ich gehe auch mal da hin und gehe mal dort hin. (Naumann 2006, S. 194)

Neben der Hervorhebung der aktiven Gestaltung des Alltags entsprechend zu ihrer intuitiven Variante des „Aktiven Alters" betonen die Studienteilnehmer*innen, wie sie auf die Reziprozität in ihren sozialen Beziehungen, oder die Balance von Sorge-Geben und Sorge-Empfangen achten, nicht zuletzt, um sich von negativ besetzten Altersstereotypen abzusetzen:

> Ich glaube, dass ich schon zehn Jahre bald mit der Nachbarin da fahre. [...] Die ist froh, wenn ich mitfahre, die ist so klein, die kann nicht rauflangen, an den Kühltruhen nicht runter (lacht). (Naumann 2006, S. 194)

Zusätzlich erleben manche Studienteilnehmer*innen über das Eintauchen in die lebendige Atmosphäre im Stadtteil oder über den gezielten Medienkonsum soziale Verbundenheit, wie im Falle dieser seh- und gehbehinderten, hausgebundenen Studienteilnehmerin:

> Und die Nachbarn, wenn die Kinder da unten zwitschern, da freue ich mich auch. Da
> drüben, die trillern da auch, da freue ich mich, wenn ein bisschen Leben da ist, weil in
> der Umgebung, da sind mehr alte Leute jetzt schon gestorben. (Naumann 2006, S. 195)

Auch die Muster aktiver Mitwirkung scheinen sich weg von formalen, wie Organisationen oder Vereine gebundene Aktivitäten hin zu informellen, privat organisierten und unregelmäßigen (Freizeit-)Aktivitäten zu verlagern, wie informelle Freizeitgruppen, seniorenspezifische Angebote, kulturelles Engagement oder die Inanspruchnahme Öffentlicher Verkehrsmittel für Tagesausflüge:

> Einmal im Monat ist Klassentreffen. Schon seit 40 Jahren treffen wir uns jeden Monat
> einmal im Luisenpark [...]. Jetzt sind wir noch zu acht [...] ich freue mich da immer,
> wenn wir uns treffen. Obwohl, wenn wir dann drei Stunden zusammensitzen, das
> reicht dann. Jeder hat seine Krankheiten erzählt und seine viele Arbeit und der Stress
> und so (lacht). (Naumann 2006, S. 197)

Mit Blick auf produktive Beiträge zum Gemeinwesen, berichten die Studienteilnehmer*innen von vielfältigen Aktivitäten jenseits von formellen Formen des freiwilligen Engagements, wie zum Beispiel die konkrete Unterstützung anderer Personen, die Weitergabe von Erfahrungswissen und Spenden oder die Betreuung von stark eingeschränkten Personen aus ihrem Umfeld – ganz im Sinne des im 7. Altenbericht beschriebenen Kontinuums von Sorge-Geben und Sorge-Empfangen über den Lebensverlauf. Eine Studienteilnehmer*innen gibt ein interessantes Beispiel für die produktive Verlagerung ehemals formeller Muster gesellschaftlicher Mitwirkung in den privaten Nahbereich. Nachdem sie ihre aktive Mitgliedschaft im Chor aufgeben musste, hat sie mit anderen ehemaligen Chormitgliedern eine hocheffiziente Telefonkette zur wechselseitigen Unterstützung aufgebaut:

> Wir helfen uns halt immer gegenseitig, auch wenn wir uns bloß mit Worten helfen. Das
> sollte man nicht für möglich halten, das ist aber wahr [...] einmal bin ich hergegangen
> und hab den gleich angerufen, hab ich gesagt, hör einmal, sei so gut und gehe zur F.,
> da stimmt irgendwas nicht. Ah, sagt er, ich ziehe mich gleich an, ich nehme mir ein
> Taxi und fahre zu ihr. Dann hat er sie ins Krankenhaus gebracht, sonst würde sie
> nicht mehr leben. (Naumann 2006, S. 204)

Auf einer subtileren Ebene der gesellschaftlichen Mitwirkung beschreiben die Studienteilnehmer*innen, wie sie über das Eintauchen in Erinnerungen oder mit gezieltem Medienkonsum den Verlust von Mustern gesellschaftlicher Mitwirkung kompensieren. Bei diesen nostalgischen Aspekten gesellschaftlicher Mitwirkung spielt häufig die symbolische Bedeutung des Zuhauses eine entscheidende Rolle. Da viele Studienteilnehmer*innen schon seit Jahrzehnten in ihrem Zuhause leben, symbolisiert die Wohnumwelt ihre Biographie und Erinnerungen, weswegen für viele ein Umzug nicht in Frage kommt:

> Ich denke halt dran wie schön war das immer, ich könnte Ihnen Bilder zeigen. Wenn wir Fasching gefeiert haben, da in der Ecke, da saßen wir alle, was wir da für Sprüche gemacht haben. Das Zimmer voll. Ach, war das schön gewesen, sehr schön. [...] da war immer was los gewesen. Und das ist so still jetzt alles. (Naumann 2006, S. 210)

Die beispielhaft dargestellte Exploration der Verschiebung der Muster der gesellschaftlichen Integration und Mitwirkung weist darauf hin, dass die Unterstützungsangebote für diese schwer erreichbare Zielgruppe weniger als formale regelmäßige Angebote, sondern eher in Form einer möglichst bedarfsgerechten, unterstützenden Gestaltung der Wohnumwelt und des Quartiers, einschließlich entsprechender Entlastungsangebote im Alltag vielversprechend erscheinen. Diese Maßnahmen würden vor allem darauf abzielen, die Handlungsspielräume der hochaltrigen Menschen in ihrem Alltag trotz vielfältiger Verluste in dieser Lebensphase möglichst weitgehend zu erhalten. Dies würde ihnen erlauben, im Rahmen ihrer Möglichkeiten, die gesellschaftliche Integration und Mitwirkung entsprechend zu ihren Wünschen aktiv und kreativ zu gestalten.

3 Diskussion und Fazit

Die zu Beginn dieses Beitrags aufgeworfenen Fragen nach der Partizipation hochaltriger Menschen an quartiersbasierten Maßnahmen zur Umsetzung der Leitbilder des „Aktiven Alterns" und der „Sorgenden Gemeinschaft" sind anhand der Ergebnisse der kursorisch dargestellten Fallstudie nicht direkt zu beantworten. Dennoch verdeutlicht die Fallstudie, wie komplex die Anforderungen an die Soziale Arbeit im Gemeinwesen sind, die Teilhabe dieser von Isolation und Ausgrenzung bedrohten Personengruppe zu unterstützen. Die Ergebnisse verweisen ferner darauf, dass die Teilhabechancen dieser Zielgruppe weniger vom Ausbau entsprechender Angebote zum bürgerschaftlichen Engagement als von der gezielten Unterstützung der sozial-räumlichen Umweltpräferenzen bzw. -merkmale hochaltriger Menschen, wie Erreichbarkeit und Zugänglichkeit, Sicherheit, Vertrautheit, Unterstützung, Anregung und Stimulierung, Orientierung und Umweltkontrolle abzuhängen scheinen (vgl. Wahl/Iwarsson/Oswald 2012; Sixsmith et al 2014). Gerade wegen der vielfältigen Vulnerabilitäten und gleichzeitigen vielschichtigen Anpassungsfähigkeiten Hochaltriger, nicht nur an alternsbezogene Verluste, sondern auch an unterschiedlichste Formen gesellschaftsstrukturell geformter Ausgrenzungsprozesse, sollte die Soziale Arbeit im Gemeinwesen besonders auf die lebensweltliche Unterstützung der selbstständigen Lebensführung und der alternsgerechten Quartiersentwicklung abzielen.

Denn, wie die Fallstudie verdeutlicht, sind in dieser Zielgruppe die Möglichkeiten der Teilhabe eng und vielschichtig mit der selbstständigen Lebensführung im Quartier verwoben. Aktuell diskutierte alternative Ansätze wie quartiersbasierte alternative Wohnkonzepte mit entsprechenden Optionen des verstärkten bürgerschaftlichen Engagements scheinen hingegen weniger an die Prioritäten und Interessen der in dieser Fallstudie vorgestellten Personengruppe anzuknüpfen. Entsprechend fragwürdig erscheint, inwiefern hochaltrige Menschen am anvisierten Ausbau der Strukturen des bürgerschaftlichen Engagements als Schlüsselkonzept des „aktiven Alterns" und „Aufbau sorgender Gemeinschaften" im Quartier partizipieren werden.

Umso wichtiger erscheint die Herausforderung auch an die Soziale Arbeit, in quartiersbasierten psychosozialen Beratungsangeboten und ganzheitlich ausgelegter Pflegeberatung nach SGB XI §7a die existenziellen Bedürfnisse Hochaltriger zum Erhalt von Autonomie und Identität – auch vor dem Hintergrund nach wie vor existierender negativer oder zumindest ambivalenter Altersbilder – lebensweltlich zu unterstützen.

Entsprechend besteht die Herausforderung der Sozialen Arbeit im Gemeinwesen, für die besondere Vulnerabilität für gesellschaftsstrukturell geformte Ausgrenzungsprozesse dieser Zielgruppe zu sensibilisieren und im Sinne des Empowerments für die Anforderungen hochaltriger Menschen an eine alten- und damit auch generationengerechte Gestaltung des Quartiers sowie der lokalen Unterstützungsstrukturen zu vertreten und gleichzeitig ihren mehr oder weniger subtilen produktiven Beitrag zum Leben im Quartier, ganz im Sinne des im 7. Altenberichts formulierten Kontinuums des Sorge-Gebens und Sorge-Empfangens über den Lebensverlauf hinweg (vgl. Berner/Hagen 2015) zu vermitteln.

Literatur

Aner, Kirstin/Karl, Fred/Rosenmayr, Leopold (Hrsg.) (2007): *Die Neuen Alten – die Retter der Sozialen?* Wiesbaden: VS.

Aner, Kirsten (2012): Soziale Altenhilfe als Aufgabe Sozialer Arbeit. In: Aner, Kirstin/Karl, Ute (Hrsg.): *Handbuch Soziale Arbeit und Alter*, S. 33-50. Wiesbaden: VS.

Berner, Frank/Hagen, Christine (2015): Herausforderungen einer lokalen Politik für Ältere. In: *Pro Alter 6*. Köln: Kuratorium Deutsche Altershilfe.

Baltes, Margret/Carstensen, Laura (2003): The process of successful aging: Selection, optimization, and compensation. In: Staudinger, Ursula/Lindenberger, Ulman (Hrsg.): *Understanding human development: Dialogues with lifespan psychology*, S. 81-104. Dordrecht: Kluwer.

Boudiny, Kim (2013): Active Ageing: From empty rhetoric to effective policy tool. In: *Ageing & Society*, 33, S. 1077-1098.

Ekerdt, David, J. (1986): The busy ethic: Moral Continuity between Work and Retirement. In: *The Gerontologist*, 26 (3), S. 239-244.

Hank, Karsten/Erlinghagen, Marcel (2010): Volunteering in Old Europe. In: *Journal of Applied Gerontology*, 29, S. 3-20.

Heite, Elisabeth/Rüßler, Harald/Stiel, Janina (2015): Alter(n) und partizipative Quartiersentwicklung. In: *Zeitschrift für Gerontologie und Geriatrie*, 48 (5), S. 415-425.

Iwarsson, Susanne/Wahl, Hans-Werner (2004): Housing and healthy aging: Findings of the Enable-age project. In: *Gerontologist*, 44, S. 331-332.

Karl, Fred (2012): Zugehende Altenarbeit. In: Wahl, Hans-Werner/Tesch-Römer, Clemens/Ziegelmann, Jochen Phillip (Hrsg.): *Angewandte Gerontologie. Interventionen für ein gutes Altern in 100 Schlüsselbegriffen*. Stuttgart: Kohlhammer.

Klie, Thomas (2015): Wege in die sorgende Gesellschaft? In: *Der Bürger im Staat*, 65, 2/3, S. 68-76.

Klie, Thomas (2013): Die Debatten um freiwilliges Engagement in der Pflege. In: Zentrum für Qualität in der Pflege (Hrsg.): *Freiwilliges Engagement im pflegerischen Versorgungsmix*, S. 98-106. Berlin: ZQP.

Kricheldorff, Cornelia (2015): Altern im Gemeinwesen aus sozialgerontologischer Perspektive. In: van Rießen, Anne/Bleck, Christian/Knopp Reinhold (Hrsg.): *Sozialer Raum und Alter(n). Zugänge, Verläufe und Übergänge sozialräumlicher Handlungsforschung*, S. 15-30. Wiesbaden: Springer VS.

Kricheldorff, Cornelia (2014): Altern und Soziale Arbeit. In: Becker, Stefanie/Brandenburg, Hermann (Hrsg.): *Lehrbuch Gerontologie. Gerontologisches Fachwissen für Pflege- und Sozialberufe*. Bern: Huber.

Kricheldorff, Cornelia/Oswald, Frank (2015): Editorial: Gelingendes Altern im Sozialraum und Quartier. In: *Zeitschrift für Gerontologie und Geriatrie*, 48 (5), S. 399-400.

Kricheldorff, Cornelia/Klott, Stefanie/Konopik, Nadine (2015): Sorgende Kommunen und Lokale Verantwortungsgemeinschaften. Modellhafte Ansätze zur Sicherung von gelingendem Altern und Pflege im Quartier. In: *Zeitschrift für Gerontologie und Geriatrie*, 48 (5), S. 399-400.

Kruse, Andreas (2012): *Active Ageing. Solidarity and Responsibility in an Ageing Society*. Wien: ces.

Lindenberger, Ulman/Smith, Jaqui/Mayer, Karl Ulrich/Baltes, Paul (Hrsg.) (2010): *Die Berliner Altersstudie*. 3. erweiterte Aufl. Berlin: Akademie Verlag.

Naumann, Dörte (2006): *Die gesellschaftliche Integration und Mitwirkung im Kontext des hohen Alters*. Dissertation. Heidelberg: Universitätsbibliothek. http://nbn-resolving.de/urn/resolver.pl?urn=urn:nbn:de:bsz:16-opus-65736.

Nowossadeck, Sonja/Vogel, Claudia (2013): *Aktives Altern: Erwerbstätigkeit und Freiwilliges Engagement*. Report Altersdaten 2/2013. Berlin: Deutsches Zentrum für Altersfragen.

Oswald, Frank/Konopik, Nadine (2015): Bedeutung von außerhäuslichen Aktivitäten, Nachbarschaft und Stadtteilidentifikation für das Wohlbefinden im Alter. In: *Zeitschrift für Gerontologie und Geriatrie*, 48 (5), S. 401-407.

Rüßler, Harald/Stiel, Janina (2014): Partizipation wie Ältere sie sehen. In: van Rießen, Anne/Bleck, Christian/Knopp Reinhold (Hrsg.): *Sozialer Raum und Alter(n). Zugänge, Verläufe und Übergänge sozialräumlicher Handlungsforschung*, S. 157-183. Wiesbaden: Springer VS.

Sixsmith, u. a. (2014): Healthy ageing and home: The perspectives of very old people in five European countries. In: *Social Science & Medicine* 106, S. 1-9.

Strauss, Anselm L./Corbin, Juliet (1998): *Basics of qualitative research. Techniques and procedures for developing grounded theory*, 2. Aufl. Newbury Park, CA: Sage.

Strube, Anke/König, Jana/Hanesch, Walter. (2014): Partizipations- und Teilhabeprozesse benachteiligter älterer Menschen fördern, begleiten und (mit)gestalten. In: van Rießen, Anne/Bleck, Christian/Knopp Reinhold (Hrsg.): *Sozialer Raum und Alter(n). Zugänge, Verläufe und Übergänge sozialräumlicher Handlungsforschung*, S. 185-205. Wiesbaden: Springer VS.

Van Dyk, Silke (2015): *Soziologie des Alters*. Bielefeld: transcript.

Van Dyk, Silke (2014): Die neuen Aktivbürger von nebenan? Die wohlfahrtstaatliche Vergesellschaftung des höheren Lebensalters und die Entdeckung des Sozialraums. In: van Rießen, Anne/Bleck, Christian/Knopp Reinhold (Hrsg.): *Sozialer Raum und Alter(n). Zugänge, Verläufe und Übergänge sozialräumlicher Handlungsforschung*, S. 31-51. Wiesbaden: Springer VS.

Van Rießen, Anne/Bleck, Christian/Knopp, Reinhold (Hrsg.) (2015): *Sozialer Raum und Alter(n). Zugänge, Verläufe und Übergänge sozialräumlicher Handlungsforschung*. Wiesbaden: Springer VS.

Vogel, Claudia/Nowsssadeck, Sonja (2015): Aktives Altern und freiwilliges Engagement. In: *Der Bürger im Staat*, 65, 2/3, S. 25-33.

Wahl, Hans-Werner/Iwarsson, Susanne/Oswald, Frank (2012): Aging well and the environment: Toward an integrative model and research agenda for the future. In: *The Gerontologist*, 52 (3), S. 306-316. doi:10.1093/geront/gnr154.

Teil 5
Macht- und Wissensverhältnisse in Ausbildung und (Lohn-)Arbeit

Einleitung

Kerstin Rathgeb

In den Beiträgen zum Thema „Macht- und Wissensverhältnisse in Ausbildung und (Lohn-)Arbeit" geht es darum, die Profession der Sozialen Arbeit als Arbeitsbereich sowie dessen Ausbildungs- und Arbeitsbedingungen in den Blick zu nehmen. Die neoliberale Restrukturierung gesellschaftlicher Konfliktverhältnisse ist weitreichend in ihren Alltagsphänomenen wahrnehmbar. Die Folgen des in der Gesamteinleitung beschriebenen Politikwandels sind u. a. prekäre (Lohn-)Arbeitsverhältnisse und die Ökonomisierung von Bildungs- und Qualifizierungsverhältnissen, die wiederum soziale Ungleichheitsverhältnisse verstärken und reproduzieren, aber ebenso auch die Akademisierung sozialer Berufe im Zuge der Propagierung einer ‚Wissensgesellschaft'. Die Beiträge thematisieren die hier nach wie vor bestehenden, wenn nicht sogar aktualisierten Momente einer Klassen- und Geschlechterpolitik. Zu den in mehrfacher Hinsicht unter Druck geratenen Akteuren zählen auch die Hochschulen und Wissensinstitutionen, die bei der Generierung und Vermittlung von Wissensbeständen eine zentrale und herausragende Rolle spielen. Um diese Konfliktverhältnisse überhaupt sichtbar machen zu können, bedarf es einer Sozialen Arbeit, die wieder stärker aus einer Perspektive gesellschaftlicher Widersprüche forscht, die Zumutungen in (Aus-)Bildung und (Lohn-)Arbeit wieder als Konfliktverhältnisse in den Blick nimmt und mit den Adressat_innen zusammen gemeinsame Positionen entwickelt.

Diese Aufforderung, sich wieder der kritischen Wissensbestände zu erinnern, soll jedoch keinesfalls bedeuten, dass es ein Zuvor gab, das (insgesamt) ‚besser' war. Vielmehr zeigen ‚alte' (historische) Diskurse (bspw. über ‚Verstehen oder Kolonialisieren' oder über die Janusköpfigkeit Sozialer Arbeit), dass es immer wieder Stimmen und Bewegungen gab (bspw. die Zöglingsbewegung), die Kritik übten und weiterhin widerständiges Wissen und widerständige Praxen ein- und erforderten. So stellen sich uns nach wie vor die Fragen: Welche Veränderungen aktueller Politiken können aufgezeigt werden, welche Kritiken an Sozialer Arbeit gab und gibt es bzw. wie hat sich die Haltung in der Sozialen Arbeit dazu verändert? Hierbei gilt es, die unterschiedlichen Akteursperspektiven und -lagen zu differenzieren. Wie werden diese Veränderungen betrachtet, bewertet und genutzt bzw. wie werden hier Widerstände (re-)produziert. Welche Subjektivierungen erzeugt dies, welche Selbstbilder und -entwürfe werden deutlich und was sagt das über den Wandel einer Politik der Verhältnisse und deren Transformation in eine Politik des Verhaltens aus? Welche Konflikte werden dabei wie relevant? Welches Ordnungsdenken schreibt sich in unsere Köpfe, gar in unsere Körper, in unsere Existenzweise ein?

In zwei Foren wurden auf dem Bundeskongress zunächst Lohnarbeitsverhältnisse und die therapeutisierende Bearbeitung dortiger Konfliktverhältnisse diskutiert und schließlich in der Auseinandersetzung mit den Arbeitsbedingungen in der Sozialen Arbeit und den unterschiedlichen Selbstverständnissen der Profession die Anpassungen und Widerstände thematisiert.

Im ersten Forum zu „Therapeutisierung von (Lohnarbeits-)Konflikten" referierte *Alexandra Rau* zu „Macht und Psyche in entgrenzten Arbeitsverhältnissen" und *Regina Brunnett* zum Thema „Von Arbeitskonflikten zum psychologischen Problem – wie Konzepte von Stress und Burnout das Verhältnis zu Arbeit transformieren". Konflikte und Kämpfe sind Bestandteile des Alltags der sozialen Arbeitswelt: Kämpfe um eine Verbesserung des Arbeitsalltags sowie um besseren Lohn sind zentral und wichtiger Bestandteil demokratischer Gesellschaften einerseits; andererseits kommen diese in einer neoliberalen Verwertungslogik zum Ausdruck, in die eine Politik des Verhaltens als Ordnungslogik eingeschrieben ist, in der selbst noch die Kritik vereinnahmt wird. Die Soziale Arbeit gilt einerseits als Garant für den Ausgleich der Kräfte und ein Gewährleisten des Ausgleichs unterschiedlicher Interessen. Andererseits hat die postfordistische Gesellschaft im Zuge der Globalisierung diese Einsicht gerne verdrängt und neoliberalen Denkweisen, dem fast blinden Vertrauen auf Wettbewerb und Regulierung durch den Markt, Platz gemacht. Die politische Kultur von Konflikten und Kämpfen als Form sozialer Beziehungen, als gesellschaftliche Strukturkämpfe wurden mit der neuen Form der Politik des Verhaltens zu individuellen Problemen der Erwerbstätigen bzw. der Erwerbslosen. *Regina Brunnett* macht deutlich, dass der Anspruch, Widersprüche zwischen Arbeit und Kapital zu transformieren und kollektiv zu regulieren, sich in hegemoniale Selbstbilder bzw. Selbstverhältnisse eingeschrieben hat. „Bio-psychologische Gesundheits- und Krankheitskonzepte", so *Regina Brunnett*, stehen sinnbildlich für diesen Wandel. Es geht nur noch am Rande um bessere Arbeitsbedingungen und Arbeitsschutz, die kollektiv durchgesetzt werden sollen. Vielmehr leidet jetzt der Einzelne an ‚Burnout & Co'. Wir sollen uns selbst regulieren, Selbstsorge betreiben, uns selbst steuern, um der Gesellschaft keinesfalls zur Last zu fallen. So sind wir angehalten, uns gesund und fit zu halten, uns gesund zu ernähren, Sport zu treiben, aber bitte nicht zu risikoreich und unfallträchtig. Gut digital vernetzt können wir individuell zugeschnittene Versicherungen erhalten und unsere Selbstregulierungskräfte von Experten unterstützen bzw. kontrollieren lassen. Alles, was nicht in die hegemoniale Norm, in den hegemonialen Diskurs passt, so Regina *Brunnett*, wird leicht zum pathologischen Fall. In unserem Selbstverständnis gestalten wir unser Selbstverhältnis bereits therapeutisch. Die Anzahl prekärer Arbeitsplätze in finanzieller Hinsicht, aber auch bezogen auf deren Anforderungen (zu verstehen als strukturelle Gängelungen) sind enorm angestiegen und verschärfen dadurch erneut die Prozesse der Entfremdung in der Arbeitswelt. Wenn die Anzahl der an „Depressionen" und an „Burn Out" Leidenden auf eine hohe diagnostizierte Zahl angestiegen ist, heißt dies auch, dass das Phänomen näher an uns heranrückt. Alle kennen jemanden mit dieser Diagnose, mit ernst zu nehmenden Symptomen. In der Arbeitswelt, so *Regina Brunnett*, muss für kranke Kolleg_innen eingesprungen und gleichzeitig soll Selbstsorge betrieben werden. Derartige Widersprüche führen zu weiteren Konflikten. In diesen Individualisierungsprozessen findet eine deutliche Entsolidarisierung statt.

Alexandra Rau verweist darauf, dass Entsolidarisierung ebenso in anderen Subjektivierungen stattfindet. Alle in der Sozialen Arbeit Tätige sind Teil einer großen und umfassenden „Psychopolitik". Eine wichtige Handlungsmaxime dieser Politik, um quasi präventiv dem „Staff burn-out" entgegenzuwirken, ist es an der richtigen Stelle ‚Grenzen zu setzen', Distanz zu halten, gegenüber den Klient_innen im Besonderen und gegenüber der Arbeit im Allgemeinen. Die allgemein (hegemonial?) diagnostizierte Zunahme der Belastungen bzw. der Belastungsstörungen wird durchaus auf die neoliberale Entgrenzung der Arbeit zurückgeführt und es wird von der Subjektivierung der Arbeit gesprochen. In dieser Strukturlogik macht dies die Individuen psychisch krank. Rau arbeitet der Logik von Foucaults „Wille zum Wissen" folgend heraus, dass das Verhältnis sich nicht allein durch die Ökonomie des Neoliberalismus erklären lässt, sondern sich darüber hinaus eine neue Machtform entwickelt hat, welche die Psyche zu ihrem zentralen Arbeitsgegenstand gemacht hat: Psychopolitik. Mit dieser Psychopolitik werden *Alexandra Rau* zufolge „Konfliktverhältnisse und gesellschaftliche Widersprüche als individuelle, psychische Unzulänglichkeiten deklariert". Das daraus entstehende Selbstverhältnis bewirkt, dass wir in diesem Verständnis diskutieren und dies wiederum „von den als defizitär markierten Individuen in der Regel" auch so empfunden wird bzw. wir uns, falls noch nicht markiert, davon bedroht sehen und uns dazu ins Verhältnis setzen müssen. Die Psyche dieser Psychopolitik ist Teil unserer Existenzweise geworden.

Im zweiten Forum wurde das Thema der Macht- und Wissensverhältnisse: „Zwischen Anpassung und Widerstand: Arbeitsbedingungen und Selbstverständnisse in der Sozialen Arbeit" diskutiert.

Ulrike Eichinger entschlüsselt in ihrem Beitrag, welche Handlungsfähigkeiten und Selbstentwürfe sich aus den Politiken des Verhaltens ergeben. Dabei hängt dies maßgeblich davon ab, wie sich die Subjekte soziale Räume aneignen und ihre Handlungs- und Gestaltungsmacht ausüben. Die politischen Veränderungen werden in der Kritik häufig ausschließlich negativ betrachtet im Sinne einer chronologischen bzw. dichotomen Logik, die leicht zur verkürzenden Annahme führt, in dem Sinne: zuvor sei alles besser gewesen. Dass dies mitnichten der Fall war, kann am deutlichsten sichtbar gemacht werden anhand damaliger Kritik, vorrangig aus der Profession am bestehenden Wohlfahrtsystem. Dies ermöglicht, die Kontinuitäten des Diskurses in den Blick zu nehmen. *Ulrike Eichinger* arbeitet aus der Perspektive kritischer Praxisforschung bzw. subjektwissenschaftlicher Professionsforschung, durch deren Weiterentwicklung Studierende und Beschäftigte der Sozialen Arbeit sich die daraus zu gewinnenden *„professionellen Möglichkeitsräume"* bewusstmachen können.

Schließlich ent-/be-steht auf der Grundlage eines aktivierenden Sozialstaates, so *Tilman Lutz,* auch die Möglichkeit, Subjekte in ihren Lebensverhältnissen ernst zu nehmen und als Akteure Sozialer Arbeit die Nutzenden darin zu unterstützen, gar zu befähigen, „selbstverantwortlich" zu handeln. Dies geschieht sicherlich oft mit dem pathetischen Einfordern der „Authentizität" und tut so, als hätten wir eine eindeutige, ungeachtet des Kontextes bestehende Identität. Die dabei erkennbaren Ambivalenzen oder gar Widersprüche, die zu diesem Idealbild bestehen, sind in Analysen der Anpassungsleistungen der Professionalisierungsmuster an die bestehenden gesellschaftlichen „Verhältnisse und Diskurse", erkundbar. So macht *Tilman Lutz* in seinem Beitrag Zwangs- und Disziplinierungsszenarien sichtbar und betrachtet sie im Kontext von Pathologisierung und Responsibilisierung.

Macht und Psyche in entgrenzten Arbeitsverhältnissen
Reflexionen zur Sozialen Arbeit im Kontext von Neoliberalismus und Psychopolitik

Alexandra Rau

Obgleich die Soziale Arbeit seit ihrer Entstehung immer um ihre Anerkennung als ernstzunehmende Profession bangt, so ist ihr eines doch nicht zu nehmen: In Sachen Burn-Out ist sie Pionierin. Seit Freudenbergers „Staff burn-out" (1974) gehört das Thema Erschöpfung zum professionellen Diagnoserepertoire sozialarbeiterischer Selbstreflexion, was bis heute in der handlungspraktischen Übersetzung bedeutet, dass Sozialarbeiter_innen individuell darauf zu achten haben, immer wieder und an der richtigen Stelle ‚Grenzen zu setzen': gegenüber ihren Klient_innen im Besonderen und gegenüber ihrer Arbeit im Allgemeinen.

Seit einigen Jahren jedoch ist das Thema Burnout keines mehr, das die sogenannten helfenden Berufe für sich allein als Sorge(n)thema beanspruchen könnten. Sozialwissenschaftlich beobachtet wurde und wird, dass heute im Kontext einer Dienstleistungsgesellschaft quer durch alle Berufsgruppen hindurch Erschöpfungszustände bis hin zur Depression auf der Tagesordnung stehen, was nicht zuletzt regelmäßig durch die Berichte von Krankenkassen zu psychischen und psychosozialen Krankheiten bekräftigt wird (vgl. etwa BKK 2015). Diese gesellschaftliche Streuung und Zunahme von Burnout-Erfahrungen wird in der Industrie- und Arbeitssoziologie maßgeblich auf grundlegende Veränderungen in der Arbeitswelt zurückgeführt, die im Horizont neoliberaler Politiken verortet sind. Begrifflich wird hier von einer Entgrenzung der im Fordismus noch geltenden Grenzen von Erwerbsarbeit und Zuhause gesprochen, auch von einer Subjektivierung von Arbeit, sofern verstärkt subjektive Elemente der Arbeitskraft im Produktionsprozess vom Kapital genutzt werden (vgl. Kleemann et al. 2002; Lohr 2003). Beide Prozesse führen der Diskussion zufolge dazu, dass arbeitende Menschen von heute stärker als in früheren Zeiten unter Druck stehen und entsprechend psychisch belastet sind. Die neoliberale Reorganisation von Arbeit, so die Perspektive, macht ihrer Strukturlogik nach das Individuum psychisch krank – erschöpft oder depressiv (vgl. Ehrenberg 2004).

Nun will ich diese Einschätzung keineswegs für Unsinn erklären. Gleichwohl scheint sie mir ökonom(ist)isch verkürzt. Im Anschluss an Michel Foucaults Gedanke, dass Macht und ihre Erscheinungsformen eine vom Kapitalismus bzw. der Ökonomie relative Unabhängigkeit haben (vgl. Foucault 2005 [1981]), denke ich hingegen, dass das Verhältnis zwischen Arbeit und Psyche nicht nur durch die Programmatik des Neoliberalismus allein zu erklären ist oder aus ihm abgeleitet werden kann, sondern maßgeblich auch durch eine neuere Form der Macht, die sich dadurch ausweist, dass sie zentral die Psyche zu ihrem Arbeitsgegenstand hat. Das heißt, ich gehe davon aus, dass mit Blick auf die westliche Gegenwartsgesellschaft das letzte Jahrhundert nicht nur als eines zu betrachten ist, in dem der Neoliberalismus einen Siegeszug angetreten hat, sondern auch als eines, das parallel dazu eine neuartige Form der Macht herausgebildet hat, die mit und durch das arbeitet, was wir Psyche nennen oder als Psyche erfahren: eine Psychopolitik (vgl. Rau 2010). Beides in seinem Zusammenspiel zu erkennen, so die These hier, macht erst verständlich, was gegenwärtig im Verhältnis von Subjekt und Arbeit passiert bzw. wie komplex sich die Beziehung Subjekt und Arbeit gestaltet. Damit verbunden ist ebenso die Überlegung, dass mit und durch die Psychopolitik in der Post-Wohlfahrtsgesellschaft eine Umschreibung gesellschaftlicher Herrschaftsverhältnisse in individuelle Probleme stattfindet – insofern Konfliktverhältnisse und gesellschaftliche Widersprüche als individuelle, psychische Unzulänglichkeiten deklariert, diskutiert und von den als defizitär markierten Individuen in der Regel auch so empfunden werden. Wenn man so will, hat man es somit in summa mit einer Politik der Entpolitisierung zu tun. Mit Bezug auf die Soziale Arbeit entsteht dementsprechend die Notwendigkeit, ihre Rolle genau im Hinblick auf die Machtform der Psychopolitik und ihre Dynamiken im Kontext neoliberaler Verhältnisse zu klären. Neigte sie bislang dazu, die Problematisierung von Burnout im Hinblick auf die eigene Profession individualisierend aufzulösen und den Auftrag an Sozialarbeiter_innen zu übergeben, etwa ein gesundes Nähe-Distanz-Verhältnis auszubilden, wäre hier zu hoffen, dass die Soziale Arbeit mit Bezug auf ihr zunehmend erschöpftes Klientel politisierendere Wege einschlägt und im besten Fall dadurch das Thema Burnout auch für das eigene Professionsverständnis neu, nämlich auch als arbeitspolitischen Interessenkonflikt, ausdeutet.

Zur Entfaltung dieser Thesen wird die Argumentation in drei Schritten aufgebaut:

Zunächst wird eine Skizze dessen entworfen, was hier mit der Machtform der Psychopolitik benannt wurde, dabei werden einige ihrer Kennzeichen, ihrer Normen und ihrer Versprechen herausgearbeitet. Dies wird ein Blick in ihre historische Entstehungsgeschichte (in der BRD) beinhalten, wobei ich mich auf die entscheidende Phase, auf die zweite Hälfte des 21. Jahrhunderts, beschränken werde. Vor diesem Hintergrund wird dann auf das Feld entgrenzter, subjektivierter Lohnarbeitsverhältnisse fokussiert. Hier wird diskutiert, dass die Psychopolitik, obwohl sie eine relativ unabhängige Geschichtlichkeit dem Neoliberalismus gegenüber aufweist, dennoch Beziehungen und Wahlverwandtschaften mit ihm eingeht – und dies dazu führt, dass der Interessenkonflikt zwischen Kapital und Arbeit dethematisiert und entpolitisiert wird. Abschließend werden Überlegungen darüber angestellt, welche Probleme und Fragen sich für die Soziale Arbeit daraus ergeben.

1 Psychopolitik als Machtform im 21. Jahrhundert

Die Entstehung der Psychopolitik erfolgt nicht historisch abrupt und voraussetzungslos. Vielmehr kann sie gesellschaftlich erst dort Gestalt annehmen, wo die religiös bestimmte Idee der Seele einen Säkularisierungsprozess durchlaufen hat und das weltliche Konzept der Psyche sich im 18. Jahrhundert mit der modernen Figur des Individuums verbünden kann. Sonntag und Meschnig ist dabei sicherlich zuzustimmen, wenn sie behaupten, dass die Hervorbringung der Psyche und ihre Etablierung im Gesellschaftlichen eng verknüpft mit der Erosion des Feudalsystems, dem Durchsetzen der kapitalistischen Produktionsweise und der bürgerlichen Gesellschaft sind (vgl. Sonntag 1988; Meschnig 1993). Das Individuum und seine Psyche werden jedenfalls in diesem Kontext erst zu einem Gegenstand, um den sich performativ vielfältige Formen des Wissens entspinnen, die sich schließlich in der Psychologie als neuer Wissenschaft verdichten und eine neue „Welt der Psys" entstehen lassen (Castel/Castel/Lovell 1982, S. 319).[1] Dieses spezifische Wissen vom Menschen als psychischem Wesen ist von Beginn an produktiv für das, was Foucault als Biomacht definiert hat: für eine Machtform, die gleichermaßen individualisierende wie totalisierende Effekte hat und sowohl ihren Teil zur Produktion von Individualität (bzw. des Individuums) als auch zur Regulation der Bevölkerung leistet (vgl. Foucault 1983 [1976]). Dies ist allerdings noch nicht das, was ich mit Psychopolitik meine, sondern markiert lediglich den traditionellen Kontext, aus dem heraus sie sich entfaltet. Ihre Konturen als jüngerer Typus der Macht erhält die Psychopolitik aus meiner Perspektive erst im 21. Jahrhundert. Genealogisch findet sie Form im Zuge eines Prozesses, der als Therapeutisierung der Gesellschaft diskutiert wird (vgl. Maasen et al. 2011; Anhorn/Balzereit 2016). Thematisiert wird damit, dass ab Mitte des letzten Jahrhunderts verstärkt psychologisch-therapeutische Denkmuster und Praktiken im gesellschaftlichen Alltag von Menschen Platz greifen

---

1 Dieses neu entstehende Wissenschaftsfeld bleibt freilich stets intern wie extern umkämpft (vgl. dazu Rau 2010).

und die Interpretations- und Beziehungsschemata von Gesellschaft und Subjekt auf grundlegende Weise neu justieren. Dem voraus geht, dass ab der Jahrhundertwende neben der Psychotechnik vor allem tiefenpsychologische, insbesondere psychoanalytische und analytisch-psychologische Perspektiven entstehen, die als Wissen vom Menschen allmählich popularisiert werden und in vielfältiger Weise zum Einsatz kommen (vgl. Rau 2010). Der deutlichste Ausdruck dieses Prozesses, sicherlich aber auch dessen produktivster Transportriemen, stellt der sogenannte Psychoboom dar, der in der BRD ab den späten 1960er Jahren einsetzt – einer historischen Situation, die gleichzeitig geprägt ist von einem gesellschaftskritischen Zeitgeist: von den neuen sozialen Bewegungen und Protest auf den Straßen. Für die USA haben Castel et al. unter dem Begriff „Psychiatrisierung des Alltags" (Castel/Castel/Lovell 1982) gleichwohl verdeutlicht, dass der Psychoboom vor allem einen neuartigen Markt, nämlich einen „Markt der Seelen" (Castel 1988) schafft, auf dem soziale Fragen und individuelles Unbehagen als psychische Probleme codiert und deren Behandlung ein Gegenstand von Dienstleistungen werden. In diesem Sinne werden „Psychowaren" produziert und konsumiert (vgl. Castel/Castel/Lovell 1982). Die rasante Entwicklung psychologisch-therapeutischer Literatur zu dieser Zeit, insbesondere der Ratgeber ist in genau dieser Perspektive zu lesen. Einen Hauptteil der Psychoprodukte besteht jedoch auch und vor allem in der Vielzahl und Vielfalt an Psychotherapieformen, die ab den 1960er Jahren die Angebotspalette enorm erweitern. So gesellen sich an die Seite der Psychoanalyse die Gesprächspsychotherapie, Verhaltenstherapie, Gestalttherapie, Bio-Energetik, Transaktionsanalyse, Urschrei-, Familien-, Sexualtherapie etc. Auch die Psychotherapie kopierende und sie mutierende Formen, wie die Beratung und die Esoterik, erfahren sukzessive Beliebtheit. Für eine gesellschaftliche Verbreitung des Therapeutischen sorgt nicht zuletzt auch die Soziale Arbeit, die qua professionellem Auftrag nun auch diejenigen einem psychologisch-therapeutischen Diskurs unterstellt, die – anders als die Mittelschicht – eher weniger freiwillig die psychologische Hilfe nachfragt. So behandelt sie die als arm, verwahrlost und auffällig Etikettierten mit einer zunehmend psychologisch-therapeutischen Sprache und orientiert ihre Beziehungsarbeit am psychoanalytischen Modell (vgl. Castel/Castel/Lovell 1982). Zudem adaptiert die Soziale Arbeit in der BRD ab den 1970er Jahren, nach der durchlaufenen Methodenkritik – im Ringen um ein eigenes Profil – zunehmend mehr therapeutische Verfahren (vgl. Galuske 2013). Der Erfolg des Therapeutischen liegt jedenfalls u. a. auch darin, traditionelle Grenzen zwischen Professionen zu verwischen und neben der therapeutischen Überformung des Gesundheitssystems auch einen grauen Therapiemarkt zu etablieren. Schließlich bietet Ende der 1980er Jahre der entstandene Psychomarkt eine reiche Auswahl an „psychokulturellen

Deutungsmustern und Alltagshilfen", die niedrigschwellig und nahezu für jeden zugänglich sind (Keupp 1989, S. 582).

Prinzipiell ist dieser Therapeutisierungsprozess im letzten Jahrhundert jedoch nicht hinreichend zu verstehen, ohne das Modell genauer zu betrachten, das der Psychotherapie Pate stand, nämlich die Psychoanalyse Freuds. Entscheidend ist dabei, dass alle ihr nachfolgenden therapeutischen Formen – wie sie – nicht das Pathologische, sondern das Normale und damit den ‚normalen Menschen' als ihr Arbeitsfeld erkennen. Die Psychoanalyse ist der Logik nach immer schon „Therapie für Normale" (Castel/Castel/Lovell 1982, S. 286), und Normalität wird darin zu einer Aufgabe an sich selbst. Erst dieses Verständnis erlaubt es, den Adressat_innenkreis therapeutischer Versorgung deutlich auszudehnen. Dabei vertritt die Psychoanalyse die Ansicht, der Mensch sei dazu imstande, seine inneren und äußeren Bedingungen zumindest ansatzweise – und allem Unbewussten zum Trotz – zu erkennen und das eigene Sein über die Bearbeitung des Inneren transformieren zu können. Sie entwirft damit ein dynamisches Bild des homo psychologicus, der wandelbar und zum Wandel fähig ist. In der psychoanalytischen Lesart erscheint das Selbst somit letztlich als ein innerer Zustand, der nicht nur umgearbeitet werden kann, sondern auch umzuarbeiten ist. Soziale Erfahrungen werden in Gefühle übersetzt, die im therapeutischen Verfahren für das Individuum den Ausgangspunkt dafür bilden, sich selbst zu heilen, zu verstehen, sich zu befreien –, und, wie später etwa Rogers es für die humanistisch orientierte klientenzentrierte Gesprächstherapie ausdrückt, „alles zu werden, was es werden kann" (Rogers 1984, S. 155f., Herv. i. O.). Dieses Ziel zu erreichen beinhaltet, selbst Initiative zu ergreifen, indem innere Ressourcen eruiert, bewertet und genutzt werden. Begriffe wie Identität, Authentizität und Selbstverwirklichung stellen dabei die Bausteine des „therapeutischen Narrativs", so Illouz, das einen bislang unbekannten, eben therapeutischen Lebensstil begründet (vgl. Illouz 2006, S. 45). Neu ist dabei, dass hier erstmals die Psyche zu einem Ort wird, an dem gearbeitet werden kann und an dem gearbeitet werden muss. Zunächst bedarf dieser Arbeitsprozess der Begleitung eines_r Experten_in. Jedoch wird diese unmittelbar personalisiert angeleitete Praxis mit der Zeit aufgeweicht und dadurch noch leichter für den Alltag umsetzbar. So setzt sich die Idee durch, dass das psychologisch-therapeutische Expert_innenwissen der Möglichkeit nach auch ohne den Weg über Profis durch entsprechende Lektüre bezogen werden kann.

Soweit zunächst die historische Skizzierung – sie mag als Hinweis darauf genügen, dass der Psychologie in ihrer analytischen und heilenden Variante eine zentrale Bedeutung für die spätmoderne Gesellschaft zukommt (vgl. Rose 1998) und dass das therapeutische Wissen, das sie liefert, zu einer Ressource wird, auf die normale Menschen zurückgreifen, um ihr Leben zu leben und zu sich selbst zu kommen.

In einer herrschaftstheoretischen Perspektive lässt sich vor dieser Folie zunächst sicherlich sagen, dass die Therapeutisierung der Gesellschaft bedeutet, dass Individuen einem neuen Herrschaftsdiskurs unterworfen werden. Menschen werden normativ dazu aufgefordert, sich auf die Suche nach sich selbst zu machen und – teils mit der Hilfe von Professionellen, teils ohne sie – eigenverantwortlich an sich selbst zu arbeiten und das zu werden, was sie ‚wirklich' sind. Nimmt man jedoch die Position des nutzenden Individuums ein, so zeigt sich das Bild widersprüchlich, zumindest ambivalent. Denn für das Individuum, das sich selbst auf die Suche nach therapeutisch-psychologischer Hilfe macht, bedeutet die therapeutische Praxis weniger eine neue Kontrolltechnik, als vielmehr eine ermächtigende Strategie. Historisch erstmalig hat es die Möglichkeit, sich selbst, eben durch Arbeit am Selbst, befreien und emanzipieren zu können. Das Leben bleibt kein Schicksal. Zumindest kann das Individuum ihm ein stückweit trotzen und das eigene Leben selbst in die Hand nehmen. Es kann selbst dafür sorgen, sich gegenüber den gesellschaftlichen Zumutungen, der Deformation, des Leidens zu verteidigen und sich zu schützen. So zumindest lautet das stille Versprechen[2] der Psychoanalyse und der ihr nachfolgenden Therapieansätze, das auch von den helfenden Berufen aufgenommen wird. Und tatsächlich zeigt der Blick in die Geschichte der BRD, dass dieses therapeutische Emanzipationsversprechen von Menschen ernst genommen und über das Individuelle hinaus sogar politisch im Kampf gegen Herrschaftszusammenhänge genutzt wird. Dies wird in der 1968er-Student_innenbewegung ersichtlich, vor allem in der zweiten deutschen Frauenbewegung, bei der sich die Politisierung des Privaten nicht unwesentlich über das therapeutische Moment der Selbsterfahrungsgruppen realisiert (vgl. Bührmann 1995, S. 136): Im Kontext der Frauenbewegung werden Selbsttechniken entworfen, die implizit wie explizit Anleihen aus Psychoanalyse und Psychotherapie beziehen und diese als Instrumente im Kampf gegen patriarchale Unterdrückung einsetzen. Die Investition in die Psyche ist dabei für Frauen ein individueller wie kollektiver Ansatz, um das Geschlechterverhältnis als Herrschaftsverhältnis zu repolitisieren und stellt hier eine Form der Selbstermächtigung dar. Die Therapeutisierung der Gesellschaft in den 70er und 80er Jahren bringt in diesem Sinne nicht nur einen neuen Herrschaftsdiskurs mit sich, sondern ermöglicht zu dieser Zeit auch eine „Expansion des Politischen", also eine Politisierung (Tändler/Jensen 2012, S. 22).

Unabhängig aber davon, entscheidend an dieser Stelle ist schließlich der Umstand, dass beides zusammen erst – also neuer Herrschaftsdiskurs und neuer Ansatz widerständigen Handelns und des Empowerments – zum gesellschaftlichen Triumph des Therapeutischen geführt haben: Menschen haben über die Zeit hinweg mit Hilfe

---

2   Und gleichermaßen die Nachfrage, die sie produzieren.

unterschiedlicher Akteur_innen, Institutionen, Techniken und auch durch Kämpfe, die sie politisch geführt haben, erlernt, sich in psychologisch-therapeutischen Begriffen einer inneren Welt neu zu verstehen, neu ihre Selbstverhältnisse im Sinne einer authentischen Identität zu organisieren, neu ihre sozialen Beziehungen zu deuten, neu und anders glücklich zu sein oder zu leiden etc. Erlernt haben Individuen somit, Menschen zu sein, die sich als „psycho-logische" Wesen, d. h. in einer „Psycho-Logik" auf sich selbst beziehen (vgl. Rau 2010). In diesem Sinne erklären, deuten und verstehen Menschen heute sich selbst und ihre sozialen Beziehungen in Begriffen einer inneren Welt – in Gefühlen und Stimmungen (vgl. Rose 1998). Letztlich ist dies, was Ehrenberg als einen Prozess der „Sozialisierung der Psyche" bezeichnet hat (Ehrenberg 2004, S. 129). Dies ist weit mehr als nur die Herausbildung einer Kultur des Therapeutischen. Denn entwickelt hat sich eine durch das Therapeutische informierte Subjektivierungs- und Vergesellschaftungsweise. Mehr noch, herausgebildet hat sich aus meiner Perspektive eine neue Form der Macht, die Psyche kontinuierlich produziert und sie ins Zentrum ihrer Arbeitsweise stellt. Dabei ist die Psyche nichts, das vorrangig diszipliniert, zurechtgestutzt oder repariert werden soll. Vielmehr wird sie zum Anlass und Mittel für das Individuum, sich selbst zum Zwecke einer Selbstwerdung zu führen. In diesem Sinne spreche ich in diesem Zusammenhang unter Rekurs auf das Foucaultsche Konzept der Gouvernementalität von Psychopolitik (vgl. Rau 2010). Dies zu denken, bedeutet auch die Psyche als einen Schauplatz zu betrachten, an dem Verwundungen stattfinden genauso wie Ermächtigungen, wo Affekte in lesbare Emotionen übersetzt, bewertet und hierarchisch geordnet werden. Das Selbst selbst wird dabei mit einem „Begehrens-Wert" belegt (Foucault 1983 [1976], S. 186). Umgekehrt entstehen damit auch Formen des Leidens respektive wird die Erfahrung von Leid reorganisiert: Die Psyche wird ein mögliches Feld, auf dem Verletzungen spezifischer Art stattfinden (Scham, Entwürdigung, Verlust von Integrität etc.); und sie ist ein Ort, auf den soziale und gesellschaftliche Konflikte sich nicht nur abbilden, sondern auch durch Umdeutung verschoben werden können. Die Psyche ist damit auch ein Terrain geworden, das selbst gesellschaftlich umkämpft ist.

Die Normen, die mit der Psychopolitik im Spiel sind, sind gleichzeitig ihre Verheißungen – und das macht sie ambivalent. Es geht mit Ehrenberg zum einen darum, „man selbst zu werden und glücklich nach seiner ‚Authentizität' zu streben", zum anderen aber auch darum, „Initiative zu ergreifen und aktiv zu werden" (Ehrenberg 2000, S. 103). Das soll heißen, die ‚Psychopolitik' operiert mit dem therapeutischen Glauben wie der Verpflichtung, dass ein „Jeder […] die Freiheit [hat], soweit sich selbst zu sein, wie er kann" (Rogers 1984, S. 153). Im Herzen dieser spezifischen Programmatik steht somit nicht das ‚Verbot der Disziplin', sondern das ‚Gebot der Möglichkeit' und damit die Aufforderung wie auch die Chance, eben die Möglichkeiten, die man hat, tatsächlich zu nutzen (vgl. Ehrenberg 2000, S. 103f.). Mit Horn gesprochen ist dies „die gnadenlose Frage nach dem gelungenen Leben, für das jeder selbst verantwortlich zu sein hat" (Horn 2002, S. 124). Nicht zuletzt zeigt sich diese Logik darin, dass heute gleichermaßen einzelne Menschen wie auch öffentliche und private Träger – auch und gerade der Sozialen Arbeit – die Maxime ihres Handelns danach orientieren, nämlich eine „Individualität zu schaffen, der es möglich ist, aus sich selbst heraus zu handeln und sich von innen heraus zu verändern" (Ehrenberg 2000, S. 138f.). Die Psychopolitik formuliert die Fragen und liefert dazu die passende Antwort. Gut für sich psychisch zu sorgen, scheint heute etwas zu sein, das angesichts einer Welt, die stressiger, sozial brüchiger und unsicherer geworden ist, vom Individuum bis zum Staat als eine gute Schutzpraxis gilt, und als solche erhält sie den Status eines grundlegenden Fundaments gesellschaftlicher Teilhabe. Dies darf aber nicht darüber hinwegtäuschen, dass die Psychopolitik von ihrer Dynamik und Logik her gedacht, ebenso wie der Neoliberalismus, individualisierend wirkt.[3] Zwar ist es möglich, dass sich die Psychopolitik in politisch-emanzipative Kämpfe produktiv einschreibt – wie an der zweiten deutschen Frauenbewegung sichtbar wurde – ‚sie ist und bleibt jedoch zunächst eine individualisierende Macht (vgl. Foucault 1988, S. 58), sofern sie durch den Modus der Psyche auf ein „Regieren durch Individualisieren" abzielt (Foucault 1994 [1982], S. 246). Und dies ist umso komplizierter als es sich dabei um eine Macht handelt, „die nicht einfach etwas ist, gegen das wir uns wehren, sondern zugleich im strengen Sinne das [ist], wovon unsere Existenz abhängt und was wir in uns selbst hegen und pflegen" (Butler 2001, S. 8).

2 Entgrenzte, subjektivierte Lohnarbeitsverhältnisse und Psychopolitik

Dieser Wunsch zur Selbstverwirklichung und die therapeutische Verpflichtung zur Arbeit an sich selbst ist nicht immun gegenüber neoliberalen Vereinnahmungs- und Ausbeutungsstrategien, sondern im Gegenteil anschlussfähig an gegenwärti-

---

3   Dies bildet sich auch darin ab, dass in jüngster Zeit ein neuer Begriff die psychopolitische Bühne betreten hat: die Resilienz. Widerstandsfähigkeit ihrer Adressat_innen herzustellen, ist heute nicht nur ein wichtiges Ziel der Sozialen Arbeit, sondern das Ziel vieler gesellschaftlicher Agenturen. Nach Brunner drückt sich im Resilienzdiskurs das Eingeständnis des Staates aus, weder schützen noch Leiden kompensieren zu können/ wollen, so dass es notwendig wird, eben individuelle Widerstandsfähigkeit auszubilden (vgl. Brunner 2014).

ge Formen ökonomisch-neoliberaler Normierungen. Dies lässt sich deutlich auf dem Feld der Lohnarbeit beobachten, insbesondere dort, wo unter dem neoliberalen Programm der Vermarktlichung sogenannte subjektivierte und in der Folge entgrenzte Arbeitsverhältnisse entstanden sind (vgl. Moldaschl/Voß 2002). Subjektivierung von Arbeit bedeutet zunächst, dass anders als noch im Taylorfordismus, als dem Kapital die Subjektivität als ein Störfaktor im Produktionsprozess galt, heute unter verschärften globalen Wettbewerbsbedingungen gerade die Subjektivität der Arbeitskraft als Produktivfaktor erkannt wird. Dies übersetzt sich in der Praxis darin, dass Beschäftigte vom Management dazu angehalten sind, sich mit ihrer ‚ganzen Person' (vgl. Kratzer 2003), ihrem Erfahrungswissen und ihrer Kreativität einzubringen und nun nicht mehr Objekt, sondern „Subjekt der Arbeit" zu sein (Lazzarato 1998, S. 42). Im historischen Vergleich arbeiten Arbeitskräfte heute tatsächlich stärker selbstorganisiert und autonomer. Aber sie müssen dies auch tun, und zwar unter Bedingungen, die sie selbst unmittelbar mit dem ökonomischen Druck konfrontieren (vgl. Moldaschl/Sauer 2000). Dementsprechend ist in der kritischen Arbeitssoziologie auch davon die Rede, dass es sich um hochgradig paradoxe Arbeitsverhältnisse handelt, als hier „Kontrolle durch Autonomie" hergestellt wird (ebd.) und „mehr Druck durch mehr Freiheit" entsteht (Glißmann/Peters 2001). Den Idealtypus der Arbeitskraft, der sich dabei zum neuen Leitbild in der Arbeitswelt herausgebildet hat und der nunmehr den normativen Maßstab für die ‚Leistungsträger' dieser Gesellschaft abgibt, haben die Arbeitssoziologen Voß und Pongratz als „Arbeitskraftunternehmer" bezeichnet (Voß/Pongratz 1998). Der Begriff drückt aus, dass Beschäftigte, obwohl sie formal keine Unternehmer sind, zu ihrer eigenen Arbeitskraft – und in diesem Sinne zu sich selbst – ein unternehmerisches Verhältnis entwickeln sollen und dementsprechend dazu angehalten sind, primär nach ökonomischen Prinzipien zu handeln. In summa läuft dies darauf hinaus, dass die Verantwortung, mit den Erfordernissen von Markt und Wettbewerb umzugehen, den einzelnen Beschäftigten überantwortet ist. Letztlich handelt es sich hier um den Prozess einer ökonomisch hervorgebrachten und radikalisierten Individualisierung, bei der Menschen vereinzelt und zueinander in Konkurrenz gestellt werden. Der Logik nach sollen sie nun Aufgaben übernehmen, für die im Fordismus noch das Management zuständig war: sich kontrollieren, sich ökonomisieren und rationalisieren (vgl. ebd.). Voswinkel/Kocyba (2005) sprechen in diesem Kontext von der Notwendigkeit eines permanenten Selbstmanagements. Dies hat auch Konsequenzen für das Verhältnis von Lohnarbeit und Privatem, denn die noch im Fordismus als getrennt erlebten Bereiche werden nun einer Neuverhandlung unterzogen (Jürgens 2006).[4] Für den Betrieb und ‚die Arbeit' wird auch von Zuhause aus gearbeitet, Emails werden am Wochenende gecheckt, es wird auf Abruf gearbeitet und unter Nutzung privater Ressourcen. Die fordistischen Grenzen von Lohnarbeit gibt es heute der Beobachtung nach kaum mehr, dementsprechend werden diese arbeitssoziologisch als „Entgrenzung" respektive als entgrenzte Arbeitsverhältnisse problematisiert (vgl. Voß 1998). Auch die erforderlichen Kompetenzen von Beschäftigten sind dabei umgeschrieben. Interessanterweise sind es allerdings nicht, wie man auf den ersten Blick vermuten würde, betriebswirtschaftliche Fähigkeiten, die hier vorrangig wichtig werden, sondern es sind dies nach Voß *„basale Lebens- und Persönlichkeitskompetenzen"* (ebd., S. 484, Herv. i. O.). Voß differenziert diese in sechs „menschliche Fähigkeitsbereiche", von denen ich hier nur zwei herausstelle: Zum einen spricht er von „Fähigkeiten zur individuellen Sinnfindung und Motivierung, einschließlich der Fähigkeit zur Mobilisierung und Kultivierung tiefliegender emotionaler und kreativer Ressourcen". Dazu rechnet er „‚Selbstmotivierung', ‚Begeisterungsfähigkeit', ‚individuelle Sinngebung', ‚self commitment', ‚Kreativität', ‚Innovativität'". Zum anderen nennt er „Fähigkeiten zur strategischen Persönlichkeitsentwicklung und -stabilisierung und zur Bewältigung psychischer und sozialer Probleme bzw. zur Leistungsregulation und Belastungsverarbeitung". Hier nennt er Kompetenzen wie „‚identity management', ‚Identitätsarbeit', ‚Ich-Stabilisierung', ‚active-coping', ‚Belastbarkeit', ‚emotion management', ‚emotion work'" (ebd., S. 483f.).[5] Mit dieser Beschreibung scheint zunächst bestätigt, was Illouz im Rahmen ihrer Kapitalismusanalyse rekonstruiert hat, nämlich dass sich in westlichen Gegenwartgesellschaften nicht nur eine Ökonomisierung von Emotionen, sondern auch eine Emotionalisierung der Ökonomie vollzieht (vgl. Illouz 2006).[6]

---

4 Wobei die feministische Arbeitssoziologie schon früh darauf hingewiesen hat, dass diese Trennung am Modell des männlichen Norm(al)Arbeiters ausgerichtet ist (vgl. etwa Hochschild 1990).

5 Im postoperaistischen Diskurs zur immateriellen Arbeit wird ebenso das Moment des Psychischen betont. So spricht Hardt von der „affektiven Arbeit" und bestimmt sie als eine „Seite" der immateriellen Arbeit (Hardt 2004, S. 184). Bezeichnet ist damit jene Arbeit, die sich auf die Produktion und Reproduktion von zwischenmenschlichen Kontakten und Interaktionen bezieht (vgl. ebd., S. 181ff.). Nicht nur Wissen und Kommunikation sind in der Logik des Gedankens Produkte und Teil des Produktionsprozesses, sondern ebenso Affekte. Die Produkte sieht er etwa in einem „Gefühl des Behagens, des Wohlergehens, der Befriedigung, der Erregung oder der Leidenschaft" (ebd., S. 182). Sie seien nicht greifbar, oft virtuell, „aber deshalb nicht weniger real" (ebd.).

6 Ähnlich wie Illouz (2006) zeigen auch jüngere Untersuchungen zum Wandel von Lohnarbeit (vgl. u. a. Penz/Sauer 2012), dass Gefühle gerade nicht mehr aus dem Feld der Erwerbsarbeit verbannt sind, sondern sie im Gegenteil in subjektivierten

Dem will ich nicht widersprechen, jedoch will ich vor dem Hintergrund der Psychopolitik etwas anders fokussieren. Empirisch zeigt sich aus meiner Sicht nämlich vor allem, dass der Arbeitskraftunternehmer nicht nur einer spezifischen Lebenseinstellung bedarf (vgl. Bröckling 2007), sondern er mit Blick auf das Subjektsein voraussetzungsvoll und auch in gewisser Weise parasitär ist. Er basiert nämlich darauf, dass wir uns wie selbstverständlich im Sinne einer therapeutischen Selbstsorge psycho-logisch führen. So müssen Beschäftigte als Arbeitskraftunternehmer, die nun selbstverantwortlich ihre Arbeit organisieren (müssen), umgekehrt mit nunmehr persönlich adressierten Schuldvorwürfen umgehen. Dort, wo sie selbst bestimmen, wann und wie sie arbeiten, sind sie als Individuen permanent mit ihrem schlechten Gewissen im Gespräch, ob ihr Arbeitspensum und ihr Arbeitseinsatz tatsächlich ausreichen, und wo sie sich mit ihrer Arbeit leidenschaftlich identifizieren und sich auf der Arbeit selbst verwirklichen wollen, lauert nachts die Angst, als Person zu versagen. Das bedeutet, dass die Fähigkeit, unternehmerisch zu sein immanent damit verknüpft ist, psychisch in der Lage zu sein, sich in der erforderten unternehmerischen Weise zu verhalten. Selbst noch das Scheitern an den normativen Anforderungen, die mit dem Arbeitskraftunternehmertum formuliert sind, verlangt einen psycho-logischen Umgang mit sich selbst, denn man muss das Scheitern und das damit verbundene Leid auf der Ebene des Psychischen bewältigen. Das soll heißen, dass Beschäftigte in entgrenzten, subjektivierten Arbeitsverhältnissen in besonderer Weise psycho-logisch adressiert werden und ihre therapeutischen Kompetenzen zu einem konstitutiven Bestandteil in der Praxis des Arbeitskraftunternehmers werden. Dies impliziert, dass Beschäftigte eine Arbeit leisten müssen, die als solche nicht sichtbar, aber dennoch fundamental ist, nämlich eben eine therapeutische Arbeit an ihrem Selbst bzw. ein psycho-logisches Umarbeiten ihres Selbst. Die Diagnose eines zunehmenden Anstiegs psychischer Erkrankungen, von Burnout und Erschöpfung (vgl. Voß/Weiss 2013) stellt in dieser Perspektive dann – quasi im Umkehrschluss – einen Beleg für die Notwendigkeit dar, als Beschäftigte auch eine psycho-logische, therapeutische Arbeit an sich selbst leisten zu müssen. Deutlich wird hier jedenfalls, dass die Versprechen und die Normen der Psychopolitik auf dem Feld subjektivierter Lohnarbeit für das Interesse des Kapitals genutzt werden. Die neoliberale Anrufung, unternehmerisch zu sein, baut darauf auf und kann darauf bauen, dass wir als

---

Arbeitsverhältnissen systematisch aufgerufen und nutzbar gemacht werden. Allerdings lässt sich dabei sagen, dass Emotionen und therapeutische Arbeitsweisen am Selbst delegitimiert werden, die als weiblich gelten (vgl. Rau 2013b). Bargetz hat im Rahmen einer Analyse zu „Wutbürger_innen" gut verdeutlicht, dass es zu einer vergeschlechtlichenden und vergeschlechtlichten „De/Valuierung von Emotionen" kommt (Bargetz 2012, S. 179); auch dies kann für den Bereich subjektivierter Arbeit geltend gemacht werden.

Individuen gelernt haben, uns als psycho-logische Wesen zu regieren und – auf der Arbeit wie überall – authentisch und autonom sein wollen. Das Kapital kann die therapeutische Selbstsorgeform der Psychopolitik für sich produktiv machen und damit den Glauben wie die Pflicht, sich durch Umarbeiten des Selbst so zu verändern, dass man die Anforderungen an das eigene Leben – hier eben auf der Arbeit – aus sich heraus und souverän aus eigener Kraft meistern kann (vgl. Rau 2013a). Die Psychopolitik erscheint im Feld der Lohnarbeit somit als stiller Unterbau des Arbeitskraftunternehmers. Gleichwohl ist zu bemerken, dass Beschäftigte diesen Verhältnissen gegenüber nicht widerspruchslos sind und sie ohne Protest oder Zweifel die entgrenzten Leistungsanforderungen annehmen würden. Viele ringen um die Unversehrtheit ihrer Psyche, wenden Selbsttechniken gegen Erschöpfung an, versuchen Grenzen zu setzen, weisen Schuldvorwürfe zurück, erlernen Strategien zur Stressbewältigung etc. Dies ändert jedoch nichts daran, dass sie all dies als Vereinzelte tun und die individuellen Kämpfe, die sie führen, primär im Modus einer therapeutischen Selbstbearbeitung stattfinden und sie auch nicht als politische Kämpfe verstanden werden. Die Praxis von Kollektivität und Solidarität, wie sie noch im Kontext der Neuen Sozialen Bewegungen präsent war, ist hier suspendiert und damit auch der Gedanke, gemeinsam die Bedingungen zu bekämpfen, die ursächlich für das Leiden sind. Genaugenommen ist dort, wo sich die Psychopolitik in die neoliberale Programmatik einschreibt, die Deutung der Ursache für Leid selbst verschoben, denn es werden nicht mehr gesellschaftliche Interessenkonflikte und Konfliktverhältnisse dafür verantwortlich gemacht, sondern die eigene als defizitär erscheinende psychische Disposition. Somit impliziert dies bereits die stattgefundene Umdeutung eines Interessenskonflikts in ein persönliches Problem, nämlich privates Leid. Dieses Problemdeutung wird entsprechend auch von Seiten der Krankenkassen, und teilweise selbst der Gewerkschaften, psychopolitisch verlängert, wenn den Einzelnen anempfohlen wird, für eine bessere Work-Life Balance zu sorgen und Entspannungsübungen zu erlernen, anstatt die Unzumutbarkeit der Arbeitsbedingungen zu beklagen und den bestehenden Interessenkonflikt sichtbar zu machen. So bleibt lediglich die Überzeugung, eben lernen zu müssen, besser mit Stress klar zu kommen und das eigene Verhalten oder sich selbst zu ändern. Ein Arbeitskampf, um den es hier eigentlich zu gehen hätte, taucht im Horizont dessen nicht mehr auf.

Im Rahmen subjektivierter Arbeitsverhältnisse und unter dem Diktat des unternehmerischen Selbst besteht der gesellschaftspolitische Effekt der Psychopolitik somit schließlich darin, den gesellschaftlichen Widerspruch zwischen Kapital und Arbeit zu entnennen, indem er individualisiert wird: Er wird umcodiert zu einem rein persönlichen Problem und so einem psycho-logisch adressierten Selbst zur therapeutischen Lösung überantwortet. Angesichts dieser entpolitisierenden Wirkung erweist sich unter dem Vorzeichen des Neoliberalismus die Psychopolitik – anders und nahezu konträr zu den 1960/70er Jahren – als „Perfektion einer Politik, die sich Politik erspart" (Castel/Castel/Lovell 1982, S. 318).

3 Schlussfolgerungen für die Soziale Arbeit

Nun stellt sich die Frage, was die Soziale Arbeit in dieser Gemengelage von Neoliberalismus und Psychopolitik, von Ökonomisierung und Therapeutisierung tun sollte, wenn sie darin ihr kritisch-emanzipatives Potenzial zur Geltung bringen will. Historisch betrachtet ist zunächst nicht unerheblich, dass seit spätestens den 1990er Jahren im Fahrtwind des neoliberalen Projekts der gesellschaftskritische Kontext sukzessive verlorengegangen und vergessen gemacht und die Psychopolitik eine reine Individualisierungsmaschine mit entpolitisierender Wirkung geworden ist. So ist gegenwärtig offensichtlich, dass nicht allein durch die neoliberale Anrufung, unternehmerisch zu sein, die gesellschaftliche Individualisierung radikalisiert worden ist, sondern auch der Prozess der Therapeutisierung von anderer Seite aus individualisierend wirkt und psychopolitische Strategien häufig genug den stillen Unterbau neoliberaler Praxis im Feld von Lohnarbeit bilden. Mit Blick auf die Gesamtentwicklung der letzten dreißig Jahre ist daher die Bilanz im Zweifelsfall eher nüchtern zu ziehen: In einer Variation Soilands ließe sich sagen, die Verhältnisse gingen und die Identitäten kamen (vgl. Soiland 2008). Das heißt, in summa ist die gesellschaftliche Situation durch eine Dethematisierung und Verdeckung (vgl. Bitzan 2002) originär gesellschaftlicher Widersprüche und Konfliktverhältnisse gekennzeichnet, wohingegen auf der Bühne das Individuum mit seinen persönlichen Problemen, die es zu bearbeiten hat, steht. Genauer gesprochen, handelt es sich um eine Umschreibung gesellschaftlicher Konflikt- und Herrschaftsverhältnisse in individuelle und individualisierbare Probleme, die sich vielfach in der Sorge um gelingende Identität erschöpfen. Grundlegende gesellschaftliche Interessekonflikte, die häufig genug mit der Produktion sozialer Ausschließung und Ungleichheit einhergehen, werden in dieser Logik in ‚Erfahrungen' übersetzt und in individuell bearbeitbare Emotionen transformiert (vgl. Flick 2016). Karikierend formuliert: Menschen suchen heute etwa aufgrund sexistischer Diskriminierung am Arbeitsplatz oder überstrapazierender Arbeitsbedingungen eine Beratung auf und verlassen sie mit dem Wissen um eine übermächtige Mutter.

Die Soziale Arbeit ist in diesem gleichermaßen gesellschaftsblindmachenden wie entpolitisierenden Unternehmen weder unbeteiligt noch unschuldig. Vielmehr übernimmt sie oft genug die Rolle der affirmativen Ko-Produzentin dieser Prozesse und stellt selbst ein Feld dar, an dem sich Ökonomisierung und Therapeutisierung auf entpolitisierende Weise verbinden: etwa dort, wo sie unter dem doppelten Diktat von „mehr Markt und mehr Selbstverantwortung" (Galuske/Rietzke 2008, S. 402) das Ziel soziokultureller Teilhabe ihrer Adressat_innen auf die „Förderung der Arbeitsfähigkeit", Beschäftigungs- und Marktfähigkeit verengt (ebd., S. 403)[7] und sodann dieser Art ‚Fähigkeiten' – bei denen es meist um softskills und eigentlich um ‚Tugenden' geht – durch Maßnahmen herstellen will, bei der durch entsprechende Persönlichkeitstrainings die psycho-logische Arbeit am Selbst im Vordergrund steht. Weder hinterfragt die Soziale Arbeit an dieser Stelle das neoliberale Credo des „Sozial ist das, was Arbeit schafft", noch befragt sie grundsätzlich die Idee der „Arbeitsfähigkeit", die durch das Erlernen individualisierter Selbstbearbeitungstechniken herzustellen ist. Als Komplizin, wenn auch nicht intentionale, zeigt sich die Soziale Arbeit auch dort, wo ihr in der Beratung erschöpfter Menschen nicht mehr als die Empfehlung einfällt, einen Kurs in Autogenem Training zu absolvieren, den Tag oder die Arbeit besser durch zu regeln und stärker auf persönliche Grenzen zu achten. Nicht zuletzt verstärkt sie so das Bild eines zerbrechlich vulnerablen und defizitären Individuums (vgl. Furedi 2004), das durch therapeutische Arbeit an sich selbst, dem Ideal eines unternehmerischen Selbst angemessener entsprechen kann. Das Problem selbst und die Verantwortung zur Lösung des Problems verortet sie so auf Seiten der Adressat_innen. Letztlich besteht die Crux jedoch nicht nur darin, dass die Soziale Arbeit sich dadurch als verlängerter Arm neuer Herrschaftsdiskurse und der darin formulierten Normen erweist, sondern auch, dass sie tatkräftig den gesellschaftlichen Individualisierungsprozess befördert und in der Folge dazu beiträgt, neue soziale Ungleichheitsverhältnisse und Ausschlüsse mit herzustellen.

Jedoch ist die Sache nicht einfach einseitig auflösbar und daraus der Schluss zu ziehen, jedweder Bezug zu therapeutischen Konzepten in der Sozialen Arbeit sei einfach nur abzulehnen. Denn erstens kommt die Soziale Arbeit nicht umhin, sich auf das Individuum und seine Psyche zu beziehen: Einmal entstanden, ist die Psyche eben nicht nur Ideologie, die einfach entschleiert werden müsste oder schlicht ignoriert werden könnte. Hingegen ist sie zu einer gesellschaftlich materialisierten Realität geworden und für die Einzelne tatsächlich von Gewicht, oftmals eine Last, auf jeden Fall ein Modus, sich durch das Leben zu führen. D. h. das psychische Sein ist heute ein Feld, auf dem die Soziale Arbeit Menschen notgedrungen unterstützen

---

7 Völlig ausgeblendet bleibt hier zudem, dass dieser Diskurs zu einem historischen Zeitpunkt geführt wird, in dem Lohnarbeit strukturell gerade nicht mehr das Leben sichern kann, sondern zunehmend mehr Menschen in prekären Arbeitsverhältnissen arbeiten und einige für das Kapital überhaupt noch nicht einmal mehr als Reservearmee interessant sind (vgl. Castel 2000).

muss. Aber, so denke ich, dies sollte sie im Bewusstsein der verstärkten Individualisierung gesellschaftlicher Verhältnisse und angesichts neuer Herrschaftsdiskurse tun. Dies könnte zunächst bedeuten, durch therapeutische Techniken den Blick des Individuums nicht auf dem Selbst zu belassen, sondern ihn für die oftmals gewaltförmigen Subjektivierungs- und Verwerfungsprozesse ökonomisch-neoliberaler Verhältnisse zu öffnen. Die Geschichte der neuen Frauenbewegung zeigt zumindest, dass die Psychopolitik nicht ausschließlich herrschaftsförmig wirken muss, sondern sie dem Potential nach – trotz ihrer eingeschriebenen Individualisierungsdynamik – auch ein Hebel für Herrschaftskritik und Ermächtigung sein kann. Dieser Widerspruch ist ernst zu nehmen und stellt einen Ansatzpunkt für eine sich als kritisch verstehende Soziale Arbeit dar. Dementsprechend wäre die Aufgabe hier, durch psycho-logisch-beratende Maßnahmen in Bezug auf die Neoliberalisierung des Selbst in ein konfrontatives und kritisches Moment einzuführen. Aufgabe der Sozialen Arbeit sollte dabei jedoch auch sein, die Macht der Psychopolitik selbst in diesem Prozess zu verdeutlichen und ihre eigene Rolle daraufhin zu hinterfragen. Sie sollte kritisch reflektieren, dass der Wunsch nach Selbstverwirklichung und die Pflicht zur Arbeit an uns Selbst gesellschaftlich verallgemeinert sind und dies an gegenwärtige Praktiken ökonomisch-neoliberaler Normierungen anschlussfähig ist.

Notwendig scheint mir zudem, dass die Soziale Arbeit soziale Räume und Zusammenhänge schafft, die es ermöglichen könnten, die individuelle Praxis therapeutischer Arbeit am Selbst zu repolitisieren und sie in kollektive Praktiken zu überführen. Damals waren es Frauen, die individuell, aber im Kontext sozialer Gruppen therapeutisch arbeiteten, um sich selbst und den sie prägenden herrschaftlichen Gesamtzusammenhang besser zu verstehen. Heute müssten neue, ähnliche und andere Formen gefunden werden, um das Private zu politisieren und die Bedingungen zu verändern, die erst Soziale Arbeit auf den Plan rufen. Paradox genug, denn die Psyche würde damit zu einem Anlass kritischer Reflexion über jene Verhältnisse, die ihr selbst erst Gewicht verleihen. Es scheint mir schließlich wichtig dem Trend zu widerstehen, das Therapeutische als institutionalisierte Lösung sozialer Probleme zu installieren und soziale Notlagen automatisch als persönliche zu definieren, die Menschen dann dazu zwingen, sich mit ihrer psychischen Verfassung als auslösende Momente dieser Krise zu befassen (vgl. Grubner 2017). Es sind vielmehr gesellschaftliche Konfliktverhältnisse und Krisen, die hier eigentlich beim Namen zu nennen sind (vgl. Anhorn/Balzereit 2016). Das Leiden des Individuums, dem sich die Soziale Arbeit widmet, ist in diesem Sinne oftmals ein soziales Leiden – in und an der Gesellschaft. Sinnvoll erscheint mir deshalb, in der Sozialen Arbeit stärker Haltungen und Konzepte fortzuentwickeln, bei denen es weniger um individuelle Arbeit am Selbst geht, als mehr um die Förderung kooperativer sozialer Praktiken und um das Erstreiten von materiellen Bedingungen, die wechselseitige Für/Sorge erst ermöglichen. Vor allem aber – und damit will ich schließen – geht es um die Benennung und Sichtbarmachung gesellschaftlicher Interessenkonflikte und das Insistieren darauf, dass diese auch als solche zu behandeln sind.

Literatur

Anhorn, Roland/Balzereit, Marcus (Hrsg.) (2016): *Handbuch Therapeutisierung und Soziale Arbeit*. Wiesbaden: Springer VS.
Bargetz, Brigitte (2012): ‚Wutbürgerinnen'? Zum Verhältnis von Politik, Emotionen und Geschlecht. In: Mixa, Elisabeth/Vogl, Patrick (Hrsg.): *E-Motions. Transformationsprozesse in der Gegenwartskultur*, S. 176-188. Wien: Turia+Kant.
Bitzan, Maria (2002): Sozialpolitische Ver- und Entdeckungen. Geschlechterkonflikte und Soziale Arbeit. In: *Widersprüche, Zeitschrift für sozialistische Politik in Bildungs-, Gesundheits- und Sozialbereich*, 22. Jg., Heft 84, S. 27-42.
BKK (2015): *Gesundheitsreport 2015*, (Hrsg. von F. Knieps und H. Pfaff). http://www.bkk-dachverband.de/publikationen/bkk-gesundheitsreport/; Zugriff 27.07.2016.
Bröckling, Ulrich (2007): *Das unternehmerische Selbst. Soziologie einer Subjektivierungsform*. Frankfurt/M.: Suhrkamp.
Brunner, Jose (2014): *Die Politik der Resilienz. Die psychische Stärkung des Westens nach 9/11*. Vortrag am Juni 2014, Tagung: Umkämpfte Psyche. Zur Rekontextualisierung psychischen Leids im Kapitalismus, Frankfurt/M. http://videoportal2.uni-frankfurt.de/Mediasite/Catalog/Full/28d84346619b454c9dcc12c4276bb16a21; Zugriff: 20.07.2016.
Bührmann, Andrea D. (1995): *Das authentische Geschlecht. Die Sexualitätsdebatte der Neuen Frauenbewegung und die Foucaultsche Machtanalyse*. Münster: Westfälisches Dampfboot.
Butler, Judith (2001): *Psyche der Macht. Das Subjekt der Unterwerfung*. Frankfurt/M.: Suhrkamp.
Castel, Francoise/Castel, Robert/Lovell, Anne (1982): *Psychiatrisierung des Alltags. Produktion und Vermarktung der Psychowaren in den USA*. Frankfurt/M.: Suhrkamp.
Castel, Robert (1988): Der Markt der Seele. In: Kamper, Dietmar/Wulf, Christoph (Hrsg.): *Die erloschene Seele. Disziplin, Geschichte, Kunst, Mythos*, S. 38-49. Berlin: Reimer.
Castel, Robert (2000): *Die Metamorphosen der Sozialen Frage. Eine Chronik der Lohnarbeit*. Konstanz: UVK.
Ehrenberg, Alain (2000): Depression. Die Müdigkeit, man selbst zu sein. In: Hegemann, Carl (Hrsg.): *Endstation. Sehnsucht. Kapitalismus und Depression I*, S. 103-139. Berlin: Alexander-Verlag.
Ehrenberg, Alain (2004): *Das erschöpfte Selbst. Depression und Gesellschaft in der Gegenwart*. Frankfurt/M.: Campus.
Flick, Sabine (2016): Treating social suffering? Work-related suffering and its psychotherapeutic re/interpretation. In: *DISTINKTION: JOURNAL OF SOCIAL THEORY*, 1-25. http://dx.doi.org/10.1080/1600910X. 2016.1208619; Zugriff: 12.09.2016.
Foucault, Michel (1983 [1976]): *Der Wille zum Wissen. Sexualität und Wahrheit I*. Frankfurt/M.: Suhrkamp.
Foucault, Michel (1988): Omnes et Singulatum. In: *Lettre International* I, S. 58-66.

Foucault, Michel (1994 [1982]: Warum ich Macht untersuche: Die Frage des Subjekts. In: Dreyfus, Hubert L./Rabinow, Paul: *Jenseits von Strukturalismus und Hermeneutik*, S. 243-250. Weinheim: Beltz Athenäum.

Foucault, Michel (2005 [1981]: Die Maschen der Macht. In: Ders., *Analytik der Macht*, S. 220-239. Frankfurt/M.: Suhrkamp.

Foucault, Michel (2005 [1982]: Subjekt und Macht. In: Ders., *Dits et Ecrit. Schriften in vier Bänden. Band IV, 1980-1988*, S. 269-294. Frankfurt/M.: Suhrkamp.

Freudenberger, Herbert (1974): Staff Burn-Out. In: *Journal of Social Issues*. Jg. 30, Nr. 1, S. 159-165.

Furedi, Frank (2004): *Therapy Culture. Cultivating Vulnerability in an Uncertain Age*. London/ New York: Routledge.

Galuske, Michael (2013): *Methoden der Sozialen Arbeit. Eine Einführung*. 10. Aufl., Weinheim/ Basel: Beltz Juventa.

Galuske, Michael/Rietzke, Tim (2008): Aktivierung und Ausgrenzung – Aktivierender Sozialstaat, Hartz-Reformen und die Folgen für Soziale Arbeit und Jugendberufshilfe. In: Anhorn, Roland/Bettinger, Frank/Stehr, Johannes (Hrsg.): *Sozialer Ausschluss und Soziale Arbeit. Positionsbestimmungen einer kritischen Theorie und Praxis Sozialer Arbeit*, S. 399-416. Wiesbaden: VS.

Glißmann, Winfried/Peters, Klaus (2001): *Mehr Druck durch mehr Freiheit. Die neue Autonomie in der Arbeit und ihre paradoxen Folgen*. Hamburg: VSA.

Grubner, Angelika (2017): *Die Macht der Psychotherapie im Neoliberalismus.. Eine Streitschrift*. Wien: Mandelbaum.

Hardt, Michael (2004): Affektive Arbeit. In: Atzert, Thomas/Müller, Jost (Hrsg.): *Immaterielle Arbeit und imperiale Souveränität*, S. 175-188. Münster: Westfälisches Dampfboot.

Hochschild, Arlie R. (1990): *Der 48-Stunden-Tag. Wege aus dem Dilemma berufstätiger Eltern*. Wien/Darmstadt: Zsolnay.

Horn, Eva (2002): Test und Theater. Zur Anthropologie der Eignung im 20. Jahrhundert. In: Bröckling, Ulrich/Horn, Eva (Hrsg.): *Anthropologie der Arbeit*, S. 109-125. Tübingen: Gunter Narr Verlag.

Illouz, Eva (2006): *Gefühle in Zeiten des Kapitalismus*. Frankfurt/M.: Suhrkamp.

Jürgens, Kerstin (2006): *Arbeits- und Lebenskraft. Reproduktion als eigensinnige Grenzziehung*. Wiesbaden: VS.

Keupp, Heiner (1989): Der verrückte Hunger nach Psychologie. Zur Diskussion um Psychokultur und New Age. In: *Das Argument*, Nr. 176, 31. Jg., H. 4, S. 582-593.

Kleemann, Frank, et al. (2002): Subjektivierung von Arbeit – Ein Überblick zum Stand der soziologischen Diskussion. In: Moldaschl, Manfred/Voß, Günter G. (Hrsg.): *Subjektivierung von Arbeit*, S. 53-100. München/Mehring: Hampp.

Kratzer, Nick (2003): *Arbeitskraft in Entgrenzung. Grenzlose Anforderungen, erweiterte Spielräume, begrenzte Ressourcen*. Berlin: edition sigma.

Lazzarato, Maurizio (1998): Immaterielle Arbeit. Gesellschaftliche Tätigkeiten unter den Bedingungen des Postfordismus. In: Negri, Antonio, et al. (Hrsg.): *Umherschweifende Produzenten. Immaterielle Arbeit und Subversion*, S. 39-52. Berlin: ID-Verlag.

Lohr, Karin (2003): Subjektivierung von Arbeit. Ausgangspunkt einer Neuorientierung der Industrie- und Arbeitssoziologie. In: *Berliner Journal für Soziologie*, 13. Jg., H. 4, S. 511-529.

Maasen, Sabine et al. (Hrsg.) (2011): *Das beratene Selbst: Zur Genealogie der Therapeutisierung in den ‚langen' Siebzigern*. Bielefeld: transcript.

Meschnig, Alexander (1993): „*Die Seele: Gefängnis des Körpers*". *Die Beherrschung der Seele durch die Psychologie*. Pfaffenweiler: Centaurus.

Moldaschl, Manfred/Sauer, Dieter (2000): Internalisierung des Marktes. Zur neuen Dialektik von Kooperation und Herrschaft. In: Minssen, Heiner (Hrsg.): *Begrenzte Entgrenzungen*, S. 205-224. Berlin: Sigma.

Moldaschl, Manfred/Voß, Günter G. (Hrsg.) (2002): *Subjektivierung von Arbeit*. München/Mering: Hampp.

Penz, Otto/Sauer, Birgit (2012): Arbeit der Subjektivierung. Männlichkeit und Emotionen. In: Mixa, Elisabeth/Vogl, Patrick Vogl (Hrsg.): *E-Motions. Transformationsprozesse in der Gegenwartskultur*, S. 117-127. Wien: Turia+Kant.

Rau, Alexandra (2010): *Psychopolitik. Macht, Subjekt und Arbeit in der neoliberalen Gesellschaft*. Frankfurt/M.: Campus.

Rau, Alexandra (2013a): Von der Müdigkeit, für sich selbst sorgen zu müssen. Selbstsorgeformen und ihre Paradoxien in der Gegenwartsgesellschaft. In: *Freie Assoziation*, 16. Jg., H. 1, S. 65-76.

Rau, Alexandra (2013b): „Psychopolitics" at Work: The Subjective Turn in Labour and the Question of Feminization. In: *Equality, diversity and inclusion: An international journal*. Vol. 32, No. 6, S. 604-614.

Rogers, Carl (1984): Gemeinschaften. In: Villoldo, Alberto/Dychtwald, Ken (Hrsg.): *Millenium. Wege ins Dritte Jahrtausend*, S. 151-163. Basel: Sphinx.

Rose, Nikolas (1998): *Inventing Our Selves. Psychology, Power and Personhood*. Cambridge: Cambridge University Press.

Soiland, Tove (2008): Die Verhältnisse gingen und die Kategorien kamen. *Intersectionality* oder Vom Unbehagen an der amerikanischen Theorie. In: *querelles-net. Rezensionszeitschrift für Frauen- und Geschlechterforschung*. http://portal-intersektionalitaet.de/theoriebildung/diskussionspapiere/diskussionspapier-soiland/ Zugriff: 20.05.2016.

Sonntag, Michael (1988): *Die Seele als Politikum. Psychologie und die Produktion des Individuums*. Berlin: Reimer.

Tändler, Maik/Jensen, Uffa (2012): Psychowissen, Politik und das Selbst. Eine neue Forschungsperspektive auf die Geschichte des Politischen im 20. Jahrhundert. In: Dies. (Hrsg.): *Das Selbst zwischen Anpassung und Befreiung. Psychowissen und Politik im 20. Jahrhundert*, S. 9-35. Göttingen: Wallstein.

Voswinkel, Stephan/Kocyba, Hermann (2005): Entgrenzung der Arbeit. Von der Entpersönlichung zum permanenten Selbstmanagement. In: *WestEnd. Neue Zeitschrift für Sozialforschung*, 2. Jg., H. 2, S. 73-83.

Voß, Günter G. (1998): Die Entgrenzung von Arbeit und Arbeitskraft. Eine subjektorientierte Interpretation des Wandels der Arbeit. In: *Mitteilungen aus der Arbeitsmarkt- und Berufsforschung*, 31. Jg., H. 3, S. 473-487.

Voß, Günter G./Pongratz, Hans J. (1998): Der Arbeitskraftunternehmer. Eine neue Grundform der Ware Arbeitskraft? In: *Kölner Zeitschrift für Soziologie und Sozialpsychologie*, Jg. 50, H. 1, S. 131-158.

Voß, Günter/Weiss, Cornelia (2013): Burnout und Depression – Leiterkrankungen des subjektivierten Kapitalismus oder: Woran leidet der Arbeitskraftunternehmer? In: Neckel, Sighard/Wagner, Greta (Hrsg.): *Leistung und Erschöpfung. Burnout in der Wettbewerbsgesellschaft*, S. 29-57. Frankfurt/M.: Suhrkamp.

Von Arbeitskonflikten zum psychologischen Problem?
Wie Konzepte von Stress und Burnout das Verhältnis zu Arbeit transformieren (können)

Regina Brunnett

Mit „Konflikten" und „Kämpfen" hat es etwas Sonderbares auf sich – ihnen haftet der Odem von Negativität und Ablehnung an – sie gehören zu den Konzepten, Ideen und Gefühlen, die in gegenwärtigen Gesellschaften aus der Mode gekommen sind und dienen als Gegenbilder einer an Konsens und Harmonie orientierten politischen Kultur.

Heiden (2014, S. 12ff.) zufolge sind Konflikte, auch Arbeitskonflikte, jedoch konstitutiv für jegliche Form sozialer Beziehungen. Arbeitskonflikte bezeichnen höchst unterschiedliche Formen sozialer Beziehungen (z. B. Streik, Arbeitskampf, Aussperrung), deren Gemeinsamkeit darin besteht, dass sie im Widerspruch zwischen Kapital und Arbeit begründet sind. Heiden vertritt die Auffassung, dass sich in den letzten Jahren weniger die Quantität als vielmehr die Qualität der Arbeitskonflikte verändert habe: An die Stelle kollektiver Arbeitskonflikte seien sukzessive alltägliche Arbeitskonflikte gerückt. Diese Formen der Widersprüche zwischen Verwertung und Reproduktion würden als Strukturkonflikte spätkapitalistischer Gesellschaften vornehmlich im Subjekt selbst ausgetragen. Hieraus resultierende Belastungen und Beanspruchungen schlagen sich z. B. in Burnout oder Mobbing nieder. Statt dass also der Widerspruch zwischen Arbeit und Kapitel transformiert worden ist, verlagern sich die Formen der Konfliktualisierung von kollektiven, institutionell-rechtlich regulierten hin zu ent-politisierten und individualisierten Formen. Belastungen/Überlastungen oder Erschöpfung sind die Formen, in denen der Widerspruch zwischen Kapital und Arbeit heutzutage interpretiert und kommuniziert wird.

Bio-psychologische Gesundheits- und Krankheitskonzepte, wie z. B. von Stress oder Burnout, entfalten in diesem Zusammenhang die Wirkung von „Psycho-Politik", die im Folgenden beleuchtet werden sollen. Welche Bedingungen führen dazu, dass diese Gesundheitskonzepte trotz steigender Belastungen durch Arbeit und ökonomisierter Lebensformen so populär geworden sind? Wie verändert sich hierdurch das Verhältnis zur Arbeit? Worin bestehen strukturelle Bedingungen für diese Veränderungen? Ich werde im Folgenden zunächst psychische Belastungen in der Regulierung von Arbeit darlegen (1), um dann die Popularisierung von Stresskonzepten zu skizzieren (2) und von hier aus die Harmonisierung des Verhältnisses von Arbeit und Gesundheit als mögliche Folge darzulegen (3). Abschließend wird danach zu fragen sein, wie sich die Formen der Konfliktualisierung produktiv wenden lassen (4).

1 Psychische Belastungen in der Regulierung von Gesundheit und Arbeit

Es gilt als Errungenschaft von Arbeitsschutzakteur_innen, dass psychosoziale Belastungen und Beanspruchungen durch Arbeit seit Mitte der 1990er Jahre normativ Eingang in den Arbeits- und Gesundheitsschutz gefunden haben. Seit den 1970er Jahren war zunehmend kritisiert worden, dass der Arbeitsschutz zu stark auf körperliche Belastungen fokussiert war. Psychosoziale Belastungen und multidimensionale Krankheitsursachen, in die jene involviert sind, wurden nicht ausreichend berücksichtigt.

Das 1996 novellierte Arbeitsschutzgesetz erlaubt es prinzipiell, psychosoziale Belastungen durch Arbeit im Rahmen eines erweiterten Gesundheitsschutzes einzubeziehen. Es legt die Verpflichtung zur Beseitigung von Gesundheitsgefährdungen, die von Arbeit und Arbeitsumgebungen ausgehen, fest und nimmt die Orientierung an menschengerechter Arbeit auf. Kernstück dieses Ansatzes ist eine Gefährdungsanalyse, die als Grundlage für die Auswahl und Umsetzung geeigneter Maßnahmen dienen soll (§§ 2, 5, 6 ArbSchG). Gleichwohl mangelt es bis heute an der Anwendung der Gefährdungsanalyse wie auch an der Umsetzung der Betrieblichen Gesundheitsförderung. Beck und Lenhardt (2009) zeigen anhand von Sekundäranalysen von Beschäftigtenbefragungen auf, dass Gefährdungsanalysen in durchschnittlich ca. einem Drittel der Betriebe durchgeführt werden, wobei starke Schwankungen je nach wirtschaftlicher Lage der Unternehmen, Wirtschaftszweig und Betriebsgröße zu verzeichnen sind. Die Autoren kommen auf Grundlage einer weiteren Analyse (vgl. Beck/Lenhardt 2014) zu dem Schluss, dass – obgleich das Angebot an Betrieblicher Gesundheitsförderung in den Unternehmen insgesamt gestiegen sei – die Umsetzung von Betrieblicher Gesundheitsförderung in kleinen und mittleren Betrieben wie auch besonders bei belasteten Personengruppen noch ausbaufähig ist.

Daraus erschließt sich eine Kluft oder sogar eine Gegenläufigkeit zwischen Arbeitsbelastungen und Gesundheitsschutz in spätkapitalistischen Gesellschaften. Arbeitsbedingungen im flexiblen Kapitalismus bedingen strukturell eine Zunahme psychosozialer Belastungen in Verbindung mit Arbeit: Subjektivierung von Arbeit sowie Mechanismen der indirekten Steuerung von Arbeitsleistungen oder Arbeitsintensivierung erhöhen Peters (2011, S. 110) zufolge die Belastungen. Auch geringe bzw. fehlende Handlungsspielräume in der Arbeitsgestaltung, problematische Kontakte (vgl. Siegrist 2000) sowie für den flexiblen Kapitalismus kennzeichnende Arbeitsplatzunsicherheit durch Prekarität, Umstrukturierung und Arbeitsplatzabbau (vgl. Pröll/Gude 2003) stellen bekanntermaßen psychische Belastungen dar.

Zahlreiche Studien belegen auch für den internationalen Raum (Siegrist/Dragano 2008; Siegrist/Siegrist 2014), dass psychosoziale Belastungen am Arbeitsplatz mit depressiven Erkrankungen, Herz-Kreislauf-Erkrankungen, Diabetes Mellitus und musko-skeletalen Erkrankungen assoziiert sind. Studien aus vier Kohorten aus 17 Ländern hätten, so Siegrist und Siegrist (2014), gezeigt, dass die Prävalenz und Bedeutung psychischer Erkrankungen (inklusive des Burnouts) gestiegen sind. Wer mit dem Arbeitsklima unzufrieden ist, trage ein 1,7-fach erhöhtes Risiko für depressive und Angst-Störungen (vgl. Jensen et al. 2010 zit. in: Siegrist/Siegrist 2014). Im Jahre 2013 lagen psychische Erkrankungen mit 9,8 % an vierter Stelle für Arbeitsunfähigkeit. Seit 2002 seien sie um 62,2 % angestiegen, mit mehr als doppelt so vielen Arbeitsunfähigkeits-Tagen (ca. 25,2 Tage) als bei anderen Erkrankungen. Dragano und Schneider (2011) konnten in einer Literaturstudie zeigen, dass das Risiko der Frühberentung für diejenigen Personengruppen steigt, welche starken psychosozialen Belastungen am Arbeitsplatz ausgesetzt sind. In eine ähnliche Richtung weist der Befund einer klinischen Studie, dass Menschen mit Depressionen/Dythyhmia nach 6 Monaten zu 15 % arbeitslos wurden im Vergleich zu nur 2 % bei gesunden Patient_innen (Wege/Angerer 2014).

Zeitgleich mit den steigenden psychosozialen Belastungen und Beanspruchungen durch Arbeit sowie deren gesundheitliche Folgen vollzieht sich eine Individualisierung der Ursachen, bedingt durch das Ineinandergreifen verschiedener Mechanismen. So gehen markt- und ergebnisorientierte Steuerungsmechanismen, die sich in der Organisation von Arbeit zunehmend durchsetzen, damit einher, dass die Verantwortung für die erlebten Beanspruchungen, aber auch von Anerkennung und Unterstützung vielfach nicht mehr Personen oder Funktionsträgern – wie Vorgesetzten – zugeschrieben werden kann (Menz et al. 2011, S. 144, 192). Das trägt dazu bei, dass innerbetrieblich erzeugte Konflikte zwischen Leistungspolitik und Gesundheitsschutz individualisiert werden, wobei das Scheiternsproblem den Arbeitnehmer_innen zugeschrieben wird (vgl. Ahlers 2014; Kratzer/Dunkel 2011). Schließlich trug die Deregulierung des Arbeits- und Gesundheitsschutzes, wie sie sich im Personalabbau in den Arbeitsschutzbehörden, in Reformen innerhalb der Unfallversicherung und der Berufsgenossenschaften und dem Festlegen von allgemeinen Schutzzielen statt genauen Normwerten zeigt, dazu bei, dass der „Gesundheitsschutz [sehr häufig R.B.] ohnehin zu einer falsch verstandenen Gesundheitsförderung verniedlicht wurde" (Kratzer/Dunkel 2011, S. 18). Betriebe bieten sehr viel häufiger verhaltenspräventive Maßnahmen wie Stressbewältigung oder Bewegungsangebote als verhältnispräventive Maßnahmen zur Gestaltung der Arbeitsbedingungen im Rahmen Betrieblicher Gesundheitsförderung an. Verhaltensänderungen mit dem Ziel der Verbesserung von Gesundheit laufen jedoch angesichts der strukturellen Arbeitsbedingungen ins Leere (vgl. auch Ahlers 2014).

2   Popularisierung von Stresskonzepten und von Burnout

Kury (2012) hat in einer detaillierten Wissensgeschichte vom Stress zum Burnout die Entwicklung der Diskurse über Stress nachgezeichnet. Die Anfänge der Stressforschung im engeren Sinne sind auf den Zeitraum zwischen Mitte der 1930er Jahre und den beginnenden 1950er Jahren in Nordamerika im Kontext der Militärpsychiatrie zu datieren, die sich mit gefechtsbedingten Belastungssymptomen befasste. Zunächst bezeichnete man mit Stress sowohl die Belastungen als auch deren Folgen. Seit den 1950er Jahren diversifizierten die wissenschaftlichen Ansätze über Stress, seit Mitte der 1970er Jahre erfolgte eine so starke wissenschaftliche und populärwissenschaftliche Rezeption, dass *Der Spiegel* bereits 1977 von dem Modewort berichtete. Seither hat sich Stress zu einem hegemonialen Deutungs- und Erklärungsansatz für Gesundheit und Krankheit sowie das Selbst entwickelt. Es changiert zwischen Wissenschaft, Populärwissenschaft und Publikumsmedium. Dabei konnten sich individualisierte biologisch-psychologische Stresskonzepte gegenüber sozial- und arbeitsmedizinischen Konzepten, wie z. B. von Lévi oder Pearlin, durchsetzen und machten damit Umgebungsfaktoren und sozialpolitische Regelungen als Bedingungen für die Gestaltung von Wohlbefinden und Lebensgestaltung unsichtbar (vgl. Kury 2012). Die Popularität der Stresskonzepte kann sich, so meine These, darauf stützen, dass strukturelle Verhältnisse, Beziehungen, Unvereinbarkeiten, Widersprüche und Paradoxien nicht erfasst und dadurch de-thematisiert werden können. Beispiele hierfür sind die sehr populären Stresskonzepte von Selye und Lazarus.

Hans Selyes' Stressmodell (z. B. Selye 1953, 1960) stützt sich auf biologische Grundannahmen, nach welchen auf die Exposition gegenüber jedem Stressor ein stereotypes Reaktionsmuster abläuft: Zunächst erfolgt als Phase 1 eine Alarmreaktion, in Folge derer charakteristische physiologische Veränderungen eintreten und der Widerstand des Organismus insgesamt sinkt. Phase 2 tritt dann ein, wenn sich die anhaltende Einwirkung des Stressors mit Anpassung vereinbaren lässt. In dieser Phase verschwinden die körperlichen Symptome, und eine körperliche Normallage tritt ein. Wenn die Einwirkung des Stressors über längere Zeit anhält, dann tritt Phase 3 ein, in der Symptome der Alarmreaktion wieder einsetzen und eine Erschöpfung eintritt – es erfolgt eine Art Verschleiß. Selye folgend sind die Expositionen gegenüber Stressoren nicht vermeidbar, da sie ubiquitär sind; jedoch können überschießende, unzureichende oder falsche Reaktionen auf Stressoren bearbeitet werden, um Anpassungsprobleme und Stresskrankheiten zu vermeiden (Selye 1953, S. 15ff., 1960).

Die biologisierte Perspektive auf Stress beinhaltet eine strukturelle Gleichsetzung jedweder Formen von Stressoren (also Umzug, Verlust, Krieg, Naturkatastrophen), eine Individualisierung von Stressreaktionen findet sich jedoch deutlicher in Richard S. Lazarus' transaktionalem Stressmodell. Für ihn sind die kognitiven Bewertungen von Situationen und die zur Verfügung stehenden Bewältigungsstrategien konstitutiv für die Entstehung einer Stressreaktion, die erst dann entstehe, wenn es eine Diskrepanz zwischen Umweltbedingungen und dem kompensatorischen Umgang von Individuen gäbe (Lazarus 1999, S. 58f.). Würden Stressoren bereits primär nicht als Schädigung oder Verlust, sondern als Herausforderung bewertet, so trete keine Stressreaktion ein (Lazarus/Launier 1981).

Dies bildet die Grundlage für das alltagsweltliche Verständnis, dass sich ein Mensch dafür entscheiden könne, Bedingungen als ‚Herausforderungen' zu werten und dadurch zu ‚wachsen'. Zwar benennt Lazarus strukturelle Bedingungen (z. B. Armut, Familienprobleme oder Arbeitsstress) als Auslöser von Stressreaktionen, die jedoch durch Bewältigungsstrategien wie Intelligenz, Gesundheit, Energie oder die Unterstützung der Umwelt abgefedert werden könnten (Lazarus 1999, S. 71). Für ihn gehört das Ausmaß der Toleranz von Stress zu den Eigenschaften einer Persönlichkeit, die eben „anfälliger" oder qua positiven Denkens „toleranter" gegenüber Stress sein könnte.

Kury (2012, S. 271) zeigt auf, dass sich in den 1970er Jahren ein von Selye beeinflusstes Konzept von Stress als Reaktion auf unspezifische Reize durchsetzen konnte. Seiner Schlussfolgerung zufolge wird Burnout in aller Regel in diesen Deutungsrahmen eingeordnet und erscheint als ‚Endstufe' von physiologischen Stressabläufen.

Burnout liegt demzufolge kein eigenständiges Konzept von Gesundheit/Krankheit zugrunde und wird daher nicht prinzipiell von Stress unterschieden. Im wissenschaftlich-medizinischen Diskurs ist zudem bis heute umstritten, ob es sich bei

Burnout um eine eigenständige Krankheitsentität handelt. Das spiegelt sich darin, dass bislang über 100 mögliche Symptome gelistet sind, und die Abgrenzung von Burnout zu Depressionen unscharf ist (vgl. Burisch 2010). Das Burnout ist demzufolge, anders als das ähnlich vage Krankheitsbild der Neurasthenie, bislang nicht als eigenständige Entität in die Internationale Klassifikation der Krankheiten und gesundheitlichen Störungen (ICD-Kodex) aufgenommen worden (Kury 2012, S. 271). Theoreme der Stresskonzepte von Selye und Lazarus dienen den Diskursen über Burnout als Referenz, u. a. indem Burnout auf ein Defizit oder eine mangelnde Bewältigungskompetenz des Individuums zurückgeführt wird (vgl. Brunnett 2013).

Den Stresskonzeptionen ist ein spezifisches Verständnis der Beziehung zwischen „Gesundheit" und „Selbst" impliziert, das als paradigmatisch für gegenwärtige Gesellschaften gelten kann. „Gesundheit" und „Selbst" werden kybernetisch-systemisch aufgefasst – damit geht einher, dass das Denken einer durch die Umwelt oder das Leben geschädigten Gesundheit überlagert wird durch die Annahme, dass Lebens- oder/und Umweltbedingungen sowohl entwicklungsfördernd als auch schädigend sein können. Indem Lebens- und Umweltbedingungen nicht unterschieden werden, werden diese nebeneinander gestellt und erscheinen so als gleichwertig, gleich ob es sich um kollektive Gewalt (Krieg, Folter, Verfolgung) oder um Ereignisse handelt, die, abhängig vom gesellschaftlichen Kontext, im Leben der meisten Menschen vorkommen können (Umzug, Trennung, Verlust, Naturkatastrophe). Dadurch werden Lebens- und Umweltbedingungen entstrukturalisiert und dem gesellschaftlichen Kontext entzogen, sie wirken als isolierbare, gleichförmige Bedingungen. Bezogen auf „Gesundheit und Arbeit" folgt daraus, dass Strukturkonflikte und Schädlichkeit von Arbeits- und Lebensbedingungen für Gesundheit der Sichtbarkeit entzogen werden, Strukturen, komplexe Gefüge atomisiert und in unverbundene überschaubare Faktoren (Konkurrenz, Anspruchsdenken, Neid, Mobbing) aufgelöst werden (vgl. Brunnett 2013).

Durch diese doppelte Verschiebung im Rahmen eines kybernetisch-systemischen Modells von „Gesundheit"/"Krankheit" wird das Individuum selbst zur verantwortlichen Produzent_in von Gesundheit und Krankheit, da ihm die Regulierung seiner Reaktion auf die (ohnehin ubiquitären) Stressoren obliegt. Dadurch wird das Individuum, wie Illich (1995, S. 207ff.) konstatiert, zu einem „selbstregulierende[n] und selbstkonstruierende[n] System" – Gesundheit erscheint als Produkt flexibler Selbstregulierung, welche durch persönliche Kompetenzen und individuelle Entscheidungen gesteuert wird. Das beinhaltet, dass Gesundheit zum Kapital wird, da das Individuum sich innovativ und flexibel auf äußerliche Anforderungen einstellen und seine Persönlichkeit und Kompetenzen hierdurch wachsen könne. Dies erscheint somit auch als Möglichkeit der Prävention bzw. Bewältigung eines Burnouts.

3 Harmonisierung und Depolitisierung des Verhältnisses zu Arbeit

Den psychologisch fundierten Konzepten von Stress und Burnout ist, angewandt im Feld von Arbeit, tendenziell eine depolitisierende Wirkung inhärent. Ein politisiertes Verhältnis benötigt neben gesellschaftlichem und strukturellem Bezug auch Widersprüche, Brüche, Antagonismen und Unvereinbarkeiten aufzunehmen, weil diese erst Kontingenz und damit auch Möglichkeiten zur Veränderung sichtbar machen. Mouffe (2007, S. 35) ist der Auffassung, dass „Mobilisierung [...] nicht ohne konflikthafte Darstellung der Welt mit gegnerischen Lagern [...] [möglich ist, R.B.], mit denen die Menschen sich identifizieren können; einer Darstellung der Welt, die die politische Mobilisierung von Leidenschaften innerhalb des Spektrums des demokratischen Prozesses zulässt."

Mouffe (2007) spricht davon, dass die ‚Abschaffung des politischen Gegners' – in diesem Fall die personelle Zurechnung von Verantwortlichkeit für Arbeitsbedingungen und die Adressierung politischer Forderungen – dazu beitrage, die innere Dynamik demokratischer Prozesse auszulöschen. Individualpsychologische Konzepte entziehen idealtypisch Arbeit und das Verhältnis der Subjekte zu ihr der politischen Gestaltbarkeit und stellen hierdurch demokratisch-konfliktuelle Gestaltungs- und Veränderungsprozesse still. Resilienztraining und Stressbewältigungsprogramme tragen dazu bei, dass das Individuum als referentieller Bezugs- und Endpunkt von „Gesundheit" im Verhältnis zu „Arbeit" verabsolutiert wird.

Viele Arbeitnehmer_innen charakterisieren ihre Arbeit in der Tat als Stress erzeugend (vgl. Menz et al. 2011; Umfragen BAUA, Index Gute Arbeit), individualisieren jedoch Ursachen und die Verantwortlichkeiten für deren Bewältigung. Auf der einen Seite wird konstatiert, dass die Reaktionen von Arbeitnehmer_innen auf Überlastungen durch Arbeit überwiegend individualisiert erfolgen: Arbeitnehmer_innen wechseln den Arbeitsplatz, reduzieren ihre Arbeitszeit und damit auch ihre Ansprüche auf Status, Bezahlung oder Karrierechancen (vgl. Menz et al. 2011). Gleichzeitig werden gesellschaftlich anerkannte Handlungen zur individuellen Stressbewältigung genutzt: Sport, Ernährung oder Entspannungstechniken (z. B. Kaluza 2015). Auf der anderen Seite setzen an diesem individualisierten Verständnis von Gesundheit auch solche durch Arbeitgeber angebotene Maßnahmen oder auf dem freien Markt erhältlichen Dienstleistungen an, mit denen durch verhaltensbeeinflussende Maßnahmen Stresstoleranz, die so genannte Resilienz, gestärkt werden soll. Dies zeigt folgendes Beispiel:

> Unsere Übungen für acht Schutzfaktoren können Sie gut in den Alltag einbauen: Ermitteln Sie Ihren Glücksquotienten und arbeiten Sie jeden Tag an einer positiven

Grundeinstellung, indem Sie ein Glückstagebuch führen. Stärken Sie Ihr Vertrauen in sich und steigern Sie Ihre Selbstwirksamkeitserwartung, indem Sie Ihre Bequemlichkeitszone verlassen. Zwei Vorlagen helfen Ihnen dabei: Erfolgserlebnisse analysieren und Geeignete [sic!] Herausforderungen angehen [...]. (o. A. o. J., Abschnitt 3 und 4)

Die Verantwortung für die belastenden Arbeits- und Lebensbedingungen zu übernehmen und Stressgefühle in selbstoptimierende Maßnahmen zu überführen, gehört zu den Versuchen, die erlebten Strukturkonflikte und Widersprüche zwischen „Arbeit" und „Gesundheit" auszuschalten. Ihr ist die Idee einer möglichen Harmonisierung zwischen „Arbeit" und „Gesundheit/Selbst" inhärent – ein zeitgenössisches Phantasma, das aus den Interessen von Betrieben und Dienstleistungsanbieter_innen ebenso gespeist wird wie aus den Fiktionen eines (erfolgreichen) unternehmerischen Selbst.

Folgt man Rancière (1999), dann haben Konsens und Harmonie (der Repräsentation) in spätkapitalistischen Gesellschaften die Funktion, alle Gesellschaftskritik in eine gleiche Form der mangelnden Anpassung an die Gegenwart zu transformieren. In ähnlicher Weise scheint das Erleben von Strukturkonflikten heutzutage in einen Wunsch nach Optimierung individueller bzw. gruppenbezogener Anpassung zu münden. Möglicherweise vermögen kybernetisch-systemische Modelle von Gesundheit die Subjekthaftigkeit zu stabilisieren, weil sie diese auf Selbstoptimierung, (ungebrochene) Kommodifizierung und damit auf die Zukunft offen zu halten vermag.

4 Das Verhältnis zu Arbeit kollektivieren

Werden also Probleme und Konflikte im Verhältnis zur Arbeit im flexiblen Kapitalismus ungebrochen ins Innen verlagert und als zu optimierende Kompetenz zu ihrer Bewältigung wieder aufgeworfen? Folgt man der Analyse Alain Ehrenbergs' (2004), stehen in der Tat Defizit- und Kompetenzorientierungen und damit verbunden die Autonomie-Anforderungen an die modernen Subjekte im Vordergrund. Auch die Diagnosen der Subjektivierung von Arbeit weisen in dieselbe Richtung (z. B. Voß/Weiß 2013; Peters 2011). Mit der unternehmerischen Beziehung zum Selbst geht demnach die „mit dem Selbst verstrickte" Gefährdung der Gesundheit als „interessierte Selbstgefährdung" – quasi durch die Überbeanspruchung einher, die in Depressionen oder Burnout münden können. Aus der zirkulären Beziehung zwischen der Ökonomisierung des Selbst und seiner Überforderung gibt es demzufolge keinen Ausweg – außer dem über Selbstverantwortung.

Gleichwohl, dies rückt Heiden (2014) in den Vordergrund, lassen sich empirisch nicht-normierte Arbeitskonflikte aufzeigen, die zwischen Individual- und Kollektivkonflikten changieren – das Kollektive sei jedoch nicht primär politisiert, sondern bestünde in einer Übereinstimmung der den Konflikten zugrunde liegenden Interessen, z. B. Abstiegskonflikte, die am häufigsten aus Überlastung resultierten. Folgt man seinen Überlegungen, dann bietet ein Bewusstsein um vertraglich regulierte Kollektivnormen den Boden dafür, dass die persönlichen Erfahrungen gemeinsam als Ungerechtigkeit interpretiert und damit skandalisiert werden könnten. Heiden (2014, S. 346) stellt heraus, dass es einer wiederholten ‚Übersetzungsleistung' bedürfe, um die strukturelle Verursachung der kollektiven Erfahrungen immer wieder nachvollziehbar und bewusst werden zu lassen. Wenn Solidarisierungen im alltäglichen Reden und im Kontakt hergestellt werden könnten, sei dies nicht allein ein Ventil, sondern es wohne ihm ein Potenzial für mögliche Veränderungsprozesse inne. Dies trifft auch auf Erfahrungen von Stress und Burnout zu – sie können im Austausch kollektiviert werden und so als Basis für eine Neuinterpretation der Beziehung zu Arbeit dienen. Eine wesentliche Voraussetzung ist, dass dies keine Angst vor Gefährdung der Lebensgrundlage auslösen (muss) – vertraglich abgesicherte Arbeitsverhältnisse bilden daher eine wesentliche Bedingung für die Kollektivierung von Erfahrungen der psychosozialen Beanspruchung durch Stress.

Literatur

Ahlers, Elke (2014): Möglichkeiten und Grenzen Betrieblicher Gesundheitsförderung aus Sicht einer arbeitnehmerorientierten Wissenschaft. In: Badura, Bernd/Ducki, Antje/Schröder, Helmut/Klose, Joachim/Meyer, Markus (Hrsg.): *Fehlzeiten-Report 2014*, S. 35-43. Berlin/Heidelberg: Springer.

Angerer, Peter/Gündel, Harald/Siegrist, Karin (2014): Stress: Psychosoziale Arbeitsbelastung und Risiken für kardiovaskuläre Erkrankungen sowie Depression. In: *Deutsche Medizinische Wochenschrift* 139 (24), S. 1315-1319. DOI: 10.1055/s-0034-1370112.

Beck, David/Lenhardt, Uwe (2009): Verbreitung der Gefährdungsbeurteilung in Deutschland. In: *Prävention und Gesundheitsförderung* 4 (1), S. 71–76. DOI: 10.1007/s11553-008-0153-x.

Beck, David/Lenhardt, Uwe (2014): Betriebliche Gesundheitsförderung in Deutschland: Verbreitung und Inanspruchnahme. Ergebnisse der BIBB/BAuA-Erwerbstätigenbefragungen 2006 und 2012. In: *Gesundheitswesen* (Bundesverband der Ärzte des Öffentlichen Gesundheitsdienstes). DOI: 10.1055/s-0034-1387744.

Brunnett, Regina (2013): Burnout und soziale Anpassung. Stress, Arbeit und Selbst im flexiblen Kapitalismus. In: Dellwing, Michael/Hartbusch, Martin (Hrsg.): *Krankheitskons-*

truktionen und Krankheitstreiberei. Zur Renaissance der soziologischen Psychiatriekritik, S. 161-175. Wiesbaden: Springer VS.

Burisch, Matthias (2010): *Das Burnout-Syndrom. Theorie der inneren Erschöpfung*, 4. Aufl. Berlin/Heidelberg: Springer.

Dragano, Nico (2007): *Arbeit, Stress und krankheitsbedingte Frührenten. Zusammenhänge aus theoretischer und empirischer Sicht*. Wiesbaden: VS.

Dragano, Nico/Schneider, Lutz (2011): Psychosoziale Arbeitsbelastungen als Prädiktoren der krankheitsbedingten Frühberentung: Ein Beitrag zur Beurteilung des Rehabilitationsbedarfs. In: *Die Rehabilitation* 50 (1), S. 28-36. DOI: 10.1055/s-0030-1270431.

Ehrenberg, Alain (2004): *Das erschöpfte Selbst. Depression und Gesellschaft in der Gegenwart.* Frankfurt/M.: Suhrkamp.

Heiden, Mathias (2014): *Arbeitskonflikte. Verborgene Auseinandersetzungen um Arbeit, Überlastung und Prekarität.* Berlin: edition sigma.

Illich, Ivan (1995): *Die Nemesis der Medizin. Die Kritik der Medikalisierung des Lebens*, 4. überarb. Aufl. München: Beck.

Kaluza, Gert (2015): *Gelassen und sicher im Stress. Das Stresskompetenz-Buch: Stress erkennen, verstehen, bewältigen.* 6., vollst. überarb. Aufl. Berlin: Springer.

Kratzer, Nick/Dunkel, Wolfgang (2011): Arbeit und Gesundheit im Konflikt. Zur Einführung. In: Kratzer, Nick/Dunkel, Wolfgang/Becker, Karina/Hinrichs, Stephan (Hrsg.): *Arbeit und Gesundheit im Konflikt. Analysen und Ansätze für ein partizipatives Gesundheitsmanagement*, S. 13-36. Baden-Baden: Nomos.

Kury, Patrick (2012): *Der überforderte Mensch. Eine Wissensgeschichte vom Stress zum Burnout.* Frankfurt/M.: Campus.

Lazarus, Richard S. (1999): *Stress and Emotion. A new Synthesis.* London: Springer Publishing.

Lazarus, Richard S./Launier, Raymond (1981): Streßbezogene Transaktionen zwischen Person und Umwelt. In: Nitsch, Jürgen: *Stress. Theorien, Untersuchungen, Maßnahmen*, S. 213-260. Bern u. a.: Hans Huber.

Menz, Wolfgang/Dunkel, Wolfgang/Kratzer, Nick (2011): Leistung und Leiden. Neue Steuerungsformen von Leistung und ihre Belastungswirkungen. In: Kratzer, Nick/Dunkel, Wolfgang/Becker, Karina/Hinrichs, Stephan (Hrsg.): *Arbeit und Gesundheit im Konflikt. Analysen und Ansätze für ein partizipatives Gesundheitsmanagement*, S. 143-198. Baden-Baden: Nomos.

Mouffe, Chantal (2007): *Über das Politische. Wider die kosmopolitische Illusion.* Frankfurt/M.: Suhrkamp.

o. A. (o. J.): *Handbuch Beruf und Karriere, Premium ‚Resilienz stärken'*. http://www.business-wissen.de/kapitel/resilienz-staerken [30.06.2016].

Peters, Klaus (2011): Indirekte Steuerung und interessierte Selbstgefährdung. Eine 180-Grad-Wende bei der betrieblichen Gesundheitsförderung. In: Kratzer, Nick/Dunkel, Wolfgang/Becker, Karina/Hinrichs, Stephan (Hrsg.): *Arbeit und Gesundheit im Konflikt. Analysen und Ansätze für ein partizipatives Gesundheitsmanagement*, S. 105-122. Baden-Baden: Nomos.

Pröll, Ulrich/Gude, Dietmar (2003): *Gesundheitliche Auswirkungen flexibler Arbeitsformen. Risikoabschätzung und Gestaltungsanforderungen.* Schriftenreihe der Bundesanstalt für Arbeitsschutz und Arbeitsmedizin: Forschung; 986, Bremerhaven: Wirtschaftsverlag NW, Verlag für neue Wissenschaften.

Rancière, Jacques (1999): *Disagreement. Politics and Philosophy.* Minneapolis/London: University of Minnesota Press.

Selye, Hans (1953): *Einführung in die Lehre vom Anpassungssyndrom.* Stuttgart: Georg Thieme.

Selye, Hans (1960) Der derzeitige Stand der Stressforschung (Physiologische Experimente zum Psyche-Hormon-Problem). In: Meng, Heinrich (Hrsg.): *Psyche und Hormon. Einführung in die endokrine Psychosomatik, psychoanalytische Klinik und Lehre vom Stress*, S. 125-138. Stuttgart/Berlin: Hans Huber.

Siegrist, Johannes (2011): Berufliche Gratifikationskrisen und depressive Störungen. In: *Psychotherapeut* 56 (1), S. 21-25. DOI: 10.1007/s00278-010-0793-0.

Siegrist, Johannes (2000): Psychosoziale Arbeitsbelastungen und Herz-Kreislauf-Risiken. In: Badura, Bernhard/Litsch, Martin/Vetter, Christian (Hrsg.): *Fehlzeiten-Report 1999. Psychische Belastung am Arbeitsplatz. Zahlen, Daten und Fakten aus allen Branchen der Wirtschaft*, S. 142-152. Berlin/Heidelberg: Springer.

Siegrist, Johannes/Dragano, Nico (2008): Psychosoziale Belastungen und Erkrankungsrisiken im Erwerbsleben. Befunde aus internationalen Studien zum Anforderungs-Kontroll-Modell und zum Modell beruflicher Gratifikationskrisen. In: *Bundesgesundheitsblatt, Gesundheitsforschung, Gesundheitsschutz* 51 (3), S. 305–312. DOI: 10.1007/s00103-008-0461-5.

Siegrist, Karin/Siegrist, Johannes (2014): Epidemiologische Zusammenhänge zwischen psychosozialen Arbeitsbelastungen und psychischen Erkrankungen. In: Angerer, Peter/Glaser, Jürgen/Gündel, Harald/Henningsen, Peter/Lahmann, Claas/Letzel, Stefan/Nowak, Dennis (Hrsg.): *Psychische und psychosomatische Gesundheit in der Arbeit: Wissenschaft, Erfahrungen und Lösungen aus Arbeitsmedizin, Arbeitspsychologie und Psychosomatischer Medizin*, S. 84-90. München: ecomed-Storck.

Voß, G. Günter/Weiß, Cornelia (2013): Burnout und Depression – Leiterkrankungen des subjektivierten Kapitalismus oder: Woran leidet der Arbeitskraftunternehmer? In: Neckel, Sighart/Wagner, Greta (Hrsg.): *Leistung und Erschöpfung. Burnout in der Wettbewerbsgesellschaft*, S. 29-57. Berlin: Suhrkamp.

Wege, Natalia/Angerer, Peter (2014): Auswirkungen psychischer Erkrankungen auf Arbeitsfähigkeit und Rückkehr zur Arbeit. In: Angerer, Peter/Glaser, Jürgen/Gündel, Harald/Henningsen, Peter/Lahmann, Claas/Letzel, Stefan/Nowak, Dennis (Hrsg.): *Psychische und psychosomatische Gesundheit in der Arbeit: Wissenschaft, Erfahrungen und Lösungen aus Arbeitsmedizin, Arbeitspsychologie und Psychosomatischer Medizin*, S. 213-219. München: ecomed-Storck.

„Was ging, was geht, was ist möglich?"
Praktische und konzeptionelle Herausforderungen im Kontext Sozialer (Lohn-)Arbeit

Ulrike Eichinger

Sowenig der neoliberal inspirierte Wandel der Verhältnisse Sozialer Arbeit vereindeutigt oder retrospektiv die Vergangenheit verklärt werden sollte, gilt dies auch für die in diesem Kontext entwickelten Selbstverständnisse in der Profession. Tilman Lutz hat hierzu in seinem Beitrag auf dem Bundeskongress (und in diesem Band) die (An-)Passungen an historisch-spezifische gesellschaftliche bzw. sozialpolitische Diskurse fokussiert. In diesem Artikel wird die gleichzeitig vorhandene Bandbreite von Verarbeitungsweisen von Beschäftigten in der Sozialen Arbeit vor allem anhand von Widerstandsformen beleuchtet. Durch unsere beiden Beiträge soll eine Diskussion angeregt werden, die die Bedeutung von gesellschaftlichen Entwicklungen für die Soziale Arbeit allgemein als auch ihren Angebotscharakter für die Professionellen selbst in den Blick nimmt.

Hierzu werden im Folgenden Ergebnisse aus der qualitativen Praxisforschung Sozialer Arbeit herangezogen, die zeigen, welche Funktionalität für die Beschäftigten sowohl die Übernahme hegemonialer Professionalisierungsmuster haben kann als auch was eigensinnige oder/und widerständige Positionen sinnvoll sein lässt. Zudem werden die Befunde flankiert mit Ergebnissen aus aktuellen quantitativen Studien zum sogenannten punitiven Trend in der Sozialen Arbeit, um für Fragen nach der Relevanz von Arbeitsbedingungen bei der Orientierung zwischen verschiedenen Verarbeitungsweisen zu sensibilisieren. Doch zunächst wird der aneignungstheoretische bzw. subjektwissenschaftliche Zugang knapp vorgestellt, der die Nutzung der Palette von Verarbeitungsweisen als produktiven Beitrag der Beschäftigten bei der Herstellung des Wesens der Profession beleuchtet. Die theoretischen Grundlagen werden im letzten Abschnitt des Beitrags noch einmal, für konzeptionelle *Überlegungen* zu einer subjektwissenschaftlich akzentuierten Professionsforschung aufgegriffen, die den offenen empirischen Fragen nachgehen kann und konzeptionell die (re-)produktive Seite der *Tätigkeit* von Beschäftigten in Sozialer (Lohn-)Arbeit in den Fokus von Praxisanalysen nimmt.

1 Skizze der subjektwissenschaftlichen Perspektive

Hegemoniale Professionalisierungsmuster, so naheliegend sie für einzelne Professionelle in den aktuellen Verhältnissen sein können, sind jedoch – so wird hier angenommen – keine ‚Selbstläufer'. Wird Handeln konzeptionell verkürzt als bedingt gefasst, bzw. lediglich als Reflex auf Verhältnisse verhandelt, bleibt die Spezifik der menschlichen Aneignungstätigkeit unterbelichtet. Das Marxsche *Aneignungskonzept* in den Feuerbachthesen (vgl. Marx 1969, S. 5f.) fasst u. a. eine produktiv-gestaltende Tätigkeit, die weder das Angeeignete noch das aneignende Individuum unverändert lässt. Die sinnlich menschliche Tätigkeit (Praxis) wird dort als *gegenständliche Tätigkeit* gefasst. Das heißt als Tätigkeit, die sich (1) in die Welt entäußert und materialisiert und (2) gleichzeitig die gegenständliche Wirklichkeit immer als Voraussetzung bereits vorfindet, *in* oder *an* der sie tätig wird (vgl. Winkler 2004). Aneignung steht in der marxschen Tradition für ein Konzept, das sowohl die Handlungs- und Gestaltungsmacht von Subjekten wie die Gebundenheit ihrer Möglichkeiten an die gegebenen historisch-materiellen Voraussetzungen fasst. Um das von Marx behandelte Verhältnis von „objektiver Bestimmtheit und subjektiver Bestimmung" (Holzkamp 1977, S. 64) psychologisch zu differenzieren, entwickelte Holzkamp und sein Arbeitszusammenhang die Kategorie der Handlungsfähigkeit (vgl. Markard 2009, S. 144ff.): Die gesellschaftlichen Verhältnisse begegnen dem Individuum nicht in ihrer Totalität, sondern ausschnitthaft vermittelt u. a. durch die jeweilige Lage und Position. Diese *objektiven Bedeutungen* eröffnen bzw. begrenzen *Handlungsmöglichkeitsräume*. Historisch-strukturellen Möglichkeitsräumen können Professionelle in konkreten Situationen in zweifacher Art *begründet* begegnen, um ihre Handlungsfähigkeit zu realisieren: Sie können (1) vorhandene Möglichkeiten strategisch/eigensinnig nutzen, auch wenn sie mit Konflikten sowie Widersprüchen verwoben sind, solange sie für sie einen Gebrauchswert beinhalten. Oder sie können (2) die, ebenfalls vorhandenen und sicherlich auch ungleichen Freiheitsgrade nutzen, um den Status Quo zu hinterfragen und um Alternativen zu reflektieren, die auf Erweiterung der Verfügung über die Möglichkeiten (der Bedürfnisbefriedigung) zielen. Zu dieser zweiten Option gehört auch das Risiko des Scheiterns – in dem Sinn des Zurückfallens hinter den zuvor vorgefunden Status Quo (z. B. eine Ankündigung bei der Geschäftsführung einen Betriebsrat gründen zu wollen, kann auch mit einer Kündigung enden). Diese sogenannte *doppelte Möglichkeit* (Holzkamp 1985, S. 355f.) wird begrifflich in die Modi restriktive versus verallgemeinerte Handlungsfähigkeit differenziert. Somit geht es bei der subjektwissenschaftlichen Perspektive nicht um die Befassung mit autonomen Subjekten in beliebigen Verhältnissen, sondern so Markard (vgl. 2000, S. 4; 2009, S. 160) um die Frage der menschlichen Freiheit sich zu den jeweils konkreten Bedingungen und ihren Bedeutungen verhalten zu können/zu müssen. Zudem ist nicht das Ziel, fremde und/oder eigene Praxen retrospektiv graduell zu bewerten hinsichtlich ‚*noch angepasst*' oder ‚*schon auf Verfügungserweiterung zielend*', sondern bei gegenwärtigen Analysen prospektiv unerprobte Möglichkeiten und Alternativen auszuloten (vgl. Kunstreich 2009, S. 300). Die folgende Darstellung zeigt welche Art von Erkenntnissen mit einer derartigen praxis-analytischen Perspektive zu gewinnen ist.

2 Was ging? – Strategien von Beschäftigten

In einer, bereits an anderen Stellen vorgestellten, Studie (vgl. u. a. Eichinger 2009) wurde der Wandel der Rahmenbedingungen Sozialer Arbeit seit Ende der 1990er Jahre aus der Beschäftigtenperspektive untersucht. Für die Beschäftigten in der Sozialen Arbeit, so wurde in den erhobenen Interviews deutlich, bedeutete die Reorganisation einen *paradigmatischen Wandel*, da nun betriebswirtschaftliche Steuerungsmechanismen (inkl. flexibler bis prekärer Arbeitsbedingungen) ebenso zu ihren Arbeitsalltag gehören wie die Aufwertung von Arbeitsweisen, welche die Eigenverantwortung der Nutzer_innen ihrer Dienstleistungen betonen. Die *zentrale Herausforderung* im Kontext des Wandels besteht für die Beschäftigten darin, so die Ergebnisse der Studie, Handlungsweisen zu entwickeln, die sowohl dem *Einrichtungserhalt* (den organisational wie institutionell ermöglichenden Rahmen) als auch ihrer *persönlichen Existenzsicherung* dienen sowie ihrer *fachlich-ethischen Verantwortung* Rechnung tragen (vorauf das Selbstverständnis sich auch immer begründen mag). Neu ist aus der Perspektive der Befragten, dass diese drei Bestrebungen häufig miteinander in Konflikt geraten.

Ergebnis der damaligen Studie sind zudem idealtypische Begründungsmuster von Fachkräften, die sich zugespitzt formuliert zwischen den Polen Anpassung und Widerstand bewegen. Zudem ließen sich ihre jeweils spezifische Funktionalität sowie Konfliktlinien rekonstruieren. Ein idealtypisches Begründungsmuster, das mit dem responsibilisierend-disziplinierenden Professionalisierungsmuster korrespondiert, wie es Lutz in diesem Band in seinem historischen Kontext analysiert, lautet: ‚*Ich bin offen und nehme eine positive Grundhaltung ein, weil ich in den Neuerungen eine Weiterentwicklung sehe und/oder hierdurch negativen Sanktionen entgehen kann.*' Dies Begründungsmuster, das sich durch eine positive Grundhaltung auszeichnet, betont, dass durch den Wandel alte Strukturen hinterfragt und aufgebrochen werden. Daraus ergeben sich Möglichkeiten eigene Ideen umzusetzen, die sowohl einer fachlichen als auch einer persönlichen Weiterentwicklung dienen könnten. Die eigene Flexibilität und Offenheit seien notwendig, um vermeiden zu können, von den Umständen bzw. durch Sanktionen bestraft zu werden. Wird allerdings, wie es dieses Begründungsmuster nahelegt, angenommen, dass die neuen Anforderungen individuell aufgefangen werden können bzw. müssen, kann dies ein Streben nach kontinuierlicher Selbstoptimierung (noch offener werden) befördern. Hier kann von einer selbstbezüglichen Strategie einer Politik des Verhaltens statt von einer Strategie, die an den Verhältnisses ansetzt, gesprochen werden. Potentielle Konflikte bzw. Widersprüche (z. B. beim Erfahren der Begrenztheit der eigenen Ressourcen) können auch als Hinweise für den begrenzten Gebrauchswert derartiger Verarbeitungsformen gelesen werden, die somit auch das Interesse an alternativen Möglichkeiten nachvollziehbar machen.

Im Folgenden konzentriert sich der Beitrag auf idealtypische Begründungsmuster für Formen von passivem und aktivem Widerstand. Widerständige Verarbeitungsweisen werden hierbei weit gefasst, als „‚gegen den Strom' der ‚Selbstverständlichkeiten' unmittelbaren Welt- und Selbstbezugs anschwimmen" (Holzkamp 1985, S. 501). Diese idealtypischen Begründungsmuster lauten:

- ‚Ich beharre bzw. leiste Dienst nach Vorschrift, um durch meinen passiven Widerstand Neuerungen verhindern oder deren negative Folgen verzögern zu können.'
- ‚Ich nutze eine Guerilla-Taktik, da ich hierdurch zumindest die negativen Folgen des Wandels mildern kann.'
- ‚Ich nehme eine kritische Haltung gegenüber den Neuerungen ein, um negative Entwicklungen erkennen und, falls notwendig, für strukturelle Verbesserungen eintreten zu können.'

Beim *beharrenden Begründungsmuster* werden vor allem die Risiken und Nachteile des Wandels hervorgehoben. Es fehle an Bereitschaft, die Neuerungen umzusetzen, was mit fachlicher Unangemessenheit und sich verschlechternden Arbeitsbedingungen begründet wird. Diese Umgangsform sei sinnvoll, da sich manches Unangenehme aussitzen oder zumindest hinauszögern lasse. Bei der (subversiven) *Guerilla-Taktik* werden insbesondere Druck und Schwierigkeiten im Kontext von Neuerungen betont. Zudem werden keine Möglichkeiten gesehen, die Veränderungen auszusitzen, wie im zuvor benannten Begründungsmuster – hierdurch entstehe Resignation. Durch Sabotage könnte jedoch kurzfristig der Druck neuer Steuerungsinstrumente verringert werden. Beim *offensiv kritisch-engagierten* Begründungsmuster wird eine kritische Grundhaltung betont und sowohl Chancen für die Weiterentwicklung als auch erhebliche Probleme gesehen, die die Realisierung beruflicher Ansprüche gefährdeten. Daher wolle man sich in überbetriebliche Zusammenhänge einbringen und Kritik für eine Weiterentwicklung – zumindest außerhalb der Arbeit – üben. Im Kontext einer an diesen Begründungsmustern orientierten Handlungspraxis sind jeweils spezifische Konflikte/Problematiken zu erwarten, die die Interviewten teils selbst benannten.[1] Eine am zuletzt benannten kritisch-engagierten Begründungsmuster orientierte Praxis ist wohl nur für diejenigen attraktiv, die über entsprechende Ressourcen verfügen und in dieser Form einsetzen wollen, zumal das Risiko, durch das eigene Unbequem-Sein seine Stelle zu gefährden, nicht zu unterschätzen ist. Hierbei ist interessant, dass die Interviewten – in dieser Untersuchung – eine fehlende oder schwache betriebliche wie überbetriebliche Interessensvertretung in der Sozialen Arbeit wahrnahmen. Zwar wurden neue Spielräume für die betriebliche Interessensvertretung gesehen, z. B. durch die Vergrößerung ihrer Einrichtung und Klärung in den Organisationshierarchien. Die Vertretungsgremien würden im Zuge dessen u. a. größer und erhielten somit die Möglichkeit sich zu professionalisieren. Dies ist jedoch keine naturwüchsige Entwicklung; z. B. fänden sich mancherorts zu wenig Kanndidat_innen für die Neu-Besetzung eines Gremiums (obwohl sie der größte Träger einer Großstadt wären). Ein Grund hierfür wäre die gestiegene Mitarbeiter_innenfluktuation der ohnehin eher ‚bindungslosen Gesellen' in der Sozialen Arbeit. Die fehlende Bindung der Kolleg_innnen untereinander erschwere solidarisches Handeln. Auffällig ist, dass die Befragten vor allem *individuelle bzw. informelle (Abwehr-) Kämpfe* führen, obwohl sie diese als sehr kräftezehrend einstufen. Eine Strategie der Selbstentmächtigung ist z. B. die *Delegation von Verantwortung*, zum Beispiel an Vorgesetze durch Mitarbeiter_innen oder an aktive Gewerkschaftsmitglieder durch die organisierten Fachkräfte. Im Sinne von: Was möglich ist wird ‚von anderen' schon getan und erübrigt das eigenständige Ausloten von Handlungsspielräumen sowie das Eingehen von Risiken. Auch das Abstellen auf den unberechenbaren *Faktor Glück* soll hier noch abschließend angeführt werden: So berichtet eine Interviewte von einer belastenden Arbeitsverdichtung, die durch eine von der Belegschaft erfolgreich erstrittene Personalaufstockung beendet werden konnte. Die Befragte meint rückblickend: „Glück gehabt" und thematisiert nicht erfahrene Handlungsmächtigkeit. Sicherlich gibt es weitere idealtypische Begründungsmuster bzw. Strategien in Sachen eigener Interessensvertretungen. Festhalten lässt sich

---

1 Die *beharrliche* Verarbeitungsweise ist wohl nur so lange naheliegend, als dass sich tatsächlich unerwünschte Entwicklungen aussitzen lassen (z. B. indem Entscheidungen zurückgenommen/modifiziert werden oder zunächst ‚nur' Andere betroffen sind etc.) und die Positionierung nicht negativ sanktioniert wird, z. B. durch Abmahnungen, da das ‚Mitschleppen' von Kolleg_innen weniger üblich sei. Ein Begründungsmuster *Guerilla Taktik* wiederum birgt potenziell hohe psychische Kosten durch Angst davor entdeckt zu werden, oder dem eigenem ‚Korrektheitsanspruch' zuwider zu handeln. Zudem besteht eine Vereinzelungsgefahr, da es riskant sein kann, die teilweise im Grenzbereich zur Illegalität angesiedelten Umgangsformen offen zu thematisieren.

allerdings bereits, dass auf subjektwissenschaftlicher Grundlage (1) Aussagen über historisch-strukturelle Anforderungen und Herausforderungen in Sozialer Arbeit gemacht werden können sowie (2) über die Bandbreite von Verarbeitungsweisen auch jenseits von (An-)Passungen an aktuelle Diskurse. Diese Ergebnisse zeigen, dass es sich lohnt, sich mit den verschiedenen möglichen Aneignungsweisen zu befassen, um zunächst ganz praktisch Alternativen nicht aus dem Blick zu verlieren. Anhand der Bandbreite der Alternativen wird deutlich, dass es eine zwar immer begrenzte, aber zugleich potentiell auch eine transformatorisch orientierte Wahl gibt.

3 Was geht? Zur Relevanz von Arbeitsbedingungen als ein Aspekt professioneller Möglichkeitsräume

Hinsichtlich der situativ zutreffenden Auswahl zwischen verschiedenen Verarbeitungsweisen stellt sich die Frage, ob es historisch-strukturelle Bedeutungszusammenhänge gibt, denen eine zentrale Relevanz zukommt. Im Folgenden soll dieser Fokus am Beispiel von Arbeitsbedingungen ausgeleuchtet werden.

In den Daten der oben vorgestellten Studie wurde die Sorge um den eigenen Arbeitsplatz bzw. die Frage nach dem Erhalt der eigenen Existenz beim Abwägen bzw. dem Akzentuieren von Bedeutungs-Begründungszusammenhängen deutlich thematisiert (vgl. u. a. Eichinger 2009, S. 178). Dieser Befund scheint weiter beachtenswert, wie sich anhand aktueller Analysen zu disziplinierenden-responsibilisierenden Professionalisierungsmustern in der Sozialen Arbeit vertiefen lässt (vgl. Lutz 2013). Kennzeichnet für diese Professionalisierungsmuster ist die moralische Schuld beim Einzelnen zu verorten mit entsprechend individuumszentrierten disziplinierenden Hilfeformen. Derartige Praxen werden auch als *punitive Tendenz* diskutiert, in deren Kontext es um „in welcher konkreten Form auch immer – rigider bzw. ‚härter' werdenden Umgang mit erwartungs- und normwidrigen Verhalten geht" (Dollinger 2011, S. 26). Zu beachten ist in diesem Zusammenhang eine Untersuchung von Mohr und Ziegler (vgl. Mohr/Ziegler 2012; Dollinger/Oelkers/Ziegler 2014) zu politisch-moralischen Orientierungen und Deutungen. Ca. ein Drittel der befragten Fachkräfte aus verschiedenen Einrichtungen machten Angaben, die als Ausdruck für punitive Haltungen eingestuft werden können. Interessant ist, dass bei Erbringungskontexten wie untertariflicher Bezahlung, befristeter Arbeitsverträge, und mangelnder Arbeitszufriedenheit häufiger Angaben gemacht wurden, die sich als punitive Haltungen markieren lassen. Hingegen nahm diese punitive Tendenz ab, wenn eine Bindung an die Profession, professionelle Autonomie sowie eine unterstützende Teamkultur wahrgenommen wurde. Diese statistischen Befunde sind angesichts der zwischenzeitlich etablierten flexiblen (inkl. aller Freiheiten und Schwierigkeiten) bis prekären Beschäftigungsbedingungen im Feld beachtenswert. 20 bis 25 % der Arbeitsverhältnisse in der Sozialen Arbeit gelten als prekär im Sinne von befristet und untertariflich bezahlt, wovon mehr Frauen als Männer betroffen sind (vgl. Beher/Fuchs-Rechlin 2013; Karges 2011). Abzuwarten ist, ob sich die aktuell aus der Beschäftigtenperspektive günstige Arbeitsmarktsituation, u. a. aufgrund des Stellenaufbaus in der Flüchtlingshilfe, genutzt wird oder werden kann, um bessere Konditionen auf betrieblicher wie überbetrieblicher Ebene zu verhandeln.

Die statistischen Ergebnisse von Mohr und Ziegler (2012) legen auf jeden Fall zunächst die Vermutung nahe, dass die fachliche wie die eigene existenzerhaltende Qualität des Erbringungskontextes relevant sind für die Übernahme bzw. Ablehnung punitiver Haltungen. Andere Ergebnisse aus der quantitativen Punitivitätsforschung lassen an dieser kurzschlüssigen Zusammenhangsannahme zweifeln. Weniger relevant ist nach Hirtenlehner (2010, S. 214) unmittelbar die ökonomische Situation (sei es persönlich oder gesellschaftlich), sondern vielmehr das Ausmaß der damit einhergehenden Verunsicherung und Angst. Zu untersuchen wäre daher z. B. ob prekäre Arbeitsbedingungen responsibilisierende-disziplinierende Haltungen vor allem dann attraktiv werden lassen, wenn diese (1) verunsichern und (2) keine handlungsfähig machende Alternative wahrgenommen wird. Wichtig ist zudem, gleichzeitig nicht zu unterstellen, dass im Umkehrschluss sichere Arbeitsbedingungen bzw. ein solider Arbeitsmarkt eine ‚gute' bzw. eine wie auch immer konzeptionierte kritische Soziale Arbeit bedingen. So verweist Müller (2013, S. 509) zu Recht vor einem professionsgeschichtlichen Hintergrund, dass sowohl Fortschritte als auch Rückschritte jeder Zeit möglich sind. Für eine Praxisforschung in der Sozialen Arbeit zu Professionalisierungsweisen ist es somit ausgesprochen sinnvoll, Erbringungskontexte wie *Arbeitsbedingungen nicht als Nebenschauplatz* zu verhandeln, wie es bisher in der Professionsforschung oft geschieht. Die aufgeführten Befunde verdeutlichen, dass es für Praxisanalysen notwendig ist, sowohl die objektiven Bedeutungen (wie institutionelle/organisationale Erbringungskontexte der Daseinsvorsorge) als auch subjektive Bedeutungen (wie biographische Erfahrungen, körperliche Möglichkeiten/Grenzen, soziale Beziehungen) näher systematisch aufeinander bezogen zu untersuchen. Die Arbeitsbedingungen sind zumindest aus einer subjektwissenschaftlichen Perspektive spätestens dann systematisch zur berücksichtigen, wenn sie von den Professionellen aus welchen Gründen auch immer selbst explizit als un-/wichtig thematisiert werden.

4 Was ist möglich? – Möglichkeitsräume entdecken und (bewusst) gestalten

Die Aneignungsprozesse von Möglichkeitsräumen sind nicht unbedingt intendiert bzw. unmittelbar bewusst, können aber z. B. im Rahmen von Praxisforschung bewusst gemacht werden. Für Praxisanalysen kann an die subjektwissenschaftliche Gegenstandsbestimmung (vgl. Osterkamp 2001, S. 8) angeknüpft werden, in der es darum geht, die subjektive Bedeutung von objektiven (Lebens-, Arbeits-) Bedingungen zu untersuchen, d. h. um die gesellschaftliche Realität, wie sie von den Fachkräften in Abhängigkeit von ihren spezifischen Situationen und den ihnen dort zur Verfügung stehenden gesellschaftlichen (wie professionellen) Interpretationsangeboten sowie Handlungsmöglichkeiten wahrgenommen werden.[2] Zudem ermöglicht die aneignungstheoretische Basis konzeptionell zu fassen, dass die Handlungspraxen der Einzelnen sowohl Möglichkeitsräume reproduzieren als auch potentiell transformieren können. Die Fokussierung auf die Aneignungstätigkeit als gegenständliche Tätigkeit ist anschlussfähig an das Konzept *Sozialer Arbeit als Dienstleistung im Sozialstaat* (vgl. Schaarschuch 1999) und die hieran anschließende Nutzer_innenforschung (vgl. Oelerich/Schaarschuch 2013). Der zentrale Fokus sind hier bisher die Aneignungsprozesse der Nutzer_innen. Die Aneignungsprozesse der Professionellen sind bisher in der Rahmenkonzeption noch unterbelichtet. Professionelle werden bislang lediglich als Co-Produzent_innen bei der Herstellung von Gebrauchswerten der Nutzer_innen verhandelt. Die Professionellen sind jedoch aus aneignungstheoretischer bzw. subjektwissenschaftlicher Perspektive auch gleichzeitig als die Mit-Produzent_innen ihrer Erbringungskontexte (auch im Sinne einer Organisationentwicklung ‚von unten') sowie als Produzent_innen ihrer eigenen Selbstentwicklung und Lebensführung zu berücksichtigen. Zur Reflexion von *Aneignungstätigkeiten* auf Seiten der Professionellen gehört: (1) das Erkunden möglicher orientierungsrelevanter Bedeutungen aus Neugier oder aufgrund eines Handlungsproblems (Orientierungsnotwendigkeit/-bedürfnis), (2) das Bewerten der orientierungsrelevanten Bedeutungen (emotional/kognitiv) hinsichtlich ihrer Gebrauchswerthaltigkeit sowie (3) die Aneignung/Nicht-Aneignung (im Sinne der doppelten Möglichkeit) selbst (vgl. u. a. auch Marvakis 1996). Nützlich erscheint dies, um eine Vorstellung von den eigenen Handlungsprämissen zu entwickeln,

---

2 Trotz des hierin angelegten forschungsmethodischen Zugangs über die Selbstklärungsprozesse der Subjekte, schließt der subjektwissenschaftliche Ansatz Aussagen über den Einzelfall hinaus gegebenenfalls in Bezug auf *historisch-strukturelle Möglichkeitsräume* (vgl. Markard 2009, S. 186 u. 297) von Professionellen in der Sozialen Arbeit ein.

um sich bewusster zu ihnen verhalten zu können angesichts eigener Intentionen sowie erfahrener Konflikte. Die vorgestellten theoretischen Grundlagen werden in der Sozialen Arbeit zwar kontrovers diskutiert (vgl. u. a. Kessl 2013, S. 81ff.) und die vorgestellten abschließenden Überlegungen lassen noch viele Fragen offen. Die konzeptionell angelegte erkenntnisleitende Dynamik und Spannung der dialektisch-materialistischen Perspektive behalten jedoch, wie skizziert, nur dann ihr noch unausgeschöpftes Potential für die Analysen in und für die Praxis Sozialer Arbeit, wenn sie weder durch eine subjektivistische noch objektivistische Schieflage aufgelöst werden. Die Weiterentwicklung dieser Perspektive kritischer Praxisforschung oder subjektwissenschaftlicher Professionsforschung versteht sich als Angebot an Studierende und Beschäftigte in der Sozialen Arbeit um sich das eigene Orientieren in und Aneignen von *professionellen Möglichkeitsräumen* bewusster zu machen. Dies eröffnet die Option, den jeweils eigenen (Mit-)Gestaltungsbeitrag zum *Wesen der Profession* wahr- und verantwortlich ernst zu nehmen. Bezugnehmend auf den Einladungstext zum Bundeskongress lässt sich die Diskussion zu einer Politik der Verhältnisse versus einer Politik des Verhaltens hier ergänzen um die Thematisierung der jeweils eigenen Tätigkeit in und an den Verhältnissen. Professionsentwicklung von „unten" ist hierdurch zumindest denkbarer, indem jeweils ich versuche mir (mit anderen) meine Handlungsprämissen (auch als Wissenschaftlerin in der Praxisforschung und Lehrende) bewusster zu machen. Entsprechende Selbst-Bildungsprozesse mögen vielleicht entlasten, aber auch zugleich enttäuschen, da aktuell nicht alles möglich ist was wünschenswert sein mag. Gleichzeitig können sie aber vielleicht auch ermutigen, wenn Praxen erkennbar werden, in denen *jeweils ich mich* und *ich andere* begrenze mit der Chance diese Begrenzungen bewusster zu erfahren, zu thematisieren, zu diskutieren sowie sie vielleicht sogar klug zu verschieben!

Literatur

Beher, Karin/Fuchs-Rechlin, Kirsten (2013): Wie atypisch und prekär sind Beschäftigungsverhältnisse in sozialen Berufen? Eine Analyse des Mikrozensus 2009. In: *Sozialmagazin*, 38. Jg., H. 1-2, S. 52-64.
Dollinger, Bernd (2011): „Punitivität" in der Diskussion. In: Dollinger, Bernd/Schmidt-Semisch, Henning (Hrsg.): *Gerechte Ausgrenzung?*, S. 25-73. Wiesbaden: VS.
Dollinger, Bernd/Oelkers, Nina/Ziegler, Holger (2014): Students of Social Work in the Slipstream of the Politics of Activation. In: *Social Work & Society*. http://www.socwork.net/sws/article/view/357 [02.05.16].

Eichinger, Ulrike (2009): *Zwischen Anpassung und Ausstieg. Perspektiven von Beschäftigten im Kontext der Neuordnung Sozialer Arbeit.* Wiesbaden: VS.

Hirtenlehner, Helmut (2010): Instrumentell oder expressiv. Zu den Bestimmungsfaktoren individueller Straflust. In: *Soziale Probleme,* 21. Jg., H. 2, S. 192-225.

Holzkamp, Klaus (1977): Kann es im Rahmen der marxistischen Theorie eine Kritische Psychologie geben? In: Braun, Karl-Heinz/Holzkamp, Klaus (Hrsg.): *Kritische Psychologie. Bericht über den 1. Internationalen Kongress Kritische Psychologie, 13. bis 15. Mai 1977 in Marburg,* Bd. 1, S. 46-75. Köln: Pahl-Rugenstein.

Holzkamp, Klaus (1985): *Grundlegung der Psychologie.* Frankfurt/New York: Campus.

Karges, Rosemarie (2011): Ergebnisse einer Online-Befragung zur Beschäftigungssituation von Sozialarbeitenden. Vortrag bei der Berliner Arbeitstagung „aufstehen widersprechen einmischen" Kritische Soziale Arbeit 17.-18. Juni 2011. http://www.einmischen.info/resources/Karges+Vortrag+bei+Berliner+Arbeitstagung+aufstehen+widersprechen+einmischen_16_07_11.pdf [02.05.16].

Kessl, Fabian (2013): *Soziale Arbeit in der Transformation des Sozialen. Eine Ortsbestimmung.* Wiesbaden: Springer VS.

Kunstreich, Timm (2009): Anmerkungen zu einer dialogischen Sozialwissenschaft. In: Birgmeier Bernd/Mührel, Eric (Hrsg.): *Die Sozialarbeitswissenschaft und ihre Theorie(n). Positionen, Kontroversen, Perspektiven,* S. 291-303. Wiesbaden: VS.

Lutz, Tilman (2013): Punitive Sozialarbeit? Neuer Kontrolldiskurs in der Sozialen Arbeit? In: Hammerschmidt, Peter/Sagebiel, Juliane/Steindorff, Caroline (Hrsg.): *Unheimliche Verbündete: Recht und Soziale Arbeit in Geschichte und Gegenwart,* S. 135-154. Neu Ulm: AG SPAK.

Markard, Morus (2000): Kritische Psychologie. Methodik vom Standpunkt des Subjekts. In: *Forum Qualitative Sozialforschung/Forum: Qualitative Social Research* [Online Journal], 1(2). http://www.qualitative-research.net/index.php/fqs/article/view/1088 [02.05.16].

Markard, Morus (2009): *Einführung in die Kritische Psychologie.* Hamburg: Argument.

Marvakis, Athanasios (1996): Orientierung im Handlungskontext. In: Held, Josef et al. (Hrsg.): *Jugend zwischen Ausgrenzung und Integration. Theorien und Methoden eines internationalen Projekts,* S. 67-74. Hamburg: Argument.

Marx, Karl (1969): *Die Deutsche Ideologie.* In: Marx-Engels Werke, Band 3, Berlin: Dietz.

Mohr, Simon/Ziegler, Holger (2012): Zur Kultur der Kontrolle in der Kinder- und Jugendhilfe. In: *Forum Erziehungshilfen.* 18. Jg., Heft 5, S. 277-280.

Müller, C. Wolfgang (2013): Der Erinnerung Gesichter geben. Widerstand in der Sozialen Arbeit. In: *Soziale Arbeit,* 62. Jg., H. 12, S. 505-509.

Oelerich, Gertrud/Schaarschuch, Andreas (2013): Sozialpädagogische Nutzerforschung. In: Graßhoff, Gunther (Hrsg.): *Adressaten, Nutzer, Agency. Akteursbezogene Forschungsperspektiven in der Sozialen Arbeit,* S. 85-98. Wiesbaden: Springer VS.

Osterkamp, Ute (2001): Lebensführung als Problematik von Subjektwissenschaft. In: *Forum Kritische Psychologie,* 43, S. 4-35.

Schaarschuch, Andreas (1999): Theoretische Grundelemente Sozialer Arbeit als Dienstleistung. Ein analytischer Zugang zur Neuorientierung Sozialer Arbeit. In: *Neue Praxis,* 29. Jg., H. 6, S. 550-560.

Winkler, Michael (2004): Aneignung und Sozialpädagogik. Einige grundlagentheoretische Überlegungen. In: Deinet, Ulrich/Reutlinger, Christian (Hrsg.): *„Aneignung" als Bildungskonzept der Sozialpädagogik,* S. 71-91. Wiesbaden: VS.

Wandel der Sozialen Arbeit: von der Pathologisierung zur Responsibilisierung[1]

Tilman Lutz

1 Einführung

> Im Zeichen der neoliberalen Restrukturierung gesellschaftlicher Konfliktverhältnisse hat sich in der Sozialpolitik und der Sozialen Arbeit ein tiefgreifender […] Wandel in den handlungsleitenden Orientierungen vollzogen: Eine Politik der Verhältnisse, die primär gesellschaftsstrukturelle Bedingungen von sozialer Ungleichheit und Ausschließung (Arbeitslosigkeit, Wohnungslosigkeit, Armut etc.) problematisiert, wird von einer Politik des Verhaltens verdrängt.

In diesem Zitat aus dem Ankündigungstext für den Bundeskongress Soziale Arbeit 2015 wird insbesondere die zunehmende Individualisierung und Moralisierung sowohl der Ursachen von Konflikten sowie deren Bearbeitung im Rahmen einer auf Verhaltenssteuerung reduzierten Sozialen Arbeit kritisiert, die auf die Aktivierung der Individuen und deren Eigenverantwortung zielt – sowohl mit Unterstützung als auch mit Disziplinierung und Zwang.

Andere bewerten die jüngeren Entwicklungen als Gewinn für die Profession. Dieser wird zum einen am Wachstum der Sozialen Arbeit fest gemacht, in dem etwa auf dem letzten Kinder- und Jugendhilfetag betont wurde, dass alleine dieser Bereich mehr Beschäftigte habe als die deutsche Automobilindustrie. Zum anderen, und meines Erachtens bedeutsamer, wird der Wandel auch qualitativ als Gewinn markiert: als Chance, den eigentlichen Anspruch Sozialer Arbeit verwirklichen zu können, wie Ronald Lutz (2008, S. 10) es pointiert formuliert hat: „Subjekte in ihren je

---

[1] Wesentliche Grundlagen dieses Aufsatzes sind bisherige Auseinandersetzungen mit dem Wandel der Profession Sozialer Arbeit, ihrer Adressat_innenkonzepte und Problemdefinitionen im Kontext der Transformation des Wohlfahrtsstaates zu einem aktivierenden (v. a. Lutz 2011 und 2016). Daraus entnommene Passagen sind hier nicht gesondert gekennzeichnet.

eigenen Biographien zu unterstützen, Menschen zu selbstverantwortlichem Handeln zu befähigen, ihnen zu helfen, in den jeweiligen Verhältnissen authentisch zu sein." Vor dem Hintergrund dieser unterschiedlichen Perspektiven und Bewertungen stellt sich die Frage, worin der jeweils angesprochene Wandel der Sozialen Arbeit besteht. Dieser Frage geht der folgende Beitrag mit Blick auf zwei Professionalisierungsmuster der Sozialen Arbeit nach und hinterfragt sowohl die positive Deutung dieses Wandels als auch dessen Kritik und die damit oft verbundene retrospektive Aufwertung der Vergangenheit – „früher, im ‚alten' Wohlfahrtsstaat war alles besser". Im Fokus stehen die Anpassungen der Profession(-alisierungsmuster) an die gesellschaftlichen Verhältnisse und Diskurse im Zusammenhang mit der Abhängigkeit der Sozialen Arbeit von den politischen Instanzen, die sie finanzieren.

Dieser Zugang ist eng mit Ulrike Eichingers Beitrag (in diesem Band) verknüpft, die die Möglichkeiten des (auch) widerständigen Umgangs der Sozialen Arbeit mit und in den jeweiligen gesellschaftlichen Bedingungen in den Blick nimmt. Angelehnt an unsere Vorträge auf dem Bundeskongress, versuchen wir mit den unterschiedlichen Fokussierungen – (An)Passungen und Widerständigkeiten – die Diskussion in und über die Profession bzw. deren Selbstverständnisse anzuregen, sowie auf das Wechselverhältnis zwischen Sozialer Arbeit und Gesellschaft hinzuweisen: Soziale Arbeit als gesellschaftlich gestaltete *und* sich selbst (und auch Gesellschaft) gestaltende Praxis zugleich.

2 Politisch geführte Professionalisierungsmuster oder (An)Passungen

Als Ausgangspunkt für die Bearbeitung der genannten Fragen nutze ich einen bereits abgeschlossenen Wandel: Helge Peters (1973) Analyse der *Pathologisierung* als Professionalisierungsmuster der Sozialen Arbeit in der jungen Bundesrepublik. Denn „[e]ine *Möglichkeit, Modernisierungen zu widerstehen, liegt in der Erinnerung an Analysen des* ‚alten' *Wohlfahrtsregimes*" (Cremer-Schäfer 2006, S. 159). Damit lassen sich zum einen Dichotomisierungen, wie sie auch im Titel des Bundeskongresses – „Politik der Verhältnisse – Politik des Verhaltens: Widersprüche der Gestaltung Sozialer Arbeit" – anklingen, hinterfragen: War im Wohlfahrtsstaat wirklich alles *anders* und alles *besser*? Zum anderen lassen sich damit Kontinuitäten herausarbeiten, die auf den ersten Blick als Gegensätze erscheinen.

Auf dieser Grundlage gehe ich zweitens auf das Professionalisierungsmuster der *Responsibilisierung* im aktivierenden Sozialstaat ein: das angesprochene Verantwortlich-Machen der Individuen – für ihre Situation, für ihre Konflikte und

Probleme sowie für deren Bearbeitung und Lösung (siehe dazu bspw. Beiträge in Anhorn et al. 2007; Lessenich 2008; Bettinger 2010).

Beide Muster, Pathologisierung und Responsibilisierung, lassen sich insofern als ‚politisch geführt' analysieren, als es sich um Veränderungen der Sozialen Arbeit im Zusammenhang und auf Grundlage eines sozialen, ökonomischen und politischen Wandels handelt. Beide verweisen auf die Abhängigkeit der Sozialen Arbeit von den politischen Instanzen, die sie finanzieren, sowie auf ihre Einbindung in die jeweiligen gesellschaftlichen Verhältnisse und Diskurse. Beide Muster entsprechen diesen Anforderungen und passen sich an. Sie sind der Sozialen Arbeit jedoch keinesfalls einseitig von der Politik aufgeherrscht. Vielmehr werden sie in und von der Profession selbst im eigenen Interesse vorangetrieben und (weiter)entwickelt.

Vor diesem Hintergrund geht es drittens um die angesprochenen Kontinuitäten: was ist an der Responsibilisierung wirklich ‚neu'?

Den Abschluss bildet eine kursorische und kritische Diskussion des mit der Responsibilisierung als modernisierter Pathologisierung verbundenen ‚Gewinns' bzw. dessen vermeintliche Attraktivität für die Profession.

3 Kontexte der Pathologisierung

Helge Peters (1973) hat sich 1969 mit der Frage beschäftigt, warum Soziale Arbeit im Wohlfahrtsstaat ein so großes eigenes Interesse an der pathologischen Definition ihrer Adressat_innen habe – an dem Professionalisierungsmuster der Pathologisierung.

Damit beschreibt er die Ablösung der moralischen Kategorien der Armenpflege – lasterhaft, entartet, kriminell – durch amoralische Kategorien, die Symptomen einer Krankheit ähneln: Anpassungsschwierigkeiten, gestörte soziale Beziehungen, psychische Hemmungen. Das ‚neue' daran, der zentrale Wandel, war die mit der Pathologisierung verbundene Verabschiedung der Konzepte von Schuld und Verantwortung zugunsten der ‚Bedingtheit' von Abweichungen oder Problemen.

Ausgangspunkt und zentraler Kontext war das wohlfahrtsstaatliche Arrangement der jungen Bundesrepublik. Sozialpolitisch bedeutete dies die Abkehr von der zuvor dominanten Bekämpfung von Armut und Abweichung durch Repression und Diskriminierung als primäre Aufgabe der Fürsorge bzw. Sozialen Arbeit. Handlungsleitend waren dabei die – heute wieder aktuelle (bspw. Kessl et al. 2007; Klein et al. 2005) – Idee, dass bloßes Almosengeben bzw. materielle Unterstützung die Ursachen von Armut verschlimmere: etwa Trunksucht, Arbeitsscheu und Verschwendung (Roscher 1894 zitiert nach Peters 1973, S. 152).

Mit dem Wandel zum wohlfahrtsstaatlichen Arrangement in der Bundesrepublik wurde die Frage der Armutsbekämpfung beziehungsweise Bearbeitung von Armut sozialpolitisch neu beantwortet: sie bestand zunehmend in Umverteilungsmaßnahmen. Exemplarisch zeigt sich diese veränderte Wertbegründung im Sozialhilferecht. Mit der Konstitution eines individuellen Rechtsanspruches auf materielle Unterstützung wurde die zuvor vorherrschende ordnungspolitische Rationalität abgelöst: Unterstützung wurde nicht mehr im Interesse der öffentlichen Ordnung gewährt, sondern mit der Würde des Menschen begründet (§ 1 Abs. 2 BSHG).

Dieser hier in groben Strichen umrissene Wandel vollzog sich freilich weder bruchlos und plötzlich noch war er voraussetzungslos. Wesentlicher Kontext waren die ökonomischen und politischen Bedingungen des Fordismus: Die Ware Arbeitskraft – also Menschen – war knapp und aufgrund des Wirtschaftswachstums umworben; entsprechend der Idee der Sozialpartnerschaft – dem korporatistischen Klassenkompromiss – dominierten die Versprechen der Integration aller Menschen und relativ hoher Einkommen sowie das Normalarbeitsverhältnis und die Norm der bürgerlichen Kleinfamilie: „Massenproduktion, Massenkonsumtion und Massenkonformität" (Kunstreich 1999, S. 151).

4 Pathologisierung als Professionalisierungsmuster

Mit dem sozialpolitischen Wandel von der Repression zur Umverteilung (zumindest für die Lohnarbeitenden) verlor die Soziale Arbeit bzw. Armenpflege ihre bisherige konzeptionelle Legitimation. Zugleich wurde sie vom „Zwang, ihre Adressaten diskriminieren zu müssen, befreit" (Peters 1973, S. 157). Dieser zentrale Umbruch ermöglichte der Sozialen Arbeit einen Modernisierungsprozess und erforderte diesen zugleich.

Die besondere Eignung und Qualität der *Pathologisierung* für diese Neuausrichtung gründet in dem impliziten Handlungs- „oder genauer: Behandlungsappell [...]. Sie klammert die Eigenverantwortlichkeit aus; Strafe ist ihr ebenso fremd wie die Sorge um das Seelenheil des Adressaten. Geändert werden müssen deren ‚Bedingungen' [...]. Das fordert Methodik. Es müssen Handlungstechniken entwickelt werden, die die Subjektivität des Handlungsadressaten von den ihre Entfaltung hemmenden Faktoren befreien. Berufe dagegen, die an die Eigenverantwortlichkeit und damit an die Möglichkeit des absoluten Bösen glauben, können nur strafen oder beten" (ebd., S. 158f.).

Die Pathologisierung impliziert per definitionem eine Behandlungsgeeignetheit und erfordert ‚echte' Professionelle: Expert_innen – Sozialarbeiterinnen und Sozialarbeiter –, die ihre Adressat_innen als bzw. wie ‚Therapeut_innen' resozialisieren und reintegrieren, ohne sie als Person zu verurteilen. Damit war nicht zuletzt die Hoffnung auf einen Statusgewinn und die Anerkennung als Profession verbunden.

Peters kritisierte bereits in seiner damaligen Analyse die mangelnde Berücksichtigung der gesellschaftlichen Bedingungen, denn auch damals war die Vernachlässigung der Verhältnisse virulent. Die Pathologisierung fokussiert das Individuum und dessen Verhalten, gerade in der Bearbeitung und den Methoden – trotz bzw. entgegen des konzeptionellen Anspruchs:

> […] obwohl es die pathologische Definition propagierende Fürsorgeliteratur an Hinweisen auf die Bedeutung der ‚sozialen Beziehungen' [und Verhältnisse, TL] nicht fehlen läßt, werden die Begründungen der pathologischen Definition doch weitgehend von der Vorstellung beherrscht, daß die Bedingungen der Abweichungen, vor allem aber die Möglichkeit, sie zu beheben, im Individuum selbst liegen und mit auf das Individuum zielenden Methoden normalisiert werden müßten. (ebd., S. 160)

Mit der Verweigerung gegenüber Gesellschaftsanalysen, vermied es die Soziale Arbeit, „Herrschaftsstrukturen implizit und potentiell zu bedrohen" (ebd., S. 162). Darin liegt die (An)Passung der Pathologisierung als Professionalisierungsmuster begründet, das die herrschenden Verhältnisse als objektiv und unveränderbar voraussetzt – vor dem Hintergrund der Abhängigkeit und Eingebundenheit Sozialer Arbeit in diese Verhältnisse, aber auch im Interesse des angestrebten Status- und Professionalisierungsgewinns.

Unter den ökonomischen, sozialstrukturellen und politischen Bedingungen im Wohlfahrtsstaat veränderte sich demnach, knapp zusammengefasst, insbesondere die Definition der Adressat_innen: Die moralischen Kategorien der Armenpflege – etwa arbeitsscheu – wurden zu Gunsten pathologisierender Etiketten – etwa der ‚Ich-Störung' – aufgegeben: Aus ‚Kontrolle und Strafe' wurden ‚Anpassung und Hilfe'. Dies zeigt sich zumindest auf der Ebene der Begründung und Selbstbeschreibung der Profession, denn auch im Wohlfahrtsstaat fanden Ausgrenzung und Diskriminierung statt, auch in der und durch die Soziale Arbeit. Auch die pathologische Definition setzt voraus, dass der Zustand bzw. das Verhalten der Adressat_innen von der Norm bzw. Normalität abweichen. Mit der Bearbeitung dieser Abweichungen übte Soziale Arbeit also gemäß ihrer gesellschaftlichen Funktion weiterhin – wenn auch sanfter – soziale Kontrolle, Sozialdisziplinierung und Ausschließung aus (auch Lutz 2013).

5   Kontexte der Responsibilisierung

Mit Blick auf die Gegenwart, den aktivierenden Staat, zeigen sich zentrale Parallelen zu der retrospektiv skizzierten Entwicklung der Pathologisierung: erstens ein sozialpolitischer und gesamtgesellschaftlicher Umbruch; zweitens ist Soziale Arbeit weiterhin und heftig bemüht um Professionalisierung und Anerkennung; und nicht zuletzt ist sie nach wie vor abhängig von ihrer Finanzierung und eingebunden in die gesellschaftlichen Bedingungen und Diskurse.

Auf den ersten Blick scheinen in diesem Wandel die Voraussetzungen für die Pathologisierung zu verschwinden. Die von Schuldfragen und Moral entkleidete Pathologisierung steht in deutlichem Widerspruch zur Betonung der individuellen Eigenverantwortung und Schuld im aktivierenden Sozialstaat. Die Adressat_innendefinition im politischen und öffentlichen Diskurs erinnert stärker an die Armenpflege: „Wer arbeiten kann, aber nicht will, der kann nicht mit Solidarität rechnen. Es gibt kein Recht auf Faulheit in unserer Gesellschaft!" (Gerhard Schröder in der BILD vom 06.04. 2001 zitiert nach Lessenich 2008, S. 85).[2]

Der aktivierende Sozialstaat setzt die Gewährleistung der Chancengleichheit, für deren Verwirklichung die Einzelnen selbst verantwortlich sind, an die Stelle des – real nie verwirklichten, aber ideell wirkmächtigen – Integrationsversprechens des fordistischen Wohlfahrtsstaates. An die Stelle der Wertbegründungen des „sozialen Ausgleichs" und „sozialen Friedens" (Lessenich 2007, S. 5) durch die Veränderung der Verhältnisse treten die Verpflichtung zur Mobilisierung der individuellen Eigenverantwortung sowie die Dominanz von gesamtgesellschaftlichen Kosten-Nutzenrechnungen: *From welfare to workfare*. Ein angebotsorientierte, aktivierende Sozialpolitik löst die versorgende, statusorientierte Sozialpolitik des Wohlfahrtsstaates zunehmend ab. Sozialleistungen werden den Marktkräften untergeordnet und – ebenso wie die Angebote – ökonomisiert.

Damit ist eine Gewichtsverlagerung verbunden: von ‚passivierenden' monetären Transferleistungen – Geld – zu personenbezogenen, ‚aktivierenden' Dienstleistungen – Pädagogik im weiteren Sinn. Soziale Arbeit wird dadurch aufgewertet. Dabei geht ihr jedoch „die wohlfahrtsstaatliche Orientierung an universellen Integrationsmustern zunehmend verlustig. Gleichzeitig verspricht ihr ein Rollenwechsel

---

2   Eine Aktualisierung erfährt diese Programmatik im Kontext der ‚Flüchtlingsdebatte'. Die Süddeutsche Zeitung zitiert Bundesarbeitsministerin Nahles am 01.02.2016 so: „Unabhängig von der ethnischen Herkunft müsse *jeder* in Deutschland, der Hilfe in Anspruch nehme, sein ganzes Können, seine Arbeitskraft und sein eigenes Vermögen einbringen" erklärte die Ministerin, die auch für *Soziales* zuständig ist. „Das gelte *auch* für Flüchtlinge" (S. 2016, Herv. TL).

hin zur staatlichen Aktivierungsinstanz eine höhere Einflussnahme als je zuvor" (Kessl 2005, S. 224f.).

Auch diese Veränderung steht im Kontext eines gesamtgesellschaftlichen Strukturwandels: Im ‚Postfordismus' oder ‚Neoliberalismus' dominiert der Vergesellschaftungsmodus der Individualisierung – der Lebensstile, der Lebensrisiken und der sozialen Einbindung (vgl. Dörre et al. 2009; Sennett 2000). Die Figur der ‚Selbstunternehmer_in' (vgl. Bröckling 2007) löst das Modell und die Norm des – männlichen – Lohnarbeiters ab. Die Wirtschaftspolitik wird dereguliert und die Beschäftigungsverhältnisse werden flexibilisiert. Mit der steigenden Erwerbslosigkeit und der Zunahme prekärer Beschäftigungsverhältnisse erodiert auch das angesprochene wohlfahrtsstaatliche Versprechen der Integration aller qua Lohnarbeit.

6 Responsibilisierung als Professionalisierungsmuster

Das Professionalisierungsmuster der Responsibilisierung steht – wie die beschriebene Pathologisierung – also im Kontext eines gesamtgesellschaftlichen Strukturwandels, der eine Veränderung bzw. Modernisierung der Sozialen Arbeit ermöglicht und zugleich erfordert. Bei der Neudefinition der Adressat_innen rückt jedoch die mit der Pathologisierung verabschiedete Eigenverantwortung wieder ins Zentrum, wie § 1 Abs. 2 SGB II verdeutlicht:

> Die Grundsicherung für Arbeitsuchende soll die Eigenverantwortung von erwerbsfähigen Leistungsberechtigten und Personen, die mit ihnen in einer Bedarfsgemeinschaft leben, stärken und dazu beitragen, dass sie ihren Lebensunterhalt unabhängig von der Grundsicherung aus eigenen Mitteln und Kräften bestreiten können.

Unter dem Leitmotiv „Fördern und Fordern" (Kapitel 1 SGB II) werden staatliche Leistungen ausdrücklich an Gegenleistungen der Leistungsempfänger_innen geknüpft; im Unterabschnitt „Anreize und Sanktionen" (§§ 31 bis 32 SGB II) sind Strafen für Regelverstöße verbindlich festgeschrieben.

In diesem Kontext gewinnt das Professionalisierungsmuster der Responsibilisierung an Bedeutung und Attraktivität, da es dem hegemonialen aktivierungspolitischen Prinzip ‚keine Rechte ohne Verpflichtungen' folgt: Aktivierung durch Verantwortungszuweisung.

Die dabei geforderte Eigenverantwortung ist eine doppelte: Die Individuen sind a) sich selbst und b) der Gesellschaft gegenüber ‚ökonomisch' und ‚moralisch' verantwortlich (Lessenich 2009, S. 163ff.). Damit wird der „flexible Mensch" (Sennett 2000), der den sozialen und ökonomischen Anforderungen im fortgeschrittenen

Kapitalismus gerecht wird, vorausgesetzt und zugleich produziert. Die ‚neuen' Adressat_innen sind die ‚In-Aktiven', die den Anforderungen (noch) nicht gerecht werden. Entsprechend zielen die Interventionen Sozialer Arbeit primär darauf, das unternehmerische Selbst im Individuum zu aktivieren. Dieses ist verantwortlich oder wird verantwortlich gemacht – verpflichtet –, „selbst im Sinne des Integrationsziels tätig zu werden" (Kommission 2002, S. 19, 45).

Anders ausgedrückt geht es sowohl in diesem Professionalisierungsmuster als auch in der aktivierungspolitischen Programmatik insgesamt um eine individualisierende Politik der Lebensführung (oder des Verhaltens), um Entscheidungshilfen zur ‚richtigen' Lebensführung – beratend, mit sanftem Druck oder auch handfestem Zwang. Im Umkehrschluss gibt es dann auch eine ‚falsche' Lebensführung: mangelnde Selbstsorge und Aktivität sind nicht nur irrational, sondern auch unmoralisch. Sie sind ein „Ausweis individueller Unfähigkeit oder persönlichen Unwillens" (Lessenich 2008, S. 83). Mit der Eigenverantwortung kehren auch die mit der Pathologisierung verabschiedeten Konzepte Schuld und Moral zurück und dominieren zunehmend die sozialpolitischen wie sozialarbeiterischen Legitimationsstrategien – als eine spezifische Politik des Verhaltens.

Entsprechend beinhaltet das Professionalisierungsmuster der Responsibilisierung explizit Kontrolle, Repression und Ausschließung, die in den neuen Aufgaben der Sozialen Arbeit sichtbar werden. Diese bestehen u. a. darin, Personen und Gruppen nach den Imperativen der Selbstsorge bzw. Eigenaktivität zu kategorisieren und entsprechend zu bearbeiten (vgl. Lutz 2010, insbes. S. 206ff.):

- Anreize für diejenigen, die fähig und willens sind, sich diesen Anforderungen zu stellen – die Aktiven.
- Integrationshilfen, Druck und Kontrolle für die Bedürftigen und Aktivierbaren.
- Bloße Verwaltung für diejenigen, die dazu nicht fähig und in der Lage sind;
- Ausschluss und Repression für die ‚Gefährlichen'.

7 Responsibilisierung als Pathologisierung von In-Aktivität

Mit der Eigenverantwortung des Individuums ist eine Kategorie, deren Fehlen das zentrale Merkmal der Pathologisierung war, Kern der Responsibilisierung. Auf den ersten Blick schließen sich diese beiden Professionalisierungsmuster damit gegenseitig aus.

Auf den zweiten Blick lässt sich die Responsibilisierung jedoch als Modernisierung der Pathologisierung fassen – als Pathologisierung des Mangels an Eigenverantwortung und Aktivität. Kurz: Als Pathologisierung von In-Aktivität.

In dieser Modernisierung sind sowohl die Pathologisierung als auch ihr Vorgänger, die Armenpflege, in dreifacher Weise aufgehoben.

Sie sind erstens aufgehoben im Sinne von aufbewahrt: die Pathologisierung durch den Behandlungsappell, der die Professionalisierung legitimiert. Die Armenpflege durch die moralische Verurteilung und die repressiv-kontrollierenden Kategorisierungen. Letztere waren zweifellos auch im Wohlfahrtsstaat virulent (etwa die ‚unerziehbaren Jugendlichen'), sie waren jedoch kein Bestandteil des Professionalisierungsmusters und dessen Begründung.

Gleichzeitig handelt es sich nicht um eine schlichte Verschmelzung von zwei Komponenten. Aufgehoben meint zweitens überwunden im Sinne von weiterentwickelt. So dominieren auch heute die Begriffe der Pathologisierung: ‚Anamnese – Diagnose – Behandlung' in all ihren Variationen. Sie sind jedoch regelhaft erweitert um Prävention auf Basis von „Diagnosen und Prognosen potentieller Abweichungen" (Lutz/Stehr 2014, S. 11), also der frühzeitigen Aktivierung bzw. Risikobearbeitung. Diese Erweiterung schließt direkt an die Aktivierungsprogrammatik an, da die Ursachen und Bearbeitungsmöglichkeiten bei den Individuen verortet werden (ebd.). Es geht – wie im Wohlfahrtsstaat – um *people-changing*, um Verhaltensänderung – reaktiv wie präventiv. Verändert haben sich dabei ohne Zweifel die Erklärungen, Deutungen und Etiketten sowie die Methoden und Ziele.

Schließlich meint aufgehoben auch, das Heben auf eine neue, ‚höhere' Stufe der gesellschaftlichen Auseinandersetzung: das Soziale stellt – analytisch zugespitzt – in der aktivierungspädagogischen Programmatik nicht mehr den Ausgangspunkt dar. So haben sich insbesondere die theoretischen Grundlagen und Konzepte für die Kategorisierung und ‚Diagnostik' verändert. Die Suche nach Bedingungen, die den Individuen äußerlich sind, wurde abgelöst durch deren Kategorisierung als aktiv, aktivierbar, bedürftig und/oder gefährlich, also durch innere respektive individuelle Bedingungen bzw. Eigenschaften. Das zeigt sich in den Kategorien der Jobcenter – Markt-, Beratungs- und Betreuungskund_innen – ebenso wie in den Ankreuzbögen zur Einschätzung von Kindeswohlgefährdung: Es geht nicht mehr um die Suche nach individuell nicht zurechenbaren Ursachen für Hilfebedürftigkeit, sondern um Verantwortungs- und Aktivitätsmangel.

Die wohlfahrtsstaatlich-pathologisierenden Fragen – ‚Wer bist Du? Wie bist Du? Warum bist Du? Was bist Du?' – werden in dieser Modernisierung überflüssig und abgelegt. Das gleiche gilt für die Idee der normierenden Integration der ganzen Person, ihre Anpassung an eine herrschende Normalität. Diese wird durch die Fokussierung spezifischer Verhaltensweisen abgelöst. Es geht um An- oder Abtrainieren, als Paradebeispiel sind das Anti-Aggressionstraining für delinquente Jugendliche und sein Pendant, das Aggressionstraining für Manager zu nennen (vgl. Krasmann 2000).

8 Responsibilisierung als Modernisierung und Gewinn für die Soziale Arbeit?

Diese Modernisierung erscheint für Teile der Sozialen Arbeit – in Profession wie Disziplin – attraktiv und professionalisierungsgeeignet. Das Professionalisierungsmuster der Responsibilisierung schließt mindestens semantisch an progressive Leitbegriffe der Profession an, insbesondere an Konzepte, mit denen die Soziale Arbeit im Wohlfahrtsstaat und ihre fürsorgliche Belagerung – zu Recht – kritisiert und progressiv weiterentwickelt wurde: etwa Partizipation, Empowerment, Selbstbestimmung und Prävention. Zwar werden diese Begriffe entsprechend der skizzierten Programmatik umgedeutet und ihrer kritischen und emanzipatorischen Potenziale weitgehend beraubt, nichtsdestotrotz entfalten sie Attraktivität für die Professionellen, wie empirische Studien aufzeigen (Eichinger 2009; Lutz 2010).

Auch die dominante „Tradition der individualisierenden Problembearbeitung", die im Ankündigungstext des Bundeskongresses 2015 genannt wird, ist in dieser Modernisierung aufgehoben. Die diagnostischen Zugänge und sozialtechnologischen Konzepte versprechen professionalisierungsrelevantes Sonderwissen und damit einen Expert_innenstatus, der zur Aufwertung der Sozialen Arbeit beiträgt bzw. beitragen soll.

Die Pathologisierung der In-Aktivität und ihre spezifische Individualisierung von Ursachen wie Bearbeitungsweisen gesellschaftlich und ökonomisch produzierter Ungleichheiten und Ausschließungen verspricht der Sozialen Arbeit daher, wie erwähnt, „eine höhere Einflussnahme als je zuvor" (Kessl 2005, S. 224f.). Die damit verbundene statuspolitisch nutzbare Aufwertung beinhaltet allerdings auch neue Handlungsorientierungen, zu denen nicht zuletzt Ausschließungen und Repression gehören.

Dies beschreibt der eingangs zitierte Ronald Lutz (2008) als Entwicklung hin zu einer „Zwei-Klassen-Sozialarbeit", die an die alte Unterscheidung der Fürsorge in würdige und unwürdige Arme anschließt, die durch die Unterscheidung aktiv / in-aktiv ersetzt bzw. modernisiert wird.

Für die ‚erste Klasse', die „Erfolgversprechenden", lasse sich damit der eigentliche Anspruch professioneller Sozialarbeit umsetzen: „Subjekte in ihren je eigenen Biographien zu unterstützen, Menschen zu selbstverantwortlichem Handeln zu befähigen" (ebd., S. 10). Für „diejenigen, die zur Aktivierung nicht geeignet erscheinen", die ‚Klient_innen zweiter Klasse', bleiben dagegen „Versorgung, Verwaltung und Kontrolle" (ebd., S. 9). Mit anderen Worten: für diejenigen, die (unschuldig) nicht fähig oder (schuldig) nicht willens sind, die zugewiesene Eigenverantwortung zu übernehmen, bleiben Versorgung, Ausschluss und Strafe. Konkret: die Bearbeitung durch andere Professionen oder Ehrenamtliche – von den Tafeln bis zum Knast.

Auch dies lässt sich als Gewinn deuten, da sich die Soziale Arbeit durch die Auslagerung der ‚Nicht Aktivierbaren' und ‚Gefährlichen' ihrer ungeliebten Kontroll- und Ordnungsfunktion mindestens oberflächlich entledigt (Lutz 2013, S. 244f.).

Jenen, die als nicht aktivierbar oder gefährlich aussortiert werden, lässt sich danach das Scheitern an der Übernahme der Eigenverantwortung individuell zuweisen, bzw. sie müssen legitim zur Selbstsorge und zur Arbeit am Selbst gedrängt oder gezwungen werden. Diese Deutung ist als Professionalisierungsmuster doppelt attraktiv, da a) das Scheitern von Interventionen den Adressat_innen zugerechnet werden kann, und sich b) auch die Interventionen selbst, die Notwendigkeit professioneller Bearbeitung, mit deren In-Aktivität legitimieren lassen.

Die hier idealtypisch und zugespitzt gezeichnete Responsibilisierung lässt sich so als ‚Weg zum Erfolg' (Lutz 2010, S. 271ff.) fassen: Diese Politik des Verhaltens entfaltet – das macht das Thema des Bundeskongresses 2015 deutlich – Attraktivität in Profession wie Disziplin. Die damit verbundenen ‚Chancen' lassen die Abhängigkeit von den politischen Instanzen offenbar zumindest erträglich werden und die organisatorische Spaltung der Adressat_innen in zwei Klassen als Gewinn für die Soziale Arbeit und ihre Professionalisierung unter den veränderten sozialen, ökonomischen und politischen Bedingungen erscheinen.

Allerdings bedeutet dieses Professionalisierungsmuster in der Konsequenz die Verabschiedung von Leitlinien wie Parteilichkeit, dem Spannungsfeld von Hilfe und Herrschaft bzw. Kontrolle sowie von konstitutiven Konzepten, etwa sozialer Gerechtigkeit. Es steht einer lebensweltorientierten oder gar kritischen Soziale Arbeit entgegen, die beansprucht, „gesellschaftliche Widersprüche und Interessenskonflikte sowie soziale Ungleichheiten und Ausschließungsprozesse aufzudecken und das Soziale im Sinne von KlientInnen mitzugestalten" (Kriso 2013 zitiert nach Lutz 2013, S. 248). Zugespitzt formuliert verabschiedet die Responsibilisierung das Soziale, die Arbeit an den Verhältnissen, aus der Sozialen Arbeit. Darin liegen die Widersprüche und diese begründen die ebenfalls sichtbaren, hier ausgeblendeten, und notwendigen Widerstände (siehe hierzu den Beitrag von Eichinger in diesem Band).

Denn die hier fokussierte (An)Passung und aktive Beförderung ist nur eine mögliche – und aus meiner Sicht die falsche – Schlussfolgerung aus der Analyse der gesellschaftlichen Bedingungen und politischen Anforderungen und Abhängigkeiten. Eine andere ist die kritische Analyse der gesellschaftlichen Bedingungen, sind Widerspruch, Widerstand und das Verschieben von Begrenzungen. Dabei ist es notwendig, beide Konzepte – besser: die gesamte ‚Modernisierung' – kritisch in den Blick zu nehmen. Das bedeutet, neben der Kritik an den derzeitigen gesellschaftlichen Bedingungen und zunehmenden Ausschließungsprozessen, die berechtigte Kritik an den kolonisierenden und entmündigenden Arrangements des ‚alten' Wohlfahrtsstaates nicht zu vergessen. Diese ist keinesfalls hinfällig und eine rückwärtsgewandte Überhöhung nicht angebracht, wie z. B. an der Aufarbeitung der Heimerziehung in den 1950ern und 60ern plastisch wird.

Literatur

Anhorn, Roland/Bettinger, Frank/Stehr, Johannes (Hrsg.) (2007): *Foucaults Machtanalytik und Soziale Arbeit. Eine kritische Einführung und Bestandsaufnahme*. Wiesbaden: VS.
Bröckling, Ulrich (2007): *Das unternehmerische Selbst. Soziologie einer Subjektivierungsform*. Frankfurt/M.: Suhrkamp.
Bettinger, Frank (2010): Soziale Arbeit und Sozialpolitik. In: Thole, Werner (Hrsg.): *Grundriss Soziale Arbeit. Ein einführendes Handbuch*, S. 345-354. Wiesbaden: VS.
Cremer-Schäfer (2006): Neoliberale Produktionsweise und der Umbau des Sozialstaats. Welche Bewandtnis hat Hartz für die Soziale Arbeit. In: Schweppe, Cornelia/Sting, Stephan (Hrsg.): *Sozialpädagogik im Übergang: Neue Herausforderungen für Disziplin, Profession und Ausbildung*, S. 157-173. Weinheim/München: Juventa.
Dörre, Klaus/Lessenich, Stephan/Rosa, Hartmut (2009): *Soziologie – Kapitalismus – Kritik. Eine Debatte*. Frankfurt/M.: Suhrkamp.
Eichinger, Ulrike (2009): *Zwischen Anpassung und Ausstieg. Perspektiven von Beschäftigten im Kontext der Neuordnung Sozialer Arbeit*. Wiesbaden: VS Verlag für Sozialwissenschaften.
Kessl, Fabian (2005): *Der Gebrauch der eigenen Kräfte. Eine Gouvernementalität Sozialer Arbeit*. Weinheim/München: Juventa.
Kessl, Fabian/Reutlinger, Christian/Ziegler, Holger (2007): Erziehung zur Armut? Soziale Arbeit und die ‚neue Unterschicht' – eine Einführung. In: Dies. (Hrsg.): *Erziehung zur Armut? Soziale Arbeit und die ‚neue Unterschicht'*, S. 7-15. Wiesbaden: VS.
Klein, Alex/Landhäußer, Sandra/Ziegler, Holger (2005): The salient Injuries of Class: Zur Kritik der Kulturalisierung struktureller Ungleichheit. In: *Widersprüche, Zeitschrift für sozialistische Politik im Bildungs-, Gesundheits- und Sozialbereich*, 25. Jg., H. 98, S. 45-74.
Kommission (Kommission zum Abbau der Arbeitslosigkeit und zur Umstrukturierung der Bundesanstalt für Arbeit) (2002): *Moderne Dienstleistungen am Arbeitsmarkt*. Berlin.
Kunstreich, Timm (1999): Die soziale Frage am Ende des 20. Jahrhunderts. Von der Sozialpolitik zu einer Politik des Sozialen. In: *Widersprüche, Zeitschrift für sozialistische Politik im Bildungs-, Gesundheits- und Sozialbereich*, 19. Jg., H. 74, S. 135-155.
Krasmann, Susanne (2000): Gouvernementalität der Oberfläche. Aggressivität (ab-)trainieren beispielsweise. In: Bröckling, Ulrich/Lemke, Thomas/Krasmann, Susanne (Hrsg.):

Gouvernementalität der Gegenwart: Studien zur Ökonomisierung des Sozialen, S. 194-226. Frankfurt/M.: Suhrkamp.

Lessenich, Stephan (2007): Normative Ansätze der Sozialpolitik. In: Abteilung Wirtschafts- und Sozialpolitik der Friedrich-Ebert-Stiftung (Hrsg.): *Zukunft des Sozialstaats – Sozialpolitik. Tagungsdokumentation im Auftrag der Friedrich-Ebert-Stiftung*, November 2007. WISO Diskurs, S. 5-6.

Lessenich, Stephan (2008): *Die Neuerfindung des Sozialen. Der Sozialstaat im flexiblen Kapitalismus*. Bielefeld: transcript.

Lessenich, Stephan (2009): Mobilität und Kontrolle. Zur Dialektik der Aktivgesellschaft. In: Dörre, Klaus/Lessenich, Stephan/Rosa, Hartmut: *Soziologie – Kapitalismus – Kritik. Eine Debatte*, S. 126-177. Frankfurt/M.: Suhrkamp.

Lutz, Ronald (2008): Perspektiven der Sozialen Arbeit. In: *Aus Politik und Zeitgeschichte* 12/13, S. 3-10.

Lutz, Tilman (2010): *Soziale Arbeit im Kontrolldiskurs. Jugendhilfe und ihre Akteure in postwohlfahrtstaatlichen Gesellschaften*. Wiesbaden: VS.

Lutz, Tilman (2011): Soziale Arbeit im aktivierenden Staat – Kontinuitäten, Brüche und Modernisierungen am Beispiel der Professionalisierung. In: *Widersprüche, Zeitschrift für sozialistische Politik im Bildungs-, Gesundheits- und Sozialbereich*, 31. Jg., 119/120, S. 173-184.

Lutz, Tilman (2013): Widerspruch und Ordnung. In: Bakic, Josef/Diebäcker, Marc/Hammer, Elisabeth (Hrsg.): *Aktuelle Leitbegriffe der Sozialen Arbeit. Ein kritisches Handbuch*, Band 2, S. 237-251. Wien: Löcker.

Lutz, Tilman (2016): Therapeutisierung(en) und Pathologisierung(en) als Professionalisierungsmuster der Sozialen Arbeit: Responsibilisierung als Neuer Wein in Alten Schläuchen. In: Anhorn, Roland/Balzereit, Marcus (Hrsg.): *Handbuch Therapeutisierung und Soziale Arbeit*, S. 749-766. Wiesbaden: Springer VS.

Lutz, Tilman/Stehr, Johannes (2014): Ausschließungsbereitschaft und Straforientierung in der Sozialen Arbeit. Kontexte, zentrale Diskurse und ein Blick auf die Profession. In: *Zeitschrift für Jugendkriminalrecht und Jugendhilfe*, 63. Jg., H. 1, S. 10-15.

Peters, Helge (1973): Die politische Funktionslosigkeit der Sozialarbeit und die ‚pathologische' Definition ihrer Adressaten. In: Otto, Hans-Uwe/Schneider, Siegfried (Hrsg.): *Gesellschaftliche Perspektiven der Sozialarbeit*, Bd. 1, S. 151-164. Neuwied/Darmstadt: Luchterhand [zuerst erschienen 1969 in: *Jahrbuch für Sozialwissenschaft*, S. 405-416].

Sennett, Richard (2000): *Der flexible Mensch. Die Kultur des neuen Kapitalismus*. Berlin: Siedler.

SZ (Süddeutsche Zeitung) (2016): Nahles will integrationsunwilligen Flüchtlingen Leistungen kürzen. In: *Süddeutsche Zeitung* vom 01.02.2016 URL: http://www.sueddeutsche.de/politik/integrationspolitik-nahles-will-integrationsunwilligen-fluechtlingen-leistungen-kuerzen-1.2843578 (letzter Zugriff 27.09.2016).

Autor_innen

Kirsten Aner, Dr. rer. pol. habil., Professur für Lebenslagen und Altern am Institut für Sozialwesen der Universität Kassel, aner@uni-kassel.de.

Roland Anhorn, Dr. phil., Professur für Sozialarbeit an der Evangelischen Hochschule Darmstadt, Fachbereich Sozialarbeit/Sozialpädagogik, anhorn@eh-darmstadt.de.

Ellen Bareis, Dr. phil., Professur für gesellschaftliche Ausschließung und Partizipation an der Hochschule Ludwigshafen am Rhein, Fachbereich Sozial- und Gesundheitswesen, ellen.bareis@hs.lu.de.

Franziska Becker, Dr. phil., selbständige Ethnologin und Mediatorin, Lehrbeauftragte an mehreren Hochschulen, Arbeitsschwerpunkte: Konfliktmanagement, Gemeinwesenmediation, applied anthropology, franziska-becker1@gmx.de.

Maria Bitzan, Dr. rer. soc., Professur für Soziale Arbeit an der Hochschule Esslingen, Fakultät Soziale Arbeit, Gesundheit und Pflege, Maria.Bitzan@hs-esslingen.de.

Anselm Böhmer, Dr. phil., Professur für Allgemeine Pädagogik an der Pädagogischen Hochschule Ludwigsburg, boehmer@ph-ludwigsburg.de.

Margrit Brückner, Dr. phil. habil. em., Professur für Soziologie, Frauen- und Geschlechterforschung und Supervision an der Frankfurt University of Applied Sciences, Fachbereich Soziale Arbeit und Gesundheit, bruekn@fb4.fra.uas.de.

REGINA BRUNNETT, Dr. phil., Professur für Gesundheitswissenschaften an der Hochschule Ludwigshafen am Rhein, Fachbereich Sozial- und Gesundheitswesen, regina.brunnett@hs.lu.de.

HELGA CREMER-SCHÄFER, Dr. phil. habil. em., Professur für Erziehungswissenschaften an der Johann Goethe-Universität Frankfurt am Main, Institut für Sozialpädagogik und Erwachsenenbildung, cremer-schaefer@em.uni-frankfurt.de.

ULRIKE EICHINGER, Dr. phil., Professur für Theorie und Praxis der Sozialen Arbeit an der Alice Salomon Hochschule Berlin, ulrike.eichinger@gmx.com.

ROLF KEIM, Dr. rer. pol., Professur für Soziologie an der Hochschule Darmstadt, Fachbereich Gesellschaftswissenschaften und Soziale Arbeit, rolf.keim@h-da.de.

CHRISTIAN KOLBE, Dr. phil., Professur für Kommunale Sozialpolitik und Armutsprävention an der Frankfurt University of Applied Sciences, Fachbereich Soziale Arbeit und Gesundheit, cmkolbe@fb4.fra-uas.de.

TIMM KUNSTREICH, Dr. phil., em., Professur für Theorie und Methoden Sozialer Arbeit an der Evangelischen Hochschule für Soziale Arbeit & Diakonie Hamburg, TimmKunstreich@aol.com.

STEPHAN LESSENICH, Dr. phil. habil., Professur für Soziologie an der Ludwig-Maximilians-Universität München, Institut für Soziologie, stephan.lessenich@soziologie.uni-muenchen.de.

TILMAN LUTZ, Dr. phil., Professur für gesellschaftliche Bedingungen der Sozialen Arbeit und Diakonie an der Evangelischen Hochschule für Soziale Arbeit & Diakonie Hamburg, tlutz@rauheshaus.de.

SUSANNE MAURER, Dr. rer., soc. habil., Professur für Erziehungswissenschaft und Sozialpädagogik an der Philipps-Universität Marburg, Institut für Erziehungswissenschaft, maurer@staff.uni-marburg.de.

MICHAEL MAY, Dr. phil., habil., Professur für Theorie und Methoden der Jugendarbeit, der Randgruppenarbeit und der Gemeinwesenarbeit an der Hochschule RheinMain, Wiesbaden, Fachbereich Sozialwesen, michael.may@hs-rm.de.

DÖRTE NAUMANN, Dr. phil., Professur für Soziale Gerontologie an der Hochschule Darmstadt, Fachbereich Gesellschaftswissenschaften und Soziale Arbeit, doerte.naumann@h-da.de.

KERSTIN RATHGEB, Dr. phil., Professur für Allgemeine Pädagogik an der Evangelischen Hochschule Darmstadt, Fachbereich Sozialarbeit/Sozialpädagogik, rathgeb@eh-darmstadt.de.

ALEXANDRA RAU, Dr. phil., Professur für Soziale Arbeit an der Evangelischen Hochschule Darmstadt, Fachbereich Sozialarbeit/Sozialpädagogik, alexandra.rau@eh-darmstadt.de.

CHRISTIAN REUTLINGER, Dr. phil. habil., Professur für Sozialraumforschung und Sozialraumarbeit an der Hochschule für Angewandte Wissenschaften St. Gallen, Institut für Soziale Arbeit, christian.reutlinger@fhsg.ch.

ALBERT SCHERR, Dr. phil., Professur für Soziologie an der Pädagogischen Hochschule Freiburg, Institut für Sozialwissenschaften, scherr@ph-freiburg.de.

ELKE SCHIMPF, Dr. rer. soc., Professur für Soziale Arbeit an der Evangelischen Hochschule Darmstadt, Fachbereich Sozialarbeit/Sozialpädagogik, schimpf@eh-darmstadt.de.

SUSANNE SPINDLER, Dr. päd., Professur für Soziale Arbeit und Migration an der Hochschule Düsseldorf, Fachbereich Sozial- und Kulturwissenschaften, susanne.spindler@hs-duesseldorf.de.

JOHANNES STEHR, Dr. phil., Professur für Soziologie an der Evangelischen Hochschule Darmstadt, Fachbereich Sozialarbeit/Sozialpädagogik, stehr@eh-darmstadt.de.

MICHAEL WINKLER, Dr. phil. habil., Professur für Allgemeine Pädagogik und Theorie der Sozialpädagogik an der Friedrich-Schiller-Universität Jena, Institut für Bildung und Kultur, michael.winkler@uni-jena.de.

SAFIYE YILDIZ, akademische Rätin in der Abteilung Sozialpädagogik der Eberhard Karls Universität Tübingen, Institut für Erziehungswissenschaft, safiye.yildiz@uni-tuebingen.de.

The manufacturer's authorised representative in the EU is Springer
Nature Customer Service Centre GmbH, Europaplatz 3, 69115 Heidelberg,
Germany. If you have any concerns regarding our products, please
contact ProductSafety@springernature.com

Printed and bound by CPI Group (UK) Ltd, Croydon, CR0 4YY
25/03/2026
02078194-0007